평화통일의 이상과 현실

조 민 지음

2004
백산서당

The Ideal and Reality of Peaceful Unification in Korea

Cho Min
(Senior Research Fellow, Korea Institute for National Unification)

2004
BAIKSAN Publishing House

서 문

평화통일은 우리 민족의 지상(至上)목표이다. 평화와 통일은 서로 떨어질 수 없는 관계이나, 한반도의 평화는 한민족의 통일보다 중요하다. 이는 평화와 통일의 이중적 목표가치가 하나로 합치되지 않는 한 평화가 통일에 우선한다는 뜻이다. 우리의 과제는 평화와 통일의 협연(協演)을 추구하는 데 있다. 그러나 평화를 위해 통일을 유보할 수는 있으나, 통일을 위해 평화를 포기할 수는 없다.

남북정상회담을 계기로 한반도 문제에 대한 민족 중심논리가 고조되면서 21세기 세계질서의 흐름과 한반도에 미치는 외적 규정력에 대한 긴장감을 놓치고 있는 측면이 크다. 외세에 의해 굴절된 수난의 역사를 경험한 우리에게 반외세·자주는 규범적 가치이자 대중적 감정에 호소할 수 있는 언술임에 틀림없다. 주한미군과의 지속적인 마찰은 경제발전으로 높아진 민족적 자긍심과 민주화 분위기 속에서 반미의식의 확산과 더불어 한국인의 생래적 의식인 '자주'관념을 자극했고, 한미동맹을 비롯한 한미관계가 훼손되면서 분단구조의 역학관계에 새로운 충격을 가했다. 그 결과 평화와 통일문제에 대한 이상과 현실의 괴리·갈등을 겪지 않을 수 없게 됐다.

통일정책은 세 가지 차원에서 접근할 수 있다. '국제협력, 남북화해, 국민통합'이 그것이다.

첫째, 국제협력은 대미관계가 핵심적 사안으로, 우리와 미국 사이에 21세기 미래에 대한 가치를 공유하는 문제라고 하겠다. 이를 위해서는 먼저 자유민주주의와 시장경제, 그리고 동북아지역에서 한·미간 공동이익에 대한 합의를 창출해 나가야 한다. 이는 한·미간 신뢰는 물론이고 양측의 상호 양보와 이해 없이는 불가능한 것이지만, 평화와 통일의 전제이자 기반이라고 할 수 있다. 다음으로 한반도의 통일은 중국을 비롯한 동북아지역의 평화와 공동의 번영에 기여할 수 있다는 확신을 심어 주는 일이 중요하다.

둘째, 통일과 민족의 미래 앞에서 북한은 우리의 협력 상대이자 관리의 대상이라고 할 수 있다. 북한체제는 이미 스스로 개혁·개방의 기회를 놓쳤으며 미래의 전망을 상실했다. 북한체제의 불가항력적인 '변화'는 우리 민족에게 기회이기도 하지만, 또한 엄청난 재앙이 될 수 있다. 그런즉 지금 우리에게는 냉전시대의 '분단관리'와는 다른 탈냉전시대의 '북한관리'에 대한 인식이 절실하다.

북한체제에 대한 이념적·가치론적 논쟁은 시대착오적이며 소모적이다. 특히 북한 인권문제의 경우 인권문제 자체의 보편적 가치와 선악의 기준도 중요하지만, 북한 인권개선에 실질적 도움이 될 수 있는 접근방식을 택하는 것이 바람직하다고 생각된다. 나아가 북한에 대한 거시적이고 미래 지향적인 전망 속에서 체계적이고 대규모적인 지원과 협력이 필요하다. 이는 북한만을 위한 것이 아니고, 남한 국민 모두를 포함한 7천만 민족의 활로를 개척하기 위한 것이다.

셋째, 국민통합 또는 범국민적 지지는 통일정책의 효율적인 추진에 필수 불가결한 요소이다. 그럼에도 불구하고 대북관, 대미관, 나아가 통일한국의 미래상 등에서 나타나는 인식의 갭은 심각한 수준에 와 있다.

과거와 미래의 화해는 정녕 불가능한 문제인가? 배제·억압의 과거와 포용·통합의 미래의 화해를 통해 민족사의 새로운 정통성을 확립해 나가야 한다. 한국현대사의 중심적 과제는 근대국가의 건설, 자본주의적 경로를 통한 산업화, 그리고 민주화의 세 과제로 요약할 수 있다. 이 점에서 우리는 세 과제를 지금까지 성공적으로 수행해 왔다.

한국현대사를 외세 추종세력이 주도한 역사, 굴종의 역사로 보는 자학사관(自虐史觀)은 극복해야 할 것이다. 민족사의 '어제'에 대한 이해와 '오늘'에 대한 자긍심을 가질 필요가 있다. 한반도를 둘러싼 대륙세력과 해양세력의 세계사적인 전개 속에서 독자적 문명을 고수하면서 세계로 뻗어 나가는 한민족의 웅비에 대한 낙관적 신념이 요구된다. 대한민국의 재발견과 함께 통일한국의 미래를 열어 가는 길에서 국민통합의 방향을 모색할 수 있을 것이다.

이 책은 크게 2부로 구성되어 있다. 전반부에 해당하는 4편의 글은 지난해와 올해에 발표한 것으로 통일정책의 현실적 측면을 다루었다. 전반부에서는 통일정책 추진과 관련된 현실적인 문제에 대해 접근했다. 노무현정부의 "평화번영정책: 전망과 과제"와 "한반도 평화체제 구축: 현황과 대안모색"은 햇볕정책의 발전과 보완이라는 측면에서 접근했다. 통일문제를 둘러싼 우리 사회의 갈등이 극복돼야 한다는 문제의식에서 "통일정책과 국민통합: 보혁갈등을 넘어"를 다루었고, 최근 국제정세의 변화와 남북관계 교착 국면에서 한반도문제에 대한 인식의 전환을 촉구하기 위해 "한반도 평화통일의 방향모색"을 고찰했다.

후반부에 해당하는 4편의 글은 최근 몇 해 동안 통일연구원에서 출간한 책을 다소 축소한 형태로 재편집한 것이다. 후반부 주제는 주로 통일문제의 정책적 접근보다는 통일사회가 지향해야 할 모습을 그렸다. 국가사회는 인간의 합리적 의지나 가치와는 전혀 무관하게 전개되는 것은 아닐 것이다. 그런 점에서 "남북한의 미래상"과 "남북한 이념통합의 방향과 과제"는 법적·제도적 통일을 넘어 한민족 모두의 삶의 공통분모를 찾기 위한 노력의 소산이라 하겠다. 이와 함께 일찍부터 냉전의 찌꺼기를 걷어내는 작업이 필요하다는 생각에서 "냉전문화 극복방안"을 다루었고, 궁극적인 평화상태를 위해 "평화문화의 형성"에 관심을 기울였다.

이 책이 나오기까지는 많은 분들의 조언과 격려가 있었다. 통일정책의 방향에 대한 진지한 토론과 비판을 아끼지 않으신 허문영 박사, 정영태 박사, 조한범 박사께 감사를 드린다. 미국 정치와 한미관계의 방향에 대한 인식의 지평을 넓히는 데 박영호 박사와 최진욱 박사께 큰 도움을 받았다. 그리고 최수영 박사, 서재진 박사, 박형중 박사와의 북한문제에 대한 많은 논쟁의 시간은 대북인식에 대한 통찰력의 배경이 되었다. 불초(不肖)의 졸저가 이 분들의 명예에 누가 되지 않기를 바라는 마음 간절하다. 끝으로 원고 정리에 애쓴 이찬희 연구원의 노고와, 어려운 출판환경에도 불구하고 흔쾌히 출판을 맡아 주신 백산서당의 이범 선생께 깊은 사의를 표하고 싶다.

2004년 11월
수유재에서
조 민

평화통일의 이상과 현실 / 차례

제1부 평화번영정책의 방향과 과제

제1장 한반도 평화통일의 방향모색 ····················· 15
1. 21세기 분단민족의 좌표 · 15
   우리는 어디에 서 있는가? · 15 / 반미: 홀로서기의 신화? · 17
2. 미국의 세계전략: 도전과 대응 · 18
   1) 도전받는 미국, 세계적 반미 · 18
      유럽: 반미(anti-Americanism) 대 반(反)반미(anti-anti-Americanism) · 19 / 구유럽(old Europe)의 반미 · 20 / 신유럽(new Europe)의 반반미 · 21
   2) 미국의 대응: 민주주의와 인권 · 23
3. 중국의 대외전략: 도광양회 유소작위 · 26
   1) 중국의 대미전략: 도광양회 · 26
   2) 중국의 변방전략: 유소작위 · 29
   3) '동북공정': 중국의 대한반도 전략 · 30
   4) '우리식' 이이제이 · 32
4. 북한의 개혁과 평화통일의 전망 · 35
   1) 북한의 딜레마: 체제모순과 외적 요인 · 35
   2) 대북 및 통일정책의 세 원칙: 현실주의, 평화주의, 인도주의 · 37
      현실주의: 북한관리 · 37 / 평화주의 · 39 / 인도주의 · 40

제2장 통일정책과 국민통합: 보혁갈등을 넘어 ····················· 43
1. 국민통합의 당위성 · 44
2. 보혁갈등의 배경 및 존재양태 · 46
   1) 보혁갈등의 배경 · 46
      (1) 보혁갈등은 좌파, 우파 모두 위기의식의 표출이다 · 47 / (2) 보수주의자의 초상 · 48 /

(3) 진보좌파의 존재이유 · 49
　2) 보혁갈등의 존재양태 · 50
　　　(1) 좌·우 역할의 전이현상 · 51 / (2) 햇볕정책과 상호침투 · 54
3. 국민통합: 균열점과 통합의 전망 · 55
　1) 북한과 민주적 평화론 · 55
　　　민주국가끼리는 서로 싸우지 않는다 · 57
　2) 대미관: 미국은 우리에게 무엇인가? · 62
　　　(1) 반미감정: 집단적 자아발견 · 63 / (2) '9·11'과 미국 · 64 / (3) 국가발전전략의 기본방향 · 66 / (4) 자주와 국가이익 · 68
　3) 통일관: 자유민주주의 이념의 지평 확대 · 70
　　　(1) 2국체제: 평화공존의 제도화를 통한 미국·캐나다 모델 · 71 / (2) 1국체제: 통합적 자유민주주의 국가 · 72
4. 국민통합의 방향: 양극을 넘어 · 75
　1) 합의창출의 전제 · 75
　2) 국민참여 확대: 시민단체의 위상과 역할 · 77
　3) 합의창출의 방향 · 80
　　　(1) 최소주의적 합의 · 80 / (2) 성찰적 태도 · 80 / (3) 같음을 지향하되, 차이를 존중한다 · 81 / (4) 이분법적 구도 타파해야 · 81 / (5) 양극을 넘어 · 82

제3장　노무현정부의 평화번영정책: 전망 및 과제 ·········· 85

1. 새 시대의 좌표 · 85
2. 평화·번영정책의 체계 및 추진전략 · 87
　1) 체계: 평화와 번영의 지평확대 · 87
　2) 김대중정부의 화해·협력정책 · 89
　　　(1) 화해·협력정책의 의의 · 89 / (2) 화해·협력정책의 한계 · 92
　3) 평화·번영정책 추진전략 · 94
　　　(1) 추진원칙은 상징적·포괄적 수준에서 제시돼야 · 95 / (2) 남북한 평화협정 체결 및 동북아 평화협력체 추진 · 97 / (3) 한미동맹: 미래지향적 발전모색 · 99 / (4) 자주와 국가이익의 조화 · 101
3. 평화·번영정책과 북한 · 103
　1) 전망의 상실: 내구력의 한계 · 103
　2) 자력갱생: 대실패의 근본요인 · 108
　3) 전망의 회복: 재조정단계 · 110
4. 맺음말: 새로운 출발 · 112

제4장 한반도 평화체제 구축: 현황과 대안모색 ························ 117

1. 문제제기 · 117
2. 한반도 핵위기의 성격과 전망 · 119
   1) 핵위기: 미국의 세계전략과 북한의 생존전략 · 119
      북한 핵은 민족공멸이다 · 123
   2) 2003년 위기 시나리오 · 125
      시나리오 ①: 전쟁 · 126 / 시나리오 ②: 선 타결 · 후 지지부진 · 127 / 시나리오 ③: 위기
      지속 및 악화 · 128 / 시나리오 ④: 전면적 관계개선 · 129
3. 한반도 평화체제 구축방안: 평화정착의 전제 · 130
   1) 한미동맹과 주한미군 · 130
      (1) 주한미군 재조정문제 · 133 / (2) 전시작전통제권, 한미작전 협조체제 및 유엔사문제 ·
      134 / (3) 주한미군 기지조정, 방위비 분담 · 136
   2) 한미동맹의 변화와 다자안보체제 형성 · 136
4. 한국의 정책방향: 북핵위기 총력극복 및 한미 신뢰회복 · 139
   1) 기본방향: 평화안정, 국민화합, 국제협력, 민족화해 · 139
   2) 실천방안 · 141
      (1) 대내정책: 북핵위기 관련 평화지향적 국민화합 추구 · 141 / (2) 대외정책: 북핵문제 해
      결을 통한 한미마찰 해소와 향후 정책협력 적극 모색 · 142 / (3) 대북정책: 북핵문제 해
      결을 통한 화해협력과 평화공존 정책 병행추진 · 143
5. 모색: 새로운 출발 · 145
      (1) 국가이익은 민족이익에 선행한다 · 146 / (2) 동맹과 민족의 조화 · 147 / (3) 북핵개발은
      용납될 수 없다 · 147 / (4) 기다려라! 그러면 다가온다 · 148 / (5) 지금은 주한미군 철수를
      말할 때가 아니다 · 149 / (6) 진보 · 보수, 반미 · 친미, 자주 · 외세 등 냉전적 사고를 극복
      해야 · 150

제5장 화해 · 협력정책과 남북한 미래상 ································ 153

1. 머 리 말 · 153
2. 통일정책의 역사적 전개 · 155
   1) 통일이란 무엇인가 · 155
   2) 통일정책의 전개 · 157
      (1) 국토수복: '북진통일' · 158 / (2) 통일정책 준비기: 적대적 상호공존 · 159 / (3) 통일정
      책 확립기: 평화와 민족공동체 · 162
3. 대북화해 · 협력정책: 평화와 공존공영 · 165

1) 목표 및 추진원칙 · 165
  2) 성과 및 한계 · 171
     (1) 성과 · 171 / (2) 한계 · 174
 4. 한반도의 평화와 미국 · 178
  1) 미국과 21세기 국제질서 · 179
     (1) 유라시아를 장악하라! · 179 / (2) 미국의 동북아전략: 대중정책 · 184
  2) 미국과 한반도의 평화 · 185
 5. 화해협력과 남북한 미래상(Ⅰ): 남북연합/연방 · 192
  1) 국가연합 및 연방 · 194
     (1) 국가연합 · 195 / (2) 연방국가 · 196
  2) 국가연합과 평화 · 197
  3) 남북연합과 공존공영 · 199
 6. 화해협력과 남북한의 미래상(Ⅱ): 민족공동체 · 201
  1) 공존의 논리와 윤리: 상생의 이념 · 201
     (1) 가다머의 '지평의 융합'(fusion of horizons) · 203 / (2) 원효의 화쟁사상 · 204
  2) 공동체 민주주의 · 206
     (1) 자유 · 평등 · 208 / (2) 민주주의와 시장 · 211 / (3) 사회적 시장경제 · 211
 7. 맺음말 · 213

제6장 남북한 이념통합의 방향과 과제 ·········· 217

 1. 머리말 · 217
 2. 이념통합의 유형 · 221
  1) 자유민주주의적 통합 · 221
  2) 남북한 이념체계의 조화 · 223
  3) 새로운 이념유형의 창출 · 225
 3. 사회민주주의: 남북한 이념통합의 가교 · 226
  1) 신자유주의와 민주주의 · 226
     (1) 신자유주의=시장근본주의 · 226 / (2) 신자유주의=민주주의의 위기 · 230
  2) 사회민주주의 및 복지국가의 역할 · 233
     (1) 사회민주주의: 그래도 가야 할 길 · 233 / (2) 복지국가의 재확립 · 238
  3) 삼균주의: 남북한 이념통합의 준거 · 244
     (1) 균(均)과 화(和) · 244 / (2) 삼균주의: 자유주의와 사회주의의 조화 · 245
 4. 이념통합의 방향(Ⅰ) · 248
  1) 사회적 시장경제: 성과 및 전망 · 248

⑴ 사회적 시장경제 · 248 / ⑵ 자유사회주의 · 250 / ⑶ 사회적 시장경제와 한국헌법 · 254
　　2) 질서자유주의 · 257
　　　경제윤리의 제도화 · 260
　　3) 사회주의 시장경제: 중국특색의 사회주의 · 263
　　　북한: 협동적 소유와 독립채산제 · 268
　5. 이념통합의 방향(Ⅱ) · 271
　　1) 공동체주의의 이념 · 271
　　　⑴ 공동체: 사회적 결속 · 271 / ⑵ '사회'의 재발견 · 273
　　2) 공산주의 없는 공동체 · 277
　　　⑴ 종업원지주제 · 279 / ⑵ 협동조합 공동체 · 287 / ⑶ 공동체주의: 집단주의와 개인주의 · 293
　6. 맺음말 · 298

제7장　한국사회 평화문화 형성방안 ······················301

　1. 머리말 · 301
　2. 평화문화: 평화를 위한 과제 · 306
　　1) 평화문화의 성격 · 306
　　2) 평화문화의 창출 · 309
　　　⑴ 전쟁문화의 극복 · 309 / ⑵ 안보개념의 전환 · 312
　3. 평화의 역설: 세력균형과 안보 · 315
　　1) 세력균형과 평화 · 316
　　　⑴ 세력균형: 불안한 평화 · 316 / ⑵ 세력균형론의 모순 · 318
　　2) 안보와 평화 · 322
　　　⑴ 국가이익과 국가안보 · 322 / ⑵ 국가안보와 민족안보 · 329 / ⑶ 새로운 안보개념: 인간안보 · 332
　　3) 대안적 모색: 공동안보 · 335
　4. 군축과 평화 · 337
　　1) 현대사회와 군사화 · 337
　　2) 남북한 군축과 평화 · 343
　　　⑴ 군축과 신뢰구축 · 343 / ⑵ 북한 군축론 · 348
　　3) 한반도 평화지대화 및 탈군사화 · 350
　5. 평화문화 형성방안 · 354
　　1) 평화연구 · 355
　　　⑴ 전쟁과 평화연구 · 355 / ⑵ 평화연구의 패러다임 · 358 / ⑶ 상생: 갈등 전환 및 해소 · 360

    2) 평화정책 · 366
    3) 평화운동 · 369
  6. 맺음말 · 374

제8장 한국사회 냉전문화 극복방안 ·················· 377

  1. 머리말 · 377
  2. 냉전구조와 냉전문화 · 381
    1) 냉전문화의 정의 · 381
    2) 냉전의식의 폐해 · 384
  3. 냉전문화의 내면화 양식 · 388
    1) 교 육 · 388
      (1) 교과서와 이념교육 · 388 / (2) 반공이념의 내면화 · 394
    2) 언론 · 403
      (1) 언론과 레드콤플렉스 · 403 / (2) 언론과 반북이데올로기 · 405
  4. 냉전문화의 존재양태 · 410
    1) 대미인식 · 410
      (1) 냉전해체와 새로운 한미관계 · 410 / (2) '과거'와 진실규명 · 416
    2) 대북정책 · 421
      (1) 상호주의 원리 및 적용 · 421 / (2) 상호주의와 남북관계 · 424
    3) 대북인식 · 426
      (1) 북한의 인권·민주화문제 · 426 / (2) 인권·민주화문제 접근방식 · 429 / (3) 영상매체에 반영된 북한의 이미지 · 433
  5. 냉전문화 극복방안 · 440
    1) 국가보안법 · 440
      (1) 국가보안법과 냉전의식 · 440 / (2) 국가보안법과 인권 · 442/ (3) 국보법 개폐와 냉전문화 극복 · 444
    2) 언론개혁 · 448
      (1) 언론개혁의 의의 · 448 / (2) 언론개혁 방안 · 452
    3) 통일교육 · 455
      (1) 통일교육의 의의 · 455 / (2) 통일교육의 기본방향:『평화의 문화』창출 · 457
  6. 맺음말 · 464

참고문헌 · 471
찾아보기 · 487

제 1 부

평화번영정책의 방향과 과제
―남북화해, 국제협력, 국민통합을 중심으로―

제1장 한반도 평화통일의 방향모색[*]

1. 21세기 분단민족의 좌표

우리는 어디에 서 있는가?

한반도의 평화와 통일은 우리 민족 스스로의 의지와 역량에 달려 있다. 그러나 민족적 의지와 역량의 문제는 세계사적 추세와 한반도 주변국의 역학관계와 무관한 상태에서 접근될 수 없다. 한반도의 평화와 통일은 국제적 지지와 협력을 배제하고 민족중심의 논리로만 해결할 수 있는 사안은 결코 아니다.

한반도는 대륙세력과 해양세력이 마주치는 지역으로 양대 세력의 국제정치적 역학관계로부터 큰 영향을 받아 왔다. 강대국 중심의 국제정치적 논리는 한민족의 소망과는 달리 분단과 전쟁을 회피할 수 없게 만들었다. 역사적 교훈은 한반도의 평화와 통일은 민족중심 논리 못지않게 국제정치적 역학관계에 대한 이해와 신중한 대응 속에서 추진돼야 한다는 사실을 돌아보게 한다.

남한과 북한은 국제사회 초미의 관심지역으로 떠오르면서 세계적인 뉴스의 초점이 되고 있다. 한반도에서 두 개의 분단국가인 남한과 북한은 각각 서로 다른 국가체제와 발전과정을 경험했다. 남한은 식민지의 고통과

---

[*] 이 논문은 충청정치학회·민족통일학회 공동주최 학술회의(2004년 9월 17일) "동북아 국제질서와 한민족 미래"에서 발표한 것을 수정·보완한 것임.

전쟁의 폐허를 딛고 엄청난 경제발전과 감동적인 민주화로 국제사회의 커다란 관심을 끌면서 개발국가의 성공적인 발전모델로 주목받고 있다. 북한도 마찬가지로 종종 세계 뉴스의 헤드라인을 장식하고 있다. 핵과 대량살상무기, 기아와 탈북자, 스탈린주의의 그로테스크한 변형인 수령독재 체제 등으로 세계의 이목을 집중시키고 있다. 남한은 사회경제적 진통에도 불구하고 선진국 진입을 향한 밝은 미래전망을 보여주는 반면, 북한은 이미 파산선고를 받은 국가로 국가체제의 정상적인 작동회복을 기대할 수 없을 뿐만 아니라 미래전망은 지극히 불투명한 상태이다.

지금 우리는 기로에 서 있다. 한반도 주변의 국제정세는 남북정상회담 시기의 상황과는 전혀 다르다. 한미 동맹관계가 크게 흔들리면서 한미관계는 점차 소원해지고 한국의 미국에 대한 반감 못지않게 미국의 한국에 대한 불신과 혐한(嫌韓)의식도 높아 가고 있다.[1] 중국은 경제력에 기반한 국력신장을 계기로 한반도에 대한 야심을 드러내면서 북한에 대한 영향력과 통제력의 수준을 점차 강화시키고 있다. 일본은 이미 한반도 위기상황에 대비한 전략수립을 마무리했다. 이처럼 조금도 낙관적인 전망을 허용하지 않는 상황에서 과연 우리 민족 스스로의 의지와 역량으로 통일의 시기를 앞당길 수 있을 것인가? 한반도 위기국면에서 북한지역에 대한 통제력을 행사할 수 있을 것인가? 오히려 그와 반대로 혼란과 위기를 초래하면서 강대국 중심으로 새로운 형태의 분단구조를 다시 불러들이느냐 하는 기로에 섰다. 시간은 우리 편이 아니며, 세계사는 우리를 기다려 주지 않는다. 우리는 어디에 서 있는가?

---

[1] 미국사회의 최근 여론조사 결과(The Harris Poll, 2004. 9. 1)는 다음과 같다. 미국 국민들이 '긴밀한 동맹국'으로 생각하는 나라는 25개 조사 대상국 가운데 영국, 캐나다, 호주, 이스라엘, 일본, 멕시코, 이탈리아, 한국, 스페인, 독일 순이었다. 그러나 '좋아하지 않는 나라'로는 중국, 파키스탄, 프랑스, 콜롬비아, 러시아, 한국(5위로 러시아와 근소한 차이) 순위로 나타났다. http://www.harrisinteractive.com/harris_poll.

반미: 홀로서기의 신화?

동북아 및 한반도정세는 '9·11' 이후 근본적으로 달라졌다. 그 결과 우리의 주도적 역할이 제한적일 수밖에 없는 조건에서 한반도 평화와 통일정책은 새로운 한계에 부딪히게 되었다. 햇볕정책은 탈냉전 후 동북아 역내국가 간의 군사적 긴장과 갈등요소는 크게 감소된 반면, 한반도의 상황은 북한요인으로 여전히 긴장국면이 지속되고 있다는 인식을 바탕으로 추진됐다. 한반도의 안정을 위해서는 동북아 평화의 전제로 남북관계의 개선을 통해 북한변수의 불확실성을 해소해 나갈 필요가 있었다. 따라서 북한의 개혁·개방을 통한 연착륙을 유도하는 방향으로 대북정책의 가닥을 잡는 한편, 한반도 냉전구조 해체를 대내외적 과제로 삼았다.

강고한 분단의 벽을 허무는 햇볕정책, 즉 화해협력 정책은 의도하지 않은 결과를 낳았다. 즉 남북관계가 강력한 독립변수로 부각되어 한반도문제의 원심력에 대한 전략적 이해가 배제되는 한편, 민족공조 논리의 강화 속에서 '반외세=반미'가 팽배해지는 현상이 초래됐다.[2] 민족공조는 북한의 대남 적대감과 경계심을 순화시키고 민족적 신뢰를 회복하는 데 기여할 수 있는 점에서 적잖은 의의가 있다. 그러나 민족공조가 한반도에 대한 외적 규정력을 거부하는 반외세운동으로 나타나는 것은 바람직하지 않다. 반외세운동만이 외세를 효과적으로 극복할 수 있는 것은 아니다. 우리는 이 사례를 멀리서 찾을 필요도 없다. 19세기 말 반외세의 기치를 높이 들었던 우리 근대사가 스스로 이를 말해 준다. 근대 서구적 세계질서로 편입되는 과정에서 누가 반외세 저항의식과 반외세운동이 약해서 나라를 잃었다고 생각하겠는가? 국권상실과 민족사의 치욕은 세계사의 흐름을 거역하고 외세에 대해 합리적 대응방안을 찾지 못한 데 따른 당연한 결과였다.

한미관계를 결별하고 남북한 '우리 민족끼리' 국가의 존망과 민족의 미

---

[2] "'우리 민족끼리' 여섯 글자에는 조국통일을 위한 당의 근본입장과 근본원칙, 근본방도가 함축되어 있고…… 자주·평화통일·민족대단결의 조국통일 3대 원칙이 집약되어 있다.…… 외세공조는 민족의 화해와 단합, 자주통일을 방해하는 반통일·반민족의 길이다." <로동신문>, 2003. 6. 13.

래를 열어 갈 수 있다고 확신하는 사람은 드물다. 자칫 남북한 모두 동북아 지역 국제정치의 미아가 될 수도 있다. 그럼에도 반미의 대안은 홀로서기의 신화인가? 새로운, 어느 면에서는 전통적인 종주국으로 자처하는 중국으로의 귀향인가?

2. 미국의 세계전략: 도전과 대응

1) 도전받는 미국, 세계적 반미

20세기는 미국의 세계사적 승리로 마감됐다. 지난 세기를 미국의 승리와 부상으로 이어진 시대로 회고할 수 있다면, 21세기도 여전히 미국의 세기가 될 것인가? 반세기 동안 인류를 양분시켰던 사회주의 대 자본주의의 진영 간 대결구조인 냉전체제의 붕괴는 소련으로 대변되는 동구권의 와해와 함께 전통적 유럽인 서구의 침식과 재편을 초래하면서 전지구적 차원에서 미국의 헤게모니가 구축되는 시대를 가져왔다. 서구와 동구 모두 난파를 당한 가운데 20세기 말 미국은 어느 누구에게도 도전받지 않는 절대 유일의 '제국'으로 우뚝 섰다.

그런데 주목되는 사실은 역사상 그 어느 국가보다도 막강한 힘을 과시하고 있는 미국에 반대하고 도전하는 반미주의 또는 반미운동이 세계 도처에서 나타나고 있다는 것이다. 미국은 이미 1990년대 이래 유럽연합(EU)이나 일본의 경제성장 증가규모를 훨씬 넘어섰다. 군사적 측면에서도 다른 강대국들과 커다란 격차를 보여주고 있을 뿐만 아니라[3] 더욱이 과학전쟁의 시대에 정보전 및 군사기술과 관련된 격차는 1~2세대 안에 따라잡기 어려운

---

[3] 미국의 국방비는 3,990억 달러(2001년도)로 전세계 국방비 7,500억 달러(2003년도)의 절반을 넘었다. http://www.cia.gov/cia/publication/factbook/rankorder/2067rank.html(2004. 5. 11 보완자료).

실정이다. 미국은 세계 유일의 초강대국으로서 군사부문에서뿐만 아니라 경제, 과학기술, 그리고 문화의 영역에 있어서까지 경쟁상대가 없는 상태를 구가하고 있다. 그러나 미국의 세계적 패권과 번영은 동시에 미국의 이념과 대외정책에 대한 비판과 저항의 광범위한 '반미'현상에 — 지역과 나라에 따라 반미의 강도와 저항의 방식은 다르지만 — 부딪히게 됐다. 물론 '반미'를 명확히 정의하기란 쉽지 않다. 반미를 단순히 미국식 가치, 삶의 방식, 또는 미국의 정책에 대한 비판으로 정의할 수도 있지만, 포괄적으로 '아메리카니즘'에 대한 반대라는 차원에서 접근할 수 있을 것이다. 어쨌든 '반미'는 탈냉전시대 국제정치의 새로운 현상을 설명하는 키워드로 부각되고 있는 실정이다.

유럽: 반미(anti-Americanism) 대 반(反)반미(anti-anti-Americanism)

유럽은 반미와 관련해서 두 지역으로 구분할 수 있다. 서유럽지역의 구유럽과 새로운 유럽으로 부상하는 동구지역인 신유럽의 미국에 대한 인식과 대응방식은 서로 다르다. 이와 달리 중동국가들의 반미는 서구중심의 세계사로 인한 뿌리 깊은 역사적 산물일 뿐만 아니라, 지난 수십 년 동안 미국의 이 지역 석유자원 통제를 둘러싼 갈등이라는 점에서 결코 새로운 현상은 아니다. 이런 가운데 특히 미국과의 오랜 동맹국가인 한국에서 나타나고 있는 반미주의, 반미운동은 유럽사회의 반미와 어느 면에서 '문명의 충돌'로 말해지는 중동지역의 반미와도 전혀 다른 배경과 성격을 띠고 있을 뿐만 아니라, 한반도의 통일과 대북정책의 향방에 커다란 영향을 미치고 있는 사안이다.

정치적 좌·우파의 이념적 차이에도 불구하고 유럽사회에서 나타나는 반미의 공통점은 미국에 대한 관심에서 촉발되는 것이라기보다는 탈이데올로기 시대의 내재적 모순의 반영이라는 성격이 강하다. 이러한 상황에서 반미는 역설적으로 정치 부재의 사회에서 오히려 '정치적 이슈'로 제기되고 있는 모습이다. 최근 민주주의는 커다란 질적 변화를 겪고 있다. 과거 민주주의의 적이 뚜렷했던 시대와는 달리 민주주의를 위협하는 보이지 않는 적과 정치사회가 나아가야 할 방향에 대한 광범한 합의를 상실한 가운데, 대부분의 국가에서 경제성장이 지속되는 속에서도 국민들의 상대적 박탈감은 커지고 누구나 점점 더 불행해지고 있다고 느끼고 있다. 유럽국가의 국민들은 그들의 정부를 자주 갈아치우면서도 국민들은 정치에 아무런 영향을 미치지 못한다고 생각한다. 그 결과 이러한 정치상황 속에서 건전한 상식과 여론을 왜곡하고 국민정서를 자극하는 선동적인 구호나 정치적 기만논리가 팽배하게 된다. 말하자면 탈이데올로기, 탈유토피아 정치가 사라진 공백 위에 자기 파괴적이고 치졸한 행위에 불과한 반미의 유혹이 도사리고 있다는 말이다. 이러한 사회에서 사람들은 기성의 모든 정치를 반대하거나 또는 그들이 무엇을 반대하는지 정확히 모르는 경우에도 맹목적으로 '반미'에 기울어지기 쉽다는 주장이 우리의 관심을 끈다.[4]

구유럽(old Europe)의 반미

서구인은 적어도 미국은 여러 가지 독특한 점에도 불구하고 해외로 확대된 유럽이고, 구대륙과 함께 '서구문명'에 속하는 것으로 보았다. 그러나 21세기의 세계는 산업화와 민주주의의 모델, 문화와 예술, 그리고 다양한 가치와 삶의 양식에서 인류사회를 선도했던 구대륙의 서구문명은 —— 이전의 유럽중심적 또는 서구적 세계가 완전히 몰락했다는 인상은 피상적인 것이라고 하면서 아직도 서구의 영광에 대한 미련을 버리지 못하는 경우도 있지만[5] —— 두터운 페이지를 차지하지만 이제 역사 속의 영광으로 넘어갔다.

서유럽, 특히 프랑스의 경우 일반대중보다는 지식인과 엘리트층에서 미국에 대한 부정적 태도가 강하게 나타나고 있는 한편, 구세대에 대한 신세대의 거부와 비판이 기승을 부리고 있다. 유럽 반미주의의 특성은 새로운 정통성의 위기에 직면한 엘리트층이나 구세대의 권위를 부정하고자 하는

---

4) Ivan Krastev, "The Anti-American Century?," *Journal of Democracy* Vol.15, No.2, April 2004.
5) 에릭 홉스봄, 『극단의 시대: 20세기 역사(상)』, 이용우 옮김(까치, 1997), 27-34쪽.

신세대는 모두 '반미'에서 탈출구를 찾았다는 데 있다. 이런 상황에서 미국과 전통적인 유럽의 균열현상은 더욱 심화되는 모습을 보이고 있는데, 흥미로운 점은 미국의 대테러전쟁, 북한과 이란 등 '불량국가'에 대한 선제공격(pre-emptive strike) 독트린 등에 비판의 초점을 두고 있거나,[6] 특히 미국이 주도하는 '중동 민주화의 허구'를 비난하고, 미국의 석유야욕이 반미를 부추긴다는 논지를 활발하게 전개하고 있다는 것이다. 특히 아랍사회 내의 개혁방법과 이라크전쟁을 둘러싸고 미국과 상당한 이견을 드러내고 있다. 프랑스는 미국중심 세계화의 일방주의를 비판하면서 상대적 약화와 퇴조를 겪고 있는 전통적인 유럽국가들이 미국중심의 세계질서에서 차츰 소외되고 국제정치적 영향력이 약화되고 있는 현실에 대해 불만과 비판을 쏟아내고 있다.

유럽(EU)은 어느 면에서 유럽통합의 기초를 다지고 굳건한 결속을 유지하기 위해 아메리카니즘에 반대해야 할 이유가 있다. 그럼에도 신드골주의자(neo-Gaullists)나 완고한 사회민주주의자들은 유럽인이면 누구나 반미에 공감한다고 생각하면서, 유럽은 미국을 제치고 여전히 세계의 중심이 돼야 한다는 강박관념에 사로잡혀 있는 모습이다. 이 와중에 구유럽국가의 반미에 대한 유혹이 사라지기를 기대하기는 쉽지 않다.

신유럽(new Europe)의 반반미

프랑스를 비롯한 서유럽국가들이 쉽게 반미 레토릭의 유혹에 휩싸이는 분위기와는 대조적으로, 최근 신유럽국가에서 선동적인 반미구호는 거의 찾아보기 어렵다. 한때 신유럽국가에서도 정치적으로 아주 위험한 선동에 불과했던 반미가 나타난 경우는 있었다. 그러나 신유럽국가의 체제전환 과정에서 나타났던 반미는 대개 선동적 민중주의(European populism)로, 당시의 반미는 곧 시장경제와 민주주의에 대한 거부와 적개심의 발로였다.[7] 동구

---

6) Pascal Boniface, "United States: the Strangelove doctrine," *Le Monde diplomatique*, October 2003(english edition http://mondediplo.com).

7) *Financial Times*, 9 January 2004.

신유럽의 민중은 전체주의 체제에 대한 대안을 미국과 서구에서 찾았으며, 특히 자유, 시장경제, 민주주의의 상징으로 미국에 대한 기대가 동구의 민중혁명을 이끄는 추동력으로 작용하기도 했다.

발칸지역의 민주화과정에서 보듯이 신속한 경제안정 능력과 미래에 대한 뚜렷한 비전이 제시될 수 없는 상황에서 수구적인 반민주적 세력이 준동하던 시기에 모든 정치사회적 악을 일거에 해소하는 선동구호로 반미를 내세워 국민대중을 폭력의 광란으로 몰아붙이기도 했으며, 반미를 민족주의적 어젠다의 핵심적 내용으로 삼기도 했다. 또한 민주화를 지연시키거나 부패한 정부는 국민들의 분노를 곧잘 반미감정으로 전환시켜 여론을 왜곡시키는 데 활용했으며, 그 결과 가끔 엘리트의 배신에 대한 분노가 맹목적인 반미로 기울어지는 경우도 있었다. 민주화와 시장경제로의 전환과정에서 겪게 되는 진통은 결코 사회주의적 처방으로 해결될 수 없음에도 불구하고 사회주의 망령은 주기적으로 되살아나는 경향도 나타났다. 최근 광란이 휩쓸고 간 발칸지역에서는 이제 서유럽과 달리 젊고 교육수준이 높은 계층일수록 미국에 대해 높은 호감도를 가지면서 반반미가 적극적인 친미(pro-Americanism)로 나타나는 경향을 보여준다.8)

독재와 전체주의적 잔영이 강하게 남아 있는 지역에서 반미는 위험한 주문(呪文)이다. 그와 함께 미국에 대한 구유럽 정치인과 지식인들의 라이벌 의식이 아메리카니즘에 대한 비난과 거부의 형태로 나타나는 것도 바람직하지 않다. 구유럽국가는 민주주의, 저개발국가에 대한 기여, 인류사회에 미래에 대한 전망의 제시 등으로 세계사 중심의 회복을 추구해야 할 것이다.

---

8) 신유럽의 친미경향과 이 지역에서 미국의 영향력을 경계하는 구유럽 지식인의 입장으로, Thomas Schreiber, "New Europe and the United States"; "Who Loves the US and Who Doesn't," *Le Monde diplomatique*, May 2004(english edition http://mondediplo.com).

2) 미국의 대응: 민주주의와 인권

미국은 '9·11'을 계기로 '테러와의 전쟁'을 21세기 인류사회 모두가 동참해야 할 사명으로 선언하고 나섰다. 테러와의 전쟁은 테러 자체를 사전에 방지해야 한다. 따라서 테러와 연계될 수 있는 모든 개인적·국가적 행위는 철저히 근절돼야 한다. 이러한 입장에 기반해서 미국은 확고하고도 체계적인 세계전략을 수립했는데, 미국의 세계전략은 크게 두 차원에서 전개되고 있다.

우선 현존하고도 당면한 위협 실체, 즉 테러리즘을 방지·제거하기 위한 전략으로, 이는 첨단 과학기술에 기반한 군사력을 수단으로 적극 활용할 수 있다는 전략이다.[9] 이와 더불어 지구사회에서 미국중심의 영속적이고 안정적인 세계를 건설하려는 중장기적 전망 위에서 구상되고 추진되는 전략으로, 이는 '민주주의와 인권'의 이념으로 제시됐다. 현존하는 명백한 위협으로 '테러와의 전쟁'에 대한 의지와 입장은 부시독트린으로 충분히 반영됐다.[10] 미국에 대한 최대 위협은 과격주의와 첨단기술의 교차점에서 비롯된다는 인식 아래 독재체제와 비민주국가의 핵무기와 대량살상무기(WMD) 개발을 근원적으로 차단하겠다는 의지와 강경한 입장을 밝히는 한편, 탄도미사일 및 기타 운반수단에 대한 방어망 구축을 추진해 왔다. 이런 점에서 북핵문제는 지구적 차원에서 테러와의 전쟁을 수행한다고 선언한 미국의 입장과 근본적으로 배치되는 사안으로 북핵문제에 대한 미국의 원칙적 입장은 좀처럼 변화되기 어려울 것이다.

미국의 대전략은 부시 대통령이 발표한 "국가안보전략보고서"(The National

---

9) Bruce Berkowitz, *The New Face of War: How War Will Be Fight in the 21st Century* (New York: The Free Press, 2003) 참조.

10) 부시의 연설, "세계적 테러를 물리치고 미국 및 우방에 대한 공격을 예방하기 위한 동맹강화"(워싱턴 D.C. 대성당, 2001. 9. 14); "미국 세계전략의 개요"(뉴욕 웨스트포인트, 2002. 6. 1) 참조.

Security Strategy of the United States of America. 2002.9.17)[11])는 9장(33쪽)으로 구성된 문건으로 대테러 전쟁수행의 전략뿐만 아니라 항구적 평화와 안보를 구축하기 위해 미국의 이상주의에 입각한 새로운 세계질서 구축의 방향과 이념을 제시하고 있다. 이 전략보고서는 자유, 민주주의, 자유기업 등을 지속 가능한 국가의 성공에서 유일한 모델로 규정했다. 핵심적 개념으로 자유, 인간의 존엄성, 자유시장, 자유무역 등 대개 '자유'이념의 가치가 뚜렷이 부각된 점이 주목을 끈다. 더욱이 모든 대륙에 걸쳐 개방사회를 지향함으로써 평화를 확대하겠다는 의지를 밝혔다. 자유, 민주주의, 인권 등의 가치를 모든 국가에 적용시키겠다는 입장을 천명한 셈이다. 이는 마치 루소(J. J. Rousseau)의 '자유에의 강제'(be forced to be free)의 역설을 연상시키는 대목이나, 이러한 보편적 가치의 강제화를 통해 미국에 도전하는 반미, 테러리즘을 근원적으로 해소하겠다는 의지를 보여주고 있다.

그 후 미국정부는 자유이념의 세계화를 위한 후속조치를 체계적으로 추진하게 된다. 미국인은 최근 개인의 자유와 권리라는 개념은 모든 사회를 구성하는 하나의 벽돌로 여기면서, 오랜 기간 개인의 자유와 권리는 독재의 탄압을 받으며 살고 있는 세계 곳곳의 많은 사람들에게 중요한 지침이 돼왔다는 확신에 찬 모습을 보여주고 있다. 나아가 개인의 자유와 인권이 억압받고 있는 독재체제와 비민주국가가 테러의 온상이 되고 있다는 신념 아래 민주주의, 자유, 인권 등이 테러를 근절시킬 수 있다고 믿으며, 그러한 가치관과 신념을 모든 계층의 미국 국민에게 설득하고 있는 중이다.[12] 그러나 테러리즘을 궁극적으로 근절하는 데 대한 미국인의 가치와 신념은 국내적 차원의 문제가 아니라 '불량국가', 특히 북한체제의 민주주의 및 인권문제와 불가피하게 연계될 수밖에 없다.

여기서 우리는 "프랑스혁명과 미국 독립혁명 중 어느 것이 현대 유럽인들에게 더 많은 영향을 미쳤을까?"라는 질문을 던져 보자. 이에 대해 프랑스혁명의 이념에 보다 친숙한 한국인과는 달리 폴란드 언론인이자 자유노동

---

11) http://www.whitehouse.gov/nsc/nss.pdf.

12) 이러한 목적에서 운영되는 미국정부 사이트 http://usinfo.state.gov/products/pubs 참조.

조합의 지도자인 아담 미치니크(A. Michnik)는 단호하게 답한다.

> 미국 독립혁명은 유토피아 건설이 아니라 자유의 개념을 구체화하는 것으로 보입니다. 토머스 페인을 따라 이루어진 미국 독립혁명은 운명을 스스로 결정하려는 국민들의 자연권에 기초하고 있습니다. 그 혁명은 동등한 기회, 법 앞의 평등, 종교적 자유, 법의 지배가 이루어지는 사회를 실현하기 위해 완벽하고 분쟁 없는 사회라는 개념을 의식적으로 포기했습니다.[13]

프랑스혁명의 정신은 최종적으로 소비에트혁명으로 이어져 '완벽하고 분쟁 없는 사회'를 건설하려는 혁명의지로 20세기의 역사를 장식했다면, 21세기는 유토피아가 아니라 국민들의 자연권에 기초한 인권과 자유의 세기가 될 것이라는 말이기도 하다. 이는 어느 면에서 '미국정신'의 세계적인 향방을 예고하고 있다는 점에서 지구 위에 남아 있는 유일한 전체주의적 수령국가인 북한의 미래와 관련해서 우리에게 시사하는 바 크다.

미국의 북한에 대한 민주주의와 인권문제의 인식은 국제정치 전략차원을 넘어 북핵문제보다 더욱 근원적인 문제로서 미국의 미래와 북한 수령체제는 결코 공존할 수 없는 관계로 부각되고 있다. 북핵문제 해결과 상관없이 북한체제에 대한 근본적인 불신과 경멸, 그리고 테러리즘 근절에 대한 미국 국민의 거의 절대적인 지지는 인권과 민주주의 문제를 북한 체제변화의 전략적 수단의 차원을 넘어 점차 북한주민에 대한 '구원의 사도'로 자처할 것으로 보인다. 2004년 10월 미 상·하원의 '북한자유법안' 통과는 이와 무관하지 않다. 북한의 핵과 인권문제 등은 근본적으로 민주주의 부재의 산물이라는 인식에서 김정일정권의 궁극적인 붕괴에 역점을 두는 미 의회의 입장에 우리의 관심이 집중된다.[14] 물론 '민주주의와 인권'의 대의를 미국 밖의 제3국에 적용할 경우 새로운 저항에 부딪힐 수 있다. 그럼에도 이러한 미국의 입장과 예상되는 대북정책을 북한체제의 특수성을 무시한 미국

---

13) 멜빈 I. 우로프스키, 『국민의 권리: 개인의 자유와 권리장전』, 박강순 옮김(미국국무부 발행, 주한미국대사관 공보과, 2004), 7쪽에서 재인용.
14) 제60차 유엔인권위원회의 2년 연속 북한인권 결의안 채택(2004. 4. 15)은 북한 인권상황에 대한 국제사회의 압력이라 할 수 있다.

의 일방주의적 공세로, 또는 미국의 음모론적 대북정책으로 비판하는 데는 많은 한계가 있으며, 더욱이 '민주주의와 인권'에 대한 북한의 설득력 있는 대안이 제시되지 않는 한 개방사회의 이해와 체제인정을 기대하기는 어렵다.

3. 중국의 대외전략: 도광양회 유소작위

1) 중국의 대미전략: 도광양회

중국은 한반도와 역사적으로 가장 밀접한 관계를 유지해 온 주변 강대국으로 한반도문제에 직·간접적인 개입과 영향력을 행사해 왔다. 중국은 향후 한반도문제에 대해 보다 적극적인 관여와 개입정책으로 나올 것으로 보인다. 이러한 중국의 역할과 대한반도 정책은 한반도의 평화구축과 통일과정에 심대한 영향을 미친다는 점에서 정확한 이해와 대책이 필요하다.

중국의 국가목표는 대개 세 단계로 접근할 수 있다. 무엇보다 우선 경제발전과 현대화과정에 유리한 국제환경을 조성하는 데 역점을 두었으며, 다음 단계로는 경제발전을 통한 국력신장을 바탕으로 미국의 패권주의와 동아시아 지역에서 미국과 미·일의 해양세력 중심의 세력구도 형성을 저지하고 중국의 국제정치적 위상과 역할을 확보하는 데 초점을 두었다고 하겠다. 그리고 궁극적으로는 대만과의 통일을 달성하면서 중화주의의 확산, 즉 동아시아의 패권을 추구하는 데 있다고 하겠다.

중국은 2002년 11월에 개최된 제16차 당대회를 통해 지도체제를 개편했다. 장쩌민(江澤民), 주룽지(朱鎔基)를 중심으로 하는 제3세대 지도부가 퇴진하고, 후진타오(胡錦濤), 원자바오(溫家寶)를 중심으로 제4세대 지도체제가 확립되면서 중국의 미래와 관련해서 대내외정책의 기본방향을 조정했다. 제16차 당대회와 5년 만에 개최된 제10기 전국인민대표자대회(全人代, 2003. 3)에서 "소강사회(小康社會)의 전면적 건설"을 발전목표로 설정했다. 나아가 앞으로 20년간 2000년 GDP의 4배, 연평균 경제성장률 7%대 유지, 1인당 GDP 3,000달러 달성 등을 비전으로 제시했다. 특히 중국 지도부는 경제의 지속적인 성장목표를 성취하기 위해 미국과의 안정적 협력관계의 유지·발전이 더욱 중요하다는 것을 강조했다.[15] 말하자면 세계질서의 다극화를 추구해 나가면서도 미국중심의 일극적 세계체제의 현실을 부정하거나 미국의 지위에 도전하지 않음으로써 미국과의 안정적인 관계유지에 마이너스 효과가 나타나지 않도록 한다는 매우 신중한 태도를 표명한 것이다.

중국의 이러한 대외정책 기조는 사실 개혁·개방을 국가목표로 삼은 1980년대 이래 "빛을 감추고 밖으로 드러내지 않고 힘을 기른다"는 '도광양회'(韜光養晦)의 전략적 기조에서 뿌리를 찾을 수 있다. 자신의 의지나 능력을 드러내지 않고 때를 기다린다는 의미의 '도광양회'는 경제발전에 전력을 기울이기 위해서는 특히 정치군사적 차원에서 미국과의 불필요한 경쟁과 마찰을 피하고 국력의 소모를 억제한다는 실리주의적 발상에서 나온 것이다.

이러한 대외전략에 앞서 일찍이 중국은 저우언라이(周恩來)가 중국·인도 공동성명(1954. 6)에서 주창한 '평화공존 5원칙'(平和共處五項原則)을 대외정책의 기조로 삼았던 시기가 있었다.[16] 냉전시대 중국은 서방의 봉쇄 속에 비동맹외교를 강화하면서 강대국 중심의 국제질서를 부정하고 이를 타도하는 데 주력해 왔다. 그 후 개혁·개방을 기치로 내걸었던 덩샤오핑(鄧小平) 시대에 중국은 세계로 나오면서 '도광양회'를 새로운 대외전략의 기조로 삼았다. 덩샤오핑의 후계자들은 이를 충실히 지키면서 미국 등 서방과의 관계개선에 적극 나서 국제질서의 안정 속에 경제성장의 실리를 추구했다. 그러나 최근 중국경제가 급성장하고 국제정치적 위상이 높아지면서 주변국을 긴장시켜 미국을 중심으로 '중국위협론'이 대두하는 상황을 맞이하게 됐다. 중국은 성장과 발전의 국가목표에 자칫 걸림돌이 될 수 있는 '중국위

---

15) Issue Paper, "제16차 전국공산당대회와 중국의 미래," 삼성경제연구소, 2002. 11. 28.
16) '평화공존 5원칙'(주권과 상호영토 존중, 상호불가침, 상호 내정불간섭, 평등·상호이익, 평화공존)은 아시아·아프리카 신생 독립국가들의 지지를 받으면서 비동맹 외교노선의 골간이 됐다.

협론'을 불식시키기 위해 다시 평화발전의 고양을 대내적으로 천명하고 있다. 이즈음 중국 지도부는 중국의 '평화로운 발전'을 강조하면서 '평화굴기'(平和堀起)라는 새로운 전략을 들고 나왔다.17) '평화굴기'는 중국의 평화로운 등장을 강조하는 용어로, 이는 경제대국으로서 중국의 등장은 바이마르공화국의 독일이나 군국주의 일본, 그리고 냉전시기 소련의 발전과는 다르다는 점을 말하고자 하는 데 의도가 있다. 다시 말해 이들 세 나라의 경제발전 목표가 세계를 정복하는 데 있었다면, 중국의 경제발전은 세계평화에 기여하는 데 있다는 말이다.

물론 평화로운 발전을 촉진(促進平和發展)한다는 입장의 '평화굴기'는 최근 미국과 유럽에서 고조되고 있는 '중국위협론'을 불식시키기 위해 제시된 논리라는 점에 대해서는 이론의 여지가 없다.18) 그럼에도 중국의 대외정책은 국내적 과제와 국제정세의 상황에 따라 전략적인 변화를 보이면서도 자신을 곧장 드러내지 않고 어려운 시기에 칼날을 감추고 실리를 챙기는 실용주의노선이 대외정책의 일관된 배경이라는 점이 특징이다. 여기서 힘을 기르는 동안 미국과의 소모적 경쟁관계를 회피하려는 '도광양회'의 전략적 가치가 충분히 돋보이고 있다. 그 동안 중국을 전략적 동반자로 부르면서 북핵문제 등에서 협력관계를 추구해 왔던 미국은 한편으로는 중국의 급부상에 놀라고 있는 모습을 드러내고 있다. 아시아지역에서 미국의 영향력과 사활적인 장기적 이익이 중국의 역동적인 경제·외교공세에 도전받고 있는 현실에 대한 우려가 높아지고 있는 상황이다. 이에 중국은 미국과 국력의 큰 차이를 강조하면서 '중국위협론'은 과장된 어불성설이라고 반박논리를 펴고 있는 중이다. 그러나 비록 미국과의 관계에서는 '중국위협론'

---

17) 평화굴기는 중앙당교 부교장 출신으로 평화굴기 과제 연구개혁개방논단 이사장인 정비젠(鄭必堅)은 2003년 10월 하이난(海南)성 보아오 포럼에서 처음 거론했다. 평화굴기의 3대 보장은 '인력자원 확보, 조화로운 사회환경, 국방건설'이다. 막강한 국방력은 평화굴기 외교와 조국 통일의 필수전제라는 입장이다. 그후, 원자바오 총리가 하버드대학 연설에서 거론(동년 12월)하면서 공식화됐다.

18) Philip S Golub, "China: the New Economic Giant," Le Monde diplomatique, October 2003; Ignacio Ramonet, "China Wakes up and Alarms the World," Le Monde diplomatique, August 2004(english edition http://mondediplo.com).

을 불식시키기 위해 '도광양회'에 근간을 둔 '평화굴기'를 강조하는 입장이지만 그들이 변방으로 불렀던 주변국에 대한 대외전략은 결코 그렇지 않다.

2) 중국의 변방전략: 유소작위

전통적으로 중국은 주변국에 대한 기미(羈縻)정책을 근간으로 국력이 융성한 때에는 적극적인 관여와 개입정책을 추진해 변방을 복속시키는 정책을 취해 왔다. 중국의 변방정책은 경제발전과 국력신장에 기반해서 주변국에 보다 능동적이고 적극적으로 개입하려 할 것으로 보인다. 따라서 국력신장을 바탕으로 대외관계에서 적극적으로 관여하고 개입해 소기의 목적을 이루고자 하는 점에서 '유소작위'(有所作爲) 노선이 강조될 것이다. '유소작위'는 국제관계에서 참여와 개입을 통해 지금까지 자제해 왔던 목소리를 높이고 그들의 몫을 스스로 챙기면서 중국의 안보와 국익을 확대시키고자 하는 공세적인 대외정책으로 나타날 가능성이 높다.

최근 동북아지역에서 한반도문제와 관련해서 '유소작위'에 입각한 중국 대외정책의 구체적인 형태는 두 방향에서 나타나고 있다. 우선 하나는 북핵문제 해결에서 보다 능동적이고 적극적인 관여정책으로 주변국으로부터 상당한 주목을 받고 있다. 다른 하나는 한중관계의 외교적 마찰을 초래하면서 한반도문제의 핵심적 사안으로 부각되고 있는 '동북공정'(東北工程)이 바로 그것으로, 중국의 대한반도 정책과 관련해서 우리에게 심각한 문제를 제기하고 있다. 이처럼 '유소작위'의 측면에서 보면, 북핵문제 해결을 위한 6자회담 과정에서 나타난 중국의 이니셔티브는 동북아지역에서 현 단계 중국의 국제정치적 역할과 정책적 의지를 반영한 것이라면, '동북공정'을 통해 중국은 변방정책의 일환인 한반도문제와 한중관계의 미래에 대한 그들의 전략적 방향과 의도를 여실히 드러내고 있다고 하겠다. 말하자면 중국은 대미(對美)관계에서 '도광양회'로 만면에 미소 띤 얼굴로 미국을 바라보고 있다면, 대한반도 전략차원에서는 '유소작위'로 적극적인 관여와 개입을 천명하고 나선 것이다.

3) '동북공정': 중국의 대한반도 전략

'동북공정'(東北邊疆歷史與現象系列研究工程의 약칭)은 2002년부터 추진된 중국의 국책사업으로, 중국 국경 안에서 전개됐던 모든 역사를 중국의 역사로 만든다는 프로젝트다. 이는 고구려사를 비롯해 고조선사, 발해사를 자의적으로 해석하고 왜곡해 한반도와 중국 동북방지역에서 활동했던 한민족의 정체성과 정통성을 부정하고 중국 변방의 역사로 편입시키는 국가 차원의 공작으로 역사 절취(竊取)의 비난을 받을 소지가 크다. 이 프로젝트는 '통일적 다민족국가'론에 입각해 베이징사회과학원(변강역사지리연구중심)과 동북3성이 공동으로 추진하는 국책사업으로 동북변강의 역사에 대한 해석과 아울러 한반도 정세변화에 따라 동북방지역의 사태발전 추이에 대한 체계적인 연구와 대책마련에 목적이 있다. 이를 위해 향후 5년간 200억 위안(약 3조 원)[19]을 투입해 특히 고구려사를 소수민족의 지방정권으로 규정해 중국사의 일부로 편입시키는 데 역점을 두고 있다.

그렇다면 중국은 식민사관, 황국사관에 의해 자행된 일본의 교과서 왜곡을 비난하면서, 왜 우리와의 우호관계 훼손을 자초하고 양국간 갈등과 긴장을 불러일으키는 패권주의적 작태를 국가차원에서 추진하고 있을까?[20] 필자는 학술적 프로젝트로 포장된 '동북공정'은 중국의 대한반도정책의 방향과 정치적 성격을 드러내는 사업이라는 점을 강조하고 싶다. 특히 이 프로젝트는 북한체제에 대한 전망과 한반도 통일과 관련된 사안이라는 점을 무시할 수 없다. 이를 두 측면에서 이해할 수 있다.

'동북공정'은 첫째, 중국은 북한이 완충지역으로 존속되기를 바라지만,

---

19) <중앙일보>, 2003. 07. 14.

20) 중국 외교부가 최근(2004. 4. 8) 인터넷 홈페이지에 일본 국가개황 중 약사를 뜻하는 간황(簡況)에서 일제가 한국에 대한 침략과 지배를 정당화하기 위해 조작해 낸 식민사관인 임나일본부설(任那日本府說)을 지지하는 듯한 표현을 사용한 점이 주목된다. <연합뉴스>, 2004. 7. 22.

북한의 체제변화 또는 충분히 예상되는 돌발사태의 경우 한반도 북부 지역에 대한 적극적인 관여와 개입의지를 우회적으로 표명한 것이라 할 수 있다. 말하자면 북한 영토는 비록 중국 변방사이지만 중국의 소수민족 정권이었던 고구려의 영토로 당연히 중국의 직접적인 관여·개입사안이 된다는 주장을 함축하고 있다. 이에 자국 내 고구려의 유적을 유네스코(UNESCO)에 등재해 세계를 향해 연고권을 주장하는 전략을 추진했던 것이다. 그와 더불어 지역주민과 학생들을 대상으로 고구려 유적을 중국사로 학습시키는 작업을 서두르고 있는 중이다. 그러나 과거 자신의 연고권을 주장한다면 프랑스나 에스파냐는 과거 로마의 영역이었다는 점에서 이탈리아의 역사이며, 중국사 역시 한때 원 제국을 이루었던 몽고의 역사에 편입된다. 또한 중국의 주장처럼 오늘날 자국의 영토 내에서 이루어진 역사는 모두 자국의 역사라고 규정한다면 아메리카대륙 인디언의 역사는 미국의 고대사나 중세사로 바라보아야 한다.

둘째, 한반도의 통일은 남한중심으로 이루어질 것이라는 전제에서 중국 동북부지역 조선족의 동요를 막는 한편 동북3성 중국인들의 통일한국에 편향될 수 있는 가능성을 사전에 예방하는 변방정책의 일환이라 할 수 있다. 따라서 역사왜곡은 동북3성 지역의 국민통합을 위해 역사적 자긍심을 부추겨 한족(漢族)중심의 중화주의로 결집시키려는 데 목적을 둔 국가차원의 기만작업인 반면, 한민족에게는 역사침략이 아닐 수 없다.

중국이 이러한 작업을 정부차원에서 추진하는 데는 고대사 해석을 둘러싼 단순한 아카데미즘의 영역과는 무관하게 한반도 통일상황에 대비한 관여와 개입의 논리적 근거와 정당성을 확보하려는 시도로 볼 수 있다. 더욱이 2003년 조·중 국경지역에 15만의 군대를 배치시킨 사실도 북한의 미래와 관련한 상황변화에 대한 중국의 대한반도 전략의 일단을 보여주고 있다는 점에서 시사하는 바가 크다.[21] 어느 면에서 중국은 그들의 대미전략인

---

21) "美국방부 2004년 중국군사력 보고서"는 2003년 9월 중국은 대북 국경 경비업무를 중국 정규군 3개 군단 15만 명의 인민해방군에 이관함으로써 "중국으로의 난민유입을 막는 능력과 북한정권의 붕괴에 대응할 능력을 강화했다"고 분석했다. <연합뉴스>, 2004. 6. 1.

'도광양회'를 통해 미국의 동아시아지역 문제해결에 협력하는 모습을 보이면서 이 지역에서 '유소작위'의 효과를 가속화하는 실리를 확대시키고 있는 것이다.

4) '우리식' 이이제이

중국의 변방정책은 역사적으로 중국 대외정복사의 한 형태를 반영한다. 오늘날 중국의 영토는 청나라 건륭제 치세하에서 단행됐던 변방정책의 산물로 볼 수 있다. 청의 변방 정복과정에서 마지막 유목제국으로 '서부몽골'로 불렸던 준가르한국(準噶爾汗國, Zhungar)은 60여만 명의 인구 중 거의 절반 이상이 희생됐고, 신장(신강) 진출(1755~58)과 연이은 버마(1768~69), 베트남(1788~89), 네팔(1790~92)과의 전쟁은 청의 팽창정책의 결과로 나타났다. 물론 중국의 성공적인 팽창은 해당 변방국의 입장에서는 피침의 역사로 기록될 수밖에 없었을 것이다. 그 후 제국주의 시대 서구열강의 동아시아 침탈에 노대국 중국이 허덕이던 시대에는 팽창정책은 더 이상 지속될 수 없었고 변방을 관리할 역량도 한계에 부딪히게 됐다. 특히 20세기 냉전시대 때 티베트 통치를 둘러싼 중국의 개입(1950. 10)과 티베트인의 저항은 중국 변방정책의 성격과 방향을 보여주는 훌륭한 사례라는 점에서 우리의 주목을 끈다.

중국은 한 번도 사회주의 노선을 추구했던 적이 없다. 모택동사상은 마르크스주의에 접맥된 사회주의 이념이라기보다는 모든 사회적 원심력에 대한 통합의 구심으로 작용했다고 볼 수 있다. 현대의 중국은 지금 권위주의적으로 통치되고 있으며 강력하게 국가주의적 목표를 추구하고 있다. 중국은 지리적 차원에서 스스로를 천하의 중심으로 불렸던 것이 아니라, 문화적 우월의식에서 천하의 중심으로 자처했다. 그러한 중국 내에서 역사적으로 연고가 있다고 여기는 과거 영토 회복의지를 의심하는 사람은 아무도 없을 것이다. 1962년 인도와의 국경분쟁, 68년 아무르강 유역에서 러시아와의 군사적 충돌, 95년과 96년 대만해협의 군사적 긴장, 88년과 94년 베트남

해군과의 소규모 교전, 95년 필리핀과 영토갈등을 빚었던 미스치프 산호초섬 강점 등은 영토문제에 대한 중국의 집요한 야욕을 그대로 증명한다.

한반도는 지금 중국 변방 가운데 가장 중요한 지역으로 떠오르고 있다. 중국은 동쪽으로 북한, 북쪽으로 몽골·러시아·카자흐스탄·키르기스스탄·타지키스탄, 서쪽으로 아프가니스탄·파키스탄·인도·네팔·부탄, 남쪽으로 미얀마·라오스·베트남 등과 국경을 접하고 있다. 그런데 흥미로운 사실은 중국과 국경을 접한 이들 국가 가운데 중국보다 부유하거나 미래전망이 밝은 나라는 거의 없다는 점이다. 더욱이 정치적으로도 중국보다 앞섰거나 안정된 나라도 드물다. 이런 까닭에 현재까지는 한족중심 중화제국의 구심력 훼손이나, 변방 특정 국가의 원심력이 심각하게 우려될 만한 상태는 아니다. 그러나 통일한국의 한반도만은 예외다. 통일한국과 한민족의 경제적 번영, 정치적 민주주의, 문화적 자존, 역사적 자긍심 등은 중국 변방정책의 새로운 인식을 촉구하는 '문제상황'일 수도 있다.

중국의 대미정책이 미국과의 긴장관계를 회피하는 신중한 '도광양회'의 기조에 기반하고 있다면, 대한반도 정책은 '유소작위'의 적극적인 관여·개입정책으로 가닥을 잡았다. 중국의 대한반도 정책이 관여와 개입을 주장하는 전통적인 변방정책의 추구가 예상되는 시기에 한국의 합리적인 대응방안은 무엇일까? 북한의 체제전환 과정 또는 통일과정에 한반도에 미치는 중국의 영향력과 안보위협에 대해 우리의 독자적 대응 가능성과 역량문제를 살펴보아야 한다.

통일한국의 대중관계는 역사적 경험에 비추어 본다면 두 방향에서 찾아볼 수 있다. 하나는 고구려 방식이고 다른 하나는 조선식 대중정책이다. 고구려는 중국에 굴하지 않고 대결방식을 고수한 반면, 조선은 중세적 현실주의에 입각한 사대외교로 국가의 존립을 모색했다. 전자는 현실적으로 가능한 방안이 아니며, 후자의 방식도 결코 바람직한 대안은 아니다.

여기서 우리는 다시 한번 긴 호흡 속에서 미국문제를 음미해 보아야 한다. 만약 한국과 미국의 한미동맹이 심각한 수준으로 훼손된 상태이거나, 동맹관계가 더 이상 유지될 수 없는 상황에서 과연 중화적 국제질서를 구축하려는 중국으로부터 우리의 안보와 자주권을 충분히 보장받을 수 있을 것인가? 이 경우 한반도에 대한 중국의 관여·개입을 미연에 방지하고 한반도에 대한 독자적인 통제력을 행사할 수 있을까 하는 의문을 불식시키기 어렵다. 물론 어느 누구도 이에 대해 낙관적 전망을 제시하기는 쉽지 않을 것이다.

한미관계가 점점 이완되고 한국의 탈미(脫美)경향이 높아질수록 한반도에 대한 중국과 일본의 개입과 영향력은 상대적으로 증대될 것이며, 그에 따라 한반도의 안보와 평화, 번영의 미래전망은 불투명해진다. 반세기 이상 유지해 온 한미 동맹관계가 중국의 한반도에 대한 관여와 개입전략을 억제하고 한반도에 대한 우리의 통제력을 확대시키는 현실적 대안으로 활용될 수 있다면, 한미관계의 의미는 보다 신중하게 이해될 수 있을 것이다. 이를 위해서는 점차 증대되고 있는 한미관계의 이완과 상호불신의 극복이 선결적인 과제가 아닐 수 없다. 그러나 사태의 악화에는 항상 미국 측에 더 많은 책임이 있음에도 불구하고, 문제의 원인에 대한 미국의 진지한 인식 부재와 몰이해가 대부분의 한국인들로 하여금 실망과 분노를 억제할 수 없게 만들고 있다. 반미(反美)는 한민족의 삶과 운명에 대한 한국인의 인내심의 한계를 넘어선 미국의 일방주의적 접근방식을 거부하는 지극히 자연스런 반응의 한 형태이나, 반미가 전략적 대안이 될 수 없다는 사실도 냉엄한 현실이다. 어쨌든 우리는 동북아지역에서 미국의 전략적 이익을 이해하는 입장에서 한반도의 평화통일 과정에 미국의 긍정적 역할을 유도해야 할 것이다. 다른 한편 미국의 존재를 한반도 평화와 통일과정에 중국의 관여와 개입을 억제시킬 수 있는 지렛대로 활용할 수 있다면, 우리는 이를 '우리식 이이제이(以夷制夷)' 또는 '이강제강'(以强制强)이라는 전략적 입장에서 바라볼 수 있을 것으로 여겨진다.

한민족은 대륙세력과 해양세력의 틈바구니에서 어느 한편에 흡수·동화되지 않은 채 독자적 문명과 고유한 역사를 간직해 왔다. 이는 세계사에서 보기 드문 사례가 아닐 수 없으며 민족적 자긍심의 원천이기도 하다. 이제 우리는 기로에 서 있다. 우리는 한반도가 해양세력과 대륙세력 어느 한쪽으로 급격히 편향되는 상황은 피해야 된다. 어느 일방으로 편향되거나 한쪽으로 치닫는 상황은 위험하며 민족사의 미래에 비추어 결코 바람직하지 않다.

균형추의 역할과 위상을 확립해 나가는 균형감각이 필요한 때이다.

그런데 우리는 지금 어디로 치닫고 있는가? 19세기 말 러시아의 남진을 막는 방아책(防俄策)으로 조선·중국·일본·미국과의 연합(親中結日聯美)을 주장했던 '조선책략'의 시대상황과 달리 지금 우리는 특정 국가를 배제할 수 있는 입장이 아니며, 오히려 한반도 주변의 모든 국가와 더욱 깊은 유대와 굳건한 협력관계를 구축해 나가야 할 실정이다. 특히 여기에는 미국과 유대의 의미를 새롭게 인식하면서 중국과 다양한 분야에서 상호협력의 토대를 넓혀 가는 한편 중국의 한반도에 대한 관여·간섭을 억제시킬 수 있는 전략적 구상이 요청된다. 21세기에 '한국책략'을 다시 쓴다면 그것의 요체는 '우리식 이이제이'의 입장에서 미국과 중국 사이의 균형추로서 한반도의 위상을 정립하는 데 있으며, 서울과 평양의 민족공조 방향은 바로 여기에 놓여 있다는 인식의 공유가 요망된다.

4. 북한의 개혁과 평화통일의 전망

1) 북한의 딜레마: 체제모순과 외적 요인

북한의 진정한 딜레마는 김정일체제의 존속과 개혁·개방이 양립할 수 있느냐 하는 문제에 있다. 북한은 최근 북미관계 교착상태 속에서도 남북경협에 대한 기대와 함께 2002년 7월 개혁조치와 같은 일련의 대내적 개혁조치를 단행했다. 그러나 그러한 경제관리 개선조치가 북한의 참된 '변화의지'(will to change)와 '변화에 대한 새로운 자세'(new attitude towards change)를 보여주는 충분조건일 수는 없다. '7·1경제관리 개선조치'의 경우 사회적 이완 및 통제불능 상태에 대한 사후추인 형태의 변화에 불과한 것으로, 개혁 또는 시장화의 진전으로 해석하는 데는 신중을 요한다.[22] 이 경우 개방쇼크를 방지하기 위한 억제비용이 개방효용 편익을 넘어서는 구조에서 의미있는 변화를 기대하기 어렵다.

북한경제는 이미 1970년대 초반에 한계상황에 도달했다. 그 후 폐쇄경제 체제를 유지하는 가운데 1990년대 사회주의권의 몰락을 계기로 마이너스성장이 지속되면서 북한 경제체제는 정상적인 작동을 멈추었고 현재는 거의 회복불능 상태에 처했다. 북한 경제정책의 기본이념인 '자력갱생'은 김일성의 경제면에서의 주체사상으로, 사실 이 자력갱생이야말로 역설적으로 북한경제의 한계상황과 붕괴로 이끈 대실패(fiasco)의 근본요인이라 할 수 있다. '자력갱생', '자급자족' 정책은 식민지 공업화의 토대 위에 전시 동원체제 수준의 전 인민의 노동력 동원체제를 가동해 1960년대 말까지 일정한 성과를 얻을 수 있었으나, 곧 폐쇄 메커니즘의 한계에 봉착해 산업구조의 원활한 작동이 불가능한 상태에 직면하고 말았다.

자력갱생과 자급자족 노선은 반드시 노동생산성이나 체제유지와 관련된 '정치적 폭력기제'와 '사상통제 메커니즘'을 요구한다. 노동의욕 상실, 관료주의적 부패, 자연자원의 황폐화를 초래하는 체제모순 또는 체제실패에도 불구하고, 지금까지 북한체제가 지속된 데는 강력한 '정치적 폭력기제'와 '사상통제 메커니즘'이 완전히 해체되지 않았기 때문이며, 다른 한편으로는 '외적 요인'(미제)이 대내적 결속요인으로 작용하면서 체제모순의 은폐, 왜곡에 기여했던 측면을 무시할 수 없다. 이렇게 본다면 역설적으로 미국과의 적대관계가 체제유지에 긍정적 기능을 했다고 하겠다.

북한은 변화(개혁·개방)에 대한 거부와 세계사적 추세에 역행하면서도 위기의 실체를 객관적·사실적 관점에서 파악하고 위기극복을 위한 합리적 수단을 창출하는 사상과 실천의지를 찾아볼 수 없다. 북한의 체제보존 옵션은 두 가지다. 핵을 가지거나, (핵을 포기하고) 과감한 개혁·개방노선을 선택하거나 하는 것이 그것이다. 양손에 두 개의 떡을 모두 쥘 수는 없다. 그럼에도 양손에 두 개의 떡을 한꺼번에 움켜쥐겠다는 과욕과 또한 핵을

---

22) 북한 7월조치의 기본개념은 소련, 동유럽에서는 1960년대 중반에 등장했고, 중국과 베트남에서는 1980년대 초에 본격적으로 추진됐다. 박형중, "비교사회주의 관점에서 본 '실리 사회주의론'의 위치와 전망,"『김정일정권 10년: 변화와 전망』(학술회의총서 04-01, 통일연구원 2004), 191-192쪽.

가지고 아주 큰 떡을 얻겠다는 오판의 시간이 북한의 '잃어버린 10년'이었다. 이처럼 체제유지 콤플렉스는 어느 하나만을 선택해야 하는 상황에서 '정치적' 결단을 어렵게 한다. 이런 점에서 핵포기와 그에 대한 대가로 경제개혁을 위한 대폭적인 외부지원 방식의 북·미 '대타협'을 주장하는 논리는 공허한 메아리가 될 것 같다.[23]

북한의 후계구도 문제로 인한 불투명한 미래와 함께 중장기적 전망 아래 북한의 '충격' ── 체제(regime) 또는 국가(state) 수준에서 ── 에 따른 다양한 변화양태에 대한 예측이 필요하다. 즉 북한체제의 내적 모순에 따른 '재조정 단계'에 대한 신중한 고려와 그것의 파급효과에 대해 면밀한 분석이 이루어져야 한다. 북한체제의 '재조정단계'가 전제돼야 개혁·개방을 향한 유의미한 변화를 기대할 수 있을 것이다. 이 경우 어느 정도의 혼란이 예상되나 이는 반드시 겪어야 할 통과의례라는 점에서 인내와 합리적 대책마련이 요구되는 상황이다.

2) 대북 및 통일정책의 세 원칙: 현실주의, 평화주의, 인도주의

대북 및 통일정책의 추진은 한반도 주변의 국제정치적 역학관계의 변화와 함께 북한체제의 변화 가능성에 대해 현실주의적 이해를 바탕으로 접근해야 한다면, 한반도에서 어떠한 형태의 전쟁도 반대해야 하는 평화주의 원칙, 민주주의와 인권, 그리고 탈북자에 대한 포용과 대책 등의 인도주의 원칙을 지켜 나가야 할 것이다.

현실주의: 북한관리

북한은 우리의 협력상대(partner)이자 동시에 '관리대상'이다.[24] 분단시대

---

23) 마이클 오핸론·마이크 모치주키, 『대타협』(Crisis on the Korean Peninsula), 최용환 옮김 (삼인, 2004) 참조.
24) 남한의 경제규모는 세계 14위. 2003년 남북한 대비 경제규모인 명목GNI 비교는 1/

대북정책의 최대목표는 전쟁재발 방지차원에서 분단의 평화적 관리, 즉 '분단관리'를 최우선적 과제로 삼았다. 분단관리 정책은 남북한 분단구조의 불변과 지속을 전제로 한반도를 둘러싼 남북관계와 국제정치적 역학구도의 균형상태에 충격을 가하는 변수를 통제하는 데 초점을 맞추었다. 분단관리 정책은 '현상유지'(status quo)를 통한 한반도의 안정과 북한의 도발을 방지하는 억제전략에 기반한 논리였다. 이러한 분단관리 정책은 남북한간 날로 심화되는 엄청난 국력격차와 파산상태에 있는 북한의 미래에 대한 회의가 점증되는 상황에서 북한체제의 위기상황에 대한 심각한 고려와 급작스럽고 충격적인 변화에 대한 대책으로서는 근본적인 한계를 지닌다. 분단관리 정책은 분단의 평화적 관리에 역점을 두었는데, 이는 냉전시대의 논리로서 그 역사적 소임을 다했다.

북한은 화해협력의 동반자이자 남북한 경제협력과 협상의 파트너이다. 그러나 한반도와 동북아의 위기는 북한체제의 파국적 상황(power bankrupt)에서 비롯될 수 있기 때문에, 한반도 평화와 민족의 미래를 위해 북한을 관리해 나가지 않으면 안 되는 상황이다. '북한관리'의 논지는 북한체제는 더이상 북한주민의 삶과 미래를 책임질 수 없는 한계상황에 다다랐으며, 북한체제 미래전망의 부재와 불확실성이야말로 한반도 평화와 남한사회의 안정적 발전과 미래를 위협하는 실체라는 데 있다. 또한 현실주의는 햇볕정책의 계승과 극복의 차원에서 접근해야 할 것이다.

북한관리(manage)는 통제, 선도, 그리고 대북지원 세 측면을 포괄한다. 첫째, 통제(control)의 측면에서 군사안보와 사회위기의 문제는 우리의 통제대상이 아닐 수 없다. 둘째, 국제사회 진출과 민주주의 방향의 제시의 측면에서 북한을 선도(guide)해 나가야 한다. 셋째, 대북지원과 개혁·개방을 추구하는 북한정권에 대한 적극적인 지지(support)가 필요하다. 북한의 체제전환 또는 체제합류는 북한 지도부와 주민 스스로 선택하도록 하는 것이 바람직하다. 이를 위해 과감한 사회간접자본(SOC) 건설 등 북한이 참여하는 보다

33(3.0%), 무역총액 1/155.9(한국은행, "2003년 북한경제성장률추정결과," 2004. 6. 8, 공보 2004-6-11호).

체계적이고 미래 지향적인 대북 프로젝트를 추진해야 할 것이다. 북한체제의 불확실성은 반드시 통제·관리돼야 한다. 따라서 지금 당장 북한을 "어떻게 관리하느냐"(how to manage)의 문제보다는 현상유지적인 '분단관리'의 시대를 넘어 이제 '북한관리'의 현실에 직면해 있다는 분명한 인식이 중요하다. 비록 북한정권과의 협의, 협력의 의의와 가치를 충분히 존중한다고 하더라도, 한반도 7천만 주민의 삶과 미래는 결코 남북한 공동의 책임이 될 수 없다. 책임은 책임질 수 있는 자의 숭고한 의무이다.

평화주의

평화는 수단이자 목표가치이다. 평화주의는 대북경협과 국제협력을 통해 추구될 수 있다. 총과 대포를 녹여 보습과 쟁기를 만들자는 말이다. 북한은 장기적으로 한국경제 도약의 발판이라는 점에서 대북경협 드라이브를 통해 한국경제의 새로운 활로를 열어 가야 한다. 대북경협은 남북한의 윈윈전략이다.

첫째, 한국사회의 노동인구 및 노동구조 위기를 해소하는 계기로 작용할 것이다. 유럽국가들은 노동구조 취약에 따른 경제위기 해결방안으로 이민의 수용과 해외로부터 이전된 금융자산 소득으로 위기를 극복했으나, 한국의 경우 두 가지 방안 모두 불가능하다. 북한 노동력의 효율적인 교육, 노동생산성 증대 등은 북한경제의 회생뿐만 아니라 한국경제의 활로가 된다. 둘째, 노동비용 문제의 해결전망을 기대할 수 있다. 한국경제의 고비용구조 중 상대적 고임금인 노동비용 문제의 해결방안으로 북한은 코스트다운의 대안이 될 수 있다. 셋째, 북한은 새로운 투자유발 지역으로 부각될 것이다. 대규모 투자와 새로운 테크놀로지에 기반한 고부가가치 산업의 새로운 투자처로 북한의 가능성은 크게 열려 있다. 넷째, 북한은 대규모 프로젝트 대상지역으로, 동아시아지역에 남아 있는 대규모 프로젝트의 유일한 대상이다. 대규모 프로젝트라는 점에서 남한은 대북진출(대북경협)을 먼저, 그리고 보다 적극적으로 추진해 확실한 '선점권'을 확보해야 한다. 현재 국제사회는 북한의 국가위험도(country risk)에 대한 우려로 적극적인 대북진출이 억제되고 있는 상황이나, 개성공단의 성공적인 개발을 통해 향후 국제사회의 대북투자를 기대할 수 있다.

남북관계의 진전이 반드시 평화를 보장해 주는 것은 아니다. 한반도와 남북관계의 평화는 깨지기 쉬운 유리잔이기도 하다. 평화는 규범적 가치이기도 하나, 평화의 유지와 창출은 전략적 판단과 실천을 통해 보장받을 수 있다. 미국중심의 세계질서 재편과정에서 유일 초강대국인 미국의 세계관리 정책과 조화될 수 있는 한국사회의 세계인식을 전제로 한반도의 평화문제를 바라보아야 할 것이다. 한반도의 통일은 주변국의 이해, 특히 미국의 지지와 적극적인 협조 없이는 불가능하다. 한미간 미래 지향적 가치의 공유가 절실하다.

인도주의

인권과 인간존엄성, 그리고 민주화에 대한 열정이 지난 1980년대 한국사회를 변화시킨 힘이다. 어느 국가도 국민의 인권문제를 내부문제라고 말할 자격을 가진 국가는 없다. 북한 인권상황은 우리와 국제사회의 참여를 통해 해결해야 할 우리 모두의 사명이다. 훗날 우리는 북한동포들로부터 그때 왜 동포의 인권문제에 그토록 침묵을 지켰느냐 하는 질문을 받고 싶지 않기 때문이다. 대량 탈북시대를 준비해야 한다. 총 들고 내려오는 사람은 총으로 막을 수 있지만, 숟가락 들고 오는 사람은 총으로 막을 수 없다. 대북지원과 탈북자에 대한 포용은 민족사회의 미래를 열어 가는 문제로, 이에 대한 국민적 합의 수준을 높여 가야 한다.

통일은 하나의 민족이 하나의 국가를 수립하는 '1민족 1국가' 상태를 뜻한다. 다시 말해 통일은 한반도에서 한민족의 유일한 합법정부의 형태로 하나의 국가체제가 수립된 상태를 의미한다.[25] 통일에 대한 우리 국민들의

---

25) 통일(unification)은 서로 다른 국가 또는 정치적 실체(political entity)가 하나로 결합되는 정치적·국제법적 '사건'(event)으로 볼 수 있다. 이와 달리 통합(integration)은 민족 또는 국가 내부의 다양한 구성부문 가운데 상호 등질적인 부문간의 조화와 융합의 '과정'(process)을 뜻한다. 예컨대 경제통합, 제도통합, 사회통합 등으로 나타난다. 그러나

일반적 인식은 대한민국 헌법 제3조의 "대한민국의 영토는 한반도와 그 부속도서"에 규정한 영토조항의 온전한 구현을 의미하는 것으로 볼 수 있다. 물론 북한의 통일에 대한 입장도 이와 크게 다르지 않다.[26] 통일은 '1민족 1국가' 상태의 과도기적 형태로 남북연합이나 연방제 형태가 장기간 또는 짧은 기간 동안 집약적인 형태로 나타날 수 있으며, 그러한 과정을 거치지 않을 수도 있다. 한반도 통일은 단순히 동북아지역의 정치지도 변화에만 그치는 것이 아니라, 동북아지역의 헤게모니를 둘러싼 미국과 중국의 역학관계에 심대한 변화를 초래하는 사안이라는 점에서 결코 '우리 민족끼리'만의 문제일 수는 없다. 한반도의 통일은 주변국의 지지와 협력 위에서만 가능하다.

통일은 단순한 정치적·국제법적 사건에 그치는 것이 아니라, 정치적 국제법적 사건으로부터 그 후 제도적·사회적·문화 등 각 부문의 통합을 거쳐 민족적 삶 자체가 하나로 되는 일련의 과정으로 파악될 수 있다. 따라서 통일은 모든 부문의 통합과정을 포괄하는 하나의 총체적 과정으로 이해할 수 있다.

26) 조선노동당 규약 전문: 조선로동당의 당면목적은 공화국 북반부에서 사회주의의 완전한 승리를 보장하며 전국적(한반도전체) 범위에서 민족해방, 인민민주주의 혁명과업을 수행하는 데 있으며, 최종목적은 공산주의를 건설하는 데 있다.

제2장 통일정책과 국민통합: 보혁갈등을 넘어*

조선국민에게

　동족상잔은 언제나 죄악이다. 그것은 다만 민족의 역량을 소모하고 조국의 재건을 지연할 뿐이다. 더욱이 도에 넘친 잔인한 행위는 국제적으로 조선민족의 위신을 추락케 해 독립을 방해하는 결과를 가져올 뿐이다. 얼마나 비탄한 일이냐?

　여러분! 지금부터 여러분은 정치상, 경제상 어떠한 불행, 불만이 있든지 또는 좌거나 우거나 어떠한 악질적 선동이 있던지 그 선동에는 속지 말고 여러분의 불평불만은 합법적으로 해결을 얻기로 하고 각각 고생스러운 생활을 참고 지켜가면서 동포끼리 서로 싸우는 비극은 즉시 그칠 것이다.

　살벌과 파괴와 방화 등은 가장 큰 죄악이요 민족의 대불행이다. 여러분은 다만 합작에 의한 고심참담한 건설을 함께 신뢰하고 지지하면서 총역량을 집합하여 이 중대한 시국을 수습키로 하자!

미군정청과 좌우합작위원회 공동회담 개최에 즈음한 한미 공동성명
1946년 10월 26일

---

* 이 논문은 「통일정책연구」 12권, 2호(통일연구원, 2003)에 실린 것을 수정·보완한 것임.

1. 국민통합의 당위성

동강난 산하(山河), 찢겨진 국민. 이는 남북분단의 역사 위에 남남분열의 현실을 표상하는 말이다. 이 경우 '한 민족, 두 국가'(one nation, two states) 상태에, '한 국가, 두 국민'(one country, two people)의 갈라지고 찢긴 형태가 나타날 수도 있다. 이러한 최악의 시나리오는 반드시 거부돼야 한다.

국민통합은 평화와 번영의 디딤돌이다. 노무현 대통령은 제16대 대통령 취임사를 통해 "개혁은 성장의 동력이고, 통합은 도약의 디딤돌"이라는 인식하에 국민통합이야말로 이 시대의 '가장 중요한 숙제'라고 역설했다. 그런즉 평화와 번영과 도약의 새 역사를 만드는 도정에서 국민 모두가 동참하기 위해서는 먼저 이념·지역·계층·세대간 갈등이 해소되는 국민통합의 장(場)이 마련돼야 한다.

노무현 대통령의 '참여정부'는 21세기 한국사회의 변화를 요구하는 보다 개혁적이고 진보적인 정치세력의 지지와 열망을 기반으로 출범했다. 그러나 현정부 출범과 함께 우리 사회는 노사갈등을 비롯하여, 특히 한반도의 평화와 통일문제를 둘러싸고 진보좌파와 보수우파간 이념적 대립양상인 보혁(保革)갈등의 진통을 겪고 있다.[1] 이러한 보혁갈등으로 인한 '남남갈등'은 심각한 국론분열로 인식될 정도로 점점 더 골이 깊어 가고 있는 실정이다.

최근 한국사회의 보혁대결은 과거의 이념갈등과는 전혀 다른 양상을 띠고 있다. 역대 정권에서 정치적 비판세력이었던 진보성향의 정치세력이 역사상 최초로 집권에 성공함으로써 전통적인 보수 헤게모니의 정치지형에

---

1) 이 글에서 진보=좌파, 보수=우파로 구분하는 입장은 우리 사회의 일반적인 사회적 통념에 따른 접근방식이라 할 수 있다.

결정적인 균열을 가져왔다. 이러한 정치균열은 진보좌파와 보수우파 양측 모두 충분히 예상하거나 준비하지 못한 상황이었으며, 이 과정에서 이념적 헤게모니의 전도(顚倒)현상이 나타나게 됐다. 이에 한국의 진보세력은 지금 이 '역사적 국면'에 쐐기를 박고 다시 '보수반동의 계절'로 회귀하지 못하도록 더욱 강렬한 정치적·이념적 드라이브를 요구하고 나섰다. 다른 한편 민주화시대 이래 한국정치의 역학구도에서 경향적 퇴조의 길을 걷고 있던 산업화 주도 정치세력과 한국사회의 이념적 지형에서 점차 왜소해지고 있던 보수세력은 그들 존재 자체의 의의와 역할이 철저히 부정되는 현실 속에서 상당한 분노와 함께 더 이상 물러설 곳이 없다는 절박한 위기감으로 일전불사의 의지를 결집하고 있는 중이다. 정치영역뿐만 아니라 학계, 종교계, 언론계(신문, 방송, 인터넷), 문화예술계, 산업현장, 시민단체, 심지어 교단에까지 불어 닥친 '내편·네편'의 '편가르기'로 온 나라는 해방정국에서 분출됐던 극단적 좌우대결의 소용돌이처럼 또다시 집단적 어리석음과 광기(狂氣)에 사로잡혔다. 이 그로테스크한 장면이 지금 한국사회가 맞닥뜨린 현실이다.

과거 정부는 산업화와 근대화 등의 국가목표를 통해 반공적 체제를 유지하기 위해 체제비판 세력을 배제하고 억압하는 한편 국민통합을 이루어 낼 수 있었다. 특히 온 국민이 궁핍으로부터 탈출하자는 '위로부터' 정부주도의 국정목표를 한국인의 집합적 의지로 결집시킬 수 있었다. 그러나 지금은 "잘살아 보세!"라는 정부주도의 구호 한마디에 모든 국민이 열광적으로 따르던 그러한 집합의지('엘랑' élan)를 기대하는 것은 불가능한 상황이 됐다. 오히려 현실은 그러한 상황과는 정반대로 민주화가 진전돼 가면서 과거 국가에 의해 억압됐던 시민사회의 자율성이 보장되고 시민사회가 국가를 포섭하는 구조 위에서 국가의 정책목표를 위한 '위로부터' 국가주도의 국민통합은 사실상 불가능하게 됐으며 오히려 국정목표 설정 자체가 국민을 분열시키고 시민사회 내 갈등을 유발하는 계기로 작용하면서 국정수행 과정에서 많은 난관에 부딪히는 경우를 종종 보게 된다.

그럼에도 국민통합 문제를 주요한 국정과제로 삼지 않을 수 없는 데는 남북한 화해협력 과정에서 대북정책을 성공적으로 추진하기 위해서는 광범한 국민적 합의기반을 확충해야 하며, 이는 우리 사회 내부에서 대북정책을 둘러싸고 나타나고 있는 남남갈등의 극복 없이는 불가능하다는 사실에서 비롯됐다. 즉 민족화해 못지않게 남남대화도 중요하다는 인식이 고취되면서[2] 우리 사회의 다양한 계층, 지역, 그리고 세대를 아우르는 국민적 통합의 절실함이 부각됐다.

2. 보혁갈등의 배경 및 존재양태

1) 보혁갈등의 배경

최근 한국사회에서 보혁갈등은 거의 모든 분야에서 다양한 형태로 나타나고 있다. 보혁갈등의 대표적인 형태는 민족화해 과정에서 나타난 남남갈등이다. 남남갈등은 통일 및 대북정책을 둘러싼 궁극적 목표, 현실인식, 접근방식 등의 차이에서 오는 이념적 갈등양상이라 할 수 있다. 남북한 분단체제가 타파되지 않는 한 통일정책의 추진과 한반도문제의 접근방식을 둘러싼 보혁갈등은 쉽사리 해소되기 어렵다. 좌우대립 또는 보혁갈등은 분단체제 자체에 내장된 고유한 속성이다. 좌파와 우파, 보수와 진보는 분단체제의 쌍생아로서 냉전시대의 오랜 관행적 침묵상태를 깨고 최근 한국사회의 모든 분야에서 대립적·갈등적 입장을 드러내고 있다. 특히 김대중정부의 햇볕정책을 둘러싼 지지와 비판이 남남갈등을 야기한 계기였다면, 그러한 남남갈등의 배경 위에서 노무현정부의 대미인식과 대북정책은 한국사회의 다양한 입장과 이념의 차이를 보다 뚜렷이 드러내는 균열점으로 작용했다.

---

[2] 1998년 9월 '민족화해'를 모토로 설립된 통일운동 협의체인 민족화해협력범국민협의회는 다음해 1999년에 '남남대화'의 중요성을 지적했다. 민화협 정책위원회 편, 『민족화해와 남남대화』(한울아카데미, 1999) 참조.

(1) 보혁갈등은 좌파, 우파 모두 위기의식의 표출이다

한국사회의 국론분열로 최근 시민사회 내 투쟁적 대결양상으로 나타나고 있는 보혁갈등의 특징은 좌·우 양측 모두 심각한 위기의식의 표출이라는 데 있다. 위기의식은 진보주의적 좌파의 입장에서는 한국현대사의 굴곡 속에서 마침내 집권 고지에까지 올랐지만, 이 '역사적' 계기를 지켜 내고 진전시킬 수 있는 물질적 토대가 충분히 구축된 상태도 아니며, 더욱이 정치적·이념적 헤게모니를 완전히 장악한 상태도 아니라는 데서 긴장과 위기감이 나타날 수 있다. 여기서 보수세력의 반격과, 특히 외세, 즉 진보주의적 좌파의 존재와 향방에 커다란 영향을 미치는 외생변수인 미국의 입장이 진보세력의 집권에 결코 우호적이 아니라는 점에서 미국에 대한 비난과 함께 우려감이 중첩되고 있다.

보수우파의 위기의식도 심각한 수준이다. 보수우파는 두 번에 걸친 대통령선거에서의 패배로 엄청난 충격과 좌절로 거의 정신적 공황상태에 빠지다시피 했다. 여기에다 분단 반세기 동안 보수우익의 이념과 가치체계였던 반공 자유주의가 해체되면서 남한사회 내 친북성향이 확산되고, 한미동맹의 근간이 흔들리는 상황 속에서 보수주의자들의 설 땅조차 찾기 어려울 뿐만 아니라 한국의 미래가 암담하다는 분노와 우려가 점증하고 있었다. 이처럼 보수우파는 정치적·이념적으로 자기 위상을 정립하지 못하고 있던 상황에 북핵문제와 현정부 출범을 전후로 주한미군과 한미동맹, 그리고 이라크 파병문제 등을 둘러싸고 (반북)반핵과 국익의 기치아래 보수우익의 존재확인과 결집을 과시함으로써 정치적·이념적 패퇴의 위기를 극복할 수 있는 계기를 마련했다. 현단계 한국사회의 좌·우 대치구도가 이와 같은 심각한 위기의식에 기인한다면, 이러한 갈등양태는 돌출적이고 과격한 언행을 낳을 수 있고 비타협적이고 가치 편향적인 논리와 주장은 점차 극한적 투쟁양식과 폭력으로 기울어질 경향성이 높다는 점에서 무척 우려되는 상황이 아닐 수 없다.

사회운동의 모멘트는 왜곡된 억압체제에 대한 저항의식과 자기희생을 통한 도덕성을 행동의 준거로 삼는데, 현재 우리 사회의 보혁갈등은 "밀리면 끝이다," "더 이상 밀리면 자멸한다"는 강박관념에 사로잡혀 극단적 언사와 과격한 행동을 표출하고 있는 상태다. 그런데 보혁갈등의 근저에 우리 사회 젊은 세대의 '닫힌 미래', 즉 미래전망의 부재를 반영하는 측면도 있다는 사실이 주목된다. 이 경우 보혁갈등은 세대갈등과 중첩돼 나타나는데 보수주의적 중장년층이 사회적 기득권 상실을 우려하고 있다면, 젊은 세대는 그들의 꿈과 능력을 실현할 수 있는 사회적 기회가 구조적으로 차단돼 있는 현실에 커다란 불만과 좌절을 느낀다. 젊은 세대의 상당한 부류는 부는 세습되는 것으로 인식하면서, 능력있는 사람이 성공할 수 있는 공정한 경쟁의 룰이 보장되지 않은 사회에 대한 비판과 거부감도 심각한 수준이다. 성공의 야망에 비해 성공할 수 있는 사회가 아니라는 데 깊은 불만과 좌절의 늪이 있다. 이러한 세대간 단절과 상호 배제의식이 반영된 보혁갈등은 희망의 대결이라기보다는 절망간의 충돌로 나타날 수도 있다.

(2) 보수주의자의 초상

한국의 보수주의자들은 스스로 건국의 주역으로, 산업화의 주체세력이자 주력군으로 자임해 왔다. 오늘날 한국사회의 경제적 성공의 신화는 마땅히 보수주의자들에게 돌아가야 할 당연한 몫이라 할 수 있다. 그러나 보수주의자들은 지금 그들의 자식 세대로부터 아무런 존경도 받지 못하고 어떠한 감사의 말도 들어 보지 못한 가운데 오히려 '수구꼴통'으로 혐오와 비난의 대상이 되고 말았다. 이런 점에서 한국의 보수주의는 역사해석에서 패배하고 스스로의 이미지 관리에도 실패했다. 이 모든 결과는 바로 현실에 안주하고 변화를 거부하면서 수구 기득권층으로 전락하고 만 보수주의자 스스로에게 귀책사유가 있다. 말하자면 보수주의자들은 오랫동안 역사와 미래에 대한 성찰(省察)능력을 상실해 왔으며, 심지어 산업화과정의 어두운 진실에 도전해 온 반독재투쟁과 민주화의 참된 의미를 이해하려는 의지가 거의 없었다고 할 수 있다.[3]

---

[3] 보수정치인의 자기진단인 "우리 보수는 무엇을 잘못했는가?"라는 글에서 4가지 잘못을 술회했다. "첫째, 지향해야 할 가치에 투철하지 못했다. 둘째, 내부 기회주의와 기득

IMF로 인한 우리 사회의 광범한 충격은 중산층의 몰락과 해체의 가속화로 나타났다. 이미 IMF 충격 이전부터 신자유주의적 세계화에 의해 우리 사회 기층민중의 배제와 중산층의 해체가 진행돼 왔으나, IMF로 인해 우리 사회 대다수 성원의 전통적인 중산층의식조차 사라지고 말았다. 중산층의 몰락은 극심한 계급적 양극화현상을 초래했으며, 그 결과 정치사회적 불만이 팽배하고 미래에 대한 전망의 부재로 사회적 구심력이 상실됐다. 이 과정에서 보수특권층에 대한 증오와 엘리트계층에 대한 실망과 혐오로 사회변혁의 열망이 고조되는 가운데 민중주의적 지향성을 표방하는 포퓰리즘적 형태의 주장에 동의하는 분위기가 배태됐다. 사회경제적으로 특권 향유의 기득권층은 도덕적 비난의 대상이 됐을 뿐만 아니라, 정치사회적 엘리트층은 한국사회의 미래를 담당하기에는 이미 부패와 부정의 대명사이자 극복대상으로 인식됐다.

(3) 진보좌파의 존재이유

현실사회주의의 대실패에도 불구하고 한국의 좌파는 살아남았다. 여기엔 신자유주의 세계화의 짙은 그림자가 사회정의의 비판의식을 다시 일깨웠던 것이다. 자유시장의 신화를 신봉하면서 궁극적으로 초국적자본의 이익에 복무하는 신자유주의를 무비판적으로 수용할 수 없으며, 한국사회가 신자유주의적 세계화에 의해 해체되고 모든 인간의 삶의 조건이 피폐해질 수밖에 없는 현실에서 신자유주의, 즉 자본주의에 배한 비판세력으로 한국사회에서 좌파의 존재이유가 재발견될 수 있었다.

신자유주의적 세계화는 국제기구와 초국적 금융자본의 이익과 일치하는 미국의 세계 지배전략으로 강요된 현실이다. 신자유주의 강령인 '탈규제화, 자유화, 민영화'의 세 가지 흐름은 국가이데올로기 수준으로 격상되면서 미국과 국제기구 경제정책의 전략적 도구로 기여했다. 미국경제는 모든 대

권세력에 관대했다. 셋째, 자기혁신과 변화를 주저했다. 넷째, 유능하고 참신한 차세대를 키우지 못했다" 등으로 요약한 바 있다. 최병렬, "대한민국 한국정치 한나라당이 가야 할 길"(2003. 5. 27).

항세력과 국제적 통제에서 벗어나 "승리자가 모든 것을 갖는다"는 하나의 철칙을 관철시켰다. 1990년대 초부터 전 지구를 휩쓴 세계화는 자본의 자유를 위한 이데올로기로서 자유무역을 통한 복리증진은 허구적 논리로, 민주주의와 삶의 질에 대한 무차별적 공격으로 나타났다. 세계적 차원의 경제적 통합, 즉 세계화과정이 동반하는 결과는 한편으로는 미국을 비롯한 전지구적 패권국가와 제3세계 비유럽국가 사이의 증폭되는 간극과 함께, 다른 한편으로는 미국이든 한국이든 지구상의 모든 국가의 중산층의 몰락과 더불어 자본주의의 역사만큼 오래된 분배갈등을 더욱 첨예화시키는 결과를 초래했다.[4]

특히 이 과정에서 한국의 진보주의적 좌파는 신자유주의의 본산인 미국을 한국 민주주의와 한국 민중의 삶의 기반을 위협하는 새로운 제국주의로 규정하면서, 한반도 평화와 남북한 통일에 대한 '우리 민족끼리'의 민족주의적 정서를 이해하지 못하는 하나의 '외세'로서 극복대상으로 인식하는 경향을 보였다. 이처럼 한국의 반미감정은 오랫동안 반미감정의 무풍지대였지만, 신자유주의적 세계화의 충격과 한국의 민주주의와 경제력에 조응하는 국가적 위상과 민족적 자주의식이 전혀 반영되지 않는 한미관계 등은 비판과 극복의 대상이 되지 않을 수 없었다.

2) 보혁갈등의 존재양태

보혁대결의 가장 중심축인 남남갈등은 통일관, 대북인식, 대북정책, 북핵문제, 한미동맹과 주한미군 문제 등 한미관계 일반으로부터 보다 추상적인 평화, 분단극복, 민족문제 등 모든 사안에 대해 대립축을 형성하고 있다. 대북인식과 한미관계 문제를 둘러싼 친북적 성향은 반미로, 반북적 성향은 친미로 연계된다는 점에서 다소 과도한 단순화를 시도한다면 '친북=반미'와 '반북=친미'로 바라볼 수 있다.

---

[4] 한스 페터 마르틴·하랄트 슈만, 『세계화의 덫』, 강수돌 옮김(영림카디널, 1997), 189-247쪽.

이러한 남남갈등에 대한 이해방식으로, 남남갈등은 분단 반세기 이상의 적대관계가 남북한 화해협력관계로 전환되는 과도기적 상황, 즉 한반도 냉전체제의 해체과정에서 나타나는 불가피한 진통이라는 논리가 일반적이다. 사실 과도기적 상황에서 나타나는 문제라는 점도 무시할 수 없다. 그러나 이러한 시각은 두 가지 측면에서 문제점을 안고 있다. 하나는 남북한 화해협력의 역사적 당위성을 전제로 화해협력의 패러다임이 자리잡으면 남남갈등은 자연스럽게 해소된다는 통과의례적 진통으로 보는 시각이다. 모든 정치사회적 갈등은 궁극적으로 시간이 해결해 준다는 사고방식은 인류의 경험칙에 비춰 전혀 틀린 말은 아니지만, 엄연한 현실적인 남남갈등의 극복에 구체적인 시사점을 주지는 않는다. 다른 하나는 남남갈등은 남북한 '화해협력'의 역사적 대명제에 동의하지 않거나 아직 냉전의식을 극복하지 못한 데서 나타나는 갈등으로 설명한다. 이 경우 남남갈등은 화해협력론과 냉전의식의 갈등이라는 이분법적 구도로 파악되면서 갈등의 한 당사자는 다른 측에 의해 설득과 홍보의 대상이 된다. 이러한 구도에서 남남갈등의 양 당사자의 서로 다른 입장의 경청을 통한 존중과 상호이해의 틀을 발견하기는 어렵다.

(1) 좌·우 역할의 전이현상

우리 사회의 갈등은 민주화 이후에도 좌우갈등은 내연(內燃)하고 있었으나, 김대중정부 이후부터 나타나기 시작한 좌우갈등의 새로운 특성은 내생적(endogeneous) 성격이 강한 갈등이라는 점이 주목된다. 이는 분단 이후 민주화 이전까지 우리 사회의 갈등의 성격이 세계적 냉전체제로부터 기인한 외생적(exogeneous) 성격과는 다르다는 것이다. 그리고 김대중정부 시기까지 '침묵하는 다수'로 자처했던 보수우파가 노무현정부가 들어서면서 '행동하는 보수'로 바뀌기 시작했다는 것도 전혀 다른 현상이다.

진보좌파는 항일세력, 자주·반독재 민주화운동의 역사적 계보 위에서 통일·평화·민주·개혁세력으로 자임한다. 한국사회의 역학구도를 통일·반통일, 평화지향·전쟁추구, 민주·반민주, 개혁·반개혁 등의 이분법적 구분 속에서 진보좌파는 반외세 민족주의적 성향을 보이는 한편, 북한체제에 대해서는 상당한 관용성을 발휘하고 있다. 반면 보수우파는 건국과 산업화의 주역이나 친일 잔재세력으로서 분단체제에서 친미·반공·반북 세력으로 탈바꿈하면서 분단 수혜층, 외세 기생세력, 수구 기득권세력으로 비판받아 왔으나, 오랫동안 한국사회의 모든 분야에서 헤게모니를 장악해 왔다.

한국사회는 1987년에 형성된 정치균열의 구조가 지금까지 지속되고 있는 형태로 1987년 6월항쟁 결과 쟁취한 대통령직선제 구도와 함께 민주화운동의 투쟁의 장(場)이 한편으로는 제도권 정치에 흡수됐고, 다른 한편으로는 시민사회의 폭발과 함께 다양한 시민운동의 형태로 나타나게 됐다. 여기서 현 단계 한국사회 정치구조의 특징을 '87체제'라 부른다면, '87체제'는 노태우 '6공정부', 김영삼 '문민정부', 김대중 '국민의 정부', 노무현 '참여정부'의 시기까지 진보세력의 점진적 득세와 보수세력의 경향적 퇴조를 보여준 과정이었다고 할 수 있다. 1987년 이래 현재까지 한국정치의 논쟁구도와 정치투쟁의 성격은 한국현대사의 역사적 분수령이라 할 수 있는 1987년 민주화국면을 놓고 볼 때, 그 전후의 정치적 맥락은 뚜렷이 구분된다. 더욱이 현 단계 한국정치의 구조는 1987년을 계기로 전환된 정치국면의 연속선상에 있다는 점에서 이를 '87체제'로 규정할 수 있다.

여기서 '87체제'의 특성을 다음과 같이 지적해 볼 수 있을 것이다. 첫째, 1987년 민주화의 구체적 결실은 대통령직선제 쟁취라고 할 수 있는데, 이는 국민의 명실상부한 자유선거에 의한 통치권자의 선택이라는 한국 헌정사 초유의 정치적 사건으로, 그 후 지금까지 한국정치의 갈등과 투쟁은 바로 이 대통령선거를 둘러싸고 전개됐다고 하겠다. 둘째, 1987년 이후부터 한국 정치의 장은 운동의 정치로부터 제도권 정치로 옮아갔다. 이는 정치투쟁의 장이 바리케이드 정치로부터 국회중심의 의회정치 영역으로 전환되는 것과 함께 절차적 민주주의가 자리잡아 가고 있는 현상을 반영한다. 셋째, 운동권 정치는 정당정치의 논리를 수용하는 한편, 보수적 정치지도자의 영향권 아래 견인·흡수당하면서 대중정치의 틀과 논리를 수용하게 된다. 그럼에도 정치영역에서는 아직까지도 도덕적 언술과 정치적 언술이 구분되지 못하는 상황이 지속되고 있다. 이를테면 정치가의 리더십, 국가경영 능력, 비전 등 정치적 미덕보다는 정치가 개인과 정치집단의 도덕성문제가 중요한 판단과 선택의 준거가 되는 정치사회적 분위기의 지속은 1987년 민주화의 열망과 정치적 지향성을 반영하고 있다는 점에서 현재 한국정치의 구조적 특성을 '87체제'로 규정할 수 있게 한다.

다시 보혁갈등 문제로 돌아와 보면, 반독재 민주화시대에는 진보좌파 세력 대 국가공권력의 충돌이 일반적 현상이었다면, 현 정부 아래서는 시민사회 내의 좌·우, 보·혁의 대결로 나타나는 한편, 보수우익측이 정부에 대한 비판세력으로 등장한 것이 새로운 현상이다. 특히 양측 모두 한국사회의 미래지향적 대안제시를 둘러싼 갈등이라기보다 반미친북의 '반전평화', 반북친미의 '반김반핵' 등 네거티브 캠페인을 전개하면서, 규범적 가치인 민족중시 논리와 현실적 가치인 국가이익 중심논리의 대립상을 보여주고 있다. 반독재투쟁과 민주화운동을 통해 존재의 정당성을 확인하는 진보좌파의 경우 좌파의 고유한 내재적 가치인 인권과 민주주의 문제를 북한체제에 대해서는 침묵·방관하고 있다는 점에서 이는 인류사회의 보편적 가치와 규범을 외면·왜곡하고 있다는 비판을 면하기 어렵다. 오히려 한국사회의 인권과 민주화 과제를 외면하고 등한시했던 보수우익 측에서 정략적 비판이라는 지적에도 불구하고 북한의 인권과 민주화문제를 선점하고 나섰다. 이처럼 좌·우파는 서로의 이념과 가치기준이 전이된 상태에서 행동하는 모습을 보여주고 있다.

진보좌파는 신자유주의적 세계화와의 관련 속에서 한국사회의 작동 메커니즘과 대내외적 모순구조에 대한 치밀한 분석을 통한 대안적 모색을 추구하려는 노력보다는 보수우익에 대한 혐오와 맹목적 거부를 통해서만 자기 정당성의 근거를 찾으면서, 한국사회에 편만한 대미의존 성향에 대한 '반동'으로 이미 세계사적 차원에서나 민족사적 차원에서 국가존립의 의의를 인정받지 못하는 북한체제에 대해 친북적 성향을 보이는 시대착오적이고 자가당착적인 모순에서 헤어나지 못하고 있다. 보수우익에 대한 비난의 수준을 넘어서지 못하는 한 진보좌파의 존재의의는 회의적이며 미래는 불투명하다. 민족사회의 향방에 대한 대안제시 의지와 역량의 부재, 그리고 역사적 방향감각의 상실이야말로 지금 한국의 집권 진보좌파의 위상과 모습이라는 비판도 새겨들을 만하다.

(2) 햇볕정책과 상호침투

햇볕정책은 '대립과 갈등의 시대'로부터 '화해와 대화의 시대'로 전환하는 데 크게 기여했다. 추진과정에서 국민적 여론수렴과 정책추진의 투명성을 강조했음에도 불구하고 국민들의 지속적이고 충분한 지지를 얻지 못하고 오히려 대북정책을 둘러싼 '남남갈등'을 부각시킨 아쉬움이 있다. 이는 국내적 냉전의식의 문제도 있지만, 김대중정부의 대북정책의 '목적 정당성'에 대한 지나친 확신으로 인해 정책적 '수단의 정당성'을 간과한 데서 빚어진 측면도 없지 않다. 그럼에도 햇볕정책은 남북관계를 '화해와 대화의 시대'로 전환시켜야 하는 탈냉전의 역사적 과제에 부응한 정책이었으며, 햇볕정책 추진과정상의 문제점은 대결에서 화해, 불신에서 대화로의 전환과정에서 반드시 겪어야 하는 예고된 혼란과 진통으로 이해할 수 있다.

화해협력은 언술 차원에서 담론적 헤게모니를 장악하면서 이데올로기적 도그마 수준으로 자리잡은 측면도 있으나, 주목되는 사실은 햇볕정책·화해협력은 남북한사회에 각각 의도하지 않은 역설적 현상을 초래했다는 것이다. 즉 남한사회에서 '민족화해' 담론은 남남갈등을 유발하는 요인으로 작용했지만 반미 분위기와 결합해 대선국면에서 북한 김정일정권에 상대적으로 포용적인 정치세력의 집권에 긍정적 요인으로 작용했던 것이다. 이와 더불어 햇볕정책은 북한주민들에게는 남북한 인적·물적 교류를 통한 외부정보의 유입으로 체제이반의 계기를 제공하면서 북한체제의 주민 통제력의 근간을 흔들어 놓았다. 말하자면 햇볕정책은 남북한 사회 양측에 의도하지 않은 상호침투 효과를 가져왔던 것이다. 상호침투의 결과 남한사회에는 친북 분위기를 우려하는 목소리가 나타나게 됐으며, 북한사회에는 엘리트층의 부패와 독직, 그리고 주민대중의 국가 통제망으로부터의 일탈현상이 증대되는 한편 탈북자들의 말처럼 "낮에는 사회주의, 밤에는 자본주의"의 사회 분위기가 나타나게 됐다. 더욱이 화해협력 정책에 의한 대북

경협은 북한주민의 대남 적개심을 해소시키고 남한사회에 대한 긍정적 관심을 유발하기도 했으며, 북한체제의 변화를 불가역적 상황으로 이끄는 데 기여했다. 어쨌든 중장기적 전망에서 보면, 햇볕정책에 의한 남북한 사회의 상호침투 효과는 보다 개방적이고 미래지향적인 체제중심으로 민족사가 진전될 계기로 작용했다고 볼 수 있다.

3. 국민통합: 균열점과 통합의 전망

현재 한국사회 좌·우의 시좌구조(視座構造)는 김정일체제의 북한과 미국을 어떻게 보느냐 하는 데서 결정되는데, 좌파는 민족적 가치와 '자주'를 앞세우는 반면, 우파는 국가이익을 앞세우면서 자유민주주의의 정체성을 강조하고 있다. 따라서 이제 한국사회의 이념문제를 '소모적인 논쟁'으로 밀쳐 버리지 말고 적극적으로 토론의 영역으로 끌어들이는 작업이 필요하다. 이 절에서는 보혁갈등의 근본적인 균열점을 세 차원에서, 즉 대북인식과 관련한 민주적 평화론, 대미관, 그리고 통일관을 중심으로 접근하고자 한다.

1) 북한과 민주적 평화론

김대중정부의 대북시각은 네 가지로 요약할 수 있다. 첫째, 북한의 체제는 이미 실패한 체제로 오래 지속될 수 없다. 둘째, 그렇다 해도 북한이 곧 붕괴할 가능성은 별로 보이지 않는다. 셋째, 비록 우리가 기대하는 것만큼 큰 변화는 아니지만 북한의 변화는 이미 시작됐다. 넷째, 그럼에도 북한의 대남전략 군사노선은 포기하지 않고 계속 유지할 것이다.[5] 이러한 대북인식에 기반한 대북정책에는 봉쇄정책, 불개입정책, 포용정책의 세 가지

옵션이 있을 수 있는데, 이 가운데 미국이 1970년대 동유럽에 구사했던 데 탕트정책, 즉 화해정책인 포용정책(내용적으로 화해협력 정책, 비유법으로 햇볕정책)이 한반도 평화통일을 추구하는 데 현실적으로 적용 가능한 정책으로 이해됐다. 나아가 포용정책이 성공적으로 추진되기 위해서는 한반도 냉전구조가 해체돼야 한다는 인식 아래 냉전구조 해체를 위한 과제를 제안했다. 한반도 냉전구조 해체를 위해 우리 정부는 북한의 변화와 개방을 위한 여건조성과 핵·미사일 등 대량살상무기 제거를 주요과제로 삼았다.6)

그런데 결과는 한반도 냉전체제 해체를 위한 정부의 의지와 노력에도 불구하고 한계에 부딪히고 말았다. 이는 미국 클린턴 민주당정부와 다른 부시 공화당정부의 강경한 대북정책을 문제 삼을 수도 있지만, 핵·미사일 등 대량살상무기에 집착할 수밖에 없는 북한 수령체제의 고유한 속성을 간과한 측면도 무시할 수 없다. 더욱이 북한의 개혁·개방은 대외적 여건조성에 영향을 받을 수도 있지만, 근본적으로 개혁·개방은 그 자체가 목적이라기보다는 김정일체제 유지를 위한 종속변수의 성격이기에 체제유지에 충격을 가하거나 마이너스 효과를 가져올 수 있는 개혁·개방은 언제든지 거부될 수 있다. 따라서 개혁·개방은 불가역적 상황에서 떠밀려 조금씩 진전되거나 "열었다 닫았다"를 반복하면서, 다른 한편 체제유지를 보장받기 위해 군사 중심주의와 대민 통제기구의 강화와 함께 대량살상무기에 대한 유혹을 떨쳐 버릴 수 없게 된다. 요컨대 북한 수령체제 자체가 존속하는 한 한반도 평화체제 구축을 위한 냉전구조의 해체는 불가능하다고 볼 수 있다. 달리 말해 한반도 냉전구조 해체와 한반도 평화체제 구축의 전제는 북한체제의 '정상화'에 달려 있다고 해도 과언은 아니다.

---

5) 임동원, "국민의 정부의 대북정책," 민족의 화해와 평화를 위한 제2차 조찬포럼(1999. 3. 11).

6) 냉전구조 해체의 5가지 과제: ① 남북대결과 불신관계를 화해·협력관계로 전환, ② 미·북 제네바합의를 쌍방이 성실히 이행하면서 상호위협을 감소시키고 관계개선, ③ 북한이 안심하고 변화와 개방을 추진해 국제사회의 책임있는 일원으로 역할할 수 있도록 여건과 환경조성, ④ 한반도에서 핵과 미사일 등 대량살상무기 통제·제거, 군비통제 실현, ⑤ 정전체제의 남북평화체제로의 전환, 법적 통일에 앞서는 사실상의 통일상황 추구 등. 김대중 대통령 CNN 위성회견(1999. 5. 5) 참조

중국과 러시아는 이미 20세기 전체주의 국가의 낡은 유제를 극복하고 시장경제 중심으로 경제성장이 안정적인 궤도에 올랐을 뿐 아니라 정치사회적 민주화의 도정에 들어갔다. 이처럼 과거 사회주의 국가로서 한반도의 안보불안과 전쟁위협의 적대적 국가였던 중국과 러시아는 모두 시장경제와 민주주의를 수용함으로써 이들 국가에 의한 안보위기와 전쟁 가능성은 이제 비현실적인 것이 됐다. 이렇게 보면 안보불안과 전쟁위협이 근본적으로 해소되는 길은 주변 관련국의 체제적 성격, 즉 민주주의 체제의 수용 여부에 달려 있다는 것을 확인할 수 있다. 따라서 냉전구조 해체와 한반도의 평화는 곧 북한체제의 민주주의 수용 여부와 더불어 인류 보편적 가치와 문명사회의 규범을 존중하는 데 달려 있다고 하겠다.

이 지점에서 필자는 냉전체제 붕괴 이후 전쟁과 평화에 대한 경험적 연구를 통해 "국가는 민주적일수록 그들의 대외관계는 평화적이다"는 사실을 발견한 '민주적 평화론'(democratic peace)의 의의를 강조하고 싶다.

민주국가끼리는 서로 싸우지 않는다

어떤 나라가 민주적일수록 그 나라는 평화 지향적이며 더욱이 "민주국가 상호간에는 전쟁이 없다"는 명제는 1960년대 이래 민주적 평화론자들의 지속적인 연구 관심사였다. 여기서의 민주주의는 근대적 국제체제에서 국가 간 평화를 논한 칸트가 말하는 통치방식으로서 공화제의 연장선 위에 있으며, 이를테면 자유롭고 공명한 선거에 의한 지도자의 선출, 인권의 보장, 권력분립 등을 내용으로 하는 정치구조와 제도를 가리킨다.[7] 현대 민주주의는 일찍이 달(Robert A. Dahl)이 규정한 권력핵이 다원화되고 중층적이고 상호 규정적인 권력구조(poliarchy)로 말할 수도 있으며, 헌팅턴의 견해처럼 21세기의 민주주의체제는 단순화시켜 말한다면 후보자의 자유경쟁과 주기적인 공명선거가 보장되는 체제로 규정할 수도 있다.[8] 어쨌든 이들 민주적

---

7) Bruce Russett, *Grasping the Democratic Peace: Principles for a Post-Cold War World* (Princeton University Press, 1993), p.3.

8) Samuel P. Huntington, *The Third Wave: Democratization in the Late Twentieth Century* (Norman:

평화론자들의 경험적 연구는 국가는 민주적일수록 그들의 대외관계는 평화적이라는 사실을 밝혀 놓았다. 물론 민주국가의 경우에도 폭력을 사용하고 전쟁을 수행하지만, 적어도 민주국가끼리는 전쟁을 하는 경우가 별로 없다. 이러한 '민주적 평화론'에 대한 한 경험적 연구는 1789년에서 1941년까지 116개의 전쟁에 대한 연구를 통해 민주국가가에 전쟁이 없었음을 증명하고 있으며,9) 일반적으로 민주국가끼리는 서로 싸우지 않는다는 사실을 입증하고 있다.10)

그렇다면 민주국가끼리 싸우지 않는 이유는 무엇인가? 그 대답은 지극히 간단하다. 즉 민주국가 지도자들은 전쟁을 함으로써 얻을 수 있는 인센티브가 거의 없기 때문이다. 민주국가가 타국과의 관계에서 무력분쟁의 길로 나아가면, 국민은 전쟁을 정치의 연속이라고 본 클라우제비츠(Karl von Clausewitz)와 달리 그것을 다른 수단에 의한 외교정책의 연장으로 보지 않고 대외정책의 실패로 보기 때문이다.11) 민주국가의 정치지도자들은 전쟁으로 생명과 재산을 잃기를 꺼리는 국민의 여론을 거부할 수 없는 것이다. 민주적 평화론자인 러셋은 민주국가간에 전쟁이 없는 이유를 민주국가의 규범·문화와 구조·제도를 통해 보다 분석적으로 설명하기도 한다.12) 민주국가의 지배적인 규범은 평화적인 경쟁, 그리고 설득과 타협이다. 비민주국가에서는 정책결정자나 독재자가 권력유지를 위한 국내정치 갈등이나 타국과의 갈등해결 방식으로 위협과 폭력적 수단을 손쉽게 선택하지만, 민주국가에서는 평화적인 규범·문화와 정책결정구조가 그와 같은 폭력적인 수단의 선택을 허용하지 않는다.

University of Oklahoma, 1991), pp.7-9.
9) Dean Babst, "Elective Government: A Force for Peace," *Industrial Research* (April 1972), pp.55-58.
10) R. J. Rummel, "Libertarianism and International Violence," *Journal of Conflict Resolution*, 27, 1 (1983), pp.27-71.
11) Alex Mintz and Nehemia Geva, "Why Don't Democracies Fight Each Other?," *Journal of Conflict Resolution*, 37, 3 (1983).
12) Bruce Russett, "The Fact of Democratic Peace," *Debating the Democratic Peace* (The MIT Press, 1996), pp.58-81.

그러나 민주국가이면서 가장 많은 전쟁을 수행한 나라는 바로 미국이다. 촘스키는 냉전시대 미국이 개입하지 않은 전쟁은 없었다는 입장에서 미국이 테러의 표적이 될 수밖에 없는 이유를 밝히고 있다.13) 20세기 미국은 제3세계의 지역긴장 유지와 개입전쟁을 통해 '제국'의 신화를 유지해 왔다. 이는 일찍이 아이젠하워 대통령이 그의 유명한 고별연설에서 경고했던 군산복합체가 지구상 모든 분쟁의 배후가 되고 있다는 사실을 반증한다.14) 그런데 민주국가인 미국이 지역분쟁을 조종하고 개입하는 상대는 대부분 비민주국가인 경우가 많다 그러나 예외적인 사례, 즉 미국이 민주적 국가에 개입한 사례도 적지 않다. 물론 이 경우는 은밀한 정치공작과 배후조종의 형태로 개입하는데, 한국의 제주도(1948), 이란(1953), 과테말라(1954), 인도네시아(1957), 브라질(1961), 칠레(1973), 니카라과(1981) 등으로 이들 나라는 국내적으로 민주적 절차에 의해 수립된 정부임에도 불구하고 냉전시대 공산화나 친소성향으로 기울어질 것을 우려해 정부전복 공작이나 분쟁을 배후조종했던 것이다.

'민주적 평화론'은 이처럼 민주국가인 미국이 민주국가인 제3세계 국가를 전복시키기 위한 은밀한 공작이나 반정부세력의 배후조종 —— 미국의 배후조종에 의해 쿠데타세력이 집권한 경우 전 정부보다 훨씬 덜 민주적이고 폭압적인 정권인 사례도 많다 —— 형태까지 포괄해 설명하는 데는 한계가 있다. 그러나 정치적으로 안정되고 산업화된 민주국가끼리는 갈등적인 대외관계가 분쟁이나 공개적인 전쟁으로까지 발전하지는 않는다는 명제는 여전히 설득력이 있다고 할 수 있다. 이는 제2차 세계대전 후 서구유럽국가 간 또는 미국과 산업화된 민주국가간에는 분쟁이나 전쟁이 일어나지 않았고 앞으로도 비평화적 전쟁가능성은 높지 않다는 경험적 규범적 사실을 확인한다면, 다시 "민주적일수록 평화적이다"는 명제의 타당성을 주장할 수 있다. 어쩌면 이러한 민주적 평화론은 하나의 '자기 충족적 예

---

13) 노암 촘스키, 『불량국가: 미국의 세계지배와 힘의 논리』, 장영준 옮김(두레, 2001) 참조
14) Dwight D. Eisenhower, "Liberty Is at Stake"(1961), in *Super-State: Reading in the Military-Industrial Complex*, eds., Herbert I. Schiller and Joseph D. Phillip (Urbana, Ill., 1970), p.32.

언'(self-fulfilling prophecy)의 효과가 있다고 할 수 있다. 인간의 규범이 행동을 규율하는 것이라면 규범의 내면화는 그 규범의 현실화로 이끌 수 있다. "민주국가끼리는 전쟁하지 않는다"는 명제를 되풀이함으로써(규범성) 민주국가끼리 전쟁하지 않을 개연성(실천성)이 강화될 것이다. 민주주의의 보편화에 상응해 세계적 수준에서도 민주국가 상호간에 군사적 대립과 전쟁의 가능성은 크게 줄어들 것은 분명하다.15)

한반도 냉전구조 해체와 평화체제 구축은 김대중정부 대북정책의 목표였을 뿐만 아니라, 현정부 평화번영 정책의 기본구도도 마찬가지로 북한의 핵·미사일 등 대량살상무기 억제와 군사적 신뢰구축과 군축을 통한 평화체제 구축을 지향하고 있다. 그러나 우리 정부의 의지나 노력과는 달리 냉전구조 해체와 한반도 평화체제 구축은 북한체제 자체의 속성과 분리해서 접근할 수 없는 문제임이 여실히 증명되고 있다. 북한은 개혁·개방을 체제유지를 위한 불가피한 선택으로 여기면서도, 체제보장의 안전판이라 할 수 있는 핵·미사일 등 대량살상무기를 포기하기가 쉽지 않다는 사실을 보여주고 있다. '주체국가' 북한은 미국으로부터 체제보장을 얻어내기 위해 핵·미사일 카드를 활용하지 않을 수 없고, 미국 조야에서 언급되는 '정권교체'(regime change) 시나리오에 촉각을 곤두세우고 있다. 체제유지 자체가 지고(至高)의 선(善)이며, 개혁·개방, 대미정책, 대외정책, 대남정책 등 모든 대내외 정책을 체제유지 목표에 둔다면, 남북관계와 한국의 안보, 그리고 한반도의 평화는 북한 통치엘리트의 체제유지 목표에 종속될 수밖에 없다.

만약 한반도를 비롯한 동북아지역의 긴장이 미국의 국익에 유리하다고 판단한다면, 북한 수령체제의 존재와 행태는 미국의 국가이익과 군수산업의 이익에 기여하는 순기능적 역할을 하는 역설이 발생한다. 최근 미국 중앙정보국(CIA) 산하 국가정보위원회(NIC)의 보고서에 나타난 한국의 포용정책이 가져올 북한의 변화상황에 대해 우려의 눈초리로 바라보고 있는 모습은 우리에게 많은 점을 시사한다.16) 즉 미국은 한국의 포용정책이 지난 50

---

15) 최상룡, 『평화의 정치사상』(나남출판, 1997), 269-276쪽.

16) US National Intelligence Council, North Korea's Engagement: Perspective, Outlook, and Implication: Conference Report (May, 2001), p.6.

년간 주요 적대국이자 군사적 위협으로 보아 왔던 북한이 남한의 포용정책으로 개혁·개방에 성공해 민주적 국가로 전환하는 것이 미국의 안보패러다임에 도전이 되며, 주한미군 주둔의 명분을 약화시켜 한반도에서 미국의 전략적 입장이 수정되는 것을 바라지 않는 것으로 확인됐다. 따라서 현 단계에서 미국은 한반도 평화체제 구축에 적극적일 이유가 없으며, 동북아지역에서 미국의 위상과 역할이 축소 조정될 수 있는 북한의 민주화 시나리오를 바라지 않고 있는 것으로 추론된다.

한반도에서 전쟁을 막고 평화를 구축하는 길은 '민주적 평화론'에서 강조하는 바와 같이 남북한 모두 전쟁이 누구에게도 아무런 이익이 되지 않을 때에만 가능하다. 북한의 민주주의만이 남북한 공존공영의 미래를 보장할 수 있다. 따라서 북한체제의 민주주의적 수용, 문명사회의 규범과 인류 보편적 가치의 존중 등의 문제가 긴요하다는 사실에 대한 인식의 전환이 절실히 요구된다. 물론 북한의 민주주의가 당위적 요청임에도 불구하고 미국적 가치와 패권에 도전하는 '반(反)기독교, 반(反)민주주의, 반(反)시장주의' 정권을 분쇄함으로써 강제적으로 민주주의의 확산을 추구하는 미국의 신보수주의자들(neo-conservative: neo-con)의 신념에 전혀 동의할 수 없으며,17) 또한 우리가 북한의 민주화를 강요하는 것도 결코 바람직하지 않다.

그러나 북한 핵·미사일문제를 둘러싼 한반도 위기국면의 주기적 발생은 결코 '냉전구조 해체=한반도 평화체제 구축'의 패러다임만으로 해결될 수 있는 성격의 문제가 아니라는 점을 이해할 필요가 있다. 한반도의 평화는 전쟁을 일으키거나 위기국면을 조성할 필요도 없으며 국제사회에서 '불량국가'로 규정될 이유도 없는 북한체제의 최소한의 민주주의적 형식과 내용의 수용태도 여부에 달려 있다고 하겠다. 이는 우리 사회 민주주의의 내용과 성격을 성찰할 수 있는 계기이기도 하며, 통일한국 정치체제의 미래와 관련된 문제이기도 하다. 따라서 한반도의 구조적 위기와 불안정한 평화를 안정적인 평화체제로 정착시킬 수 있는 중장기적 전망 속에서 북한체제의

---

17) Statement of Principles, *Project for the New American Century* (PNAC, June 3, 1997), http://www.newamericancentury.org.

민주화문제를 우리의 인식체계 속에 편입시킴으로써 통일과 대북정책에 대한 국민통합의 지평을 열어 갈 수 있다.

2) 대미관: 미국은 우리에게 무엇인가?

미국은 우리에게 무엇인가. 분단과 전쟁, 군부독재, 신자유주의적 세계화. 이는 한국현대사 자체로, 한국현대사의 모든 부정적 형태와 극복해야 할 대상의 배후엔 반드시 미국이 도사리고 있다는 인식이 널리 확산되고 있다. 분단의 원흉이자 남북한 화해협력과 통일을 가로막는 제국주의적 외세로서 미국은 한국사회 만악의 근원이다. 이러한 인식은 분명 충격적이고 새로운 현상이다. 촛불시위가 온 나라를 태울 수 있고, 적어도 반미전선에 동참하지 않는 정치세력의 집권을 좌절시킬 수 있었으며 친미성향의 지식인과 정치가는 반민족적·반통일적 인사로 비난과 매도의 타깃이 되는 것이 오늘의 현실이다.

한반도의 분단은 전후 냉전체제 형성기에 진영간 대결의 최전선으로서 강대국간 패권정치의 제물이었다. 그러나 분단이 외세의 한반도 강점에 의한 것이었다면, 전쟁은 남북한 각각 미국과 소련의 외세를 배경으로 등장한 정치세력이 외세에 의존해 무력으로 통일을 추구하려한 과정에서 일어난 민족 내적인 문제였다. 분단이 국제정치의 논리에 의한 것이었다면, 동족상잔의 전쟁은 무력통일을 추구한 북한의 정책적 결단에 의해 일어난 것으로, 북한의 예상과는 달리 미국의 개입으로 한국전쟁은 국제전으로 비화하게 됐다. 그러나 전쟁의 포성은 잠시 멎었으나 전쟁이 완전히 끝난 상태는 아닌, 전쟁도 평화도 아닌 상태가 반세기 이상이나 지속되고 있다. 역사적 가정이 허용된다면, 북한에 의해 한반도가 통일됐더라면 통일조국은 과연 우리가 소망하는 바람직한 나라였을까?

(1) 반미감정: 집단적 자아발견

한국은 냉전시대부터 미국중심의 세계질서의 최대의 피해자이자 수혜자이다. 한국의 국방은 미국에 의존적이었지만 역설적으로 구공산권과 북한의 안보위협으로부터 미국의 의존적 보장을 받음으로써 한국은 경제성장과 민주주의적 발전을 구가할 수 있었다. 그러나 최근 SOFA(한미주둔군지위협정)개정, 한미동맹, 주한미군, 이라크 파병 문제 등을 둘러싸고 반미감정이 고조되면서 한미관계가 크게 흔들리고 있다. 이는 종속적인 전통적 한미관계를 극복하고 보다 '대등한' 관계를 바라는 대중적 바람과 한국인의 자주의식의 고양으로 볼 수 있다.

그러나 다른 한편으로는 반미감정을 한국인의 '집단적 자아발견' 현상으로 접근할 수도 있다. 이를테면 '미국 없는 한국'을 꿈꾸는(?) '민족주의적' 성향의 표출 현상은 오랫동안 잊혀졌던 정체성의 발견, 즉 집단적 자아발견 현상으로도 이해할 수 있다. 지난해 월드컵에서의 환희는 그야말로 '어느 날 갑자기' 한국의 젊은이들로 하여금 한국인이라는 사실이 그처럼 자랑스러울 수가 없었던 집단적 엑스터시 순간을 맛보게 했다. 그것은 광장의 환희였으며 집단군무였고, 의식세계 밑바닥의 찌꺼기를 한꺼번에 뱉어내는 집단 푸닥거리였다. 그들 젊은이들의 부모세대는 어떠한가. 식민지, 전쟁, 빈곤, 산업화와 독재, 정치적 부패…… 모두 우울하고 처참한 경험뿐이었고, 이처럼 듣고 싶지도 않고 내세우고 싶지도 않은 '궁핍과 질곡'의 역사를 전세계의 지구촌을 향해 한 순간에 쓸어내리는 순간이었다. 전후 세대에 각인된 미국의 그 엄청난 무게도 그 순간만은 아무것도 아니었다. 바로 이 시점에 동두천 두 여중생의 비보가 들려왔던 것이다. 여기에 촛불시위는 한국 젊은이의 굴종과 예속의 역사의식에 불을 붙였다. 이처럼 자랑스러운 '자기 찾기' 형태로 나타난 집단적 자아 찾기는 그동안 미군의 숱한 파렴치 범죄에 대해 굴종적 모욕감을 느끼면서도 참아왔으나 이제 더 이상 인내할 수 없으며, 당당한 대한민국을 인정해 주지 않는 미국에 대한 집단적 분노의 표출로 반미감정이 폭발했던 것이다. 미국의 무게에 짓눌린 한국의 기성세대와 보수정치권은, 물론 미국조차도, 이 촛불 속에 타고 있는 당당한 분노의 힘을 이해하지 못했다.

(2) '9·11'과 미국

'9·11'은 21세기 세계사를 읽는 열쇠 말이다. 미국의 패권은 '9·11'을 계기로 심각한 도전에 직면해 있다. 미국의 세계제패 헤게모니는 지속될 것인가, 그렇잖으면 쇠락의 길을 걸을 것인가는 한국인의 대미인식에 중요한 시사점을 제공한다. 우선 미국의 쇠퇴경향을 강조하는 입장이 있다. 왈러슈타인은 미국 대외정책의 매파들은 미국에 대한 도전에 힘으로 즉각 대응할 것을 주장하고 있으나, 그럼에도 정치·경제영역에서 미국의 헤게모니는 점차 쇠퇴하고 있음을 역설했다. 그는 현재의 미국을 '힘없는 초강대국'(The Powerless Superpower)으로 규정하면서 미국 스스로 이러한 지위를 인정하지 않으려는 데 더 큰 한계가 있다고 지적했다.

제2차 세계대전 이후 미국은 3번의 전쟁(한국전, 베트남전, 걸프전)을 통해 1번의 패배와 2번의 무승부를 기록하면서 1970년대 이래 세계지배 쇠퇴경향을 보여 오던 중 '9·11'을 통해 하강국면을 그리고 있다. 왈러슈타인은 미국의 매파가 주도하는 이라크 공격은 미국의 '점진적인' 쇠퇴국면을 군사적·경제적·이념적 차원에서 보다 '급격한' 쇠락의 길로 나아가게 할 것이라고 경고했다. 문제는 미국 헤게모니의 쇠퇴 여부가 아니라, 미국은 어떻게 하면 미국 자신이나 전세계에 큰 폐해 없이 명예롭게(gracefully) 쇠퇴하느냐로 귀착된다고 주장한다.[18] 이러한 논리를 뒷받침이라도 하듯이 미국경제가 세계경제의 충격에 점점 더 취약성을 드러내고 있는 통계들도 주목이 된다.[19]

---

18) I. Wallerstein, "The Eagle Has Crash Landed," *Foreign Policy*, July-Aug. 2002.
19) 미국내 총생산(GDP) 성장률은 1940년대 4.47%, 50년대 3.92%, 60년대 4.05%, 70년대 2.79%, 80년대 2.64%, 90년대 0.9%, 1991년 -0.5%(폴 케네디,『21세기 준비』, 한국경제신문사, 1993, 373쪽). 최근 미국 경제성장률은 50년 만의 최저치 1%를 기록했으며, 부시 대통령 취임 당시 정부 재정흑자 전망은 최근 4천억 달러 적자로 수정. 가계부채 3조 5천억 달러로 증대. 부시정부 출범 뒤 민간부문의 일자리 200만 개 축소 빈곤선 이하의 미국인 150만 명 가까이 증대. 민간의 주식보유액은 4조 5천억 달러로 축소(S. 해리슨,

그러나 이와 상반되는 주장도 통계자료의 제시와 함께 우리의 관심을 끈다. 지금 여러 측면에서 미국의 어려움이 나타나고 있지만, 미국의 국력을 그렇게 호락호락하게만 볼 수 없다는 주장도 제기되고 있다. 세계적 수준에서 군사와 정치·경제질서를 재편하고 있는 미국의 일방주의적 주도권에 대한 국제사회의 비판적 여론이 거세지고 있으나, 현실적으로 어떠한 국가도 단독으로나 집단적으로나 미국의 힘에 도전하지 못하고 있는 상황에서 향후 미국의 군사적·경제적 패권은 상당기간 지속될 것으로 보는 전망이 우세하다.[20]

미국은 냉전체제 붕괴 이후 아무도 인정하지 않는 가운데 스스로 세계의 경찰로 자처했으며, 그 결과 1990년대 초반부터 세계문제에 대한 책임은 미국에게 돌아갔다. 이러한 세계문제를 냉전시대에는 양극체제로부터 빚어진 갈등으로 인식될 수 있었으나 이제는 모두 미국 때문이라고 여긴다. 이러한 상황은 다음과 같은 요인으로 설명할 수 있다. 첫째 미국은 세계 어느 나라도 억제할 수 없을 정도로 막강한 국력, 특히 군사력을 가졌다.[21] 둘째, 유엔의 역할과 기능은 한계를 드러내고 있다. 셋째, 신국제질서 아래 증폭되는 갈등, 여타 강대국들간이나 중간급 국가들간 정치·경제·종교·문화적 갈등이 계속 일어나고 있음에도 불구하고 이를 조정할 수 있는 국제기구나 조정자가 없다. 여기에다 지구상의 모든 대립각의 최종 정점에 미국이 있다. 더욱이 '서구·기독교·백인문화'가 국제사회 만악의 근원이며 그 핵심이 미국이라는 인식이 만연되고 있는 분위기 속에서 반미감정은 세계적인 현상으로, 반미대열에 합류하는 것만으로도 진보와 세계정의를 실천하는 것으로 인식되는 경향이 크다. 이러한 데는 두말할 나위 없이 전 지구적 차원에서 세계패권을 관철하고자 하는 미국 일방주의의 책임을 묻

<한겨레>, 2002. 10. 21).

20) 세계 각국의 GDP(2001)는 미국 90,395억$, 일본 56,515억$, 독일 27,019억$, 프랑스 18,123억$. 이춘근, "미국국력의 실체," *Opinion Leader's Digest* 03-17 (No. 222, 2003. 5. 28), www.cfe.org/OLD/.

21) 2003년도 미국 국방비 3,800억$(미국 GDP의 3.2%)은 전세계 모든 국가 국방총액(7,500억$)의 50.7%. Berkowitz, *The New Face of War* (Free Press, 2003), pp.4-8.

지 않을 수 없다. 그런 점에서 미국은 오늘날의 국제사회야말로 보다 대등한 민족국가 중심의 국제체제로 발전할 수 있기를 바라는 세계 모든 국가의 염원과 세계의 양심적 지성인들의 호소에 귀를 기울여야 할 때이다.

(3) 국가발전전략의 기본방향

21세기 국제질서가 미국중심의 세계체제 구축전략이 성공적으로 추진될 것인지, 역(逆)으로 경향적 하강국면을 보일 것인지는 지금으로서는 속단하기 어렵다. 그러나 분명한 사실은 적어도 10년 이내에 미국에 도전할 수 있는 국가가 나타나리라고는 생각할 수 없으며 상당기간 미국의 세계적 헤게모니는 유지될 것으로 전망할 수 있다. 여기서 우리는 한국 국가발전전략의 수립과 통일을 위해 미국과의 미래지향적 관계설정을 모색하지 않을 수 없다.

한반도의 평화와 통일은 미국의 이해와 협조 없이는 불가능하다. 한반도의 민족문제에 미치는 외세, 즉 미국의 규정력은 지대하다. 한국은 해양세력과 대륙세력의 틈바구니에서 어느 한쪽으로 기울지 않고 '형평성'을 유지해야 하는 숙명적 긴장의 끈을 놓치는 순간 되돌아올 수 없는 나락에 빠지게 된다. 최근 우리는 '동북아경제 중심국가'를 국가발전전략으로 삼고 '동북아' 담론을 활발하게 개진하고 있는 중이다. 그런데 이러한 동북아 담론은 한국의 국가발전전략 방향의 일정한 중심축의 이동현상을 가리키고 있다. 즉 과거 김영삼정부의 '환태평양 시대'의 캐치프레이즈로부터 김대중정부의 '한반도' 중심론, 그리고 현정부의 '동북아' 담론으로 국가발전전략의 방향이 환태평양·한반도·동북아로 이동하는 것으로 나타난다.22) 동북아는 한반도와 중국 북부지방인 만주와 그리고 시베리아 지역을 아우르는 지역 개념이나, '환태평양'으로부터 '동북아'로의 이동의 배경에 미국으로 대변되는 해양세력으로부터 중국으로 대변되는 대륙세력으로 편향될 수

---

22) 김대중정부가 제안한 'ASEAN+3' 개념의 유용성을 환기할 필요가 있는데, 여기서 한국·중국·일본을 지칭하는 '+3'은 관련국 모두에게 긍정적 역할을 제시하는 triple win-win할 수 있는 개념이다.

있는 경향성을 함축하고 있다면 상당히 우려되는 변화가 아닐 수 없다.

　미국을 비롯한 서방세력으로부터의 점진적 이탈은 해양세력과 대륙세력을 잇는 가교(架橋)적인, 일찍이 일본이 스스로 서양문물과 동양문물을 잇는 문명론적 시각에서 가교국가(bridging state)로 규정한 전례가 있지만, 지정학적 특수성을 안고 있는 한국에게 어떠한 미래를 보장할 수 있겠는가. 한국의 대외 경제관계의 비중이 미국에서 중국중심으로 전환하고 있으며, 이러한 추세는 점차 증대될 가능성이 높다. 그러나 한·중간 경제적 상호의존도가 한·미간 경제관계의 비중을 크게 앞지른다고 하더라도, 한반도의 평화와 한민족의 통일문제에 대한 중국의 영향력과 역할이 미국의 자리를 대체하기는 쉽지 않을 것이다. 중국의 고도성장은 경제성장 과정의 일반적 패턴을 따른다면 억제되고 왜곡된 정치사회적 과제의 폭발로 인한 발전의 딜레마 국면에 부딪히는 상황을 맞이할 수도 있다.23) 어쨌든 중국이 경제성장과 발전에 따라 동북아지역의 역내 헤게모니국가로 부상한다고 하더라도 한반도의 통일문제에 대한 이해와 지지를 얻어 낼 수 있다는 보장은 불확실하며, 오히려 중국의 전통적인 변방정책의 일환으로 한반도문제에 대해 보다 적극적인 개입과 간섭정책을 구사할 개연성을 무시할 수 없을 것이다.

　한반도의 평화와 한민족의 통일과정에서 미국의 지지와 협력을 도외시하고 한미관계의 유대를 약화시키면서 대중(對中) 편향성이 증대되는, 이른바 탈미친중(脫美親中) 또는 적어도 미국과의 결별 경향성에서 우리의 미래와 활로를 찾기는 어렵다. 따라서 21세기에 다시 쓰는 '한국책략'(韓國策略)으로 우리가 선택해야 할 국가발전전략의 기본방향을 다음과 같이 설정하는 데 큰 견해 차이는 없을 것으로 여겨진다. 즉 한미관계에서 보다 대등한 관계를 지향해 나가되, 한반도의 평화와 통일과정에서 미국과의 미래지향

---

23) 중국경제의 미래에 대한 비관적 전망으로 실업률과 사회불안, 부정과 부패, AIDS의 영향, 수자원과 공기오염, 에너지 소비량의 증대와 가격문제, 국영업체의 비효율성, 외국투자자의 감소 등 7가지 감소요인과 함께 '시장사회주의'의 한계를 지적한 주장이 주목된다. Charles Wolf Jr., "China; Pitfalls on Path of Continued Growth; The Asiannation's Remarkable Gains over Two Decades Could Easily Slip away," *Los Angeles Times*, Jun 1, 2003. pg.M.2.

적 상호이익의 공유를 통한 한미간 유대의 기반을 더욱 굳건히 다지는 한편, 동북아 공동의 번영과 미래를 위해 정치, 경제, 사회문화 등 각 분야에서 중국과의 연대를 공고히 구축해 나가는 것이 바람직하다. 이를테면 오랜 벗과 우의를 더욱 두텁게 하면서 이웃의 새 벗과 절친하게 지내자는 말이다. 친미반중(親美反中)이냐 반미친중(反美親中)이냐, 또는 해양세력이냐 대륙세력이냐 하는 문제가 아니라, 한반도를 견인하는 두 세력의 강력한 자장 속에서 민족사의 진로를 하나의 주체적 실존으로 절감하는 자기인식의 문제가 중요하다. 이러한 인식을 기반으로 미국과 중국, 해양세력과 대륙세력 사이의 어느 일국을 선택해야 하는 강요된 상황을 피해 나갈 수 있는 한국의 위상과 운신에 대한 전략적 사고가 필요하다.

(4) 자주와 국가이익

한국인의 대미인식은 최근 자주(自主)문제와 연관돼 나타나고 있다. 이러한 자주의식과 한미동맹 문제간에 긴장관계가 고조되고 있는 상황이다. 자주는 외세에 대한 일방적인 '배타적' 태도가 아니며, 또한 그것에 대한 '동화적' 태도도 아닌 국가목표 달성의 추구와 관련된 정치적 신중함(prudence)과 균형잡힌 선택이라 할 수 있다. 우리 민족은 한반도의 대륙세력과 해양세력의 중간지대인 지정학적 특수성으로 인해 숱한 피침의 역사를 겪으면서, 근대국가 수립의 좌절과 국권상실로 강대국의 간섭과 개입에 대한 강한 반외세 저항의식을 내면화해 왔다. 이러한 반외세의식은 한국 근현대사의 정치의식을 규정해 온 민족주의적 성향과 어울려 '자주'(자주성·자주의식)는 도덕적·규범적 언술로 고양돼 온 측면이 있다.

최근 한미관계에서 제기되는 자주는 그 성격이나 실천방법과는 무관하게 반미감정의 형태로, 특히 민족문제에 영향을 미치는 미국의 한반도정책에 대한 비판과 미국탈피 자주외교 주장으로 나타나고 있다. 이러한 반미감정과 자주의식은 미국의 일방주의적 대외정책과 한국민의 민족적 자긍심에 대한 미국측의 오랜 불감증과 외면으로 인해 미국이 자초한 측면도 있다. 여기에다 우리 사회 인구의 대부분을 차지하는 전후세대인 젊은 층의 경제발전과 민주주의 성취에 의한 자신감과 남북한 화해협력 분위기 고양에 따른 민족 미래에 대한 낙관적 기대감도 반영돼 있다. 자주는 정치, 경제, 문화, 군사력 등 다양한 부문에서 한국 대외역량의 증대에 비례해 성취될 수 있는 대상이다. 국가 정책적·실천적 차원에서 자주의 문제는 국가이익과의 관련 속에서 신중하고 타산적인 접근을 통해 단계적·점진적으로 성취해 나가야 할 과제이다. 핵문제 접근과정에서 북한이 주장하는 반외세 '민족공조'는 자주와는 무관하다.[24]

자주는 원칙적 입장, 한반도 현안에 대한 선언적 입장, 그리고 향후 우리의 국제사회에서의 역할에 대한 비전천명 등의 세 측면에서 표방될 수 있다. 첫째, 원칙적 차원에서 "우리의 운명을 우리 스스로 결정한다"는 입장이 중요하다. 이는 우리 민족의 운명이 강대국의 의지에 따라 좌우되면서 우리 스스로 결정할 수 없었던 좌절과 굴곡의 한국현대사의 통절한 반성을 촉구하는 문제다. 둘째, 한반도문제와 관련해서 "한반도에서 어떠한 형태의 전쟁도 반대한다"는 입장의 선언이 절실하다. 전쟁은 우리 국가뿐 아니라 우리 민족 자체의 파멸이다. 따라서 한반도의 전쟁과 평화의 문제에 대한 우리 스스로의 판단과 결정이 존중돼야 한다는 우리의 강력한 의지를 천명할 필요가 있다. 셋째, 향후 국제사회에서의 한국의 역할과 관련해서 "한국은 경제적 위상에 걸맞는 정치적 역할을 담당하겠다"는 비전제시가 요망된다. 따라서 자주의식은 결코 배타적인 대외의식이 아니라 오히려 국제사회의 협력과 협조를 얻어내면서 국가이익을 증대시킬 수 있는 의지와 실천능력으로 이해돼야 한다.

---

24) 북한은 핵문제가 북미간의 문제일 뿐 아니라 '남과 북의 조선민족 대 미국과의 문제'라고 규정하면서 민족공조를 강조했다(<로동신문> 2002. 10. 29). "'우리 민족끼리' 여섯 글자에는 조국통일을 위한 당의 근본입장과 근본원칙, 근본방도가 함축"(<로동신문> 2003. 6. 13).

3) 통일관: 자유민주주의 이념의 지평 확대

한반도의 평화는 한민족의 통일보다 중요하다. 이는 평화와 통일의 이중적 목표가치가 하나로 합치되지 않는 한 평화가 통일에 우선한다는 뜻이다. 그렇다면 남북한 긴장완화와 평화공존이 분단을 항구화하고 통일과는 반대쪽으로 치닫는 길인가? 그렇지 않다. 통일과 평화는 반드시 배타적 관계는 아니다. 물론 평화를 위해 통일을 유보할 수는 있으나, 통일을 위해 평화를 포기할 수는 없다. 그러나 우리의 엄중한 과제는 평화와 통일의 협연(協演)을 추구하는 데 있다. 비록 통일을 먼 지평에 설정하더라도 통일의 상(像), 즉 어떤 방식으로 어떤 사회를 지향하는 통일인가 하는 통일관의 정립이 전제돼야 통일정책과 대북정책에 대한 국민적 합의의 기반을 마련할 수 있다.25)

남북한 어느 쪽이 통일을 주도해야 하는가, 달리 말해 누가 통일을 말할 자격이 있는가 하는 정통성의 문제로 귀착된다. 사실 민족분단사는 정통성 쟁탈의 역사였다고 해도 지나친 말이 아니다. 남과 북은 각각 스스로의 정통성을 상대방의 부정에서 찾았다. 민족사 담당주체의 선언은 항상 자신의 정통성 주장으로 일관해 오면서 공존을 거부해 왔고 상호포용을 터부시해 왔다. 상대방의 존재를 부정함으로써 자신의 존재의의를 발견하고자 했다.

이러한 인식을 전제로 여기서 정통성문제를 세 차원에서 접근해 보자. 첫째, 민족사의 주체문제로, 남북한 건국세력 중 누가 식민지배하에서 끝까지 항일투쟁을 지속했느냐 하는 문제다. 길게 말할 것 없이 건국주체의 성격문제로, 이는 남한정권의 아킬레스건으로 북한의 한판 승리로 끝난다. 둘째, 그렇다면 어떤 사회를 만들려고 했는가? 이는 이념과 제도의 문제로,

---

25) 노대통령은 통일고문회의 고문단과의 오찬간담회(2003.7.24)에서 "그 동안 저는 통일이라는 말을 즐겨 쓰지 않았다"며 그 이유를 설명했다. 즉 "'어떤 통일이냐'에 대해 확고한 방향이 서 있지 않기 때문에, 자칫하면 평화를 깰 수도 있고 국민의 안정된 삶을 송두리째 흔들 수도 있다"는 것이 노대통령의 지적이다. http://www.president.go.kr.

북한은 집단적 공익과 평등적 분배정의 이념에 기반한 사회를 만들려고 했고, 남한은 개인의 자유와 선택을 중시하는 자유시장 이념을 선택했다. 그러나 이제 그러한 이념과 제도에 기반한 체제경쟁은 이미 승부가 끝났고, 우리가 상상할 수 있는 미래시간 내에 승부가 역전될 전망은 거의 없다. 셋째, 이 마지막 요소를 앞의 두 요인보다 더 중요한 변수라고 볼 수 있는데, 그런 점에서 앞의 두 요소에 수긍하지 않아도 좋다. 참다운 정통성은 남북한 체제를 넘어 어느 쪽이 문명사회의 규준에 부합하는 인류 보편적 가치관과 인간존중의 삶의 양식, 그리고 인간존엄성과 미래지향적 가치관을 지향하고 있는가 하는 문제다. 과연 어느 쪽이 이러한 규준에 보다 부합되며, 적어도 남과 북 어느 쪽이 그러한 가능성을 보여주고 있다고 생각하는가? 이러한 논리를 북한측에 당당하게 밝혀도 좋다. 이념과 체제의 우위논쟁을 유도하자는 것이 아니라, 북한이나 남한이나 우리 민족이 어디로 가야 할 것인지 명확한 목표지점을 설정하는 데 도움이 되기 때문이다.

통일에 대한 우리의 접근방식은 마치 숲을 보고 나무를 보면서 가지와 잎사귀를 논하듯이 접근해야 한다. 거시적으로 보고 전략적으로 접근하고 시간이 다소 걸리더라도 장기적 접근이 필요하다. 양자를 병행해서 접근해야 하는 것이 우리의 입장이고, 시간이 걸리는 문제이기 때문에 단계적으로 접근해 가는 것이 바람직하다. 이런 점에서 통일의 로드맵이라 할 수 있는 이정표(里程標)가 필요하다. 이러한 이정표를 마련하는 작업에 앞서, 국민적 합의의 토대 위에서 통일의 원칙과 방향이 설정돼야 할 것이다. 물론 전쟁은 통일과정에서 철저히 배제돼야 한다는 점에서 통일원칙은 평화적 합의통일에 초점을 둔다. 평화적 합의통일의 원칙 아래 두 가지 가능한 통일 시나리오는, 미국·캐나다 모델(2국체제)과 통합적 자유민주주의 모델(1국체제)로 상정할 수 있다.

(1) 2국체제: 평화공존의 제도화를 통한 미국·캐나다 모델

이는 간단한 신분확인만 거치면 자유롭게 왕래할 수 있는 미국·캐나다 관계를 남북한 관계의 모델로 상정한 것으로, 이론적으로는 연방제론 또는 남북연합론에 닿아 있다. 이 모델은 남북한 장기공존을 전제로 북한의 성공적인 개혁·개방에 의한 연착륙 형태로, 한반도의 두 개 민주국가가 병립하는 상태다. 이는 상당한 시간을 요하지만 궁극적으로 북한의 경제적 시장경제와 정치적 민주주의체제로의 전환을 요구하고 있는 통합모델이다. 그러나 이 모델은 북한 수령체제의 존속과는 병행할 수 없는 형태로, 북한 수령체제 해체 후 북한사회가 상당한 수준의 민주화가 이루어진 상태를 전제로 하고 있다. 남북한간 장기간의 화해협력을 통한 통합모델은 완전한 1국체제를 지향하는 것이 아니라 북한이 민주주의체제로 전환된다면 남북한은 비록 2국체제이나, '사실상'(de facto)의 통합을 이룬 상태와 마찬가지라는 인식을 배경으로 하고 있다. 이는 현단계에서 '법적'(de jure)·제도적 통합을 추구할 경우 북한은 이를 남한의 흡수통일 의도로 규정해 반발함으로써 남북한 화해협력 구도가 파행될 수 있는 측면을 반영한 논리라고 할 수 있다.

한반도의 2국체제인 미국·캐나다 모델은 가장 바람직한 통합형태라고 할 수 있지만, 이는 북한 통치층의 개혁·개방의지와 체제관리 능력에 달린 문제라는 점에서 현실적 가능성 측면에서 낙관적 전망이 높지 않다.

(2) 1국체제: 통합적 자유민주주의 국가

한국통일의 시나리오는 대개 남한중심의 시장경제와 민주주의사회로 북한의 편입(흡수)을 상정하고 있다. 남한중심의 통일 시나리오의 가장 체계적인 완결판은 미국CSIS(Center for Strategic & Int'l Studies)의 2002년 8월의 한 정책보고서라 할 수 있다. 이 보고서의 제목은 "통일한국을 이룩하기 위한 미국정책의 청사진"으로, 미국인과 한국인 다수의 전문가가 참여했다. 여기에서 CSIS는 "한반도에서 통일국가의 등장은 동아시아지역의 역사에서 결정적인 계기가 될 것"이라고 전제하면서, 3가지 통일 시나리오로 평화통일, 붕괴·흡수통일, 전쟁통일(북한 패망)로 전망했다. 한반도의 통일은 한국정부의 통치권이 한반도 전역으로 확대하는 것으로 보고 있는 점이 주목된다.[26] 한편 미국 CIA가 전망한 『2015년의 세계』에서도 2015년 시기엔 통일한국이 동북아 군사강국으로 부상할 것으로 내다보고 있는 점으로 미루어[27] 남한 주도의 통일한국에 대한 전망이 우세한 것을 알 수 있다.

현재 실현 가능성이 높은 통일형태는 자유민주주의를 표방하는 남한체제 중심의 통일이다. 그 반대 방향, 즉 북한식 수령중심 체제 또는 '우리식 사회주의'가 유지되는 방향으로의 남북한 통합은 21세기 세계사의 흐름과 조화되지 않을 뿐만 아니라 민족사의 바람직한 발전방향과도 부합되지 않으며, 더욱이 현실적 가능성이 거의 없다는 데 큰 이의가 없을 것이다. 그러나 문제는 여전히 남는다. 현실적 가능성이 모든 사람들의 동의를 요청하고 합의를 기대할 수 있는 도덕적 힘을 지닌 것은 아니다. 남한사회의 불평등성, 비인간적 경쟁체제, 물신주의, 문화적 예속성 등 우리 사회의 고유한 모순이 해소·극복되지 않은 상태에서 남한중심의 통일방식은 북한지역을 점령지화해 약탈하고 북한주민들을 이등국민으로 만드는 '내부 식민지' 형태에 불과할 수 있다는 점에서 무엇보다 우리 사회 내부로부터 많은 비판과 저항에 직면할 것이다. 이를테면 통일에 대한 '현실'논리는 항상 힘의 논리이며 사회경제적 강자의 논리에 부응하기 때문에 '현실'논리만으로 통일문제에 대한 국민통합을 기대하기는 불가능하다. 따라서 통일문제에 대한 접근방향에서 현실적 가능성의 측면과 사회정의 차원의 규범성이 동시에 고려되지 않으면 국론통일, 국민통합은 하나의 구호에 그칠 뿐이다.

동서독 통합이 우리에게 주는 시사점은 양 체제의 비교적 높은 친화성(affinity)이야말로 통합을 순조롭게 이룰 수 있게 하는 배경이었다는 것이다. 서독은 유럽에서도 높은 수준의 사회보장국가로서 자본주의 시장경제에서 가장 좌파적 이념체계라 할 수 있는 사회민주주의 전통의 굳건한 토대를 확보하고 있었다. 동독은 동구 사회주의의 진열장으로서 가장 발달한 선진 사회주의국가였다. 이런 배경에서 양 체제의 통합은 이념 및 체제 통합차원에서 서로 한 걸음씩 양보하는 형태로 통합과정에서 큰 갈등은 나타나지

---

26) CSIS, *A Blueprint for U.S. Policy toward a United Korea: A Working Group Report of the CSIS International Security Program* (August 2002).

27) NIC 2000-12 (December 2000), *Global Trends 2015: A Dialogue about the Future with Nongovernment Experts* (http://www.cia.gov/).

않았다. 이를테면 서독은 전통적인 사회보장국가 체제에서 동독에 대한 경제적 부담과 사회적 약자에 대한 배려를 당연히 감내해야 하는 것으로 받아들일 수 있었다. 그와 함께 동독 주민들이 국가(계획)중심에서 시장중심 사회로 전환하는 과정에서 가혹한 개인책임 사회의 충격과 고통을 극복할 수 있었던 데는 서독의 대대적인 지원정책의 결과이기도 하지만, 서독 사민주의국가의 노동계급 중심의 정치체제와 이념과 사회주의국가 동독 주민들의 가치체계가 서로 친화성을 지니고 있었기 때문이라고 하겠다.[28]

자유민주주의는 그 역사만큼 폭넓은 스펙트럼이 있다. 자유민주주의는 자본주의적 시장경제와 조응하는 본질상 우파적 이데올로기라 할 수 있으나, 사회정의, 국민복지, 계급조화 등을 긍정하는 진보적 속성도 지니고 있다는 점에서 이념적 탄력성이 크다. 자유가 박탈된 강제적 평등사회의 한계가 폭로되는 데 70여 년의 시간이 소요됐다면, 사회정의가 배제된 자유의 야만성과 폭력성을 만나는 데는 불과 10여 년의 시간밖에 걸리지 않았다. 통일은 남한중심의 자유민주주의 체제로 이루어질 개연성이 높다. 통일을 준비하는 우리 사회는 더욱 민주화되고 자유와 함께 계층간 조화와 형평성을 높여 나가야 공동체적 구심력을 추구할 수 있고 국민통합의 기반을 확충할 수 있을 것이다. 통일한국의 미래상에 대한 좌·우파간의 간극을 좁히고 접점을 확대시키기 위해서는 분단시대의 냉전적 반공주의로 구현된 자유민주주의의 이념적 한계를 극복하는 한편, 평등의 가치와 —— 평등은 결과의 평등을 의미하는 것이 아니라 기회균등 및 출발조건(head start)의 균등상태를 지향하면서 개인적 능력과 창조적 활동에 따른 보상체계도 함께 고려되는 조화로운 사회정의론에 입각한 평등론으로서 —— 사회국가의 이념을 포섭하는 차원에서 자유민주주의의 이념적 지평을 확대시켜 나갈 필요가 있다.

---

[28] 북한 김정일은 사회국가 스웨덴 체제를 가장 선망하는 것으로 알려졌다. 올브라이트 미 전(前) 국무장관 회고록. <중앙일보>, 2003. 9. 17.

4. 국민통합의 방향: 양극을 넘어

모든 중간(中間)은 중용(中庸)이 아니다. 중간파가 남북한 어느 쪽에도 발을 붙이지 못하고 실패한 한국현대사에서 보듯이 중간파, 중간영역은 언제나 어느 쪽도 지지세력으로 끌어들일 수 없었고 아무도 만족시키지 못했다. 이념적 극단을 경계했던 민족주의자들의 호소도 양극단의 논리를 극복할 수 있는 통합력을 보여주지 못한 한계가 있었다. 이는 지금도 마찬가지이다.[29] 좌파와 우파 양극단의 한계를 지적하고 상호이해를 강조하는 조화노선은 진보·보수 양측으로부터 비난의 대상이 된다. "어느 쪽이냐" 하는 질식할 것 같은 분위기 속에서 양측의 문제점을 비판하는 중간노선은 설자리가 없는 상황이다.

1) 합의창출의 전제

국민통합은 과불급(過不及)이 아닌 중용의 길을 찾는 일이다. 달리 말해 '다양성 속에서 통일성'을 찾는 길이요, '통일성 속에서 다양성'을 모색하는 과정을 통해 이루어질 수 있다. 통합의 지표를 산술적 평균에서 찾을 수는 없다. 국민여론의 평균치를 존중한다고 해서 국론통합에 근접하는 것은 아니다. 특히 대북정책이나 안보분야의 경우 해당 사안에 대한 전문성과 여타

---

[29] 수구 기득권층과 '안보 상업주의' 및 '물신 기독교'(christian fetishism)가 보수우파로, 그리고 주사파가 진보좌파로 자처하는 현실이 한국사회에서 합리적이고 '건강한' 보수주의와 이성적인 진보의 가치를 왜곡시키고 있다는 지적도 주목할 필요가 있다.

국정분야에 대한 파급효과를 충분히 고려할 수 있는 경륜 있는 그룹의 견해는 감정적이고 정치적인 선동에 영향을 받는 국민여론보다 중요하다. 또한 안보·외교분야는 국민여론에 노출되는 상태가 반드시 바람직한 것은 아니며, 국가이익을 위해 공개될 수 없는 경우도 있기 때문에 정책결정과정에서 국민여론을 참고하고 존중해야 하나 국민여론이 정책결정의 준거가 될 수는 없다.

통일정책을 둘러싼 보혁갈등을 극복하고 국민통합을 이루어 나가기 위해서는 각각의 분야에서 다음과 같은 기본인식이 요망된다.

첫째, 정치지도자의 통찰력과 리더십이 절실히 요청될 수밖에 없다. 이는 정치지도자의 존재이유이기도 하다. 국회의 존중과 정당정치의 활성화를 통해 국민여론을 제도정치권에서 수렴해 나갈 수 있도록 해야 한다.

둘째, 국민통합을 위한 정부의 역할과 책임은 막중하다. 국론통합은커녕 자칫 국론분열의 소지를 제공할 수 있는 복합적 상황에 대한 면밀한 이해를 바탕으로 설득과 타협을 끌어낼 수 있는 조정능력이 요구된다. 이와 함께 중요한 국가발전전략과 대북정책의 큰 틀은 공청회, 공개세미나 등을 통해 학계, 언론계 등 전문가그룹과 오피니언 리더들과의 충분한 논의와 의견수렴을 거쳐 정책결정에 이르는 과정을 거쳐야 한다. 국가 핵심정책이 소수의 이너서클(inner circle)에 의해 은밀히 급조된 후 불쑥 공개하는 형태는 혼란을 불러일으킬 수밖에 없으며, 사후 대국민 홍보와 설득을 통해 이해와 지지를 요구하는 관행에서 국론통합을 기대하는 것은 그야말로 연목구어(緣木求魚)라 하겠다. 이런 점에서 정부는 문명사적 전환기에 국가와 민족의 미래지향적 방향 위에서 공청회, 공개토론회 등을 통해 장기적 전망의 국가발전전략과 통일정책 수립과 관련한 국론을 수렴하는 노력을 지속해 나가야 한다. 국내차원에서는 균형성장을 추구하면서 사회정의를 실현하려는 진보적 성향의 정책을 추진할 수 있으나, 국제관계와 대북정책에서는 국가이익 우선의 현실주의 노선을 수용하는 것이 바람직하다.

어느 국가나 대외정책을 효율적으로 추진하기 위해 국민적 이해와 지지를 끌어내는 데 최대의 노력을 기울이는데, 우리도 대외관계의 중요성 못지않게 국민적 지지를 얻어내기 위한 '대(對)국민외교'(public diplomacy)의 중요성을 깊이 인식해야 할 것이다. 우리의 경우 평화, 대북인식, 대미정책, 통일 문제 등의 국제적·민족적 문제를 효율적으로 추진하고, 더욱이 남남갈등을 극복하기 위해서도 정책수립과 추진과정에서 국민적 이해와 지지를 구하는 노력이 절실한 실정이다. 특히 국민교육의 일환으로 국제문제에 대한 국민들의 이해수준을 높여 나감으로써 남남갈등을 희석시켜 나갈 수 있을 것이다. 예컨대 국제사회 속에서의 북한, 또는 국제문제와 연관된 한반도의 위상 등을 충분히 인식시킴으로써 경쟁과 협력의 세계 속에서 생존하면서 미래를 모색해야 하는 엄중한 현실 앞에서 남남갈등이 얼마나 자기 파괴적인가를 성찰할 수 있게 된다.

셋째, 공동체의 조화와 구심력을 유지하려는 오피니언리더들의 균형감각과 역할이 무척 중요하다. 지나친 자기확신과 독선에 찬 이념형적 지식인이나 사회지도층 인사들은 어느 면에서는 증오와 갈등을 부추기는 '편가르기'의 주역을 맡고 있다는 점도 되돌아보아야 한다. 지금 우리 사회의 지식인들에겐 어느 쪽으로도 기울어지지 않는 절제된 균형감의 유지가 절실히 요구되고 있는 실정이다.

2) 국민참여 확대: 시민단체의 위상과 역할

온라인(on-line) 및 오프라인(off-line) 양 측면의 활용을 병행해야 할 것이다. 온라인세대는 변화 지향적 세대로 능동적·창조적 행위양태와 더불어 '참여정부'의 통일정책을 긍정적으로 인식하는 경향을 보이는 비교적 젊은 30·40대 연령층으로 인터넷을 생활화하고 있다. 그러나 통일과 민족문제에 대해 감정적으로 접근하는 경향이 강하며, 보다 책임있는 인식과 대안 모색적 노력이 요망되는 세대이다. 오프라인세대는 과학기술의 발달에 따른 급속한 변화에 쉽게 적응하기 어려운 중장년세대로 소수 예외적인 사람들을 제외하고는 인터넷문화보다는 신문, TV 등 전통적 매체에 익숙한 세대로 50·60대 연령층이다. 이 세대는 통일 및 안보정책에 대해 정부의 보다 안정적인 접근을 바라고 있는데, 정부가 온라인세대만을 '국민참여'의 주된 파트너로 삼고 있는 것이 아닌가 하는 의혹을 불식시키기 위해서도 오프라인세대를 적극적으로 포섭해야 한다.

시민단체(NGO)의 정책결정 수립과정에서의 역할과 위상은 신중하게 검토될 때라고 생각된다. 시민단체의 열정과 신념은 존중돼야 하나, 시민단체의 비전문성과 무책임성에 대해 시민단체 스스로 깊은 자각이 필요한 시기다. 전문적인 학자그룹이 참여한 시민단체의 경우에도 특정 사안의 주장과 그것의 영향과 파급효과에 대한 '책임으로부터의 자유'에서 연유하는 언행의 무게를 보다 진지하게 인식해야 할 것이다.

현대사회에서 비정부 시민단체의 역할과 의의는 점차 증대되고 있는 추세이다. 여기서 정당과 시민단체의 관련성을 잠시 살펴보자. 근대국가의 정당은 특정한 계급·계층적 이해관계를 대변하는 한편 국민적 대중정당을 지향하면서 집권을 목표로 하는 정치조직으로서 시민사회를 전반적으로 포섭할 수 있는 근대국가의 틀 내에서 정치적·이념적 갈등과 다양한 사회경제적 이익단체의 이해관계를 수렴하여(투입) 특정한 정책으로 반영(산출)하는 기능과 역할을 담당해 왔다. 이처럼 근대국가가 시민사회를 충분히 포섭하는 조건, 달리 말해 시민사회 내의 모든 갈등형태가 정당정치의 틀 속에서 해결될 수 있는 토대 위에서 근대 민주주의의 이념인 대의(代議)정치=의회민주주의가 원활하게 작동할 수 있었다. 그러나 현대의 민주주의 사회는 어느 국가를 막론하고 전통적인 국가가 시민사회의 모든 영역을 커버할 수 없을 뿐만 아니라 국가 자체가 엄청난 규모로 증폭된 시민사회의 자율적 활동을 통제할 수 없는 상황에 이르렀으며, 이러한 현실 속에서 근대국가의 전통적 정당이 시민사회의 폭발적이고 변화무쌍한 이해관계를 반영하는 데는 한계를 드러낼 수밖에 없게 됐다. 거대한 조직체로서 대중정당은 시민단체에 비해 정치사회적 이슈에 대한 이해와 접근방식에서 신속한 대응력이 떨어지며 이해관계의 수렴능력도 구조적으로 취약한 상태를 벗어나지 못하고 있다. 이처럼 정당정치의 구조적 한계가 나타나고 있는 변화된 상황에서 시민사회의 다양한 주장과 이해관계를 반영하는 시민단체의 역할이 증대되는 경향은 자연스러운 현상으로 현대 시민사회의 새로운 모습이라 할 수 있다. 따라서 정당정치는 폭발적인 시민사회의 규모증대에 부응할 수 있는 조직체계와 능력을 갖추는 것도 급선무이지만, 어쨌든 정치, 경제, 사회문화의 모든 분야에서 시민단체의 역할은 한층 증대될 것은 틀림없다.

한국사회의 시민단체는 '1987년' 이후 시민사회의 폭발적 분출과 더불어 체제변혁적 민주화운동에서 시민운동으로의 전략적 전환과정에서 진보적 좌파운동의 연장선상에서 나타나게 됐다. 이 과정에서 시민운동은 전통적 정당의 정치적 대표체계의 한계를 비판하면서 정치엘리트의 배출통로로 기능하기도 했으며, 특히 현정부의 집권 자체가 진보적 시민운동의 총결산으로 이해되는 측면도 있다는 점에서 최근 우리 사회에서 시민단체에 대한 정치적 관심이 크게 부각될 수밖에 없었다.[30]

시민단체는 대중정당보다 한층 효율적으로 시민사회의 다양한 영역에 접근하면서 정치사회적 이슈를 발굴하고 문제해결의 비전을 제시하는 순발력과 함께 보다 높은 수준의 전문성을 배양해 나가야 할 것이다. 이와 더불어 공동체의 존망과 미래의 명운이 달린 통일과 대북정책 등 사활적인 국가 주요정책은 규범적 판단과 도덕적 신념에 충실한 뜨거운 가슴으로 접근될 수 있는 성격의 문제가 아니라는 점에 대한 인식의 공유도 널리 확산돼야 한다. 통찰력과 냉철한 이지(理智)를 지닌 차가운 머리가 요구되는 상황이 일반적이기 때문이다. 지금은 신념과 열정에 사로잡힌 시민단체가 우리 사회에서 보혁갈등의 중심에 서 있고 '편가르기'의 주역이라는 역설적 현상에 대한 자기성찰이 기대된다.

---

[30] 현 정부에 와서는 한국사회에서 참다운 의미의 비정부기구(Non Governmental Organization: NGO)는 사라졌고 과거의 진보적 NGO는 지금은 모두 정부와 '코드'를 맞추는 (친)정부기구(Governmental Organization: GO)로 전락했다는 지적과 함께 우후죽순처럼 나타나고 있는 진보·보수의 각양각색 시민단체의 정치사회적 폐해도 경계돼야 한다.

3) 합의창출의 방향

(1) 최소주의적 합의

최소한 좌·우 모두 양극단은 배제돼야 한다는 원칙에 국민적 컨센서스를 이루어야 한다. 성조기·인공기 불태우기, 한총련 탱크시위, 대구유니버시아드대회 중 북한자극 행위, 협박과 위협시위 등 자극적·반(半)폭력적 행위는 우리 사회에서 추방돼야 한다. 그처럼 동맹국 미국과 화해협력의 파트너인 북한을 자극하거나 반대견해를 밝힌 사람에 대한 모욕과 협박 등 극단행동은 퇴출시키지 않으면 안 된다. 이러한 돌출적 극단행동이 관용된다면 앞으로 더 큰 폭력을 불러올 수 있기 때문이다. 그러한 행위에 대한 옹호와 비난 등의 소모적 논쟁은 우리 사회 자체를 피폐하게 만들 뿐이다. 따라서 사회적 규범에서 벗어나는 비시민적인 극단적 행동에 대한 한계선(red line)을 설정할 필요가 있다. 극소수의 과격행동에 대한 무절제하고 원칙 없는 수용은 법치주의 공화국의 정체성을 훼손하는 일이기 때문이다. 따라서 우리는 국가공동체를 유지하고 존속시키기 위해 양극단의 배제, 법치주의 존중 등 최소한의 규범준수에 대한 그야말로 '최소주의적 합의'(minimalism of consensus)에 동의할 필요가 있다.

(2) 성찰적 태도

보수우익은 이제는 합리적인 발언임에도 불구하고 기득권을 비판하는 발언은 모두 좌파적·혁명적으로 몰아붙이는 언행을 자제해야 한다. 미래에 대한 비전은 전혀 없고, 보수 기득권의 이익과 자리에 대한 지나친 방어와 집단 히스테리 현상은 국민들의 혐오감을 유발할 뿐이다. 스스로 거울에 비친 얼굴을 들여다볼 줄도 알아야 한다. 전통과 관습의 규범적 가치를 존중하는 참된 보수주의는 그들의 덕목인 도덕성을 회복하려는 의지를 보여야 한다. 진보좌파의 입장도 물론 예외는 아니다. 문명사적 전환과정에 이념적 편향성은 세계사적 조류와 부합하지 않는다. 특히 대북인식은 민주주의와 인권 등 문명사회의 보편적 규범과 함께 우리 인류가 성취해 온 보편적 가치기준으로 바라보아야 할 때이다. 진보좌파는 보수우익의 과거와 기득권에 대한 비판과 비난에 앞서 책임질 수 있는 현실적인 대안제시로 국민 앞에 나서야 한다.

(3) 같음을 지향하되, 차이를 존중한다

우리 사회의 좌파와 우파의 문제는 설득과 타협의 관계가 아니라 지속적 대립과 대치의 관계로 정립돼 왔다. 우리에겐 변증법적 지양을 통한 좌우대립의 새로운 통합원리(合, synthese)가 나타난 경험을 찾기가 어렵다는 점에서 동양적 사유형태로 "서로 다른 것을 지향하면서도 조화를 이루는 화이부동(和而不同)"의 존재양식을 발견할 필요가 있다. 국민여론의 다양성과 상호충돌, 그리고 갈등표출 영역을 확인하면서 상호공존, 즉 화이부동의 가치와 존재양식을 배양시켜 나가는 것도 바람직하다(求同存異).

(4) 이분법적 구도 타파해야

남남갈등 해소 또는 국정 현안문제 해결방안 모색을 위한 토론, 좌담 등은 좌·우 갈등현실을 확인시키는 결과를 낳거나, 더욱이 갈등해소에 기여하기는커녕 갈등의 골을 더욱 깊게 패이게 하는 역할을 하는 경우를 종종 발견할 수 있다. 예컨대 서로 다른 입장을 대립적으로 부각시키는 신문의 기획편집 방식, 서로 마주보면서 대립각을 세우도록 하는 TV토론 방식은 판매부수나 시청률에 승부를 거는 신문과 방송의 기본속성이나, 이것이 오히려 갈등구도를 더욱 선명히 하면서 갈등해결의 전망을 왜곡시키게 된다. 이러한 모습은 극복돼야 하며 서로 중간지점을 확대시켜 나가고, 절충적 입장과 조화를 모색하는 방식을 관행화시킬 필요가 있다.

(5) 양극을 넘어

원효의 화쟁(和諍)사상은 조화와 상생적 가치를 추구하는 사상으로, 우리 전통사상의 맥박 속에 연면히 흐르고 있다. 화쟁은 다양성이 상극성(相剋性)으로 타락하지 않고 통일성이 획일성으로 전락하지 않는 정신문화의 뿌리라 할 수 있다. 통일과 민족화합을 바라보는 우리는 누구나 보편화되기 어려운 특정 견해에 대한 집착과 아집(我執)에 사로잡혀 굴절된 시각에서 벗어나지 못하고 있다. 우리 민족사에서 최초로 통일을 성취한 신라의 삼국통일 과정을 목격한 원효(元曉)는 진리(法)에 이르는 길을 제시함으로써 분열의 시대상을 넘어 통합의 대안을 제시하고자 했다. 그는 진리에 대한 잘못된 가설을 극복하고 그 가설에서 나타나는 의심을 제거하기 위해 '일심'(一心)법을 세우고 '이문'(二門)을 열었다. 여기서 '일심(一心)·이문(二門)'의 사상은 진리가 일원적이냐 이원적(다원적)이냐 하는 양자택일적 논리를 넘어서 있는 경지와 차원을 뜻하는 것으로, 진리의 세계(眞如門)나 생멸의 세계(生滅門)나 서로 다르지 않은 근원(一心)의 각각의 모습일 뿐이다. 진리를 깨닫는 마음이나 생사번뇌의 세계를 체험하는 마음은 다 같은 하나도 아니요(非一), 그렇다고 각각 다른 두 개도 아니다(非異)는 논리이다. 여기서 원효의 '화쟁'(和諍)·'화회'(和會)사상이 나타나는 계기를 보자.

만약 서로 상이한 견해가 서로 쟁론을 벌일 때, 유견(有見)과 같다고 말하면 공견(空見)과 다르게 되고, 공집(空執)과 같다고 말하면 유집(有執)과 다르게 되어, 같다고 또는 다르다고 주장하는 바가 더욱 세차게 싸움을 벌이게 된다. 또다시 그 두 개가 같다고 하면 그 둘이 내부에서 서로 다투게 되고, 다르다고 하면 둘이 갈라져 싸우게 된다. 이런 까닭에 비동(非同) 비이(非異)라고 말해야 한다. 비동(非同)이라는 것을 말 그대로 취하면 모두가 허용(許容)하지 않음을 뜻하고, 비이(非異)라는 것을 뜻으로 말하자면 불허함이 없음을 뜻한다. 비이(非異)라고 함으로써 그 감정에 어긋나지 않고, 비동(非同)이라고 함으로써 도리에 어긋나지 않는다. 감정상으로나 논리상으로 서로

어김이 없다.31)

화쟁(和諍)은 단순히 싸움을 말리는 데 그치지 않고 온갖 대립과 반목을 해소할 수 있는 통합의 원리이다.32) 원효의 통합논리가 우리 시대의 원리로 새롭게 부각돼야 하는 이유는 그것이 개인과 집단 모두에게 상극(相剋)보다는 상생(相生)의 결과를 가져다주기 때문이다.33)

성경의 말씀도 마찬가지로 치우침과 극단을 경계할 것을 가르치고 있다. 모세를 계승한 여호수아에게 여호와께서 일러 주신 말씀은 율법을 다 지켜 행하고 "좌로나 우로나 치우치지 말라. 그리하면 어디로 가든지 형통하리라"(여호수아 1-7) 했듯이, 편견과 아집의 좌·우 극단논리에 큰 경종을 울린다.

진보좌파나 보수우익이나 모두 한반도의 평화를 갈구하고 통일문제를 바라보는 데 있어 민주주의를 향유하고 인간존엄성과 삶의 질이 보장되는 그러한 민족사회를 추구한다는 점에서 다를 바가 무엇이 있겠는가. 말하자면 평화, 민주주의, 인간존엄성의 가치 등은 결코 서로 다를 수 없는 '하나의 근원'(一心)이 아니겠는가. 바로 이 지점에서 우리는 진보좌파와 보수우파는 대화와 토론을 바탕으로 아집과 억견을 극복하고 마침내 서로 갈등적이었던 견해의 상호침투를 이루는, 가다머(H. G. Gadamer)의 표현을 빌면 '지평의 융합'(fusion of horizons)을 기대할 수 있다.

---

31) 원효, 『금강삼매경론』(삼성출판사, 1976), 466쪽.
32) 김형효, "원효사상의 현재적 의미와 한국사상사에서의 위치," 聖元曉 大심포지엄(1987. 11. 1~2, 서울), 『원효연구논총』(국토통일원 조사연구실) 참조
33) 근대화논리는 이분법적 흑백논리(友/敵, 옳음/그름, 선/악, 근대/전통, 능률/비능률, 효율/비효율, 성공/실패, 성장/분배, 자유/평등)에 기반해서 중간적 공존영역을 거부하는 것으로 나타나는 특성이 있다.

제3장 노무현정부의 평화번영정책: 전망 및 과제*

1. 새 시대의 좌표

한반도의 평화와 한민족의 통일은 다시 21세기의 민족사적 과제로 넘어왔다. 한반도 분단체제를 낳았던 세계적 냉전체제는 이미 역사지평 저 너머로 사라진 지 오래지만, 아직도 한반도에는 낡은 이념의 그림자가 드리워져 있다. 이를테면 민족시간이 세계시간을 따라가지 못하는 '역사적 지체'(historical retard)현상을 극복하지 못한 상태이다.

노무현 대통령의 '참여정부'는 반세기 이상 지속돼 온 분단의 폐해를 떨쳐내고 한반도 평화와 민족의 번영을 추구하는 시대적 소임을 안고 출범했다. 이에 노무현정부는 한반도의 평화를 통한 민족의 번영을 추구하며, 공동의 번영을 통한 평화구축의 논리로서 '평화・번영정책'을 제시했다. 그러나 한반도에서의 전쟁방지와 평화정착을 향한 평화프로세스 앞에는 많은 난관이 가로놓여 있다.

국제정세와 남북관계는 남북정상회담을 이루어 냈던 시기와는 전혀 다른 상황에 봉착했다. 9・11테러 이후 동북아 및 한반도 정세는 구조적으로 달라졌으며, 우리의 주도적 역할은 제한적일 수밖에 없는 조건에서 대북정책 패러다임의 변화를 고려하지 않을 수 없는 상황을 맞이했다.

여기에서는 이러한 문제의식을 전제로 평화・번영정책의 전망과 함께

---

* 이 논문은 「통일정책연구」, 12권, 1호(통일연구원, 2003)에 실린 것을 수정・보완한 것임.

향후 추진과정에서 제기될 과제를 짚어 보고자 했다. 평화·번영정책의 체계와 추진전략을 살펴보기 위해서 먼저 평화·번영정책은 김대중정부의 화해협력정책의 '창조적 계승'이라는 전제에서 햇볕정책의 의의와 한계를 검토했다. 평화·번영정책의 추진전략을 크게 네 측면에서 제시했다. 첫째, 평화·번영정책의 추진원칙은 상징적·포괄적 수준에서 제시되는 것이 바람직하며, 둘째, 남북한 평화협정과 동북아 평화협력체 추진을 적극 추구해야 함을 제안했다. 셋째, 한미 동맹관계는 새롭게 정립될 필요가 있다는 인식하에 한국과 미국간 미래지향적 발전을 모색해 나가는 과정 속에서 양국의 공동이익 지표를 창출해야 하는 과제를 부각시키고자 했다. 그리고 넷째, 자주와 국가이익의 조화를 강조하면서 참된 자주는 국제사회의 협력과 협조 속에서 국가이익을 증대시킬 수 있는 의지와 실천능력으로 파악했다.

통일문제는 대개 북한변수, 국제관계, 그리고 남한 국내여론 세 차원의 문제틀 속에서 접근될 수 있다. 여기서 필자는 북한변수에 대한 새로운 인식을 촉구할 필요가 있다고 본다. 북한체제의 성격을 문제삼지 않았던 햇볕정책의 관용정신은 당시의 상황에 비추어 충분히 긍정될 수 있다. 그러나 한반도의 평화와 번영의 과제는 북한변수와 불가분의 관련이 있다. 따라서 북한의 딜레마가 외적 요인인가, 체제모순인가 하는 문제는 깊이 있게 해명돼야 할 사안이다. 한겨레의 일원으로서 우리는 누구나 민족문제를 냉철하고 합리적으로 바라보는 데 익숙하지 않다. 여기에다 민족의 수난사로 인해 흔히 한반도에 미치는 외적 규정력을 배타적이고 반외세의 논리로 접근하는 경향성을 보여 왔다. 말하자면 통일문제에 있어 '민족'과 국제관계의 특수형태인 '외세'의 착종된 인식은 쉽사리 극복되기 어려웠다. 마지막 결론 부분에서 미국중심의 세계질서 재편과정에서 신보수주의의 신념체계와 전략에 대한 이해와 그에 대한 우리의 입장을 환기시켰다. 우리는 지금 어디에 서 있는가. 이제 새 시대의 좌표를 확인하는 작업부터 검토해 나가야 할 때이다.

2. 평화·번영정책의 체계 및 추진전략

1) 체계: 평화와 번영의 지평확대

　평화·번영정책은 '참여정부' 출범과 함께 노무현 대통령의 통일·외교·안보정책 전반을 포괄하는 한반도 평화발전의 기본구상으로 제시됐다. 이는 한반도의 평화증진과 남북 공동번영을 추구함으로써 평화통일의 기반조성 및 동북아경제 중심국가 발전의 토대마련을 위한 전략적 구상이라 할 수 있다.[1)]

　평화·번영정책의 목표는 '한반도 평화증진'과 '공동번영 추구'에 있다. 여기서 공동번영은 남북한 공동번영과 동북아 공동번영의 불가분적·동시적 추구를 지향한다. 이러한 평화·번영정책의 4가지 추진원칙은 다음과 같다. 첫째는 '대화를 통한 문제해결'의 원칙이다. 한반도의 모든 갈등과 위기는 대화를 통해 평화적으로 해결돼야 하며, 한민족의 공멸을 가져올 수 있는 어떠한 형태의 전쟁도 반대한다는 입장이다. 둘째는 '상호신뢰 우선과 호혜주의' 원칙을 들 수 있다. 상호신뢰는 남북관계뿐만 아니라 동북아 역내국가들의 협력을 증대시키는 기반이며, 이를 통해 관련국들의 동등한 관계에서 서로 이익을 얻을 수 있는 호혜주의가 가능해지기 때문이다. 셋째, '남북 당사자원칙에 기초한 국제협력'으로, 이는 한반도 평화체제 구축과 남북 경제공동체 형성과정에서 남북한 당사자의 이해가 반영될 수 있는 국제협력 추진입장을 천명한 것이라 할 수 있다. 마지막으로 넷째, '국민과 함께 하는 정책'을 추진원칙으로 삼았다. '참여정부'는 대북·통일정책의 수립과 추진과정에서 국민참여를 촉진하고 이 과정을 통해 형성된

---

1) 노무현 대통령 취임사, 2003. 2. 25.

국민적 합의를 바탕으로 정책을 추진해 나가겠다는 원칙을 밝혔다.2)

평화·번영정책의 특징은 첫째, 통일·외교·국방정책 전반을 포괄하는 개념이며, 둘째, 안보적 측면에서 '평화'와 경제적 측면에서 '번영'의 균형을 강조하고 있다. 즉 화해와 신뢰구축을 통해 평화를 정착시키고, 협력을 통해 남북한 공동번영을 추구하는 균형전략이라 할 수 있다. 셋째, 한반도를 넘어 동북아의 평화와 공동번영을 추구하는 정책이다. 최근 핵·미사일 문제, 경제위기 문제 등에서 보는 것처럼 현재의 북한문제는 한국만의 관심사항을 넘어서 국제화되고 있는 상황에서 우리의 대북정책도 남북관계 수준을 넘어 동북아지역의 평화와 공동번영의 구도 속에서 접근해야 할 필요성이 부각됐다. 마지막 넷째, 국민참여와 합의형성 등 내적인 기반조성을 강조하고 있는 점을 들 수 있다.

대북정책 차원에서 평화·번영정책의 요체는 남북 화해상태를 평화체제로 제도화시키고 협력관계를 더욱 강화해 한층 높은 차원의 공동번영을 추구하는 데 있다. 이러한 평화·번영정책은 남북한 평화와 번영의 추구를 위한 실천영역의 지평을 한반도를 넘어 '동북아'3) 수준으로 확대함으로써 지금까지 국내적 시각에 머물렀던 국가발전전략의 비전을 지역차원으로

---

2) 민주평통정책연구자료 제35호, 『평화·번영의 동북아시대: 정책과제와 추진전략』(민주평화통일자문회의사무처, 2003. 3), 6쪽.

3) '東北亞'는 한반도와 중국 북부지방인 만주지역을 포괄하는 지정학적 범위로 한국인들 사이에서 널리 사용되고 있다. 일본사회에서는 東北亞라는 용어가 거의 사용되지 않고 있으며 '亞細亞'가 일반적으로 쓰이고 있다(http://websearch.yahoo.co.jp). '참여정부'가 '동북아경제 중심국가' 건설을 국정 목표로 삼은 배경에는 한국을 "해양(일본)과 대륙(중국)을 잇는 경제의 관문"으로 상정한 데 있다. 한국을 '東北亞의 지정학적 중심'으로 여기는 사고는 東北亞를 한·중·일 동아시아 3국의 범위로 동일시하는 오류의 소산이다. 東北亞와 동아시아 3국의 지정학적 범위는 전혀 다르다. 한국은 동아시아 3국의 가운데에 위치한 중간지역이라 할 수 있다. 東北亞는 한국인의 관념 속에서 특정한 지정학적 범위로 자리잡고 있는 한국적인 용어이다. 이런 점에서 일본인은 東北亞를 일본과 무관한, 일본이 배제된 지역개념으로 인식할 수 있으며, 중국인은 東北亞를 한반도와 만주지역에 한정된 지정학정 개념으로 여길 수 있다. 東北亞는 일본이나 중국보다 한국에서 일반화된 독특한 지정학적 개념이라는 점에서 '동북아경제 중심국가'에서 東北亞는 동아시아 3국에서 공통으로 통용되는 지정학적 범위로는 한계가 있다.

높였으며, 또한 민족문제를 보다 넓게 조망할 수 있는 이른바 시좌구조(視座構造)를 확대시키는 계기를 제공한다는 점에서 의의가 크다. 이런 점에서 평화·번영정책은 김대중정부의 대북 화해·협력정책(포용정책, 햇볕정책)의 성과를 바탕으로 남북관계의 심화·발전을 담은 내용적·형식적 측면에서 한 단계 진전된 정책으로 평가된다.4) 여기서 평화·번영정책이 햇볕정책의 '창조적 계승'이라는 전제에서 김대중정부 대북정책의 성과를 간략히 검토해 보자.

2) 김대중정부의 화해·협력정책

(1) 화해·협력정책의 의의

김대중정부의 대북 화해·협력정책(대북포용정책, 햇볕정책)은 협력을 통한 평화정착을 목표로 삼았다. 이는 냉전시대 '힘의 우위'에 입각한 안보·평화정책으로부터 근본적인 발상의 전환을 가져왔다. 햇볕정책은 튼튼한 안보태세를 통해 평화를 유지하는 한편, 화해협력을 추구함으로써 북한으로 하여금 스스로 변화와 개혁의 길로 나올 수 있는 적합한 환경을 추구하고 조성하는 전략으로 '접근을 통합 변화'를 추구했다.

1970년대 초 남북대화가 시작된 이래 우리 정부의 통일정책은 줄곧 평화적이며 점진적·단계적인 정책기조를 유지해 왔다. 1980년대 후반 사회주의권의 개혁개방과 냉전체제 이완에 따른 국제정세의 급격한 변화는 우리의 대북정책에도 영향을 미쳐 남북한 화해와 협력시대의 선언과 남북 교류를 제의한 '7·7선언'을 천명하기에 이르렀다.5) 그 후 1990년대 북핵문제가 남북관계의 핵심변수로 떠올랐으나, 냉전적 갈등과 대결의식을 극복해야 한다는 시대적 요청에 따라, 남한은 남북한 체제경쟁은 이미 끝났다는 자신감을 바탕으로 북한이 스스로 변화할 수 있는 여건과 환경을 조성하면서

---

4) 통일부, 『'참여정부'의 평화·번영정책』(통일부 2003. 3) 참조
5) 민족자존과 통일번영을 위한 '7·7특별선언', 노태우 대통령, 1988. 7. 7.

전쟁방지와 한반도 평화유지를 대북정책의 기본 방향으로 설정했다.

　김대중정부는 대북정책의 이러한 역사성 위에서 통일보다 한반도 평화를 선차적 과제로 설정하고, 통일의 장기적 전망 위에서 통일로 가는 긍정적 환경을 조성하기 위한 '남북관계 개선'을 대북정책의 목표로 제시함으로써 보다 현실적이고 합리적인 정책수립의 토대를 마련했다. 그리하여 법적·제도적(de jure) 통일보다는 실질적(de facto) 통일로 나아가는 길을 추구했던 것이다. 이는 통일에 대한 최소주의적 접근(minimalist approach)으로 점진적·단계적 진전을 추구하는 방식이었다. 이를테면 인도주의, 경제적·사회문화적 접근, 정치군사적 접근과정, 즉 비정치적 사안으로부터 정치군사적 사안으로 나아간다는 기능주의적 구도였다. 북한의 정치군사 문제 우선주의와는 달리 이러한 기능주의를 대북정책에 적용할 경우 안보문제에 대한 상당한 모험과 정치적 결단이 요구된다. 김대중정부의 기능주의적 접근이 가능했던 데는 1990년대 초 김일성이 이미 북한의 체제유지 방안으로 대남접촉과 대외개방의 결단을 내린 입장과도 관련이 있다. 그러나 김영삼정부는 출범과 동시에 불거진 핵문제와 수년 동안 북한의 극심한 경제위기와 식량난으로 인해 대북정책의 일관성을 유지할 수 없었고, 이에 따라 남북한 상호불신의 경색국면이 지속됐다. 체제유지, 즉 안보문제가 해결되지 않는 한 북한은 밖으로 나올 수 없다. 이에 김대중정부의 대북 신뢰표명과 대화와 접촉거래를 통한 안보문제 해소방식이 북한의 긍정적 반응을 얻을 수 있었다.

　김대중정부의 통일 및 대북정책의 의의는 지대하다. 첫째, 탈냉전시대의 변화에 부응해 남북관계를 '대립과 갈등의 시대'로부터 '화해와 대화의 시대'로 전환시킨 데 커다란 의의가 있다. 남북정상회담 개최는 민족 분단사의 분수령을 이루는 쾌거였으며, 그 후 남북간 장관급회담을 비롯한 각급 회담의 정례화와 이산가족 상봉 등을 통해 남북관계 개선의 틀을 마련했다. 둘째, 햇볕정책은 '안보와 협력의 병행추진'을 강조했다. 이는 남북 군사적 대치현실을 감안해 협력을 통한 안보를 추구하는 동시에, 튼튼한 국방력에 바탕을 둔 북한의 긴장조성과 도발방지라는 목적을 동시에 추구하고자 하는 정책이었다. 셋째, 민간부문의 교류협력을 확대시킴으로써 정부차원의 대북제안과 대화채널을 유지하는 한편, 남북 당국간 신뢰도 향상을 위한 여건을 조성하고자 했다. 넷째, 김대중정부는 남북한 관계개선과 한반도 평화구축은 국제사회의 적극적 지지와 협조 아래 추진하고자 했다. 김대중 대통령은 한국의 대북정책에 대한 국제사회의 적극적 지지를 획득하는 데 노력을 기울였으며 주변4국과의 정상외교 등을 통해 한반도문제의 당사자 역할에 대한 인식을 한층 높였다.

한편 햇볕정책과 관련해서 이 시기 김대중 대통령은 한반도의 평화와 북한의 변화를 위해서 한반도 냉전구조 해체의 필요성 정책과제를 밝힌 점이 주목된다.6) 한반도 냉전구조 해체는 국제적, 남북간, 국내적, 그리고 개인적 수준에서 대결과 갈등구조를 청산하고 평화적 공존과 협력의 상호 의존관계로 변화시켜 나가는 것을 말한다. 즉 한반도 냉전구조 해체는 체제·관계·제도·의식 등 모든 영역에서 세계사적 탈냉전 조류에 맞게 재편하는 작업이다. 따라서 한반도 냉전구조 해체는 북한체제를 보장하는 한편, 한반도의 군사적 대립구조를 평화구조로 전환시켜 한반도에서 전쟁재발의 위협을 근본적으로 해소하고 남북한 공존과 협력의 제도화를 지향하는 것으로, 한반도 냉전구조 해체를 위한 장기적·포괄적 접근방식이 강조됐다.7) 그러나 한반도 냉전구조 해체는 역사적 당위성에도 불구하고 북미관계 경색으로 인해 새로운 난관이 조성되면서 만족할 만한 성과를 얻지 못했다. 어쨌든 이 과제는 남북한 및 주변 4국과 관련된 문제로서 군사·안보차원의 문제를 개별 쟁점별로 푸는 것이 아니라 종합적·포괄적 차원에서 정치·외교·경제·통상문제 등과의 관련 속에서 접근해야 할 문제라는 점을 재확인한 상태다.

---

6) 김대중 대통령 CNN 위성회견, 1999. 5. 5; 대통령 월례 기자간담회, 1999. 5. 17.

7) 허문영, "한반도 냉전구조 해체방안: 장기·포괄적 접근(시론)," 통일연구원 국내학술 회의(1999. 2. 26) 『한반도 냉전구조 해체방안(Ⅰ)』(학술회의 총서 99-01, 통일연구원, 1999).

(2) 화해·협력정책의 한계

김대중정부의 대북정책은 내용적 측면에서는 포용정책으로, 실천적 측면에서는 화해·협력정책으로, 상징적 차원에서는 햇볕정책으로 불렸다. 그 후 김대중정부 후반기에는 '대북 화해·협력정책'으로 공식화했다. 강풍보다 오히려 '햇볕'이 두터운 외투를 벗길 수 있다는 이솝우화의 교훈에서 착안한 햇볕정책은 대북 포용과 화해협력을 통해 궁극적으로 북한의 변화를 촉진시키고자 했다. 그런데 이솝우화의 햇님 논리와 햇볕정책에는 차이가 있다. 햇볕정책의 핵심은 교류·협력 기능망의 구축이라 할 수 있다. 문제는 긴장과 갈등을 해소하고 전쟁을 예방할 수 있는 수준의 기능망을 구축하는 데는 장기간의 시간이 소요될 뿐만 아니라 이를 쉽게 검증할 수 있는 방법이 없다는 데 있다.8) 그럼에도 햇볕정책은 낙관적 전망에 대한 강한 신념과 기대를 보여주고 있다. 여기서는 다음과 같은 햇볕정책의 문제점을 지적할 수 있을 것이다.

첫째, 햇볕정책의 이론적 토대인 기능주의론이 유럽연합(EU)을 형성한 합리적이고 개방적인 서구사회의 통합론에 기반하고 있다는 점이다. 즉 기능주의이론은 민주주의국가들간의 경제적·사회문화적 통합을 통한 갈등극복과 상호 신뢰구축을 토대로 궁극적으로 평화와 정치적 통합에 이르는 과정을 체계화한 이론이다. 그런데 종교적·문화적 동질성을 지니면서 다원화되고 민주화된 서구사회를 배경으로 진전된 서구사회의 평화적 통합과정도 반세기 이상의 시간이 소요됐다. 그와 달리 햇볕정책의 상대는 세계에서 가장 폐쇄적이고 비합리적인 수령체제의 북한이다. 이처럼 햇볕정책의 이론적 배경인 기능주의론이 태동한 서구사회의 성격과 '한국판' 기능적 교류·협력정책인 햇볕정책의 상대인 북한은 전혀 다른 대상이다. 서구사회에서 교류협력을 통한 신뢰구축과 평화에 이르는 과정에 많은 시간이 소요됐다면, 북한을 대상으로 기능적 교류협력의 증대를 통한 상호신뢰 구축과 한반도 평화확립을 추구하는 햇볕정책이 최소한의 성과를 거두려면

---

8) 구영록, 『한국과 햇볕정책: 기능주의와 남북한관계』(법문사. 2000), 148-149쪽.

보다 장기적인 전망 아래서 상당한 인내가 요구된다. 그럼에도 햇볕정책의 상대인 북한은 체제보장에 대한 불투명성으로 인해 개방에 대한 주춤거림과 '열었다 닫았다'를 반복하는 행태를 보였다. 북한은 대북 포용정책에 대한 강한 경계심과 함께 햇볕정책을 '평화적 이행전략'의 변종으로 인식하고 오히려 체제단속을 강화하기도 했다.

둘째, 대북정책은 '안보와 협력의 병행' 추진원칙을 내세웠으나 실제로는 주(主) 교류협력·종(從) 평화안보 정책으로 나타났다. 여기서 안보문제가 상대적으로 경시되는 모습으로 비쳤고, 햇볕정책의 '일관성' 차원에서 북한의 안보위협에 대응하는 뚜렷한 원칙과 입장은 유보됐다.

셋째, 햇볕정책의 기본노선 유지와 정책적 일관성을 고수하려는 의지로 인해 북한의 변화에 대한 '희망적 해석'에 입각한 정책을 추진하는 양상을 보였다. 특히 북한의 움직임을 '햇볕정책'의 목표와 성과에 맞추어 해석함으로써 북한의 변화실체에 대한 균형적인 시각을 결여한 채 대북정책 선택의 폭을 스스로 제한했다.

넷째, 대북 포용정책에 대한 확신은 한미관계보다 민족논리를 중시하는 듯한 오해를 불식시키기 어려웠으며, 한반도에 대한 미국의 규정력을 간과하는 우를 범함으로써 대미정책의 한계를 드러냈다. 부시행정부의 한반도 정책에 대한 정확한 판단을 결여함으로써 대북정책에 대한 한미간 갈등과 오해를 증폭시키는 결과를 초래했다.

다섯째, 햇볕정책 추진과정에서 국민적 여론수렴과 정책추진의 투명성을 강조했음에도 불구하고 국민들의 지속적이고 충분한 지지를 얻지 못하고 오히려 대북정책을 둘러싼 '남남갈등'이 부각됐다. 이러한 현상은 탈냉전시대의 국내적 냉전의식, 북한변화론·북한불변론 등에 대한 양극적 견해 등 이른바 '상황의 이중성'에서 기인하는 문제이기도 하지만, 역설적으로 김대중정권의 햇볕정책에 대한 강력한 신념과 도덕적 자기확신의 결과라는 측면도 무시할 수 없다. 이는 김대중정부 대북정책의 '목적 정당성'에 대한 지나친 확신으로 인해 정책적 '수단의 정당성'을 간과한 데서 빚어졌다. 달리 말해 민족화해의 도덕적 소명의식은 정책추진 과정의 정당성과 국민적 합의라는 절차적 합리성의 의의를 폄하하고 무시하기 쉬운 경향성을 극복하기 어렵게 만들었다.

그럼에도 햇볕정책은 남북관계를 '화해와 대화의 시대'로 전환시켜야 하는 탈냉전의 역사적 과제에 부응한 정책이었으며, 햇볕정책 추진과정상의 문제점은 대결에서 화해로, 불신에서 대화로의 전환과정에서 반드시 겪어야 하는 예고된 혼란과 진통으로 이해할 수 있다. 이런 점에서 평화·번영정책은 햇볕정책의 '창조적 계승'의 맥락 속에서 국제정세의 상황변화와 남북관계의 현실을 충분히 고려하면서 추진돼야 할 것이다.9)

3) 평화·번영정책 추진전략

평화·번영정책은 "통일·외교·안보정책 전반을 포괄하는" 정책이라는 점에서 '국민의 정부'의 '대북(대북·통일)정책'과 같은 특정 분야대상의 정책명칭과는 다르다. 이는 대북정책(통일정책)의 특정 범주를 넘어 통일·외교·안보문제를 개별 사안이 아니라 포괄적으로 접근하고자 하는 의도로 이해될 수 있으며, 평화·번영정책은 화해협력 못지않게 한반도의 안보·평화문제 해결이 선차적인 과제라는 인식을 반영한 것으로 볼 수 있다.

화해·협력정책이 평화의 필요조건이라면, 평화·번영정책은 한반도 평화 충분조건의 토대를 마련하고자 한 정책이다. 이는 한반도의 안보·평화문제는 남북한간 관계뿐만 아니라 동북아시아의 평화와 안정의 퍼스펙티브에서 접근돼야 한다는 문제의식에 기반하고 있다. 남북한간 화해협력을 통한 평화정착은 동북아지역 차원의 평화가 구축되지 않는 한 '의사(擬似)평화(pseudo peace)' 형태에 불과하다. 평화·안보차원에서 평화·번영정책은

---

9) '화해협력'은 언술 차원에서 담론적 헤게모니를 장악하면서 이데올로기적 도그마 수준으로 자리잡은 측면도 있다. 햇볕정책, 화해협력은 남북한 사회에 각각 의도하지 않은 역설적 현상을 초래했다. 즉 북한주민들에게는 남북한 인적·물적 교류를 통한 외부정보의 유입으로 체제이반의 계기를 제공했다면, 남한사회에서 '민족화해' 담론은 '반외세' 분위기와 결합해 대선국면에서 북한 김정일정권과 '내재적 친화성'(immanent affinity)을 지닌 정치·사회세력의 집권에 긍정적 요인으로 작용했다.

군건한 안보태세의 확립을 통한 '소극적 평화'를 넘어, 남북한의 군사적 신뢰조치, 한반도 평화체제 구축 및 동북아 평화협력체 구축 등을 추진함으로써 '적극적 평화'를 추구하는 정책이라 할 수 있다. 이런 점에서 평화·번영정책은 '참여정부' 대외정책의 추진방향과 장기적 비전을 담은 것으로서 추상적 국가목표를 제시한 그랜드디자인의 형태로 제시됐다.

그러나 평화·번영정책은 명칭의 일반성과 정책범주의 지나친 포괄성으로 인해 정책목표를 명확하게 포착하기 어려우며, 추진방향과 과제의 방대함이 실천 가능성과 조화되기 어려운 측면이 있다. 평화, 번영, 안보는 근대국가의 존립근거이자 국가사회의 일반적·궁극적 목표로 인식된다. 따라서 평화, 번영, 안보를 위해 우리 정부는 '어떤' 정책을 추진하고자 하는가 하는 질문이 제기될 수 있다. 정의, 자유, 평등, 민주 등의 보편적 개념이 특정한 목표와 시간적 제약을 지닌 특정 국가의 정책목표로 설정될 수 없는 개념인 것과 마찬가지로 평화, 번영의 추상성 문제가 한계로 지적될 수 있다.

(1) 추진원칙은 상징적·포괄적 수준에서 제시돼야

'참여정부'는 평화·번영정책의 추진원칙으로 '대화를 통한 문제해결', '상호신뢰 우선과 호혜주의', '남북 당사자원칙에 기초한 국제협력', 그리고 '국민과 함께 하는 정책'을 표방했다. 이러한 추진원칙은 대북정책 추진과정에서 원칙과 현실의 마찰을 빚을 수 있다.

첫째, '대화를 통한 문제해결' 원칙은 핵문제를 비롯해서 남북한 군사적 갈등과 현안사항을 반드시 대화를 통해 해결한다는 입장으로, 이는 김대중정부의 대북 3원칙 가운데 첫 번째 사항인 '무력도발 불용' 원칙을 상기시킨다. 김대중정부의 '무력도발 불용' 원칙은 두 차례의 서해도발 사태로 시험대에 올랐다. 제2차 서해교전(2002. 6. 29) 당시에는 이 원칙의 유효성을 유지하기 위한 방편으로 북한 도발의 비계획적인 우발성을 강조하는 논리로 나타났다. 그 결과 북한의 도발이 계획적인 것이든 우발적인 것이든 이 원칙 앞에 사태의 진실을 파악하려는 노력은 소극적일 수밖에 없었다. 그에 따라 우리 정부의 안보태세와 북한의 행태를 선의로 해석하고자 하는 입장에 대한 비판이 초래돼 많은 사회적 갈등을 낳았다. 따라서 "반드시 대화를 통해서 해결한다"는 원칙은 핵문제를 비롯해서 향후 북한의 도발에 대한 다양한 해결방안의 선택지를 좁히고 부정하는 형태가 될 우려가 있다.

북핵문제 해결방식에서 대화를 통한 평화적 해결이 효과를 거두기 위해서는 대규모의 대북지원이 이루어지거나 월등한 군사력을 과시할 수 있어야 한다. 여기에다 국민적 단합과 함께 미국 및 일본과의 굳건한 공조체제가 유지돼야 한다. 이러한 전제가 충족되지 않은 상태에서 대화와 평화적 해결만을 주장할 경우 국론분열을 가져오거나 국제사회에서 배제되는 결과를 자초하게 된다.

둘째, 호혜주의는 김대중정부의 상호주의 원칙이 대북 '퍼주기'라는 비난을 초래한 논리적 약점을 보완하기 위한 개념으로 이해된다. 그러나 상호주의와 호혜주의는 의미에서 차이가 없다. 다만 이 경우 상호주의(호혜주의) 원칙과 정경분리 정책은 서로 모순되는 측면이 주목된다. 대북지원 과정에서 상호주의의 비등가성, 비동시적 성격에도 불구하고 북한측의 상응하는 즉각적인 호응을 얻지 못함으로써 많은 비판과 오해를 불러일으켰으나, 정경분리 정책은 남북간 경제교류·협력을 정치·군사적 사안과 연계시키지 않고 시장경제 원리에 따라 기업이 자율적으로 경협을 추진토록 한다는 입장이었다. 상호주의는 상대방의 존재를 전제로 북한의 반응과 관련된 정책이라면, 정경분리 정책은 남한정부의 독자적 판단에 의해 추진할 수 있는 정책이다. 그런데 북한이 상호주의(호혜주의)에 전혀 호응해 오지 않음에도 불구하고 정경분리 원칙에 따라 대북경협과 교류협력을 추진한다면 상호주의는 형해화되며, 북한은 정경분리 정책의 과실만 향유하게 된다. 비록 상호주의는 정부차원의 대북지원에서, 정경분리는 기업차원의 대북경협이라는 차이가 있지만 정경분리, 정경연계 모두 정부의 판단과 정책에 따른 결정일 수밖에 없다는 점에서 마찬가지다.

셋째, 한반도 평화정착을 위해 김대중정부는 "국제적 지지하의 남북당사자 해결"방안을 제시했다면, '참여정부'는 "남북 당사자원칙에 기초한 국제협력"을 평화·번영정책의 추진원칙으로 제시하고 있다. 이처럼 '당사자원칙'을 앞세우는 논리는 '민족적' 입장이 한층 강화된 것으로 해석될 수 있다. 그러나 이러한 당사자원칙은 북한의 '민족공조' 주장과 친화성을 가지면서 한미공조를 부차적으로 여기는 정책으로 인식될 소지가 크다. 이런 점에서 남북 당사자원칙과 국제협력의 조화를 추구하는 입장으로 재조정될 필요가 있다.

대북정책 추진과정에서 우리 정부는 남북관계와 한반도정세의 상황적 유동성을 고려해 지나치게 원칙적 입장에 사로잡혀 정책적 탄력성이 상실되는 상황을 피해야 한다. 이를 위해서 대북정책 추진원칙은 상징적이고 포괄적인 수준에서 제시되는 것이 바람직하다.

(2) 남북한 평화협정 체결 및 동북아 평화협력체 추진

북핵문제는 평화·번영정책의 아킬레스건이라 할 수 있다. 정부는 북핵문제 해결을 최우선 과제로 삼고, '북한의 핵불용', '대화를 통한 평화적 해결', '대한민국의 적극적 역할'을 핵문제 해결의 3대 원칙으로 밝혔다. 핵문제 해결을 전제로 평화·번영정책 추진전략은 한반도 평화체제 구축에 초점을 맞추었다. 한반도 평화체제 구축이란 지난 50년간 한반도 질서를 규정해 온 불안정한 정전상태가 평화상태로 전환되고, 안보와 남북 및 대외관계 등에서 이를 보장하는 제도적 발전이 이루어진 상태를 의미한다. 한반도 평화체제가 구축되면 한반도 평화와 남북한 공동번영이 가능케 되고, 나아가 동북아경제 중심국가의 토대가 마련될 것이다.

한반도 평화체제는 한반도 평화정착을 위한 궁극적 목표상황을 의미한다. 여기서 체제(regime)란 포괄적 개념으로 두 개 이상의 국가간에 설치된 기관이나, 상호관계를 규율하는 합의된 원칙, 규범, 절차 및 규칙을 뜻한다. 이러한 평화체제는 평화공존을 지향하는 과정에서 갈등·대결보다는 협력·협동을 선호하는 장기적·지속적 '과정'으로 이해해야 할 것이다. 즉 평화체제는 완결된 평화상태라기보다는 평화추구의 노력과 합의과정을 포괄하는 과정상의 맥락에서 파악할 수 있다. 한반도 평화체제는 다층적 구도로 추진돼야 하는데, 첫째, 남북한 차원에서 한반도 긴장완화와 신뢰구축

방안논의, 둘째, 북한 체제보장 방안접근, 그리고 셋째, 한반도 평화체제 전환에 대한 국제적 보장방안 구축이 요구된다. 물론 이는 순차적 접근을 의미하는 것은 아니다.

한반도 평화체제 구축을 위한 평화 프로세스는 다차원적이고 복합적인 이슈를 총망라한 북핵문제[10] 해결과정과의 연계 속에서 접근할 필요가 있다. 이 과정에서 남북 평화협정 체결을 추진할 필요도 있을 것이다. 남북간 적대관계 및 전쟁상태의 해소와 평화상태 회복, 상호불가침 및 무력행사 포기, 분쟁의 평화적 해결, 비무장지대의 평화지대화 추진 등을 합의할 수 있다면 북한은 우회적으로 미국의 대북 봉쇄정책을 극복할 수 있는 길을 찾을 수 있을 것이다. 물론 지금까지 북한은 평화보장 체계는 북·미간 평화협정이 체결되고 평화보장 기구가 마련돼야 가능하다고 주장해 왔다. 남북한 국방장관회담(2000. 9)에서 남측이 군사적 신뢰구축 문제를 제의하자 북한은 정전협정의 평화협정으로의 전환을 통해 북미간 교전상태 해결이 급선무이며, "남북간 신뢰구축으로 합의하더라도 미국이 지키지 않으면 휴지조각이 될 뿐"이라며 한국측의 제의를 거부했던 것이다. 그럼에도 우리는 북핵문제가 어느 정도 해결전망을 보인다면 남북한 평화협정 체결을 추진할 필요가 있다.

한반도 평화체제는 동북아평화협력체 추진과 연계돼야 할 것이다. 한반도 평화체제 구축은 남북한의 군사안보적 차원을 넘어 동북아 역내 경제공동체를 지향하는 동북아 안보협력체(동북아평화협력체: 2+4) 구축노력과 병행해서 나가야 할 과제이다. 이를 위한 남북 당사자의 입장과 국제주의의 조화가 추구돼야 한다. 동북아의 기존 안보질서는 쌍무적 양자관계를 근간으로 형성돼 있으나, 최근 동북아 안보협력을 위한 다자주의 접근방식이 나타나고 있다. 4자회담 경험이나 북한이 가입한 아세안지역안보포럼(ARF) 등은 다자간 협력체의 좋은 사례로, 동북아 역내의 안정과 평화를 위한 다자주의적 접근은 북핵문제 해결과 한반도 통일과정에서도 유효한 접근틀

---

[10] 박종철, "북·미간 갈등구조와 협상전망," 국제지역학회 세미나(2003. 6. 5) 발표 논문 참조

이라 할 수 있다.[11] 그러므로 한국은 다자간 평화협력 틀을 적극 제시하고 활용할 수 있는 외교역량을 발휘해야 한다. 중국은 다자주의를 미국의 패권주의 및 일본의 재무장을 억제할 수 있는 틀로, 일본은 역내 공동시장의 확대를 기대하는 입장에서, 러시아는 시베리아·원동지역과 동북아지역의 경제벨트 확대를 위해 경제·안보분야의 다자간 협의체 수용에 긍정적인 반응을 보일 것이다. 그리고 미국도 급성장하는 아태지역의 경제와 안보문제에 대한 주도권을 지속적으로 유지하고자 하는 전략에서 동북아지역의 평화협력체 구상을 전향적으로 바라볼 수 있다.

평화체제 구축과정은 한반도 및 동북아의 안정과 질서의 현상(status quo) 유지가 아닌 '현상변경'을 추구하는 시도라는 점에서 역설적으로 한반도 안보위기를 초래할 수 있다. 따라서 한미동맹의 근간인 주한미군의 철수·감축과 같은 급격한 변동은 회피돼야 한다. 평화·번영정책의 추진전략은 남북정상회담, 남북 평화협정, 남북경제공동체 등 남북협력 심화를 토대로 한 남북간 '민족중심적' 접근방식이 강조되고 있으나, 한미동맹의 틀을 훼손시키는 방향으로 나아가서는 곤란하다. 남북관계가 한반도문제에 미치는 '외적 규정력'에 대한 보다 신중한 접근이 이루어져야 한다. 한반도 평화체제 구축방안으로 '대화'와 '평화적' 방법만을 강조하는 점에서 상대방의 호응·거부상황에 대한 고려는 배제되고 말았다. 북한의 의도적 도발에 대한 억제형태의 강력한 '응징의지'의 천명과 국소적 '응징전략'의 확립도 필요하다.

(3) 한미동맹: 미래지향적 발전모색

최근 한미 동맹관계가 변화와 조정국면에 직면하게 됐다. 냉전종식 이후 국제질서의 재편, 미국 세계전략의 변화, 한국의 국력신장과 민주화 성취에 따른 민족적 자긍심과 자주의식의 고조 등을 계기로 한반도문제에 대한 한국과 미국 양국 사이의 인식차이를 드러내면서 한미 동맹관계도 과거

---

11) 미외교협회(CFR) 한반도문제 태스크포스팀 보고서, "북한의 핵도전에 대한 대처" (Meeting the North Korean Nuclear Challenge, 2003. 5. 19)(통일부, 2003. 5), 21-22쪽.

어느 때보다도 중대한 전환기를 맞이했다. 한국 내에서는 노근리사건, 매향리 사격장 이전문제, 독극물 한강 방류사건, 용산기지 이전문제, 덕수궁 인접지역 미 대사관 아파트 건설안, 주둔군 지위협정(SOFA) 개정 등의 문제로 미국에 대한 부정적 인식이 확산되는 가운데 지난해 의정부 여중생 사망사건을 계기로 촉발된 촛불시위는 우리 사회 내 반미감정을 고조시키면서 급기야 한미 동맹관계의 기본틀을 부정하는 분위기가 나타나기도 했다. 이와 함께 미국 내에서 한국사회의 반미감정에 대한 우려와 더불어 노무현정부의 자주노선 강조와 주한미군 문제인식은 미국측의 불신과 의혹을 불러일으키기도 했다.12)

한미 동맹관계를 시대적 상황과 변화에 맞게 조정해야 한다는 여론과 함께 미국은 주한미군의 역할변경과 규모감축 및 전력재배치 계획을 검토·발전시키고 있는 것으로 알려졌다. 그러나 주한미군 재배치문제는 세계전략 차원에서 해외주둔 미군의 재배치의 일환으로 해외주둔 지상군의 감축 대신 해·공군력을 강화하고 첨단무기 배치·증강정책의 형태로 볼 수 있으나, 한반도정세와 한국의 국내정치적 상황과 연계돼 있다는 점에서 한국사회에 미치는 정치적 파장을 무시할 수는 없다. 그럼에도 한미관계는 탈냉전 이후 변화된 국제관계에 부응해 상호 미래지향적인 새로운 관계를 모색해야 한다. 탈냉전 이후 한반도 주변의 전략구도 변화로 인해 동맹결성의 목적과 전략적 기본전제의 변화가 초래됐고, 여기에다 한국에서의 민족적 정서가 고양됨에 따라 한미 동맹관계에 대한 정치사회적 불신과 불만이 점증하고 있다. 더욱이 동맹관계 속에서 상호 실리적 경향이 고조되고 있는 상황을 맞이했다.

한미동맹은 지금까지의 '공동위협'에 기반한 정치·군사중심의 동맹관계로부터 향후 '공동이익' 창출에 기초한 포괄적 동맹관계로 전환시켜 나가야 한다. 남북관계와 동북아 안보환경 측면에서 볼 때 현단계 한미 동맹관계의 근간인 주한미군이 지속적으로 주둔해야 할 근거는 거의 변하지 않았

---

12) 미국의 아시아에서의 동맹관계(일본, 호주, 필리핀, 싱가포르, 한국)는 재편중이며, 한국은 미국의 동맹국으로서의 전략적 가치가 약화되고 있다는 평가가 주목된다. "Bush's Asian Priorities," Stratfor, 2003. 5. 23(http://www.stratfor.com).

다. 아직도 북한의 안보위협이 상존하고 있으며, 한미동맹과 주한미군은 한반도 안보의 근간으로 한국의 지속적 경제발전, 경제안정의 필수불가결한 요소일 뿐만 아니라 주한미군은 동북아 안정과 평화유지에 긴요하며 한반도 평화체제 구축과정에 기여할 수 있다. 따라서 주한미군 문제는 한반도 안보상황 변화 및 평화체제 구축과 연계해서 발전적으로 조정돼야 하며, 통일과정과 통일 후 한반도의 평화와 안정을 위해서도 주한미군의 긍정적 역할과 기여방안을 모색해야 할 것이다.

한반도 평화증진을 위한 국제환경 조성에서 '참여정부'가 지향하는 '한미관계 재정립'은 흔히 동맹관계의 유연화 입장으로 한미 동맹관계의 대등관계로의 전환과 주한미군 철수·감축을 주장하는 논리로 이해될 수 있는 측면이 있다. 이러한 오해를 불식시키기 위해 '한미관계 재정립'방안은 한미관계의 '재확인'으로 조정돼야 한다. 이를 바탕으로 한미동맹은 한국의 민주화와 높아진 국제적 위상에 걸맞게 군사동맹을 넘어 경제, 사회문화 등 비군사부문에서의 협력(collaboration)을 포함하는 포괄적 안보협력 체제로 발전시켜 나가는 것이 바람직하다. 말하자면 한미동맹과 동북아평화협력체(동북아 경제·정치·안보공동체) 양자의 이중적(two track) 발전과정에 발맞춰 동맹관계로부터 점차 다자관계로 중심축을 옮겨가야 할 것이다.

(4) 자주와 국가이익의 조화

자주와 한미동맹의 긴장관계를 해소해야 한다. 자주는 외세에 대한 일방적인 '배타적' 태도가 아니며, 또한 그것에 대한 '동화적' 태도도 아니고 국가목표 달성의 추구와 관련된 정치적 신중함(prudence)과 균형잡힌 선택이다. 우리 민족은 한반도의 대륙세력과 해양세력의 중간지대인 지정학적 특수성으로 인해 숱한 피침의 역사를 겪으면서, 근대국가 수립의 좌절과 국권 상실로 인해 강대국의 간섭과 개입에 대한 강한 반외세 저항의식을 내면화시켜 왔다. 이러한 반외세의식은 한국 근현대사의 정치의식을 규정해 온 민족주의적 성향과 어울려 '자주'(자주성·자주의식)는 도덕적·규범적 언술로 고양돼 온 측면이 있었다. 최근 한미관계에서 제기되는 자주는 그 성격과 실천방법과는 무관하게 반미감정의 형태로, 특히 민족문제에 영향을 미치는 미국의 한반도정책에 대한 비판과 미국탈피 자주외교 주장으로 나타나고 있다. 이러한 반미감정과 자주의식은 미국의 일방주의적 대외정책과 한국민의 민족적 자긍심에 대한 미국측의 오랜 불감증과 외면으로 인해 미국이 자초한 측면도 있다. 여기에다 우리 사회 인구의 대부분을 차지하는 전후세대인 젊은 층의 경제발전과 민주주의 성취에 의한 자신감과 남북한 화해협력 분위기 고양에 따른 민족 미래에 대한 낙관적 기대감도 반영돼 있다.

자주는 정치, 경제, 문화, 군사력 등 다양한 부문에서 한국의 대외역량 증대에 비례해서 성취될 수 있는 것이다. 자주를 강력히 표방하는 것은 국내정치적 선거과정에서 대중적 환호와 지지를 받을 수 있지만, 국가정책적·실천적 차원에서 자주의 문제는 국가이익과의 관련 속에서 신중하고 타산적인 접근을 통해서 단계적·점진적으로 성취해 나가야 할 과제다. 자주를 주장한다고 해서 대외적 자주가 보장되거나 자주성이 증대되는 것은 아니다.[13] 자주는 이에 대한 원칙적 입장, 한반도 현안에 대한 선언적 입장, 그리고 향후 우리의 국제사회에서의 역할에 대한 비전천명 등 세 측면에서 표방될 수 있다. 첫째, 원칙적 차원에서 "우리의 운명을 우리 스스로 결정한다"는 입장이 중요하다. 이는 우리 민족의 운명이 강대국의 의지에 따라 좌우되면서 우리 스스로 결정할 수 없었던 좌절과 굴곡의 한국현대사의 통절한 반성을 촉구하는 문제다. 둘째, 한반도문제와 관련해서 "한반도에서 어떠한 형태의 전쟁도 반대한다"는 입장의 선언이 절실하다. 전쟁은 우리 국가뿐 아니라 우리 민족 자체의 파멸이다. 따라서 한반도의 전쟁과 평화의 문제에 대한 우리 스스로의 판단과 결정이 존중돼야 한다는 우리의 강력한 의지를 천명할 필요가 있다. 셋째, 향후 국제사회에서 한국의 역할과 관련해서 "한국은 경제적 위상에 걸맞는 정치적 역할을 담당하겠다"는 비전제

---

13) '바람직한 한미관계'를 묻는 최근의 여론조사 결과는 20-30대 반미정서가 반년 사이에 상당히 누그러져 가는 추세를 보여준다. '미국탈피 자주외교'의 경우 28.1%(2002. 12)의 지지율이 17.6%(2003.6)로 감소했다. '한미동맹 강화'의 경우 20.4%(2002. 12)의 지지율에서 32.0%(2003. 6)로 증가했다. <중앙일보>, 2003. 6. 12.

시가 요망된다. 따라서 자주의식은 결코 배타적 대외의식이 아니라 오히려 국제사회의 협력과 협조를 얻어내면서 국가이익을 증대시킬 수 있는 의지와 실천능력으로 이해돼야 할 것이다.

마지막으로 국가이익과 민족이익의 상충을 극복하고 양자를 조화시켜야 하는 과제가 제기된다. 정상적인 근대 민족국가는 국가이익이 곧 민족이익이나, 분단국가·분단민족인 우리의 경우 국가이익과 민족이익이 서로 일치될 수 없었다. 그 동안 우리는 안보와 반공으로 구현된 국가이익을 우선하고 민족이익을 유보해 왔지만 최근 이러한 입장은 '반통일논리'로 비판받는 상황도 나타나고 있다. 북한의 '민족공조', '민족대단결', '우리 민족끼리' 주장은 한국사회의 반미감정에 침투·결합을 추구하는 통일전선 논리임에도 불구하고 화해협력의 언술과 함께 대중적 친화력을 얻는 측면도 있다. 그러나 민족이익이 규범적 가치라면 국가이익은 현실적 가치이다. 향후 국가이익과 민족이익의 조화에 대한 요청이 증대될 것이나, 국가이익의 희생을 통한 민족이익의 구현은 결코 현실적인 선택일 수 없으며, 국가이익의 실현을 통한 민족이익에의 접근이 가능하다.

3. 평화·번영정책과 북한

1) 전망의 상실: 내구력의 한계

북한의 딜레마는 어디에 원인이 있는가? 사회주의체제 붕괴 이후 지금까지 북한은 과감한 개혁·개방정책을 추진하지 못하고 누적적인 마이너스 성장상태에서 폐쇄체제를 유지하는 가운데 생존과 체제유지를 위해 몸부림치고 있다. 북한이 과감한 개혁·개방정책을 추진하지 못하고 극한적 한계상황에 처하게 것은 미국의 대북봉쇄에 기인하는가, 그렇지 않으며 북한 김정일정권의 내부적 모순 때문인가 하는 문제는 북한 딜레마가 외적 요인에 의한 것인가 체제모순인가 하는 논리로 귀착된다. 그러나 사물과 현상의 원인에 대한 인식의 차이는 문제해결에 대한 접근방식의 차이를 가져오고, 대안모색의 가능성과 미래전망의 형태와 내용에서 전혀 다른 결과를 낳는다.

애이던 카터는 1990년대 초 현대자본주의에 대한 비판이론가인 독일의 하버마스(J. Habermas)의 '위기이론'을 적용해 북한체제의 지속 가능성을 검토한 바 있다. 하버마스는 후기자본주의 사회의 경제적 위기의 토대 위에서 합리성의 위기, 정당성의 위기, 동기유발의 위기라는 세 가지 위기를 추가했다. 경제적 위기와 합리성의 위기가 각각 경제적 또는 정치적 하부체계에서 발생하는 것이라면, 정당성의 위기와 동기유발의 위기는 정치적 및 사회문화적 하부체계 내에서 발생하며 동시에 이들 하부체계에 영향을 미치는 정체성의 위기라 할 수 있다. 이러한 체제위기의 분석틀을 준거로 카터는 후기스탈린주의인 북한체제의 위기상황을 분석해 북한의 미래에 대한 비관적 전망을 제시하는 가운데, 북한이 변화를 거부한다면 경제적 파멸을 초래해 인민봉기를 유발할 것이고, 개혁을 추진한다면 경제회생은 가능하겠지만 북한체제의 정당성은 소멸될 것이라는 북한체제의 딜레마를 지적했다. 그리고 사태의 추이는 본질적으로 예측 불가능하지만 "1995년까지도 북한이라는 국가가 존재한다면 (그로서는) 대단히 놀랄 일이다"고 했다.14) 2003년 현재 북한은 아직 존재하고 있다. 그런 점에서 카터의 예언은 적중하지 않았다. 그러나 북한체제의 지속 가능성 문제를 체계적으로 검토한 그의 연구는 북한체제의 미래전망과 관련해서 많은 시사점을 제시했다는 점에서 큰 의미가 있다.

한편 북한체제의 위기수준과 내구력을 전망한 통일연구원의 연구는 이 분야 연구에서 주목할 만한 성과를 거두었다. 통일연구원은 북한체제의 위기수준을 평가하는 연구에서 사회주의체제의 위기수준을 측정한 브레진스키의 지표를 참고해 통일연구원이 개발한 지표를 통해 북한체제의 위기수

---

14) Aidan Foster-Carter, "북한사회 변화를 어떻게 볼 것인가?: 하버마스 위기이론의 적용," 세미나시리즈 91-03, 국제학술회의 발표논문집(1991. 10. 28~29)『북한체제의 변화: 현황과 전망』(민족통일연구원, 1991), 48쪽.

준을 측정한 연구결과를 제시했다. 이 연구에서 북한의 '우리식 사회주의' 체제의 전반적인 위기지수는 1986년 이후 점진적으로 증가해 1992년에 체제위기의 임계점(critical limit)을 통과했다고 밝혔다.15) 체제위기의 임계점 통과가 곧 체제변혁을 가져오는 것은 아니지만 그 이후에도 위기수준이 지속적으로 증가하고 있다는 점에서 북한은 체제차원의 안전성은 점차 심각해질 것으로 전망했다. 북한 사회주의'체제'는 김정일을 중심으로 한 '권력엘리트'보다 더 포괄적인 개념이기 때문에 체제불안은 외견상 모든 권력자원이 김정일에게 집중돼 있다고 하더라도 그의 집권 자체의 안정이 보장되는 것은 아니다. 이는 가라앉고 있는 배에 탄 선장이 아무리 건장하다고 해도 그가 결코 안전할 수 없는 것과 마찬가지다.

북한 사회주의체제의 강점과 약점은 무엇인가? 통일연구원은 위기지수(1994년 기준)를 측정하기 위해 이념, 엘리트, 경제, 통제, 대외관계의 5개 분야를 설정하고 이를 각각 3분해 15개의 지표를 준거로 위기지수의 추이를 검토한 결과 북한체제의 최대 약점은 '대외경제관계', '인권문제에 대한 국제적 비난' 및 '안보자원'으로 나타난 반면, 최대 강점은 '관료기구의 기능', '엘리트 갈등' 및 '반문화의 형성'으로 밝혀졌다.16) 북한 사회주의체제의 위기수준과 내구력 전망을 연구한 당시로부터 상당한 시간이 경과됐지만 그 후 경제분야와 대외관계에서 북한체제의 위기수준이 낮아지고 내구력 강화에 긍정적인 요인의 증대를 찾기는 어렵다. 반면 1996년부터의 식량위기와 전 주민의 엄청난 기아상태로 몇 해 동안 지속된 '고난의 행군' 기간 동안 주체사상에 기반한 '우리식 사회주의' 이념의 침식, 당 중심 엘리트층의 주민통제력 약화, 수십만의 탈북자 사태 등은 북한 사회주의체제의 이념 중시 체제와 통제 메커니즘을 해체시켜 북한체제의 상대적 강점을 약화시키는 동시에 위기수준을 높이는 요인으로 작용했다고 볼 수 있다.

북한체제의 위기수준 및 내구력과 관련해 최근 북한사회 내부에서 나타나고 있는 변화양상을 짚어 볼 필요가 있다. 북한은 2002년 7월 '7·1경제관

---

15) 김성철·정영태·오승렬·이헌경·이기동, 『북한 사회주의체제의 위기수준 평가 및 내구력 전망』(민족통일연구원, 연구보고서 96-23, 1996. 12), 155쪽.
16) 김성철 외, 앞의 책, 25쪽.

리 개선조치'를 단행했다. 경제관리 개선조치는 배급제도의 폐지, 물가 및 임금인상, 환율 현실화 조치 등으로 나타났다. 특히 배급제 폐지는 이미 사회주의체제의 근간인 배급시스템이 붕괴된 상황을 인정하는 불가피한 조치였으나, 이러한 정책은 북한사회 각 부문에 상당한 충격과 함께 제도적 파급효과를 가져왔다. 그러나 경제관리 개선조치는 김정일정권의 정책적 이니셔티브의 결과라기보다 이미 주민생활 영역에서 확산된 비공식부문의 관행을 추인하지 않을 수 없는 상황에서 추진된 조치로, 이러한 '사후 수동적'17) 조치야말로 김정일정권의 딜레마가 아닐 수 없다.

금년 초 북한 정치사회상의 주목할 만한 변화는 두 가지이다. 두 사안 모두 최고인민회의 제10기 제6차회의(3. 26)에서 결정된 것으로 하나는 인민생활공채의 발행이며, 다른 하나는 군사복무법을 제정하고 '전민 군사복무제' 시행을 단행한 조치이다. 공채발행 방식은 2003년 5월 1일부터 2013년 4월 30일까지 10년을 유효기간으로 해서 500원권, 1,000원권, 5,000원권 세 종류로 발행하며, 판매기간은 2003년 5~7월의 3개월간이다. 이 공채는 이자없이 추첨을 통해 당첨금과 원금을 돌려주는 방법으로 상환한다. 현재 환율 기준으로 1유로가 북한 돈 155원이므로 100유로이면 5,000원권 3장을 살 수 있는 셈이며, 북한 당국은 공채 발행규모를 400~500억 원 정도로 기대하고 있다. 이 공채 발행사업을 추진하기 위해 중앙과 도·시·군에 비상설 인민생활공채위원회를 두고 그 밑에 인민생활공채협조상무를 조직한 것으로 알려졌다.18)

북한은 공채발행을 통해 2003년 예산 부족분 10% 정도를 충당할 수 있을 것으로 기대하고 있다. 그러나 이와 같은 규모는 1인당 2,000원의 임금기준으로 보면 4~5개월 월급에 해당된다. 인민생활공채는 수익성, 안전성, 환금성 면에서 주민들의 자발적 구매를 유도할 수 있는 조건을 갖추지 못하고 있어 강제 매각될 가능성이 크다. 이 경우 근로자 급여를 원천 징수하는 방식으로 매각될 가능성이 있다. 그런데 공채발행을 통해 북한정부는 예산

---

17) 박형중, 『'90년대 북한체제의 위기와 변화』(민족통일연구원, 1997), pp. 67-70.
18) "조선에서 발행된 인민생활공채: 재정성 정영춘 국장에게서 듣다" <조선신보>, 2003. 5. 6, http://www.korea-np.co.jp.

부족분을 충당하고자 하는 의도도 있지만, 다양한 경로를 통해 북한주민들의 수중에 들어간 달러와 유로화를 얻고자 하는 의도도 배제할 수 없다. 공채를 많이 구입하면 그만큼 애국적 행동으로 보고 정치적으로 높게 평가한다는 정책적 의지는 당간부를 비롯한 김정일정권의 핵심지지계층의 은닉된 달러를 기대하는 입장으로 볼 수 있다. 공채구매는 전 인민 대상의 강제적 조치로 강행될 것이 분명하지만, 공채구매를 독려하기 위해 공채위원회와 협조상무를 통해 숨겨진 주민들의 달러와 유로화를 끌어내려는 의도는 성공하기가 쉽지 않다. 북한주민, 특히 중·상층 계층을 공채구매의 실질적 타깃으로 삼는다면 이들의 불평과 함께 상당한 반감이 초래될 수 있다.

전민 군사복무제, 즉 징병제 도입도 주목된다. 북한은 군사복무법을 통해 그 동안의 지원제를 대상자 모두가 입영하는 징병제로 바꾸고 복무기간도 남자 13년에서 10년, 여자 10년에서 7년으로 3년씩 단축했다.[19] 신체검사 불합격자와 이른바 '적대계층' 자녀, 사회안전원, 과학기술·산업 필수요원, 예술·교육 행정요원, 군사학시험 합격 대학생, 노부모 부양 독자 등은 군복무 면제 대상자였다. 이들과는 달리 당간부와 고위층 자녀들은 정치적인 배려로 병역면제의 특혜를 받아 왔다.[20] 그러나 이제 징병제 실시가 현실화된다면 북한판 음서(蔭敍)제도인 김정일정권 간부계층의 특혜는 사라지게 된다. 선군정치를 강조하는 북한체제는 김정일 중심으로 당간부와 군부 중심의 특권층의 결속을 토대로 주민통제 체제를 강화함으로써 유지되고 있다. 그러나 식량난을 겪으면서 대내적 통제기반이 이완된 상태에서 통치엘리트층 내부의 위기감과 '도덕적 해이'도 상당한 수준에 달한 것으로 보인다. 전민 군사복무제는 특권층의 일반화된 관행적인 특혜를 박탈함으로써 사회적 위기상황을 극복하려는 의도로 볼 수 있으나, 이미 중심부계층의 체제이완 실태를 반영하는 현상으로 이해할 수 있다. 어쨌든 당간부를 비롯한 고위층의 특혜 박탈조치는 이들 핵심계층의 사기저하와 김정일체

---

19) <연합뉴스>, 2003. 5. 27; 2003. 5. 31.
20) <연합뉴스>, 2002. 10. 16.

제와의 일체감을 약화시키는 계기로 작용할 수 있으며, 더욱이 공채강매가 중·상층의 실질적 부담으로 전가된다면 이들의 김정일에 대한 맹목적 충성심의 철회와 더불어 체제 원심력은 크게 증폭될 개연성이 높다.

북한은 이미 오래 전부터 미래에 대한 전망을 상실했다. 사회주의체제의 아시아적 유형 가운데 중국과 베트남은 이미 세계질서의 흐름을 수용하면서 시장경제 도입을 통해 눈부신 경제성장과 보다 나은 미래를 꿈꾸고 있다. 그러나 수령 절대주의체제의 북한은 체제유지 콤플렉스로 개혁개방의 기회를 찾지 못했으며, '체제'가 존속되는 한 북한의 미래에 대한 낙관적 전망을 제시하는 것은 불가능할지도 모른다.

2) 자력갱생: 대실패의 근본요인

북한경제는 이미 1970년대 초반에 한계상황에 도달했다. 남북한 국력은 종합적인 면에서 1970년대부터 남한이 북한을 앞지르기 시작했다.[21] 북한은 폐쇄체제를 더욱 강고하게 유지하는 가운데 1990년대 사회주의권의 몰락을 계기로 마이너스성장이 지속되면서 경제체제는 정상적인 작동을 멈추었고 회복 불가능한 상태로 급속히 빠져들었다.

북한 경제정책의 기본이념은 '자력갱생'이다. 이는 김일성의 경제 면에서의 주체사상으로, 북한경제의 한계상황과 붕괴로 이끈 대실패(fiasco)의 근본요인이다. 자력갱생은 일제 말기 일본총독부의 행정용어였으나, 북한은 이 용어를 북한에서 생산되는 자원을 갖고 북한의 기술과 인력을 활용해서 모든 제품을 생산하는 정책으로 정의하는 한편 '자급자족'과 동일시했다. 김일성은 수력발전과 석탄 등의 부존자원과 식민지시대에 건설된 공업력을 토대로 자급자족 노선을 택했다. 북한경제의 토대는 ① 수력자원, ② 석탄, ③ 철광석 및 광산자원, ④ 식민지시대 공장, ⑤ 인력 등의 다섯 가지의 요소로 이루어져 있다. 따라서 자력갱생 정책은 이러한 원천자원을 활용

---

21) 연구보고서 92-13, 『남북한 국력추세 비교연구』(민족통일연구원, 1992. 12), 662쪽.

해서 모든 기초원료를 만들고, 이 기초원료로 중간 제품을 만들며, 북한이 필요로 하는 모든 최종 제품까지 생산한다는 노선이었다.[22] 자급자족 노선은 수입·수출의 경제적 대외관계를 외면하고 코메콘과 같은 사회주의적 시장경제권과의 유대도 중요하게 여기지 않는다.

북한의 자력갱생 정책의 결과는 다음과 같다. 첫째, 앞의 다섯 가지 원천자원을 활용하는 공업이 김일성의 주체사상에 합당한 사업이고 애국적 사업이며, 역으로 수입에 의존하는 사업은 악(惡)의 행위가 된다. 둘째, 원천자원을 활용하는 자력갱생은 전력, 석탄, 철, 인력 등의 기초자원에 대한 수요를 기하급수적으로 증대시킨다. 북한에서 구할 수 있는 원천자원은 극히 한정된 자원으로, 이러한 원천자원으로 제조할 수 있는 생산품은 제한적일 수밖에 없으며 이는 비효율적인 산업구조로 나타난다. 예컨대 남한의 중화학공업은 비록 석유, 철강석 등의 원자재 수입에 의존했지만 석유화학산업 등 상당히 효율적인 산업 연관효과를 볼 수 있었다. 반면 북한의 부존자원은 곧 한계를 드러냈으며, 이들 기초자원이 충분히 공급되지 못할 경우 경제파탄을 초래할 수밖에 없었다. 셋째, 기술이나 경영 부문의 자력갱생·자급자족 노선의 강행은 궁극적으로 기술저하 및 생산성의 하락을 가져왔고 모든 부문에서 국제수준과 커다란 격차를 낳았다. 결국 자력갱생·자급자족 정책은 식민지 공업화의 토대 위에 전시동원 체제와 같은 전 인민의 노동력 동원체제를 가동해 일정한 성과를 얻을 수 있었으나, 곧 폐쇄메커니즘의 한계에 봉착해 산업구조의 원활한 작동은 불가능한 상태에 처하게 됐다.

북한의 자력갱생·자급자족 정책은 2차대전 말기 일본 군국주의의 전쟁수행을 위한 인적·물적 동원체제 방식에서 유래한다. 당시 일본 군국주의는 군수품 생산과정에서 에너지 및 원료의 수입이 불가능한 상태에서 국내자원을 최대한 활용하는 기술, 즉 대용공법과 대용품 제조기술 개발을 권장했다.[23] 이것이 바로 식민지시대의 자력갱생 기술이었다. 해방 후 북한은

---

22) 오원철, "북한경제 분석," 『한국형 경제건설 모델』, http://www.ceoi.org.
23) 일제가 발행한 『기술총동원요강』(技術總動員要綱)에는 과학자, 기술자를 총동원해서 갈탄에서 석유를 만드는 방법, 입철식 제철법, 심지어 피마자 씨나 소나무 뿌리로 윤활

이러한 공장 가동방식과 기술, 산업행정 기술까지 일본식 자력갱생 방식을 그대로 물려받아 활용했고 그 후 북한산업의 발전방식도 자력갱생 노선으로 확립됐다. 그리하여 북한의 과학기술과 공업행정 분야 등 모든 산업부문에서 자력갱생식 기술과 방식이 자리잡게 됐다. 그러나 북한경제의 역사가 스스로 증명하듯이 에너지를 비롯한 부존자원의 한계를 극복할 수 없는 조건에서 자력갱생 노선은 마침내 모든 산업의 가동 중지와 농업부문의 자급자족마저 불가능해진 한계점에 도달했으며, 더 이상 북한사회의 정상적인 작동을 기대할 수 없는 파멸상태에 이르렀다.

3) 전망의 회복: 재조정단계

북한의 미래는 불투명하다. 북한사회는 이미 오래 전부터 미래에 대한 전망을 상실했다. 북한의 '변화의지'(will to change)는 회의적이며, '변화에 대한 새로운 자세'(new attitude towards change)도 기대에 미치지 못한다. 북한의 개혁·개방에 대한 소극적인 태도와 동북아 국제정치의 새로운 재편과정에서 세계사적 추세에 거스르는 행보는 한반도의 평화와 한민족의 미래를 더욱 어둡게 한다. 북한은 위기의 실체를 객관적·사실적 관점에서 파악하는 능력을 상실했으며, 위기극복을 위한 합리적 수단을 창출하는 사상과 실천의지의 부재는 이미 뚜렷이 드러난 상태다.

자력갱생과 자급자족 노선은 반드시 정치적 폭력기제와 사상통제 메커니즘을 요구한다. 이 노선은 기술저하, 노동의욕 상실, 관료주의적 부패, 자연자원의 황폐화 등 커다란 부작용을 산출한다. 자력갱생 의지를 호소하고 노동생산성을 보장하기 위해서는 북한판 스타하노프운동인 숱한 '천리마운동'을 주기적으로 전개하지 않을 수 없고, 이 운동은 대중에 대한 사상고양을 통해 그들의 혁명적 열성을 높이는 정치사업과 나란히 대중의 의식과

유를 만드는 방법, 목재를 건류해서 메탄올을 만드는 방법 등 수백 가지의 방법을 소개하고 있다. 오원철(당시 상공부장관)의 회고에 의하면 이 책은 1960년대까지 상공부에 비치돼 있었다. "북한의 자력갱생 및 자급자족 정책," http://www.ceoi.org.

삶을 총체적으로 옥죄는 억압과 통제로 나타난다. 정치적 폭력기제와 억압적 사상통제 체제가 유지되는 한 비록 슬로건 형태이지만 경제적 주체사상의 핵심인 '자력갱생'의 이념은 존속될 것이다. 흔히 우리 주변에서 북한체제의 지속성을 폐쇄체제에 익숙한 자력갱생 노선에서 찾는 입장을 종종 만나기도 한다. 그러나 중국의 에너지 원조, 국제사회의 구호, 남한의 식량과 경제지원이 없다면 "자력이든 타력이든" '갱생'의 활로가 전혀 보이지 않는 재앙적 상황을 외면하고 '자력갱생' 노선을 긍정하는 입장은 공허한 논리라 하겠다.

체제모순, 체제실패에도 불구하고 지금까지 북한체제가 유지돼 온 까닭은 이처럼 강력한 정치적 폭력기제와 사상통제 메커니즘이 해체되지 않고 아직까지 작동하고 있는 데서도 원인을 찾을 수 있지만, 다른 한편으로는 '외적 요인'이 —— 사회주의 시기의 소련, 중국, 그리고 1990년대 이후의 미국 —— 대내적 결속요인으로 작용하면서 근본문제라 할 수 있는 체제모순이 은폐·왜곡됐던 측면을 무시할 수 없다. 이미 역사 속으로 사라진 사회주의 원조국가들과는 달리 북한체제가 지금까지 잔존하는 데는 경제적 몰락에도 불구하고 체제결속 강화에 순기능적 역할을 하는 '외적 요인'의 특성을 지적할 수 있다. 이는 분명 역설적인 현상이다. 그러나 미래전망을 상실한 채 외부세계와의 단절과 미국과의 적대관계를 통한 결속과 단합은 북한주민들의 고통만 가중시킬 뿐이다. 미국의 대북 강경책 포기, 국제자본의 유입, 남한의 대북투자 및 경협증대 등 일련의 과정이 정착되면 수령체제의 북한이 '정상국가'로 변화할 것이라는 '희망적' 시나리오는 이제 재검토될 필요가 있다. 그러한 시나리오를 전면 폐기하는 것은 바람직하지 않지만, 앞으로도 그러한 시나리오만이 대북정책의 유일한 가이드라인으로 주장될 경우 한반도의 평화와 민족의 미래에 대한 대비책은 한계에 봉착할 수도 있다.

북한의 체제유지 콤플렉스는 개혁·개방에 대한 '정치적' 결단을 어렵게 하며, 개방쇼크를 방지하기 위한 억제비용이 개방효용 편익을 넘어서는 구조에서 의미있는 변화를 기대하기는 불가능하다. 또한 후계자 구도문제도 미래전망의 불투명성을 증폭시킨다. 따라서 중·장기적 전망하에 북한체제의 '충격'에 — 외적 충격이든 내적 충격이든 — 따른 다양한 변화양태에 대한 예측과 합리적 대책을 신중하게 모색해 나갈 필요가 있다. 북한체제의 평화적 '재조정'(readjustment)단계 — 체제(regime)·국가(state)수준에서 — 가 전제돼야 개혁개방을 향한 북한사회의 활기찬 변화를 기대할 수 있으며, 북한사회의 미래전망을 회복할 수 있는 새로운 전기를 마련할 수 있을 것이다.

4. 맺음말: 새로운 출발

한반도의 평화와 한민족의 통일은 우리 민족의 바람이나 의지 못지않게 국제사회의 이해와 협력을 얻지 못하면 성취될 수 없는 과제이다. 한반도문제의 근저에는 항상 미국이 자리잡고 있다. 최근 북핵문제를 둘러싼 한반도 위기국면은 미국의 세계 패권전략과 북한체제의 생존전략이 맞물린 '치킨게임'의 형태로 동북아지역 차원의 위기와 긴장을 고조시키고 있다. 남북관계의 경우 북미 제네바합의가 유지되고 있던 상태에서 추진된 6·15남북정상회담 때의 남북관계와 그 틀이 깨진 지금의 상태는 아주 다르다. 이런 상황은 미국 부시행정부의 성격과도 관련이 있지만, 9·11테러와 이라크전쟁 이후 미국의 세계질서 재편과정과 깊은 관계가 있다.

미국은 냉전체제 붕괴 이후 아무도 인정하지 않는 가운데 스스로 세계의 경찰로 자처했으며, 그 결과 1990년대 초반부터 세계문제에 대한 책임은 미국에게 돌아갔다. 이러한 세계문제를 냉전시대에는 양극체제로부터 빚어진 갈등으로 인식될 수 있었으나 이제는 모두 미국 때문이라고 여긴다. 이러한 상황은 다음과 같은 요인으로 설명할 수 있다. 첫째 미국은 세계 어느 나라도 억제할 수 없을 정도로 막강한 국력,[24] 특히 군사력을 가졌

---

24) 이춘근, "미국 국력의 실체," 2003. 5. 28(http://www.cfe.org) 참조.

다.25) 둘째, 유엔의 역할과 기능은 한계를 드러내고 있다. 셋째, 신국제질서 아래 증폭되는 갈등, 여타 강대국들간이나 중간급 국가들간 정치・경제・종교문화적 갈등이 계속 일어나고 있음에도 불구하고 이를 조정할 수 있는 국제기구나 조정자가 없다. 여기에다 지구상의 모든 대립각의 최종 정점에 미국이 있다. 그리하여 '서구・기독교・백인문화'가 국제사회의 만악의 근원이며 그 핵심이 미국이라는 인식이 만연되고 있다. 이러한 분위기 속에서 반미감정은 세계적인 현상으로, 반미대열에 합류하는 것만으로도 진보와 세계정의를 실천하는 것으로 인식되는 경향이 나타나고 있다. 물론 여기에는 전지구적 차원에서 세계패권을 관철하고자 하는 미국 일방주의의 책임도 크다. 그런 점에서 미국은 오늘날의 국제사회야말로 보다 대등한 민족국가 중심의 국제체제로 발전될 수 있기를 바라는 세계 모든 국가의 염원과 세계의 양심적 지성인들의 호소에 귀를 기울여야 한다.

'9・11'은 21세기 세계사를 읽는 키워드라 할 수 있다. '9・11'은, 세계는 테러에 대한 미국의 성찰적 이해를 바라고 있지만, 미국으로 하여금 세계에 대한 관용과 보편주의적 가치에 기반한 '부드러운 힘'(soft power)에 더 이상 의존하지 않고 오직 군사력이라는 '딱딱한 힘'(hard power)에만 매달리는 비관용적・일방적인 제국으로 돌변하게 만들었다.26) 그런데 이 과정에서 오히려 노골적으로 제국의 신화를 추구하는 미국 대외정책 추진그룹으로서 이라크전쟁을 전후해 미국을 움직이는 신보수주의(Neo-Con.)의 등장을 주목하지 않을 수 없으며, 그들은 북핵문제를 비롯한 한반도 정세에 커다란 영향력을 행사하고 있다는 점에서 신보수주의 이념과 세계전략을 이해할 필요가 있다.

신보수주의를 대변하는 '미국 신세기프로젝트'(PNAC) 창립선언문에서 그들은 부시정부 출범 전부터 클린턴정부의 대외정책을 비판하면서 미국

---

25) 2003년도 세계 모든 국가들이 국방비 합계 7,500억 달러 가운데 미국의 국방비는 3,800억 달러(미국 GDP 3.2%)로 미국을 제외한 세계 여타 국가들 국방비의 합계보다 많다. Bruce Berkowitz, *The New Face of War* (Free Press, 2003).

26) 엠마뉘엘 토드, 『제국의 몰락: 미국체제의 해체와 세계의 재편』, 주경철 옮김(까치, 2003), 135-162쪽.

의 세계패권 수호와 지지결집을 선언했다. 이를 위해 PNAC는 ① 군사력 현대화 및 국방예산의 대폭 증액, ② 민주 동맹국들과의 연대강화 및 미국적 가치와 이익에 적대적인 정권 분쇄, ③ 해외에서의 정치·경제적 자유의 원칙 존중, ④ 미국의 안보·번영과 미국적 가치에 우호적인 국제질서 조성 등 네 가지 과제를 제시했다.27) 이처럼 미국의 전통적 보수주의의 고립주의 성향과는 달리 신보수주의는 제국주의적 행태를 드러낼 정도로 적극적인 대외 간섭정책을 주장하고 있는데, 전지구적 차원에서 수행되고 있는 미국의 '테러와의 전쟁'이나 대량살상무기 제거노력은 신보수주의자들의 주장이 반영된 정책이라 할 수 있다.

신보수주의자들은 테러단체, 테러지원국가, 대량살상무기 보유국가의 위협으로부터 미국을 보호하기 위해 억지(deterrence)와 봉쇄(containment)에 기반한 국가 안보전략에서 사전에 위협을 제거하는 선제공격(preemptive strike) 전략으로 바꿔 놓았다. 더욱이 신보수주의자들은 평화를 위협하는 국가에 대해서는 유화정책보다는 미국의 힘을 활용해 대상국가의 정권교체(regime change)를 통한 민주화를 추구해야 한다고 주장하고 있으며, 이러한 신념과 전략에 기반한 신보수주의자들의 대북정책은 "북한에 대한 모든 지원을 중단하고 정권교체를 목표로 해야 한다"28)는 주장으로 나타났다. 이처럼 부시행정부, 미국의 학계·연구소, 언론계, 종교계 등 각 분야를 이끄는 중심세력으로 부상하면서 커다란 영향력을 지닌 신보수주의적 경향은 일시적 현상으로 끝날 가능성이 크지 않으며,29) 테러의 악몽이 사라지지 않는 한 상당기간 지속될 시대적 추세로 전망된다. 따라서 우리에게는 미국중심의 세계질서 재편과정에서 유일 초강대국인 미국의 세계 관리정책과 조화될 수 있는 한국사회의 세계인식과 우리 정부의 대북·통일정책의 방향을 찾아야 할 과제가 제기되는 것이다. 미국은 전지구적 차원에서 국제정치의 전통적인 세력균형론에 입각한 대외정책을 추진하지 않을 것으로 예상되

---

27) Statement of Principles (June 3, 1997), *Project for the New American Century (PNAC)* http://www.newamericancentury.org.

28) William Kristol(Chairman of PNAC), *Weekly Standard* 사설, 2002년 10월 28일자.

29) 김성한, "미국의 신보수주의의 이념과 전략," 외교안보연구원, 2003-19(2003. 5. 23) 참조.

며, 또한 미국의 일방주의를 견제하기 위해 중국과 러시아가 동맹관계를 형성해 동북아지역 내 북방 및 남방 3각구도에 의한 신냉전체제의 대두를 우려하는 것은 비현실적인 판단이라고 할 수 있다. 이를테면 동북아지역에서 미국의 우월적 영향력은 상당기간 지속될 가능성이 높다는 점에서 한반도문제에 대한 냉철한 인식이 필요하다.

우리는 미국의 세계 패권전략의 성격과 내용에 대한 이해를 전제로 미국의 동북아 및 한반도정책을 창조적으로 활용하는 방안을 모색해야 한다. 더 이상 세계사와 국제정세의 흐름과 조화되기 어려운 방향으로 나아갈 수는 없으며, 국가의 존망과 민족의 미래에 대해 '탈레반'식 원리주의와 유사한 이념적 사고와 행태 속에서 접근하는 것은 위험하다. 민주주의와 인권 등 문명사회의 보편적 규범을 외면할 수밖에 없는 수령국가 체제의 본질과 북한체제의 반도덕성, 그리고 '자력'에 의한 개혁개방을 기대하기 어려운 북한체제의 한계에 대한 명확한 인식에 기반한 대북·통일정책의 수립이 절박하게 요구되는 상황이다.30)

지금 우리에게는 한반도 평화와 번영을 추구하는 것과 함께, 동포애에 바탕한 민족문제에 대한 책임의식을 전제로 문명사회의 보편적 가치와 규범을 추구하는 대북·통일정책을 수립하고 추진해 나가야 하는 과제가 제기되고 있다. 다시 우리는 새로운 출발점에 섰다.

---

30) 김대중 전 대통령은 "정상회담 후 클린턴 대통령이 나한테 편지를 보내 김정일 위원장을 미국으로 초청했다"며 "미국의 뜻을 북한에 전달했지만 김위원장이 거부해 회담이 성사되지 않았다"는 비화를 밝혔다. '6·15 3주년' TV(KBS)대담, 2003. 6. 15.

제4장 한반도 평화체제 구축: 현황과 대안모색

1. 문제제기

한반도의 평화는 한민족의 통일보다 중요하다. 평화와 통일의 이중적 목표가치가 하나로 합치되지 않는 한 평화는 통일에 우선한다. 최근 북한의 핵개발문제로 한반도위기가 고조되면서 한반도 평화체제 구축을 향한 평화프로세스는 크게 흔들리고 있다.

노무현정부는 2003년 2월 한민족의 활로를 개척하고 21세기의 민족사적 비전을 제시해야 할 역사적 소임을 띠고 출범한다. 새 정부 대북정책의 목표는 '한반도 평화정착'에 있다. 그러나 '한반도 평화정착'의 과제는 본격적인 추진에 앞서 북한 핵개발을 둘러싼 북미관계의 긴장과 그로 인한 한반도 위기국면에 직면해 시험대에 올랐다.

한반도 평화체제 구축은 북한 핵개발을 비롯한 대량살상무기의 해결 없이는 한 걸음도 나아갈 수 없다. 지난 5년간 남북관계는 대북 화해·협력정책의 성과에 의해 상당한 진전을 보았으며, 북한의 개혁개방도 많은 기대를 모았다. 그러나 최근 세계적 이목을 끌고 있는 북한의 핵개발문제는 동북아 지역의 긴장을 초래할 뿐만 아니라, 남북관계를 급냉시키는 요인이 되면서 북한의 미래전망을 한층 불투명하게 한다.

북핵사태는 탈냉전 이후 한반도를 둘러싼 동북아 국제질서의 구조적 불

---

* 이 논문은 통일연구원 주최 학술회의(2003년 2월 18일) "신정부 국정과제 추진방향"에서 발표한 것을 수정·보완한 것임.

안정과 갈등상황 속에서 남북한과 미국을 비롯한 주변국들과의 관계를 압축적으로 부각시키는 돌출 안이 아닐 수 없다. 북핵사태는 동북아지역 패권의 유지를 추구하는 미국과 현상(status quo)의 변화를 통한 새로운 질서 창출의 가능성을 모색하는 중국의 '협력과 경쟁'을 둘러싼 구조적이고 장기 지속적인 위기구조와 내재적 연관성이 크다. 그러한 관련 속에서 북핵위기는 동북아지역 패권의 하위체계인 한반도의 '국면적 위기'(conjunctural crisis)가 반복적으로 나타나는 계기라 할 수 있다.[1] 따라서 북핵위기를 타개하기 위해서는 동북아지역 패권의 문제와 남북관계에 대한 장기 전략적 접근방식도 중요하지만, 당장 주어진 조건에서 '선택적 결단'을 내려야 하는 절박한 상황에 대한 인식이 더욱 중요하다.

우리는 지금 선택적 결단을 강요받고 있다. 국가이익과 민족이익, 북한과 미국, 민족과 동맹, 외세와 자주 등 상호 배타적 가치를 조화시켜 나가는 노력 못지않게 현단계에서 둘 중 하나를 우선해야 하는 '전략적 선택'을 하지 않을 수 없는 상황에 직면해 있다. 따라서 전략적 선택의 문제를 논의의 중심에 두고 한반도 평화체제 구축을 위한 장기전망의 과제를 설정해 나가는 것이 바람직하다.

---

[1] 동북아지역 패권의 구조적 장기 지속적 위기를 '유기적 위기'(organic crisis)라고 한다면, 미국의 세계전략과 북한체제의 생존전략이 맞부딪친 북핵사태는 '국면적 위기'(conjunctural crisis)로 파악할 수 있다. 유기적 위기가 해결되면 국면적 위기도 해소될 수 있다. 비록 국면적 위기가 유기적 위기의 구조적 성격과 역사성에서 나타나는 위기라고 하더라도 이 국면적 위기의 발생요인 포착과 그것의 극복에 초점을 맞추는 전략이 필요하다. Antonio Gramsci, edited and translated by Quintin Hoare and Geoffrey Nowell Smith, *Selections from the Prison Notebooks* (N.Y.: International Publishers, 1983), pp.201-223.

2. 한반도 핵위기의 성격과 전망

1) 핵위기: 미국의 세계전략과 북한의 생존전략

　미국의 21세기 세계제패(global primacy) 전략은 지정전략적(geostrategy) 논리에 기반한 미국중심의 세계체제 구축에 있다.[2] 미국의 동북아전략은 미일동맹(한·미·일)을 중심으로 아시아정책을 추진하며 대중 견제에 전략적 목표를 설정하고 있다. 동북아지역에서 한미동맹에 의한 주한미군 주둔은 이 지역에서 미국식 민주주의와 자본시장의 보존·확대를 위한 미국의 국익추구의 일환이지만 주변국 이해관계와 일치·상충의 문제가 제기된다. 그리고 남북한 긴장완화에 기여하는가 혹은 긴장유발 요인인가가 논쟁점이며, 유럽지역의 군비축소 경향과 달리 동북아지역은 군사력 중심의 세력균형론에 입각한 군비증강과 군비경쟁이 가속되고 있다. 동북아 국제환경의 변화로 인한 군사안보 위협의 수준이 완화돼 가고 있음에도 불구하고 아태지역에 대한 미국의 일방주의적인 전략적 이익의 강조는 중국과 북한에 커다란 위협으로 부각되면서 새로운 긴장관계를 유발하고 있는 측면도 무시할 수 없다.
　부시행정부의 대북 포용정책의 폐기와 강경정책으로 전환의 배경은 미국의 대중정책과의 관련성 속에서 파악할 수 있다. 부시행정부는 과거 클린턴행정부와 달리 출범부터 북한에 대해 강경한 입장을 보이며 북한과의 협상이나 대화를 거부했다. 부시행정부의 출범 초기에 미중앙정보국(CIA) 산하 국가정보위원회(NIC)에서 발간한 회의결과 보고서의 서론에 나타난

---

2) Zbigniew Brzezinski, 『거대한 체스판』(The Grand Chessboard 1997), 김명섭 옮김(삼인, 2000), 서문, 15-17쪽.

미국 대북정책의 기본입장은 북한이 국제사회의 경제지원을 얻고 정치적 인정을 받으면 오히려 미국의 영향력이 감소할 것이라는 우려를 반영하고 있다. 또한 북한의 남한·중국·일본 등 국가들과의 관계개선은 미국의 대북 통제능력의 감소로 보았다. 특히 주목되는 점은 미국의 대북 포용정책은 지난 50년간 미국이 북한을 주요 적대국이자 군사적 위협이라고 보아 왔던 미국의 안보 패러다임에 대한 도전이며, 주한미군 주둔의 명분을 약화시키고, 미국적 가치에 도전하는 나라에 대한 원조와 협상 추구는 미국적 가치와 규범의 훼손으로 규정하고 있다.[3] 이런 맥락에서 본다면 부시행정부의 대북 강경책은 미국의 대북 접근법을 근본적으로 수정해 클린턴행정부 이전의, 즉 냉전시기 미국의 대북정책으로 복귀한 셈이 된다.

미국은 '9·11' 이후 '테러와의 전쟁' 수행에 필요한 타깃 지목에 북한을 연계시켰다. 북한은 미국의 이러한 대북 강경책에 대해 미국을 비난하며 맞대응하고 있지만, 민주주의와 인권문제의 사각지대로 이미 국제사회에서 나쁜 이미지로 각인된 북한이 미국을 비난할수록 '불량국가'의 소행으로만 여겨질 뿐이다. 사실 그 후 북한은 미국 동북아전략의 덫에 빠져 옴짝달싹 못하는 형국에 처하게 됐고, 남북한 교류협력을 통한 한반도의 화해협력 분위기는 구체적인 진전을 보지 못하는 가운데 북한의 핵·미사일 등 대량살상무기를 둘러싼 북미간 긴장이 고조되면서 한반도 평화구축 과정은 정체상태에 빠지게 됐다. 미국의 이러한 전략적 변화를 간과하면 부시행정부의 대북정책을 클린턴행정부의 유연한 대북정책보다 강력한 협상수단을 구사하는 것으로 해석하는 오류를 범할 수도 있다. 즉 북한을 힘으로 굴복시켜 미사일문제를 해결하겠다는 것으로 해석할 수 있게 된다. 그러나 국가정보위원회(NIC)의 입장과 이후 부시행정부의 대북 태도로 볼 때 북한 미사일문제 '해결'보다는 북한 미사일문제 '이용'에 무게를 두고 있는 것으로 평가할 수 있다. 미사일 방어의 진짜 명분은 중국이기 때문이다.[4] 김대중

---

3) US National Intelligence Council, *North Korea's Engagement: perspective, Outlook, and Implication: Conference Report* (May 2001), p.6.

4) 레온 시갈, "부시행정부의 대북정책," 『평화논총』 2001년 봄·여름, 제5권 1호(통권 9호)(아태평화재단, 2001), 33쪽.

대통령이 부시행정부 출범 직후 미국을 방문해 한국정부의 한반도 냉전구조 해체를 위한 노력과 대북 포용정책에 대한 이해와 지지를 설득했으나 아무런 소득도 얻을 수 없었던 것은 미국의 대북정책을 비롯한 동북아전략과의 마찰 때문이라고 할 수 있다.5)

한반도의 긴장국면은 북한의 대미불신과 미국의 대북위협의 상호작용에서 기인한다. 북한과 미국은 서로 상대방이 약속을 지키지 않는다고 주장해 왔다. 북미 기본합의서(제네바, 1994. 10)의 경우도 상호 의무사항6)을 불이행하고 있는데, 제네바 합의문에 의하면 미국측 준수사항이 더 많음에도 불구하고 미국은 처음부터 합의사항 이행의지가 없었던 것으로 밝혀지고 있다. 미국은 김일성 사후 북한체제가 머잖아 붕괴할 것으로 예상하고(갈루치, 보스워스의 증언), 따라서 합의문은 휴지조각이 될 것으로 보았다. 여기에다 미국 공화당과 부시행정부의 매파들은 클린턴 민주당정부의 제네바 합의문은 북한측의 페이스에 말려든 것으로 비판하면서 줄곧 합의문의 사실상 폐기라고 할 수 있는 개정을 줄곧 요구해 왔다. 그리하여 부시의 매파들은 제네바합의가 북한측에 지나치게 많은 것을 양보했다고 비판하면서 이미 약속 자체를 무효화시켜 왔다고 할 수 있다.

북한은 미국의 핵 선제공격 태세를 실질적인 위협으로 인식하지 않을 수 없을 것이다. 미 국방부가 2002년 1월 8일 의회의 군사·외교·정보위원회에 제출한 비밀보고서 "핵태세검토"(Nuclear Posture Review: NPR)는 핵무기가 "비핵공격에 견딜 수 있는 목표물(깊은 터널이나 동굴 등)이나 핵·생화학무기 사용에 대한 보복, 불시의 군사사태에 사용될 수 있다"고 하면서,7)

---

5) 서재진, "미국의 대북정책과 남북관계," 외교통상부 안보정책과 및 경남대학교 공동주최 세미나 발표문(2002. 11. 29) 참조

6) 북한의 이행 의무사항은 합의문 서명 1개월 이내에 흑연감속로와 관련시설의 완전 동결, 국제원자력기구(IAEA)의 감시허용 및 협조제공, 한반도 비핵화에 관한 남북공동선언 이행조치 등이 의무사항이나, 북한은 1994년 11월 1일 핵활동 동결을 공식 선언했을 뿐 IAEA의 영변 핵관련 시설에 대한 사찰요구는 거부하고 있다. 미국의 이행 의무사항은 2003년까지 북한에 경수로 제공, 합의문 체결 3개월 이내 통신 및 금융결재 제한조치 해결, 북한에 대한 핵무기 위협금지(소극적 안전보장 약속) 등이다.

7) *LA Times*, 2002. 1. 9.

파괴력이 낮은 핵무기 개발 필요성을 강조하는 한편, 잠재적 핵보유국으로 지목되는 북한과 이라크를 겨냥 "2개국은 오랫동안 미군의 우려가 되어 왔다"는 내용을 보도했다.8) 2002년도의 "핵태세검토" 보고서는 지난 1996년 4월 미 국방부가 발간한 것에 비해 상당히 진전된 내용을 담고 있다. 이와 함께 부시의 '악의 축' 발언(2002. 1. 29)에 의한 대북 적대정책은 북한으로 하여금 미국의 약속위반을 확신하게 하는 계기가 됐다.9)

미국의 북핵문제 제기배경 및 의도는 다음과 같이 지적할 수 있다. 첫째, 동북아 긴장완화 국면의 봉합, 이를테면 북·일 정상회담(평양, 9. 17)과 북일수교에 의한 미국중심의 동북아 국제체제의 변화에 대한 우려, 즉 북일수교 템포의 관리 및 일본의 대북지원 내용통제, 둘째, 한국의 대북 화해·협력정책에 의한 북한체제의 '숨통 틔우기' 거부, 셋째, 북한의 핵·미사일 등 대량살상무기에 대한 강경대응과 비타협적 입장 과시 등을 들 수 있다. 그러나 북핵문제를 둘러싸고 미국 정책입안가들 사이에서 전혀 갈등이 없는 것은 아니지만,10) 그것은 결국 동북아지역에서 미국 헤게모니의 효과적인 유지를 위한 방안의 선택과정에 불과한 것이라 할 수 있다.11)

한반도 평화를 구축하는 과정에서 북핵문제 해결은 가장 중요한 사안이라 할 수 있다. 핵문제 해결을 위한 전제는 핵 개발자 측의 자발적 협조, 장기간의 교섭과 인내(소요기간), 그리고 핵 개발자의 안보문제 해결이다. 따라서 북핵문제를 푸는 데는 먼저 북한의 자발적이고 성실한 협조가 있어야 한다면, 미국은 많은 시간이 소요되는 핵문제에 대해 보다 인내심을 갖고 교섭에 임해야 하며 특히 북한의 체제보장과 안보불안을 해소할 수 있는 조치를 보장해야 한다. 그럼에도 미국은 좀처럼 북한과 협상하려 하지 않는

---

8) *The Washing Post*, 2002. 1. 10.
9) 북한 관점에서 "북한은 미국이 약속을 어겼다고 간주" 하는 기사로, "North Korea, U.S. Is Violator of Accords," *The Washing Post*, 2002. 10. 21.
10) 백악관 참모진들의 갈등을 밝힌 기사 "전쟁중인 부시"(W. Bob, Bush at War), *The Washing Post*, 2002. 11. 16; <중앙일보>·<한국일보>, 2002. 11. 18.
11) 북핵문제를 둘러싼 미국 내 대결파와 협상파의 정책노선 갈등을 "무자비한 적대자들 사이에서 벌어지는 피 튀기는 싸움."으로 보는 기사로는 "Blood Feud between Implacable Foes," *The Washing Post*, 2002. 8. 2.

자세를 보여 왔다. 예컨대 미국은 1992~93년의 북핵위기시에 처음부터 북한과 대화를 통한 해결을 거부하면서 북한과의 협상을 시도하지 않았다.12) 북한의 입장에서 보면, 미국의 약속이행을 관철시키기 위해서는 끊임없이 '새로운 카드'를 마련하지 않을 수 없는 실정이다. 북·미 제네바 기본합의의 핵심내용은 북한으로서는 체제보장인데, 이는 미국과의 관계개선 문제이나, 미국은 북한과의 관계개선 의지를 보이지 않았다. 이는 미국이 한반도에서 긴장유지 정책의 일환으로 북한의 국가적 실체를 인정하지 않고 대북 적대정책 고수에 집착하는 미국의 태도에 대해 북한은 미사일 발사(광명성 1호, 1998. 8. 31)로 미국과 협상테이블을 마련할 수 있었으며, 그 결과 북·미 공동코뮤니케(2000. 10)를 끌어낼 수 있었던 데서 알 수 있다. 이처럼 북한은 그들이 미국 세계전략의 약한 고리를 치는 협상카드를 갖지 못한다면 미국은 결코 북한을 상대하려 들지 않을 것으로 보고 있는 것이다.

핵무기가 미국 세계제패의 전략적 사안이라면, 북한은 핵보유를 체제생존을 보장받을 수 있는 궁극적인 수단으로 인식하고 있다. 이런 점에서 한반도 핵위기는 미국의 세계전략과 북한의 생존전략이 맞물린 상태에서 발생하는 위기라고 볼 수 있다. 북한의 핵·미사일 카드를 활용하는 '수세적 공세'와 미국의 '공세적 회유'는 장기간의 소동 끝에 평화적 해결방안을 모색할 수 있는 전망도 있지만,13) 북미관계를 둘러싼 한반도의 주기적인 긴장국면 속에서 한국의 역할과 위상을 찾는 문제가 더욱 절실한 실정이다.

북한 핵은 민족공멸이다

북한의 최대목표는 핵을 보유한 채 미국과 불가침협정을 체결하는 데 있다. 미국은 핵을 가진 북한과의 공존은 최악의 상황을 초래할 수 있다. 미국측의 시각에서 북한의 핵보유를 용납할 수 없는 이유는 다음과 같다. 첫째, 북한이 플루토늄을 판매할 수 있으며, 둘째, 북한이 붕괴할 경우 관리

---

12) 레온 시걸, 『미국은 협력하려 하지 않았다: 북한과 미국의 핵외교』(사회평론, 1999) 참조.

13) "Defusing a bomb," http://www.economist.com, Oct. 21st, 2002.

가 느슨해진 핵무기가 군벌이나 정파의 손에 들어갈 수 있다. 셋째, 핵무기가 북한정부의 손에 그대로 있다고 해도 북한은 핵무기 위협으로 주한미군을 철수시킬 수 있다고 보며, 넷째, 북한 핵보유는 동아시아의 한국·일본·대만의 도미노효과를 낳아 모두 핵보유에 대한 강렬한 유혹을 갖게 돼 지역의 긴장을 고조시키며, 다섯째, 북한 핵무장은 세계 핵비확산체제에 심대한 타격을 가할 수 있다.14)

그러나 우리가 북한핵을 용납할 수 없는 이유는 더욱더 심각하다. 북한의 핵보유가 공인되면 북한은 대남 저강도분쟁을 일상화시킬 가능성이 높다.15) 남한이 스스로 핵을 보유하거나 재반입된 주한미군의 핵에 의존한다고 하더라도 북한은 남한이 핵전쟁을 두려워해 국지적 도발에 항상 소극적으로 대처할 수밖에 없을 것이라는 확신 아래 김정일정권의 내부적 위협의 제거나 체제적 단합을 위해 저강도분쟁에 호소하는 방식을 손쉽게 택할 수 있다. 예컨대 과거의 경험을 준거로 한다면 군사분계선 침략, 해상도발, 영해·영공 무단침범, 도시게릴라 침투 파괴공작, 국가 기간시설의 파괴 또는 파괴위협 등 온갖 형태의 침략과 협박에도 불구하고 확전으로 인한 핵전쟁의 공포와 두려움으로 단호하고 효과적인 대처방안의 선택을 어렵게 할 것이다. 또한 핵무기 존재의 과시로 남북관계를 일방적으로 끌고가거나 협박성 대북지원을 요구하는 상황도 나타날 수 있다. 그리하여 마침내는 핵무기 위협으로 한반도 '해방'의지를 구현하려 들 경우 심각한 위기에 빠지게 된다.

여기에다 핵을 보유한 북한의 다양하고 치밀한 도발과 협박에 대해 '민족적'·'해방적' 논리를 전파하고자 하는 입장과 그에 대한 비판세력과의 갈등으로 이성적 판단이 외면되는 혼란상태에 빠질 우려도 있다. 우리 사회 일각에서는 이러한 악몽의 시나리오가 현실화될 잠재적 가능성이 커졌음

---

14) 애시턴 카터 예방방위계획(PDP) 공동국장, "미국 상원 북핵청문회 요약," <연합뉴스>, 2003. 2. 6.

15) 파키스탄이 핵폭탄을 보유하고 나서 인도에 대한 군사적 공격이 보다 대담해진 사례를 주목할 수 있다. 정영태, 연구총서 02-12, 『파키스탄·인도·북한의 핵정책』(통일연구원, 2002. 12), 33-37쪽.

에도 불구하고 북한핵에 대한 무책임하고 '강 건너 불 보듯' 하는 핵불감증,16) 북한핵이 마치 통일한국 군사력의 자산목록쯤으로 여기는 환상에서 깨어나지 못하는 것이 작금의 실정이다. 북한핵은 냉전시대 미·소간 상호확증파괴(MAD)에 의한 '공포의 균형'을 이룬 그러한 성질의 핵이 결코 아니다. 남한사회는 북한핵에 의해 멸망하기보다는 북한이 핵무기를 보유하고 있다는 사실 그 자체만으로 남한사회 내부의 균열·붕괴의 위험성이 더욱 크다.

2) 2003년 위기 시나리오

2003년 북미관계는 미국 부시행정부의 대북정책과 북한 김정일정부의 대미정책이 어떤 성격을 띠게 되느냐에 따라서 틀이 잡힐 가능성이 높다. 부시행정부 및 김정일정부가 취할 수 있는 상호간의 정책조합에 따라 예상 시나리오를 분류해 보면 다음과 같다.

2003년에도 부시행정부의 대북정책은 유화·포용적이기보다는 강경·봉쇄적인 자세를 지속할 가능성이 높다. 부시행정부의 정책에 대해서 ABC(anything but clinton)정책이라는 평가가 있듯이, 대북정책에서도 부시행정부는 클린턴행정부의 포용·확장정책과 다른 정책을 계속 모색할 것이기 때문이다. 이 같은 부시행정부의 대북정책은 제2차 세계대전 이후 지금까지 지속해 오고 있는 패권유지 전략에 기초하거나 또는 9·11테러사건 이후 지금 새로 추진하고 있는 테러와의 전쟁차원에서 테러지원국 정권제거 전략에 기초할 수 있다. 패권유지 전략차원에 기초한 미국의 대북정책은 김정일정권의 생존보장 또는 불량국가 지정 지속 가운데 하나로 나타날 수 있다. 그러나 테러와의 전쟁 전략차원에서 그 배후 테러지원국을 제재하기를 원한다면 미국의 대북정책은 김정일정권의 '붕괴' (regime change) 모색으로

---

16) 북핵위기에 대한 외부세계의 우려와는 달리 위기의식을 전혀 느낄 수 없는 우리 사회의 평온한 분위기와 미 부시행정부에 대한 비판의 목소리에 대한 보도기사는 "South Korea's Changing Attitude," CNN.com, Feb. 11. 2003 참조.

표출될 수 있다. 반면 북한의 대미정책은 부시행정부의 대북정책에 대해 수용적 입장을 표명하거나, 반대로 반발적 입장을 드러낼 수 있다. 따라서 양국이 서로를 향해 선택한 정책의 결과를 4가지 시나리오 형태로 접근해 볼 수 있다.

시나리오 ①: 전쟁

미국이 김정일정권 붕괴를 적극적으로 추구하고 이에 대해 북한이 강력하게 반발할 경우 한반도에서 전쟁이 일어날 수 있다. 이 시나리오를 좀더 세밀하게 예상해 보면 다음과 같다. 부시행정부가 북한을 불량국가이자 테러지원국가로서 반드시 제거해야 할 세력으로 간주하고, 이를 위해 군사력 등 물리력을 사용하려고 한다. 이 과정에서 부시행정부는 이라크전을 성공적으로 치러 냈을 경우 이를 강압외교의 성과로 선전하는 동시에 김정일정권을 '악의 축' 길들이기 차원에서 제거하려고 할 것이다. 또한 서구의 비판에 직면해 이라크전을 감행하지 못했을 경우 부시행정부는 김정일정권을 먼저 공격할 수 있다.

1단계: 이런 맥락에서 미국은 중유공급 중단을 지속하고, 나아가 북한이 제네바 합의를 파기했으므로 KEDO사업을 중지할 수밖에 없음을 선포한다. 이에 대응해 북한은 에너지문제 타개와 안보 자구책으로 흑연감속로 재가동을 선포한다.

2단계: 미국은 국제기구 등의 대북 식량 및 인도주의적 원조를 중단시킬 뿐만 아니라 경제제재를 강화함으로써 북한의 개혁・개방조치를 좌절시킨다. 이에 대응해 북한은 중단됐던 핵시설의 가동 및 건설을 실제적으로 재개하고 봉인된 사용후핵연료도 재처리에 들어간다.

3단계: 미국은 이지스구축함을 동해와 서해 공해상으로 파견해 북한의 해상 진출로를 봉쇄한다. 이에 대응해 북한은 컴퓨터를 활용한 핵무기 개발실험에 이미 성공했음을 밝히고, 대포동Ⅱ미사일 엔진실험이 완료됐고 2003년 내로 시험 발사할 수 있음을 천명한다. 이 과정에서 남한에서 반미・반전 평화시위가 전국적으로 확산된다.

4단계: 미국은 한국과 함께 작전계획 5027-98(OPLAN 5027-98)[17])에 따라 전쟁수행 준비를 진행시키고, 북한은 NLL을 침범하고 대포동Ⅱ미사일을 발사하며 핵무기 개발을 본격적으로 추진한다. 그 결과 미국과 한국은 작계 5027을 작동시킴으로써 미국의 전시작전권하에서 북한에 대한 선제공격이 감행되고 한반도에서 전쟁이 일어난다.

평가: 수위전략(primacy)을 선호하던 부시행정부는 9·11테러사태 이후 더욱 독단에 가까운 행동을 해도 용납되는 분위기하에서 수위전략을 보다 극단적인 형태로 진행할 수 있다. 이런 맥락에서 부시행정부는 '불량국가'들의 초보적인 대량살상무기 개발·조립 능력에 대해 기꺼이 '예방전쟁'(preventive war)을 전개할 수 있다.[18])

시나리오 ②: 선 타결·후 지지부진

미국이 전쟁이라는 최악의 상황은 회피하되 김정일정권의 붕괴 또는 체제변화를 지향하고 이에 대해 북한이 할 수 없이 편승하게 될 때, 핵개발문제가 일단 해결됨으로써 단기적으로 양국관계는 개선될 수 있다. 그러나 미국의 대북정책이 근본적으로 김정일정권의 변화를 요구하고 있으므로 북미관계 개선은 점차 지지부진해 질 것이다. 그 결과 북한으로서는 대미관계 개선에 주력하기보다는 2004년 가을 미국 대선에서 부시행정부가 교체되기만 기다리면서 버티기 전략을 구사할 것이다.

1단계: 미국은 북한의 선 핵개발포기 없이 어떠한 협상도 없음을 거듭 강경하게 천명한다. 이에 대해 북한은 미국이 2개 전선에서 동시 전쟁을 수행하기가 쉽지 않음을 간파하고, 이라크전쟁이 끝날 때까지 대미협상 기반구축 차원에서 강경하게 대응한다.

---

17) '작계 5027-98'은 미국의 대북 선제공격 가능성을 시사하고 있는 것으로 1998년 11월 14일 공개됐다. Richard Halloran, "New Warplan Calls for Invasion of North Korea," http://www.nyu.edu/globalbeat/asia/Halloran111498.html, pp.1-6.

18) 북한이 미사일 실험을 재개하면 일본은 미국에게 북한에 대한 선제공격을 요청할 수 있다. <讀書新聞>, 2003. 2. 9(2003-02-10/Agence France-Presse/Tokyo).

2단계: 이라크전을 끝낸 후 미국은 북한의 핵개발계획 철회 없이는 어떠한 협상도 없음을 거듭 천명한다. 이에 북한은 미국의 선제공격 포기 조건하에 핵개발계획 철회와 제한적 핵사찰을 수용할 의사가 있음을 천명하는 동시에 불가침조약 체결을 다시 요구한다.

3단계: 북한의 핵개발계획 철회가 발표된 후 이를 확인하기 위해 북미협상을 통해 핵사찰 일정을 협의한다. 그리고 이에 따라 제한적 사찰을 실시한다.

4단계: 이후 북미간에 다양한 협상(핵·미사일·생화학무기·재래식 군비태세·정치·경제협상 등)이 진행되나, 일단 전쟁을 모면하게 된 북한으로서는 부시행정부의 대북정책 의도에 대해 계속 의심하게 됨에 따라 협상에 적극적으로 나서지 않는다.

시나리오 ③: 위기지속 및 악화

미국이 대북정책을 세계 및 동북아지역 차원에서 패권을 유지하기 위한 전략적 차원에서 추진하고, 비록 김정일정권의 붕괴를 도모하는 것은 아니나 북한을 계속해서 '불량국가'로 지정할 때 북한은 이에 대해 강력하게 반발할 수 있다. 그 결과 양국간에 위기는 지속되면서 북미관계는 점차 악화될 것이다.

1단계: 미국은 비록 대북 선제공격 불가방침을 천명하나, 북한의 핵개발계획을 비롯한 대량살상무기 개발이 중단되지 않는 한 '불량국가' 지정을 해제할 수 없음을 천명한다. 이에 대해 북한은 대미 대화를 모색하면서 불가침조약 체결을 주장한다.

2단계: 미국이 한국과 일본에게 정책조율을 강조하면서 대북 강경노선을 요구함에 따라 남북 및 북일관계는 교착상태에 빠진다. 이에 북한은 핵무기 개발을 체제보장 수단으로 간주하고, 불가침조약 체결 및 테러국가 지정해제가 이뤄질 때까지 핵개발을 지속한다.

3단계: 유엔안보리 회부 및 대북제재 결의가 이루어지고 이에 미국이 제네바합의 파기를 선언하자, 북한은 대포동미사일 발사를 비롯해서 자위적 수단확보 차원에서 핵개발 재개를 천명하는 등 강력하게 반발한다. 그리고 남북 및 북일관계는 전면 중단된다.

4단계: 미국은 물밑접촉을 통해 북한과 협상을 재개하나 근본적인 진전은 없다.

시나리오 ④: 전면적 관계개선

미국이 김정일정권의 생존을 정치·경제·군사적으로 보장해 주고, 북한 또한 적극적으로 미국의 요구사항을 수용할 경우 양국관계는 획기적으로 개선될 수 있다.

1단계: 미국이 비공식접촉을 통해 부시행정부의 대북정책은 김정일정권 붕괴를 유도하는 데 있는 것이 아니라, 동북아에서 패권유지를 지속하는 가운데 남북관계의 점진적 개선에 있는 것임을 북한에게 확신시킨다. 이에 북한은 핵동결 해제의 추가적 행동을 자제하는 동시에 미국의 체제보장 의사천명시 핵포기 선언 및 사찰협상에 임할 것임을 천명한다.

2단계: 미국이 불가침을 보장하는 동시에 한·미·일 정책공조를 통해 대북설득과 체제인정을 선언한다. 이에 북한은 미국의 특사를 받아들여 특사회담을 통해 과거핵 및 농축우라늄 사찰관련 협상을 준비하고 불가침 보장을 위한 고위급회담도 합의한다.

3단계: 미국은 '대담한 접근'정책을 선언하고 한·미·일 주도의 대북 경제지원 담당 국제기구를 발족해 대북 식량·전력·차관 지원조치를 취한다. 이에 북한은 핵동결 재개와 농축우라늄 핵개발 포기를 선언하고, 김정일 위원장의 서울 답방과 북일수교에 적극 나선다.

4단계: 부시대통령의 평양방문을 통해 북·미 국교정상화가 전격 합의된다.

이와 같은 4가지의 시나리오 가운데 최선의 시나리오는 전면적 관계개선이고, 최악의 시나리오는 전쟁이다. 현단계에서 가능성이 높은 시나리오는 '위기지속 및 악화 시나리오' 및 '선 타결·후 지지부진 시나리오' 이다.

이라크전이 속전속결로 끝날 경우 2003년 2월 대한민국 신정부 출범 이후 '선 타결·후 지지부진'으로 북미관계가 전개될 가능성이 높다. 그러나 이라크전이 장기화될 경우 북미관계는 위기가 지속되는 가운데 점차 더욱 악화될 가능성이 높은 것으로 전망된다.

3. 한반도 평화체제 구축방안: 평화정착의 전제

1) 한미동맹과 주한미군

한미동맹은 지금 새로운 변화의 시점을 맞고 있다. 남북정상회담 이후 우리 사회에서 남북간 긴장과 대립이 해소돼 북한의 위협이 감소했다는 인식이 확산되고 민족주의적 자주의식의 팽배, 여기에다 주한미군 주둔에 따른 마찰 등으로 전통적 한미관계의 기본 전제들이 도전을 받고 있는 중이다.

그 동안 한미관계는 비대칭성을 특징으로 하는 동맹의 논리로 묶여 왔다. 모겐소의 지적처럼 "동맹은 필연적으로 이해의 일치라는 토대를 필요로 한다"[19]는 점에서 공동위협의 존재는 동맹 형성의 주된 요인이라 할 수 있다. 냉전기에는 미·소 양대국의 군사적 대립체제 속에서 초강대국과 약소국간의 후견·피후견 관계의 동맹이 일반적인 형태였다. 그럼에도 그러한 동맹관계는 강대국과 약소국간 자원과 용역을 필요에 의해 주고받는 합리적인 상호 교환관계로 작용하기도 했다. 따라서 후견·피후견의 동맹관계를 일방적인 착취관계(exploitative relationship)로만 보는 것은 적절하지 않다.[20]

---

19) Hans J. Morgenthau, *Politics among Nations: The Struggle for Power and Peace* (New York: McGraw-Hill, Inc., 1973), p.202.

20) 홍규덕, "21세기 한미동맹의 새로운 방향과 주한미군의 지역적 역할," 『교리연구』제45회(공군본부 전투발전단, 2001. 12), 18쪽.

한미동맹 역시 전략적 필요성 등 상호 국가이익을 기반으로 성립된 관계로, 양국간 관계가 일방적인 관계로부터 상호 영향력을 미치는 관계로 변화·발전해 왔다. 최근 한미관계는 탈냉전시대의 국내외적 안보상황의 변화에 부응해 냉전적인 동맹규범(alliance norms)을 조절해야 하는 시점을 맞이하면서 전통적 동맹관계에 대한 상호접근의 차이를 노정하고 있다.[21] 탈냉전의 국제적 흐름 속에서, 특히 부시행정부 등장과 함께 미국이 자국 중심주의적 국가이익 관점에서 한반도문제를 보고 있다면, 한국은 민족주의적 국가이익의 관점에서 주한미군 문제를 바라보기 시작했다.[22] 이 점에서 상호 안보이익을 공유하면서 비대칭적 동맹의 위계적 성격을 점차적으로 변화시켜 온 미일 동맹관계의 재정의는 중요한 시사점을 제공한다.[23]

한반도에 대한 미국의 장기적 국가이익은 민주주의와 시장경제체제의 확산·유지에 있으며, 통일 후에도 한반도가 미국의 영향권에 남아 동북아 지역에서 미국의 경제·안보이익을 관철시키는 데 있다.[24] 여기서 한미 안보관계의 발전을 위해서는 한미동맹의 '안보·자주성' 차원의 비대칭성 문제를 해소해 나가는 문제가 제기된다. 말하자면 비대칭적 의존관계에서 상호 호혜적인 안보협력 관계로 발전시키고, 동맹의 비대칭성을 해소시켜 나가는 방안을 찾는 것이다. 그 관건은 서로에 대한 존중을 근본바탕으로 하면서 전략적 위상, 국가능력, 안보현안에 대한 대응구조 등에 대한 현실적 조응을 모색하는 것이다. 이 과정에서 동맹부담에서 분담의 수준과 범위를 확대시켜 나가는 문제가 등장한다. 즉 비대칭성의 극복과 안보 자주성의 확보는 그만큼 유형적·무형적 안보 부담능력의 증대를 요구하는 문제라

---

21) 신욱희, "한미동맹의 내부적 역동성: 분석틀의 모색," 『국가전략』 2001년 여름, 7권 2호, 통권 제16호, www.sejong.org/korea/publications/ns/ns0702/ns0702-a1.htm.
22) 강성학, "주한미군과 한미관계: 중년의 위기인가 황혼이혼인가?" 『IRI 리뷰』 2002년 가을, 제7권 제1호(고려대 ―民國際關係研究院), 18-19쪽.
23) 1996년 미·일 정상이 발표한 '미·일 신안보선언'을 통해 미일 동맹관계는 대등한 전략적 동반자관계로 격상됐다. 조성렬, "한반도 전략환경의 변화와 한·미 동맹의 재정의," 『통일정책연구』 제11권 1호(통일연구원, 2002), 95쪽.
24) CSIS Working Group Report, *A Blueprint for U.S. Policy toward a Unified Korea* (Washington, D.C.: CSIS, August 2002), p.15.

할 수 있다.

그리고 한미동맹의 성격이나 주한미군의 위상과 역할 변화는 한반도 평화공존 구조의 확립과 주변 안보상황 변화와 관련된다. 한미동맹 체제로 평화공존 체제가 이루어진다면 동북아 지역안보 협력체제를 지향하게 될 수도 있다. 주한미군의 위상과 역할은 한반도 차원에 국한되지 않고 동북아 지역 안보협력의 방향으로 전환될 수 있다.25) 남북관계와 북미관계의 발전, 그리고 한반도에서 군비통제 추진과정에서 전진 배치된 미군은 연성(flexibility)과 상호보완성(complementarity) 차원에서 조정되는 가운데 주한미군의 위상과 역할이 변화될 수 있다. 이 경우 북한이 주한미군의 주둔을 잠정적으로 용인할 가능성도 배제할 수 없다. 주한미군의 급격한 감축이나 철수가 한국 및 일본의 과민한 대응을 유발할 수 있으며 동북아의 군비경쟁을 촉진할 수도 있다는 점에서, 그리고 주한미군이 북한정권과 체제의 지속을 위한 주민 설득의 수단으로 계속 활용할 수 있기 때문이다. 그러나 북한은 유엔사령부의 해체를 통해 주한미군의 성격과 지위를 중립화시키는 한편, 주한미군 지상병력의 일부 철수와 후방배치를 주장할 것으로 예상된다.26)

미국의 입장에서 주한미군은 북한의 위협수준 감소와 연동돼 점차 억제전략에 기반한 역할로부터 한반도의 안정보장 및 동북아지역의 세력균형이라는 광범위하고 지정학적인 차원의 균형자 역할로 전환될 수 있다. 한반도에 평화공존체제가 정착하는 것에 따라 주한미군은 아태지역 균형자로서의 지역적 역할이 중시될 것이며, 주한미군의 규모와 배치조정 문제가

---

25) Jonathan D. Pollack and Young Koo Cha, *A New Alliance for the Next Century: The Future of U.S.-Korean Security Cooperation* (Santa Monica, CA: RAND, 1995), pp.30-32; Zalmay Khalilzad, et. al., *The United States and Asia: Toward a New U.S. Strategy and Force Posture* (Santa Monica, CA: RAND, 2000); CSIS Working Group Report, *A Blueprint for U.S. Policy toward a Unified Korea* (Washington, D.C.: CSIS, August 2002), pp.43-44.
26) 북한은 주한미군 전면철수를 기본원칙으로 삼고 일관되게 주장해 오고 있지만, 1990년대 이래 잠정적 주둔 용인과 자진 철수론으로 방법론적 전환을 보였다. 즉 북한의 주한미군 철수론은 ① 즉각적 완전철수 → ② 단계적 철수 → ③ 자진철수로 변화돼 왔다. 한반도 평화체제 구축을 통한 북미관계의 정상화가 이루어지면 주한미군 문제에 대한 북한의 타협적 입장을 기대할 수 있다.

더욱 구체화될 수 있다. 한국의 입장에서도 주한미군은 한반도 안보 상황과 우리의 국가이익 등과 연계된 것이지 주한미군의 항구적인 주둔이 용인되는 것은 아니다. 예를 들어 남북간 평화체제의 정착과 그 제도적 수준의 발전과정에서, 그리고 한반도 통일과정의 전개양식 등에 따라서 주한미군의 역할은 발전적 변화가 이루어져야 한다.

(1) 주한미군 재조정문제

한미동맹의 변화방향과 주한미군의 역할, 임무 및 규모 재조정문제는 다양한 요소를 고려해야 할 것이다. 주요요소로는 통일에 이르는 과정, 미국의 국가안보 전략 및 군사전략의 변화, 미국과 주변국의 관계조정, 한반도 통일 이후의 위협 및 우발사태, 통일한국의 군사력과 전력구조, 그리고 한국과 미국 내 여론(미군의 해외주둔, 방위비 분담, 주권문제 등), 통일한국의 군사력 등을 들 수 있다.27)

이러한 요소를 고려해 기본적으로 한미 양국간의 합의에 의해 관계조정을 위한 기본원칙을 설정하고, 단계별(대치구도, 평화공존 구도 및 통일구도) 세부 정책대안을 강구·추진해야 할 것이다. 그 방향으로는 첫째, 한반도의 군사적 긴장완화 수준 및 평화체제 구축의 진전단계와 연동해 주한미군의 역할 및 임무를 조정하고, 한미동맹의 성격을 '이익창출' 동맹으로 발전시킨다. 둘째, 한반도 평화체제 구축과정에서 남북합의 등 통일 과정에서 통일 이후 주한미군의 역할 및 임무에 대한 합의를 도출할 필요가 있다. 셋째, 동아시아 및 아태지역 주둔 미군의 전력구조와 전력규모, 그리고 역할 및 임무라는 커다란 맥락 속에서 주한미군의 역할, 임무 및 규모가 결정되는 것이 바람직하다.

또한 한반도에 평화공존이 제도화되는 과정에서 주한미군 활용방안을 강구할 필요가 있다. 그 방안으로는 첫째, 주한미군을 기존의 대북억제 역할에서 남북한의 화해와 협력, 평화공존 및 통일을 지원하는 역할로 전환을

---

27) 김창수, "한반도 평화정착과 한미동맹의 미래," 『한반도 평화전략』(통일연구원, 2000. 12), 278-286쪽.

유도한다. 둘째, 남북한 군비통제 과정에서 주한미군의 역할과 임무를 축소·조정하는 방향을 제시해 주한미군을 협상카드로 활용할 수 있을 것이다. 셋째, 주한미군의 지역안보 역할을 공론화하고, 유엔사와 연합사 발전방안, 주한미군 기지조정 및 방위비 분담조정과 연계할 수도 있을 것이다.

주한미군의 주둔규모 조정과정은 첫째, 주한미군의 역할과 임무조정에 대한 한미간 합의에 따라 조정작업을 착수한다. 둘째, 남북관계와 미북관계의 진전 및 북한위협의 감소에 따라 점진적 감축을 추진한다. 셋째, 그 과정에서 강건한 안보태세를 위한 전력유지 차원에서 지상군 규모의 축소와 함께 해·공군 중심의 전력을 유지한다. 한편 향후 미 본토방위의 중요성과 더불어 해외주둔 미군의 전반적인 규모조정이 불가피하므로 이와 연계해 주한미군의 규모조정이 있을 수 있다.

(2) 전시작전통제권, 한미작전 협조체제 및 유엔사문제

한미동맹이 발전돼 나가는 과정에서 기존의 유엔사·연합사체제를 기반으로 한 한미연합 지휘체제의 변화요구가 증대할 것이다. 남북관계의 진전 수준에 따라서 한미 동맹관계의 성격전환과 함께 전시작전통제권 환수에 대해 협의 및 합의를 거쳐 작전통제권 환수논의를 본격화해야 할 것이다. 이 과정에서 고려해야 할 요소로는 첫째, 남북대결 구도의 종식에 대한 한미 양국의 공통된 인식 위에서 연합사체제의 본질적 변화를 검토할 수 있을 것이다. 둘째, 그러나 양국의 국익과 전략적 관심의 차이로 인해 합의의 도출이 쉽지는 않을 것이다. 셋째, 따라서 미국의 동의·협조의 담보를 위해 중요한 변수는 남북관계 개선의 내용, 특히 북한의 위협축소 등 군사분야에서의 남북관계 발전이다. 넷째, 이를 위해 남북관계의 전체 구도, 동맹관계의 발전방향 및 주한미군에 대한 청사진 등을 종합, 양국간 공동연구와 합의도출을 위한 작업이 진행돼야 할 것이다.

전시작전통제권 환수는 ① 한국의 독자적 군사력 운용권 보유를 통한 실질적인 자주국방의 실현, ② 한미연합군의 주축이 한국군이므로 이에 상응하는 작전통제권을 한국이 행사, ③ 독자적 작전개념 및 전략정보의 수집 분석 능력 발전계기로 작용, ④ CFC에 대한 한국 전쟁지휘부의 전략지시 전달 및 시행, ⑤ 군사적 차원에서 대미의존에서의 탈피 등의 측면에서 긍정적이다. 그러나 북한의 기습공격 능력 상존, 독자적 전쟁관리 경험부족, 작전 전략정보 수집 및 획득능력의 결여 등의 문제가 고려돼야 한다. 따라서 전시작전통제권의 환수는 우리 군의 독자적 작전능력의 확보, 한반도 군사상황의 전개에 상응하는 방향으로 준비하면서 한미 군사협력의 발전에 부응하도록 추진해야 할 것이다. 사전대비 조치로는 전쟁 기획능력, 지휘통제체제, 정보수집 및 분석능력, 전장 감시기능 및 조기경보 능력, 해·공군력의 증강노력이 포함된다.

한국군이 전시작전통제권을 환수할 경우 한미연합사령부의 재편을 수반하게 될 것이므로, 한미간 지휘체계와 작전 협력관계 조정문제가 대두될 것이다. 그 방안으로는 ① 평시 독자적 통수체계 유지, 전시 연합사령부의 지휘를 받는 통합 군사체제 방식, ② 미일 안보협력 체제와 같이 한미 양군이 독립적인 관계를 유지하면서 유사시 공동작전을 하는 경우 협력하는 병립적 협조체제를 생각할 수 있는데, 그 중 병립형으로의 발전을 강구하는 것이 바람직하다.[28]

한반도 냉전체제를 해체하고 평화체제로 전환을 모색하는 시점에서 연합사의 발전적 재편 및 전시작전통제권 환수문제와 함께 유엔군사령부 해체문제 논의가 본격적으로 제기될 것이다. 유엔사령부 해체문제를 다루는 과정에서 고려할 사항으로는 유엔사 해체와 정전협정 존속 여부 판단, 정치·군사적 파급효과에 대한 검토와 해체시기 결정, 유엔사 해체가 주한미군 철수문제에 미치는 영향, 유엔사에 대한 한미 양국간의 인식·전망의 상이성 등이다.

---

28) 제성호, 『한반도 평화체제의 모색: 법규범적 접근을 중심으로』(지평서원, 2000), 377쪽; 박건영, "미국의 새로운 동북아전략과 한미관계의 재조정," 제7차 세종 국가전략포럼, 『국제질서 전환기의 국가전략: 한국의 외교·안보·대북전략』(세종연구소, 2002. 5. 17), 33-35쪽.

(3) 주한미군 기지조정, 방위비 분담

미군기지 조정에 관한 논의는 탈냉전 이후 급격한 미군의 감축과 군 구조혁신 추진에 따라 1988년부터 본격적으로 추진돼 왔다. 현재 1988년 대비 21%의 기지를 조정했으며, 향후 20년간 국방예산의 순절감액은 567억 달러 규모로 추정된다. 주한미군도 국내의 기지조정 경험을 통해 주둔국 내에서 고조되는 군사훈련 및 군기지 관련민원의 포괄적 해결을 위한 대대적인 '기지조정 계획'을 추진하고 있다. 주한미군의 기지조정 계획은 한국 내 미군기지를 몇 개의 중심축으로 재편함으로써 한미연합 군사대비 태세를 유지하는 가운데, 미국측은 유휴토지와 독자적 훈련장을 유지하고 예상되는 각종 마찰과 고비용을 절감하고, 한국정부는 90%(사유지)에 달하는 공여지를 소유권자에게 반환하는 일종의 원원개념을 도입한 계획이라는 긍정적 측면이 있다. 그러나 도심지의 미군기지 반환문제와 반환기지의 '정화 등 복원비용' 문제에 대한 추가협상이 필요하며, 용산기지 문제에 대한 양국의 입장이 분명하게 정립되지 못한 현실을 감안할 때, 기지에 대한 전반적인 재조정문제가 다시 부상할 것이다.

그리고 주한미군의 방위비 분담문제는 기본적으로 주한미군의 역할을 필요로 하는 한 적절하고 균형적인 협력을 제공한다는 원칙을 유지하되, 한반도 안보상황의 유동성을 고려해 미국의 주둔정책 변화에 맞추어 재조정할 수 있도록 융통성을 확보할 필요가 있다. 또한 단순한 주한미군 주둔경비 분담보다는 지역 안보역할 분담지향, 미국의 분담요구 충족과 한국의 위상제고를 동시에 만족하는 대안을 선택해야 할 것이다.

2) 한미동맹의 변화와 다자안보체제 형성

한반도에 평화공존의 상태가 현재화되면, 동북아안보의 큰 위협요인으로 간주돼 왔던 북한 위협변수가 현저하게 약화되는 반면, 통일 한반도의 등장 가능성에 대한 주변국가들의 전략적 이해관계에 변화가 발생할 수 있다.29) 즉 주변국가들은 한반도의 상황변화가 자국의 이익에 도움이 되는 방향으로 이끌기 위해 패권적 각축현상을 진행할 가능성도 있다.

미국은 양자 안보동맹 및 관계발전을 근간으로 하되, 점차 다자간 협력체제 구축을 적극 추진함으로써 패권각축 현상의 완화를 추구할 것이며, 일본은 미일동맹의 틀 속에서도 자율적인 정치・군사적 역할의 확대를 추구하려 할 가능성이 있다. 중국은 장기적인 국가전략인 중진국으로의 도약을 위해서도 동북아지역의 안정과 평화유지가 바람직하다. 이 점에서 한반도 평화공존이 구현되면 중국으로서는 북한에 대한 부담이 줄어들 수 있다. 다만 중국으로서는 미국과 일본의 영향력 유지 또는 확대가 중국 사회주의 정치체제의 변화를 유인하는 영향을 경계할 것이다. 그리고 러시아는 영향력 행사의 한계 속에서도 안보차원에서 러시아에 불리하지 않도록 전체적인 군사적 균형이 이루어지는 방향으로 역내문제에 대한 관여입장을 강화할 가능성이 있다. 남북 평화공존의 시기에 주변 4국간에는 안보적 차원에서 쌍무적인 전략적 협력관계를 발전시키려는 노력을 지속하면서도 한반도정세가 그러한 발전에 걸림돌이 되지 않도록 하는 대한반도 정책을 추진할 것이다.

이러한 점에서 동북아 다자안보 협력체제의 형성은 유럽안보협력기구(OSCE)처럼 국가간의 갈등이나 상호 이해관계의 충돌을 조정함으로써 평화공존에 기여하는 역할을 수행할 수 있을 것이다.30) 향후 한미동맹의 성격이 변할 것이고, 한국의 입장에서는 남북 평화공존 체제와 함께 중국, 러시아 등과의 전략적 대화채널 형성, 그리고 이를 아우르는 대화와 협력 메커니즘으로서 동북아 다자안보체제를 통해 통일과정의 평화적 관리를 추진할 수 있을 것이다. 또한 동북아 다자안보체제의 형성은 한반도 통일과정에서 발생할 수 있는 불확실성과 불안정성에 대한 주변 4국의 우려를 불식시키면

---

29) 남북한의 통일과정과 통일한국에 대한 일본, 중국, 러시아의 이해관계에 대한 미국 정책연구기관의 한 시각으로는 CSIS Working Group Report, *A Blueprint for U.S. Policy toward a Unified Korea* (Washington, D.C.: CSIS, August 2002), pp.29-39 참조.

30) Jan de Weydenthal, "Poland: Geremek Sees OSCE As Structure Of Peaceful Coexistence," www.rferl.org/nca/features/1999/03/F.RU.990301135906.html.

서 우리 주도의 통일에 대한 지지를 끌어낼 수 있는 장의 역할로 활용할 수 있으며, 통일 한반도가 동북아지역 질서의 틀 속에서 평화와 안정 및 상호 안보협력에 기여할 것이라는 믿음을 사전에 주지시키는 안보·외교적 메커니즘 기능을 할 수 있을 것으로 기대할 수 있다.

결국 동북아 다자안보 협력은 한반도의 평화와 안정을 바라는 역내국가들의 정책적 입장에 비추어볼 때 한반도 평화체제 구축에 긍정적 영향을 미칠 수 있다. 궁극적으로 남북한 당사자간에 해결돼야 할 문제이지만 한반도 평화체제와 통일문제는 한반도문제에 이해관계가 있는 모든 국가의 안보정책과 직결되는 문제이므로 다자안보 협력은 한반도 평화체제 구축에 긍정적인 측면이 있으며, 궁극적인 통일과정의 유리한 환경조성과 관련이 된다.

따라서 통일에 유리한 환경조성을 위한 동북아 다자안보 협력의 형성·가동은 '한반도문제의 국제화'와 '한반도문제의 한반도화'의 갈등적 관계를 상호 보완적 협조관계로 발전시키는 방향에서 인식되고 추진돼야 할 것이다. 한국의 입장에서는 근본적으로 동북아 역내국가간의 상대적 힘의 관계 차원에서 통일과정에서는 물론 통일 후 우리의 역량에 대한 현실주의적 평가의 바탕 위에서 다자안보 협력레짐의 형성 및 그 활용을 실리주의적 입장에서 추진해야 할 것이다.

첫째, 동북아 다자안보 협력의 형성·가동이 통일환경 조성과 통일한국의 안보상황에 유리한 측면이 있으나, 통일과정에서 다자안보 협력이 기존의 한미동맹과 한미 및 미일동맹으로 연계된 한·미·일 안보협력 관계를 대체하는 것으로 보아서는 안 될 것이다.

둘째, 동북아 다자안보 협력의 형성을 한반도 통일의 수단과 공식 연계하거나 부각시키지 말고 남북관계를 군사안보 차원에서 안정화시키는 분단질서 관리 외교정책의 일환으로 추진하는 것이 바람직하다.

셋째, 남북관계가 진전돼 통일의 가능성이 증대되는 상황이 도래하는 경우, 주변국의 통일한국 등장에 따른 동북아 안보환경 변화에 대한 불안감을 불식하고 통일지지 입장을 확고히 유도하는 차원에서 통일한국의 안보정책이 동북아 다자안보의 틀 속에서 추진될 것임을 공식화한다.

요컨대 한미동맹의 성격이 한반도 차원을 벗어나 지역의 안정과 평화를 위한 역할로 기능을 전환하는 과정에서 한국은 동북아 다자안보 협력 형성 및 다자안보 협력을 활용한 통일환경 조성정책을 추진할 수 있을 것이다. 우리는 통일이 유럽의 안보와 발전에 공헌하며 통일 이후에도 유럽공동체 (EC 및 NATO)의 일원으로 남을 것이라는 확신을 장기간에 걸쳐 주변국가들에게 심어 준 서독의 외교적 노력에서 교훈을 찾아야 한다. 서독은 또한 통일과정이 유럽의 틀, 특히 CSCE의 활성화 속에서 이루어질 것임을 분명히 함으로써 주변국의 협력을 얻을 수 있었다.[31] 따라서 다자안보 협력은 한반도의 평화체제 구축 및 공고화의 과정은 물론 통일과정 및 통일 이후 동북아지역 안보와 발전에 기여하는 정책목표 속에서 추진돼야 한미 협력관계와 더불어 실효성을 제고할 수 있을 것이다.

4. 한국의 정책방향: 북핵위기 총력극복 및 한미 신뢰회복

1) 기본방향: 평화안정, 국민화합, 국제협력, 민족화해

앞에서 본 여러 가지 시나리오와 관련해서 우리 정부는 가장 가능성이 높은 경우뿐만 아니라 최악의 경우에도 대비해야 한다. 따라서 우리 정부는 북한이 제네바합의와 핵확산금지조약 및 한반도비핵화 공동선언에 따른 모든 의무를 계속 준수해야 할 것임을 강조해야 한다. 동시에 대북 군사적 제재조치는 한반도에 전쟁을 불러일으킬 수 있으므로 절대반대를 천명하는 동시에 평화적·외교적 노력이 유일한 해법임을 미국과 유관국 및 국제

---

31) Horst Teltschik, *329 Tage: Innenansichten der Einigung* (Berlin: Wolf Jobst Siedler Verlag GmbH, 1991), 호르스트 텔칙, 엄호현 옮김, 『329일-베를린장벽 붕괴에서 독일통일까지』 (서울: 고려원, 1996), 173-178.

사회에 강조해야 한다. 그리고 북미대화가 당분간 진행되기 어려울 것으로 예상되는바, 북한의 핵포기를 설득하면서 단기적으로는 북핵위기 극복에 총력적으로 대응해 한반도 전쟁위기 해소를, 중·장기적으로는 한반도문제 해결의 역량확보를 통해 한반도 평화정착의 틀을 마련해 나가야 한다. 현단계 평화안정을 위해 '국민화합, 국제협력, 민족화해(남북관계개선)' 세 측면에서의 과제가 제기되고 있다.

첫째, 향후 우리 정부의 대북정책이 지향해야 할 중점분야는 한반도 위기관리와 북한의 변화노력을 지원하기 위해서는 무엇보다 먼저 남남갈등의 해소와 국민화합이 이루어져야 한다는 것이다. 국민화합의 토대 위에서 대북정책에 대한 국민적 지지와 합의도출의 기반을 마련할 수 있다. 말하자면 국민적 합의기반 확충과 국민적 지지 없는 대북정책은 가시적 성과에 급급함으로써 장기적인 통일전망과 한반도 평화정착 프로세스에 혼란을 가중시키는 결과를 초래할 수 있기 때문이다. 따라서 논리적 차원에서 선후의 맥락은 선 국민화합, 중 한미협력, 후 남북관계 개선 순으로 추진되는 것이 바람직하다. 그러나 현실은 역순으로 진행되고 있는 모습을 보여주고 있다. 따라서 노무현정부는 대북정책이 국내정쟁의 소용돌이에 휘말리지 않도록 정책적 접근의 선후 맥락의 의미를 깊이 인식해야 한다. 또한 한·미의 정책적 협력 없이 남북관계가 크게 진전되기 어렵다는 현실적 조건을 유념해 대북정책에 대해 사전에 충분히 미국과 정책적 조율을 이루어야 한다.

둘째, 북한에게도 우리가 주장하고 요구할 것은 당당하게 주장하고 요구해야 한다. 이런 맥락에서 북한의 핵무기개발 의혹은 반드시 해명돼야 하고, 북한이 핵무기개발을 진행하는 것은 한반도 비핵화선언에 위배되는 일로서 결코 용납될 수 없음을 분명히 해야 한다. 동시에 북핵위기를 일시 미봉책으로 푸는 데 그칠 것이 아니라, 한반도 평화정착 문제를 근본적으로 풀기 위한 장기적 협상의 마스터플랜을 함께 준비해 적극적으로 꾸준하게 추진하도록 한다.

셋째, 주변 4국과 EU에 대해서는 한반도 평화와 동북아 공동번영을 위해 북핵위기가 평화적으로 해결돼야 함과 이를 위한 노력에 협력해 줄 것을 요청한다. 미국의 선제공격은 한반도를 초토화시킬 뿐 아니라 중국, 러시아, 일본의 전쟁개입을 가능하게 함으로써 세계전쟁으로 촉발될 수 있음을 경고한다. 특히 미국에 대해서는 1968년 푸에블로호 납치사건과 청와대 기습사건을 처리하는 과정과 1994년의 북핵위기를 처리하는 과정에서 한민족의 존망이 달린 문제임에도 불구하고 한국의 의견이 전혀 반영되지 않았던 점을 상기시키는 한편, 한미간 정책적 협력이 원만히 이뤄지지 않음에 따라 북한의 의도대로 협상이 타결된 역사적 사실을 분명하게 주지시킨다.

넷째, 최근 국내사회에서 점차 확산되기 시작한 반미정서에 대해 능동적으로 대처한다. 반미도 문제가 있으나, 친미회귀 주장도 21세기 한민족의 발전전략으로 바람직하지 않다. 따라서 한미관계에서 한국의 주체적 위상을 확보하되, 미국의 세계전략과 위상을 훼손시키지 않으면서 양측 모두 실익을 확보할 수 있는 방안을 적극 모색한다.

2) 실천방안

(1) 대내정책: 북핵위기 관련 평화지향적 국민화합 추구

첫째, 여야는 대북정책 관련 기본틀과 방향을 깨는 일 없이 반드시 합의해 국민 불안감을 해소해 주어야 한다. 여당은 대북 화해·협력정책에 대한 독점의식을 버리고, 과거 정부에서 시작된 화해·협력정책의 기조를 인정함으로써 국민적 지지를 확충해야 한다. 야당 또한 화해·협력정책이 21세기 한민족 생존과 통일, 그리고 번영을 위한 방향임을 인정해야 한다.

둘째, 국내 남남갈등을 해소하고 국민화합을 이뤄 내기 위해서는 북한에 대한 객관적 이해를 확산시키는 것이 요청된다. 북한에는 아직도 공산화 통일을 지향하는 300만 공산당원과 130만 군대가 있으며 동시에 분단 이후 태어난 세대가 전체 주민의 90%에 달하는바, 북한의 '적'과 '동반자'의 이중적 특성을 균형적으로 인식할 수 있도록 해야 한다. 이를 위해 북한의 조기변화론, 변화낙관론 등을 유포하지 않도록 조심하며, 한반도 평화와 통일을 이루어 가기 위해서는 인내심이 필요함을 강조해야 한다.

셋째, 대북 협상과정과 관련해서는 북한에게 끌려가는 인상을 국민에게 주지 않도록 유의해야 한다. 시간과 국력은 북측이 아닌 우리편이기 때문이다. 동시에 북한으로 하여금 오판이나 실기하지 않도록 우리 정부는 북핵개발을 조금도 용납할 수 없으며, 핵포기 없는 남북관계 개선은 불가능하다는 단호하고 명백한 입장을 천명해야 한다.

(2) 대외정책: 북핵문제 해결을 통한 한미마찰 해소와 향후 정책협력 적극 모색

첫째, 한국과 미국의 대북정책에 있어 공통점과 차이점을 정확하게 구별하고, 공통점과 보완점을 중심으로 양국관계를 돈독히 한다. 따라서 한미간 마찰이 있는 부분이 존재함을 인정한다. 그리고 미국과 의제 및 역할분담을 적극 협의한다. 이런 맥락에서 북한의 핵·미사일 개발중단 필요성에 대해서는 공감과 공동대응의 필요성을 표출하되, 과도한 부담을 떠맡지 않도록 유의한다. 1994년 북핵문제 해결과정에서 지나치게 감정적으로 대응하다가 경수로 건설의 70% 이상을 우리가 부담하게 된 과정을 타산지석으로 삼아야 한다.

둘째, 한국정부는 북한의 이중전략에 대한 대응논리로 미국에게 역할 및 주도권 분담을 적극 제의한다. 즉 한국은 좋은 형제(good brother), 미국은 무서운 경찰(tough international cop)의 역할을 맡음으로써 북한의 안정적 변화를 유도한다. 그러나 이를 위해서는 먼저 한미간의 신뢰구축이 공고하게 이뤄져야 한다. 미측으로부터 신뢰를 확보하기 위해 정부는 반미감정 또는 정서·운동이 확산되지 않도록 노력하는 모습을 보여주어야 한다. 예컨대 한반도정세 논평시 미국의 대한반도 정책에 대해 비판적 태도는 절대로 공개언론을 통해 표출하지 않도록 노력한다. 자율성문제, 동맹강화 문제, 사안별 공조문제에 있어서도 차이점이 지나치게 부각되지 않도록 한다. 한편 '새 북미협상' 추진 분위기를 조성한다. 미국에 대해선 북측이 핵문제를 대화를 통해 해결하기 바란다는 메시지를 일관되게 전하고 있다는 점을 강조하며 대화기반 조성에 주력하는 한편, 미국이 APEC 3국 정상회담에서 "북한이 우리의 지원을 필요로 하고 있으므로 다른 문제와 함께 핵문제를 해결할 기회를 갖고 있다"고 언급한 것은 대북지원 문제를 북핵문제 해결카드로 사용할 수 있음을 시사한 점에 착안해 경제적 유인수단을 고려할 필요가 있다. 다만, 미국이 '선 지원을 통한 문제해결' 방식은 반대할 것이므로, 북측의 '핵개발 포기선언' 또는 폐기를 전제로 하는 동시진행 방식의 경제지원 방식을 미측에 제시한다.

셋째, 미국의 '과감한 접근' 구체화를 설득한다. 부시 대통령이 북핵문제를 '위기가 아닌 기회'라는 인식을 보이며, '과감한 접근'(bold approach)을 취할 준비가 돼 있다는 입장을 재확인해 제네바합의문 제2조 "정치적·경제적 관계의 완전한 정상화 추구" 방향으로의 북미간 접근을 추진할 수 있다. "쌍방은 이 합의문이 서명된 후 3개월 안에 통신 및 금융결제에 대한 제한을 포함하여 무역 및 투자제한을 완화시켜 나간다"(제2조 1항)를 활용해 우리 정부는 미측에 대해 북미 양측이 상호주의적 차원에서 이와 관련한 조치를 동시에 취함으로써 북측을 유인하도록 설득한다.

넷째, 여타 주변 3국과의 관계설정에도 항상 유념하도록 한다. 한미공조를 지나치게 강조해 중국 및 러시아의 반발을 불러일으키지 않아야 할 것이며, 동시에 일본으로 하여금 소외감을 갖지 않도록 정책적 협조를 원활하게 진행할 필요가 있다. 동시에 중국과 러시아 모두 북한의 핵무기개발 및 무장을 원치 않는 점을 감안, 이들과 대북 핵개발 저지를 위한 정책적 협력을 적극 모색한다.

(3) 대북정책: 북핵문제 해결을 통한 화해협력과 평화공존 정책 병행추진

첫째, '평화·화해·협력을 통한 남북관계 개선'이라는 기본목표 아래 "당장의 통일을 추구하기보다 상호위협을 해소하고 화해협력을 통해 공존 공영을 추구"한다는 기조를 지속한다. 이런 맥락에서 보다 대규모의 대북 경제지원을 과감하게 확대하고 한반도 평화정착을 위해 북한 군부에게 긴장완화를 적극 제시해야 한다. 이를 위해 '한민족 경제발전 전략'과 '한반도 평화방안'을 남북한이 함께 수립하고 추진하도록 한다.

둘째, 북한의 핵무기개발에 대해서는 우리의 반대입장을 분명하게 정립·천명한 후, 이에 기초해 북한을 설득한다. 남북합의에 따른 각급 수준의 당국간 회담 및 각종 합의사항 이행을 진행해 남북관계와 대북 포용정책의 지속성을 유지하되, 우리 정부는 장관급회담 등 각급 수준의 회의에서 북측에 대해 핵문제 해결이 북한의 미·일 등 서방과의 관계개선 또는 확대, 경제회복을 위한 외부자원 확보, 북한의 체제 안전문제 등의 관건이라는 입장을 지속적으로 주지시킨다. 북핵문제 해결이 없이는 정부간 남북관계 진전에 한계가 있으며, 북미관계 진전 없는 북한의 체제안전 보장 요구 실현이 불가능함을 설득한다. 특히 북한의 '북미 불가침조약' 체결제의가 국면전환과 대미대화를 겨냥한 것이라면 북한의 계산착오임을 적극 주지시킨다. 또한 남북관계와 북미관계의 분리활용 전략은 남북관계의 지속성에 문제를 야기할 것임을 강력하게 주지시킨다.

셋째, 남북대화를 계속하면서 핵문제 해결과 남북 협력사업을 병행해서 추진한다. 대화과정에서 북한의 핵문제 해결을 촉구하고 경의선·동해선 철도·도로 연결, 개성공단 건설, 금강산 특구지정 및 육로관광, 임진강 수해방지 대책, 이산가족 상설면회소 설치 등 합의사항이 차질 없이 이행될 수 있도록 노력한다. 그러나 북한이 의사(擬似) 협상관을 고집하면서 대화를 진행할 때, 실질적 합의성과가 예상되지 않음에도 불구하고 일방적으로 짝사랑의 대화만을 강조하지 않도록 유의한다. 북한이 대화의 실제적 필요성에 의해 진의(眞意) 협상관에 기초한 대화를 제의해 올 경우에는 보다 성과 있는 대화가 될 수 있도록 대화환경을 조성해야 하나, 다른 목적을 달성하기 위한 형식적 제의에 불과할 경우에는 지나치게 낙관적인 태도를 취하지 않도록 유념한다.

넷째, 개성공단 전력지원 사업을 추진해 북한의 에너지확보 차원에서의 핵개발 진행논리를 약화시킨다. APEC 한·미·일 3국 정상 공동발표문에서 북한이 한반도 비핵화에 대한 책임있는 자세를 보일 경우 경제적 혜택을 받을 수 있음을 명문화한 성명에 기반해 북핵문제 해결에 대한 전향적 입장표명을 전제로 남한의 '개성공단 전력지원' 방안을 제의할 수 있다. 우리 입장에서 보았을 때도 개성공단 전력지원 문제는 남한기업 진출의 필수불가결한 전제이다. 그러나 북한이 핵개발문제를 해명하고 남북대화와 남북관계 개선에 적극적으로 나올 때까지 기다리는 것이 필요하다.

5. 모색: 새로운 출발

한반도 평화체제는 남북한 평화정착과 함께 동북아지역 내 관련국들간의 평화협력 체제가 구축돼야 가능하다. 동북아 다자간 안보협의체를 형성해 나가는 데는 현재 유지되고 있는 한·미, 미·일 안보동맹과 북·중, 북·러간 안보협력 관계의 급격한 변화를 야기하는 방향보다는 현단계 동북아 세력균형을 유지·보완하는 방향으로 접근하는 것이 바람직하다. 남북한에 대한 주변국들의 교차승인이 완성돼야 한다. 북미·북일관계 정상화가 이루어질 때 비로소 군사적 신뢰구축과 군축문제를 포함한 실질적 안보논의를 위한 장을 마련할 수 있다.

한반도 평화체제 구축을 위한 노력은 남북한 교차승인 단계를 거쳐 교류협력의 심화를 통한 남북관계의 질적 개선과 함께, 동북아지역 역내안보의 실질적 증대를 위해 주변국들이 참가 속에서 평화와 안정을 보장하는 다자간 안보협의체 틀을 마련하는 방향과 병행돼야 한다. 이 과정에서 무엇보다 남북한의 정치적·군사적 신뢰구축이 중요하다. 그러나 북한 핵개발은 남북관계의 근본전제를 부정하는 행위가 아닐 수 없다. 우리는 지금 그 동안 남북관계의 다양한 측면에서의 많은 변화에도 불구하고 한반도의 위기수준이 높아지고 있는 상황에서 안보와 평화정착 차원에서는 별다른 진전이 없었음이 확인된 지점에 서 있다.

(1) 국가이익은 민족이익에 선행한다

모든 국가는 인류 보편의 가치와 이익보다 국가이익을 대외정책의 준거틀로 삼는다. 일반적으로 적용되는 인간관계에서 도덕과 윤리의 기준이 국가에 적용될 수 없으며, 추상적인 개인 윤리관이 국가정책 결정과정의 기준이 돼서는 안 된다.[32] 그러나 대중의 심리는 단순히 도덕적이고 법적인 관점에서 절대악과 절대선을 파악하는 경향이 있다. 민주주의체제에서 공공여론은 국가가 위기에 처했을 때 국가이익에 파괴적으로 작용하는 경향이 있으므로,[33] 정치가는 천천히 우회적으로 접근하며 큰 이익에 작은 손실을 감수하는 장기적인 관점을 지녀야 하며 대중의 감정적 요구를 경계할 줄 알아야 한다.

세계사에서 유일한 분단민족인 우리의 경우 통일문제를 국제정치의 논리인 국가이익의 관점에서 접근하는 데는 커다란 한계가 있다. 이를테면 우리는 국가이익과 민족이익의 이중구조 속에서 양자의 갈등적 현실과 함께 국가이익과 민족이익을 조화시켜야 하는 딜레마를 안고 있다. 물론 양자의 조화는 말처럼 그렇게 쉬운 일이 아니다. 그러나 국제관계에서 남북한은 엄연히 각각 서로 다른 국가적 실체로 활동하고 있다. 남북한은 지금 한 손으로 악수를 하면서도 다른 손으로는 상대방의 이마에 총구를 겨누고 있다. 말하자면 남북한의 적대관계 해소를 지향하는 문제와, 아직 적대관계가 완전히 해소되지 못한 현실은 서로 다르다. 따라서 대한민국의 존립을 위태롭게 하는 북한의 대남정책이나 핵개발과 같은 명백한 위기국면에서 우리는 마땅히 현실적 국가이익의 관점에서 북한을 대해야 한다. 그렇다고 해서 민족이익을 부정하는 것은 아니다. 남북한간 신뢰가 구축되고 위기국면이 해소됐을 때 비로소 민족이익의 지평 위에서 남북화합과 국제사회에서의 공동협력을 적극 추구해 나갈 수 있다.

---

32) 구영록, "대외정치의 핵심개념으로서의 국가이익," 『한국과 국제정치』 1994년 봄·여름, 제10권 제1호(경남대학교 극동문제연구소, 1994) 참조

33) Walter Lippman, *The Public Philosophy* (Boston: Little, Brown and Company, 1955), p.20.

(2) 동맹과 민족의 조화

우리는 '동맹보다 민족'이라는 인식이 비현실적이었음을 이미 경험했다. "어느 동맹도 민족보다 더 큰 행복을 가져다주지 못한다"는 감상적 민족애는 북핵문제가 터지자 하루아침에 엄청난 배신감으로 뒤바뀌었던 것이다. 그러나 그 당시 북핵문제의 위기감과 달리 지금은 미국의 대북정책을 비판하는 분위기 속에서 한미간 동맹에 기반한 유대의식에 간극이 나타나고 있는 모습이 특징적이다.

북한은 우리 사회의 반미감정과 한미간 불신 분위기에 편승해 '민족'논리의 확산을 바라고 있다. 북한은 남북정상회담 이후부터 '민족공조', '우리민족끼리', '민족대단결'을 강조하면서 "현시기 조선반도에서의 대결구도는 북과 남의 조선민족 대 미국"이라고 규정하고, "북과 남, 해외의 전체 조선민족은 미제의 무분별하고 모략적인 전쟁책동에…… 온 민족의 단합된 힘으로 단호한 반격을 가해야 한다"고 주장했다.34) 더욱이 "민족공조로 핵전쟁 발발을 막자"35)고 하여 마치 남측에 '특별'임무를 부여하는 듯한 오해를 살 수 있는 주장을 하고 있다. 북한의 핵보유, 핵개발은 민족공조가 아니라 민족공멸을 획책하는 길이다. 이를 극복하기 위해서는 우리 사회의 '민족' 지향성(민족공조)은 상호의존의 세계 속에서 '동맹'(한미공조)의 논리와 배척되지 않는 방향으로 나아가야 한다.

(3) 북핵개발은 용납될 수 없다

북핵개발은 "한반도의 비핵화에 관한 공동선언"(1992. 2. 29 발효)을 전면 위배하는 조치이다. 김정일 위원장은 김일성 주석이 민족 앞에서 합의한 비핵화선언을 스스로 파기하는 행위에 대해 입장을 밝혀야 한다. 북한의 NPT 탈퇴는 국제사회에 대한 약속이행의 거부이며, 제네바 북미 기본합의

---

34) "<로동신문>, <조선인민군>, <청년전위> 공동사설." 2003. 1. 1.
35) <로동신문>, 2003. 2. 9.

서를 위반(미국도 마찬가지만)하는 행위가 된다. 북한의 핵개발은 미국·국제사회·민족에 대한 위협이나, 대미 체제보장이 최종 목표라면 북한은 불가침조약(treaty) 요구를 한 단계 낮추어야 할 것이다. 불가침조약은 미국의 회의 비준을 요구하는 사안으로 전례가 없을 뿐만 아니라 부시 미 대통령의 힘으로도 의회의 조약비준을 기대하기는 어렵다. 따라서 미국 대통령의 불가침문서 형태의 보장은 최대의 양보라고 할 수 있다. 북한은 부시 미국 대통령의 불가침 문서보장 방식을 제의한다면 즉각 받아들이는 것과 동시에 핵동결 원상회복 및 IAEA의 핵사찰을 무조건 수용해야 한다.

북한의 핵보유와 한미동맹관계의 약화 가능성은 대외의존도가 높은 한국경제에 심대한 영향을 미칠 것인 바, 해외자본의 한국투자 기피, 위기지수가 반영된 국가신용도 하락에 따른 폐해, 국내자본 및 인적 자산의 해외유출 등 막대한 폐해가 현실화될 수 있는 가능성이 과소평가되어서는 곤란하다. 북한은 '경제회복과 핵보유' 라는 두 마리 토끼를 동시에 쫓을 수는 없다. 이러한 북한의 오판은 일깨워져야 하며, 핵을 가진 북한과의 '평화적' 공존 가능성은 상상도 하지 말아야 한다.

(4) 기다려라! 그러면 다가온다

남북경협의 실질적 추진은 쉽지 않다. 정부는 정경분리 원칙에 입각해 대북투자의 정치적·법적·제도적 장애를 해소하는 데 힘써야 하며 대북투자와 남북경협 환경을 조성하는 데 역점을 두어야 할 것이다. 대북투자와 남북경협 사업은 시장원리에 입각해 기업 스스로의 판단과 책임 아래 추진돼야 한다. 기업이 정부차원의 지원을 전제로 대북사업을 추진하려는 시도는 더 이상 허용돼서는 안 되며, 정부가 특정 기업에 독점적 형태의 특혜를 주는 듯한 정책은 위험하다. 그러나 정부차원에서 동포애적·인도적 차원의 대북지원은 지속적으로 추진될 필요가 있으며, 민간차원의 대북 지원사업도 전국민적 관심을 끌어내고 지속적으로 추진돼야 할 것이다.

북한의 핵개발 포기 없이는 남북경협의 획기적 진전을 기대하기는 어렵다. 남북경협을 추진하더라도 내실있는 성과를 거두는 데는 한계가 있을 것이다. 우리 정부는 북한 경제회복을 위한 북한판 마샬플랜을 준비하고 있다. 북한은 핵개발을 포기하고 당국 차원에서 공식적으로 요청할 필요가 있다. 그때 우리는 국가적 차원에서 남북경협과 대대적인 지원정책을 추진할 수 있을 것이다. 서두르지 말고 분명한 원칙을 지켜야 한다.

(5) 지금은 주한미군 철수를 말할 때가 아니다

한국과 미국에서 주한미군의 철수 또는 감축주장이 제기되면서 많은 혼동과 한미간 전통적 우호관계가 변화될 수 있는 상황을 맞이하고 있다. 미국은 냉전이 끝난 시기에 해외주둔 미군병력의 감축과 구조개편을 검토해 왔다. 동아시아 주한미군의 경우도 구조개편을 검토했으나 1992년 북핵문제가 돌출하자 철군에서 군사력 유지로 전환했다. 그러나 최근 미국은 해외 주둔 병력을 당사국이 "원치 않으면 주둔하지 않겠다"는 입장을 표명하고 나섰다. 이는 한국의 반미감정과 독일의 대이라크전 비협조에 대한 경고성 의미로 해석되기도 하지만, 한반도의 평화구조가 정착되지 못한 상황에서 주한미군 철수·감군문제는 심각한 결과를 초래할 수 있다. 남북한간 전쟁의 방지는 남북 교류협력의 효과라는 측면도 무시할 수 없지만, 적어도 아직까지는 주한미군과 한국의 국방력에 의한 억지력에 있다고 보아야 한다. 물론 주한미군과 국방력 중심의 전쟁억지력은 점차 화해협력을 통한 평화구조 속에서 해결할 수 있는 방향으로 바뀌도록 해야 할 것이다.

우리 사회의 '반미감정'은 젊은 층의 미국을 향한 민족적 자긍심과 인간적 존엄성의 문제를 환기시키고자 한 정당한 요구에서 출발했으나, 미국측의 불성실한 태도와 무성의한 반응으로 악화일로를 걸으면서 급기야 한미동맹과 주한미군 주둔의 필요성 자체를 부정하는 분위기가 확산되고 있다. 이에 미국도 한국의 '반한감정'에 대응해 미국에서는 반한감정과 함께 주한미군 철수·감축문제가 조금씩 논의되는 상황이 나타나고 있다.[36] 한반도의 굳건한 평화구조가 수립되지 못한 상황에서 한미동맹의 근간인 주한미

---

36) "한미동맹 이상징후 주한미군 영향줄 듯," 오공단(인터뷰), <한겨레>, 7면, 2003. 2. 14.

군 변경문제는 보다 신중하게 대처해 나가야 한다.

(6) 진보·보수, 반미·친미, 자주·외세 등 냉전적 사고를 극복해야

진보·보수, 좌·우, 개혁·수구, 자주·외세 등의 이분법적 도식에 사로잡힌 냉전의식은 극복돼야 한다. 미국이 주도하는 구조 속에서 실질적으로 우리가 미국에게 더 많은 것을 얻었다. 미국의 도움 없이는 한국의 민주주의와 경제적 성공의 신화는 창조될 수 없었다. 물론 미국을 '나쁜 나라'라고 생각할 수도 있지만, 세계 유일의 초강대국으로서 미국의 막강한 힘을 냉소적으로 비난하는 주장은 합리적이지 않다. 규범적 대미관도 존중돼야 하지만, 우리 국가와 민족 앞에 선 미국의 실체를 거부하는 태도도 지양될 필요가 있다.

우리는 대북정책을 적극적으로 지지하지 않거나 비판적 입장을 취한다고 해서 적으로 돌리는 우를 범해서는 안 된다. 민주주의는 다양성을 수용한다. 시민단체(NGO)의 활동과 견해를 경청하되, 이들의 정책결정과정에의 직접적인 참여에서는 신중성이 요구된다. 현재 진보적 성향을 지닌 시민단체들은 동맹보다 민족을 우선하는 경향을 보이고 있지만, 마찬가지로 앞으로 반북적·보수적 성향의 시민단체와 네티즌이 조직화될 개연성이 높으며 이들의 동일한 참여요구가 예상된다. 이 경우 대북정책은 그야말로 소모적인 이념논쟁에 휘말릴 수 있다. 시민단체의 역할은 제고돼야 하나, 직접적 참여의 제도화에서는 신중한 검토가 필요하다.

제 2 부

통일한국의 미래와 전망
─남북한 이념통합과 평화문화의 창출─

제5장 화해·협력정책과 남북한 미래상*

1. 머리말

통일은 멀고도 지난한 명제다. 남북한 함께 더불어 사는 평화와 공존공영은 가깝고도 먼 명제이다. 통일은 남북한 평화와 협력의 퍼스펙티브에서 장기간 평화와 협력의 지속에 따른 발전적 결과로 나타날 수 있는 귀납적 형태이지, 결코 역사적 필연이거나 연역적 당위로 주장될 수 있는 명제는 정치공동체를 유지해 왔기에 당연히 이루어져야 할 어떤 것으로 말할 필요는 없다. 즉 두 개의 국가체제는 부자연스럽고 비정상적이기에 하나의 민족은 반드시 하나의 국가체제를 이루어야 한다는 통일의 당위성은 한반도의 평화와 남북한 공존공영의 과제 앞에 더 이상 설득력을 갖기 어렵다. 이런 점에서 통일을 일단 우리 민족의 이상적 목표가치로 역사적 지평 위에 설정

---

* 이 논문은 「화해협력정책과 남북한미래상 연구」(통일연구원, 2002)로 출간된 것을 일부 수정한 것임.

새로운 사회구성의 가능성을 제시한다. 평화와 공존공영에 기반한 장기 지속적인 화해협력에 따른 남북한 사회의 변화는 '역사의 신(神)'의 자기구현 과정일 수도 있지만, 상당부분 변화를 관리하고 특정한 방향으로 이끌어 가고자 하는 우리 민족의 실천적 의지와 합의에 달려 있는 문제라 하겠다.

남북한 화해협력과 장기 지속적인 공존공영에 따른 남북한 사회의 미래상을 그리는 일은 무엇보다 먼저 예측 가능한 상황을 전제하는 작업에서 출발해야 한다. 그러나 미래상의 연구는 단순히 앞날에 다가올 미래 상황을 예측하는 미래학을 의미하는 것은 아니다. 미래학(futurology)은 다른 학문과 결정적으로 다른 특성으로, 미래사회를 대상으로 하기 때문에 누구도 절대적으로 실증(實證)할 수 없는 한계가 있다.1) 그럼에도 남북한 화해협력과 장기 지속적 공존공영에 따른 변화상의 연구는 일종의 미래학적인 접근이기도 하지만, 일정한 방향성의 제시와 무관하지 않다는 점에서 단순한 미래학과는 다르다.

변화는 통합과 사회발전의 기회이기도 하지만, 새로운 분열과 대립에 의한 위기와 함께 파국적 국면으로 전개될 수도 있다. 따라서 사회변화의 방향과 내용에 대한 예측은 변화의 부정적 측면을 최소화하기 위한 예방과 대응이라는 점에서 무척 중요하다. 이런 점에서 사회현상을 탐구하는 모든 사회과학은 현상에 대한 인과관계적 분석을 넘어 미래전망과 예상되는 사태에 대한 대응적 방안의 모색에 연구의 초점을 맞춘다. 미래상의 연구는 변화과정의 면밀한 분석 위에서 단순히 앞날을 예측하는 데 그치기보다는 변화방향 자체를 관리하고 변화의 내용에 개입할 수 있는 여지를 발견하고자 하는 데 특징이 있다. 말하자면 미래상의 연구는 필연적인 변화를 바람직한 상태로 끌어 가고자 하는 의도에서 비롯된다. 물론 예상되는 변화의

---

1) 미래학이라는 학문은 존재할 수 없다는 비판도 있다. 그럼에도 미래학은 미래사회에 대한 인간의 불안감의 소산으로, 현대사회의 두드러진 기술혁신의 진행에 따른 급격한 환경변화에 따른 사회의 지속 가능성에 대한 회의적 반응의 한 형태로 많은 관심을 끌고 있다. 미래학은 몽상적인 것이 아니며, 현대사회 속에서 미래사회를 시사(示唆)하는 변화의 조짐을 찾아내려는 것이다. 이런 의미에서 미래학은 현재학이라고 할 수 있다.

폭과 깊이와 무관한 바람직한 상태의 미래상은 그것의 지나친 규범성으로 말미암아 분명 '미래의 현실'과 괴리된다.

한반도의 평화와 남북한의 장기 지속적인 공존공영에 따른 남북한의 미래상은 민족적 합의와 실천의지에 따라 방향과 성격이 결정될 것이다. 사실 남북한 미래상의 기획은 변화과정에서 민주주의와 시장경제, 자유, 인권 등 인류의 보편적 가치를 중시하고 민족사회의 미래를 책임질 수 있는 남한 체제에 의한 선도적·주도적 역할은 불가피하다. 따라서 민족의 미래는 우리의 기획능력과 실천적 의지에 달려 있는 문제라 할 수 있다.

2. 통일정책의 역사적 전개

1) 통일이란 무엇인가

한국의 역대 정부는 통일을 궁극적인 국가목표로 삼아 왔다. 그런데 우리가 추구하는 통일은 과연 무엇을 말하는가? 여기서 일반적으로 통일에 대한 개념적인 인식론적 이해를 살펴볼 필요가 있다고 생각한다. 흔히 우리는 통일(unification)이라는 용어를 민족통일, 국가통일 등과 관련지어 사용하고 있다. 간혹 '민족통합'이라는 말을 사용하는 경우도 없지 않다. 통일은 물론 남북한을 비롯해서 독일, 베트남, 예멘 등과 같이 과거 분단을 경험했던 국가나 민족의 경우에 하나의 국가 하나의 민족사회를 이루는 과정에서 요청된 개별국가의 특수한 역사적 개념이라 할 수 있다. 이와 달리 통합(integration)은 두 개 이상의 조직이나 기구 등이 하나로 합쳐지는 상태를 뜻하는 것으로, 하나로 합쳐진다는 점에서는 통일과 유사하나 통일개념과 달리 초역사적인 일반적 개념으로 사용된다. 남북한 통일과 관련해서 통합은 남북한 사회의 다양한 각 부문의 통합인 경제통합, 사회통합, 문화통합 등의 개념으로 사용되고 있다.

일반적으로 통일은 분단 이전 상태의 회복을 말한다. 우리는 대개 둘로 갈라진 분단의 벽이 허물어지고, 이른바 '백두에서 한라까지' 하나의 통치권 아래 국토통일이 이루어지고, 하나의 민족이 하나의 국가 아래 살아가는 상태를 한민족의 자연스런 삶으로 인식하는 경향이 있다. 한반도에 거주하는 주민들은 천 3백여 년 이상 통일국가를 유지해 온 세계사적으로 유례를 찾기 어려운 특수한 역사성으로 인해 한민족은 하나의 민족이 하나의 국가를 이루어 사는 형태를 지극히 당연하고 자연스런 존재양태로 여긴다. 이처럼 한민족의 역사적 삶에 각인된 '1민족1국가' 의식은 국토의 분단상태나 한민족이 두 개의 국가체제로 나눠져 있는 상태를 지극히 비정상적인 삶으로 여기기 때문에, 통일은 국가통일, 민족통일과 같이 나눠진 둘이 하나로 되는 정상회복 상태를 의미하는 것으로 볼 수 있다. 우리에게 하나로 된다는 의미는 온전한 상태, 자연적이고 정상적인 상태로의 회복을 말하는 것으로 인식되는 측면이 크다. 말하자면 한반도에 사는 남북한 주민들이 일상적으로 말하는 통일은 그야말로 찢겨지고 분열된 것들이 하나로 이어짐으로써 원상을 회복하고 정상화되는 상태를 의미하는 것으로 볼 수 있다.

　1972년 "7·4공동성명"의 충격과 기대 속에서 당시 장준하는 통일은 단순히 체제와 이념이 하나로 되는 상태만을 뜻하는 것이 아니라, 분열상태의 극복과 정상적인 상태로의 회복을 의미하는 것임을 뚜렷이 밝혔다.[2]

　　이와 같이 새로운 정세 앞에서 우리 민족이 해야 할 결단은 스스로 분명해진다. 그것은 갈라진 하나를 다시 하나의 자기로 통일하는 것이다……. 민족적 양심에 살려는 사람 앞에 갈라진 민족, 둘로 나누어진 자기를 다시 하나로 통일하는 이상의 명제는 없다…….

　　생각해 보면 지난 4반세기의 민족분단은 얼핏 말하듯 이념과 제도의 차이만을 말하는 것이 아니었다. 민족 한 사람의 생활의 분단이자 곧 파괴요, 나 자신의 분열이요 파괴였다.

---

2) 장준하, "민족주의자의 길," 『씨올의 소리』 1972년 9월; 10주기추모간행위원회 편, 『張俊河文集』(사상, 1985).

이처럼 통일은 제도와 이념이 하나되는 측면과 함께 통일이 이루어져야만 민족의 자연적이고 정상적인 삶과 온존한 자기구현이 가능하다는 인식으로 나타났다.

그러나 통합은 통일과 다르다. 통합은 비정상적인 상태로 인식되는 것을 원상 회복시키고 정상화한다는 의미는 아니다. 통합은 경제통합, 사회통합, 문화통합, 군통합, 지역통합 등과 같이 제도 및 관행의 상호침투 수준을 높여 나가거나 또는 차별성을 해소시켜 나가는 것으로 볼 수 있다.3) 따라서 우리 민족의 경우 하나의 민족이 두 개의 국가로 분열돼 있는 상태를 지극히 비정상적으로 여겨 이를 정상화한다는 점에서 '민족통일'을 부르짖고 있는 것이다. 그러므로 간혹 사용되고 있는 '민족통합'이라는 용어는 잘못된 말이 아닐 수 없다. 통합이라는 개념이 차별성을 해소하거나 상호침투의 수준을 높여 나가는 의미라는 점에서 한민족의 정상적인 삶을 뜻하는 통일 개념과 혼동을 초래할 뿐이다.4)

2) 통일정책의 전개

정부의 입장에서 통일문제를 정책적 차원으로 접근하는 데는 통일환경과 국내외적 정치상황의 변화와 무관할 수 없었다. 우리 사회에서 통일문제는 전쟁의 참화를 뼈저리게 느끼면서 다시는 한반도에서 전쟁이 일어나서는 안 된다는 전쟁방지의 이념에서 한반도 평화문제와 더불어 제기됐다. 따라서 통일을 위해 전쟁도 불사할 수 있다는 입장은 국제정치 현실에서나

---

3) 통일은 가부의 문제이고, 통합은 정도의 문제이다. 즉 국토통일의 경우 국토는 통일되거나 안 되거나 둘 중 하나라면, 통합은 덜 통합되거나 더 통합되거나의 문제로 볼 수 있다. 김영명, "민족통합을 보는 정치학적 관점," 『민족통합과 민족통일』(한림대학교 민족통합연구소, 1999), 33-34쪽.
4) 통합이 각 부문의 내적 결합의 정도와 수준을 말하는 것이라면, '민족통합'의 경우 민족 내부의 결합 정도(?)를 의미하는 비논리적 개념이 된다. 이와 달리 국민통합은 일반적으로 계층간, 지역간, 세대간 갈등과 차별성의 해소와 관련된 개념으로 사용된다.

국민 대다수의 합리적 통일열망과 부합될 수 없었으며, 하나의 통일론으로 정립될 수 없었다. 이런 점에서 민족통일의 당위성과 함께 분단의 평화적 관리의 측면에서 통일문제가 인식되기 시작했다. 통일이 민족적 당위로 주장된다면 분단의 평화적 관리는 어느 면에서는 '반통일'이라고 비판받을 수도 있지만, 통일문제의 추상성보다 평화의 가치가 더욱 현실적인 점도 무시할 수 없다.

정부의 대북정책 및 통일정책은 뚜렷한 구분 없이 상호 보완적인 형태로 사용되고 있지만, 대북정책은 일반적으로 통일정책의 틀 속에서 추진되는 전략적 성격과 함께 구체적으로는 남북한간 현안문제를 다루는 정책이라 할 수 있다. 달리 말해 궁극적으로 통일을 지향하면서 남북관계 개선을 추구하는 정책이다. 이에 비해 통일정책은 통일을 향한 장기적 전망 속에서 남북관계 개선을 비롯한 통일환경과 관련된 한반도 평화와 통일한국의 미래 등을 다루는 상당히 포괄적인 정책이라 할 수 있다. 이러한 입장을 전제로 우리 정부는 명분론적 차원에서나 또는 실천적 차원에서 분단국가 수립의 시기로부터 최근까지 대북 및 통일정책을 수립하고 추진해 왔다.

(1) 국토수복: '북진통일'

제1공화국 정부의 통일정책은 정부수립 당시의 도덕적·국제법적 우월성에 입각해 북한당국을 철저히 부정하는 인식에서 출발했다. 통일 접근방안으로는 한반도문제 해결의 국제화, 북한지역의 유엔을 통한 해결방식과 북한지역에서의 자유총선거 실시를 주장했다. 그 후 6·25전쟁을 계기로 북한 공산정권의 소멸과 실지회복 차원의 국토수복을 외치면서 무력통일론 또는 북진통일론을 주창했다.[5] 그러나 한국정부의 대외적·군사적 자율성이 극도로 제한된 가운데 주창된 북진통일론은 대외적으로는 한국안보에 대한 대미(對美) 교섭력을 높이는 측면도 있었지만, '광기(狂氣)의 시대'에 대북 적개심을 고취시켜 국내정치 차원에서는 이승만정권이 비판세력을

---

5) 통일원, 『통일백서』(통일원, 1993), 25-31쪽.

압살하는 논리로 활용됐다.

(2) 통일정책 준비기: 적대적 상호공존

제2공화국 집권기간은 역사적 삽화에 불과하지만 통일문제에 대한 논의는 활발하게 개진됐다. 장면정부는 '유엔 감시하의 남북한 총선거론'을 정부의 통일방안으로 제시한 점에서 제1공화국의 통일방안을 계승한 측면이 있으나, 무력통일론이 아닌 '평화통일을 도모할 것을 원칙'으로 선언하면서, "통일된 한국은 민주주의와 민권자유를 보호하는 국가가 돼야 하며, 적색독재나 백색독재국가가 되어서는 안 된다"고 해 통일한국의 미래상에 대한 입장을 밝힌 점이 주목된다.

가. '선건설 후통일'

제3공화국은 근대화와 경제건설에 매진하면서 국방력 중심의 안보를 중시해 통일은 국력배양을 토대로 유엔을 통한 자유민주주의 원칙에 따른 통일정책의 기조를 유지했다. 군사쿠데타로 집권한 군사정부는 "민족적 숙원인 국토통일을 위한 실력배양에 전력을 기울인다"고 밝혀, 반공체제의 재정비 강화와 국토통일을 위한 실력배양을 통일의 전제로 삼았다. 그리하여 '선건설 후통일'의 정책방향에 입각해 통일을 위한 대비태세의 확립에 보다 많은 비중을 두었다. 그 후 개발년대를 거치면서 1970년대 국제정세의 흐름이 긴장완화와 평화공존의 분위기로 급변함에 따라 박정희정부의 통일정책도 커다란 방향전환을 하지 않을 수 없었다.

나. '선평화 후통일'

박정희 대통령은 1970년 8월 15일 광복절 제25주년 경축사에서 남북한간 선의의 경쟁을 촉구하는 "평화통일 구상선언"을 발표했다. 말하자면 공산독재체제와 민주체제 중 어느 것이 국민을 더 잘살게 해 주는 제도인가를 가리기 위해 '발전과 건설과 창조의 경쟁'을 제안했던 것이다. 이 선언은 북한지역에 비록 공산정권이지만 하나의 정치적 실체가 존재한다는 사실을 인정하는 한편, 북한 공산정권을 통일을 위한 대화와 협상의 대상으로 인정했다는 데 큰 의의가 있다. 이는 '선건설 후통일' 논리로 통일문제를 유보했던 입장에서 통일문제에 대한 적극적인 자세로 대응하겠다는 입장의 천명으로 볼 수 있다. 그 후 인도적 문제의 해결을 위한 남북 적십자회담이 개최돼 분단시대 최초의 남북대화 통로가 열리면서 1972년의 '자주, 평화, 민족대단결'의 3대 원칙 아래 "7·4남북공동성명"을 합의하기에 이르렀다. 남북한 합의에 의한 조국통일원칙은 다음과 같다.6)

첫째, 통일은 외세에 의존하거나 외세의 간섭을 받음이 없이 자주적으로 해결하여야 한다.
둘째, 통일은 서로 상대방을 반대하는 무력행사에 의거하지 않고 평화적 방법으로 실현하여야 한다.
셋째, 사상과 이념·제도의 차이를 초월하여 우선 하나의 민족으로서 민족적 대단결을 도모하여야 한다.

이후 1960년대의 '대화 없는' 남북대결 시대를 청산하고 1970년대의 '대화 있는' 남북대결 시대로 나아가게 됐다.7) 그러나 "7·4남북공동성명"은 남북한간 모두 화해의 실천적 의지와 조건을 갖추지 못한 상태에서 추진된 전략적 대화로서, 동북아지역에서 미국과 중공의 관계개선을 둘러싼 국제정세의 데탕트, 즉 해빙무드를 거역할 수 없는 상황에서 평화와 통일문제에 대한 상호 대내외적 명분축적의 필요성에서 비롯된 측면도 무시할 수 없다. 따라서 남북대화는 상호 체제정당성의 선전과 통일문제의 우위선점을 위한 상호비난 속에서 대화 분위기는 곧 결렬될 수밖에 없었고, 공동성명의 실천에 대한 민족적 열망과 기대와는 달리 남북한 공히 체제유지와 집권연장의 수단으로 전락하고 말았다.

박정희정권의 후반기인 유신체제의 제4공화국은 남북관계에서 경제성

---

6) 국토통일원, 『남북대화백서』(국토통일원, 1988), 55쪽.
7) 정연선, "한국의 통일정책과 방안," 민병천 편, 『전환기의 통일문제』(대왕사, 1990), 241쪽.

장을 통한 자신감을 회복하면서 한반도문제 해결의 기본좌표와 접근방식을 제시하게 된다.8) 그리하여 "6·23평화통일 외교정책 선언"을 통해 ① 조국의 평화적 통일을 위한 모든 노력의 경주, ② 한반도의 평화유지, 남북간의 내정불간섭 및 불침략, ③ 성실과 인내로써 남북대화 계속, ④ 북한의 국제기구에의 참여 불반대, ⑤ 남북한 유엔 동시가입 불반대, ⑥ 모든 국가에의 문호개방, ⑦ 평화선린에 기초한 대외정책 추진 등 7개항을 천명했다.9) 이처럼 전방위외교를 천명하고 남북한 유엔 동시가입을 제의한 점이 특징적이다. 그런데 이날 마침 북한의 김일성도 "평화통일 5대강령"을 통해 '고려연방공화국'(Confederal Republic of Koryo)안을 제안해 주목을 끌었다.10) 이후 우리 정부는 '남북상호 불가침협정 체결' 제의, '평화통일 3대 기본원칙' 천명, '남북한 당국간 무조건 대화제의' 등을 통해 평화통일의 기치를 내세웠다.

이 시기에 국력배양을 토대로 북한의 연방제 통일방안에 대한 방법론적 대응으로서 우리 정부는 기능주의적 통합이론을 수용했으며, 기능주의적 접근방식에 입각한 단계적인 교류협력과 평화공존론은 그 후 우리 정부 통일정책의 핵심적 논리가 됐다. 남북한이 상당한 기간 서로 독립된 두 개의 정치적 실체(polity)로 존재해 온 현실 속에서 당장 하나의 국가로 통합하자는 연방주의적 접근은 실현성이 전혀 없는 비현실적 논리임을 비판하면서, 통일은 비정치적 분야에서의 정치적 분야로의 단계적 확산을 추구하는

---

8) 남북한 1인당 GNP(US달러 기준) 대비는 1971년(남/북) 285/308, 72년 316/316, 76년 800/585, 79년 1,662/873, 80년 1,589/758로 나타났다.『남북한국력추세 비교연구』(민족통일연구원, 1992), 233쪽.

9) 통일원,『통일백서』(통일원, 1997), 27쪽.

10) 조국통일 5대강령(1973. 6. 23)의 내용은 다음과 같다. ① 남북한간의 군사적 대치상태의 해소와 긴장상태의 완화(군사문제 우선해결), ② 남북한간의 정치, 외교, 경제, 문화의 제방면에 걸친 합작과 교류의 실현(다방면의 합작), ③ 남북한 광범한 각계각층 인사들의 통일을 위한 대민족회의 소집('대민족회의' 소집), ④ 단일국호에 의한 남북연방제를 실시하며 연방국호는 '고려연방공화국'이라 한다(남북연방제), ⑤ 남북한 동시 유엔가입에 반대하며, '고려연방공화국' 국호에 의한 유엔가입 실시(단일회원국 유엔가입). 김일성, "후사크 체코 공산당 서기장 환영대회 연설,"『김일성저작집』28(1984), 387-391쪽.

기능주의적 접근방식을 제시했던 점이 특징이다. 이러한 남한 통일정책은 말하자면 통일을 향한 최소주의적 접근방법(minimalist approach)을 선호해 점진적·단계적 진전을 모색해 나갔다.

이러한 통일정책의 기조 위에서 제5공화국 정부는 "민족화합 민주통일방안"(1892. 1. 22)을 제시해 통일이 민족자결의 원칙아래 겨레 전체의 자유의사가 고루 반영되는 민주적 절차와 평화적 방법으로 성취돼야 한다는 기본원칙을 밝혔다. 이는 북한의 "고려민주연방공화국 창립방안"(노동당 제6차 대회 김일성 연설, 1980. 10. 10)에 대한 대응으로 제안된 측면도 있다. "민족화합 민주통일방안"은 "7·4남북공동성명"의 3대 원칙 가운데 '민족대단결' 원칙보다 '민주'원칙을 앞세우면서 민족화합을 처음으로 제기했다는 점에 의의가 있다. 그러나 5공화국 정부의 통일방안은 5공화국 자체의 정치적 정통성·도덕성문제에 대한 비판과 민주화열망 속에서 국민적 관심을 끌지 못했다.

(3) 통일정책 확립기: 평화와 민족공동체

가. 북방정책과 민족공동체

노태우정부의 통일·대북정책의 방향은 한국사회의 민주적 개방으로 특징지어진다. 1988년의 "민족자존과 통일번영을 위한 7·7선언"이나 1989년의 "한민족공동체 통일방안," 그리고 1991년의 "남북기본합의서" 합의 등은 노태우정부가 주도했던 일련의 대북정책을 통해 구체화됐다. 이러한 대북정책은 북한을 적이 아닌 협력의 동반자로 규정하고, 남북관계를 대결과 반목에서 공존과 화해의 길로 나아가면서 남북한의 장기간 공존을 통한 점진적 평화통일을 천명함으로써 과거의 대결정책에서 탈각하는 화해·협력정책으로의 선회를 보여주었다. 냉전체제 와해과정에서 노태우정부는 사회주의체제에 대한 자본주의적 발전양식에 대한 확신과 대북 경제력 우위에 대한 자신감을 바탕으로 과거 냉전체제 아래서 진행돼 왔던 남북한간 적대적 대결의식을 상당정도 완화시키는 역할을 수행했다. 물론 통일민족사에 하나의 분수령으로 기록될 만한 이러한 대북정책의 선회는 오랫동안의 민주화투쟁 성과와 민간부문의 통일운동이 정부의 통일정책에 촉진제가 됐음을 무시할 수는 없다.

그러나 '북방정책'으로 일컬어지는 노태우정부의 대북정책은 당시 개혁개방의 와중에 소비에트 사회주의체제의 해체에 직면한 구소련을 비롯한 동구 사회주의권과의 수교확대를 통한 대북 고립화정책으로 나타났다. 이러한 북방정책은 공존과 화해의 남북관계의 천명에도 불구하고 북한으로서는 체제존립과 심각한 안보위협을 재인식하지 않을 수 없는 상황을 초래하기도 했다. 말하자면 한반도 평화정착을 추구하면서도 북한의 안보와 체제존립에 충격을 가하는 대북 고립화정책은 북한으로 하여금 노태우정부의 한반도 평화정착에 대한 신념과 대북 화해협력의 실천적 의지를 회의케 하지 않을 수 없었다는 점에서 적극적인 평화 지향적 정책으로 평가하기에는 한계가 있다. 그럼에도 노태우정부는 분단시대 줄곧 '적'으로 규정해 왔던 남북한을 혈연적 '민족'관념 속에서 역사적 뿌리의식의 재확인을 통해 대결적·적대적 냉전관행을 탈각하고 굳어질 대로 굳어진 남북한 관계를 비약적으로 개선할 수 있는 돌파구를 마련했다는 점에서 크게 평가할 수 있다.[11]

한민족공동체 통일방안의 특성은 다음과 같다. 첫째, '민족통일'을 통해 '국가통일'을 실현하겠다는 입장으로 남과 북은 서로의 이념과 체제를 인정하고 존중하는 토대 위에서 상호교류와 협력을 통해 공존공영 관계를 도모하면서 민족공동체를 회복·발전시켜 나가야 함을 밝혔다. 여기서 민족공동체는 민족을 하나로 묶고 있는 뿌리이며 우리 민족이 재결합할 수밖에 없는 당위일 뿐만 아니라 그 자체가 통일의 실현을 가능케 하는 힘의 원천이라 할 수 있다. 둘째, 이 통일방안은 통일을 원상 복귀적인 공간적 개념이 아니라 민족공동체 회복이라는 미래지향적인 시간적 개념으로 보고 중간단계적 성격의 통일 과도기를 설정했다. 따라서 이 과도체제 안에서 통일국

---

11) 최장집, "한국의 통일: 통일의 조건과 전망," 『열린지성(계간)』 1997년 여름 창간호, 150-151쪽.

가를 지향하면서 평화를 정착시키고 민족동질성을 회복해 민족공동 생활권을 형성하는 과정을 밟아 나감으로써 사회적·문화적·경제적 공동체를 이루어 나갈 수 있다는 것으로, 단일 민족사회가 형성돼 '민족통일'이 이루어지는 과정에서 정치적 통합의 여건이 성숙돼 나감으로써 궁극적으로 단일 민족국가의 건설, 즉 '국가통일'이 완성된다는 입장이다. 셋째, 과도적 통일체제로서 '남북연합'을 발족시킨다. '남북연합'은 그 자체가 통일된 국가의 최종형태가 아니며, 어디까지나 남과 북이 상호 협력과 공존공영 관계를 도모하면서 통일기반을 조성해 나가는 중간다리 형태의 과도적 통일체제이다.12) 남한의 통일정책이 기능주의적 접근방안을 기반하고 있다면, 북한의 연방제 통일방안은 제도적 접근방식이라 할 수 있다.

나. '민족'논리의 시련

김영삼정부의 통일정책은 기본적으로 6공정부 통일정책의 계승적 입장에서 출발했다.13) 김영삼정부는 민주적 정통성과 도덕성을 기치로 민족의 화해와 통일의지를 대내외적으로 과시하면서 출범했지만, 북핵문제의 돌출로 인해 정부 출범 첫 순간부터 통일 및 대북정책의 방향이 흔들리기 시작했다. 대통령 취임사에서 밝힌 "어느 동맹국도 민족보다 더 나을 수 없으며, 어떤 이념이나 어떤 사상도 민족보다 더 큰 행복을 가져다주지 못한다"14)는 이른바 동맹국에 앞서는 '민족'논리는 김영삼정부의 대북정책 추진과정에서 줄곧 시련을 겪지 않을 수 없었다. 국제문제와 민족문제의 이중성을 지니고 있는 한반도문제는 김영삼정부 출범 초기부터 북핵문제로 한반도의 긴장이 고조되면서 핵문제를 둘러싸고 북한과 미국간의 대결·협상국면이 부각되자 평화와 화해협력을 위한 남북대화는 실종됐다. 김영삼 대통령은 북한 김일성과의 정상회담을 추진해 핵문제를 비롯한 한반도 현안을 타결하고자 했으나 무산되고 말았다.

김영삼정부의 '민족공동체' 건설15)과 한반도 평화의지에도 불구하고 미

---

12) 국토통일원, 『한민족공동체 통일방안』 기본해설자료(국토통일원, 1989.9), 23-27쪽.
13) 통일원, 『3단계 3기조 통일정책』(통일원, 1993. 8) 참조.
14) 김영삼, "대통령취임사," 1993. 2. 25.

국의 대북 강경노선과 남한 내 보수주의의 대북 강경노선을 주장하는 요구에 부응해 북한 체제안정 보장을 통한 한반도 평화정착 노력을 포기하면서 남북관계 개선의 여지를 축소시켰다. 미국과 남한 내 강경 보수세력이 영향에 굴복하고 그들에게 끌려다님으로써 출범 초기의 남북한 화해협력 의지는 무색해졌고 대북문제에 대한 정책적 일관성이 심각하게 훼손돼[16] 김영삼정부의 대북정책은 노태우정부 당시 남북관계의 결실마저 놓치고 마는 결과를 초래했다. 더욱이 만성적인 경제위기 상황과 김일성 사망, 그리고 수년간의 자연재해에 따른 극심한 경제난과 전 인민의 기아상태는 북한체제의 위기국면을 증폭시켜 북한붕괴론이 확산됐다. 이러한 북한체제의 위기국면과 남한정부의 '관망적 입장'(benign neglect)으로 인한 남북관계 경색 국면은 김영삼정부 말기까지 지속됐다.

3. 대북화해·협력정책: 평화와 공존공영

1) 목표 및 추진원칙

김대중정부의 대북 및 통일정책의 공식명칭은 대북 화해·협력정책이며, 내용적 측면에서는 포용정책으로, 상징적 수사 차원에서는 '햇볕정책'[17]으로 지칭된다. 1998년 2월에 출범한 김대중정부는 취임사를 통해 "남

---

15) 김영삼 대통령, '8.15대통령 경축사'(1994.8.15).
16) 1994년 대북협상 당시 한미 공조체제 유지문제에 대해 미국측 대표였던 로버트 갈루치의 회고는 한국정부의 입장을 잘 보여준다. "김영삼정부의 대북정책 변경은 마치 자동차의 자동온도조절장치를 보는 것 같았다. 미국이 유화적 타협 움직임을 보이면 김영삼정부는 '더 단호하게 나가라'는 반응을 보였다. 반면 미국이 군사력을 강화하고 무기배치를 증대하겠다고 하면 '좀 참아달라'면서 아직도 협상의 여지가 있다고 강조했다. 미국의 입장을 기준으로 그 반대로 움직였던 것 같다." <문화일보>, 1999. 4. 3.
17) Kim, Dae-jung, "Don't Take the Sunshine Away," in *Korea and Asia: A Collection of Essays,*

북관계는 화해와 협력, 그리고 평화정착에 토대를 두고 발전시켜 나가야 할 것"이라고 밝혔다. 대북정책의 기본개념으로 당장 통일을 서두르기보다는 우선 한반도의 냉전구도를 화해협력의 구도로 전환해 평화정착에 주력하겠다는 입장이었다. 이러한 화해협력 정책은 우리가 분단상황을 안정적으로 관리하는 가운데 북한이 스스로 변화할 수 있는 여건을 지원하는 것이 한반도에서 평화를 유지하고 남북관계 개선과 통일을 이루어 나가는 가장 현실적이고 바람직한 길로 인식됐다. 이 시기 남북한 국력의 차이는 경제적으로는 비교할 수 없을 만큼 현격해졌는데, 한국은행 통계기준(1999)에 의하면 국민소득(GNI) 대비 약 26배, 국민 1인당GNI 대비 약 12배, 무역규모 대비 약 178배의 격차를 보여주고 있다. 여기에다 군사적으로 북한이 병력 면에서 다소 우위에 있으나, 질적인 측면을 고려할 때 우리가 충분한 억지력을 가지고 있는 것으로 평가되고 있으며, 한미 군사동맹에 기반한 주한미군의 군사력을 고려할 때 대북 억지력은 더욱 확고하다고 할 수 있다.

대북 화해·협력정책의 목표는 평화와 화해협력을 통한 남북관계의 개선에 있다. 이는 튼튼한 안보를 통해 평화를 유지하면서, 다른 한편으로는 화해와 협력을 추구함으로써 북한이 스스로 변화의 길로 나올 수 있는 적합한 환경을 조성하고, 한반도 평화와 안정을 도모함으로써 남북한 평화공존의 실현을 추구하고자 했다. 이는 법적·제도적(de jure)통일보다는 평화의 토대를 확고히 유지하는 가운데 교류협력을 활성화해 나감으로써 남북 주민들이 자유스럽게 오가면서 상호이해의 폭을 넓히고 민족동질성을 회복하게 되는 사실상의(de facto) 통일상황 실현을 목표로 삼았다. 이러한 목표를 달성하기 위한 대북정책은 첫째, 한반도 평화를 파괴하는 일체의 무력도발 불용, 둘째, 일방적 흡수통일 거부, 셋째, 남북한 화해협력의 적극 추진을 대북정책의 3대 원칙으로 천명했다. 이러한 추진원칙에 입각해 김대중정부는 ① 안보와 화해협력의 병행추진, ② 평화공존과 평화교류의 우선실현, ③ 화해협력으로 북한의 변화여건 조성, ④ 남북간 상호이익의 도모, ⑤ 남북 당사자 해결 원칙하에 국제적 지지 확보, ⑥ 국민적 합의에 의한 대북

Speeches and Discussions (Seoul: The Kim Dae-jung Peace Foundation, 1994), p.33.

정책 추진 등을 대북정책의 추진기조로 설정했다.18)

화해·협력정책은 한반도 냉전구조의 해체에 초점을 맞추었다. 한반도에는 아직도 냉전체제의 유산이 남아 있으며, 남북한 관계는 탈냉전 이후 새로운 세계질서의 흐름을 쫓아가지 못하는 이른바 '세계사적 지체' (historical retard) 상황에 있었다. 한국도 노태우정부 시절 탈냉전 분위기 및 미국의 포용정책에 편승해 대북 화해·협력정책을 추구해 "남북기본합의서"의 체결로 결실을 보았다. 그러나 북핵문제로 인해 남북관계는 다시 경색됨과 동시에, 1994년 김일성의 사망 이후 김영삼정부는 북한이 곧 붕괴할 것이라는 전제하에 대북 봉쇄정책을 추진했다. 그에 따라 남북관계는 다시 원점으로 돌아가고 말았으며, 그 결과 정부의 대북 봉쇄정책은 이미 현실적 정합성을 상실했음이 드러났다. 대북 봉쇄정책은 남북관계를 더욱 경색시켰고 긴장을 심화시켰을 뿐, 북한의 붕괴는 물론 북한의 어떠한 변화도 유도하지 못했다. 더욱이 세계화와 경제적 상호의존성의 증대라는 새로운 세계환경, 그리고 미국 클린턴행정부 후반의 대북 포용정책, 중국의 지속적인 대북지원, 미·중간 협력증대와 같은 동북아 환경을 고려할 때 대북 봉쇄정책은 성공할 수 없는 것으로 나타났다.

김대중 대통령은 1999년 5월 CNN과의 회견을 통해 한반도 냉전구조를 해체하지 않고서는 한반도는 물론이고 동북아의 평화와 안정은 이룩되기 어렵다는 입장을 밝혔다. 그는 한반도에서 항구적인 평화와 안정을 이루기 위해서는 보다 근본적이고 포괄적인 접근법을 모색해 나가야 한다고 하면서, 미·일의 대북관계 개선, 남북한 화해·협력, 북한의 대외개방 환경조성, 대량살상무기 확산방지, 정전체제의 남북한 평화체제로의 전환 등을 내용으로 하는 "한반도 냉전구조 해체를 위한 5대 과제"를 제시했다.19)

---

18) 통일원, 『98 통일백서』(통일원, 1999), 35-42쪽.
19) CNN 위성회견 전문(1999. 5. 5): 첫째, 남북간 대결과 불신의 관계를 화해와 협력의 관계로 전환시켜 나가야 합니다. 이는 1991년 남북기본합의서를 통해 이룩한 화해, 불가침, 교류·협력의 합의사항을 성실히 이행해 나가야 한다는 것을 뜻합니다. 둘째, 미국과 일본이 북한과의 관계를 개선하고 정상화하는 과정을 시작하는 것입니다. 우리는 미국과 일본이 꼭 서울을 거쳐 평양에 가야 한다거나, 미·일보다 우리가 먼저 북한을 접촉해야 한다고 생각하지 않습니다. 이 점은 전임 정권들과는 그 입장이 분명히

김대중 대통령은 이상의 5대 과제는 한반도 냉전구조 해체를 위한 근본 문제로서 서로 밀접히 연관돼 있다고 하면서 포괄적인 방식으로 해결책을 강조하는 한편, 모든 당사자들이 안보는 물론 정치, 외교, 경제, 통상 등 관련사안을 포괄적으로 주고받는 협상을 추진하는 것이 필요하다고 주장했다. 나아가 우리에게 가장 현실적인 대북정책은 북한으로 하여금 전쟁을 포기하게 하고 북한 스스로 평화공존의 길을 택하게 하는 것임을 천명하면서, 포괄적 접근과 대북 포용정책은 한반도문제를 근본적으로 해결하는 가장 합리적이고 현실적인 대안이라고 역설했다. 물론 한반도문제는 기본적으로 한민족의 뜻에 따라 남북 당사자간의 대화를 통해 해결돼야 한다는 당사자 중심주의와 함께 국제사회의 적극적인 지지와 협조의 중요성을 강조했다. CNN과의 회견에서 나타난 김대통령의 대북정책 구상은 그의 임기 내 지속적이고 일관된 입장으로 나타났다는 점에서 가장 체계적인 대북정책의 방향이었다. 김대중정부의 햇볕정책은 이와 같은 '세계사적 지체' 및 봉쇄정책의 실패를 극복하고, 탈냉전 이후 새로운 세계질서의 흐름에 부응해 국제사회의 지지를 받을 수 있는 현실적이며 효율적인 대북정책으로 부각됐다. 그러나 당시 북한은 이러한 햇볕정책에 대해 북한을 "내부로부터 와해해 보려는 술책"이라고 비난했다.[20]

역대 한국정부의 대북정책은 미국의 대한반도 정책의 기조 위에서 추진되는 경향을 보여 왔다. 미국은 미국과 소련의 냉전시대 대결구도 아래에서

다른 것입니다. 우선 미·북간의 제네바합의를 쌍방이 성실하게 이행하면서 상호위협을 감소시키고 관계를 개선해야 합니다. 셋째, 북한이 안심하고 변화와 개방을 추진하여 국제사회의 책임있는 일원으로서 역할을 다할 수 있도록 여건과 환경을 조성해 주어야 합니다. 미·일·중·러 등 한반도 냉전과 관련된 국가들은 물론 가능한 한 많은 세계의 국가들이 북한과 교류해 북한에 햇볕이 많이 들도록 해야 합니다. 넷째, 한반도에서 핵과 미사일 등 대량살상무기를 통제·제거하고 군비통제를 실현해야 합니다. 이는 한반도 냉전구조 해체의 핵심이자 평화체제 구축을 위한 선결과제입니다. 다섯째, 현재의 정전체제를 남북간의 평화체제로 바꾸어야 합니다. 한반도에서 평화체제가 구축되면 남북이 서로 오가며 돕고 나누는 '사실상의 통일'(de facto unification)상황이 이루어지게 될 것입니다. http://www.cwd.go.kr..

20) <평양방송>, 1998. 7 6.

는 북한을 비롯한 공산권에 '봉쇄와 억제'(containment and deterrence)전략을 유지하면서 안보이익을 가장 중요한 가치로 삼아 왔으나, 냉전체제가 무너진 뒤에는 북한을 비롯한 공산권에 '참여와 확장'(engagement and enlargement)정책으로 바꿔 경제이익을 앞세우는 한편, 자본주의적 시장경제체제로의 전환을 추진했다.21) 2차대전 종결 이후 지난 반세기 동안의 세계사는 미·소를 중심으로 한 냉전체제 형성과 그 해체의 역사였다. 봉쇄정책은 냉전구조를 유지하고 재생산시키는 메커니즘으로 작용했다면, 포용정책은 동·서 진영간 긴장을 해소하고 결국 냉전체제를 와해시키는 데 기여했다. 냉전체제 해체 후 미국의 대한반도 정책의 주요내용은 대북 억제전략을 기본 축으로 하면서, 북한과의 핵합의(1994. 10) 이후 미사일·핵 등 대량살상무기의 개발과 확산을 막기 위해 북한의 개혁개방을 유도해 미국의 통제하에 관리할 수 있는 상태를 추구했다. 또한 북한의 체제붕괴와 위기상황에 따른 부정적인 안보파급을 최소화하고 연착륙(softlanding)을 유도하기 위해 대북 '참여정책'(engagement policy)을 표방하게 된다. 김대중정부는 '봉쇄와 억제'전략은 세계사적 냉전체제 해체 이후 더 이상 대북정책의 기조로 삼을 수 없다는 인식 아래 대북 자신감을 바탕으로 한반도 평화와 남북한 공존공영의 토대를 구축하기 위해 대북 화해협력을 추진하는 햇볕정책(sunshine policy)으로의 과감한 전환을 추구했던 것이다.

대북 화해·협력정책은 사실상 안보 우선주의의 대북정책과는 패러다임이 다르다. 그 동안 한국정부는 오랫동안 통일을 위한 대화노력에 앞서 안보 우선주의 입장을 지속해 왔다. 이론적 차원에서 남북간 긴장완화와 안보위기감이 어느 정도 해소되고 군사적 균형이 보다 안정적으로 이루어지도록 하려면 갈등 당사자간 정치군사적 접근보다는 비정치적·비군사적 부문의 접근을 중시하는 기능주의적 접근법이 활용될 필요가 있다. 통합이론의 한 갈래인 기능주의는 서구사회의 통합과정에서 일찍부터 적용됐던 이론으로, 남북간 갈등 완화와 상호관계의 발전을 모색하는 데 시사하는 바가

---

21) 이재봉, "미국의 대동북아시아 정책과 북미관계의 전망," 한국국제정치학회 1997년도 통일학술회의 발표논문(1997년 10월), 5.

무척 크다. 반세기 이상 갈등과 대결관계를 유지해 온 남북한간 평화를 향한 첫걸음으로 갈등해소를 위한 기능주의적 접근의 유용성을 재확인하는 의미에서, 갈등해소 방안으로 다음과 같은 '갈등의 점증적 상호감축'(graduated reciprocation in tension reduction: GRIT) 전략을 중시하는 오스굿의 인식논리를 이해할 필요가 있을 것이다.

갈등의 한 당사자는 제1단계로서 긴장완화를 원한다는 신호를 보내야 하며, 이 제1단계는 긴장완화의 논리적 연계와 관련돼야 한다. 이 초기의 움직임은 상대방에 의해 악용될 수 있기 때문에 국가안보 문제 외부의 것이어야 한다. 뒤따르는 움직임은 상대방에 대한 실제의 위협을 감소시키는 방향으로 나가야 상호의존적 관련을 갖게 된다. 전략의 윤곽은 국내적으로 그리고 상대방에게도 사전에 알려지게 된다. 각자가 첫 번째 또는 두 번째 단계에 반응하게 되면 갈등의 점진적 상호감축을 낳을 수 있다.[22]

이러한 갈등의 점증적 상호감축 전략에 의하면 햇볕정책은 반드시 국가안보 문제 이외의 영역에서 접근돼야 한다. 평화문제는 일반적으로 힘의 균형, 집단방위, 집단안보 등을 중심으로 접근해 왔다. 그런데 평화에 대한 기능주의적 이론은 힘으로 이룩한 평화는 결국 전쟁을 수반하는 결과를 가져오게 되며, 주로 군사력에 의한 힘의 균형 또는 세력균형론(balance of power)이 입각한 평화는 공포의 평화론에 불과하다고 비판한다. 즉 기능주의론은 전혀 다른 발상과 시각에서 전쟁과 평화의 문제에 접근할 것을 제안한다. 그리하여 비군사적 차원의 경제교류나 교역과 협력 등의 기능을 중심으로 국가간 협력과 협조망의 구축을 통해 평화를 추구할 수 있다는 입장이다. 김대중정부의 햇볕정책은 교역과 교류협력을 중시하고 있는 점에서 바로 이러한 기능주의적 접근법에 기반한 정책임을 살펴볼 수 있다.[23]

---

[22] Walter C. Clemens, Jr., "GRIT at Panmunjom: Conflict and Cooperation in a Divided Korea," *Asian Survey*, June 1973, p.547; Charles E. Osgood, *An Alternative to War or Surrender* (Urbana: University of Illinois Press, 1962) 참조.

[23] 구영록, "기능주의 이론과 햇볕정책," 『한국과 햇볕정책』(법문사, 2000), 147-149쪽.

2) 성과 및 한계

통일과 평화의 문제는 논리적 측면에서 "통일이냐, 평화냐"라는 선후관계의 논쟁을 불러일으킬 수 있다. 이를테면 한반도 평화의 토대구축 위에서 궁극적인 통일로 나아가야 할 것인가, 그렇지 않으면 통일이 이루어져야만 한반도의 참된 평화가 가능한가 하는 문제로 환치될 수 있다. 물론 통일한 국은 평화와 민주주의의 이념을 온전히 구현하는 국가여야 한다는 전제는 변할 수 없다. 이 경우 한반도 통일은 동북아의 긴장과 갈등요인을 해소시킨다는 점에서 통일이 완전히 이루어지기 전까지 궁극적 평화상태는 유보적일 수밖에 없는 측면도 있다. 그러나 통일은 갈등구조를 해소하고 평화상태의 축적을 통해서 도달할 수 있는 영역이라고 볼 수도 있다. 이처럼 실천적 측면에서 평화는 통일에 선행하는 가치이다. 한반도 긴장해소 상태를 '작은 평화'라고 하고 통일을 통한 평화를 '큰 평화'라고 할 때, 궁극적인 '큰 평화'를 구현하기 위해서는 실천적 차원에서 '작은 평화'를 통한 평화의 토대를 구축하는 작업이 중요하다.

(1) 성과[24)]

화해·협력정책의 추진성과는 무엇보다 먼저 남북정상회담 개최와 다양한 남북대화 추진에서 찾을 수 있다. 남북한은 분단사상 최초로 2000년 6월 남북정상회담을 개최해 남북관계가 대립과 대결이 아닌 화해와 협력으로 나아가는 전환점을 이루었으며, 특히 남북정상회담에서 '경제협력을 통한 민족경제의 균형적 발전' 등을 명시한 "6·15남북공동선언"을 발표함으로써 이 선언은 남북관계를 개선시켜 가는 중요한 디딤돌이 됐다. 남북정상회담 이후 남북대화는 남북장관급회담을 중심으로 다양한 분야에서 총 50여 차

---

24) 통일부, 종합자료집 『대북정책 추진 현황』(통일부, 2002.12).

례의 회담이 개최됐다.25) 특히 1995년 이래 한반도에서 개최되지 못했던 남북회담이 한반도에서 다시 개최됐고, 판문점도 1994년 이후 약 6년 만에 회담장소로 복원됐으며, 장관급회담, 국방장관회담, 경제협력추진위원회는 남북 왕래, 군사실무회담은 판문점, 적십자회담은 금강산으로 점차 정착되는 모습을 보였다.26)

둘째, 군사적 긴장완화를 들 수 있다. 남북정상회담 이후 휴전선에서 비방·중상이 중지되고 무장간첩 침투사건이 사라지는 등 과거에 비해 남북간 긴장이 현저히 완화됐으며, 2000년 9월에는 분단사상 최초로 남북 국방장관회담이 개최돼 남북간 긴장을 완화하며 한반도에서 항구적이고 공고한 평화를 이룩해 전쟁위험을 제거하는 데 노력하기로 했다. 그리고 경의선 철도·도로 연결 등을 통해 비무장지대 철책과 지뢰를 제거했고 남북 군사실무자간 직통전화도 설치했으며, 이를 바탕으로 군사적 신뢰구축의 계기가 마련됐다.

셋째, 남북경제공동체 건설추진에서 많은 진전을 이루었다. 정경분리 원칙에 입각한 일관된 경제교류·협력을 통해 우리의 자본·기술이 북한의 노동력과 결합, 호혜적인 경제이익을 창출할 수 있는 남북경제공동체의 토대를 마련하게 됐다. 남북 사이에 경의선·동해선 철도와 도로의 연결, 해운협력, 임진강 수해방지 등의 인프라구축과 제도화가 추진되고 있으며, 민간에 기반한 경제협력 사업과 교역이 꾸준한 증가세를 보였다. 또한 남북 경협의 법적·제도적 장치마련을 위해 투자보장, 이중과세 방지, 청산결제, 상사분쟁 해결 등 4개 경협 합의서를 타결하기도 했다.

넷째, 인적·물적 교류분야에서 괄목할 만한 증대를 이루었다. 남북간에 '보다 많은 접촉과 대화, 교류와 협력'을 적극 추진하면서 남북간 왕래인원

---

25) 2002년 말까지 장관급회담, 특사회담 등 정치·총괄분야 회담 총 10회, 국방장관회담, 군사실무회담 등 군사분야 회담 총 14회, 경제협력추진위원회, 실무협의회 등 경제분야 회담 총 19회, 적십자회담, 아시아경기대회 참가 등 사회분야 회담 총 8회.

26) 회담장소로는 중국 7회, 서울 7회, 평양 11회, 금강산 19회, 판문점 14회, 제주도 2회였으며, 남북정상회담 이후 공동보도문 15건, 합의서 16건이 채택됐다(공동보도문: 장관급회담 8건, 국방장관회담 1건, 경제분야 회담 3건, 적십자회담 3건. 합의서: 경제분야 11건, 군사분야 1건, 적십자 분야 3건, 체육분야 1건).

이 금강산 관광객을 제외하고도 이전보다 20배 정도 증가하는 커다란 성과를 거두었다. 특히 교류분야가 문화, 예술, 학술, 체육, 종교, 방송 등 사회전 분야로 확대됐고, 주로 제3국에서 이루어지던 민간 교류행사가 서울, 평양, 금강산 등 한반도 내에서 이루어졌으며, 남북교역도 1998년에 2억 달러에서 2000년과 2001년에는 4억 달러, 2002년 11월 현재 5억 6천만 달러로 증가추세를 나타냈다.

다섯째, 이산가족 문제해결을 비롯한 인도적 사업도 상당한 성과를 거두었다. 남북정상회담을 계기로 이산가족문제 해결에 일대 전기가 마련되면서, 5차례의 이산가족 상봉단 교환을 통해 5,400여 명의 이산가족이 상봉했으며, 생사·주소 확인사업 등을 통해 총 12,000여 명이 생사 및 주소를 확인했다. 특히 금강산에 이산가족면회소를 설치·운영하기로 합의함으로써 이산가족 문제가 제도적으로 해결될 수 있는 기반을 마련했다.[27] 그리고 인도적 대북 지원사업의 일환으로 우리 정부는 동포애적·인도적 차원에서 또 남북 화해협력을 이끌어 가기 위해 식량난을 겪고 있는 북한에 대해 식량, 비료 등을 지원했다.[28] 이와 함께 민간차원에서도 종자개량, 농자재 지원, 결핵퇴치, 병원 현대화, 삼림복구 등 정부와 보완적인 형태로 대북지원을 실시해 대북 화해협력의 민족사적 과제에 적극 동참했다.[29]

---

[27] 북한 이탈주민 정착·지원사업과 관련해서 북한 이탈주민 중 국내 입국을 희망하는 사람의 '전원 용' 입장에 따라 국내에 입국한 북한 이탈주민은 1998년 이후 매년 2배 가량 증가하고 있으며, 북한 이탈주민 교육시설인 '하나원'이 1999년 7월 개원됐고, 북한 이탈주민의 교육, 직업훈련, 취업보호 등 각종 프로그램 확충과 더불어 안정적 정착기반이 조성되고 있다.

[28] 1998년 이후 2002년 11월 말까지 5년간 정부의 대북지원은 3,488억 원으로 이전 정부 3년간 지원액 2,114억 원보다 상회하고 있으나, 연평균으로 환산하면 697.6억 원으로 이전 정부 704.6억 원보다 다소 적은 편이다. 1998년 이후 2002년 11월까지 5년간 정부와 민간의 총 대북지원액 5,783억 원을 연평균으로 환산하면 1156.6억 원이며, 이는 국민 1인당 약 2,460원 정도에 달한다.『대북지원, 사실은 이렇습니다』(통일부 2002. 12).

[29] 북한은 식량난 등으로 인해 1993년 대비 1999년 복지지표가 현저히 감소했다. 2001년 5월 북경에서 열린 제5차 아동보호 아태각료급회의에서 북한 대표 최수헌 외무성 부상이 발표한 내용에 따르면, 평균수명 73.2세에서 66.8세로 6.4세 감소, 신생아 사망률 1,000명당 14명에서 22.5명으로 8.5명 증가, 5세 이하 영유아 사망률 1,000명당 27명에서

(2) 한계

남북정상회담 이후 대북 화해·협력정책은 추진과정에서 초기와는 달리 기대한 만큼의 성과를 얻지 못하고 상당기간 답보상태에 머무르면서 국민적 지지가 감소하는 가운데 비판여론에 부딪히기도 했다. 이는 대북정책의 전략적 타당성에도 불구하고 전술적 차원에서 스스로의 한계를 드러내지 않을 수 없었던 다양한 요인에 기인한다.

김대중정부 출범 초기 햇볕정책으로 일컬어졌던 대북 포용정책은 명확한 논리구조를 갖추지 못한 상태에서 출발했다. 햇볕정책의 상징성과는 달리 추상적인 대북 포용정책 천명 아래 남북관계의 변화와 국내외적 반응에 따라 여러 가지 '원칙', 이를테면 대북 3원칙, 안보 3원칙, 정경분리 원칙, 상호주의 원칙 등이 제시됐으나 모두 개념상의 혼란을 초래했다.30) 따라서 대북 포용정책은 처음부터 일관된 논리를 가졌다기보다는 상황 적응적 논리였다는 점에서 남북관계의 변화와 국내정치 및 여론의 향배에 따라 영향을 받음으로써 정책적 일관성을 유지하기가 어려웠다. 특히 햇볕정책과 안보의 관계가 관건적인 문제라고 할 수 있는데, 대북 포용정책은 튼튼한 안보에 기반한 화해·협력정책으로 이른바 안보와 협력의 병행추진 전략으로 강조됐다. 그러나 북한의 체제생존 문제로부터 나타날 수밖에 없는 안보문제의 불안정을 근원적으로 해소할 수 없는 한계로 인해 포용정책의 기조가 흔들리게 됐다. 여기에다 서해교전 등 북한의 의도적·비의도적인 도발로 인한 안보위기 국면에도 일방적으로 대북협력 기조의 손상을 우려해 합리적으로 대응하지 못했을 뿐만 아니라, 남북간 안보문제에 대한 실질적 논의로 연결시키지도 못했다. 따라서 대북 포용정책의 전제조건인 안보문제 해결의 틀을 마련하지 못함으로써 안보와 협력의 병행전략은 근본적인

48명으로 21명 증가현상을 보여주고 있다. <연합뉴스>, 2001. 5. 15(http://www3.yonhapnews.net).

30) 조한범, "대북포용정책의 평가와 차기정부의 대북정책 방향," 통일연구원 통일정책연구실·충청정치학회 주최 '햇볕정책의 평가와 향후 대북정책 추진과제' 워크샵(2002. 10. 10) 참조.

한계를 드러낼 수밖에 없었다.

　한편 김대중정부의 대북·통일정책의 정략적 접근의혹을 불식시키지 못한 점도 화해·협력정책 추진과정에 커다란 한계로 작용했다. 김대중 대통령의 통일문제에 대한 통찰력과 경륜이 대북정책에 대한 적극적인 열정과 추진의지로 나타났으나, 전임 정부와는 다르다는 과시욕과 가시적 성과에 집착하는 모습을 보이기도 했다. 그에 따라 대북정책의 목표와 수단을 혼동하는 결과를 초래해 한반도 평화정착과 남북관계의 실질적 개선이라는 전략적 목표보다는 그것을 추진하기 위한 정책적 수단인 포용 자체가 교조화되는 경향도 나타났다. 더욱이 대북정책의 정략적 접근에 대한 비판은 북한 김정일 국방위원장의 서울 답방문제를 둘러싸고 나타났다. 김대중정부 임기 말년까지 포기하지 못했던 김정일 위원장의 답방문제는 대선국면과 맞물려 국내정치적 영향을 기대하는 정략적 발상으로 의혹을 샀으며, 마치 답방을 애걸하는 듯한 모습은 대북정책에 대한 불필요한 양보와 북한의 입장을 자극하지 않으려는 지나친 배려와 자제 등으로 오히려 대북 화해·협력정책에 부정적인 결과를 초래했다는 비판을 불러일으켰다.

　마지막으로 국민적 합의기반의 문제를 지적하지 않을 수 없다. 사회주의 체제의 몰락과 소비에트체제의 붕괴에 의한 세계사적 변화에도 불구하고 한반도를 둘러싼 동북아의 냉전구조가 해체되지 않는 상황에서 우리 국민의 뿌리깊은 냉전문화가 내재화된 가운데 추진된 대북 화해·협력정책에 대해 국민적 지지와 합의가 자연스럽게 이루어지기를 기대하기는 어려웠다. 말하자면 세계시간과 민족시간의 불일치에 의한 '역사적 지체'(historical retard)현상을 쉽게 극복할 수 없는 근원적 한계가 있었다. 여기에다 남북관계의 이중성, 즉 평화와 긴장, 통일과 안보, 협력과 갈등, 대결과 대화의 '상황의 이중성'으로 인한 대중적 인식의 혼동으로 인한 대북정책에 대한 국민적 합의와 지지의 근원적 한계를 이해할 수 있다.

　그러나 냉전문화와 상황의 이중성의 한계와는 달리 국민적 합의창출에 성공하지 못한 데는 김대중정부 자체에도 상당부문 귀책사유가 있다. 우선 정부차원의 대북경협 및 대북지원 추진과정에 국민적 부담이 예상되는 경우 충분한 대국민 설득과 지지를 위한 노력을 기울였어야 했다. 예컨대 일방적으로 정부차원의 대북지원 의사를 밝힌 "베를린선언"(2000. 3. 9)의 경우 북한의 상당한 기대감을 불러일으켜 정상회담에 합의하는 배경이 됐지만, 국민적 지지와 합의 없이 도로, 항만, 철도, 전력, 통신 등 사회간접자본 분야의 대북지원이 적극적으로 추진될 수 없었다.[31]

대북 화해·협력정책의 기조는 일찍이 6공정부 당시 사회주의체제의 붕괴와 남북한 경제력 차이에 의한 대북 자신감을 바탕으로 추진된 1988년 노태우 대통령의 민족자존과 통일번영을 위한 "7·7특별선언"이나[32] 그 해 유엔총회 연설 "한반도에 화해와 통일을 여는 길"(1988. 10. 18)[33]에서 천명된 내용이었다. 이러한 대북 화해·협력정책의 기조는 김영삼정부에서도 그대로 계승됐으며, 비록 북핵문제로 인해 한반도문제의 주도권을 상실한 상태였지만 민간 및 정부차원의 대북지원도 추진됐다. 이런 점에서 화해협력을 기조로 한 대북정책은 큰 틀에서 보면 1980년대 후반부터 우리 정부 대북정책의 기조로 볼 수 있으며, 이러한 대북정책은 당시 민족문제에 관심을 가진 많은 지식인과 대북정책 전문가들의 참여와 지지를 받았다. 그러나 김대중정부는 햇볕정책의 창의성과 대북 화해·협력정책의 일관된 추진을 강조하는 과정에서 역대 정부의 대북정책 승계의 측면은 무시하게 됐다. 즉 김대중정부의 대북 화해·협력정책의 '방향성'에 대한 지나친 자기확신이 그러한 정책기조에 기반한 역대 정부 대북정책의 '역사성'을 외면하는 결과를 초래했던 것이다. 더욱이 역대 정부의 대북정책 형성과 추진과정에

---

31) 김대중 대통령은 2000년 3월 베를린자유대학 방문연설을 통해 한반도 냉전구조 해체와 항구적인 평화와 남북간의 화해·협력을 강조하면서 정부차원에서 북한의 경제난 극복을 위해 북한의 사회간접자본 확충과 안정된 투자환경 조성, 그리고 농업구조 개혁을 위한 대북협력을 선언했다. "베를린자유대학 대통령 연설문: 독일 통일의 교훈과 한반도문제," 베를린자유대학(2000. 3. 9), http://www.cwd.go.kr/korean/diplomacy/kr_europe4/dip11_2_5.php. 2002년 6월의 남북정상회담 합의를 도출할 수 있었던 데는 김대통령의 "베를린선언"에 대한 북측의 기대와 호응이라는 측면이 강하게 있었다.

32) '7·7특별선언'은 한반도 평화 정착과, "남북간에 화해와 협력의 밝은 시대를 함께 열어가야" 한다고 선언했다. 통일부, 『통일백서』 1992, 419-421쪽.

33) 통일부, 『통일백서』 1992, 421-431쪽.

관심을 가진 많은 지식인과 전문 연구자들이 소외·배제됨으로써 대북정책에 대한 이해와 합의도출의 기반은 축소될 수밖에 없었으며, 어느 면에서는 그들을 경계의 대상으로 인식함으로써 오히려 정부의 대북정책에 대한 국외자·방관자로 만들어 종내에는 냉소적인 비판세력으로 돌아서게 했던 것이다. 바로 이러한 데에서 대북정책에 대한 정부의 집요한 홍보와 설명에도 불구하고 국민적 합의기반 확충의 한계를 드러내지 않을 수 없었다. 이와 함께 김대중정부의 통일정책의 수립·결정과정에서 공적 기구의 활용보다는 비공개적인 사적 채널을 선호한 점도 대북정책에 대한 국민적 합의기반의 확충을 기대할 수 없게 했다.

    국가안보와 통일의 방향, 그리고 국민부담을 요청하는 대북정책은 여야간 정쟁의 대상이 돼서는 안 되며 국회에서 충분한 검토와 논의를 통해 초당적 차원에서 추진돼야 함에도 불구하고 국민의 대표기구인 국회가 배제됨으로써 국민적 합의창출의 가능성을 스스로 방기한 측면도 크다. 그리하여 김대중정부의 대북정책을 둘러싼 정부와 언론간, 언론과 언론간, 언론과 시민단체간, 시민단체 상호간, 지식인그룹간의 유례없는 갈등은 흔히 남남갈등으로 말해지면서 민족화해와 남북협력을 위해 먼저 남남대화가 이루어져야 한다는 인식이 보편화될 정도였다.[34] 이처럼 통일과 대북정책을 둘러싸고 우리 사회가 편가르기 식으로 두 쪽으로 나눠진 데 대해 냉전수구세력의 책임과 함께 김대중정부의 역할과 책임문제도 지적하지 않을 수 없을 것이다.

---

34) 민족화해협력범국민협의회 정책위원회 편, 『민족화해와 남남대화』(한울아카데미, 1999) 참조.

4. 한반도의 평화와 미국

한반도문제는 대개 국제문제와 민족문제의 이중적 성격이 중첩된 복합국면으로 드러난다. 분단 자체가 근대 민족국가 수립을 둘러싼 한민족의 내적 갈등과 국제정치적 역학관계가 복합적으로 투영된 결과이지만, 분단 이후 한반도정세는 주로 미국중심의 외세의 힘과 영향력 아래 종속돼 왔던 이른바 피규정(被規定)의 역사였다. 이러한 한반도정세가 남북한에 의해 '상대적 자율성'을 획득한 계기가 2000년 6월을 남북정상회담을 전후한 시기였다고 볼 수 있다. 이를테면 남북정상회담은 분단체제가 형성된 이래 남북한주민이 자신들의 운명과 미래를 스스로 결정할 수 있는 정치적 자주성을 처음으로 발휘한 역사적 분기점을 이룬 쾌거였다.

그러나 2001년 미국의 부시(George W. Bush)행정부의 출범으로 비교적 짧은 기간에 불과한 민족중심의 자주적 논리는 벽에 부딪히고 한반도문제는 다시 미국중심의 외적 규정력에 종속되고 마는 결과가 초래됐다. 따라서 김대중정부의 한반도 평화와 대북 화해·협력정책의 의지와 노력은 미국의 대한반도 전략 아래 북미관계의 긴장국면이 조성됨으로써 우리 정부의 한반도 평화와 남북관계 개선을 위한 이 정책은 근본적인 진전을 보기 어려웠다. 그와 함께 미국 부시행정부의 대북 강경노선과 '테러와의 전쟁'을 선포하면서 북한을 이란, 이라크와 더불어 '악의 축'(axis of evil)으로 규정해 한반도 위기국면이 고조되는 상황을 맞이하기도 했다. 이처럼 한반도 평화와 남북관계 개선에 대한 우리 정부의 입장이 미국으로부터 외면되는 가운데서도 남북한은 교류협력을 통한 한반도 평화의지를 과시하는 한편, 북한은 개방과 개혁을 통한 경제회복을 추구해 나가려는 노력을 보였다. 그러나 마침내 2002년 10월 김대중정부 임기 말에 불거진 북핵문제로 인해 북미관계의 위기국면과 함께 한반도문제는 급속히 미국중심의 국제문제로 전화되고 말았다. 그러므로 한반도의 평화체제 구축의 과제와 남북한 공존공영과 궁극적인 민족통일을 달성하기 위해서는 한반도정세와 한민족의 미래에 가장 큰 영향력을 미치는 미국에 대한 이해, 즉 미국의 세계전략과 그에 연동된 동북아전략에 대한 이해가 전제될 필요가 있다.

1) 미국과 21세기 국제질서

(1) 유라시아를 장악하라!

미국 대외정책의 입안과 수행과정에 영향을 미치는 주류 학계의 지배적 세계관은 대개 냉전체제 붕괴 이후 21세기 세계질서를 미국중심으로 어떻게 재편할 것이며, 그러한 세계질서 구축과정에서 미국의 전략과 그것을 수행할 수 있는 전술적 수단을 어떻게 확보할 것인가에 기반하고 있다. 21세기 미국중심의 세계체제 구축이 미국 대외정책의 핵심이다. 이 과정에서 미국의 세계지배 과정에 방해가 되거나 장애물로 떠오르는 국가는 반드시 제거해야 한다는 전제에서 "미국은 오직 승리할 뿐이다"는 강력한 승리이데올로기가 제시되고 있다.

브레진스키와 같이 미국중심의 세계지배 논리를 노골적으로 주장하는 경우는 지난 세기말 소비에트연방의 패배와 붕괴는 서반구의 강국인 미국이 유일하고 사실상 최초의 세계 강국으로 급속히 부상하는 역사적 도정의 마지막 단계라고 규정한다. 그는 미국이 세계를 제패하기 위해서는 지정학적 중요성을 지닌 유라시아를 지배해야 한다는 논리를 펴고 있다. 즉 유라시아 서쪽 주변부에 해당하는 유럽은 아직까지도 세계적인 정치・경제적 힘을 보유하고 있고, 유라시아 동쪽지역에 해당하는 아시아는 최근 경제성장의 중심으로 떠오르면서 정치적 영향력도 증대되고 있는 지역이다. 그러므로 전세계적 유라시아의 국제관계를 어떻게 다룰 것인가, 특히 패권적이고 적대적인 유라시아 강국의 부상을 어떻게 저지할 것인가 하는 문제가 미국 세계제패의 과제라고 강조했다. 말하자면 미국의 21세기 세계제패

(global primacy) 전략은 "유라시아를 장악하라!"는 주장으로, 유라시아는 세계의 지정학적 중추로서 미국의 가장 중요한 지정전략적(geostrategy) 목표인 유라시아 '관리'(manage)가 세계제패의 관건임을 역설했다.35) 미국중심적 세계체제 구축전략의 관철을 위해 유라시아에서 어떠한 단일국가 혹은 국가간의 조합이 유라시아로부터 미국을 축출하거나 미국의 역할을 축소시키는 것을 막아야 하며, 석유 등 천연자원의 보고인 중앙아시아의 배타적 지배를 관철해야 한다.36)

유라시아에 대한 미국 지정전략의 요체는 다른 지역적 강국이 미국의 세계 일등적 지위를 위협하는 방식으로 부상하지 못하도록 막는 데 최우선 순위를 두어야 한다는 데 있다. 브레진스키는 체스에서와 마찬가지로 미국의 세계적 전략가들은 상대방의 수를 예측해 몇 수를 앞서나가야 한다고 조언하면서, 지속 가능한 지정전략은 단기적 전망, 중기적 전망, 장기적 전망의 구도 속에서 접근해야 한다고 덧붙이는 것을 잊지 않았다. 단기적으로 유라시아 지도 위에서 지정학적 다원성을 만연시키고 그러한 상태를 공고히 하는 것이 미국의 이익에 부합되는바, 이 지역에서 미국의 패권을 위협하는 국가는 물론 그러한 가능성이 있는 적대적 동맹이 출현하지 못하도록 막는 조치가 중요하다. 중기적으로는 점차 미국에게 더 협력적인 범유라시아적 안보체제의 전략적 동반자국가들을 구축해 나가야 하며, 장기적으로는 중단기적 성과에 기초해 정치적 책임을 분담하는 전지구적 중심을 만들어 가는 데 있다고 강조한다.37)

이러한 입장에서 볼 때 미국의 가장 긴박한 임무는 어떠한 단일국가 혹은 국가간 연합형태가 유라시아부터 미국을 축출하거나 미국의 헤게모니적 역할을 축소시키는 것을 막아야 하며, 이를 위해서는 중앙아시아를 포함한 유라시아지역을 다양한 국가군으로 분열시켜 서로 연대나 통합을 추진

---

35) Zbigniew Brzezinski, 『거대한 체스판(The Grand Chessboard 1997)』, 김명섭 옮김(삼인, 2000), 서문 15-17쪽.
36) 미국의 대이라크전은 중동지역을 비롯한 유라시아 전역의 석유 및 천연자원 장악을 위한 전쟁임은 잘 알려진 사실이다.
37) Z. 브레진스키, 앞의 책, 253-254쪽.

하지 못하도록 해야 한다. 따라서 다른 국가가 미국의 영향력에 도전할 경우 희생의 대가가 크다는 사실을 충분히 주지시키는 데 미국 대외정책의 초점이 맞춰져 있는 것을 알 수 있다.

유라시아 중심의 지정전략에 의하면, 유라시아의 지정학적 추축국은 EU, 러시아, 중국, 인도로 볼 수 있다면, 유라시아 관리의 기축은 터키, 우크라이나(아제르바이잔, 이란), 남한의 세 지역이 된다. 터키는 서구 지향적 국가로 이슬람세력의 팽창을 저지하는 보루라 할 수 있다. 우크라이나는 러시아의 재등장을 방지할 수 있는 국가다. 우크라이나 없이 러시아가 유라시아의 제국으로 부상하는 것은 어렵기 때문이다. 유라시아 관리를 위한 또 다른 중요한 국가는 극동아시아의 한반도에 자리잡은 한국이다. 한국은 중국의 팽창을 차단하고 미·일 경제공간 확보를 위한 동아시아의 거점국가이며, 이러한 위상에서 한국에서 주한미군의 유지는 특히 중요한 문제가 아닐 수 없다.[38]

미국의 세계제패 전략의 하위체계인 동북아지역의 헤게모니 전략의 핵심적 관건은 중국을 어떻게 관리하느냐 하는 문제에 달려 있다. 물론 바람직한 시나리오는 민주화되고 자유시장화된 중국이 더욱 큰 아시아지역 협력의 틀 내에서 포섭되는 상태이나, 만일 중국이 경제적·군사적 강국으로 지속적인 성장을 보인다면 이는 미국의 세계제패 과정에 위협적인 상황으로 발전할 수 있다. 미국이 동북아지역에서 거대 중국이 출현하는 상황을 막고자 하는 어떠한 노력도 중국과의 갈등을 격화시키게 될 것이나, 그러나 중국과 마냥 편안한 관계를 유지하는 것도 종국에는 엄청난 대가를 치르게 될 수 있다. 이런 점에서 미국에겐 중국의 성장과 중국의 영향권을 어느 수준까지 용인해야 할 것인가 하는 문제가 전략적 포인트가 아닐 수 없다.

미국의 동북아전략의 핵심은 중국의 '관리'에 있다고 할 수 있다. 이런 맥락에서 미국의 한반도전략이 구사되며, 특히 미국의 대북정책은 대중전략의 틀 속에서 전개되게 된다. 따라서 평양을 바라보는 미국의 눈은 언제나 평양 너머 북경을 바라보고 있는 것이다. 말하자면 미국의 대북정책과

---

[38] Z. 브레진스키, 앞의 책, 51-72쪽.

한반도정책은 대중전략의 틀 속에서 전개되고 있으며, 대중전략은 미국의 세계제패 전략의 지정전략학적 구조 속에서 전개된다고 할 수 있다. 이러한 맥락에서 미군의 남한주둔은 특히 중요하다. 주한미군의 유지 없이는 미·일의 방위협력은 효율적으로 지속되기 어려우며, 그러한 상황에서 일본은 군사적으로 더 자립화하려고 할 것이다. 그런데 미국이 우려하는 점은 통일한국을 향한 어떠한 운동도 미군의 지속적인 남한주둔을 거부할 가능성이 높다는 데 있다. 통일한국이 주한미군의 영구주둔 형태를 받아들인다는 보장은 없으며, 통일한국의 주한미군 주둔은 중국의 강력한 반발에 부딪힐 것이다. 따라서 미국이 중국과의 관계를 어떻게 관리하느냐 하는 것은 필연적으로 미·한·일 삼각 안보관계의 안전에 직접적인 영향을 미칠 것이라는 점에서 미국의 한반도정책과 대북정책은 대중전략의 틀 속에서 이해될 수 있다.39)

한편 냉전체제 붕괴 이후 미국의 엄청난 군비체제 유지를 위해 새로운 적을 찾으면서 지속적인 세계제패 논리를 제시한 헌팅턴의 입장은 브레진스키의 지정전략학의 선구적인 측면이 있다. 그는 1991년 미국의 이라크침공을 계기로 향후 세계질서는 이데올로기 대립구도였던 냉전체제가 해체된 이후 문명간 대결구도로 나타날 것으로 주장해 미국의 헤게모니에 도전적인 문명권에 대한 대응전략의 마련을 촉구했던 것이다. 그리하여 보편문명에 대한 이슬람문명을 비롯한 중국문명의 도전 등 서구 기독교문명과 갈등적인 관계로 나타날 수밖에 없는 문명에 대해 미국의 대응과 관리를 미국 대외정책의 기조로 삼아야 한다고 설득했다.40) 물론 보편문명은 서구와 근대화를 속성으로 한다. 서구는 그리스·로마의 유산, 가톨릭과 프로테스탄트, 유럽어 등의 세계라면, 근대화는 종교적·세속적 권능의 분리, 법치, 사회적 다원주의, 대의제, 개인주의 등을 포괄하는 특성이 있다. 그 후 헌팅턴은 그의 주장을 한층 체계화시킨 서구중심적 세계관에 입각해 오늘날 서구세력의 중심인 미국 세계제패의 당위성과 이슬람세력의 도전과 중

---

39) Z. 브레진스키, 앞의 책, 79-80쪽.

40) Samuel. P. Huntington, "The Clash of Civilizations," *Foreign Affair*, 1993, Summer.

국의 성장을 관리해야 한다는 전략적 사고를 제시했던 것이다.[41]

그런데 21세기 세계질서가 과연 미국의 구상과 의도대로 이루어질 것인가? 또한 이 과정에서 미국의 전통적인 우방이나 동일 문명권 내에서의 도전을 전혀 예상할 수 없는가 하는 문제가 제기된다. 비록 흔치 않은 경우이지만 서구문명의 충돌로 EU와 미국간의 갈등을 예견하는 논리도 주목되는데, 이를테면 팍스아메리카나에 대한 도전으로 경제 및 세계질서의 주도권을 둘러싼 헤게모니 갈등을 예고하는 주장도 나타나고 있다.[42]

왈러슈타인은 미국의 세계적 헤게모니의 지속성과는 전혀 다른 세계사의 장기 지속적 전망 속에서 미국의 쇠퇴를 주장하고 있다. 최근 그는 미국의 세계적 역할에 주목하면서, 특히 2001년의 9·11사태를 새롭게 해석하면서 미국의 경향적 쇠퇴를 주장했다. 미국은 쇠퇴하고 있는가 하는 질문을 던지면서, 그는 미국의 패권은 9·11을 계기로 심각한 도전에 직면해 있음을 부각시키고 있다. 이를테면 미국 대외정책의 매파들은 이러한 도전에 힘으로 즉각 대응할 것을 주장하고 있으나, 정치·경제영역에서 미국 헤게모니는 점차 쇠퇴하고 있다는 논지를 펼쳤다.[43]

왈러슈타인은 현재의 미국을 '힘없는 초강대국'(the powerless superpower)으로 규정하면서, 미국 스스로 이러한 지위를 인정하지 않으려는 데 더 큰 한계가 있다고 비판한다. 2차대전 이후 미국은 3번의 전쟁(한국전, 베트남전, 걸프전)을 통해 1번의 패배와 2번의 무승부를 기록하면서 1970년대이래 세계지배의 쇠퇴 향을 보여 오던 중 9·11을 통해 하강국면을 그리고 있다는 것이다. 나아가 최근 미국 대외정책 결정과정에서 매파(U.S. hawks)가 주도하는 대이라크전 논리는 미국의 '점진적인' 쇠퇴 국면을 군사적·경제적·이념적 차원에서 보다 '급격한' 쇠락의 길로 나아가게 할 것이라고 확신하고 있다. 따라서 이제 미국에게 남은 길은 미국 헤게모니 쇠퇴 여부 그 자체가 아니라, 미국은 어떻게 하면 미국 자신이나 전세계에 큰 폐해 없이 명예롭

---

41) Samuel. P. Huntington, 『문명의 충돌』(*The Clash of Civilizations and The Remaking of World Order*), 이희재 옮김(김영사, 1997) 참조.

42) Charles A. Gupchan, "The End of the West," *The Atlantic Monthly*, Nov. 2002.

43) I. Wallerstein, "The Eagle Has Crash Landed," *Foreign Policy*, July-Aug. 2002.

게(gracefully) 쇠퇴하느냐는 문제일 뿐이라고 주장한다.

이와 함께 미국경제가 세계경제의 충격에 점점 더 취약성을 드러내고 있다는 통계도 주목된다.44) 최근 미국 경제성장률 50년 만의 최저치인 1%를 기록했다. 부시 대통령 취임 당시 정부 재정흑자 전망은 최근 4천억 달러 적자로 수정됐고, 가계부채는 3조 5천억 달러로 증대됐다. 부시정부 출범 뒤 민간부문의 일자리는 200만 개 축소됐고, 빈곤선 이하의 미국인이 150만 명 가까이 증대했으며, 민간의 주식보유액은 4조 5천억 달러로 축소되는 이른바 미국 힘의 경향적 쇠퇴를 입증하는 현상도 나타나고 있다.45) 물론 인류사에서 영원한 제국은 존재할 수 없지만, 소비에트체제의 몰락과 사회주의 붕괴 후 21세기 세계사에서 미국의 유일적 패권에 대한 대안적 사고가 거의 질식되다시피 한 상태에서 비록 경향적인 현상이나마 미국의 쇠퇴를 밝히는 주장은 충분히 검토될 가치가 있을 것이다.

(2) 미국의 동북아전략: 대중정책

동북아 국제정치 환경의 변화는 냉전체제하 미국의 역할과 위상에 대해 새로운 이해를 요구함에도 불구하고 지난 10여 년간 동북아지역에서 미국의 존재와 역할에 대해 본격적인 문제가 제기되지 못했다. 미국의 동북아전략은 미일동맹(한·미·일) 중심으로 대아시아 정책을 추진하며 대중견제에 전략적 목표를 설정하고 있다. 이러한 미국의 동북아정책은 첫째, 미국의 대중 포위압살 전략에 위협을 받는 중국의 군비증강은 동북아 긴장국면을 초래할 수 있으며, 둘째, 중국은 한반도의 친미적 편향의 통일국가 수립을 거부할 것이므로 중국의 이해와 협조가 없는 상태에서의 통일추진은 기대하기 어려운바, 통일환경 조성에 장애요인으로 작용하는 측면이 크다.

동북아지역에서의 미군, 특히 한미동맹에 의한 주한미군 주둔은 이 지역

---

44) 미국 내 총생산(GDP) 성장률: 1940년대 4.47%, 50년대 3.92%, 60년대 4.05%, 70년대 2.79%, 80년대 2.64%, 90년대 0.9%, 1991년 0.5%. 폴 케네디, 『21세기 준비』(한국경제신문사, 1993), 373쪽.

45) S. 해리슨, <한겨레>, 2002. 10. 21.

에서 미국식 민주주의와 자본시장의 보존·확대를 위한 미국 국익추구의 일환이나, 주변국의 이해관계와의 일치 또는 상충의 문제, 그리고 남북한 긴장완화에 기여하는가 혹은 긴장유발 요인인가 등이 지대한 관심사가 될 수밖에 없다. 유럽지역의 군비축소 경향과는 달리 동북아지역에서는 군사력 중심의 세력균형론에 입각한 군비증강과 군비경쟁이 가속되고 있으며, 이는 동아시아 주둔 미군문제와 밀접한 연관성이 있기 때문이다. 동북아 국제환경의 변화로 인한 군사 안보위협의 수준이 완화돼 가고 있음에도 불구하고, 아태지역에 대한 미국의 일방주의적인 전략적 이익의 강조는 중국과 북한에 커다란 위협으로 부각되면서 새로운 긴장관계를 유발하고 있는 실정이다.

2) 미국과 한반도의 평화

미국은 한반도 통일의 '정직한 중개자'(honest broker)인가, 그렇지 않으면 훼방꾼인가? 한반도 통일과 관련해서 미국의 역할을 이처럼 둘 중 하나로 보는 양자 택일적 규정은 많은 가변성을 지닌 상황에 반드시 부합되는 논리는 아니다. 그럼에도 불구하고 한반도 통일과정에 가장 큰 영향력을 행사하는 외적 규정력인 미국의 존재와 역할에 대한 한미관계의 특수한 역사성을 넘어 동북아시아지역에서의 미국의 헤게모니전략에 대한 이해를 전제로 보다 객관적인 접근이 요망된다는 점에서 고정관념을 극복하는 문제 제기적 시각도 필요하다.

이러한 입장에서 부시행정부의 대북 포용정책 폐기와 강경정책으로의 전환배경에 대해서는 미국의 동북아정책의 핵심인 대중정책과의 관련성 속에서 파악할 수 있을 것이다. 부시행정부는 과거 클린턴행정부와 달리 출범부터 북한에 강경한 입장을 보이며 북한과의 협상이나 대화를 거부했다. 부시 대통령과 그 참모들은 2001년 벽두부터 북한에 대한 불신과 의구심을 표출하며 북한과의 대화를 거부할 것임을 선언했다. 여기에는 미국 대북정책의 두 측면에서의 중요한 정책변화가 있었기 때문이다.

우선 미국의 북한에 대한 포용정책의 후퇴를 들 수 있다. 클린턴정부의 대북정책은 북한에 대한 포용정책으로 특징지어졌다. 북한을 포용함으로써 북한의 개혁·개방을 유도하고 남북간에 점진적 화해를 주도해 북한을 국제적 개방사회로 유도한다는 입장에 기반하고 있었다. 그러나 부시행정부는 클린턴행정부의 대북 포용정책을 근본적으로 수정한 것으로 나타났다. 부시행정부 출범 초기에 미중앙정보국(CIA) 산하 국가정보위원회(NIC)에서 발간한 회의결과 보고서의 서론에 미국의 대북정책의 기본 입장이 잘 드러나 있다. 보고서에 의하면 북한이 국제사회의 경제지원을 얻고 정치적 인정을 받으면 오히려 미국의 영향력이 감소할 것이라는 우려가 일반적인 평가라고 결론지었다. 또한 남한과 중국과 일본 등 다른 나라가 북한과 관계를 개선하면 미국이 북한을 통제할 수 있는 능력이 감소할 것으로 보았다. 특히 가장 중요한 것은 북한에 대한 미국의 포용정책은 미국이 지난 50년간 북한을 주요 적대국이자 군사적 위협이라고 보아 왔던 미국의 안보 패러다임에 도전이 되며, 주한미군 주둔의 명분을 약화시키고, 미국적 가치에 도전하는 나라에 원조를 주고 협상을 추구하게 됨에 따라 미국적 가치와 규범을 훼손한다고 보았다.[46] 이런 맥락에서 본다면 부시행정부의 대북 강경책은 미국의 대북 접근법을 근본적으로 수정해 클린턴행정부 이전 시기,

---

[46] The conferees generally believe that the United States probably will see its influence reduced somewhat as North Korea — while still focused on the US connection — seeks military security, economic assistance, and political recognition from a broader range of international players. The ability of the United States to control the pace of the engagement process probably will decline as South Korea, China, and others improve their relations with Pyongyang. The specialists assess that North Korea's engagement increasingly challenges the US security paradigm of the past 50 years that has viewed North Korea as a major enemy and military threat. It complicates the existing rationale for the US military presence in Northeast Asia and challenges US values and norms as US policy provides aid and pursues negotiations with a regime that affronts many US-backed norms. Because of the multifaced and complicated array of US policy issues related to engagement with North Korea, several specialists favor a senior US policy coordinator for North Korea; others oppose such a step as unneeded in the current context. US National Intelligence Council, North Korea's Engagement: Perspective, Outlook, and Implication: Conference Report (May 2001), p.6.

즉 냉전시기 미국의 대북정책을 복구한 셈이 되는 것이다.

다음으로 부시행정부는 북한의 미사일문제에 대한 해결보다는 미사일문제를 이용하는 쪽으로 정책변화를 시도했다는 점이다. 미국의 MD계획을 추진하기 위한 명분으로서 북한의 미사일과 핵개발 의혹을 활용하기 위한 것으로 파악될 수 있으며, 북한에 대한 '악의 축'이라는 낙인은 이러한 맥락에서 나온 것으로 이해된다.47) 부시 미국 대통령이 2001년 1월 29일 국정연설에서 북한을 이라크, 이란과 더불어 '악의 축'에 포함시킨 이유는 분명하지 않다. 이슬람국가인 이라크와 이란만을 지목하면 기독교와 유태인 대 이슬람문명권과의 이른바 '문명충돌'로 규정돼 중동지역의 이슬람국가 전체의 단결과 미국과의 대결구도를 초래할 가능성도 있기에 전혀 다른 문명권인 북한을 끼워넣었다는 설도 제기됐다. 그러나 이보다는 동북아에서 중국과 러시아를 견제하고 지난 반세기 동안 동북아전략의 축이었던 미·한·일 동맹을 강화하고 이 지역의 긴장상태를 유지하기 위해 북한을 활용하려 했을 가능성이 크다. 삼국동맹의 근거였던 냉전구조가 해체돼 가고 남북정상회담을 계기로 한반도의 긴장이 완화돼 가면서 한반도에 대한 중국의 영향력이 증대돼 가는 상황에 쐐기를 박고 한반도의 긴장을 유지·고조시키기 위해 북한이라는 악이 요구됐던 것으로 볼 수 있다.

미국은 9·11 이후 '테러와의 전쟁' 수행에 필요한 타깃 지목에 북한을 연계시켰다. 북한은 미국의 이러한 대북강경책에 대해 미국을 비난하며 맞대응하고 있지만, 민주주의와 인권문제의 사각지대로 이미 국제사회에서 나쁜 이미지로 각인된 북한이 미국을 비난할수록 이는 '불량국가'의 소행으로만 여겨질 뿐이다. 사실 그후 북한은 미국 동북아전략의 덫에 빠져 옴짝달싹못하는 형국에 처하게 됐고, 남북한 교류협력을 통한 한반도의 화해협력 분위기는 구체적인 진전을 보지 못하는 가운데 북한의 핵·미사일 등 대량살상무기를 둘러싼 북미간 긴장의 고조되면서 한반도 평화구축 과정은 정체상태에 빠지게 됐다. 미국의 이러한 전략적 변화를 간과하면 부시행

---

47) 졸고, "부시 미합중국 대통령께 띄우는 서한," 흔들리는 韓美관계, 『월간중앙』 2002년 3월 참조

정부의 대북정책을 클린턴행정부의 유연한 대북정책보다 강력한 협상수단을 구사하는 것으로 해석하는 오류를 범할 수도 있다. 즉 북한을 힘으로 굴복시켜 미사일 문제를 해결하겠다는 것으로 해석할 수 있게 된다. 그러나 국가정보위원회(NIC)의 입장과 이후 부시행정부의 대북태도로 볼 때 북한 미사일문제 '해결'보다는 북한 미사일문제 '이용'에 무게를 두고 있는 것으로 평가할 수 있다. 미사일방어의 진짜 명분은 중국이기 때문이다.[48] 김대중 대통령이 부시행정부 출범 직후 미국을 방문해 한국정부의 한반도 냉전구조 해체를 위한 노력과 대북 포용정책에 대한 이해와 지지를 설득했으나 아무 소득도 얻을 수 없었던 것은 미국의 대북정책을 비롯한 동북아전략과의 마찰 때문이라고 할 수 있다.[49]

한반도의 긴장국면은 북한의 대미불신과 미국의 대북위협의 상호작용에서 기인한다. 북한과 미국은 서로 상대방이 약속을 지키지 않는다고 주장해 왔다. 북미 기본합의서(제네바, 1994. 10)의 경우도 상호 의무사항[50]을 불이행하고 있으나, 제네바 합의문에 의하면 미국측 준수사항이 더 많음에도 불구하고 미국은 처음부터 합의사항 이행의지가 없었던 것으로 밝혀지고 있다. 미국은 김일성 사후 북한체제가 머잖아 붕괴할 것으로 예상하고(갈루치, 보스워스의 증언), 따라서 합의문은 휴지조각이 될 것으로 보았다. 여기에다 미국 공화당과 부시행정부의 매파들은 클린턴 민주당정부의 제네바 합의문은 북한측의 페이스에 말려든 것으로 비판하면서 줄곧 합의문의 사실상 폐기라고 할 수 있는 개정을 줄곧 요구해 왔다. 그리하여 부시의 매파들은

---

48) 레온 시갈, "부시행정부의 대북정책," 『평화논총』 2001년 봄·여름, 제5권 1호, 통권 9호(아태평화재단, 2001), 33쪽.

49) 서재진, "미국의 대북정책과 남북관계," 외교통상부 안보정책과 및 경남대학교 공동주최 세미나 발표문(2002. 11. 29) 참조.

50) 북한의 이행 의무사항은 합의문 서명 1개월 이내 흑연감속로와 관련시설의 완전 동결, 국제원자력기구(IAEA)의 감시허용 및 협조제공, 한반도 비핵화에 관한 남북공동선언 이행조치 등이 의무사항이나, 북한은 1994년 11월 1일 핵활동 동결을 공식 선언했을 뿐 IAEA의 영변 핵관련 시설에 대한 사찰요구는 거부하고 있다. 미국의 이행 의무사항은 2003년까지 북한에 경수로 제공, 합의문 체결 3개월 이내 통신 및 금융결제 제한조치 해결, 북한에 대한 핵무기 위협금지(소극적 안전보장 약속) 등이었다.

제네바합의가 북한측에 지나치게 많은 것을 양보했다고 비판하면서 이미 약속 자체를 무효화시켜 왔다고 할 수 있다.

북한은 미국의 핵선제공격 태세를 실질적인 위협으로 인식하지 않을 수 없을 것이다. 미 국방부가 2002년 1월 8일 의회의 군사·외교·정보위원회에 제출한 비밀보고서『핵태세검토』(Nuclear Posture Review: NPR)는 핵무기가 "비핵공격에 견딜 수 있는 목표물(깊은 터널이나 동굴 등)이나 핵·생화학무기 사용에 대한 보복, 불시의 군사사태에 사용될 수 있다"고 하면서,[51] 파괴력이 낮은 핵무기 개발 필요성을 강조하는 한편, 잠재적 핵보유국으로 지목되는 북한과 이라크를 겨냥 "2개국은 오랫동안 미군의 우려가 돼 왔다"는 내용을 보도했다.[52] 2002년도의『핵태세검토』보고서는 지난 96년 4월 미 국방부가 발간한 것에 비해 상당히 진전된 내용을 담고 있다. 이와 함께 부시의 '악의 축' 발언(2002.1.29)에 의한 대북 적대정책은 북한으로 하여금 미국의 약속 위반을 확신하는 계기가 됐던 것이다.[53]

미국의 북핵문제 제기 배경 및 의도는 다음과 같이 지적할 수 있다. 첫째, 동북아 긴장완화 국면 봉합, 이를테면 북·일정상회담(평양 9.17)과 북·일 수교에 의한 미국중심의 동북아 국제체제의 변화에 대한 우려, 즉 북·일수교의 템포 관리 및 일본의 대북지원 내용 통제, 둘째, 한국의 대북화해·협력정책에 의한 북한체제의 '숨통 틔우기' 거부, 셋째, 북한의 핵·미사일 등 대량살상무기에 대한 강경대응과 비타협적 입장 과시 등을 들 수 있다. 그러나 북핵문제를 둘러싸고 미국 정책입안가들 사이에서 갈등이 전혀 없는 것은 아니지만,[54] 그것은 결국 동북아 지역에서의 미국의 헤게모니의 효과적인 유지를 위한 방안 선택의 과정에 불과한 논리라 할 수 있다.[55]

---

51) *LA Times*, 2002.1.9.
52) *The Washing Post*, 2002.1.10.
53) 북한 관점에서 "북한은 미국이 약속을 어겼다고 간주" 하는 기사로, North Korea, U.S. Is Violator of Accords," *The Washing Post*, 2002.10.21.
54) 백악관 참모진들의 갈등을 밝힌 기사, '전쟁중인 부시'(W. Bob, *Bush at War*), *The Washing Post*, 2002.11.16; <중앙일보> · <한국일보>, 2002.11.18.
55) 북핵문제를 둘러싼 미국내 대결파와 협상파의 정책노선 갈등을 "무자비한 적대자들 사이에서 벌어지는 피튀기는 싸움"으로 보는 기사로, "blood feud between implacable

한반도 평화를 구축하는 과정에서 북핵문제 해결은 가장 중요한 사안이라 할 수 있다. 핵문제 해결을 위한 3전제로는, 핵개발측의 자발적 협조, 장기간의 교섭과 인내(소요기간), 그리고 핵개발자의 안보문제 해결이 보장돼야 한다. 따라서 북핵문제를 푸는 데에는 먼저 북한의 자발적이고 성실한 협조가 있어야 한다면, 미국은 많은 시간이 소요되는 핵문제에 대해 보다 인내심을 갖고 교섭에 임해야 하며, 특히 북한의 체제보장과 안보불안을 해소할 수 있는 조치가 보장돼야 한다. 그럼에도 미국은 좀처럼 북한과 협상하려 하지 않는 자세를 보여왔다. 예컨대 미국은 1992-1993년의 북한 핵 위기시에 처음부터 북한과 대화를 통한 해결을 거부하면서 북한과의 협상을 시도하지 않았다.56) 북한의 입장에서 보면, 미국의 약속 이행을 관철시키기 위해서는 끊임없이 '새로운 카드'를 마련하지 않을 수 없는 실정이다. 북·미 제네바 기본합의의 핵심내용은 북한으로서는 체제보장인바, 이는 미국과의 관계 개선의 문제이나, 미국은 북한과의 관계개선의 의지를 보이지 않았다. 이는 미국의 한반도에서 긴장유지 정책의 일환으로 북한의 국가적 실체를 인정하지 않고 대북 적대정책의 고수에 집착하는 미국의 태도에 대해 북한은 미사일 발사(광명성 1호 '98.8.31)로 미국과 협상테이블을 마련할 수 있었으며 그 결과 북·미 공동코뮤니케(2000.10)를 끌어낼 수 있었다. 이처럼 북한은 그들이 미국의 세계전략의 약한 고리를 치는 협상카드를 가지지 못한다면 미국은 결코 북한을 상대하려들지 않을 것으로 보고 있는 것이다.

여기서 북미관계를 규정하는 미국의 동북아전략에 대한 이해에도 불구하고 북핵문제 해결에 더욱 부정적인 영향을 미치는 한국 언론의 왜곡된 일방적인 시각의 문제점을 지적하지 않을 수 없다. 북핵문제에 대한 미국의 약속파기, 대북위협, 협상거부 등의 미국의 비타협적·적대적 태도에도 불구하고 한국의 언론과 주류학계의 북미관계에서의 집요한 미국의 면책, 미국중심적 시각은 거의 신화화된 상태라는 데 큰 한계가 있다. 북한의 핵·

---

foes," *The Washing Post*, 2002.8.2

56) 레온 시걸, 『미국은 협력하려 하지 않았다—북한과 미국의 핵외교』(사회평론, 1999) 참조

미사일 카드를 활용하는 '수세적 공세'와 미국의 당근과 채찍을 구사하는 '공세적 회유'는 한바탕 소동 끝에 평화적 해결 방안을 모색할 수 있는 전망도 있지만,[57] 북미관계를 둘러싼 한반도의 주기적인 긴장국면 속에서 한국의 역할과 위상을 찾는 문제가 절실하다.

　한반도의 평화체제 수립 및 대북 화해·협력정책의 성공적인 추진을 위해서는 '민족화해, 국민화합, 국제협력'의 세 차원의 접근이 필요하다. 이를 위해서는 무엇보다 먼저 국민화합이 선행돼야 하며, 다음으로 한국과 미국의 협력, 즉 한미공조가 흔들림이 없어야 한다. 비록 미국의 세계제패 전략과 그것의 하위체계인 대중정책을 근간으로 하는 동북아전략이 한반도의 평화와 긴장완화 과정에서 당분간 긍정적인 역할을 수행하지 못한다고 하더라도 한국의 국가이익의 추구를 위해서는 미국의 국익과의 길항관계가 되는 상황은 바람직하지 않다. 따라서 민족화해를 위한 대북 화해·협력정책은 국민화합과 한미공조를 기반으로 추진돼야 한다. 물론 이 과정에서 한반도의 평화와 통일과정에 깊이 개재된 미국에 대한 새로운 인식이 절실함은 두말할 나위도 없다. 그러나 '북한이냐, 미국이냐' 라는 양자택일식 사고방식이나 그러한 상황을 강요받지 않도록 해야 할 것이다.

　한반도의 평화는 한반도 냉전구조 해체와 평화체제의 수립을 통해서 가능하다. 민족의 통일은 한반도 평화체제의 구축 없이는 불가능하며, 통일국가는 동북아 평화의 토대이자 민주주의와 인류 보편의 가치를 존중하는 '민주평화국가'를 지향해야 한다. 이러한 민주평화국가의 창출은 통일국가의 이념과 체제의 성격과 무관할 수 없는 문제이며, 그것은 결국 통일한국의 나아가야 할 미래상으로 제시될 수 있다.

---

57) "Defusing a bomb," http://www.economist.com, Oct 21st 2002.

5. 화해협력과 남북한 미래상(Ⅰ): 남북연합/연방

　통일은 서로 다른 체제와 이념이 하나로 통합되는 상황을 말하는 것으로 이해할 수 있다. 이러한 통일은 반드시 평화적 합의통일의 원칙 아래 이루어져야 한다. 그러나 통일국가의 체제와 이념에 대한 남북한 주민의 합의도출은 무척 어려운 문제가 아닐 수 없다. 이런 점에서 우리는 통일한국의 정치체제에 대한 이해를 세계사적 조건 속에서 남북한이 처한 현실과 민족사의 미래 전망과 관련해서 접근해 볼 수 있을 것이다. 이는 두 측면에서 접근 가능하다. 하나는 국가형태적·제도적 차원의 접근이 있을 수 있으며, 다른 하나는 통일국가의 체제내적 성격, 즉 사회적 구성원리에 대한 접근이 요구된다고 하겠다.

　통일한국의 정치체제는 '평화와 민주'의 틀 속에서 확립돼야 한다. 평화와 민주는 통일한국 정치체제의 안(민주)과 밖(평화)의 두 측면으로, 통일국가 정치체제의 내재적 원칙과 특성을 압축하는 핵심적 개념이다. 평화는 전쟁과 무력이 아닌 평화적 방식이라는 통일원칙상의 문제기도 하지만, 한반도의 지정학적 특수성으로 인해 주변국과의 관계 속에서 통일한국의 정치체제는 동북아의 안정을 훼손시키지 않고 역내평화를 보장하는 평화체제로 자리잡아야 한다는 점에서 통일의 조건이 된다. 민주는 통일의 원칙이기도 하지만, 통일한국의 내재적 구성원리이자 운영원리이기도 하다. 통일에 이르는 과정과 절차 또한 민주원칙에 입각해 이루어지는 민주적 통합이어야 하며, 통일된 국가는 민족구성원 모두의 자유와 권리를 바탕으로 행복과 번영을 추구하는 민주주의사회여야 한다.

　평화는 전쟁과 대립되는 개념이다. 평화적 방법이란 무력이나 전쟁이 아닌 협상과 합의에 의한 통일을 일컫는다. 그렇다면 민주와 민주주의는 무엇이며 어떠한 상태를 말하는가. 민주와 민주주의를 무엇이라고 간략히 정의하기란 쉬운 일이 아니다. 이론적 차원에서나 경험적 현실에서나 민주주의는 다의적이고 다양한 모습을 지니고 있는 점에서 일치된 견해를 기대하는 것은 불가능하다. 이런 점에서 통일한국 정치체제의 내재적 구성원리이자 운영원리인 '민주'이념은 많은 이견차이를 함축한 논쟁적인 문제라고 하겠다. 어쨌든 평화와 민주는 통일과정에서 지켜져야 할 원칙이지만, 통합된 정치체제의 기본성격을 규정하는 요건이 아닐 수 없다.

통일한국의 정치체제 문제는 크게 두 차원에서 접근할 수 있다. 첫째, 평화와 관련해서 국가연합의 한 형태인 남북연합의 이념과 성격을 살펴보고자 한다. 특히 국가연합과 평화의 사상 내재적 관련성은 서양 근대 정치사상가 루소의 평화사상을 통해 많은 시사점을 발견할 수 있다. 둘째, 민주는 공동체사회의 창출과 관련된 문제로 민주주의사회의 구성원리와 운영방식에 대한 광범한 합의가 요청된다. 이 과정에서 공동체의 논리와 윤리를 확립해 나가는 노력도 필요하다.

대북 화해・협력정책의 일관된 추진을 통한 한반도 평화와 남북관계개선의 진전상황에 따라 남북한은 통일을 향한 다음과 같은 발전적 코스로 나아갈 것으로 전망할 수 있다. 즉 한반도 '냉전구조 해체 → 평화체제 구축 → 민족공동체 형성 → 남북연합・연방단계 → 통일'의 과정으로 상정해 볼 수 있다. 물론 남북 화해협력을 통한 장기간의 공존공영에 따른 통일의 과정은 반드시 이러한 코스대로 이행된다는 법칙적인 보장은 없지만, 대개 이러한 코스를 상정함으로써 통일을 향한 과정상의 목표를 분명히 하게 될 뿐만 아니라 이러한 코스 자체가 통일을 향한 이정표적 역할을 한다는 점에서도 의미가 있다고 생각한다. 물론 여기서 냉전구조 해체와 평화체제 구축은 거의 동시적 과정일 수도 있으며, 민족공동체 형성과 연합・연방단계의 형성은 선후의 문제가 아닌 서로 뒤섞이는 과정으로 나타날 수도 있을 것이다. 남북연합・연방은 법적・제도적 차원의 통일과정의 한 형태라면, 민족공동체는 정치, 경제, 사회문화 등 다양한 분야에서 남북한 주민들의 삶의 양태와 존재양식, 그리고 여러 제도의 상호침투의 정도・수준을 말하는 것으로 공동체는 완결형태로서 나타나는 것은 아니다. 따라서 '남북연합・연방'과 '민족공동체'는 통일과정에서 선후관계로 나타나는 것이라기보다는 상호 포개지고 뒤섞이는 형태로 나타날 수 있다. 그러므로 여기서는 통일국가의 국가형태적·제도적 원리인 남북연합·연방과, 이와 더불어 통합의 이념형으로서의 민족공동체의 내적 구조에 대한 이해도 검토될 필요가 있다.

1) 국가연합 및 연방

남북연합은 국가연합 형태의 통합론에 기반하고 있다. 국가통합은 대개 국가간 합의에 의한 횡적 결합에 의해 달성된다. 국가통합은 크게 국가연합 형태와 연방국가로 구분할 수 있다. 특히 국가연합 형태는 역사적으로 흔히 발견되는 일반적 유형이 아니지만 20세기 중반 이래 유럽지역에서 전쟁억지와 공동번영의 기반을 마련해야 한다는 취지 아래 유럽 각국의 통합이 추진되면서 국가연합 형태의 국가통합 이론이 크게 주목받게 됐다. 국가연합 형태의 유럽통합을 설명하는 데는 지금까지 기능주의, 신기능주의, 커뮤니케이션 이론 등 다양한 통합이론이 제시됐다. 이러한 통합이론은 평화적 방법에 의해 복수의 국가가 하나의 공동체로 결합돼 가는 과정을 설명하는 이론으로, 남북관계에서 남북한 사회문화공동체, 경제공동체, 정치공동체 등 남북통합의 이론적 접근법으로 활용돼 왔다.

국가통합의 방식으로 연방제는 1960년대 이래 북한이 계속 주장해 온 통합방식이라면, 국가연합 방식의 통합론인 남북연합은 1989년 남한이 "한민족공동체 통일방안"을 제시한 이래 남한측 통일방안의 뼈대가 돼 왔다. 이러한 남북한의 각각의 통일방안인 연방제와 남북연합제가 남북정상회담의 공동선언(2000. 6. 15)에 "남과 북은 나라의 통일을 위한 남측의 연합제안과 북측의 낮은 단계의 연방제 안이 서로 공통성이 있다"고 인정함으로써 새로운 관심사로 부각됐다.[58]

---

58) 통일부, 『2001 통일백서』, 453쪽.

(1) 국가연합

　국가연합(confederation)은 복수의 국가가 방위나 상호협조 등 공통의 목적을 위해 조약에 따라 결합한 형태로, 국제법상 대외적 권한은 국가연합의 구성국이 보유하며 중앙조직은 예외적으로 조약으로 인정한 범위 내에서만 외교능력을 가진다. 따라서 구성국은 행정권과 군대를 보유하며 대내외적 독립성을 유지한다. 즉 구성국의 자율성을 인정하면서 국민들의 다양성을 통합한다. 이러한 국가연합은 헌법이나 법에 의해 중앙정부와 지역정부를 동시에 인정하고 있지만, 주권은 지역정부에 있기 때문에 모든 결정은 지역정부의 허가를 받지 않으면 통과되지 않는 체제이다.[59)]

　국가연합은 중앙조직을 가지나 구성국을 규율하는 헌법이나 새로운 중앙정부를 창설하지 않으며 구성국의 대표로 구성되는 연합의회를 가진다. 연합의회는 구성국과 독립된 중앙정부 기관이 아니며, 입법권이나 재정권을 갖지 않으며, 그 의결사항은 구성국을 법적으로 구속하지 못한다. 국가연합을 성립시키기 위해서는 구성국들의 ① 군사적 불안감의 해소와 군사관계 제고, ② 외국세력으로부터의 정치적 독립욕구, ③ 경제적 이익의 희망, ④ 약간의 선행된 정치적 교섭, ⑤ 지리적 인접성, ⑥ 인종, 언어, 문화 등의 유사성, ⑦ 의사소통 범위의 증대 등 통합의 동인이 작용해야 한다. 연방국가는 안정성을 가진 영구적 결합으로 진정한 국가이지만, 국가연합은 안정성이 결여된 잠정적 결합으로서 진정한 국가가 아니다.

　역사상 국가연합은 대부분 단명했고, 중앙조직의 권한이 강화됨에 따라 연방국가의 형태로 발전하는 경우가 많았다. 1781~89년 미국, 1815~66년 독일, 1815~48년의 스위스는 연방으로 전환됐다. 20세기에 들어와 1958년 이집트·시리아·예멘이 형성한 통일아랍공화국은 3년 후 해체되고 말았다. 현재 유럽연합은 국가연합적 성격을 띠고 연방국가를 목표로 통합의 수준을 높이고 있다.

---

59) 이용희, "근대 유럽 국가연합의 기본성격," 『미래의 세계정치』(민음사, 1994), 57쪽.

(2) 연방국가

 통합에 대한 연방주의적 사고는 오래된 것으로, 연방주의(federalism)은 '주의'(ism)의 의미를 지닌 하나의 이데올로기적 속성을 함축하고 있다. 즉 제도적 측면보다는 하나의 이데올로기 또는 하나의 설(說)로 쓰이고 있다. 고전적 연방주의 이론은 새로운 공동체를 형성하기 위한 헌법작성과 연방정부와 지방정부간의 권력배분 문제, 의회구성 문제 등 정치제도 구성에 특별한 관심을 가진다. 독립된 주권국가 사이에 국제정치 문제로 취급돼 오던 요인들이 헌법의회 소집 등 정치적 타결을 통해 개별국가의 주권을 제한함으로써 급속히 국내정치 문제로 환원되는 특징이 있다. 연방주의 이론의 핵심은 무정부상태인 국제정치 체제에 국가간의 권력투쟁을 통제할 수 있는 초국가적 중앙정부를 설립해 평화와 안전을 보장해야 한다는 데 있다. 통합이론에서 연방주의는 국가연합의 발전단계에 해당하는 것으로 볼 수 있다.

 연방관계는 국민, 중앙(연방)정부와 각 구성국(지방정부)들과 관련된 지속적인 일원적 계약을 토대로 이루어지며, 이 계약은 권력의 분산 및 공유를 규정하고 있는 성문헌법 형태로 구체화된다. 1789년 이후의 미국, 1848년 이후 스위스, 1918~91년 소련, 1949년 이후 인도 등의 정치체제 형태를 들 수 있다. 연방의 중앙정부와 지방정부들은 각각 별개의 입법·행정기관을 포함한 독립적인 통치기구를 구성하며, 헌법의 범위 내에서 각기 통치기구를 수정할 수 있는 권한을 가진다. 소련은 중앙정부가 지방정부를 완전히 통제한 예외적인 사례이다. 대부분 연방국가에서 국방·외교정책은 연방정부에 의해 수립·시행되며, 지방정부는 극히 제한된 범위 내에서 예외적으로 국제법상 능력이 인정된다. 연방정부만이 전쟁선포권을 가지며, 정치·군사문제와 관련된 국제협약을 체결할 수 있다.[60]

 연방 구성국의 시민은 연방의 시민으로서 공통의 국적을 가지며, 연방정부의 권력은 구성국 시민에게 직접적인 영향을 미친다. 구성국 상호간의 무력충돌은 내전이 되며 국가간 전쟁으로 취급되지 않는다. 1860~861년 미

---
60) 민족통일연구원, 『제2차대전후 신생국가의 연방제도 운영사례』(민족통일연구원, 1991. 6) 참조

국의 경우와 같이 남북 11개 주가 노예제도 문제로 연방에서 탈퇴해 내전을 겪은 사례도 있다. 연방제가 바람직한 형태로 기능하기 위해서는 주민들이 상호 협조하고 자제하는 정치적 전통이 정착돼야 하며, 연방을 구성하고 있는 각 지방정부간에 동질감과 일체감이 형성돼야 한다. 특히 인구나 부의 평등, 지리·문화적 공통성 등은 연방형성의 중요한 요소이다. 연방제를 채택한 서구 선진국들은 대체로 안정되고 지속적인 정치체제를 유지해 온 것으로 평가받고 있으나 인도, 말레이시아, 나이지리아 같은 신생 연방국가들은 국민적 일체감의 결여로 연방제를 위협하는 분열의 경험을 겪었다.

2) 국가연합과 평화

남북한 통일방안과 관련된 연합제 안은 서양 근대 정치사상가 루소(Jean Jacques Rousseau, 1712~1778)의 평화사상의 핵심인 국가연합(confederation) 사상과 깊은 관련이 있다.[61] 근대적 의미의 평화사상은 나라와 나라 사이의 전쟁방지라는 기본관점에서 출발한다. 전쟁과 평화에 관한 평화사상은 생 피에르, 루소, 칸트 근대 3인의 평화사상가의 논의에서 본격적으로 전개됐다. 루소는 생 피에르의 '유럽 평화사상'에서 제안된 군주를 주체로 하는 국가연합의 구상을 비판적으로 계승해 인민적 정권인 공화국간의 국가연합을 통한 평화사상을 제시했다. 이러한 루소의 평화사상의 토대 위에서 칸트의 『영구평화를 위하여』가 저술될 수 있었다.

루소는 국내의 억압적인 체제와 국가간 전쟁이야말로 인류 최대의 재앙이라고 생각했다. 그의 주저 『사회계약론』은 인민의 복종의 근거와 통치의 정당성을 고찰한 사상적 고뇌였다면, 국제관계의 조정과 특히 국가간 연합방식을 모색한 그의 『평화론』은 근대 평화사상의 토대가 되고 있다.[62] 루소는 평화논의를 주권관계에서 바라보고 있다. 『에밀』(Emile)의 마지막 부분에

---

61) 최상용, "루소의 '국가연합'과 평화," 『평화의 정치사상』(나남출판, 1997) 참조
62) Extrait du projet de paix perpeuelle (Extrait) 및 Judgement sur le projet de paix perpetuelle (Judgement)은 루소의 두 편의 평화론이다.

서 루소는 다음과 같이 밝히고 있다.

> 마지막으로 우리는 이상과 같은 곤란한 문제를 해소하기 위해 구하게 된 동맹이나 국가연합에 의한 일종의 방안을 검토할 것이다. 이 동맹과 국가연합은 각 나라에 대해 안으로는 그 자주성을 그대로 지니고, 밖으로는 모든 부정한 공격에 대해 무력을 지니게 하는 것이다. 우리는 어떻게 해서 건전한 연방적 협동체제를 확립할 수 있는가? 무엇이 그것을 영속성 있는 것으로 하는가? 그리고 주권이 지니는 권리를 잃지 않고 어떤 점까지 국가연합의 권리를 확장할 수 있는가 하는 문제를 연구할 것이다.63)

이렇듯 루소는 주권의 유지, 즉 국가의 자주성을 전제로 국가연합에 의한 평화보장의 방안을 모색하고자 했다. 이를테면 평화와 주권이 서로 분리되지 않는 전제 위에서 국제질서의 정당하고도 확실한 평화의 원칙을 찾고자 했던 것이다. 말하자면 루소는 국가연합을 국가간의 결합수준이 약하고 영속성이 없는 동맹이나 결합 수준이 높고 영속성이 있으나 주권을 제약할 수 있는 연방국가의 한계를 모두 극복할 수 있는 대안으로 여겼다.

국가연합을 통한 평화의 확보는 구성국 공동의 일반적 이익이다. 평화를 위해서 국가연합은 권위적이고 강제력 있는 무력의 보유가 필요하며, 각국은 국가연합의 공동의결에 복종해야 한다. 이 경우 루소는 국가연합 구성국이 공동의결에 복종하는 것은 국가의 주권침해로 볼 수 없다고 한다. 오히려 연합회의의 재판에 복종함으로써 구성국은 참다운 권리를 확보한다는 입장이다.64) 그것은 사회계약이 개인의 자유를 제한하지 않는 것과 마찬가지다.

루소는 전쟁을 회피하고 평화를 추구하기 위해서는 먼저 인민주권의 공화정이 확립돼야 하며, 각 공화국간의 "국가연합은 소국이 대국의 폭력을 물리치고 국가간의 평화를 유지하기 위해서 이용할 수 있는 수단"65)으로

---

63) J. J. Rousseau, 『에밀』, 정봉구 역(범문사, 1988), 648쪽.
64) J. J. Rousseau, Oeuvre III, Paix, pp.583-584.
65) J. J. Rousseau, Oeuvre, Du Contrat Social, p.427.

보았다. 즉 평화유지를 위한 필요성에서 국가연합을 제안했던 것이다. 이처럼 근대 평화사상은 루소의 국가연합 사상에서 뿌리를 찾을 수 있으며, 남북한 통일방안으로 제시된 남북연합제 안은 제도와 이념적 통합의 전제로서 남북간 평화의 틀을 구축할 수 있는 방안으로 이해할 수 있다는 점에서 의의가 크다고 하겠다.

3) 남북연합과 공존공영

남북연합은 한민족공동체 통일방안(1989. 9)에서 처음으로 제시됐다. 당시 통일로 가는 중간단계로서 남과 북은 서로 다른 두 체제가 존재하고 있다는 현실을 바탕으로 서로가 서로를 인정하고 공존·공영하면서 민족사회의 동질화와 통합을 촉진해 나가야 한다는 입장에서 통일을 촉진할 과정을 제도화하고 남북이 합의하는 헌장에 따라 남북 연합기구의 설치가 제안됐다. 이 제안을 통해 비로소 남북한 두 정치체(polity)의 국가적 실체가 서로 인정되는 계기를 맞이했다. 따라서 남북연합이 민족공동체의 구체적인 실천적 형태라고 한다면, 남북한은 각각 민족공동체인 남북연합의 한 구성체로 된다. 분단이래 남북한은 휴전선을 경계로 한반도의 남쪽과 북쪽 지역을 각각 실질적으로 통치해 왔다는 점에서 남북한은 각각 '사실상의 정부'(de facto government)로 자리잡았다. 남북한은 유엔 동시가입을 계기로 각각 상대방에 대해 '법률적 정부'(de jure government)의 지위를 갖게 됐다.

북한의 통일문제 접근방식으로 잘 알려진 연방제는 사실 국가연합적 성격이 강하다. 북한의 고려연방제는 중앙정부가 남과 북의 지역정부를 지도하고 정치, 군사 및 대외관계에서 관장한다는 점에서 일반적인 연방제 유형으로 이해되나, 현실적으로 남북한 두 체제의 자율성과 지역정부의 독자적 성격을 강조하고 있는 점에서 국가연합 형태라 할 수 있다.

'연방주의'를 이데올로기적 측면에서 이해할 필요가 있다. 연방주의 원칙의 적용 없이는 양보할 수 없는 고유의 이익을 지닌 나라와 지역들이 연합체를 형성하기는 힘들다. 인종·종교·문화·사상적으로 이질적인 국가나 지역들을 연결시킬 수 있는 가장 합리적인 방안은 연방제이념의 적용이라 할 수 있다. 연방주의 이념은 정치통합에서 위계적인 중심·주변관계를 극복하고 상·하관계를 대체할 수 있는 대안적 방안으로 구성원들의 특수한 이익이나 가치를 그대로 보존하면서 공동목표를 추구할 수 있는 길을 열어 주는 합리적인 이념이며 제도가 된다.

이러한 연방주의 원칙은 자치(self-rule)와 공치(shared-rule)의 양면적 가치의 충족을 가능케 한다. 통일을 유지하면서 다양성이 존중되는(diversity in unity) 연방제는 서방세계를 비롯해서 구 공산주의국가나 제3세계에서 흔히 발견되는 공존체제의 가장 일반적인 유형이라 할 수 있다. 따라서 연방제이념은 한반도에서 두 개의 정치적 실체를 인정하는 남북한 각 지역의 자율적 통치의 원칙과 함께 남북 공영과 한민족의 미래지향적 가치에 대한 공동관리는 남북한 공치의 원리를 반영하는 것으로 된다.

남과 북은 서로의 이념과 체제를 인정하고 존중하는 토대 위에서 상호교류와 협력을 통해 공존공영 관계를 도모하면서 민족공동체를 회복·발전시켜 나가야 한다. 민족공동체는 민족을 하나로 묶고 있는 뿌리이며 민족재결합의 당위로 그 자체가 통일을 가능케 하는 힘의 원천이다. 통일을 원상복귀적 공간적 개념이 아니라, 민족공동체 회복이라는 미래지향적인 시간개념으로 보고 중간단계적 성격의 통일과도체제를 설정했다. 남과 북은 이 과도체제 안에서 통일국가를 지향하면서 평화를 정착시키고 민족동질성을 회복하면 민족공동 생활권을 형성하는 과정을 밟아 나감으로써 사회적·문화적·경제적 공동체를 이루어 나갈 수 있다는 구도로 제시됐던 것이다. 이렇게 함으로써 단일 민족사회가 형성돼 '민족통일'이 이루어지는 과정에서 정치적 통합의 여건이 성숙돼 나감으로써 궁극적으로 단일 민족국가의 건설, 즉 '국가통일'의 완성을 보게 된다.

남북연합은 그 자체가 통일된 국가의 최종형태가 아니며, 어디까지나 남과 북이 상호협력과 공존공영 관계를 도모하면서 통일기반을 조성해 나가는 과도적 통일체제이다. 이러한 기본적인 틀 안에서 남과 북은 민족공동체라는 하나의 지붕 밑에 연합의 형태로 연계됨으로써 잠정적으로 국가간의 관계가 아닌 민족 내부의 특수관계를 가지게 되며, 안으로는 상호간의 관계를 협의·조절하고 밖으로는 소모적 경쟁을 지양하고 민족이익을 추구해 나갈 수 있을 것이다. 따라서 남북연합은 국가연합이나 연방국가의 교과서적 개념이 아니며, 기능적 측면에서 본다면 여러 국가가 하나의 생활공간 형성을 통해 궁극적으로 정치적 통합을 지향해 나가고 있는 유럽공동체(EU)나 노르딕공동체와 그 성격이 유사하다. 남북연합 안에서 남과 북은 각자의 외교·군사권 등을 보유한 주권국가로 남게 되지만, 수천 년 동안 단일국가를 유지해 온 민족의 전통으로 보아 남북연합은 1민족 2국가를 의미하는 국가연합이 될 수는 없으며, 분단상황하에서 완전한 통일 실현시까지 통일을 추구하는 잠정적 관계라는 점에서 특수한 결합형태로 제시된 개념이라 할 수 있다.66)

6. 화해협력과 남북한의 미래상(Ⅱ): 민족공동체

1) 공존의 논리와 윤리: 상생의 이념

통일의 과정은 정치사회적 질곡과 고통-규범의 파괴, 물질적 가치의 횡행, 야만성의 폭로-을 동반하게 될 것이다. 남북한의 미래상은 남북한이 상호 공유할 수 있는 접점을 확인하고, 그 바탕 위에서 새로운 사회의 방향성을 모색하는 데 있다. 이러한 미래상은 사실상(de facto)의 통일상황을 의미하는 것으로 법적·제도적(de jure) 통일상황으로 나아가는 과도기적 단계이며, 이 과도기는 장기적 전망 속에서 접근된다.67) 여기서 한반도의 평화구축과

---

66) 국토통일원 편,『한민족공동체 통일방안』기본해설자료, 1989. 9.
67) 남북한 통합을 산술평균적 상호수렴의 과정으로 진행될 것으로 예측하는 사람은 아무도 없을 것이다. 사회체제는 인류역사상 뒤떨어지고 낮은 수준의 문명이 보다 발전하고 높은 수준의 문명을 수용하면서 새로운 갱생의 길을 걸으며 그 생명력을 유지하거나, 그렇지 않으면 일방적으로 흡수·동화되면서 역사 속으로 사라지기도 한다.

공존공영의 장기 지속적 단계는 발전적 과정으로 나아가는 것으로 상정할 수 있는데, 초반기 남북한의 활발한 교류협력과 개인, 기업, 국가부문 등 다양한 경제주체의 상호침투에 의한 남북한 경제공동체 형성의 단계를 거쳐 점차 남북한의 사회문화 부문에서 통합의 수준이 증대됨에 따라 남북한 간 보다 높은 차원의 공동체를 회복하고 창출해 나갈 수 있을 것이다.

공동체란 서로 분리된 두 개의 체제(제도) 및 이념적 구성체 사이에 상호침투 구조가 형성돼 영향력이 일방적으로 관철되는 상태가 아닌 쌍방향적 관계망의 구성체를 의미하는 것으로 볼 수 있다. 예컨대 경제공동체를 자본, 기술, 노동력 등의 '흐름'(flow)이 막혀 있지 않은 상태로 유동성이 보장되는 상황을 가리키는 것으로 본다면, 화해·협력정책은 남북한 양측의 견고한 막힘 상태를 해소하고 쌍방향의 유동성을 모색하는 정책이라 할 수 있다. 이런 맥락에서 화해협력을 바탕으로 민족공동체를 회복하고 창출하는 과정에서 남북 공존은 남북 공영으로 이어져야 한다. 서로 가난하게 공존하는 것은 아무 소용이 없으며, 서로 대결하며 공존하는 적대적 공존도 무의미하다. 공존공영은 말 그대로 함께 번영하기 위해 함께 존재한다는 뜻이다. 따라서 남북한이 서로 교류·협력하고 서로 필요한 것을 나누려는 자세를 가져야 한다. 이를 위해서는 상당기간 일방적으로 대가 없는 지원을 지속적으로 추진할 필요가 있다.

민족공동체의 회복·창출과정에서 공존의 논리와 윤리의 회복이 요청된다. 과거 냉전체제 아래서는 상호불신과 대결 이데올로기를 국민통합의 바탕으로 삼았다면, 이제는 민족화합을 위해 공존의 논리와 윤리를 국민통합의 바탕으로 삼아야 한다. 바로 이 지점에서 우리는 통일 및 대북정책 추진과정에서 남남갈등을 극복하고 양극단의 논리를 지양해 나가야 한다. 우리 민족은 이제 더 이상 좌로나 우로나 치우친 양극적 논리 속에 매몰되지 않을 때에 비로소 21세기의 민족의 형통한 미래를 개척해 나갈 수 있을 것이다. 따라서 냉전적 세계관, 협애한 민중주의적 시각, 배타적 민족주의 시각에서 벗어나야 한다.

(1) 가다머의 '지평의 융합'(fusion of horizons)

우리 사회에서 통일과 민족문제에 대한 양극단의 간극을 극복하고 민족화합을 위한 상호이해의 틀을 마련하는 데는 가다머가 말하는 '이해의 대화적 구조'를 경청할 필요가 있을 것이다.68) 가다머는 진정한 '대화' (dialogue)란 대화에 관여한 사람들이 각각 주제내용에 관심을 갖고 그것에 관한 진리에 도달하는 일에 관심을 갖는다고 했다. 우리는 누구나 우리 자신의 가류성(可謬性)을 먼저 인정해야 한다. 말하자면 다른 사람의 견해도 진리일 수 있다는 가능성에 대한 개방성이 중요하다. 그리고 다른 견해의 진실성을 적극 찾아내려는 노력도 필요하다. 다른 사람의 주장을 무조건 논파하려 들거나 의표를 찌르려고만 해서는 안 된다는 말이다. 중요한 것은 어떤 주장의 배후에 놓인 그의 의도가 아니라, 바로 그 말하는 바의 진리를 찾도록 애써야 한다. 이러한 대화를 통해 서로가 처음에 가졌던 입장보다 한층 진리에 근접하는 견해를 확립하게 될 것이다. 이 과정을 가다머는 이렇게 말한다.

> 대화과정에서 이해에 이르게 되는 것은 대화 참여자들이 준비가 돼 있고, 또 그들은 낯선 것이나 자신들의 견해와 다른 것도 타당성이 있으면 받아들일 자세가 돼 있다는 것을 전제로 한다. 이러한 전제가 서로간에 이루어진다면 그들은 궁극적으로 감지할 수 없고 자의적이지 않은 관점들의 전이(轉移)를 통해 공통의 언어와 판단을 획득할 수 있다(우리는 이를 의견교환이라고 부른다).69)

대화의 성공적인 결말은 공유된 이해이며, 그것은 최초의 모든 대립적 견해들의 변형을 담고 있다. 이런 점에서 이해란 곧 의견의 일치이며, 이해의 결과로 창출된 합의는 가다머가 말하는 이른바 '지평의 융합'(fusion of horizons)이라 할 수 있다.70)

---

68) 조지아 윈키, 『가다머: 해석학, 전통 그리고 이성』, 이한우 옮김(민음사, 1999), 179-181쪽.
69) H. G. Gadamer, *Wahrheit und Methode*(조지아 윈키, 앞의 책, 181쪽에서 재인용).
70) 조지아 윈키, 앞의 책, 135-190쪽.

(2) 원효의 화쟁사상

조화와 상생적 가치를 추구하는 사상은 오히려 우리 전통사상의 맥박 속에 연면히 흐르고 있다. 중용(中庸)적 원리에 기반한 중도(中道)통합의 이념도 이 시대를 이끄는 새로운 원리가 될 수 있다. 특히 다양성이 상극성으로 타락하지 않고 통일성이 획일성으로 전락하지 않는 정신문화의 뿌리를 찾아야 할 때이다. 통일과 민족화합을 바라보는 우리는 누구나 보편화되기 어려운 특정 견해에 대한 집착과 아집(我執)에 사로잡혀 굴절된 시각에서 벗어나지 못하고 있다. 우리 민족사에서 최초로 통일을 성취한 신라의 삼국통일 과정을 목격한 원효(元曉)는 진리(法)에 이르는 길을 제시함으로써 분열의 시대상을 넘어 통합의 대안을 제시하고자 했다. 그는 진리에 대한 잘못된 가설을 극복하고 그 가설에서 나타나는 의심을 제거하기 위해 '일심'(一心)법을 세우고 '이문'(二門)을 열었다.[71] 여기서 '일심 · 이문'의 사상은 진리가 일원적이냐 이원적(다원적)이냐 하는 양자택일적 논리를 넘어서 있는 경지와 차원을 뜻하는 것으로, 진리의 세계(眞如門)나 생멸의 세계(生滅門)나 서로 다르지 않은 근원(一心)의 각각의 모습일 뿐이란 말이다. 진리를 깨닫는 마음이나 생사번뇌의 세계를 체험하는 마음은 다 같은 하나도 아니요(非一), 그렇다고 각각 다른 두 개도 아니다(非異)는 논리이다. 여기서 원효의 '화쟁(和諍) · 화회'(和會)사상이 나타나는 계기를 보자.

만약 서로 상이한 견해가 서로 쟁론을 벌일 때, 有見과 같다고 말하면, 空見과 다르게 되고, 만일 空執과 같다고 말하면 有執과 다르게 되어, 같다고 또는 다르다고 주장하는 바가 더욱 세차게 싸움을 벌이게 된다. 또 다시 그 두 개가 같다고 하면 그 둘이 내부에서 서로 다투게 되고, 다르다고 하면 둘이 갈라져 싸우게 된다. 이런 까닭에 非同 非異라고 말해야 한다. 非同이라는 것을 말그대로 취하면 모두가 許容하지 않음을 뜻하고, 非異라는 것을 뜻으로 말하자면 불허함이 없음을 뜻한다. 非異라고 함으로써 그 감정에 어긋나지 않고, 非同이라고 함으로써 도리어 어긋나지 않는다. 감정상으로나 논리상으로 서로 어김이 없다.[72]

---

71) 원효,『대승기신론소』(삼성출판사) 참조

이처럼 원효의 화쟁(和諍)은 단순히 싸움을 말리는 데서 그치지 않고 온갖 대립과 반목을 해소할 수 있는 통합의 원리로 제시됐다.73) 이처럼 원효의 통합의 논리가 우리 시대의 원리로 새롭게 부각돼야 하는 이유는 그것이 개인과 집단 모두에게 상극(相剋)보다는 상생(相生)의 결과를 가져다주기 때문이다.74)

　민족화합을 위한 '공존의 기억찾기'도 중요하다. 이는 우선 '역사와의 화해'를 추구해야 하는 것으로, 민족통일전선의 노선 위에선 식민지해방운동사의 재조명이 이루어져야 한다. 승자의 입장에서 현실을 정당화하고 과거를 미화하는 입장은 "승리 그 자체가 진실이다"는 승리 이데올로기로, 이는 정치적 패배를 자기소멸적 근거를 가진 무가치한 것으로 규정해 진실의 왜곡을 초래할 수밖에 없다. 한국 현대사의 근대국가 수립과 발전노선을 둘러싼 다양한 노선과 투쟁의 역사 속에서 오늘날의 승자가 사회주의의 세계사적 패배와 자본주의와 자유주의 승리를 마치 미리 예견하고 있었던 듯 예찬하는 분위기 속에서 과거와의 화해를 기대할 수 없는 것이다. 도덕적 정당성과 정치적 실패와의 괴리, 이를테면 외세와의 결탁을 주저하고 자주적 입장에서 현실을 극복해 나가겠다는 의지와 논리는 종종 국제감각의 부족으로 지도자적 비전의 부재로 매도당하는 경우도 있다. 거꾸로 한국 현대사의 좌절된 노선에 대한 이해와 함께, 건국과 근대화 과정에서 성공한 사례에 대한 긍정적 이해도 요망된다. 현재중심주의와 결과주의적 입장에서는 과거와 과정에 대한 진지한 이해와 역사와의 화해의 정신이 나타나기 어렵다.

---

72) 원효, 『금강삼매경론』(삼성출판사), 466쪽.
73) 김형효, "원효사상의 현재적 의미와 한국사상사에서의 위치," 聖·元曉 大심포지움 (1987.11.1-2, 서울) 『원효연구논총』(국토통일원 조사연구실) 참조.
74) 근대화 논리는 이분법적 흑백논리(友/敵, 옳음/그름, 선/악, 근대/전통, 능률/비능률, 효율/비효율, 성공/실패, 성장/분배, 자유/평등)에 기반해서 중간적 공존영역 거부로 나타난 특성이 있다.

2) 공동체 민주주의

21세기는 수세기 동안 지속돼 왔던 근대문명의 퇴조과 함께 개막됐다. 근대는 인간 이성에 대한 신뢰와 함께, 인간의 합리적 사유에 근거해 '좋은 세상'을 건설할 수 있다는 신념의 시대였다. 근대는 인간의 창조성과 자율성이 한껏 분출된 격동의 역사였으며, 비록 혁명과 전쟁으로 점철된 시대였지만 현세적 확신에 찬 이데올로기의 시대이기도 했다. 지난 세기말 우리는 사회주의의 대파국을 목격했다. 이는 프랑스혁명 이래 자유와 평등이념의 갈등이 마침내 자유이념의 승리로 막을 내린 한편의 드라마로, 서구 계몽주의의 지적 전통의 쇠락과 더불어 근대정치사를 마감하는 세계사적 사변이었다고 하겠다.

근대는 미래에 대한 기대와 낙관적 전망 속에서 전개됐다. 반면 근대를 '넘어선' 지금 우리 인류는 어디에 서 있으며, 어디로 향하고 있는가에 당혹해하고 있다. 여기에다 정치사회의 특정한 구심이나 지향점을 발견하기 힘든, 거의 모든 것이 해체된 상황에서 정치사상 연구의 방향을 설정하는 일은 무척 어려운 작업이 아닐 수 없다. 그럼에도 우리는 인간존재의 가치를 재확인하고 민주주의의 이념적 지평의 확대를 향한 지적 고투를 방기할 수는 없다. 특히 자유민주주의를 표방하고 있는 남한과 비록 기아선상에서 국가체제의 유지에 골몰하면서도 사회주의 원칙을 고수하고 있는 북한과의 평화공존과 협력의 틀을 구축해야 하는 과제와 관련해서 자유와 평등개념과 무관할 수 없는 민주주의의 이념적 원리를 되짚어 보지 않을 수 없다.

남북한의 미래상을 모색하는 과정에서 민주주의는 오늘날 무엇을 뜻하는가? 민주주의의 현대적 의미를 둘러싼 논쟁은 기술관료적 정부관(technocratic vision of government)에서 광범위한 정치참여로 특징지어지는 사회생활의 관념에 이르기까지 극히 다양한 민주적 모델이 주장됐다.[75]

---

[75] David Held, *Models of Democracy* (California; Stanford University Press, 1987), pp.267-274.

자본주의 시민사회에서는 대개 자유와 평등의 이상을 개인주의적인 정치, 경제 및 윤리적 교리와 결부시키는 관행이 일반적이다. 개인은 본질적으로 신성불가침의 존재이며, 개인은 스스로 선택한 목표와 개인적 이익을 실현하려고 노력하며 추구할 수 있는 정도만큼 자유롭고 평등하다. 특정 권리나 자유를 향유하는 개인의 자격이 존중되며 모든 시민이 법 앞에서 평등하게 취급될 때 개인간의 평등한 정의는 유지될 수 있다. 이런 입장에 따르면 현대국가는 시민으로 하여금 자신의 이익을 추구할 수 있도록 해주는 필수적 조건들을 제공해야 하며, 개인의 자유를 보호·육성하기 위해서는 법의 지배(the rule of law)가 이루어져야 한다. 즉 어느 누구도 자기가 생각하는 '선한 생활'(the good life)의 전망을 다른 사람에게 강요할 자격이 없는 상황을 전제해야 한다. 이는 서구 근대 시민사회의 성립과정에서 나타난 자유주의의 핵심논리였다. 여기서 국가는 자기 이익에 관한 궁극적인 최선의 심판자인 시민의 권리와 자유를 보호하기 위해 존재한다. 한편으로 국가는 시민이 자신의 목표를 안전하게 보장받기 위해 감수해야 할 부담이라고 할 수 있다. 모든 시민이 가능한 한 최대의 자유를 보장받기 위해 국가는 그 활동범위에서 제약받고 행동 면에서 규제돼야 한다. 자유주의는 최소의 정치적 간섭 속에서 '자유롭고 평등한' 시민의 번영을 누릴 수 있는 세계를 창조하고 보호하는 데 주력해 왔고 지금도 그러한 속성에는 변함이 없다.

그러나 자유주의를 비판하는 신좌파적 입장은 특정한 사회적 또는 집단적(collective) 수단과 목표가 더 바람직하다고 역설해 왔다. 좌파적 입장에서 평등과 자유의 문제에 접근하는 것은 실제로는 '자유시장'경제와 최소국가의 틀 속에서 자신의 능력에 따라 활동하는 개인에 의해 '자유롭고 평등한' 시민적 가치가 추구될 수 있다는 견해에 대한 비판에서 출발한다. 그들은 근대 이래 모든 인류가 위대한 보편적 이상으로 여겨 온 자유, 평등, 정의는 사유재산과 자본주의경제가 지배하는 세계에서는 온전히 실현될 수 없다는 입장이다. 최근 신좌파적 입장은 20세기 말 현실 사회주의의 참담한 실패 속에서 많은 굴절을 겪었지만, 오히려 21세기 자유주의의 전지구적 차원에서의 전일적 지배가 초래하는 자유의 심각한 훼손·왜곡현상에 대해 보다 새로운 통찰력을 보여주고 있다. 자유, 평등, 정의의 이상은 사회와 국가를 민주화시키는 노력을 통해 보장될 수 있으며, 궁극적으로 정치·경제·사회·국가적 차원에서 모든 형태의 강제력의 제거를 통해서만 인류는 '자유롭고 평등하게' 발전할 수 있다.

신좌파 사상가들은 여러 면에서 전통적인 사회주의 사상가들과 다르지만, '각자의 자유로운 발전'이 '전체의 자유로운 발전'과 병행할 수 있는 조건을 밝히려는 데 관심을 가지고 있다. 그러한 조건은 인간사회의 근본적인 공동목표가 아닐 수 없다. 이러한 맥락에서 여기서 자유·평등관념을 간략히 짚어 보도록 하자.

(1) 자유·평등

한반도는 자유이념과 평등이념의 각축장으로 세계사에서 유일하게 흡사 실험실적 조건 속에서의 반응과 같이 두 이념의 실천적 적용과 그에 따른 결과를 보여주었다. 말하자면 이념적 차원에서 두 이념의 극단적 대결과 철저한 상호배제는 최소한의 절충과 공존영역의 여지를 압살시켰으며, 북한은 자유이념의 말살과 평등이념의 극대화로 치달았다면 남한은 평등이념의 왜곡과 자유이념의 절대화를 추구해 왔던 것이다. 북한사회의 자유관념을 잠시 살펴보면 다음과 같다.

> 개인의 자유를 무원칙하게 내세우며 조직생활과 조직규율을 싫어하며 제멋대로 행동하려는 낡은 사상과 태도. 원래 자유주의는 생산수단의 사적소유에 기초한 자본주의사회의 산물로서 착취계급의 사상이다. 자본가계급이 청산된 사회주의사회에는 자유주의가 생겨날 수 있는 사회경제적 근원이 없다. 그러나 자유주의는 낡은 사상잔재를 많이 가지고 있는 사람들 속에서 여러 가지 형태로 나타나고 있다.[76]

자유이념의 역사적 승리와 평등이념의 패배는 국가발전과 경제성장 논

---

76) 『정치사전』(평양: 사회과학출판사, 1973), 726쪽.

리를 최고의 가치로 삼아 왔던 한국사회 발전전략의 정당성을 재확인하는 계기로 인식됐을 뿐 아니라, 자유가치가 남북한 통일과정에서 핵심적 토대가 돼야 한다는 대중적 확신을 심어 주게 됐다고 하겠다. 이러한 상황을 전제한다면 통일을 상정한 남북한 미래상의 설정이나 또는 한국사회 개혁의 지향점을 평등이념의 구현에 초점을 맞춘다면 광범한 동의를 얻기는 어렵다. 달리 말해 평등가치를 공동체의 결합원리 또는 목표개념으로 설정하는 데는 근본적인 한계가 있다는 말이다. 평등이념의 보편적 가치에도 불구하고 독점적 금융자본의 세계지배가 내적 파열에 따른 파산선고 상황에 직면하기 전까지는 자유이념의 신성불가침성과 더불어, 적어도 한국사회에서는 자유주의 담론의 지배에서 벗어나기는 쉽지 않을 것이다.

그러나 자유이념의 신성시, 자유주의 담론이 절대화하는 사회에서 민주주의는 큰 공백을 가질 수밖에 없으며, 공동체의 내적 유대를 기대할 수는 없다. 따라서 남북한 공동체의 지향은 한편으로는 상호 접점의 확대를 추구해 나가는 과정이라 할 수 있으며, 다른 한편으로는 상호 양극적 이념이나 가치체계의 집착을 극복해 나가는 노력을 통해 도달할 수 있을 것이다. 말하자면 성장논리와 보수적 자유주의의 북한지역으로의 확대 적용을 설득하고 강요할 경우 사회정의와 연대적 가치의 회복을 기대하는 것은 불가능하다.

한편 북한에서의 평등에 대한 사전적 정의는 "주로 자격, 권리, 지위, 의무 등에서 차별 없이 같은 것"으로 말해진다. 평등관념을 보다 구체적으로 살펴보자.

> 생산수단에 대한 사람들의 동일한 관계와 이에 기초한 사회생활에서의 그들의 동등한 처지, 생산수단이 사적소유로 되어 있고 사회가 적대적 계급들로 분열되어 있는 착취사회에서는 모든 사람들의 평등이란 있을 수 없다.…… 자본주의사회에 와서 불평등은 극에 이른다.…… 자본주의사회에서 자본가계급은 법 앞에서 모든 사람들의 평등한 권리에 대해 많이 떠드나, 이것은 사실상 그들이 자본주의사회에서 극심한 사회적 불평등을 가리우고 착취사회를 미화하여 근로대중의 계급의식을 마비시키고 그들을 온순한 노예로 만들기 위한 기만수

단에 불과한 것이다.77)

여기서 북한의 평등관념과 북한사회의 일상적 생활세계에서 평등이 실질적으로 구현되고 있는가 하는 문제는 다르다. 북한사회에서는 권력과 지위에 따른 차별성은 상당히 자연스럽고 당연한 것으로 인식된다. 오히려 권위주의적 위계질서와 그에 따른 비대칭적 복종의식은 비민주적 사회를 특징짓는 정치문화의 일반적 속성으로 나타난다. 그러나 사회주의의 존재이유(raison d'etre)인 평등사회 구현의 이념은 비록 '빈곤의 평등화'로 귀결됐고 말았지만, 사회주의의 이념적 기저로서 평등은 북한주민들의 의식 속에 깊이 각인된 관념이라 할 수 있다. 따라서 평등은 정치적 위계에서나 남녀관계를 비롯한 생활영역에서의 비대칭적 인간관계가 문제되는 것이 아니라, 경제적 차원에서 재산과 물질적 가치의 소유문제를 둘러싼 갈등으로 나타날 것이다.

북한은 평등의 관계만으로는 서로 단합해 도와주면서 생사고락을 같이하는 운명공동체로 사람들을 결합시킬 수 없다고 하면서, 평등한 관계는 상대방의 인간적 존재를 존중하는 태도를 갖게 하지만, 나와 너는 똑같은 권리자이기 때문에 너를 반드시 도와줘야 한다는 의지를 발생시키지는 않는다고 주장한다. "평등한 관계가 개인과 개인과의 관계에서 예속과 불평등을 반대하고 개인의 자주성을 이바지하는 역할을 한다면, 동지애의 관계는 운명을 같이하는 하나의 사회정치적 생명체로 사람들을 결합시키고 사회집단의 자주성을 옹호하는 데 기여하는 역할을 수행한다"78)고 하여, 북한사회는 정치사회적 인간관계의 평등·불평등을 크게 문제삼지 않으며, 다만 주체사상의 인간관에 따라 평등보다 혁명적 동지애를 더욱 중요시하는 모습을 볼 수 있다.

---

77) 『철학사전』(평양: 사회과학출판사, 1970), 632쪽.
78) 최희열, "주체의 사회주의 정치제도는 참된 인민정권에 의하여 관리 운영되는 정치제도," 『주체의 사회주의 정치제도』(평양: 평양출판사, 1992), 24쪽.

(2) 민주주의와 시장

지난날 제3세계에 속해 있던 이들 적극적 주변부(한국, 중국, 인도, 아태지역 국가 등)국가들에서 일어나고 있는 자본주의 팽창의 성격과 전망을 어떻게 평가할 것인가에 대해 일반적으로 일치된 견해는 없다. 어떤 사람은 이들 국가 가운데 가장 힘차게 부상하고 있는 나라들은 아직은 세계 위계질서의 중간수준에 머물러 있지만 선진자본주의를 따라잡는 과정에 있으며, 따라서 이제는 더 이상 주변부가 아니라고 말한다. 그러나 아민의 견해는 다르다. 이들 나라의 미래도 역시 주변부일 따름이다. 그는 1800년부터 1950~80년까지는 중심과 주변부를 가르는 기준이 산업경제와 비산업경제의 대립이었다면, 이제는 중심과 주변부에 대한 대비가 다섯 가지 독점의 분석을 통해 규정될 수 있다며 색다른 기준을 제시하고 있다. 그 다섯 가지 독점이란 세계화된 금융자본의 독점, 기술혁신의 독점, 지구자원에 대한 접근의 독점, 통신정보 수단의 독점, 그리고 대량파괴 무기의 독점으로 나타난다는 것이다.[79]

자본주의 시장경제가 이처럼 세계적 독점과 배제로 양분되는 과정을 억제할 수 있는 길은 자본주의체제를 민주주의의 원리와 접목시키는 데 있다. 이러한 맥락에서 남북한 화해협력 과정에서 민족공동체를 한층 발전시키기 위해서는 시장경제의 사회적 성격을 회복시키는 정책을 추진해야 할 것이다.

(3) 사회적 시장경제

민주주의의 사회경제적 이념과 관련해서 시장경제의 원칙 아래 사회적 책임과 국가의 능동적인 역할을 강조하는 사회적 시장경제를 통일한국 정치체제의 한 형태로 고려할 수 있다. 사회적 시장경제는 '효율성'과 동시에 '사회적 책임'의 이중적 가치를 지향한다. 사회적 시장경제에서 국가는 능

---

[79] Amin Smir, "진보적이고 민주적인 새로운 세계질서를 위하여," 『당대비평』 1997년 가을, 창간호(당대) 참조.

동적인 사회정책을 통해 사회정의와 사회보장을 위해 배려해야 한다. 여기서 사회적 시장경제론의 '사회적'이란 개념은 경쟁을 최대한 허용하면서 효율성을 추구하는 것 이상으로 비예속과 더불어 독점이 없고 권력이 없는 상태를 의미한다. 남북한 통일과정에서 북한지역의 시장경제체제로의 포섭은 남한 독점자본에의 예속상태와 내적 식민화로 전락될 수 있는 가능성이 크다. 이러한 시장의 권력화에 대한 예속을 극복하고 국가의 과도한 개입으로 인한 시장경제 기능 자체가 왜곡될 수 있는 개연성도 충분히 고려돼야 할 것이다. 물론 시장경제 원칙이 관철돼야 한다고 해서 반드시 국가의 배제가 전제돼야 하는 것은 아니다.

사회적 시장경제의 목표는 경쟁질서의 기초 위에서 자유로운 이니셔티브를 바로 사회적 진보와 결합시키는 데 있다.[80] 이는 경쟁이론을 포함해서 가장 넓은 의미의 통합공식으로, '시장, 국가, 사회집단이라는 생활영역 사이의' 조정을 추구한다. 시장이 경제적 자유와 복지를 보장하고 다양한 사회보장 시스템을 위한 적절한 기초이지만, 시장에서의 조율이 실패하거나 바람직하지 않은 결과를 초래할 경우에는 국가가 개입해야 하며, 국가개입의 방향은 시장정합성의 지향에 초점을 맞춘다.

사회적 시장경제는 2차대전 이후 독일 부흥의 기초를 다지는 데 기여한 정책이다. 사회적 시장경제론의 신념은 전체주의 지배의 잔재를 해소하고 개인에게 충분한 행동공간을 제공하며 독자적 재량에 의한 자기실현의 동기를 부여하고, 그렇게 함으로써 국가의 자원을 공동체 전체의 공익을 위해 활용할 수 있다고 믿었다. 이런 점에서 사회적 시장경제는 남북한 통일과정에서 나타날 수 있는 문제점을 예상하고 새로운 통일국가의 공동체 전체의 공익을 확보할 수 있는 모델이 될 수 있다. 그리고 사회적 시장경제는 법치국가적 민주주의와 보완적일 뿐만 아니라 경제, 사회 및 공동체적 이념 상호간을 조화시키는 데 기여할 수 있으며, 평화, 자유, 그리고 복지국가의 틀을 마련하는 데 초석이 될 수 있다.

---

80) Mueller-Armack, *Soziale Marktwirtschaft*(1956) 참조.

7. 맺음말

　남북한 체제(제도)통일은 멀고도 험난한 길이다. 소유권의 이념형적 형태에 의하면 북한은 소유권의 '사회화'에 기반하고 있는 사회체제다. 개인소유는 사회주의적 소유의 대원칙하에 제한된 범위에서만 인정되고 있으나,[81] '국가적 소유'와 협동단체 등에 의한 '집단적 소유' 형태가 일반적이다. 반면 남한은 '사유화'에 토대를 두고 있다. 이러한 두 사회체제의 인위적 통합은 엄청난 갈등을 수반할 뿐만 아니라 현실적으로 많은 어려움이 뒤따른다. 그러므로 남북은 긴장해소와 굳건한 평화구조의 바탕 위에서 교류협력을 증진시켜 상호체제의 삼투력을 증대시켜 나가면서 남북간 결속력의 수준을 높여 나가는 방안이 우리가 선택할 수 있는 가장 합리적인 길이다. 이를테면 양극적 체제가 이념형적 공존을 거쳐 수렴될 수 있는 영역을 점차 확보해 나가야 할 것이다.

　민족연대의 회복이 필요하다. 공동체는 구성원의 내적 결합의 근거를 확보해야 공동체의 형성과 지속적인 유지를 기대할 수 있다. 이런 점에서 남북한 공동체 형성의 과제는 민족연대의 이념을 발견하고 재정립하는 데 달려 있는 문제라고 할 수 있다. 우리 민족사에서 신라와 발해의 양립 시대를 '남북국시대'라고 한다면, 남북국시대의 2백여 년 동안의 단절과 격폐의 결과 민족사의 굴절뿐만 아니라, 외세에 조종당하면서 마침내 민족의 광활한 생활영역을 영구히 상실하는 결과를 초래하고 말았던 뼈저린 역사를 돌아보아야 할 것이다.[82]

---

81) 북한 헌법 제24조 1문; 북한 민법 제58조 1문.
82) 신라와 발해 사이에서 당은 신라의 반도지배를 승인하는 동시에 발해의 만주지배를 승인했다. 모두 책봉형식을 취했다. 당의 동방정책은 이제 남의 신라, 북의 발해로 남북 두 세력의 대립에 의한 상호견제 위에 중국의 전통적 대외정책, 이적(夷狄)에 대한 이

한반도는 전통적으로 동아시아 지역모순의 결절점이었다. 민세 안재홍(民世 安在鴻)은 조선의 자주독립이 동아시아 평화에 어떻게 관건으로 작용하는가를 큰 안목으로 통찰한 바 있다. 그에 따르면, "조선 한번 자주 독립을 잃어버리면 동아시아의 평화 문득 깨어지고 만다"는 그에 주장은 결코 과장이 아니다.83) 이런 점에서 남북한 화해협력은 한반도와 동북아의 평화를 향한 길이라고 할 수 있다.

'남북연합제' 또는 '낮은 단계의 연방제'에 의한 통일국가의 윤곽은 모두 두 지역정부를 아우르는 '복합국가'의 형태로 복합체제·복합사회의 전망을 제시한다. 복합국가 형태는 처음 "남쪽은 남쪽대로 북쪽은 북쪽대로 그대로 가지고 그러면서도 뭔가 하나의 국가로서의 덩어리를 형성하고,…… 점차 시간을 뒤 가면서 양쪽에서 대화와 교류를 통해서 기다려 가면서 점진적으로 이해할 것은 하고 이해 못할 것은 못하고 그러면서 단일국가를 추진해 가는 그런 방안"의 소박한 형태로 제시됐다.84) 이러한 복합국가는 여러 형태가 있을 수 있으나 우리 민족의 적극적이고 창조적인 역량에 따라 복합국가 체제의 내용과 성격이 규정될 수 있을 것이다. 이를테면 복합국가는 '한 지붕 두 가족' 또는 '한 깃발 두 국가'(one flag two states)의 형태로 완전통일의 그날까지 상당기간 지속되는 국가형태일 수 있다.

복합국가는 남북한간 '느슨한' 결합형태를 띤다. 복합국가의 전망은 남북한 사회체제의 공통분모를 발견하고 확대해 나가는 데 있다. 요컨대 '시장경제'와 '계획경제', 소유권의 '사회화'와 '사유화', 절충론과 수렴론의 역사적 실패에도 불구하고, 완충영역을 확보해 나가는 방안을 모색할 필요가

    간·기미(羈縻)정책을 펴기 시작했다. … 이리하여 남북 양쪽은 서로가 망할 때까지 한 번도 화합할 수 없었다. 그것은 남북 등거리외교로 일관된 당의 동방정책에 시종 조종되면서 서로 깨닫지 못했기 때문이었다. 신라가 당에의 일변도로 당의 힘을 빌려 발해를 누르려고 했던 것이나, 발해가 저자세를 무릅쓰고 멀리 일본에 조빙(朝聘)을 다녔던 것은 다 같이 후세의 역사적 비판을 받아 마땅한 것이었다. 이우성, "남북국시대와 최치원,"『창작과비평』1975년 겨울.

83) 안재홍, "신민족주의의 과학성과 통일 독립의 과업,"『신천지』1949년 8월.
84) 천관우, "민족통일을 위한 토론회: 민족통일의 구상①,"『씨올의 소리』1972년 8월 참조

있다. 소유권의 제한 및 사회적 성격의 강조, 시장적 영역에 침해받지 않는 공공부문의 —— 의료보건, 교육, 법률구조, 주택 등 —— 확충 등을 토대로 민주사회의 기반을 넓혀 나가야 한다. 시장경제는 거역하기 어려운 세계적 추세이지만 시장논리에 모든 인간의 삶의 가치와 운명을 맡길 수는 없기 때문이다.

생산성, 효율성을 최대의 가치로 여기는 신자유주의적 시장중심주의 패러다임이나, 또는 '시장이냐 국가냐' 하는 상호 대립적인 이원론적 관념에서 벗어나 시장과 국가의 한계를 극복할 수 있는 '제3섹트'의 창출·확대방안을 적극 고려할 필요가 있다. 시장과 국가 외에도 다양한 공동체와 각종 조직 이해당사자간 의사결정과 상호협의를 바탕으로 사회적 합의를 이끌어 내는 '시장, 국가, 참가'에 의한 '참여형 시장경제체제'를 대안시스템으로 접근할 수도 있을 것이다. 국가(계획·개입)축소의 필요성에 따라 전통적인 국가부문의 축소를 지향하되, 지방자치체, 협동조합, 공익기관 등 '제3섹트'의 개발과 참여를 통해 시장의 부정적 측면과 폐해를 해소시켜야 한다. 이를 위해 시장과 비시장영역의 공존, 시장경제와 비시장적 부문의 조화가 모색돼야 한다.

통일한국의 정체체제는 남북한 장기공존을 전제로 사회정의 차원에서 형평성과 효율성의 양립·조화를 추구해 나가는 과정 속에서 모색될 수 있다. 남북연합을 통한 한반도 평화의 틀을 구축하는 한편, 시장논리와 공동체적 논리의 조화를 통한 민주주의 확립의 과제는 우리 민족의 선택적 의지에 달린 문제라고 할 수 있다.

제6장 남북한 이념통합의 방향과 과제[*]

1. 머리말

　21세기는 엄청난 충격과 혼돈 속에서 개막됐다. 문명사적 전환으로 일컬어지는 대변환의 과정에서 개인적 삶의 영역이나 국가적 존립근거의 차원에서 모두 지금까지의 전통적인 존재양식의 변화를 강요받고 있다. 이러한 전환과정에서 우리는 인류공동체가 직면하고 있는 도전을 극복해 나가야 하는 문제와 분단극복의 이중적 과제에 맞닥뜨리고 있다. 특히 분단극복과 평화통일은 20세기적 유제를 넘겨받은 천연된 과제가 아닐 수 없다.

　분단시대 남북한은 서로 다른 체제와 이념 아래서 통일을 지상명제로 삼아 대결적 갈등구도를 지속시켜 왔다. 통일은 대개 남북한간 서로 다른 체제와 이념이 하나로 통합되는 상황을 말한다. 비생산적이고 소모적인 이념대결과 체제경쟁을 통한 일방의 주도에 의한 통일의 달성은 비현실적인 접근임이 판명됐다. 한반도의 두 국가체제가 상당기간 지속될 것이라는 전제에서 이러한 형태의 통일의 전망은 높지 않다. 통일국가의 전망은 남북한 두 국가의 실체를 전제로 상호인정과 공존의 토대 위에서 접근 가능한 것임에도 불구하고 상대방의 존재이유와 상호체제 인정을 위한 공존논리의 발견과 공존윤리의 모색은 그렇게 쉬운 일이 아니었다.

　역사적인 남북정상회담의 공동선언을 통해 남북한 통일방안의 공통성을

---

[*] 이 논문은 「남북한 이념통합의 방향과 과제」 (통일연구원, 2001)로 출간된 것을 일부 수정한 것임.

서로 인정함으로써 최근 통일 분야의 연구주제에서 한동안 방기됐던 과제가 다시 주목을 받게 됐다. 그런데 남북공동선언문을 통해 나타난 통일방안의 공통성 합의는 현 단계 남북관계 발전의 질적 수준에 조응하기 어려운 비약적 측면이 있다는 점에서 통일방안 논의는 우리 사회에서 주목받는 담론으로 부각되지 못했다. 사실 추상적인 통일방안의 합의는 그것의 실천적 의지를 전제한 것이라기보다는 통일을 지향하는 두 개의 정치적 실체의 존재를 대내외적으로 천명한 것으로 이해할 수 있다. 말하자면 한반도 평화의 실천적 과제를 제기하기 전에 남북한 각각의 국가체제의 공존과 상호인정을 암묵적으로 선언한 형태라고 하겠다. 따라서 우리는 남북한 통합의 궁극적 형태는 먼 지평에 설정하되, 변화된 세계사적 환경과 국제관계 속에서 통합과제에 대한 새로운 시각과 접근법의 제시가 기대된다.

통일한국의 체제(제도)와 이념적 성격은 남북한 이념통합의 방향과 과제 속에서 모색될 수 있다. 통일을 지향하는 과정에서 남북한은 정치영역에서 민주주의의 확대, 경제영역에서 상호의존성 증대, 사회영역에서 다양성을 존중하는 이념과 가치체계를 추구해 나가야 한다.1) 통일은 평화적 합의통일의 원칙 아래 이루어져야 하나 통일국가의 체제와 이념에 대한 남북한 주민의 합의도출은 쉽지 않은 과제이다. 따라서 사회주의 실험의 역사적 한계와 21세기 세계사적 전망과 관련해서 현실적 개연성(plausibility)이 높은 이념적 대안을 찾는 방안이 바람직하다.

남북한 장기공존을 전제한 통일과정에서 어느 일방의 체제이념을 재확인하는 작업보다는 남북한 체제와 이념의 중간영역을 찾을 수 있는 새로운 조망이 필요하다. 이는 상당기간의 평화적 공존을 전제한다면 북한의 변화

---

1) 통일과 통합은 구분된다. 통일(unification)은 서로 다른 정치적 실체(political entity) 또는 국가들이 하나로 결합되는 정치적·국제법적 '사건'(event)으로 볼 수 있다. 반면 통합(integration)은 민족 또는 국가 내부의 다양한 구성부문들 가운데 상호 등질적 부문간의 조화와 융합의 '과정'(process)을 뜻한다. 예컨대 경제통합, 제도통합, 사회통합 등을 말한다. 통일은 단순히 정치적·국제법적 사건에 그치는 것이 아니라, 그러한 정치적·국제법적 사건으로부터 그후 제도적·사회적·문화적 부문 등 각 부문의 통합을 거쳐 궁극적으로 민족적 삶 자체가 하나로 되는 일련의 과정으로 파악될 수 있다. 따라서 통일은 모든 부문의 통합과정을 포괄하는 하나의 총체적 과정으로 이해할 수 있다.

를 수용하면서 민족사회의 미래를 열어 가는 우리측의 창조적 의지와 역량에 달려 있는 문제이다. 남북한 이념통합의 방향과 과제는 남북공동선언 (2000. 6. 15) 합의사항 제2항의 남측의 '연합제안'과 북측의 '낮은 단계의 연방제안'의 내용과 지향점을 중심으로 접근할 필요가 있다. 양 방안은 두 국가체제의 장기공존을 전제로 화용(和容)과 공변(共變)을 전제한 점진적·단계적 통일방안이라는 데 접점을 찾을 수 있다.

통일한국 이념의 모색과 더불어 정치사회적 통합과정에서 남북한 주민의 저항과 소외를 극복하고 통일의 진통과 혼란을 최소화하기 위해서는 통일과정을 효율적이고 질서 있게 관리해 나가야 한다. 따라서 사회통합과 국민통합의 과제는 민족사의 향방과 관련된 새로운 이념 및 가치관의 창출을 통해 해결해 나갈 수 있을 것으로 기대된다.

소유권은 사회주의와 자본주의를 구분하는 열쇠개념이다. 이데올로기 시대로 특징지을 수 있는 근대사회는 소유권과 소유제도를 둘러싼 갈등과 투쟁의 역사였다고 해도 지나친 말이 아니다. 소유권은 자유주의의 이념적 원형으로, 초기 자유주의는 생산수단에 대한 사적 소유를 인간본성에 부합하는 자연법적 권리, 즉 천부인권의 한 형태로 규정했다. 반면 사회주의는 사적 소유제의 철폐로부터 인간해방의 논리를 발견하고자 했다. 사유재산은 현대 자유기업 민주주의의 핵심적 가치이다. 이는 자본주의를 사회주의로부터 확연히 구분짓는 기본적 속성이다. 최근 사유재산 중심의 자유기업 민주주의 논리가 득세하면서 생산수단에 대한 사회적 통제의 필요성이나 공적 소유관념을 주장하는 논리는 마치 비효율성과 불합리성의 원천으로 매도돼 아카데미즘의 수준이나 정책적 차원에서 거의 외면되고 있는 실정이다.

인간사회는 정치적·경제적·문화적·종교적 가치 등 그야말로 다양한 형태의 사회적 가치체계에 의해 촘촘히 짜여진 공동체적 결합 속에서 유지되고 있다. 그러나 사회주의의 폐허 위에서 전개되는 현대사회는 사유재산의 이념과 시장논리에 따른 경제적 의사결정만이 모든 것을 지배하는 세상이 됐다. 그 결과 다양한 가치 속에서 유기적 연결망을 통해 작동하던 세계는 사라졌으며 공동체는 해체됐다. 자본시장 메커니즘에 의해 개개인의 삶의 영역에서부터 시민사회의 결속뿐만 아니라 전통적인 국가마저도 해체되고 있다. 우리는 지금 금융자본의 지배하에 있는 유사민주주의(quasi-democracy)가 세계 곳곳에 확산되면서 국가 내에서, 그리고 국가간에 엄청난 불평등의 심화와 함께 세계인구의 대부분을 더욱더 빈곤한 상태로 몰아넣는 처참한 상황을 목격하고 있다.

사적 소유가 더 이상 모든 악의 근원으로 규정될 수는 없다. 그러나 소유패턴에 무관심한 시장자본주의적 발전전략은 수정돼야 한다. 자본시장은 인간의 양심이나 도덕성과는 전혀 무관하게 움직인다. 이것이 사회주의이념이 그토록 매력적으로 느껴졌던 이유다. 그럼에도 사유재산에 기반한 자본철폐의 추구가 인류의 대안은 아니었다. 사적 소유의 철폐에 따른 국가적 소유는 억압과 수탈체계로부터 노동계급을 해방시킨 것이 아니라, 오히려 모든 사람은 소유로부터 배제됐고 국가노동자로 전락돼 자유와 인간의 개성은 철저히 거부됐다.

그렇다면 대안은 무엇인가? 사적 소유, 즉 사유재산의 부정에 해결책이 있는 것은 아니다. 대안은 모든 사람이 소유권을 향유하도록 하는 데서 찾아야 한다. 모든 사람이 재산소유에서 배제되지 않고 소유에 누구나 참여하는 것이다. 이를 위해서는 소유패턴을 바꾸어야 한다. 누구나 소유에 참여하기 위해서는 대중화되고 인간적이며 지방화된 소유패턴을 추구해 나가야 한다. 그 결과 공동체 지향의 경제구조를 창출할 수 있다면 우리는 '인간의 얼굴을 한 자본주의'사회를 만들 수 있고, '공산주의 없는 공동체'(community without the communism)를 추구해 나갈 수 있을 것이다.

상호의존성! 이는 인간존재의 근거로서, 모든 삶은 직접적이고 거부할 수 없는 상호의존성의 감정을 통해 인간적 유대감을 회복한다. 인간은 고립된 개별적 존재로 살아갈 수 없다. 상호의존성은 소유의 대중화를 통해 실질적으로 발견할 수 있다. 즉 누구나 사회적 소유나 자유기업의 소유관계에 참여함으로써 빈곤의 타락과 모욕으로부터 해방될 수 있고 연대성에 기반한 공동체의 구성원이 될 수 있다.

남북한 체제통합의 이념적 지평은 소유패턴의 변화를 촉진하는 다양한 철학적 사고와 실천적 전략에 의해 확대될 수 있다. 만인소유제의 확립은 광범하게 분산된 소유형태로, 이는 인간의 생활과 환경에 영향을 미치는 힘은 상호적이어야 하며, 민주주의와 공동체는 더 이상 자본시장의 논리에 지배당하지 않는 영역에서 가능하다는 확신에 기인한다. 따라서 공동체의 창출을 남북한 통합의 이념적 기저로 삼는다면, 우리의 공동체는 사적 소유의 철폐에 의한 공산주의사회의 건설을 지향하는 데 있는 것이 아니라, 모든 사람이 소유권의 주체로 참가하는 공동체사회를 만드는 데 있다.

2. 이념통합의 유형

남북한 이념통합의 방향은 크게 세 차원에서 접근할 수 있다. 첫째, 특정 이념의 일방적·강제적 적용이 있다. 둘째, 상호 대립적인 두 이념체계의 절충적 형태를 발견하는 방안을 고려할 수 있으며, 셋째, 새로운 이념의 모색을 추구해 볼 수 있다. 이 세 방안을 시나리오 형태로 유형화해 보자.

1) 자유민주주의적 통합

이념통합의 방식으로 우선 자유민주주의 이념과 시장자본주의 체제의 남한사회의 이데올로기, 공적·사적 부문에서의 규범, 가치체계, 생활방식 등을 북한지역에 일방적으로 확대 적용하는 방식을 상정할 수 있다. 이러한 선택은 가장 현실적인 이념통합 형태로 주장되고 있다. 이 논리는 주로 경제주의적 시각에 근거하고 있으나 대안모색의 의지 자체가 닫혀 있다는 점을 한계로 지적할 수 있다. 이러한 이념통합의 실천방법으로는 강제와 홍보, 엿과 채찍 등의 방법이 구사될 수 있을 것이다. 그러나 북한주민들의 집단적 저항과 조직적 반발이 예상된다는 점에서 통일과정의 관리는 큰 난관에 봉착할 가능성이 높으며, 통합 자체가 깨질 수도 있다.

우리 헌법의 '자유민주적 기본질서'(basic free and democratic order)의 이데올로기적 특성은 자유의 적에게 자유를 허용하지 말자는 이른바 '전투적 민주주의'라는 데 있다.2) 전투적 민주주의는 반공을 기본동력으로 삼는다. 반공주의는 자본논리를 절대적 지위에 올려놓는 자본주의사회의 유일 신앙이자 공인사상이라는 점에서 본질적으로 교조주의적이다. 그것은 자본의 논리에 이의를 제기하는 일체의 이념이나 사상에 배타적인 태도를 보인다. 이처럼 특정 이념이나 사상을 중심으로 그 외연에 자리잡은 이념이나 사상에 대해 배타적인 태도를 보이는 교조주의적 입장은 가치절대주의에 뿌리박고 있다.

가치 절대주의는 가치범주의 선험적 존재와 이에 대한 객관적 인식의 가능성을 부정하는 가치 상대주의와는 다르다. 가치 절대주의는 가치의 고정불변성과 보편타당성을 논박의 여지가 없는 거의 자명한 사실로 받아들인다. 이에 따라 가치 절대주의는 사회구성원 개개인의 정치적 확신이나 신념을 인정해 주기를 거부하고 지배체제의 공식이데올로기에 무조건 귀의하기를 요구한다.3) 그에 따라 부르주아민주주의의 고전적 형태인 자유주의적 민주주의가 가치 상대주의에 입각해 자신의 이념적 지표로 내세웠던 사상의 자유시장은 설자리를 잃고 국가권력의 인증을 받은 체제이데올로기가 인간의 사고는 물론 역사의 진실까지도 지배하게 된다. 그리하여 닫힌 구조의 일차원적인 암흑사회가 펼쳐진다.

가치 절대주의의 폐쇄성은 사상의 자유시장을 전제로 하는 정치적 관용의 정신이 배어들 여지를 없앤다. 여기서 보장되는 것은 반공주의뿐, 그

---

2) 부르주아민주주의는 프랑스혁명 당시 평등, 박애의 추상적 슬로건과 함께 급진주의적 자코뱅에 의해 정치적 실천에 옮겨졌다. 자코뱅의 정치이념은 구체제의 복원을 지향하는 수구 반동집단과 이의 잠재적 동맹군을 주된 타격대상으로 설정했다는 점에서 적에게 자유를 허용하지 말라는 호전적 명제는 역사적 진보성을 함축하고 있다. 高橋幸八郞, 『시민혁명의 구조』(동녘, 1983), 20쪽. 그러나 선진 자본주의국가에서 자본주의의 위기가 전반적으로 심화됐던 시기에 위기해결의 대응논리로 등장한 전투적 민주주의는 반공을 기본동력으로 삼고 억압과 배제를 기본속성으로 하는 체제방어 이데올로기로 기능했다.

3) 原秀男, 『價値相對主義法哲學の硏究』(勁草書房, 1979), 61쪽.

밖의 다른 이념이나 사상은 품질과 관계없이 감시체제 아래 놓인다. 반공주의가 가치 절대주의에 입각해 체제이데올로기로 군림하는 한 비판이념이나 비판사상에 대한 정치적 마녀사냥은 고도의 전략적 차원에서 주기적으로 거행되는 공식적인 국가의식, 달리 말해 체제유지를 위한 살풀이굿으로 자리잡는다.[4] 전투적 민주주의인 자유민주주의가 강조되면 반공주의의 흑백논리가 전 사회적으로 부각된다.[5]

자유민주주의는 반공주의적 측면과 달리 뚜렷한 개념설정이 쉽지 않을 뿐만 아니라, 오히려 사회민주주의적 이념과 부합되는 절충적 이념으로 나타나기도 한다. 그럼에도 자유민주주의는 분단구조 속에서 남한의 공식적인 체제이념으로 표방되고 있지만, 반공주의라는 네거티브 이념의 한계를 극복하지 못하고 있다. 이런 점에서 남북한 주민 전체의 합의 가능성을 도출하기 위해서는 민주주의적 가치와 규범에 대한 재구성과, 특히 우리 사회 내에서 먼저 자유이념의 실천적 지향성에 대한 합의의 수준을 높여 나갈 필요가 제기된다.

2) 남북한 이념체계의 조화

갈등적 이념의 조화를 추구하려는 노력은 수렴이론과 '헤게모니적' 조화로 나눠 볼 수 있다. 첫째, 수렴이론은 냉전시대의 이념적 모순대립을 극복하기 위한 방안으로 제시됐으나, 체제수렴의 역사적 검증은 성공하지 못했다.[6] 상이한 이념과 가치체계가 고착된 분단상황에서 대립적인 두 가치체

---

[4] 국순옥, "자유민주적 기본질서란 무엇인가," 『민주법학』 1994년 하반기, 제8호(관악사) 참조.

[5] 반공은 1961년 군사쿠데타 정권에 의해 국시(國是)로 규정되면서, 그후 자유민주주의는 줄곧 반공이념으로 구현됐다. 자유당정권의 이승만 대통령은 대공정책에 대한 비판적 입장을 '국시'에 대한 도전으로 매도해 최초로 국시논쟁을 불러일으킨 바 있다. "국시와 국가정책에 대하여," <조선일보>, 1956. 4. 15.

[6] J. A. 슘페터의 수렴이론(convergence theory)은 상이한 대립적인 체제가 역사의 흐름에 따라 변화해 서로 동일한 모습으로 근사하게 돼 결국 동일한 모습으로 귀착한다는

계의 단순종합이나 상호보완은 현실적 가능성이 그다지 높지 않다. 물론 자본주의와 공산주의체제를 조합한 국가체제의 역사적 모델을 찾을 수도 없다. 그러나 남북한은 공존공영의 정신으로 토론과 대화 및 협상을 거쳐 서로 합의에 기반한 통일국가를 추구해 나가야 한다는 전제에서, 수렴의 문제는 당위성 차원에서 체제와 이념의 통합을 향한 상호양보의 논리로 발전시킬 수 있다. 이념적 차원에서 자본주의체제와 사회주의체제는 근본적으로 상호 모순적이지만, 전(前)공산주의국가나 중국에서 자본주의적 가치와 제도의 원용이 확산되고 있는 모습에서 볼 수 있듯이 사회주의체제가 자본주의적 요소를 수용할 수 있는 가능성이 점점 커지고 있다. 따라서 남북한의 경우 사회주의 경제모델의 장점인 평등이념을 창조적으로 수용하면서 시장의 실패와 자본주의의 모순을 극복할 수 있는 한국형 수렴모델을 모색해 볼 필요가 있다.

둘째, 우위체제의 이념을 중심으로 열위체제의 이념을 보완하는 방식도 고려될 수 있다. 이러한 이념통합 방식은 단순한 산술평균적인 절충방식도 있을 수 있으나(예멘 통합의 사례로 1 대 1 대등통합 방식은 실패로 귀결), 경쟁력과 효율성의 차원에서 상대적 우열을 감안한 헤게모니적 접근이 바람직하다. 말하자면 통일과정에서 주도적 역할을 맡게 될 남한측의 헤게모니적 접근방식을 논의할 수 있다. 이는 그람시의 혁명전략의 분석적 용어로, 여기서의 '헤게모니'는 지배의 대체개념 또는 반대개념이라기보다는 주로 '영향력, 지도력, 동의'의 의미로 사용된다.[7] 즉 남북한 통합과정에서 자유, 평등, 사적 소유권, 시장경제, 자본주의 등 개념의 수용은 북한주민들에게 지적·도덕적 동의를 얻어내야 가능하다. 서구 자본주의사회에서 자유, 평등, 소유권 등의 개념은 부르주아적 질서 속에서만 존재하는 것이 아니라 전체국민의 단어로 수용돼 왔기에 보편적 가치로 자리잡게 된 것이다. 물리적 힘이나 경제력으로는 통합의 영속성을 보장받을 수 없다. 정치적 지도력

이론으로, 자유민주주의체제와 공산주의체제라는 이질적인 정치체제가 시간이 지남에 따라 그 상이성이 극복되고 체제접근의 방향으로 수렴된다는 주장이다.

7) Antonio Gramsci, Q. Hoare and G. Nowell Smith (ed. and trans.), *Selections from the Prison Notebooks* (London: Lawrence & Wishart, 1971), p.57.

및 지적·도덕적 지도력과의 결합이 중요하다. 남한사회의 중심적 가치는 북한주민들의 '동의'를 통해 수용될 때 헤게모니적 조화가 이루어진다. 이 경우 민주주의와 시장경제의 원칙 아래 다양한 이념적 변용을 모색할 수 있는 장점이 있으며, 동의와 설득에 기반한 통합방식이라는 점에서 통합추진 주체의 권위적 대안제시에 북한주민들의 긍정적 반응을 기대할 수 있을 것이다.

3) 새로운 이념유형의 창출

새로운 이데올로기나 통일한국의 이념유형을 창출하는 것은 쉬운 일이 아니다. 인류가 직면하고 있는 위기는 인간의 도덕성과 전혀 무관한 금융자본의 활동무대인 자본시장의 파괴적 속성에서 발생한다. 이러한 세계사적 도전과 민족사적 특수과제를 해결할 수 있는 대안적 이념을 남북한 통합을 모색하는 과정에서 찾아야 한다면, 분단민족인 우리에게 인류사적 사명이 부여되고 있는 셈이다.

모든 인간의 자유는 존중돼야 하나, 가진 자의 자유만이 보장되는 자유주의의 한계는 널리 인식돼야 한다. 평등은 사회적 활력을 떨어뜨리는 측면도 있지만, 평등 없이는 안정도 없다. 사회적 정의의 개선 없이는 우리의 삶은 안전하지 못하며, 우리 사회도 불안할 것이다. 사회주의는 인간의 본성을 수용하기보다 인간성을 변화시켜 사회정의를 이룩할 수 있는 시스템을 구축하고자 했다. 바로 그 점이 사회주의가 실패할 수밖에 없는 요인이었다. 노동이 올바른 삶을 위한 자세이기도 한 것처럼, 인간의 소유욕을 부정하지 않는 올바른 소유(right ownership)는 사회정의의 토대가 된다.

소유구조의 대안은 남북한 통합과 관련해서 분명 새로운 이념이다. 이는 인간의 삶에 영향을 미치는 의사결정이 더 이상 집중된 자본의 논리에 지배받지 않도록 할 수 있는 대안적 사회를 창조할 수 있게 한다. 소유권개념은 정치적·경제적·사회적 연대성을 촉진하는 도구로서, 소유권의 개선을 통해 자본주의를 인간공동체의 논리에 적합한 제도로 개조할 수 있을 것이다. 모든 노동자의 소유자화(ownerization)는 임노동자 또는 국가노동자 형태의 소외가 아닌 모든 의사결정과정의 주체가 되는 길이다. 사람들은 경제시스템에서 그 체제가 함축한 권리 및 의무와 함께 개인적 이해관계를 갖게 되면 자기가 속한 조직이나 체제를 옹호하는 보다 나은 청지기가 되는 경향이 있다. 이런 점에서 노동자(근로자)소유 철학은 분명 새로운 이념이다. 노동자소유 철학은 남한사회에서는 세계적 금융자본의 충격을 극복하고 대항력을 확보할 수 있는 방안이며, 북한으로 하여금 개혁의 원칙과 방향을 설정하는 데 많은 시사점을 제공할 수 있을 것이다. 노동자소유 철학의 정책적 접근인 소유권 리엔지니어링은 서구 민주주의 국가에서는 좋은 반향을 얻고 있다.

이러한 소유구조의 대안과 함께 민족사의 고유한 경험에 의한 역사적 상상력을 접맥시킴으로써 남북한 이념통합의 지평을 넓혀 나갈 수 있다. 여기서 제시된 세 가지 유형의 시나리오는 물론 상호 보완적이다. 체제와 이념의 통합은 동의와 설득을 위한 노력을 중요시해야 한다. 그러나 무엇보다도 상호 의존적이고 포용적인 영역을 확보하고 창조하려는 의지도 필요하다.

3. 사회민주주의: 남북한 이념통합의 가교

1) 신자유주의와 민주주의

(1) 신자유주의=시장근본주의

우리는 흔히 현대를 이념의 빈곤시대라고 말한다. 인류사에서 2세기에 걸친 이데올로기의 시대는 사실상 막을 내렸다. 근대 이데올로기는 '지금, 여기서'의 유토피아를 약속했다. 전 인류적 이익을 위한 길에 함께 하는

'우리'와, 다른 길을 걷는 '그들', 즉 과도한 우(友)・적(敵)개념에 기반한 선악의 이분법적 사고와 진보에 관한 낙관적 신념은 열정적인 인간행동을 유발시켰다. 이데올로기는 산업화과정의 산물이자 산업화 자체를 추동하는 구심력으로 작용하기도 했다. 이데올로기의 시대는 높은 희망의 시대인 동시에 어두운 환멸의 시대였다.8) 그러한 이데올로기는 적어도 서구사회에서는 냉전시대에 이미 유토피아적 이상의 추구라는 목표에서는 그 생생한 활력을 잃었다.

다니엘 벨(Daniel Bell)의 '정치사상의 소진'이라는 부제를 붙인 『이데올로기의 종언』(The End of Ideology, 1960)이 출간됐을 무렵에는 실제로 이데올로기가 쇠잔하고 있는가 하는 문제는 진지하게 토의되지 못했다. 1960대 말 서구를 휩쓴 이른바 '68혁명'의 열정 속에서 마치 이데올로기 종언의 명제는 허위인 것처럼 판명됐다. 그 후 1980년대의 서구사회는 실제로 이데올로기 빈곤의 시대를 맞이했다. 서구사회는 물질적 풍요, 복지와 안전, 그리고 자유를 구가했다. 이런 점에서 그들의 '필요'를 충족시켜 줄 보호적 가치의 측면에서 국가가 요청됐다. 그러나 궁극적으로 만족돼야 하는 것은 필요가 아니라 욕구이기 때문에, 욕구에 충동된 필요는 한계도 없고 끝도 없는 그야말로 일상적인 욕구와 필요의 순환관계만 남게 됐다. 이런 과정에 따라 서구의 이상은 활력을 잃고 희석됨으로써 정치사상이나 이념적 가치는 더 이상 특별한 의미를 지니지 못하게 됐다.9)

한반도, 특히 남한사회에서 지난 1980년대에 학생운동권을 중심으로 분출된 이데올로기적 열정은 선진 서구사회의 이목을 집중시키기에 충분했다. 그 후 사회주의권의 개방・개혁을 통한 체제내적 모순과 문제점이 드러나는 가운데 한국사회 운동의 확고한 이념적 지향성은 흔들리기 시작했으며, 마침내 1990년대 사회주의권의 붕괴와 동서독 통합은 한국사회에서 사회주의적 변혁의 열정이 급격히 상실되는 계기가 됐다. 그 결과 제3세계

---

8) Frederick Mundell Wakins, *The Age of Ideology: Political Thought, 1750 to the Present* (Englewood Cliffs, N.J.: Prentice-Hall, 1964), p.15.

9) Giovanni Sartori, *The Theory of Democracy Revisited* (Chatham, New Jersey: Chatham House Publishers Inc., 1987), p.491.

사회변혁의 가능성이 닫힌 가운데 과거의 정치이데올로기와 유토피아적 이상은 산업화과정에서 나타날 수밖에 없었던 모더니즘을 둘러싼 정치적 신념의 폭발적 분출로 막을 내리는 가운데, 전(前)공산주의국가의 자본주의 체제로의 급속한 체제전환과 자유시장 이념의 환호가 휩쓸었다. 사회주의의 몰락으로 수십 년 전에 벨이 예언했던 이데올로기의 종언이 마치 그때서야 실현된 듯했으며, 더 이상 이데올로기에 기반한 좌우의 갈등과 대립의 역사가 정치투쟁의 장에서 중요한 역할을 할 것으로 생각하는 경우는 드물게 됐다. 비록 공동체의 구성논리와 사회경제적 자원의 배분을 둘러싼 의견차이와 갈등현상은 없을 수가 없겠지만 유토피아적 이념의 부활을 꿈꾸는 것은 불가능했다.

그러나 역설적인 현상이지만 우리 시대는 이념의 빈곤시대라기보다는 사실 전지구적으로 유일이념이 지배하고 있는 시대에 살고 있다. 경쟁적 이데올로기가 존재하지 않는 세계에서 신자유주의와 시장근본주의 이데올로기가 전세계를 휩쓸고 있는 중이다.

신자유주의는 세계화, 신보수주의, 신제국주의의 세 얼굴을 가지고 있다.10) 신자유주의는 영국 대처 수상의 고문을 지냈던 하이에크(Friedrich von Hayek)와 미국 레이건 대통령의 자문역이었던 프리드먼(Milton Friedman) 같은 신고전파 경제학자들이 주장한 이념이다. 하이에크와 프리드먼은 단지 국가의 질서유지 역할만 인정했다. 그들은 민간기업이 투자와 고용에서 자유로울수록 GNP도 성장하고, 그에 따라 국민의 복지도 증대된다고 약속했다. 이러한 논리에 따라 1980년대부터 '자본의 자유를 위한 투쟁'이 전개됐다. 이들은 아주 넓은 전선에 걸쳐서 국가통제와 국가개입의 권한을 철폐했으며, 이를 거부하는 교역상대국들에 대해서는 무역봉쇄 및 다른 압력수단을 동원해 이 노선을 따르도록 강제했다.

탈규제화, 자유화, 민영화. 이 세 가지 흐름의 신자유주의 강령은 미국중심의 국가이데올로기로 고양되면서 경제정책의 전략적 도구가 됐다. 워싱

---

10) 전태일을 따르는 민주노조운동연구소 편역, "신자유주의란 무엇인가," 『신자유주의와 세계민주운동』(한울, 1998) 참조

턴과 런던에서 정권을 장악한 시장자유주의자들은 수요공급의 법칙을 인간사회에서 가능한 질서원리 중 최상의 것이라고 선언했다. 그 결과 자유무역의 확장은 오로지 그 자체가 목적이 됐으며, 이에 대해서는 아무런 이의도 제기되지 않았다. 국제 자본거래 및 외환거래의 완전한 자유방임과 더불어 노조나 야당 등 비판세력으로부터 이렇다 할 저항도 없이 여태껏 비교적 공고했던 서방 민주주의 경제체제에 대한 가장 근본적인 침탈이 이루어졌다. 금융자본 중심의 자본시장의 비상한 능력은 극소수의 수중으로 부의 집중현상을 초래했다. 예컨대 세계 20대 갑부의 순자산은 1999년까지 4년 만에 두 배로 증가해 1조 달러가 넘었으며, 이는 평균 1인당 50억 달러에 상당하는 금액이다.[11] 그들의 총재산은 현재 세계의 극빈자 25억 명의 총 연간소득과 맞먹는다.[12] 세계은행의 보고에 의하면, 30억 명이 하루 2달러 미만으로 생계를 유지하며, 13억 명은 하루 1달러 미만으로, 20억 명은 빈혈로 고통을 받고 있다.[13] 이러한 미국중심 금융자본의 융단폭격과 같은 침탈에 EU국가들도 자체 방어력을 충분히 갖추지 못한 상황에서 사회계층의 양극화는 더욱 심화됐고 1980년대부터 유럽사회는 '3분의 2 사회'가 아니라, '20 대 80의 사회'(또는 '5분의 1 사회')로 변질되면서 사회로부터 배척된 80%의 사람들은 저속한 오락물과 싸구려 먹거리에 만족하면서 조용히 살아야만 하는 삶으로 전락했다.[14] 그러나 유럽사회의 고통에 비해 비서구의 제3세계는 거의 초토화상태와 다름없는 상황에 처해졌다.[15]

신자유주의는 시장자유주의로, 세계의 모든 국경을 뛰어넘어 자유로이 활동하는 자본운동이야말로 자본증식이나 자본배분에 최적의 상황을 보장해 준다는 논리다. 여기서 '효율성'이라는 말은 신성한 지위를 지닌다. 금융자본은 가장 높은 이윤이 나올 만한 곳에 투자된다면 최고의 성장률을 달성

---

11) UNDP, *United Nations Human Development Report 1999.*
12) UNDP, *United Nations Human Development Report 1998*, p.30.
13) UNDP, *United Nations Human Development Report 1999*, p.3.
14) 한스 페터 마르틴·하랄트 슈만, 『세계화의 덫』, 강수돌 옮김(영림카디널, 1997), 28쪽.
15) 유엔개발연구소(UNRISD), 『벌거벗은 나라들: 세계화가 남긴 것』, 조용환 옮김(한송, 1996) 참조.

할 수 있다고 주장하면서, 국경을 초월해 운동하는 금융시장은 세계시민들의 보편적 복리의 원천이며 또한 세계적인 경제의 합리성의 수호자라고 강변한다. 그러나 시장자유주의자들의 논리는 그와 결부돼 있는 정치적 위험성을 교묘하게 은폐시킨다. 민족국가는 세계적인 금융투자가들의 이익을 보호하는 데 묶이게 되면, 낮은 세금, 노동통제, 자율적인 경제정책 수립의 포기 등 앞뒤를 돌아보지 못할 정도로 엄청난 정치적 양보를 감내하지 않으면 안 된다. 시장자유주의자들은 극소수의 관심사를 항상 전체 사회의 공익과 일치한다는 그릇된 신념을 유포할 뿐만 아니라 강요하기까지 한다.

(2) 신자유주의=민주주의의 위기

시장과 민주주의의 관계에 대해서는 상반된 견해가 존재한다. 먼저 시장경제와 민주주의의 친화성을 주장하는 입장이 있다. 근대 민주주의는 어느 면에서 신흥 부르주아지들의 경제적 자유 확보투쟁의 산물이라 할 수 있다. 이들의 자유는 사유재산권, 직업선택의 자유, 기업활동의 자유 등 경제적 동기에 의한 개인적 자유를 의미했으며, 시장메커니즘의 작동에 필수적인 이윤동기의 경제적 자유가 정치적 자유를 요구하는 민주주의의 발전을 이루게 했다고 말한다. 이렇게 시장은 민주주의와 상호 보완적 관계로 발전해 왔다는 점에서 양자의 친화성을 강조하는 입장의 논거가 있다. 그러나 시장경제가 민주주의체제를 낳는다는 논리는 후발 자본주의국가나 근대화를 추진하는 국가에서 흔히 나타나는 시장경제 속의 권위주의체제 등장을 목격했던 경험적 사례로 인해 오히려 시장과 민주주의의 비대칭적 관계가 부각되는 점도 있다.

반면 본질적으로 시장 자체의 비민주성으로 인해 시장경제와 민주주의의 병행발전에 대한 기대보다는 양자의 긴장관계를 강조하는 입장을 주목할 필요가 있다. "완전한 민주주의를 가로막는 최대의 제도적 장애물은 사기업의 자율성이다"[16]는 지적에서 보듯이, 자유시장과 민주주의의 순기능

---

16) Charles Lindblom, *Politics and Markets* (New York: Basic Books, 1977) p.356.

적 조화에 대한 강한 불신도 제기되고 있다. 시장과 민주주의는 기본적으로 서로 다른 조직원리에 의해 작동하는 체계이다. 민주주의가 '1인1표'라는 평등의 원리에 기반하고 있다면, 시장은 개개인이 소유하고 있는 자원에 비례해 권력을 행사하는 '1원1표'라는 불평등한 원리에 기초하고 있기 때문에 시장과 민주주의는 병행 발전하기 어려운 관계라고 주장한다. 이처럼 시장과 정치적 민주주의의 관계는 반드시 배타적이거나 공존이 불가능한 것은 아니라고 하더라도, 양자의 공존은 많은 과제를 안고 있다고 할 수 있다.17)

시장에 대한 회의, 즉 사적 이해관계의 총합적 메커니즘인 시장의 한계에 대한 비판은 비교적 일찍부터 나타났다. 폴라니(Karl Polanyi)는 인간의 이기적 행위의 총합으로서 시장메커니즘이 사회의 조화와 질서를 가져다줄 것이라는 가정을 부정한다. 그는 일찍이 자기 조정적 시장이란 허구에 불과하다고 선언했다. '악마의 맷돌'(satanic mills)이라 할 수 있는 시장이 온 세상을 뒤덮게 되자 탐욕과 이윤 추구적인 가치를 제외한 모든 인간욕구는 무시되고 사회는 원자로 가치없이 분쇄되기 시작했다.18) 이 경우 시장은 사회와 자연을 파괴하는 것으로, 인간은 시장을 넘어 사회를 발견해야 하며 시장이라는 유토피아를 폐기함으로써 참된 자유시대의 개막을 맞이할 수 있다. 그는 자유를 지나치게 단순화하는 시장의 신화가 자유를 위협할 것이라고 경고했다. 자유에는 좋은 자유와 나쁜 자유가 있다. 공공성과 책임을 기초로 하는 자유만이 가치 있는 자유라 할 수 있다.

공공성을 위한 규제와 통제는 소수자뿐만 아니라 만인을 위해 자유를 실현할 수 있다. 그것은 근본적으로 오염된 특권의 부속물로서 뿐만 아니라 정치적 영역의 협소한 한계를 훨씬 초월해서 사회조직 그 자체의 본질에 미치고 있는 법적 권리로서의 자유를 보장하기 위한 조치라 할 수 있다. 그러나 계획화와 규제를 자유의 부정이라고 공격하는 입장에서는 기업과

---

17) 임혁백, "한국의 자본주의 발전과 정치적 민주화의 상관관계," 『시장·국가·민주주의』(나남출판, 1994), 299-303쪽.

18) 칼 폴라니, 『거대한 변환: 우리시대의 정치적·경제적 기원』, 박현수 옮김(민음사, 1991), 51쪽.

사적 소유가 자유의 본질로 선언된다. 따라서 규제가 창출하는 자유는 비자유라고 비난받는다. 즉 규제가 제공하는 정의, 자유 및 복지는 노예제의 위장이라고 매도당한다. 사회주의자들은 자유의 왕국을 약속했지만 그것은 공허한 것이었다. 왜냐하면 수단이 목적을 결정했기 때문이다. 소련은 계획화, 규제, 통제를 수단으로 사용했지만 그들이 약속한 자유를 한 번도 허용한 적이 없었다. 이러한 비판에 입각해 자유주의자에게 자유라는 개념은 단지 자유기업의 옹호로 퇴행한다.

사회가 경제에 종속될 때 민주적 공동체의 유지는 불가능해진다. 근대 프랑스의 사회계약 사상가 루소(J. J. Rousseau)는 시민적 사익과 공동체의 공익이 일치할 때 일반의사가 구현된다고 보았다. 사적 이윤만이 횡행하는 시장논리에 매몰된다면 공민의식을 지닌 건전한 시민(citoyen)은 사라지고 오로지 시장적 인간, 즉 부르주아지만 남게 된다. 물신숭배와 이윤추구를 존재이유로 삼는 시장적 인간의 세계에서 공동체의 발견은 불가능하다. 그럼에도 신자유주의는 사회경제적 자원할당이 전적으로, 전혀 제한받지 않는 시장에 의해 이루어지는 것이 최선의 상태라고 하는 점에서 시장에 대한 거의 신학에 가까운 신념을 지니고 있다.

신자유주의와 함께 새로운 개인주의는 공동체의 토대를 잠식하고 있다. 새로운 개인주의는 우리 사회에서 1980년대 민주화운동의 결실이라고 할 수 있는 시민사회의 미약한 연대성마저 크게 약화시키고 있다. 더 이상 시장과 공공선, 개인과 공동체의 관계를 중재하는 일을 머뭇거릴 여유가 없다. 인간의 본질을 경쟁으로 보는 시각, 시장공급, 개인주의, 부의 재분배를 지향하는 누진세에 대한 혐오, 복지정책에 대한 비판 등이 신자유주의적 가치이다. 우리 사회는 지금 지난 세기말의 유령인 신자유주의와 시장근본주의의 주술에서 헤어나지 못한 채 민주주의와 시장경제의 조화되기 어려운 협연을 기대하고 있는 중이다.

시장자유주의 이데올로기에 기반한 금융시장의 지배 아래 특정 국가가 편입될 경우 그 사회의 민주주의는 중대한 위험에 직면하게 된다. 그럼에도 금융자본의 세계관에 빠져 그들의 이익에 봉사하는 시장자유주의자들, 정치가, 경제관료들은 기꺼이 금융투자가들의 하수인이 되기를 자처한다. 그리하여 서구사회의 경우 과거에 계급투쟁이나 개혁정책을 통해 어렵사리 획득했던 사회복지 체계 등의 역사적 쟁취물을 금융자본의 효율성을 위해서 하루아침에 허물어뜨린다. 바로 여기에 글로벌 경제체제에서 사회민주주의의 위기와 복지국가의 딜레마가 있다.

남북한 이념통합의 방향은 신자유주의의 실패를 극복할 수 있는 대안적 모색과 함께 지금까지 서구사회에서 반세기 동안이나 체제적 정당성과 사회적 연대의 틀을 제공해 왔던 사민주의의 이념적 가치의 재인식을 토대로 사민주의와 복지국가의 위상을 재정립하는 데 초점을 맞출 필요가 있다고 본다. 특히 민족의 분단을 전혀 상상할 수 없었던 식민지시대에 일찍이 해방된 조국의 건국이념으로 제시됐던 "대한민국의 건국강령" 등은 사회주의와 자본주의 양자의 어느 쪽에도 치우치지 않은 중도노선에 입각했다는 사실을 상기할 필요가 있다. 이러한 중도노선의 성격은 단순한 절충적 형태가 아니라 가장 현실적인 건국이념으로서 사회민주주의적인 이념적 지향성을 보여주고 있다. 그럼에도 남북한은 해방과 동시에 각각 소비에트식 사회주의와 서구식 자본주의가 이식(移植)되면서 상호 수렴될 수 있는 공존영역과 중도노선을 거부해 왔던 것이다. 따라서 남북한 이념통합의 방향을 고찰하는 데 있어서는 이러한 사회민주주의적 중도노선의 가치 및 현실적 변용 가능성을 살펴보는 것도 의미가 있다.

2) 사회민주주의 및 복지국가의 역할

(1) 사회민주주의: 그래도 가야 할 길

21세기는 정치적 이상주의에 대한 꿈과 열정을 상실한 시대이다. 이미 인류애적 영감과 정치적 활력을 불어넣는 이념의 빛은 바랜 지 오래며, 정치적 신념과 이데올로기적 지형에 따른 좌우파의 구별은 무의미해졌다. 근대 이데올로기시대 이래 좌파는 항상 사회주의와 연계돼 왔으나, 사적 소유의 부정과 경제관리 체제로서 사회주의는 북한을 제외하고는 이 지구상에서 더 이상 존재하지 않는다.

사회주의 철학의 근본적 오류는 인간을 선한 존재로 전제한 데서 기인한다. 인간은 정신적·도덕적 가치보다 물질적·세속적 가치를 선호하는 이기적인 존재에 불과하다. 그렇다면 사회민주주의란 무엇인가? 사민주의는 흔히 사회주의 우파로 간주돼 왔으며, 마르크스·레닌주의의 전통에서 벗어난 서구형 사회주의를 통칭하는 개념으로 사용됐다. 서구 사회주의자들은 2차대전 후 마르크스·레닌주의적 사회주의와 구별하기 위해 스스로를 한때 '민주사회주의'로 불렀다. 사민주의에서 '사회적'이란 법적·정치적 민주주의를 넘어 사회·경제적 민주주의의 이념적 확장을 의미하는 것이었다면, 민주사회주의에서의 '민주적'이란 비민주적인 소비에트형 사회주의와 스스로를 구별하는 데 초점이 있었다.[19]

서구사회의 보통시민들은 사회주의를 어떠한 정치적 가치로 받아들였을까? 1950년대 영국노동당의 조사·교육기관인 사회주의연맹(Socialist Union)에서 밝힌 '사회주의의 목적'은 서구사회의 일반대중이 사회주의를 어떻게 이해하고 있었는가를 짐작케 하는 훌륭한 문건이다. 사회주의연맹은 사회주의의 기본문제를 고찰하기 위한 목적에서 1951년에 조직된 소수의 지식인단체로, 그 회원은 영국노동당의 고위 지도층이 아니라 각종 직업에 종사하는 평당원이라는 점에 특색이 있었다. 이런 점에서 사회주의연맹의 사회주의관이 곧 영국노동당의 공식적 입장은 아니지만 당의 이념과 정책에 어느 정도 영향은 미쳤을 것이다. 영국노동당원의 출신배경은 정치가, 노조원, 귀족, 중산층, 지식인 등 아주 다양하다. 이러한 다양한 신분과 계급·계층의 이해관계를 반영하는 노동당의 사회주의적 성격과 지향성이 무엇인지 뚜렷이 이해하기는 어렵다. 그럼에도 영국적 사회주의의 성격은 철저히 민주주의를 지향하는 한편, 현실적이며 점진적인 변화를 추구하면서도 특히 윤리적 신조에 바탕을 둔 사회주의라는 점이 주목된다.[20]

---

19) 양호민, "사회민주주의의 원류와 발전," 양호민 편, 『사회민주주의』(종로서적, 1983), 5-6쪽.

20) Socialist Union, The Ends in View, *Twentieth Century Socialism* (Penguin Book, 1956).

기본적으로 자본주의와 사회주의의 싸움의 근저에는 항상 가치의 싸움이 있었다. 자본주의자는 진보의 주된 기준을 물질적 가치라고 생각해 왔다. 사회주의자가 경제 안에서 구현되기를 바라는 것은 평등, 자유, 동포애 등 인간의 보편적 이상이었다. 이러한 이상은 모두 그 나름의 방법을 갖고 인격의 기본적 가치를 표명하고 있다. 그들은 인간을 선한 사회의 척도로 삼고 있다. 사회주의자가 선택해 이룩하려고 해 온 목적은 경제적 이점뿐만 아니라 인간의 평등, 그리고 동포애다.…… 사회주의는 평등에 관한 문제일 뿐만 아니라, 말하자면 자유에 관한 문제다. 우리가 희구하는 평등을 표현하는 유일한 방법은 이미 살펴본 바와 같이 자유에 의거하고 있다. '기회의 균등'이라는 바로 그 말은 자유에 의거하고 있다. 왜냐하면 모든 기회는 자유, 즉 선택의 자유와 자기의 선택에 따라 행동할 수 있는 찬스를 뜻하기 때문이다. 자유는 인간이 가진 최고의 재산이라는 이유 때문에 사회주의자는 자유를 극소수의 독점이 아니라 공정하게 분배할 것을 바라 왔다.

'사회주의의 목적'에서는 사회주의 이상을 결코 낙관적으로 바라보지는 않지만 의연한 사회주의적 신조를 뚜렷이 표명하고 있다. 영국노동당은 사회주의의 이상을 평등, 자유, 동포애의 실현이라는 윤리적 사회주의의 관점에서 추구했던 것이다. 그 후에도 사회주의는 한결같이 "자유, 평등, 공동체, 동포애, 사회정의, 무계급사회, 협동, 진보, 평화, 번영, 풍요, 행복 등의 가치를 대표한다"고 말해 왔으며, 사회주의가 부정어법으로 표현될 경우에는 '억압, 착취, 불평등, 투쟁, 전쟁, 부정의, 빈곤, 비참함과 비인간화의 반대' 등의 관념을 함축하는 것으로 사용됐다.[21] 그런데 사회주의가 이와 같이 마치 '모든 사람을 위한 모든 것'인 것처럼 이해될 수도 있다는 점에서, 슘페터가 아예 사회주의가 너무 문화적으로 비결정적이어서 경제적인 용어로밖에 규정될 수 없다고 주장한 것도 이해된다.[22]

사회민주주의는 대의제민주주의에 기반한 정치이데올로기로, 사민당정권, 사회 내 조직으로서 노조와의 관계, 국가정책의 사회적 기반과 제도화

---

21) R. N. Berki, *Socialism* (London: Dent, 1987), p.9.

22) J. A. Schumpeter, *Capitalism, Socialism and Democracy* (London: Allen & Unwin, 1987), pp.170-171.

과정, 계급정치로서의 사민주의 등을 포괄하는 이념으로, 사민주의의 대두 당시에는 '제3의 길'로 칭해졌다. 개인주의와 기업활동의 자유로 상징되는 자유시장주의가 미국을 중심으로 우파적 세계질서를 대변하고 있었다면, 경제의 중앙계획과 국가적 통제체제인 좌파 전체주의체제가 소련을 중심으로 또 다른 축을 형성했던 냉전체제 아래서 서유럽과 스칸디나비아 국가들은 자유시장 이념에 기반한 시장근본주의와 통제적 계획경제체제의 양극을 지양하는 사회민주주의 체제와 복지국가 이념을 오랫동안 구현해 왔다. 이러한 사민주의와 복지국가 이념은 사회주의체제와 자본주의체제를 지양한 절충적 형태로 나타났으나, 1980년대 이래 신자유주의적 공세에 의해 사민주의와 복지국가의 이념적 위기가 대두됐다. 최근 영국노동당을 중심으로 새로운 '제3의 길'이 주장되고 있는데, 이는 이미 새로워진 세계에 사회민주주의를 적응시키고자 하는 사고와 정책의 틀인 동시에 구식 사회민주주의와 신자유주의를 뛰어넘고자 하는 시도로 규정되고 있다.23)

중도좌파의 사회민주주의 정당은 최근 유럽연합(EU) 15개국 중 12개국에서 집권하고 있으며, 동유럽에서도 현저히 부상하고 있는 중이다. 1990년대 이래 EU국가들 사이엔 좌우파 이념의 뒤섞임 상태인 이른바 이념의 퓨전(fusion of ideologies) 현상이 일반화되고 있는데, 이는 전후 유럽사회를 풍미한 사회민주주의 이데올로기 자체에 함축된 타협적·절충적 성격의 전통과도 무관하지 않다. 민주주의와 인권, 시장경제, 교섭의 자유, 기회균등, 그리고 사회적 안정과 연대 등의 이념을 구현하고자 하는 사민주의의 의의와 가치는 새롭게 해석돼야 한다. 이런 점에서 통일한국 이념통합의 방향으로는 중도적 입장에서 사민주의와 '복지사회'의 이념을 한국적 문맥에 맞게 재검토할 필요가 있다.

북한의 사민주의에 대한 평가는 비판적이다. 김정일은 '제3의 길'을 부르짖는 사회민주주의의 반동성과 허황성은 이미 역사에 의해 여지없이 폭로됐다고 하면서, 그것이 나온 지 오랜 세월이 흘렀지만 지구의 어느 한 곳에도 '제3의 길'에 의한 복지사회를 실현한 나라는 없다고 주장한다. 이른바

---

23) 앤서니 기든스 『제3의 길』, 한상진·박찬욱 옮김(생각의 나무, 1998), 29쪽.

"사회민주주의가 실현됐다고 말하는 사람들이 있지만, 그런 나라란 다름 아닌 '부익부 빈익빈'의 자본주의사회이며 거기에는 부르주아민주주의가 지배하고" 있으며, 오늘 세계에는 자본주의냐 사회주의냐, 이 두 길밖에 없으며 '제3의 길'이란 있을 수 없고, '제3의 길,' 사회민주주의 길이란 자본주의 길이라고 주장한다.24) 즉 현대 사회민주주의는 사회주의의 자본주의로의 평화적 이행의 길을 열어 주는 이데올로기에 불과하다는 인식이다. 그럼에도 최근 북한은 스웨덴식 사민주의에 대해 상당히 관심이 있는 것으로 알려졌다.

국가중심의 중앙 계획경제와 프롤레타리아 독재정당의 이념으로 구현된 소비에트 사회주의와 동구의 사회주의체제는 몰락했다. 그와 함께 서구의 사회민주주의도 심각한 도전에 직면해 있다. 사회주의체제의 몰락과 사민주의의 위기는 제국주의의 포위압살에 의한 외적 요인에 의해서가 아니라 스스로의 내적 모순에 의해 몰락의 길을 걸었고, 그 결과 사민주의 이념에 기반한 복지국가 체제의 개편을 요구받고 있다. 말하자면 핍박의 시대가 아니라 안락의 시대에 붕괴의 그림자를 짙게 드리웠다. 그럼에도 현실사회주의가 역사 속으로 퇴장하면서 사회주의의 목적, 즉 사회주의가 지향했던 이념적 가치마저 완전히 사라졌는가 하는 문제는 다른 차원의 논쟁을 불러일으킬 수 있다. 사회주의와 자본주의의 두 체제이념의 모순을 지양하고자 했던 서구사회에서 사회주의적 가치마저 완전 몰락했다고 단언하기에는 아직 많은 유보조항을 필요로 한다.

사회민주주의는 연대성을 강조한다. 모든 계층의 자유를 도덕적 기초로 삼는 사회민주주의는 사회적 약자의 개별적 유약성에 대한 휴머니즘적 접근도 중요하지만, 인간본성의 공동체성과 사회성에 기반한 연대적 삶의 의미를 강조한다는 점에서 남북한 이념통합의 방향으로 검토될 가치가 있다.

---

24) 김정일, "사회주의의 사상적 기초에 관한 몇 가지 문제에 대하여"(조선로동당 중앙위원회 책임일군들 앞에서 한 연설, 1990. 5. 30), 『김정일선집』 10(조선로동당출판사, 1997).

(2) 복지국가의 재확립

사민주의의 시대는 갔는가? 사민주의적 복지국가의 위기는 회피할 수 없는 역사적 추세인가? 오늘날 '제3의 길'을 낙관적으로 생각하는 사람은 거의 없다. 사민주의의 위기는 크게 세 차원에서 파악된다. 첫째는 세계경제의 문제이며, 둘째는 재분배적이고 평등주의적인 복지국가의 한계와 관련된 문제라면, 셋째는 기본적으로 사민주의에 대한 정치적 합의구축의 문제라 할 수 있다. 먼저 이러한 사민주의의 위기로 세계경제 차원에서 세계화로 일컬어지는 전지구적 차원의 단일화된 시장자본주의의 충격을 지적하지 않을 수 없다. 오늘날 한 국가의 성장은 경제적 개방성을 요구하며, 이는 무한경쟁과 국경을 넘는 국제무역으로 인해 재정과 자본이동으로 인한 취약성에 노출된다. 그 결과 정부의 재정 및 통화정책을 개별국가의 의지대로 할 수 있는 자유는 제한을 받는다. 이런 점에서 국민국가의 전통적이고 고유한 역할은 크게 약화되는 가운데, 고용유지와 재분배적인 목적추구를 위해 지출되는 재정적자는 처벌받게 된다. 이 경우 사민주의는 말할 것도 없고 케인즈주의도 더 이상 선택하기 어려운 정책이 되고 만다.

개방체제 자체를 국가의 역할과 케인즈주의를 불가능하게 만드는 요인으로 볼 수는 없다. 전후 사민주의에 입각한 복지국가의 전형을 보여주었던 스칸디나비아 3국과 독일은 가장 개방적인 경제체제를 운영했으며, 반면에 미국과 호주처럼 보다 잔여적인 복지국가는 비교적 내국 보호주의적인 경제를 운영해 왔다. 앤더슨(Gösta Esping Andersen)은 오늘날 일본과 한국의 경제적 성공의 신화도 본질적으로 보호주의적 배경에 반해서 이루어졌다는 점에서 개방이나 세계화가 반드시 국가차원의 기획을 불가능하게 하는 것은 아니라고 주장한다. 이런 점에서 세계경제 자체를 사민주의의 위기와 복지국가 이념변질의 결정적 요인으로 보기는 어렵다. 오히려 사민주의 이념에 대한 도전, 즉 복지국가의 위기는 국내제도가 광범한 합의에 의해 성립된 해결책을 촉진했는가 아닌가 하는 방식에 달려 있는 것으로 볼 수 있다.[25]

금세기 세계경제의 모순은 분명 과거 냉전시대와는 다르다. 즉 현재의 위기는 부유한 나라들이 과거 그들의 식민지를 더욱 쉽게 장악할 수 있게 하는 동시에 전 사회주의 국가들마저 세계시장에 편입시켰다. 세계시장체제는 국민경제의 사망을 의미한다. 20세기 말 빈곤의 세계화는 인류역사상 유례가 없는 것이다. 현재의 빈곤은 인적·물적 자원의 '부족'에서 비롯된 것이 아니라, 오히려 실업과 전세계적인 노동비용의 최소화를 기반으로 한 범세계적인 과잉생산체제의 결과다. 세계화는 민족시장을 파괴했고 공공적 권력의 역할을 대폭 축소시켰다.

국가는 더 이상 시장의 힘에 반대할 수 있는 능력을 갖지 못하게 됐다. 국가는 또한 금융자본의 자본증식을 대변하는 세계적 규모의 금융시장의 작동에 맞서 국민의 이익을 방어할 수 있는 대응수단 역시 별로 갖고 있지 못하다. 그에 따라 민족국가의 정부는 국제통화기금(IMF), 세계은행(IBRD) 또는 경제협력개발기구(OECD) 따위의 세계적 기구들이 규정하는 바의 '정치·경제에 관한 일반명령'을 묵묵히 순종하고 있을 뿐이다.26) 세계화에 적응한다는 것은 바로 이러한 세계금융시장의 논리나 국제금융기구의 명령에 따르는 것을 말한다. 금융자본의 전지구적 활동인 '세계화'는 국가의 위기를 초래한다. 서구의 민주주의체제는 진퇴양난에 빠져 버렸다. 정치인의 역할은 점차 관료적 기능으로 전락하고 금융자본이 실질적인 배후의 실권자가 되고 있다. 이에 따라 일률적인 정치이념에 지배되고 있거나, 또는 정치적 이념에 관계없이 모든 정치세력들간에는 거시경제적 개혁노선에 대한 '합의'가 이루어지고 있다.

세계적 금융자본에 대응할 수 있는 쉽고 간단한 해결책은 없다. 각국 정부와 국제기구들에 대한 단순한 비판이 곧장 사회적 행동의 기초가 될 수는 없다. 다국적기업과 국제금융세력을 타깃으로 사회운동과 민중조직이 국내외 연대를 강화해 이 같은 파괴적인 경제모델을 통해서 천문학적 이득을 취하고 있는 다양한 금융 이해관계자들을 대상으로 반세계화 전략을 추진

---

25) UN사회개발연구소·G. E. 앤더슨 편, 『변화하는 복지국가』, 한국사회복지학연구회 역(인간과복지, 1999), 414-445쪽.

26) 이냐시오 라모네(Ignacio Ramonet), "전체주의인 지구촌체제에 관하여," 전태일을 따르는 민주노조운동연구소 편역, 『신자유주의와 세계민주운동』(한울, 1998), 51쪽.

해야 한다.27) 마침 거대 금융군단에 대한 '난쟁이'들의 저항으로, G8국가 수뇌들이 세계 금융자본의 이익을 보호하기 위한 구수회의 개최지인 제노바에서 "세계를 파는 물건으로 여기지 말라"는 반세계화 시위대의 비판은 국제여론에 커다란 반향을 일으켰다.28) 이러한 반세계화 시위대에 대한 금융자본 하수인들의 숨바꼭질 대책도 한편의 코미디를 보는 것 같지만,29) 이러한 비판행동과 더불어 세계자본주의의 수정을 요구하는 대안이 적극적으로 모색돼야 할 것이다.

그러나 현대사회의 '제5부'로 일컬어지는 비정부기구(NGOs: Non-Governmental Organizations)나 시민단체의 도덕적 비판과 같은 '시민권력'으로 신자유주의와 금융자본의 이익을 보장하는 시장메커니즘의 파괴적 행동을 억제하기는 힘들다.30) 전세계적으로 공공채무의 누적이 현위기의 핵심으로 보는 입장은 이들 금융 이해관계자들에게 이의를 제기하는 사회적 강제를 통해 '재정적 군축'31)과 같은 형태의 금융시장 개입정책과 효과적인 '사회적 조절'방법을 만들어 낼 필요가 있다고 주장한다. 해결의 관건은 금융자산의 엄청난 집중과 실물자원의 소수지배를 푸는 데 있다. 신자유주의 이데올로기에 의한 구조조정은 전세계 모든 국가에게 강요하는 잔인하고 파괴

---

27) 개릿 아피 리처드·이대훈, "신자유주의에 대한 대응, 지역간 연대를 넘어 세계적 민중연대로," 『당대비평』 1998 여름 참조.
28) 제노바 주요8개국(G8) 정상회담 개최 전날(2002. 7. 19) 730여 NGOs 10만 명의 반세계화 시위대가 모였다. <중앙일보>, 2001. 7. 21. 반세계화 단체가 조직한 시위대가 G8 정상회담을 쑥대밭으로 만든 후 세계적인 환경파괴 다국적기업들이 다음 목표로 지목했다. Wall Street Journal, 2001. 7. 23; <중앙일보>, 2001. 7. 25.
29) 2002년 G8 정상회담 로키산맥에 숨어서 개최. G8 정상회담 차기 개최국인 캐나다의 장 크레티앵 총리는 "내년 G8 정상회담은 앨버타주 로키산맥에 위치한 작은 휴양지 카나나스키스에서 6월 26일에 개최될 것"이라고 말했다. 세계 언론은 제노바 정상회담의 폭력시위에 대한 방어책으로 반세계화 시위대가 모이기 힘든 곳을 택한 것으로 해석하고 있다. <중앙일보>, 2001. 7. 24.
30) 조효제 편역, 『NGO의 시대』(창작과비평사, 2000); 주성수, 『글로벌 가버넌스와 NGO』 (아르케, 2000); 박상필, 『NGO와 현대사회』(아르케, 2001) 참조.
31) Ecumenical Coalition for Social Justice, "The Power of Global Finance," Third World Resurgence, No.56 (March 1995), p.21.

적인 경제모델이라고 비판하는 초소도프스키(Michel Chossudovsky)는 현재의 위기에 대한 지속적인 사회투쟁 없이는 의미있는 개혁이 추진되기 어렵다고 주장한다.32)

복지국가의 재확립과 관련해서 우리가 추구해야 할 과제는 이중적이다. 첫째 과제는 미국의 저널리스트 윌리엄 파프(W. Pfaff)가 말한 그 본성상 '무정부주의적 자본주의'(nihilo-capitalism)로 나아가는 경향이 있는 자본주의 시장경제를 우리가 어떻게 통제하고 규제할 것인가 하는 과제가 그것이다. 세계적 자유방임주의는 단순히 역사적 진화과정을 통해 탄생하는 것은 아니다. 보호주의와 마찬가지로 정치권력이 행사됨으로써만 자유시장주의는 영향력을 발휘할 수 있게 된다. 그런데 시장이 적절하게 기능하려면 심각한 불평등과 분배의 불균형을 유발하는 그 체계적인 경향성을 규제하고 통제하지 않으면 안 된다. 홉스봄의 지적대로 공권력이 아니면 누가 이 일을 할 수 있겠는가?33)

둘째 과제는 한국사회의 현단계에서 우리 사회가 창출한 사회적 부와 가치의 배분과 관련된 문제이다. 근대화 추진과정부터 지금까지 우리는 성장제일주의 아래 산업경쟁력과 국민총생산 규모를 키우는 데 진력해 오면서 분배적 정의와 민주적 참여의 가치는 심각하게 왜곡되거나 유보돼 왔다. 한국의 1인당국민소득이 1만 달러에 달한다면, 복지국가의 물질적 토대로는 충분하다.34) 따라서 아직도 '떡'을 더 크게 만들어야 한다는 논리는 사실 영원히 분배적 정의에 입각한 복지국가의 이념을 거부하는 입장에 불과하다.

최근 세계화의 충격 속에서 서유럽사회에서 '복지국가 위기론'이 대두되

---

32) 미셸 초소도프스키, 『빈곤의 세계화』, 이대훈 옮김(당대, 1998), 30쪽.
33) Eric Hobsbawm, "신자유주의의 죽음," 에릭 홉스봄 외, 『제3의 길은 없다』(The Third Way Is Wrong), 노대명 옮김(당대, 1999), 45쪽.
34) 1인당 1만 달러 소득은 두 자녀를 둔 4인 가족의 경우 연소득 4만 달러에 달한다. 더 많은 소득증대도 중요하지만, 형평성 제고를 통한 도덕적 사회의 기반확보와 사회안전망 구축 등은 사회적 낭비요소를 줄이고 삶의 질을 높임으로써 사회구성원 전체의 실질소득 증대에 긍정적 효과를 가져온다.

고 있으나, 이미 복지국가의 상당한 수준에 도달한 서유럽 복지국가의 이념과 기본틀 자체가 흔들리고 있는 것은 아니다. 다만 복지체계의 비효율성과 모순구조에 대한 비판이 제기되고 있는 상태라 할 것이다. 날로 심각해지는 불평등과 분배불균형 문제를 시장이 해결해 줄 것으로 믿는다는 것은 너무나 순진한 생각이다.

복지에 대한 거부는 시장자유주의를 맹신하는 신자유주의(신보수주의)의 이데올로기로, 1980년대 영국의 대처리즘과 미국의 레이거노믹스에 그대로 나타났다. 그러나 그 후 그들이 기대했던 상황은 정반대의 결과가 되고 말았다. 영국의 대처리즘은 통화주의의 목표를 복지국가의 해체를 통해 달성하려고 했으나 실제로 대처정부하에서 복지지출은 더 늘어났다. 이러한 총복지지출의 증가는 복지국가로의 반전 가능성을 보여주는 것이 아니라, 오히려 대처정부하에서 부와 소득의 불평등이 한층 심화된 것을 반증한다. 시장경제에서 탈락해 소득지원을 받지 않을 수 없는 사람이 1979~80년과 1988~89년 사이에 3백만에서 4천 9백만으로 늘어났기 때문에 총복지지출이 증대될 수밖에 없었던 것이다. 시장의 자유가 평등화를 제고할 것이라는 신보수주의에 입각한 대처리즘의 예언은 실현되지 않았다.35) 미국의 사정도 별반 다르지 않았다. 미국에서 레이거노믹스의 결과는 10년이 넘도록 노동자들의 실질임금이 제자리에 머물러 있었고 저소득층의 실질소득이 감소했으며, 인구의 11.5%에 달하는 2천 8백만 명이 빈곤선상에 전락하고 말았던 것이다. 생산수단의 국유화가 계획의 모든 것을 해결해 줄 것이라는 사회주의적 프로젝트가 실현될 수 없는 하나의 이데올로기적 운동으로 끝난 것과 마찬가지로, 신보수주의 국가론 역시 시장과 사적 소유가 모든 것을 해결할 수 있는 만병통치약이라는 허구적 이데올로기에 불과한 것임이 그대로 증명되고 말았다.36)

불평등과 분배불균형 문제를 해결하는 것은 국민국가의 역량에 달려 있다. 국민국가야말로 GNP를 수익성의 관점이 아닌 공공성의 기준에 따라

---

35) 안병영, "신보수주의와 복지국가: 1980년대 대처와 레이건의 정책비교," 연세대 『사회과학논집』 제23권(1992), 109쪽.

36) Adam Przeworski, "Neoliberal Fallacy," *Journal of Democracy*, Vol.3, No.3 (1992).

분배할 수 있는 유일한 장치이기 때문이다. 국민국가가 가장 중요한 도구임은 지금도 변함이 없다. 말하자면 개별 국민국가 내에서 사회적 공공성과 공익체계의 보장을 관철하고자 하는 입장과 그것을 억제하고자 하는 사회세력간의 힘의 관계에 따라 결정되는 문제라 할 수 있다.

흔히 복지와 사회적 공평성은 경제성장을 저해하는 요소로 인식되는 경향이 있으나, 역사적으로 비교적 공평한 소득분배는 경제성장에 긍정적으로 기여해 왔다. 서구사회의 경우 오히려 급진자유주의가 판을 치던 시기에 OECD국가의 성장률은 케인즈주의의 황금시대보다 더 완만해졌다. OECD국가 산출량의 연평균 변화율은 1960~74(4.9%), 1970~90(3.2%), 1980~90(3.0%), 1990~97(2.15%)로 점점 하락추세를 보였던 것이다.37) 더욱이 특정 국가의 경제적 평등과 사회적 평등이 크면 클수록 그 사회의 범죄율은 낮아지며, 부와, 도덕성 그리고 시민공동체는 더욱 안정적으로 향상되고, 그 결과 사회에 전가되는 재정부담은 그만큼 더 줄어들게 된다. 그럼에도 20세기 후반 선진 서구 자본주의국가의 경쟁력저하에 따른 축적메커니즘의 한계를 복지체계 자체의 모순구조에서 찾음으로써 이른바 '복지국가 위기론'이 대두됐다. 그러나 자본주의 축적메커니즘의 '위기론'은 사구사회가 일정한 성취를 일궈낸 토대 위에서 구축된 역사적 실체로서의 사민주의적 복지국가 이념의 탓으로 돌릴 수 없는 것임에도 불구하고, 19세기 말 이래 자본주의 발전의 특정 국면마다 주기적으로 반복돼 온 논리였다. 그런데 이러한 서구사회 복지국가의 기본적인 형태마저 외면해 온 한국사회의 실정에서 '복지국가 위기론'을 내세워 복지와 사회적 공평성의 논리를 거부하는 것은 왜곡된 가치의 반영이 아닐 수 없다. 단언컨대 한국은 산업화수준과 인구구성비의 변화 등과 관련해서는 복지국가 발전을 위한 사회경제적 단계에 충분히 도달해 있다. 통일지향의 사회적 목표는 국가적 부의 증대도 중요하지만 복지와 사회적 공평성에 두어져야 한다. 복지와 사회적 공평성 없이 국가적 부와 통일이 무슨 의미가 있겠는가?

---

37) Robert Brenner, "The Economics of Global Turbulence," *New Left Review*, No.229 (1998), p.262.

3) 삼균주의: 남북한 이념통합의 준거

(1) 균(均)과 화(和)

　남북한 통합의 이념적 지향은 근본적으로 체제(제도)간 상호접근의 방향을 모색하는 데 있다면, 이는 사실 사회경제적 평등관념에 대한 합의수준의 문제라고 할 수 있다. 평등문제가 정치제도적으로 해결되지 않는다면 사회통합은 불가능하며, 국제정치적 역학관계에 의해 남북한 정치통합이 이루어진다고 하더라도 내적 균열로 인한 갈등은 통합 자체를 위태롭게 하거나 엄청난 희생을 요구하게 된다. 이런 까닭에 사회통합의 실질적 토대의 확보가 무엇보다 중요하다.

　사회통합은 한국사상의 전통적 의미에서는 '화'(和)의 상태를 뜻한다. '화'는 온화하고, 화목하고, 고르고, 따듯한 상태라는 의미를 함축하고 있다. 이러한 '화'의 토대는 바로 '균'(均)에 있다. 그렇다면 '균'이란 무엇인가? 그것은 평평하고 공평무사함을 말한다(秉國之均,『시경』). 또한 더하고 덜함이 없이 고르다(均齊,『맹자』)는 뜻이기도 하다. 뿐만 아니라 사물이 가지런히 조화를 이룬 상태(六轡既均,『시경』)이거나, 과불급(過不及) 없이 평등하게 하는 것을 의미하기도 한다(天下國家可均也,『중용』). 그렇다고 해서 절대적 평등을 말하는 것이 아니라, 상하관계의 위계적 질서에 따른 차등적 관계를 충분히 고려한 조화상태를 의미하는 것으로 볼 수 있다. 이런 맥락에서 공자도 "부족한 것을 근심하지 말고 고르지 못함을 근심해야 한다"고 역설했다(『논어』).

　우리 역사에서 이러한 조화적 평등관이 제대로 구현된 경우는 흔치 않다. 그럼에도 역사 속에서 추구된 평등관념은 균열과 갈등으로 점철된 오늘날의 사회상을 반추하는 데 시사하는 바가 무척 크다. 식민지, 해방, 전후의 폐허, 근대화의 진통 등 현대사는 절대빈곤 상태에 고통받아 온 시기로 한번도 물질적 부와 풍요상태가 어떤 것인지 상상할 수 없는 시대였다. 따라서 우선 곳간의 양식을 그득 쌓고 주린 배를 채우는 데만 급급했지 비록 정치적·경제적·사회적 평등관념이 있었다고 해도 그것이 정책적 실천차원에서 적극적으로 고려될 수 있는 상황은 아니었다. 그럼에도 불구하고 빈곤의 시대에 이미 체계적이고 정책지향적인 균산(均産)·균분(均分)사상이 제시됐다는 사실은 무척 놀라운 일이 아닐 수 없다. 조소앙(趙素昻, 1887~?)의 삼균주의(三均主義)는 남북한 이념통합의 준거로 새롭게 검토돼야 할 사상이다.[38] 따라서 사회민주주의의 이념적 지향성에 대한 이해와 함께 삼균주의의 핵심적 내용을 살펴보자.

(2) 삼균주의: 자유주의와 사회주의의 조화

삼균주의는 민족주의와 사회주의간의 모순을 뚜렷이 인식하고, 그것의 양자택일이 아닌 양자종합의 조화를 찾으려 했다. 삼균주의는 정치·경제·교육의 균등을 기초로 한다. 임시정부 국무회의에서는 삼균제도를 국시로 채택한 "대한민국건국강령"을 통과시켰으며(1934. 11. 18), 그후 정식으로 공포된 "건국강령"에 반영됐다(1941. 11. 25). 재산소 유권문제, 계급구조의 변화, 그리고 정당제도의 장·단점 등을 고찰한 독창적 사상체계로 발전된 삼균주의는 독립운동의 이념으로, 나아가 해방 후 독립국가의 실천강령으로 채택됐다. 특히 해방 후에 좌·우익간 대립이 첨예화되자 조소앙은 삼균주의를 민족 재통일의 이념적 토대로 삼고자 했다.

삼균주의 이론체계의 최초의 모습은 "한국독립당의 근상"(1931년 집필) 가운데 '주의정강과 정책' 부분에서 제시됐다.[39]

---

38) 홍선희(洪善熹)는 삼균주의를 "개인간·민족간·국가간의 완전균등과 권력·부력·지력의 평등을 기본원칙으로 하고, 그것이 완전히 실현된 상태를 세계일가의 이상세계로 제시한 삼균주의는 제국주의 열강간의 쟁패로 나라를 빼앗긴 한민족의 고유한 반성 속에서 우러난 전연 새로운 정치사상"으로 평가했다. 『조소앙의 삼균주의 연구』(한길사, 1982), 3쪽.
39) 삼균학회 편, 『소앙선생문집(상)』(횃불사, 1979), 108쪽.

그렇다면 독립당이 표시로 내걸은 주의로 과연 어떠한 것인가? 그것은 "인간과 인간, 겨레와 겨레, 나라와 나라 사이의 균등한 생활을 주의로 삼는다"고 할 것이다. 무엇으로써 인간과 인간 사이의 균등을 꾀할 것인가? 정치의 균등화, 경제의 균등화, 교육의 균등화라고 하는 것이 바로 이것이다. 보선제를 실행하여 정권을 가지런하게 하고, 국유제를 실행하여 경제를 가지런하게 하며, 국비로 의무학제를 실행하여 교육을 가지런하게 할 것이니, 이로써 나라 안에서 인간과 인간의 균등한 생활이 실현된다.

이와 같은 삼균주의 대전제는 완전균등에 있으며,40) 그 후 균등사상을 실현하기 위해 정치, 경제, 교육의 세 부문으로 나눠 주의·정책·방법 등을 체계적으로 규정했다. 삼균주의의 제도와 정책적 특성으로 첫째, 인민의 기본권리와 의무를 규정한 정치적 균등의 논리는 오늘날 자유민주주의적 한국 정치제도에 거의 그대로 반영되고 있는 모습을 볼 수 있다.

둘째, 경제적 균등과 관련해서 건국헌법의 경제체계로 '국유와 사유'를 구분하고 있다. 즉 "대생산기관의 공구와 수단을 국유로 하고 토지·광산·어업·농림·수리·소택과 수상·육상·공중의 운송사업과 은행·전신·교통 등과 대규모의 농·공·상 기업과 성시(城市) 공업구역의 공동적 주요 방산(房産)은 국유로 하고, 소규모 등 중등기업은 사영으로 함"을 천명했다.41) 그 후 국유제사상은 해방 후 조소앙이 현실정치에 참여할 무렵 토지개혁의 단행과 더불어 중요산업의 '국·공영' 주장으로 나타나기도 했다.42)

한편 "대한민국건국강령" 총강에서 우리나라의 건국정신은 삼균주의에 역사적 근거를 두었다는 주장은 무척 흥미롭다. 그는 "선민(先民)이 명명(明命)한바 수미균평위(首尾均平位 머리로부터 꼬리까지 고루히 함) 흥방보태평(興

---

40) 균등사상의 단초는 이미 "대한독립선언"과 그 자신이 기초위원의 한 사람으로 참여했던 '대한민국임시정부 정강"(1919. 4)에 반영돼 있다. 국사편찬위원회, 『한국독립운동사: 자료 2』(국사편찬위원회, 1971), 2쪽.

41) 삼균학회 편, 『소앙선생문집(상)』, 152쪽; 국사편찬위원회, 『한국독립운동사: 자료 2』, 29-34쪽.

42) 삼균학회 편, "나의 주장," 『소앙선생문집(하)』, 117-118쪽.

邦保泰平: 나라를 일으키고 태평케 함)하리라 했다. 이는 사회 각층 각 계급의 지력과 권력과 부력의 향유를 평균하게 하며 국가를 진흥하며 태평을 보유하라 함이니, 홍익인간과 이화세계(理化世界: 진리로 세계를 변화시킴)하자는 우리 민족이 지킬 바의 최고공리임"이라고 했다.43) 말하자면 '균'사상의 실천적 구현인 삼균주의는 유구한 민족사의 내재적 원리로 홍익인간과 이화세계의 이념을 추구하는 우리 민족이 반드시 지켜야 할 최고공리라고 선언했던 것이다.

셋째, "건국강령" 가운데 현재 우리 사회 모순구조의 핵심적인 문제와 관련해서 주목을 끄는 것은 교육균등에 관한 논지이다. 교육균등을 위한 철저한 국비교육・의무교육을 주장한 것이 삼균주의의 가장 두드러진 특징 중의 하나이다. 이를테면 한말 이후 신교육열과 교육구국론을 계승해 그도 국민교육을 가장 중시했고, 대담한 교육혁명을 통해서만 삼균주의가 성공할 수 있다고 확신한 것이다. 그는 교육의 불평등이 시정되지 않는 한 정치적・경제적 평등의 실현은 좀처럼 실현할 수 없다고 믿었다. 교육균등론은 교육의 기회균등에 그치지 않고 국비교육・무상교육으로 지식・문화・과학기술 등의 공유화를 실현하는 데 있으므로, 정치적・경제적・사회적 균등을 위한 전제조건으로 이해되는 목적론적인 평등관으로 나타나고 있는 점이 돋보인다.

평등이념은 사회주의 이데올로기의 고유한 속성이 아니다. 자유주의와 사회주의의 지적 전통은 모두 평등이념을 반영하고 있다.44) 정치적 평등이념은 사실 자유주의적 전통 속에서 나타났으며, 평등의 가치가 사회경제적 차원으로 강조됨으로써 자유와 평등개념의 내포와 외연이 심화・확장됐던 것이다. 삼균주의는 서구사회의 사민주의 이념 및 정책적 지향성과 유사할 뿐만 아니라, 자유주의와 사회주의의 이념적 조화로서 제시됐다는 데 의의가 크다.

---

43) 삼균학회 편, 『소앙선생문집(상)』, 148쪽.
44) Sanford A. Lakoff, *Equality in Political Philosophy* (Harvard University Press, 1964), pp.1-11.

4. 이념통합의 방향(Ⅰ)

1) 사회적 시장경제: 성과 및 전망

(1) 사회적 시장경제

남북한 이념통합의 방향으로 시장경제 원칙 아래 사회적 책임과 국가의 능동적 역할을 강조하는 사회적 시장경제 이념의 창조적 적용을 고려할 수 있다.

사회적 시장경제(Soziale Marktwirtschaft)는 '효율성'과 동시에 '사회적 책임'의 이중적 가치를 지향한다. 사회적 시장경제에서 국가는 능동적인 사회정책을 통해 사회정의와 사회보장을 위해 배려해야 한다. 이는 능동적인 소득정책과 재분배정책을 필요로 하고, 사회보장체계의 조성에서는 보충성의 기본원리를 지향해야 한다는 입장이다. 이 원리에 따르면 국가는 개인, 가족 또는 확정 가능한 사회적 단위가 합당한 조건 아래서 감당할 수 없는 위험과 지원을 떠맡아야 한다. 사회적 대비와 위험으로부터의 보호를 자기 책임으로 완비하려면 광범한 인구층의 수행 가능한 재산형성이 전제돼야 하는데, 이를 위해서는 시장경제질서가 가장 유리한 토양을 제공해 준다. 시장시스템 자체는 어느 정도 복지보장적 성격을 지니고 있다. 사회적 시장경제는 이러한 시장시스템의 사회적 잠재력을 기반으로 사회정책적 틀이 완전고용, 재산형성, 노동자보호, 기업내 공동결정에서부터 영세민 지원의무에 이르기까지 모든 사회보장체계를 포괄한다.

사회적 시장경제 개념은 1930년대 독일의 신자유주의 철학의 영향 아래 발전하면서, 경쟁이론 및 정책영역에서 전후 독일모델의 토대로 자리잡게 됐다. 사회적 시장경제 이념에는 이 이념을 창안한 오이켄(Walter Euken)이나 프라이부르크학파에게서도 정치 및 경제적 권력제한 문제가 최대의 과제로 부각됐다. 강력한 국가적 경제정책이 없는 자유방임 상태에서는 시장의 권력화현상이 나타나면서 개인은 특정 권력집단에 과도하게 예속되게 된다. 이러한 상황을 극복하고 시장경제적 질서의 지속적인 기능이 유지되기 위해서는 국가가 보장하는 경쟁질서가 요구된다. 마찬가지로 국가로부터의 예속, 자유의 위협 등도 심각한 문제가 아닐 수 없다. 여기서 사회적 시장경제론의 '사회적'이란 개념은 경쟁을 최대한 허용하면서 효율성을 추구하는 것 이상으로 비예속과 더불어 독점이 없고 권력이 없는 상태를 의미한다.

남북한 통일과정에서 북한지역의 시장경제체제로의 포섭은 남한 독점자본에의 예속상태와 내적 식민화로 전락될 가능성이 크다. 이러한 시장의 권력화에 대한 예속을 극복하고 국가의 과도한 개입으로 인한 시장경제 기능 자체가 왜곡될 수 있는 개연성도 충분히 고려돼야 할 것이다. 시장경제 원칙이 관철돼야 한다고 해서 반드시 국가의 배제가 전제돼야 하는 것은 아니다. 이런 점에서 전후 사회적 시장경제의 이념 아래 독일의 경제부흥을 이끌었던 에르하르트(Ludwig Erhard)의 견해처럼 공동사회는 "사회, 경제 및 재정정책적 조치를 통해서 한계나 규칙의 제약하에 놓여야 한다"45)는 아주 명료한 주장을 상기할 필요가 있다.

사회적 시장경제의 목표는 경쟁질서의 기초 위에서 자유로운 이니셔티브를 바로 시장경제적 실적을 통해서 보장하는 사회적 진보와 결합시키는 데 있다.46) 이는 경쟁이론을 포함해 가장 넓은 의미의 통합공식으로 '시장, 국가, 사회집단이라는 생활영역 사이의' 조정을 추구한다. 시장이 경제적 자유와 복지를 보장하고 다양한 사회보장 시스템을 위한 적절한 기초이지만, 시장에서의 조율이 실패하거나 바람직하지 않은 결과를 초래할 경우에는 국가가 개입해야 하며, 국가개입의 방향은 시장정합성의 지향에 초점을 맞춘다.

---

45) L. Erhard, *Deutsche Wirtschaftspolitik* (1962), 오토 쉴레히트, 『사회적 시장경제』, 안두순 외 공역(비봉출판사, 1993), 36쪽.

46) Mueller-Armack, *Soziale Marktwirtschaft* (1956), 앞의 책, 27쪽에서 재인용.

전후 독일의 경제정책은 1960년대까지 뮐러-아르막(Alfred Mueller-Armack)에 의해 발전된 '사회적 시장경제' 개념의 토대 위에서 추진됐다. 사회적 시장경제 이념의 이론적 계보는 오이켄과 에르하르트 외에도 많은 학자를 들 수 있으나, 특히 뮐러-아르막의 역할은 지대하다. 그는 학문과 실제 경제정책에서 에르하르트의 동반자로 '사회적 시장경제'라는 용어를 창조했을 뿐만 아니라 다른 사람들과 함께 그 구상을 체계적으로 발전시키면서 자유주의 이념을 확장시켰다. 특히 뮐러-아르막은 시장경제를 하이에크식으로 '자연발생적 질서'의 발전이 아니라 하나의 도구로 보면서 특정한 경제유형을 위한 의도적 결정이라고 해석한 점이 주목된다. 그러나 사회적 시장경제는 처음부터 획일적이고 공통적인 도그마를 가졌던 것은 아니다. 사회적 시장경제론을 지지하는 이론가들 사이에 차별적인 측면도 많았지만, 공통적인 신념은 다만 이 체제만이 전체주의 지배의 잔재를 해소하고 개인에게 충분한 행동공간을 제공하며 독자적 재량에 의한 자기실현의 동기를 부여하고, 그렇게 함으로써 파괴된 국가의 나머지 자원을 공동체 전체의 공익을 위해 활용할 수 있다고 믿었다. 바로 이러한 이유에서 사회적 시장경제론이야말로 남북한 통일과정에서 나타날 수 있는 문제점을 예상하고 새로운 통일국가의 공동체 전체의 공익을 확보할 수 이념으로 적극적인 관심을 기울일 필요가 있다고 본다.

전후 독일의 사회적 시장경제 질서의 도입은 독일 역사상 사회질서에 대한 중요하고도 의도적인 결정으로 평가된다. 이는 여러 가지 체제의 장단점에 대한 광범위한 토론 후에 내려진 분명한 결정이었다. 어쨌든 전후 독일의 이러한 질서정책의 성공은 사회적 시장경제가 시장경제의 경제적 장점에만 그치지 않고 법치국가적 민주주의와 보완적이면서 경제, 사회 및 공동체적 이념 상호간을 조화시키는 데 크게 기여했으며, 현대 독일의 역사에서 평화, 자유, 복지국가의 틀을 마련하는 초석이 됐다.

(2) 자유사회주의

사회적 시장경제에는 '신사회주의'의 한 형태로 불리는 '자유사회주의'

의 이념도 반영돼 있다. 신사회주의는 서구사회에서 사회주의에 대한 내재적 대안논리로 일정한 역사적 시기마다 주장됐다. 독일의 신사회주의는 바이마르공화국 말기에 볼셰비즘에 대항해 '자유사회주의' 또는 '자유를 사랑하는 사회주의'를 주장하는 아카데미즘 영역에서 대두했다. 전후 신사회주의, 즉 자유사회주의는 독일사민당의 이념체계에 합류돼 독일 사회민주주의의 정책적 실천에 기여했다. 자유사회주의는 사회적 목표라는 관념뿐만 아니라 과거 서독의 경제정책에 미친 영향도 무시할 수 없다. 자유사회주의는 계획 및 조정질서와 관련해서 정통사회주의 원리와 결별했으며, 가능한 한 경쟁과 시장조정을 인정하고 국가의 계획권한을 대체적으로 케인즈적 성격의 거시조정에 국한하고자 하는 데 그쳤다.

신(자유)사회주의의 특징은 첫째, 역사결정론을 부정하는 점에서 마르크스주의와는 차별성이 있다. 마르크스주의의 궁극적 목표와 실현방법 등을 거부하면서 제도적 변혁과 도덕적·교육적 과제의 중요성을 인식하고 있다. 사회주의를 조직의 원리가 아닌 하나의 이념이자 시대적 과제로 접근하는 한편 계급투쟁보다는 사회적 파트너십을 강조한다. 둘째, 프롤레타리아 독재를 거부하고 의회민주주의를 선호한다. 따라서 계급정당이 아닌 대중적 국민정당을 지향하게 된다. 셋째, 생산수단의 공유화와 경제의 전면적 계획화를 배격한다. 경제의 전면적 계획화는 거대한 권력집중을 야기해 거대기업에 의한 세력행사 이상의 위험성을 안고 있다고 하면서, 궁극적인 완성형태로서 사회주의를 주장하는 것이 아니라 사회주의적 과제를 중시하고 있다.[47]

사회적 시장경제와 관련해서 독일사민당이 바드 고데스베르크의 임시전당대회(1959. 11. 13~15)에서 채택한 "독일사회민주당 기본강령"(Grundsatz-programm der Sozial-demokratischen Partei Deutachland)'은 흔히 고데스베르크강령으로 불리는데, 이는 자유와 시장경제 질서의 토대 위에서 국가의 책임과 역할을 규정하는 것으로 서구 사민주의의 역사에서 큰 획을 긋는 문건이다. 고데스베르크강령은 전후 스탈린의 공산독재와 히틀러 나치즘의 극좌·극

---

47) 김영윤, 『통일한국의 경제체제』(민족통일연구원, 1994), 121-122쪽.

우의 전체주의적 독재체제를 배격하고 철저한 민주주의적 사회주의 노선을 선언하고 나섬으로써 서구 사회주의운동의 이념적 전환을 가져오는 계기가 됐다.

사민당은 고데스베르크강령의 '국가질서' 항에서 국가는 모든 개인이 자유로이 자기 책임하에서, 그리고 사회적 의무하에서 자기발전을 기할 수 있도록 그 선행조건을 마련해 주어야 한다고 선언했다. 즉 기본권은 국가에 대한 개인의 자유를 보장해야 할 뿐만 아니라 공동체 형성의 권리로서 국가의 기초를 다져야 함을 역설했다. 나아가 사민당의 국가관은 "국가는 사회국가로서 각 시민이 자기의 책임에서 자율적으로 살아가는 것을 구성케 하고 자유로운 사회의 발전을 위해 시민에게 생존조건을 마련하지 않으면 안 된다"고 천명했던 것이다. 즉 사회국가로서 시민의 생존권 보존을 국가의 의무로 파악하고 있는 점이 특징적이다.[48]

'경제·사회질서' 항의 '소유권과 권력' 문제를 밝히는 부분에서 경제집중화에 대한 제한의 당위성을 역설하는 가운데 특히 대기업 문제를 다루고 있다. 사민당은 대기업은 결정적으로 경제와 생활수준 향상을 규정할 뿐 아니라 경제와 사회의 구조도 변화시키는 것으로 보고 있다.[49]

거대 경제조직을 통해 수백만 금의 재화와 수만 명의 피고용자를 지배하는 자는 경제활동만 하는 것이 아니라 인간에 대한 지배권도 행사한다. 즉 노동자와 종업원의 예속은 · 경제적 물질적 영역을 훨씬 넘어서고 있다. 대기업이 위세를 떨치는 곳에서 자유경쟁이란 존재하지 않는다. 동등한 힘을 행사하지 못하는 자는 동등한 발전의 기회를 갖지 못하며, 다소를 막론하고 자유를 잃어버리게 된다. 그 결과 소비자로서의 인간은 경제에서 가장 취약한 지위에 있게 된다. 대기업의 지도자들은 카르텔과 연합체를 통해서 엄청난 힘을 갖고 있으므로 국가와 정치에 막강한 영향력을 행사한다. 이것은 민주적 기본원칙과 일치하는 것이 아니다. 그들은 끝내 국가권력을 찬탈하

---

48) Fritz Sänger, *Grundsatzprogramm der SPD: Kommenter* (Verlag J. H. W, Diez Nachf. GmbH. 1960); 독일사회민주당, "독일사회민주당 기본강령," 양호민 편, 『사회민주주의』 (종로서적, 1985), 310쪽.

49) 독일사회민주당, "독일사회민주당 기본강령," 위의 책, 313쪽.

며, 따라서 경제적 힘은 정치적 힘이 된다.

사민당은 이와 같은 사태 발전은 자유, 인간의 가치, 정의, 그리고 사회적 안전을 인간사회의 기초라고 생각하는 모든 사람에 대한 도전으로 파악하고 있다. 그러므로 대기업의 힘을 억제하는 것은 자유로운 경제정책의 중심 과제로, 국가와 사회가 강력한 이익집단의 희생물이 되어서는 안 된다는 입장이다. 생산수단의 사유는 그것이 정의로운 사회질서의 건설을 저해하지 않는 한 보호와 조장(助長)을 요구할 수 있으며, 대기업과의 경제적 대립에서 살아남을 수 있게 하기 위해 중소기업을 효율적으로 강화시켜야 한다고 주장한다. 나아가 효율적인 공공관리로 경제력의 남용을 저지하기 위해서는 가장 중요한 수단으로 투자관리 및 시장지배력 관리를 강조하고 있다.

사민당의 공유관은 사회적 시장경제와 관련해서 주목을 끄는데, 사민당은 공유는 현대의 어떤 국가도 포기할 수 없는 공공관리의 정통적인 한 형태라고 천명했다. 공유는 "대경제조직의 과도한 힘으로부터 자유를 지키는데 기여한다.…… 모든 경제적 힘의 집중은 그것이 국가 수중으로의 집중이라 하더라도 그 자체가 위험을 내포하는 것이다. 따라서 공유재산은 자치와 분권의 원칙에 따라 설정돼야 한다. 그 공유재산의 관리기구에서 노동자와 종업원의 이익은 공유의 이익 및 소비자의 이익과 마찬가지로 대표돼야 한다. 중앙집권적인 관료제가 아니라 책임을 자각하는 모든 관계자의 협력이야말로 공동체에 가장 잘 봉사하는 길이다"고 해서 시장경제체제 내에서 사적 소유형태를 포함한 다양한 소유형태의 가능성과 사회적 의의를 부각시켰다. '소득과 재산의 분배'에서 대경제체의 기업재산이 끊임없이 증대하는 경우 증가된 재산은 적절하고도 광범하게 분산되거나 공동의 목적에 기여할 수 있도록 적합한 조치가 마련돼야 함을 강조했다.[50]

사회적 시장경제는 전후 서독 경제질서의 기본이념으로 경쟁이론만이 아니라 통합지향적 이념으로 독일식 '제3의 길'이라 할 수 있다. 이는 시장, 국가, 사회집단이라는 생활영역 사이의 조정을 추구하는 것으로, '사회적 책임을 진 시장경제', 즉 시장경제가 갖는 사회적 기능을 강조함과 동시에

---

50) 독일사회민주당, "독일사회민주당 기본강령," 앞의 책, 314-315쪽.

고전적 자유주의에 토대를 둔 단순한 자유방임주의 시장경제와 그에 대한 비체계적인 간섭주의에 대한 반작용으로 대두했다. 여기서의 '제3의 길'은 자유로운 사상과 경제정책을 통해 공정하고 평등한 경쟁조건이 유지되는 규제된 자본주의를 지향한 것이었다. 사회적 시장경제와 더불어 자유(신)사회주의는 한편으로는 정치적 의지형성에 대한 국민의 참가와 함께, 다른 한편으로는 경제적 결정에서도 여러 수준의 '공동결정'을 통한 경제의 민주화를 지향하는 이념이기도 하다.

(3) 사회적 시장경제와 한국헌법

우리 헌법 경제조항의 기본적 성격과 방향은 사회적 시장경제 이념과 접맥돼 있다. 헌법의 경제조항 제119조 ①은 "대한민국의 경제질서는 개인과 기업의 경제상의 자유와 창의를 존중함을 기본으로 한다"는 선언적 규정과 함께, 제119조 ②는 "국가는 균형있는 국민경제의 성장 및 안정과 적정한 소득의 분배를 유지하고, 시장의 지배와 경제력의 남용을 방지하며, 경제주체간의 조화를 통한 경제의 민주화를 위하여 경제에 관한 규제와 조정을 할 수 있다"고 천명하고 있다. 이는 기본적으로 자유시장 경제체제의 바탕 위에 사회적 시장경제의 이념을 반영한 것임을 알 수 있다. 다시 말해 경제질서의 기본원칙을 천명하는 원리적 규정이라고 할 수 있는 이 조항은 자본주의적 시장경제를 기본으로 하면서 국민경제의 성장·안정, 공정한 소득분배 및 경제의 민주화를 위한 정부의 규제와 조정을 도입함으로써 사회적 시장경제원리를 수용하고 있다. 헌법재판소도 우리 헌법의 기본질서에 대해 "자유시장경제 질서를 기본으로 하면서도 사회국가 원리를 수용하고 있다"고 밝혔다.51)

우리 헌법 경제질서의 근본원칙은 제119조뿐만 아니라 전문, 제10조, 제23조, 제34조 등 여러 곳에 걸쳐 명시돼 있다. 헌법전문에는 경제분야를 포함한 모든 영역에서의 기회균등과 국민생활의 균등한 향상을 선언하고 있

---

51) 헌재 1998.5.28 선고, 96헌가4등 병합.

으며, 제10조에서는 인간의 존엄과 가치 및 행복추구권을 규정해 기본권 및 경제질서 전체의 기본원칙을 천명하고 있다. 그리고 제23조는 사유재산권 보장 및 공공필요에 의한 재산권제한을 규정하고 있고, 제34조에서는 모든 국민이 인간다운 생활을 할 권리를 보장하고 있는데, 이러한 헌법조항은 제119조에서 규정하는 기본적 경제질서의 근간을 이룬다.[52]

중요한 자원의 국유화·사회화의 원칙(헌법 제120조 ①), 그리고 국토 개발·이용계획의 수립(헌법 제120조 ②) 등의 조항은 사회적 시장경제 이념의 중요한 지표가 된다.[53] 그 외 농업부문의 경자유전의 원칙, 지역간 균형발전과 지역경제 육성의무, 중소기업의 보호육성, 소비자보호, 대외무역의 육성과 규제·조정 등의 조항은 국가의 의무로 규정되고 있다. 특히 헌법 제126조의 "국방상 또는 국민경제상 간절한 필요로 인하여 법률이 정하는 경우를 제외하고는, 사영기업을 국유 또는 공유로 이전하거나 그 경영을 통제 또는 관리할 수 없다"는 조항은 사영기업의 국·공유화 가능성의 길을 열어놓고 있다는 점에서 주목된다. 이 조항은 시장경제질서 및 사유재산권 제도에 입각해 원칙적으로 기업은 사유화한다고 전제하고 있으나, 예외적으로 사영기업의 국·공유화를 인정하는 규정으로 사회적 시장경제 이념과 관련해서 다양한 해석을 가능케 하는 조항이다. 헌법재판소는 '사영기업의 국유 또는 공유로의 이전'이란 일반적으로 공법적 수단에 의해 사기업에 대한 소유권을 국가나 기타 공법인에 귀속시키고 사회정책적·국민경제적 목표를 실현할 수 있도록 그 재산권의 내용을 변형하는 것을 말하며, '경영에 대한 통제 또는 관리'라 함은 비록 기업에 대한 소유권의 보유주체에 대한 변경은 이루어지지 않지만 사기업 경영에 대한 국가의 광범위하고 강력한 감독과 통제 또는 관리의 체계를 의미한다고 해석한다.[54] 이처럼

---

[52] 헌법상 경제질서에 관한 조항을 근거로 각종 법률에 의한 경제조정이 이루어지고 있는바, '독점규제 및 공정거래에 관한 법률,' '노동관계법,' '소비자보호법' 등을 들 수 있다.

[53] 헌법재판소는 국토이용관리법상의 토지거래허가제는 국토 이용·개발·보전을 위한 제한의 하나로서 재산권의 본질적 내용의 침해가 아닌 합헌임을 밝혔다. 헌재 1989.12.22.선고, 88헌가13.

우리 헌법의 경제조항(제119~제127조)은 사회적 시장경제의 이념을 반영하고 있는 것으로 자유민주주의 이념과 보완관계에 있는 것으로 볼 수 있다.55)

남북한 통합과정은 일반적인 세계사적 추세를 감안하면 북한의 위로부터의 명령경제의 비효율성과 그로 인한 전체주의적 억압체제의 완화와 동시에 급속한 것이든 점진적인 것이든 간에 시장경제로의 전환을 전제하고 있다. 여기서 전환이란 국가사회주의에서 시장자본주의로의 단순한 일방적 경로만을 의미하는 것은 아니다. 체제전환 과정은 남북한 양 체제의 상호변화를 동반할 수도 있으며, 남북한 통합체제의 성격은 남북한 사회의 다양한 계층의 역학관계와 통합시기의 세계사적 추세 등이 반영돼 복합적이며 유동적인 형태를 보일 수 있다. 이 경우 전환의 주체문제와 전환대상으로서의 토지, 임야, 기업, 주택 등 생산수단의 사유화문제를 둘러싼 갈등현상이 예상된다. 이는 이미 러시아를 비롯한 헝가리, 폴란드, 체코의 동구 사회주의국가의 체제전환 과정에서 충분히 경험한 문제로, 대개의 경우 과거 공산주의체제의 정치적 엘리트계층이 그 과정에서 새로운 경제적 엘리트층의 모습으로 나타났다.56) 즉 러시아와 동구사회주의의 전환과정에서 공권력은 대개 사유화의 도구로 전락했으며, 여기서 사회정의 문제는 심각할 정도로 왜곡되고 말았다.57) 이런 점에서 남북한 통합과정은 특히 다양한 소유형태를 지향하되, 정의로운 사회질서의 건설이라는 이념적 목표에 대한 사회적 합의의 토대를 마련해 나가야 한다.

---

54) 헌재 1993.7.29.선고, 89헌마31.
55) 헌법전문의 '자유민주적' 기본질서의 이념과 나란히 모든 영역에서 각인의 '기회균등' 및 국민생활의 '균등한 향상'을 추구하는 가치관은 자유민주주의 이념의 궁극적 지향점을 의미하는 것으로 이해할 수 있다.
56) 동구국가의 미래에 대해 서방세계와의 통합이라는 꿈이 빈곤과 불안정, 그리고 주변부자본주의로의 복귀로 파악하고 있는 글로는 보리스 까갈리쯔끼,『근대화의 신기루』, 유희석・전신화 옮김(창작과비평사, 2000), 332-351쪽.
57) Adam Przeworski, *Sustainable Democracy* (Cambridge University Press, 1995), p.92.

2) 질서자유주의

독일모델로 구현되는 사회적 시장경제는 이른바 '질서자유주의'(ordo-liberalism) 철학에도 뿌리를 내리고 있다. 질서자유주의는 1930년대 독일적 상황에서 새로운 자유주의로 주장된 신자유주의 논리에서 발전했다.[58] 신자유주의의 출발점은 고전적 자유주의(구자유주의)와 달리 기능 가능한 경쟁질서는 저절로 생겨나는 것이 아니라 '법에 의해 창출되는 업적'으로 파악한다. 즉 경쟁질서는 국가에 의해서 의식적으로 조성되고 보존돼야 한다는 구상에 기반한다.

질서자유주의의 신사고를 촉발하는 계기로는 세계 경제공황, 시장의 권력화 추세, 기업집중, 전체주의적 국가형태와 이데올로기의 대두 등을 들 수 있다. 말하자면 이 시기에 스스로 규율하는 자율적 질서에 대한 자유주의의 신뢰는 동요하고 있었다. 그렇다고 해서 거꾸로 중앙에 의해 계획되고 지도되는 경제 또는 중앙관리 경제는 자유주의의 기본가치, 특히 법치국가의 이념과 합치될 수 없는 것으로 인식됐기 때문에 설득력 있는 대안이 될 수는 없었다.

국가에 의해서 의식적으로 조정되지 않는 자유로운 교환경제를 한편으로 하고, 중앙관리경제를 다른 한편으로 하는 양극단 사이에 질서자유주의의 창시자인 오이켄의 질서관념이 자리잡고 있었다. 그는 자유무역, 영업 및 개인의 자유, 농민해방, 여타 이동의 자유에 관한 프로그램과 더불어 일체의 공업화를 가능케 했던 자유방임주의 경제정책에 대해 회의하면서, 경제질서의 조성을 사적 이해에 맡겨 두는 데 자유방임주의 경제정책의 근본적 결함이 있다고 보았다. 이를테면 자유에 맡겨 이해관계를 처리하는 것은 결코 생산적인 전체질서를 보장하지 못한다고 보았다.

공급자와 수요자는 오히려 가능한 한 경쟁을 피하고 독점적 지위를 획득

---

[58] 헬무트 라이폴트, "경제시스템의 사회이론적 정초", 한넬로레 하멜 편,『사회적 시장경제·사회주의 계획경제』, 안병직·김호균 옮김(아카넷, 2001), 25-33쪽.

하거나 유지하려 한다. 경쟁을 제거하고 독점적 지위를 유지하려는 내면의 충동은 모든 시대에 도처에 살아 있다. 이러한 성향은 재화시장뿐만 아니라 노동시장에서도 나타나며 이 성향은 노동자의 사회적 궁핍의 본질적 원인이 될 수도 있다. 그렇지만 오이켄은 여기에서 시장과 생산수단의 사적 소유를 철폐하고 사회주의적 생산관계를 도입해야 한다는 결론을 내리지는 않았다. 그는 오히려 기능 가능한 시장형태와 화폐질서가 발전할 수 있게 되는 조건을 갖추어 주는 데 경제정책의 필요성과 목표가 있다고 주장했다.

질서자유주의 구상은 경제질서를 의식적으로 조정하고 통제한다는 점에서 고전적 자유주의 구상과 구별된다. 경쟁질서의 구성원리로서 화폐가치의 안정, 자유로운 시장진입의 보장, 사유재산의 보장, 충분한 책임과 계약의 자유원리 도입, 경제정책의 일관성을 요구했다. 나아가 질서자유주의는 국가의 독점통제, 재분배정책에 의한 소득분배의 교정, 비정상적인 시장반응과 외부효과에 대한 국가개입 등을 규제의 원리로 삼는다.[59]

질서자유주의는 경제력의 정치권력화 현상을 경계하는 데 특징이 있다. 이런 점에서 생산수단의 사적 소유는 경쟁질서의 필수불가결한 조건으로 용인되나, 소유의 집중은 경제적·정치적 권력을 통제할 수 없을 정도로 집중되는 결과를 낳게 된다는 점에서 규제돼야 할 대상이다. 물론 사적 소유는 경쟁에 의한 통제를 필요로 한다. 사적 처분권이 통제되지 않을 경우에는 언제나 권력남용의 위험이 있기 때문에 사유재산관에 대한 불신이 깔려 있다. 그렇다고 이 위험이 집단소유를 도입함으로써 추방될 수 있는 것도 아니다. 집단소유 형태에서는 경제적 권력과 정치적 권력의 결합 때문에 권력문제가 거대한 위협요소로 떠오르기 때문이다. 분명한 점은 사적 소유는 폐해를 초래할 수 있지만, 집단소유는 반드시 폐해를 초래한다는 점이다. 소유의 국유화와 중앙의 조정을 지향하는 모든 해결책은 업적유인을 약화시키고 비용계산을 어렵게 하며 경제관리의 관료화를 불가피하게 만든다고 진단했다.

고전적 자유주의를 지양한 이러한 신자유주의는 전후 독일사회에서 질

---

59) 헬무트 라이폴트, "경제시스템의 사회이론적 정초," 한넬로레 하멜 편, 앞의 책, 26쪽.

서자유주의로 구현되면서 사회적 시장경제의 정치적 실천에 결정적으로 기여했다. 특히 사회적 시장경제의 경제철학인 질서자유주의는 시장의 자유를 기본적 인권이 아닌 법적·사회적 산물로 간주한다는 사실은 주목할 만하다. 질서자유주의는 시장경제를 탈규제가 낳은 자연스런 해방상태가 아니라, 그 자체의 올바른 모습을 유지하기 위해서는 계속적인 개혁을 필요로 하는 미묘하고도 복합적인 제도로 이해한다. 달리 말해 질서자유주의 입장에서 시장경제는 독립적인 실체가 아니라 지역공동체와 민주적인 국가 등과 같은 서구사회의 중심적인 제도가 확장된 것에 다름 아닌 것으로 보고 있다.60)

오늘날 우리가 알고 있는 질서자유주의 독일모델은 에르하르트에 의해 체계화되기 시작했으나, 나치시대의 대표적인 이론가 중 많은 사람들이 강제이주를 당했음에도 불구하고 프라이부르크학파의 질서자유주의 이념은 독일에서 완전히 사라진 적이 없었다. 질서자유주의 철학에서 상정하는 시장경제는 현대 독일문화에 깊숙이 뿌리내렸다.

최근 독일모델은 전후의 형태와 유사한 모습으로 스스로를 새롭게 할 수는 없다는 인식이 제기되고 있다. 그러나 왜 문명화되고 우수한 사회제도가 만성적인 불안정과 분열, 그리고 빈민가의 확산을 가져오는 미국식 자유시장으로 대체돼야 하는가? 물론 전후 질서자유주의 이념에 입각한 독일모델이 남북한 통합과정에 그대로 적용될 수는 없을 것이다. 그럼에도 현재 세계를 지배하는 경제적 대항관계가 자본주의에 대한 자본주의의 경쟁이라는 사실을 분명히 인식한다면 세계화와 금융시장의 국제화를 거의 신앙적 차원으로 떠받들고 있는 미국식 자본주의 논리를 극복할 수 있는 대안적 이념의 모티브를 제공해 준다는 점에서 의의가 크다.

---

60) John Gray, *The Postcommunist Societies in Transition: A Social Market Perspective* (London: Social Market Foundation, 1994), reprinted as Chapter 5 of *Enlightment's Wake* (London: Routledge, 1995).

경제윤리의 제도화

사회적 시장경제는 정치경제적 이론을 공동체적 윤리와의 밀접한 연관 속에서 접근하고 있는 점이 특징적이다. 라인강의 기적을 주도한 에르하르트 밑에서 경제정책 실무자로 40여 년 동안 연방경제부의 정책입안자로서 독일 경제정책에서 질서의 기본틀을 확고히 다졌던 독일 경제사의 증인인 쉴레히트(Otto Schlecht)는 사회적 시장경제 질서야말로 자연적인, 경제적인, 그리고 도덕적인 이해관계에 가장 적합한 경제질서라고 한다. 그는 '독일식 시장경제의 이론적 논리와 실무적 저력'이라는 부제를 붙인 그의 저서 『사회적 시장경제』에서 사회적 시장경제의 윤리문제를 중요하게 다루고 있다. 경제질서의 개인적·사회적 윤리의 측면, 양자의 상호작용으로서 기업가의 도덕적 책임을 강조하고 있는 점은 한국자본주의의 성격과 발전과정에 비춰볼 때 많은 점을 시사한다.

사실 자본주의 경제학의 초석으로 평가되는 아담 스미스의 『국부론』은 정치적·경제적 과제를 윤리적·도덕적인 문제와의 통합 속에서 해결하고자 했다. 최근 전지구적 차원에서의 자유시장주의는 경쟁과 효율성만을 최고의 가치로 여겨 정치경제학과 윤리학의 관계를 완전히 무시해 양자의 조화롭고 통합적인 속성을 철저히 배제했다. 이런 점에서 윤리학에 토대를 둔 사회적 시장경제 이념 창시자들의 문제의식과 의지는 새삼 돋보인다. 여기서는 경제질서와 윤리와의 관계를 살펴보자.

사회적 시장경제는 개인적 윤리와 사회적 윤리를 조합함으로써 효율적이고 인간다운 질서가 될 수 있다는 신념에 기초한다. 시장경제의 높은 효율성은 경제적으로 행동하는 개개인들의 지나친 도덕을 전제하지 않는다 하더라도 시장경제체제는 어떠한 도덕도 존재하지 않는 영역이 아니며 개인적 도덕을 포기할 수도 없다. 개인적인 윤리적 행동규율의 준수는 시장경제질서의 기능을 위해 중요하며, 따라서 개인적 윤리와 사회적 윤리는 상호의존관계를 가진다. 사회적 시장경제는 다음과 같은 윤리적 덕목을 요구한다.[61]

첫째, 기업가의 도덕적 책임이 중요하다. 기업가는 기업의 성공에 대한 책임과 함께 기업의 내적 및 외적인 윤리적 책임을 지닌다.

둘째, 건전한 다원주의와 병든 다원주의가 구별돼야 한다. 다원주의에는 두 종류가 있는데, 방어적인 건전한 다원주의와 공격적이고 병든 다원주의가 그것이다. 전자는 개별 시민의 권리와 자유를 부당한 방법으로 침해하지 않는 이해관계의 형성 및 권익옹호의 형태라면, 후자는 국가를 이익단체의 목적에 이용하려는 다원주의를 의미한다. 여기서 국가는 사회적인 다양한 개별이익과 집단이익에 맞서 대항하고, 공동체적 가치와 시장경제질서의 규범과 규칙을 지키는 파수꾼으로서 행동할 것이 강력히 요구된다.

셋째, 사회보장 체계와 도덕의 관계이다. 여기에는 사회적 상층계층과 소외계층간의 연대규범, 사회적 수혜자와 사회보장 담세자간 연대규범의 확립이 필요하다. 특히 사회보장 체계와 재분배 시스템의 고용함정으로 인한 '도덕적 해이'(moral hazard)를 경계해야 한다. 넷째, 사회주의 명령경제의 도덕적 빈곤에 대한 인식이 요망된다. 강제와 국가의 감시가 개인의 자유를 제한하고 필수불가결한 재화의 공급마저 해결하지 못하는 사회체제는 그 어느 다른 체제보다 더 많이 인간의 행동을 부패시켜, 결국 사회적으로 일반화된 탈법상태와 도덕적 파탄을 초래했다. 이 경우 공익에 헌신하는 사회주의적 인간형은 허구에 불과하며 기만적인 인간형이 양산된다. 권력의 부패, 신뢰의 부재, 감시제도와 비밀경찰 제도 등의 개인에 대한 국가지배현상은 도덕적 공동체와 양립할 수 없다는 인식이 필요하다.

사회적 시장경제의 윤리적 덕목을 독일적 경험과의 연관 속에서 다음의 몇 가지 명제를 고려할 수 있다.[62]

① 시장경제는 법적·제도적인 틀을 필요로 한다. 국가는 개별적인 간섭에 의해 질서가 파괴되는 상황을 방지함으로써 사회적 시장경제의 윤리적인 내용으로 파악될 수 있는 자유와 연대의 조화를 찾을 수 있다.

② 사회적 형평은 시장경제의 중요한 구성요소다. 시장경제적 효율성과 사회적 형평은 비록 갈등적인 관계라 하더라도 원칙적으로 긴밀한 조화로

---

61) 오토 쉴레히트, 앞의 책, 80쪽.
62) 오토 쉴레히트, 앞의 책, 86-88쪽.

운 상호관계이다. 시장경제의 효율성은 사회적 안정, 사회적 장애물의 제거, 분배정의 및 사회적 책임을 전제한 경제질서의 존재에 기인한다.

③ 경제질서, 국가질서 및 사회질서의 상호의존성에 비추어 볼 때 사회적 시장경제는 법치국가적인 민주주의와 불가분의 관계에 있다.

④ 사회적 시장경제의 지향은 부와 경제적 자유뿐만 아니라 그 이상을 제공하는 조직구상 및 조정구상이다. 사회적 시장경제는 열린 사회의 구상이자 동시에 다원주의적 사회질서의 구상이기도 하다. 사회적 시장경제가 존재할 때 비로소 관용과 비차별화가 가능하다. 또한 사회적 시장경제는 소수파에게도 자기실현을 위한 기회를 제공한다. 국제적으로 사회적 시장경제는 평화질서적 성격을 가지고 있다.

사회적 시장경제 개념은 광범한 지지를 받았으며, 독일 경제정책의 이념적 토대가 됨으로써 경제적 복지가 크게 향상됐고, 그 결과 다시 사회보장체제를 확장하는 튼튼한 기반을 이루었다. 그러나 그 후 서독의 부흥과 경제적 번영과 함께 사회적 시장경제 이념은 새로운 도전에 부딪쳤다. 이는 복지국가의 전면적 확대와 조직된 이익집단의 영향에서 두드러지게 나타났다. 사회적 시장경제 이념에 의하면 국가는 효율적인 질서의 틀을 조성하는 외에 다양한 경제 및 사회정책적 임무를 맡아야 한다. 국가의 주된 임무는 질서를 세우는 국가로서 기능하는 것이어야 하고, 생산하는 국가, 즉 공공재의 생산자이자 재원 조달자로서의 임무는 제한적이어야 한다. 그럼에도 후자의 기능적 측면에서 점차 국가의 임무가 확장되고 국가의 위상이 변질되면서, 사회적 시장경제체제 국가의 성격과 역할에 대한 문제점이 지적됐다.[63] 시장경제질서에서 국가의 질서 및 사회정책적 임무에 관한 개념적 확립은 이 경제질서를 도입할 당시 광범한 사회적 합의를 얻기 위한 기반이었다. 그러나 현대 민주주의사회에서 특수이익을 반영하는 조직된 이익집단이 정치과정에 미치는 영향력과 역동성은 사회국가 원리의 질서이론적 정초를 흔드는 결과를 초래하고 있으며, 바로 이 정치과정의 새로운 현실은 국가적·정치적 행동의 가능성과 한계를 보여준다. 따라서 이러한

---

[63] E. Altvater, "Some Problems of State Intervention," *Holloway and Picciotto* (1978).

한계를 극복하고자 하는 최근의 '민주주의 경제이론'은 시장경제에서 국가의 임무와 권한의 범위를 재규정함으로써 사회적 시장경제의 이념을 보완하는 방안을 제기하고 있다.

3) 사회주의 시장경제: 중국특색의 사회주의

사회주의란 무엇인가? 사회주의는 국가가 모든 산업에서 최대주주가 되는 것이 아니라 사회적 공평성을 지향하는 것을 의미한다. '사회적 공평성'을 사회주의의 핵심적 요소로 바라보는 입장은 오늘날 중국식 사회주의이념의 마지막 보루인지도 모른다. 그렇다면 21세기 중국의 체제적 성격을 여전히 사회주의로 볼 것인가, 그렇지 않으면 사회주의는 수사적 표현에 불과하고 자본주의와 다름없는 체제로 규정할 것인가 하는 문제가 제기될 수 있다. 이는 사회주의 시장경제를 표방하는 '중국특색의 사회주의'의 성격규명, 특히 사적 소유에 대한 입장변화와 관련된 문제이기도 하다. 사회주의 시장경제는 또한 북한 사회주의체제의 이데올로기적 변화의 모델로 수용될 가능성이 있다는 점에서 우리의 관심을 끈다.

사회주의국가 중국은 1978년 개혁과 개방을 시작하면서 '중국특색'의 진로를 모색해 왔다. 대내적으로 경제를 활성화시키고 대외적으로 개방정책을 실시하는데 있어 중국의 실정에서 출발해야 하며, 그 길은 "중국특색이 있는 사회주의를 건설하는 길"이 된다고 주장했다.64) 말하자면 중국의 현대화건설은 반드시 중국의 현실에서 출발해야 한다는 것으로, 마르크스주의의 보편적 진리를 중국의 현실과 구체적으로 결합시켜 자신의 길을 걸으며 중국특색이 있는 사회주의를 건설하는 것이 기본적인 결론이라고 주장했다.65) 중국은 개방정책 실시 초기부터 서방 자본주의 길로 나아가는 '자산계급 자유화'의 용인을 거부하면서, 사회주의가 자본주의와 같지 않은

---

64) 등소평, "중국특색이 있는 사회주의를 건설하자"(1984. 6. 30), 『등소평 문선(상)』, 김승일 옮김(범우사, 1994), 96-101쪽.
65) 등소평, "중국공산당 제12차 전국대표대회 개막사"(1982. 9. 1), 『등소평 문선(상)』, 23쪽.

특징적인 점은 함께 부유해지고 양극분화를 가져오지 않는 데 있다고 강조했다. 창조한 재부는 먼저 국가에 돌리고 그 다음 인민들에게 주는 것으로, 국가의 재부도 결국은 모두 인민을 위한 것으로 새로운 자산계급의 창출을 거부하는 입장은 지속적으로 나타났다.66) 1980년대 중반 등소평은 미국 대기업 대표단과의 대담에서 계획경제와 시장경제를 결부시키면 생산력을 해방할 수 있고 경제발전을 가속화시킬 수 있다고 하면서, 대외개방과 개인경제의 발전을 용인한다고 하더라도 공유제경제를 주체로 하는 기본적 정책을 고수한다면 사회주의원칙을 어기는 것이 아니라고 역설했다.67)

계획·시장문제는 사회주의와 자본주의간의 체제적 성격을 가늠하는 잣대이다. 1992년 중국공산당 제14차 당대회에서 '사회주의 시장경제론'을 채택하면서 경제제도의 측면에서 분명한 개혁모델을 제시했다. 경제발전과 경제개혁에 대해서 개혁개방 초기의 국유경제 중심의 소유제와 경제적 자원이 정부에 의해서 직접적으로 배분되는 중앙집권적 계획경제체제가 경제적 활력을 떨어뜨렸다는 점을 강조하면서, 계획경제의 틀 내에서 제한적으로 비국유경제 및 시장조절기능의 도입을 주장했다. 이는 이미 중국공산당 제12차 전국대표대회에서 채택된 "계획이 주이고 시장으로 보충한다"는 결정을 반영한 것이었다.

'계획'에서 '시장'으로 나아가는 데는 점진적 변화과정을 보여주고 있다. 개혁개방 초기 1979년 국무원 체제개혁판공실은 "계획있는 상품경제론"(有計劃商品經濟) 보고서를 제출한 바 있다. 사실 이 당시의 '상품경제론'은 '시장경제론'의 구상과 유사한 표현이었다고 할 수 있다. 그후 이 입장은 1984년 10월 중국공산당 제12기 제3차 중앙위원회에서 공식입장으로 채택되면서 중국의 경제개혁은 계획경제론의 틀을 뛰어넘는 새로운 단계에 접어들게 됐다. 이러한 전환과정에는 농촌지역에서 진행됐던 향진기업 형태의 농

---

66) 등소평, "자산계급의 자유화를 하는 것은 자본주의 길로 나아가는 것이다"(1985. 5), 『등소평 문선(상)』, 179쪽; "자산계급의 자유화에 대한 반대기치를 선명히 하자"(1986. 12. 30), 『등소평 문선(하)』, 22-26쪽.

67) 등소평, "사회주의와 시장경제는 근본적 모순이 존재하지 않는다"(1985. 10. 23), 『등소평 문선(상)』, 211-214쪽.

가경영책임제 도입에 따른 생산성증가도 중요한 요인으로 작용했다.[68] 당시 농민에 의해 창안된 개혁방안의 하나로, 가정단위별 농업생산청부제의 실시와 인민공사제도의 폐지는 농촌개혁의 가장 큰 문제로 대두됐다. 그러나 농촌개혁을 계기로 보다 적극적인 경제개혁이 추진되면서, 1987년 중국공산당 제13차 전국대표대회에서 정부는 시장을 조절하고 시장은 기업을 인도한다는 이른바 '사회주의 초급단계론'이 제시되기에 이른다.

등소평은 1992년 "남순강화"를 통해 개혁의 가속화와 경제제도(사회주의·자본주의), 그리고 경제조절 수단(계획·시장) 사이에는 직접적인 관련이 없다는 입장을 천명했다. 즉 계획이 더 많으냐 시장이 더 많으냐가 사회주의와 자본주의의 본질적 구분이 아니라는 것이다. 그는 계획경제가 곧 사회주의가 아니며 자본주의에도 계획이 있고, 시장경제가 곧 자본주의인 것도 아니며 사회주의에도 시장이 있다는 주장을 펼쳤다. 계획과 시장은 모두 일종의 경제수단이다. 사회주의의 본질은 생산력을 해방하고 생산력을 발전시키는 것이며, 착취를 없애고 양극분화를 없애며, 결국에는 함께 부유해지는 것이라고 주장했다.[69] 그리하여 1992년 제14차 당대회에서 공식적으로 '사회주의 시장경제론'이 채택됐다.

사회주의 시장경제체제의 특성은 시장이 사회주의국가의 거시조절하에서 자원 분배과정에서 기초적인 작용을 하며, 경제활동을 가치법칙의 요구와 수요·공급관계의 변화에 따르게 한다는 데 있다. 가격수단과 경제제도의 기능을 통해 자원을 효율이 높은 순환과정에 분배될 수 있게 하고 기업에 압력과 동력을 주어 적자생존을 실현한다. 이를테면 시장이 각종 경제신호에 반응이 민감한 점을 활용해 공급과 소비가 조화를 이룰 수 있도록 촉진한다는 것이 주된 요지였다.[70] 따라서 중국은 사회주의 시장경제를 통해 사회주의와 시장경제의 역사상 초유의 결합을 선언했던 것이다.

---

68) 김형모, "중국의 농촌공업화(향진기업)에 관한 연구," 『동북아경제연구』 제8호(1997), 289-317쪽.

69) 등소평, "무창, 심천, 주해, 상해 등지에서의 담화 요점"(1992. 1. 18~2. 21), 『등소평 문선 (하)』, 249쪽.

70) 중국공산당 제14차 전국대표대회(www.peopledaily.com.cn).

중국에서 진행되고 있는 생산요소 시장화의 가장 핵심적인 부분은 기업개혁과 자본시장의 육성이다. 초기 기업개혁은 소유구조의 개조보다는 비국유경제(집체, 사영, 외자기업)의 지속적인 발전과 국유기업 경영제도의 개선을 중심으로 전개됐다. 그 후 국유기업 개조방향의 문제는 1997년 제15차 당대회를 준비하는 과정에서 가장 중요한 쟁점으로 부각됐다. 여기서 '국유경제의 전략적 개조'라는 모토 아래 국유기업 비중의 축소와 소유제도의 개선과 이를 위한 주식시장 등 자본시장 육성이 제안됐다. 국가는 국유기업을 직접 관리하고 경영할 필요가 없으며 화폐형태로 소유해서 국유자산의 증식을 중요목표로 해야 한다는 논리로, 소유와 경영을 분리시키기 위해 주식회사 제도의 도입과 주식시장의 육성을 강조했다. 이에 보수파는 당연히 국유기업을 화폐형태로만 소유한다는 것은 노동자가 국가와 생산의 주인이 돼야 한다는 원칙에 위배된다는 점에서 반대했으나, 제15차 당대회에서는 주식회사 제도를 현대적 대규모 생산을 담당하는 기업에 적합하고 소유와 경영의 분리에 유리한 기업조직 형태임을 인정했다. 따라서 사유문제에 대한 중국특색의 해결책은 본질적인 논쟁이 유보된 채 경제 작동원리의 측면에서 보면 사회주의 시장경제와 자본주의 시장경제의 차이가 점차 모호해지는 형태로 나타났다.[71]

중국공산당이 천명하는 사회주의 시장경제는 과연 사회주의적인가, 자본주의적인가, 그렇다면 중국공산당은 누구의 이해를 대변하는 정당인가 하는 문제가 새삼 제기될 수 있다. 무엇보다 먼저 사회주의적 성격과 관련된 문제가 가장 중요한 이슈로 떠오른다. 이는 소유권의 문제로 사회주의의 핵심인 공유제의 원칙이 이념적 차원에서 또는 실질적 측면에서 고수되고 있는가 하는 점이다. 사실 공유제의 원칙은 점차 약화되고 있는 상황이다. 이러한 조건 속에서 "사회주의=시장경제+사회공평"이라는 등식화를 통해 사회주의의 원리적 이념에서 소유제의 속성을 폐기하려는 시도도 나타나고 있다. 이와 함께 사영경제의 지속적 발전과 사회주의의 공유제 중심 논

---

71) 이남주, "중국사회주의의 진로: 사회주의 시장경제의 과제들," 『이론과 실천』(민주노동당, 2001. 8).

리도 차츰 희석되고 있다. 다음으로 중국공산당의 성격과 관련된 문제로, 시장경제와 사유기업의 발달로 사회의 계급·계층구조가 다원화되면서 공산당은 전통적 계급정당 형태를 더 이상 고수하기 어렵게 됐다. 이에 중국공산당은 단순히 노동계급 이익의 대표를 넘어 중국의 가장 폭넓은 인민의 근본이익을 대표한다는 주장을 통해 자본가도 입당할 수 있는 길을 터놓았다.[72]

중국의 사회주의 시장경제는 궁극적으로 자본주의 시장경제로 나아가는 길인가, 소유제의 다양한 모습으로 혼합형 소유형태의 새로운 모델을 제시할 수 있을 것인가는 예측하기 쉬운 일이 아니다. 여기서 중국식 사회주의 시장경제를 '중국특색을 지닌 자본주의'로, 즉 사회주의가 아닌 자본주의의 또 다른 한 형태로 규정할 수도 있을 것이다. 중국은 1949년 혁명 이래 사적 소유는 착취의 근원으로 철저히 배격해 왔다. 그러나 중국의 개방 이후 개혁주의자이든 보수주의자든 '중국특색'을 간직한 비전을 제시한다고 할 때 어느 쪽에서건 누구나 종업원이 기업의 주인이 될 수 있는 종업원주식 소유제도의 채택을 주장하고 나서는 것을 볼 수 있다. 즉 사적 소유의 거부라는 사회주의적 이념을 명시적으로 포기하지 않는 대신 종업원소유 문제에 대해서는 강한 집착을 보이고 있다. 이를테면 노동자가 스스로 주인이 되는 곳에서는 소유문제가 더 이상 착취의 근원이 될 수 없으며, 주식소유(shareholding)를 바라보는 인식도 이데올로기적으로 부정적인 사유의 한 종류라는 관점에서 바라보기보다는 정치적으로 정당한 '공유'의 한 형태로 바라보기 시작한 것이다. 이는 분명 중요한 변화임에 틀림없으며, 중국의 실용주의적 사유전통이 반영된 것으로 볼 수 있다.

정부주도하에 노동자 중심의 소유권 전략으로 바로 이 종업원주식 소유제도가 추진되고 있다는 사실이 커다란 관심을 끈다. 중국정부는 현재 노동자에게 자신이 근무하는 회사의 주식을 매입하도록 권고하고 있는데, 이

---

[72] 중국 장쩌민 주석은 "7·1(2000년 공산당 창립 80주년)연설"을 통해 '삼개대표론'을 제창했다. 그런데 자본가도 공산당원이 될 수 있다면, 공산당은 어떤 이데올로기로 인민의 지지와 신임을 얻을 수 있을까? 이 딜레마 속에서 중국공산당은 '덕치와 공민도덕, 당의 도덕작풍', 즉 '도덕정신'의 강화를 대안으로 제시했다.

경우 노동자들의 가족이나 친척들의 여유소득도 함께 투자될 소지도 크다. 여기에다 지역주민들로 하여금 그 지역에 입지한 기업의 주식을 매입할 수 있도록 함으로써 이른바 지역공동체형 소유권(community-based ownership) 제도를 지향하고 있다. 이런 점에서 중국 주식 소유제도의 특징을 사유제라 기보다는 공동체적 소유의 독특한 형태로 이해할 수도 있다. 이러한 공동체화 전략은 상당한 성공을 거두고 있는 것으로 평가되는 향진기업 제도에서도 찾을 수 있다. 소유가 집중되지 않고 종종 비공식적 소유권마저 혼재해 있는 경공업 중심의 향진기업은 기업의 자산 못지않게 지역의 연대성에 근거해서 운영되고 있는 기업이라는 점에서 공동체적 성격이 내재해 있다.

중국식 사회주의 시장경제의 특징인 소유제도의 변화와 '국유경제의 전략적 개조'를 둘러싼 노선갈등을 노정하고 있으나, 최근에는 '시장'을 하나의 이데올로기로 받아들이는 '시장주의' 경향이 점차 일반화되고 있는 모습이다. 경제적 측면에서는 여전히 공유제와 사유제의 중심·보충논리가 중요한 쟁점으로 남아 있는 가운데, 시장경제와 사회적 공평성의 조화를 추구하는 데서 사회주의 시장경제체제의 이념을 찾을 수 있다고 주장하면서, 사회주의 속성에서 분배적 정의의 원리만을 재확인하고 있다. 이러한 중국식 사회주의 시장경제는 정치적 자유가 유보된 '경제적 자유주의'로 지칭되기도 하나, 현 단계에서는 성공적 경제발전 논리로 주목받고 있는 점에서 북한 개혁개방의 방향과 관련된 시사점을 발견할 수도 있을 것이다. 앞으로 사회주의 시장경제가 어떤 방향으로 발전할지 예측하기는 어렵지만, 경제발전에 따른 사회통합 문제와 정치개혁의 과제가 딜레마로 부각되고 있다.

북한: 협동적 소유와 독립채산제

남북한 이념통합의 방향은 북한 사회주의와 남한 자본주의의 체제적 성격의 상호침투 영역을 넓혀 나가는 데 있다. 이는 무엇보다 소유권 문제에 대한 인식의 접점을 찾는데서 출발해야 할 것이다. 이러한 문제의식을 전제로 북한의 소유권제도와 생산성증대를 위한 경제관리 방법을 이해할 필요가 있다.

북한의 소유제는 헌법상 국가소유 형태인 전인민적 소유와 사회적 소유 형태인 협동적 소유, 개인소유로 대별된다. 1998년 9월 제10기 1차 최고인민회의에서 개정된 헌법은 생산수단의 소유주체 및 개인소유 확대, 경제관리에서 독립채산제 명문화 등이 경제관련 조항의 변화를 나타내는 지표이나, 특히 생산수단의 국가소유와 협동단체 소유원칙의 천명은 개정 전의 헌법 내용과 큰 변화가 없는 일관된 입장을 보여주고 있다.[73]

　북한은 협동적 소유를 자본주의에서 사회주의체제로의 과도기에 나타나는 사회주의적 소유의 한 형태로 보고 있다. 말하자면 협동적 소유는 사적 소유에서 전인민적 소유로 발전하는 과정에서 나타나는 불완전한 소유형태로 여기고, 사회주의 발달에 따라 전인민적 소유로 이행하게 된다고 주장한다. 협동적 소유의 대표적인 분야는 농업에서의 협동농장이 전형적인 형태이다. 바로 이 협동농장과 같은 협동적 소유형태는 자본주의사회의 공동체 소유와 유사한 형태라는 점에서 공통점이 있다.

　한편 사회주의체제 내에서 생산성증대를 위해 국가적 계획의 틀 내에서 기업소나 협동농장 등의 개별 생산단위의 자율성을 보장하는 독립채산제가 주목된다. 독립채산제는 물질적 유인원리와 사회주의적 가치법칙을 이용해 근로자의 책임성과 창의성을 높이는 것을 목표로 한 경제관리 방법으로 비교적 일찍부터 시도됐다. 독립채산제는 사적 소유를 인정하지 않는 북한체제에서 사회주의 경제관리를 개선하는 데서 매우 중요한 문제이자 가장 합리적인 것으로 나타났다. 독립채산제는 상벌의 뚜렷한 형태로 상금제와 우대제를 적용함으로써 생산적 열의와 창조적 지혜를 자극하고 생산활동을 원활하게 할 수 있기 때문에,[74] 독립채산제의 단위로 공장, 기업소, 그리고 관리국 단위 또는 연합기업소 단위 등의 다양한 형태의 실시가 강조됐다.[75] 이처럼 독립채산제는 국가의 중앙집권적인 지도와 통제 밑에서 기

---

73) (북한) 헌법 제20조: 조선민주주의인민공화국에서 생산수단은 국가와 사회협동단체가 소유한다.
74) 김일성, "조선로동당 중앙위원회 제6기 제10차 전원회의에서 한 결론"(1984. 12. 10), 『김일성저작집』 38권(조선로동당출판사, 1992).
75) 김일성, "독립채산제를 바로 실시하는 데서 나서는 몇 가지 문제에 대하여: 조선민주

업소가 상대적 독자성을 가지고 경영활동을 해 나가면서 생산에 지출된 비용을 자체로 보상하고 국가에 이익을 주는 합리적인 경영관리 운영방법으로 제기됐다.

독립채산제는 기업적 측면에서는 '원에 의한 통제'의 강화라는 테두리 안에서 각 기업소, 기관이 독자적으로 은행을 이용하고 대차대조표를 작성함으로써 물자구입과 판매에서 어느 정도 자율성을 갖는다. 그리고 사업평가 후 국가 몫(국가예정이익금)을 공제한 이익금은 해당 기업소의 경영상태 개선과 노동자들의 몫으로 돌아간다. 그러나 현재 북한은 독립채산제 재산운영에 있어 기업소의 노임자금, 상금, 기업소 기금의 적립규모 등 모든 경제관리를 규정화하고 고정재산의 관리 및 이용을 제도화하며 재정의무 수행과 기업소 실적에 대해 엄격한 감독과 통제를 실시하는 등 통제기능을 강화하고 있어 독자적 경영활동이라는 독립채산제 본래의 의미는 거의 퇴색된 상태이다.

그럼에도 독립채산제는 사회주의사회의 성격과 요구를 반영해 사회주의 체제에 자본주의적 경제원리를 도입한 과도적 상태에서 나타난 현상이지만, 독립채산제 이념을 실질적으로 되살릴 경우 북한식 개혁모델로 활용될 수 있을 것이다. 독립채산제는 사회주의의 이념적 토대인 공유제의 바탕 위에서 협동적 소유형태와 더불어 협동농장이나 기업소 등의 자율경영을 보장함으로써 생산성 해방의 제도적 틀이 될 수 있다. 이런 점에서 독립채산제 본래의 취지를 되살리려는 북한당국의 노력이 기대된다.

주의인민공화국 정무원 상무회의에서 한 연설"(1984. 11. 13), 『김일성저작집』 38권.

5. 이념통합의 방향(Ⅱ)

1) 공동체주의의 이념

더불어 살지 않는다면 당신의 인생은 무슨 의미가 있습니까? 삶이란 본시 공동체 안에서 이루어지는 것이며, 모든 공동체는 하나님을 찬미합니다. 길손 한 분이 다가와, "이 도시의 의미는 무엇입니까? 여러분들은 서로 사랑하기에 모여 살고 있습니까?"라고 묻는다면 여러분을 뭐라고 대답하시겠습니까? "우리 모두는 서로 돈을 벌기 위해 모여 삽니다"라고 말하겠습니까? 아니면 "이곳은 우리의 공동체입니다"라고 말하겠습니까?

— T. S. Eliot의 "바위" 중에서

(1) 공동체: 사회적 결속

인간은 공동체를 필요로 한다. 인간은 공동체를 떠나 살 수 없다.[76] 이 사실을 최초로 지적한 퇴니스(Ferdinand Tönnies)는 사회과학의 명저인 『공동사회와 이익사회』(*Gemeinschaft und Gesellschaft*, 1887)를 통해 공동체의 성격과 변화를 설명했다. 그러나 그가 지속적으로 유지되기를 바란 인간관계의 '유

---

[76] 서양사상사에서 근대적 인간의 원형은 다니엘 데포(Daniel Defoe)의 소설을 통해 창조된 로빈슨 크루소(Robinson Crusoe)이다. 최초의 근대소설인 이 작품은 중산계급의 일상적인 노동생활과 노동에 대한 인식의 변화를 가져왔다. 더욱이 이 소설은 근대 개인주의 철학의 원류로 자리잡았으며, 로빈슨 크루소 자신은 바로 경제적 개인주의의 화신이 됐다. 근대적 인간관은 다른 사람과의 관계가 단절된 고도절해에서 살아가는 크루소적인 삶의 양식에 대한 전제로부터 출발한다. 말하자면 근대인은 역사라는 시간관념과 집단적 존재로서의 인간과는 무관한 존재로 나타났던 것이다. 이런 점에서 유적(類的) 존재로서의 인간을 잊어버린 크루소적 근대 개인주의적 존재는 허구적인 인간상이 아닐 수 없다.

기적'인 공동체는 자본주의와 시장경제의 발전과 함께 영원히 사라져 버렸다. 어떠한 사람도 무수한 인간군상 가운데 찢기고 개별화된 원자적 존재로 살아가기는 어렵다. 인간은 본래부터 더불어 살아가는 존재로, 공동체는 개개인의 성취감을 느낄 기회, 공헌할 기회, 가치있는 존재로 취급받을 기회 등을 제공한다.

공동체는 또한 정치의 목표다. 점점 더 빈번하게 세계화는 중앙 및 지방 정부가 지역주민, 지역기업, 지역문화, 지역환경의 공동선을 위해 설계한 정책을 포기하게 만든다. 현재 진행되고 있는 새로운 패러다임에 대한 모색은 집단주의에 근거한 사회주의나 인간의 이기심에 기반한 개인주의적 자본주의 어느 쪽에도 만족할 수 없다는 데서 출발한다. 어떠한 체제도 그것이 문화적 기준에 의해 정의됐든, 지리적 기준에 의해 정의됐든, 혹은 일상적인 경제적 관점에서 정의됐든 사람들이 공동체의 틀 속에 편재돼 있는 연계구조를 완벽하게 설명하지 못하기 때문이다. 우리는 지금 개인과 공동체와 시장 사이에 중첩되고 있는 도덕률을 조화시킬 수 있는 뭔가 새로운 패러다임을 기대하고 있다.

사유재산은 소수의 손에 집중될 경우 평범한 생활인을 포함한 대다수를 배제할 정도로 야수적이거나 비인간적일 수 있다. 그럼에도 사유재산은 안전과 존엄성을 보장하는 데 필수적인 정치권력을 보호해 주기도 한다. 시장과 재산은 모두 다루기에 따라 인간생활의 조건을 개선시키거나 악화시킬 수 있는 인간의 도구이다. 근대 산업화시대를 살았던 모든 사람들은 철학자였든 정치가였든 노동자였든 모두가 자본주의, 사회주의, 사적 소유, 공적 소유 등을 둘러싸고 갈등과 투쟁의 나날을 보냈다. 여기에는 종교계도 영원한 국외자가 될 수는 없었다. 교황 요한 바오로 2세는 인간의 노동은 그 본성상 사람을 분열시키는 것이 아니라 통합하는 것이어야 한다는 노동의 사회생태학을 강조하면서, 자본주의체제나 사회주의체제 할 것 없이 모든 체제가 안고 있는 소외문제의 해결책으로 "공동체적 삶의 보다 순수한 형태"를 대안으로 제시했다.[77]

---

77) John Paul II, *Laborem Excerns* (1981).

그런데 경제적 이해 없이 공동체를 만들고 운영할 수 있을까? 사람들은 한때 비교적 순수한 형태의 공동체적 삶을 유지했던 기억을 되살리고 싶어 한다. 그러한 공동체의 소멸은 서구 선진 산업국가에서는 그야말로 "가랑비에 옷 젖듯이" 그렇게 서서히 이루어졌다. 공동체의 소멸은 시장과 경제적 효율성의 가치에서 연유한다. 우리 속담에 "한 지붕 밑에 산다"고 하면 흔히 멀리 떨어져 사는 형제보다 더 가까운 사이로 여긴다. 그렇지만 대도시의 일반적 주거형태인 아파트에 사는 사람 가운데는 한 지붕 아래 살더라도 아래 위층에 사는 사람들의 얼굴이나 제대로 알고 지내는 이들이 과연 얼마나 될까? 슈퍼마켓에서 물건을 사면서, 가게 주인과 새로 이사온 이웃사람 얘기를 나누던 그 시절을 기억하는 사람이 대체 얼마나 될까? 바로 이런 일상적 거래관계에 연계돼 있는 인간적 요소는 공동체를 결속시키는 자연스런 사회적 결합체이다. 이러한 연대의식, 연속성은 사회적 통합, 사회적 관심, 그리고 문명사회의 건강성에 기여한다.

(2) '사회'의 재발견

시장적 인간관계는 모든 인간적 유대관계를 거부한다. 그러나 시장은 결코 인간의 자연적인 삶의 과정에서 발원된 생활양식이나 사회제도가 아니다. 폴라니는 '사회'에서 독립한 자본주의경제가 결코 보편적인 경제가 아님을 갈파했다. 그는 새로운 경제인류학을 개척하면서 19세기에 절정에 달했던 시장경제의 사회적 의미를 밝히고자 했다. 그리하여 시장을 하나의 역사적 현상임을 강조하는 한편, 시장 출현에 의한 유례없는 변화의 시대가 전개되는 과정과 함께 시장에 의한 혁명적 변화를 밝혔다.

근대문명 변화의 기저엔 경제과정의 전개가 있다. 폴라니는 마르크스의 도그마를 아무런 주저 없이 받아들이는 경제결정론적 방법론으로 기울지 않으면서 서구 자본주의사회의 전개과정에서 시장의 가공할 위력에 관한 투철한 분석을 시도했다. 그는 도대체 어떤 '악마의 맷돌'이 모든 인간을 노동자계급으로 분쇄시켰는가 하는 문제에 천착했다.[78] 악마의 맷돌, 즉 시장은 이윤추구라는 한 가지를 제외한 모든 인간욕구를 무시하고 '사회'를 철저히 분쇄해 버렸다. 노동이 다른 생존활동에서 떨어져 나와 시장법칙에 종속된 결과, 모든 유기적인 생활형태는 근절되고 전혀 다른 원자적·개인주의적 조직으로 대체되고 말았다.[79] 자본가의 비인간성에 관해서는 역사적 기록이 무수히 많지만 산업혁명이 낳은 주요한 비극은 이윤추구적 자본가의 무감각과 탐욕이 아니라 통제할 수 없는 체제, 즉 시장경제의 겁탈에 의해서 초래됐다는 데 있다.

시장경제의 지배 아래서 인간은 사회적 결집이 의미하는 바를 깨닫지 못한다. 인간에게 최후의 단어는 시장이 아니라 '사회'여야 한다. 시장논리를 뒷받침하는 자유주의 공식은 자본주의 세계질서가 구축된 이래 세계무역을 장악하는 강대국이나 패권국가의 주장에 불과하며, 국내적으로도 정치경제적 차원에서 강자의 논리일 뿐이다.[80] 국내체계나 국제체계나 그 어느 것도 자동적인 조정기구에 의존할 수는 없다. 따라서 사회적 제도가 경제적 기구를 유지하고 조정해야 할 것이다. 그렇다고 우리가 전부인가 전무인가 하는 식의 집산주의나, 완전부정의 개인주의 등 흔히 제시되는 양자택일식 대안으로 기울어질 필요는 없다. 우리 시대의 당혹과 모순을 극복하기를 바란다면 시장이 아니라 '사회'의 우위성을 발견하고, 상호 의존적인 인간의 포괄적이며 응집력 있는 결속력을 발견할 때에만 가능성이 열린다.[81] 한편 시장경제 아래서는 그 목적이 이익과 번영을 창출하는 것일 뿐 평화와 자유의 창출과는 무관한 것이기 때문에 자유도 평화도 제도화될 수는 없었다. 그런 점에서 시장경제가 소멸되면 유례없는 자유시대가 개막될 것으로 기대되던 시기가 있었다. 그렇게 되면 법률상의 자유와 현실적 자유는 이전의 그 어느 때보다 더 폭넓어지고 더 일반화될 수 있다고 믿었다. 이러한

---

78) 칼 폴라니, 앞의 책, 51-61쪽.
79) 칼 폴라니, 앞의 책, 204쪽.
80) 시장자유주의는 경제적 부의 집중을 반드시 부정적으로만 볼 것이 아니라, 아래로의 'trickle down'에 의한 국물효과와 같은 재분배효과를 강조하기도 한다. 그러나 최근의 신자유주의는 국가간 및 국내적으로도 부국과 인구의 극소수에 해당하는 상층계층에 의해 제3세계와 국내의 대다수의 중하층계층의 몫까지 갈취당하는 'trickle up' 현상을 초래했다.
81) 칼 폴라니, 앞의 책, 14쪽.

맥락에서 규제와 통제는 소수자뿐만 아니라 만인을 위한 자유를 실현할 수 있다고 내다보았다. 그러나 이처럼 시장을 전면 거부했던 사회주의는 자유의 왕국을 약속했지만 거꾸로 엄청난 예속과 억압만을 낳았다. 사회주의는 파산했다. 사회주의 실패의 결과 계획화와 통제는 자유의 부정이라는 이유로 공격받았으며, 자유기업과 사적 소유가 자유의 본질이라고 선언되는 시대에 우리는 살고 있다. 규제가 창출하는 자유는 비자유라고 비난받으며, 그것이 가져다주는 정의, 자유, 복지는 노예제의 위장이라고 매도당한다. 바로 여기 시장자유주의의 고지 위에 하이에크가 등장한다.

하이에크는 폴라니가 시장이라는 유토피아를 폐기함으로써 인간은 참된 '사회'의 현실에 직면하게 된다는 점을 역설한 것과는 달리, 자생적 질서로서의 자유경쟁 시장사회를 해명하고 시장사회의 유지와 발전을 궁극적 목표로 삼았다. 말하자면 그는 시장의 극복을 통해 유토피아적 사회를 발견하고자 했던 입장과는 대립되는 시장유토피아를 건설하고자 했던 것이다. 그에게 있어 인간은 개인으로 고립돼 있는 존재로서, 사회와 정치제도를 형성하는 초사회적 존재(asocial creature)라는 원자적인 개인주의적 인간관에 기초하고 있다.82) 마치 기계는 숱한 부품들로 이루어져 있듯이 사회는 개인이라는 원자들로 구성돼 있다는 논리로, 어떠한 집단도 그 집단을 구성하는 개별적 구성요소가 먼저 고려돼야 한다고 주장했다.

인간사회를 일정한 목적의식 아래 특정한 방향으로 이끌 수 있는가? 하이에크에게 이러한 논리는 분명 인간사회의 자연적 질서와 부합되지 않는다. 그는 사회공학적(social engineering) 합리주의라 할 수 있는 구성주의적 합리주의(constructive rationalism)를 비판하면서 진화론적 합리주의를 대안으로 제시한다. 데카르트(Rene Descartes)적인 구성주의적 합리주의는 사회질서를 이성의 설계에 따라 목적의식적으로 만들어진 것으로 보고, 사회를 설계하고 계획적으로 재조직할 수 있다는 신념이다.83) 특히 마르크스주의로 나타난 사회주의적 사고는 사회질서를 공통의 목적을 가진 하나의 조직으로

---

82) Friedrich A. Hayek, *Studies in Philosophy, Politics and Economics* (Routledge and Kegan Paul, 1967), p.85.
83) Friedrich A. Hayek, *Ibid.*, 서장.

보며 이성을 남용하는 데에서 근본적인 오류를 범할 수밖에 없다고 비판한다.

하이에크는 질서를 인간이 의식적으로 만든 위계적 질서와, 스스로 기획한 것은 아니지만 인간행위의 산물인 자생적 질서(spontaneous order)로 나눈다. 전자는 특정 논리나 개인에 의해 창출됐다는 점에서 위계적이라면, 후자는 개인행위의 귀결이긴 하지만 그것은 개인차원의 행위로 환원되지 않는다는 점에서 저절로 생겨난 자생적 질서이다. 자생적 질서의 대표적인 것으로는 도덕률, 언어, 화폐, 시장 등이라고 한다.[84] 위계적 질서는 소규모 집단이나 원시 씨족사회처럼 그 규모가 작아서 전모를 파악하는 데 전혀 어려움이 없는 작은 사회에서는 가능하다. 그는 사회주의는 원시사회에서나 가능했던 위계적 질서를 거대하고 복잡한 근대사회에 적용시키려는 시도라는 점에서, 이러한 시도를 원시사회의 잔재 또는 미신에 불과한 것으로 보았다. 반면 자생적 질서는 복잡성의 사회에서 형성되는 질서로, 이 자생적 질서 속에서 개개인은 질서의 구성과 진행방향을 알지 못하며 또 알 수도 없다. 여기서는 자신만의 의도와 욕구에 따른 행위선택의 가능성이 무한히 열려 있으며, 또한 어떠한 선험적 목적도 개인에게 부과되지 않는다는 점에서 개인은 자유롭다. 하이에크에게는 이러한 개개인의 자생적 질서의 자기구현 영역이 곧 시장이다.

시장이 개인의 자유를 보장한다면, 공동체주의는 억압기제의 또 다른 형태에 불과하다. 개인과 공동체의 관계에서 개인은 모든 도덕적·정치적 권리와 의무의 원천이라고 한다면, 개개인의 필요에 의해 만들어진 공동체는 부차적이다. 이러한 논리에 기반한 자유주의적 개인주의는 정치, 경제, 사회, 문화 등의 영역뿐만 아니라 서구사회의 일상적 삶의 모든 영역을 관통하는 규범이자 작동원리로 인식됐고, 나아가 범세계적인 보편원리로 주장됐다. 그 결과 자유주의적 개인주의 이념 아래서 공동체주의는 사회주의적인 경향성을 띤 구속적이고 억압적인 기제로 거부될 수밖에 없었다.

---

[84] 김균, "하이에크 자유주의론 재검토: 자생적 질서론을 중심으로," 『자유주의 비판』(풀빛, 1996) 참조.

공동체주의는 최근 우리 사회에서 다양하게 나타나고 있는 공동체운동과 관련해서 많은 관심을 모으고 있다. 공동체주의는 특히 사회주의체제의 몰락과 시장자본주의의 축배의 노래 속에서 한국사회의 해체와 균열현상이 한층 심화되고 있는 상황에 직면해 새로운 삶의 양식에 대한 대안적 모색 속에서 소개됐다. 1990년대 이후 '더불어 사는 삶'이라는 모토 아래 광범한 분야에서 공동체에 대한 논의와 실천이 이루어지고 있다. 공동체에 대한 논의는 인간 삶의 모든 영역에 걸쳐 자본주의 이념과 시장메커니즘의 무차별적인 지배로부터 벗어나려는 사회운동적 차원에서 제기되고 있으나, 공동체주의 또는 공동체의 이념에 대한 정치철학적 논의의 수준으로까지 발전된 상태는 아니다.

우리 사회에서의 공동체 논의는 한편으로는 한국사회의 모순구조를 극복하려는 노력과 함께, 다른 한편으로는 민족통일 과정에서 체제이념의 대안적 형태를 모색하고자 하는 노력의 일환으로 보다 적극적으로 추구돼야 할 연구영역이다. 공동체주의(communitarianism)는 윤리적·규범적 측면에서 자유주의에 대한 비판논리로 종종 논의돼 왔으나, 공산주의(communism)와의 어원적·의미론적 연관성이 크다는 점에서 남북한 이념 통합의 공통분모가 될 수도 있다.

2) 공산주의 없는 공동체

인류사는 소유권을 둘러싼 투쟁의 역사였다고 해도 지나친 말은 아니다. 근대 서구사회에서 억압과 수탈체제인 자본주의를 비판하고 인간해방을 주장한 논리의 한가운데에는 항상 소유제의 철폐가 있었다. 사적 소유의 철폐를 통한 진정한 유토피아로서 사회주의사회의 건설을 추구했던 것이다. 사적 소유가 부정되는 순간 모든 사회구성원은 소유로부터 해방될 수 있다고 믿었다. 그러나 이러한 신념은 그릇된 것으로 드러났고, 오늘날 사회주의의 폐허 위에서 전 사회주의사회는 전통적 자본주의사회보다 한층 더 노골적인 탐욕과 이기심이 지배하는 사회로 변하고 말았다.

사적 소유 철폐와 생산수단 공유를 통한 평등이념의 구현은 실제로는 빈곤의 평등으로 귀결됐을 뿐 아니라 인간의 소유욕 자체를 해방시키지도 못했다. 그렇다면 소유욕의 적절한 충족을 통해 모든 사람으로 하여금 사회적 재원의 소유자가 될 수 있도록 한다면 사회적 평등이념을 추구한 사회주의 이상의 실현으로 볼 수도 있을 것이다. 달리 말해 사적 소유의 부정보다는 모든 사람이 소유의 주인공이 된다면 소유 자체를 둘러싼 근원적인 갈등은 해소될 수도 있다. 이런 맥락에서 마르크스는 『공산당선언』(The Communist Manifesto, 1848)에서 광범위하게 분산된 개인적 소유권이야말로 동등하게 만족스러운 해법을 제공할 수 있다고 암시했다.[85]

> 당신들은 사적 소유를 철폐하려는 우리의 의도에 겁을 집어먹고 있다. 그렇지만 현재 당신들이 살고 있는 사회에서도 9할의 사람들은 이미 사적 소유와 관계가 없다. 사적 소유가 소수를 위해 존재할 수 있는 것은 순전히 9할의 사람들이 사적 소유와 무관하기 때문에 가능하다. 그렇기에 당신들은 그것이 존재하려면 사회구성원의 대부분이 어떠한 재산권도 갖지 않아야 하는 필요조건이 충족돼야 하는 특정 형태의 재산권을 없애려는 우리의 의도를 비난하는 것이다.

재산권의 양보를 요구하는 방법은 다양하다. 흔히 '점진적 사회주의'(creeping socialism)의 한 형태로 일컬어지는 제도로, 오늘날 거의 대부분의 국가에서 채택하고 있는 누진세라든지 무료 초등교육제, 아동노동의 금지 등을 통해 자본주의의 수탈적 성격은 어느 정도 완화할 수 있다.

사적 소유를 철폐하고 국가적·사회적 소유로 나아가는 방식보다 사회구성원의 대부분이 재산권을 향유할 수 있다면 소유제를 둘러싼 갈등은 해소될 수 있지 않을까? 물론 마르크스는 후자의 방식보다는 인간 이기심의 토대인 사적 소유제 자체를 부정하는 방식을 택했다. 어쨌든 극소수에게 집중화된 소유형태가 자본주의의 가장 치명적인 약점이라면, 근로자의 이기심과 기업의 이기심을 긴밀히 결속시키는 종업원주식 소유제도와 같은

---

85) *MANIFESTO OF THE COMMUNIST PARTY*, Section II: Proletarians and Communists, Marx/Engels Internet Archive (MEIA).

광범한 분산형태를 통해 소유집중 현상을 막고 자본주의가 제대로 작동할 수 있는 소유자 책임의 공동소유제도를 고려해 볼 수 있다. 요컨대 사회구성원의 대부분이 재산권을 향유할 수 있는 만인(萬人)소유제 사회의 지향이 모색돼야 한다.

(1) 종업원지주제

한 인간의 삶의 내용과 방식은 그가 몸담고 있는 사회의 성격과 불가분한 관련이 있다. 사람들의 운명은 사회, 즉 공동체에 대한 통제력을 지니고 있는가에 달려 있다. 세계의 모든 인류는 지금 자본이 신적 지위를 구가하고 있는 시대에 살고 있다. 투자성과를 추구하는 자본이 숭배되고 지배력을 갖게 됨에 따라, 금전적 가치가 윤리적 가치나 종교 및 공동체적 가치를 대체하면서 공동선에 대한 철저한 무관심을 강요받고 있다.

현재의 자본주의는 '인간의 얼굴을 한 자본주의'로 변해야 한다. 또한 전지구적 차원에서 전개되는 약탈자본주의 행태는 세계자본주의 자체의 지속 가능성을 회의케 하는 수준이다.[86] 모든 사람을 위해 작동하는 자본주의로 변화시키기 위해서는 자본주의의 핵심인 소유권의 대안을 찾아야 한다. 민주주의와 시장은 자기 조직적인 시스템이다. 우리의 과제는 어떻게 더 많은 개개인이 그러한 자율설계(self-design)에 관여하도록 할 것인가에 있다. 이는 소유권 리엔지니어링의 문제로 귀착된다.[87]

---

86) 약탈자본주의의 세계적 첨병은 국제통화기금(IMF) 등 국제기구이다. 21세기 첫 케이스로 나타난 아르헨티나의 국가파산은 IMF와 미국에게 경제주권이 빼앗긴 상태에서 피할 수 없는 결과였다. 경기침체의 수렁에 빠진 아르헨티나 정부에 IMF는 초긴축재정과 증세정책을 강요한 결과 오히려 제조업 부도증가와 대량해고, 임금하락에 따른 구매력감소 등 역효과만 낳아 정치·사회적 긴장을 촉발시켰고 국가기능 전체를 마비상태에 빠뜨렸다. *Washington Post*, 2002. 1. 3.(<한국일보>, 2002. 1. 5). IMF가 아르헨티나 경제를 관리체제 아래 두는 것은 1998년 한국의 경우에서도 마찬가지로 국제금융자본의 투자이익과 자본회수를 보장하기 위한 전략이다.

87) 제프 게이츠, 『오너쉽 솔루션: 21세기 새로운 자본주의를 향하여』, 김용범 외 옮김(푸른길, 2000), 19쪽.

소유권문제에 대한 새로운 해법은 소유권 참여의 한 형태인 종업원지주제에서 찾을 수 있다. 현대사회의 지배적인 사회조직이자 자본주의사회의 꽃이라 할 수 있는 기업 조직 내에서 공동체가 가능하다는 생각은 망상에 불과하다. 지난날 종신고용을 보장하는 일본의 기업형태도 최근에는 한계에 봉착했을 뿐만 아니라 사실상 공동체와는 부합되지 않는 조직이었다. 이윤을 추구하는 기업과 같은 사적 부문은 점점 더 인간존재의 의의와 삶을 해결하는 것이라기보다는 훨씬 더 생계수단을 위한 방법이 돼 왔다. 사적 부문은 물질적 성공과 개인적 성취감을 제공하는 것에 불과하다는 점에서 기업은 분명 공동체가 아니라 퇴니스가 명명한 '이익사회'이다. 그런데 바로 이 기업의 종업원주식 소유제도(ESOP: Employee Stock Ownership Plans)는 새로운 출구를 보여준다.

　미국에서는 종업원지주제, 즉 종업원주식 소유제도, 연금 등에 관한 연방법률을 제정했고 현재 국제 컨설팅회사인 게이츠그룹의 설립자이자 공유자본주의연구소(Shared Capitalism Institute) 원장인 제프 게이츠(Jeff Gates)는 소유권개념은 경제적·사회적·환경적 '연대성'(connectivity)을 촉진하는 도구로서, 오늘날의 정치 및 비즈니스분야의 의사결정과정에 인간적 요소를 불어넣는 데 유용한 도구가 될 수 있다고 주장한다. 소유구조 개선은 사람의 삶에 영향을 미치는 의사결정이 더 이상 가격결정의 추상적인 영역이나 다른 사람의 삶에 대해 별로 관심이 없는 금융 및 경영엘리트에 의해서만 이루어지지 않도록 하는 수단을 제공한다. 소유구조 개선은 또한 경제영역이 우리의 후손이 필요로 하는 것을 훼손하지 않으면서 우리가 원하는 것을 보다 잘 제공할 수 있는 방법에 관한 것이다. 누구나 소유와 무관하지 않을 때 모든 사람은 자신이 최소한 어떤 작은 분야에 있어서라도 공동 창조자라는 의식을 가질 수 있다.[88]

　미국을 비롯한 서구 민주주의국가에서 좋은 반향을 불러일으키고 있는 종업원지주제는 재건된 자본주의 형태로 특히 미국사회에서는 일찍부터 다양한 형태로 발전해 왔다. 1970년대 중반부터 연방과 주정부의 정책 입안

---

88) 제프 게이츠, 앞의 책, 506-513쪽.

자들은 종업원지주제와 같이 보다 분산된 소유를 장려하기 위한 다양한 유인책을 제도화하면서 자본집중에 따르는 폐해의 해결을 시도했다. 그 결과 전국종업원소유센터의 보고에 의하면, 1996년에 1만 개를 넘는 기업이 종업원지주제 또는 그와 유사한 광범위한 기반의 소유제도를 채택하고 있으며, 이들 제도에 약 900만 명의 종업원이 참여하고 있는 것으로 나타났다.[89]

종업원지주제의 이념은 모든 노동자를 자본가로 만드는 원대한 계획에서 유래한다. 사회주의의 순수이념은 사적 소유의 철폐이자 사적 소유관계의 폐절에 있다. 그러나 생산수단의 국가적 소유는 모든 사람을 국가노동자로 전락시킨 결과가 됐다. 노동의욕의 부재, 창의성 상실, 명령경제에 의한 비자발성 등은 사적 소유관계의 철폐에 따른 억압과 착취로부터의 해방이 아니라 거대한 전체주의적 생산체계의 톱니나 나사못과 같은 하나의 부속품으로 전락시키고 말았다. 그렇다고 해서 자본주의의 모순이 결코 무시될 수는 없다. 자본주의는 더 많은 자본가를 만들어 내기 위해 고안된 것이 아니라, 마치 현존하는 자본가들에게 더 많은 자본을 제공하기 위해 고안된 것처럼 보인다. 이 점이 오늘날 자본주의가 왜 그렇게 극소수의 자본가만 낳는가 하는 의문을 이해하는 지점이다. 따라서 지속 가능한 자본주의를 위해서는 집중화된 소유로부터 광범위하게 분산된 개인적인 소유권을 회복시켜야 한다. 이러한 원칙에 입각해 1975년 미국의 사회사업가 록펠러 3세(John D. Rockefeller III)는 소유의 분산과 종업원지주제를 주창하고, "우리 경제시스템의 결함 가운데 많은 부분은 생산수단의 소유를 확대하는 방법이 발견될 경우 완화될 수 있다"고 주장하면서,『제2의 미국혁명』(*The Second American Revolution*)을 발간하기도 했다. 이후 그의 아들 록펠러 4세는 종업원지주제를 전폭 지지하면서 종업원 소유형태를 '미국의 새로운 방향'(new direction for America)이라고 선언했다. 이처럼 모든 사람들을 그들의 작업장, 공동체, 국민경제, 환경, 그리고 서로간을 연결시킬 수 있는 종업원지주제

---

89) 미국회계검사원의 1986년 3월 조사 당시 4,799개의 종업원지주제도 실시 회사 수에 비하면 10년 동안 두 배 이상의 증가추세를 보였다. "Statistical Profile of Employee Ownership" (Oakland: National Center for Employee Ownership, 1997. 5).

는 개인적 부와 정치적 권리부여를 함께 성취할 수 있는 미국판 '근접(up-close)자본주의'로 부각됐다.90)

한편 소유권에 대한 교회의 가르침은 경청할 만하다. 교황 레오 13세가 1891년 산업혁명의 절정기에 "노동의 조건"(Rerum Novarum)을 발표한 이래 이들 문제에 관심 있는 교황은 소유권의 정당한 역할에 대한 사회적 가르침을 교시해 왔다. 교황 요한 23세는 1961년 70회 "노동의 조건" 기념식에서 '매우 중요한 사회적 원칙'을 밝혔다.

> 경제적 진보는 그와 걸맞은 사회적 진보와 함께 이루어져야 한다. 그래야 모든 계층의 시민들이 생산성증가에 참여할 수 있다. 따라서 한 국가의 경제적 번영은 부 또는 재산이라는 형태의 총자산이 아니라 그 부의 공정한 분배 및 배분인 것이다. 경험을 통해 정의에 대한 요구가 채워지는 방법은 여러 가지가 있음을 알고 있다. 다른 것보다 특히 오늘날 요구되는 것은 노동자들이 점진적으로 그들 회사의 소유권을 나눠 갖는 것이다. 그것도 매우 공정한 수단과 방법을 통해서.91)

교황 요한 바오로 6세는 1967년 소유권집중에 대해 직접 문제를 제기했다. 그는 "민족들의 발전"(Populorum Progrssio)에서 "개인소유는 그 어떤 것이라도 절대적이거나 무조건적인 권리는 아니다. 그 누구도 남들은 부족해 하지만 자신은 필요하지 않는 것을 배타적으로 사용할 수는 없다"고 주장했다. 바티칸 교황청은 1981년 교황 요한 바오로 2세가 전 성직자에게 보내는 서한 "인간 노동에 대하여"(Laborem Exercens)에서 마르크스주의와 전통적 자본주의 모두가 잘못이라고 설파했다. 그 서한에서 "소유권에 대한 교회의 가르침은 마르크스주의와 '교조적 자본주의'가 주장하는 전체주의와는 근본적으로 다르다"고 하면서, "가능한 한 노동을 자본의 소유권과 결합시

---

90) 1990년대 초 미국에서 이미 종업원 지분율이 50%가 넘는 기업으로는 United Air(종업원 수 85,000명), Science Applications Industry(30,000명), The Parsons Corporation (5,900명), Amsted Industry(4,500명) 등이 있다. "ESOPs: How the Average Worker Fares," (Oakland: National Center for Employee Ownership, 1990).

91) Mater et Magistra, "On Christianity and Social Progress" (1961).

켜야 한다"고 역설했다. 이 서한의 마지막 부분에서 "인간은 '자신을 위해서' 일한다는 인식이 확실해질 수 있도록 모든 노력을 다해야 한다. 만약 그렇지 않으면 경제활동 과정에서 엄청난 피해가, 즉 경제적인 피해뿐만 아니라 무엇보다도 인간에 대한 피해가 발생할 것이다"고 결론을 맺었다. 소유권에 대한 인식의 전환을 요청하는 가톨릭의 가르침은 계속해서 100회 "노동의 조건"(Rerum Novarum) 기념식에서도 이어졌다. 교황 요한 바오로 2세는 다시 사회주의와 자본주의 이데올로기를 넘어서는 더욱 새롭고 공정한 대안적 경제체제를 제안했다. 대안으로 제시된 것은 실제로는 국가자본주의로 판명된 사회주의체제가 아니라 자유로이 노동하고 자유로이 기업 활동을 하고 자유로이 참여할 수 있는 사회다. 이런 사회는 시장과 대립되는 것이 아니라 사회 전반의 기본적인 욕구가 충족될 수 있도록 사회의 힘과 정부에 의해 적절하게 통제되는 시장을 필요로 한다.

요한 바오로 2세는 사회주의국가의 역사적 경험으로 볼 때 유감스럽게도 전체주의는 소외를 없애지도 못하고 오히려 소외를 증대시키며, 기본욕구도 충족시키지 못하며 경제적으로는 비효율적이라고 지적하면서, 동시에 그는 자본주의에 대해서도 축하의 메시지를 보내지는 않았다. 새로운 대안이 필요하다는 그의 의도가 왜곡되기를 바라지 않는 입장에서 그는 "이른바 '현실사회주의'의 실패 때문에 자본주의가 유일한 경제적 조직에 대한 모델이라고 말하는 것은 받아들일 수 없다"고 결론지었다.92) 그 후 그는 1997년 봄 심각하게 계속되고 있는 불평등을 다시 강조하면서, 세계시장의 과도한 힘이 낳는 위험에 대해 우려를 표명했다. 뿐만 아니라 경쟁력이라는 평계로 사람과 환경을 지나치게 착취함으로써 번성하는 제멋대로의 시장으로 인한 폐해를 강조했다.

이러한 사유체계에는 균등한 기회를 창조한다고 하는 시장에 대한 신앙심이 존재할 까닭이 없다. 우리는 '보이지 않는 손'에 대한 환상을 포기해야 한다. 만약 아담 스미스가 오늘날 되살아난다면, 그는 분명히 개개인의 이익추구가 공동의 이익을 창출하는 미덕이 될 수 있다는 전제에서 주장한

---

92) Centesimus Annus, "The Hundredth Year" (1991).

'보이지 않는 손'이라는 18세기적 사어(死語)를 다시 사용하려 들지는 않을 것이다. 자유기업의 아버지인 스미스는 사적 이익의 추구가 공공의 선이 되게 만드는 활력소로 금융시장보다는 책임성 있고 사회문제에 관심을 갖는 인간정신을 존중했다. 그의 경제학은 시장을 예찬하고자 했던 것이 아니라, 인간사회의 공공선을 증대시키고자 했던 도덕철학으로 제시됐다는 사실을 새삼 인식할 필요가 있다.

전설적인 금융가 소로스(George Soros)는 칼 포퍼의 '열린 사회'(open society) 이념을 구현하기 위한 그의 도덕적 실천의 일환으로 1987년 모스크바에 열린사회재단을 설립하기도 했는데, 그는 소련의 체제전환 과정에서 상당한 이익을 챙겼지만 러시아에서 자리잡은 약탈적 자본주의체제의 사악성을 크게 우려하면서, 특히 시장가치가 사회 전반에 침투해 들어오는 상황을 경계했다. 소로스에게 열린 사회의 적은 더 이상 칼 포퍼가 규정했던 전체주의적 사회주의가 아니었다. 바로 미친 듯이 고삐가 풀린 자본주의였다. 지금 자유방임주의가 아무런 제약 없이 심화되고 시장가치가 생활의 모든 영역으로 확산돼 우리들의 민주사회와 열린 사회를 위험에 빠뜨릴까 두렵다고 하면서, 열린 사회의 적은 더 이상 공산주의가 아니라 자본가라고 선언했다.

열린 사회는 과도한 개인주의로부터 위협받을 수 있다. 극단적 경쟁으로 인한 협동심의 부족은 비참할 정도로 불평등과 불안정을 낳게 된다. 오늘날 우리 사회에 지배적인 신념이 있다면, 그것은 '보이지 않는 손'에 대한 환상이다. 자유주의는, 공동선은 제한받지 않는 이기주의의 추구에 의해 최고로 달성될 수 있다고 주장한다. 하지만 만일 그것이 특정한 이익에 우선돼야 하는 공동이익에 대한 이해에 의해 조절되지 않는다면 우리의 현 제도는 붕괴될 가능성이 높다. 극우적 파시즘과 극좌적 공산주의 모두가 국가권력에 의존해 개인의 자유를 억압하는 전체주의라는 점에서 공통적이나, 오늘날 열린 사회에 대한 위협은 그러한 전체주의적 이데올로기라기보다는 자유방임적 자본주의에서 보다 더 큰 위협으로 드러나고 있다.[93]

---

93) George Soros, "The Capitalist Threat," *Atlantic Monthly* (February 1997), p.45; "열린 사회로의

오늘날 자본주의의 약점 가운데 하나는 쉽게 계량화할 수 있는 지표보다 장기적 관점에서 건실한 인류사회를 만드는 데 훨씬 더 중요한 상호관계의 질과 양, 구성 등을 간과함으로써 모든 것을 지나치게 단순화시키는 경향이다. 자본주의의 미래는 의식과 문화의 꾸준한 공동발전으로 다듬어진다. 시민사회를 재건하는 것을 도우면서 공동체와 상호신뢰를 복원할 수 있는 소유권 네트워크를 창출하기 위한 다양한 금융기법을 살펴보아야 한다. 소유권문제의 해결이 지체될수록 시민사회, 민주주의, 심지어 개인의 건강문제까지 더욱 파국적인 상황으로 치닫게 된다. 최근 미국을 비롯한 서구사회에서 제출된 연구는 일련의 사회적·물리적 고통은 바로 소유의 불평등에서 초래되고 있다는 사실을 극명하게 보여준다.

평등은 우정을 낳는다. 반면 불평등은 공동체 및 시민사회의 힘을 극도로 약화시킨다. 미국의 경우 날로 심화되는 빈부격차가 사망률과 보편화된 질병으로 인한 엄청난 고통을 유발하는 '건강격차'를 수반하는 것으로 나타났다.[94] 푸트남(R. D. Putnam)은 이탈리아 지역 시민사회의 내구력에 관한 연구에서 시민공동체의 지표가 소득분배와 밀접한 상관관계에 있으며, 시민도덕의 존재는 집단적 상호성과 결속이라는 수평적 유대와 자발적인 협조에의 의존을 환기시키는 평등주의 사회에 더욱 널리 퍼져 있다는 사실을 밝혔다.[95] 이어 그는 만약 행복이 시민의 성공 여부를 재는 척도라고 한다면 성숙한 시민사회의 시민들은 삶에 대해 상대적으로 높은 만족도를 나타낼 것으로 전망했다. 공동체의 특성은 가계소득이나 종교 등과 마찬가지로 행복에 중요한 요소이다. 공평한 사회는 더 나은 행복을 낳는다. 사회적 연대로 층층이 엮어진 수평적 네트워크는 규범의 작동과 시민의 참여를 원활하게 한다. 사람들도 별다른 거리낌없이 서로 신뢰하고 양보하며 참여하게 될 것이다. 그에 따라 시민들의 참여, 협력, 그리고 정직은 더욱 확대되

진보를 방해하는 자본가들의 위협," 『신동아』 1997년 3월.
94) Peter T. Killburn, "Health Gap Grows, with Black Americans Trailing Whites, Studies Show," *The New York Times*, 1998. 1. 26.
95) Robert D. Putnam, *Making Democracy Work: Civic Tradition in Modern Italy* (Princeton University Press, 1993), pp.109-129.

고 보편화된다.96) 그러한 연구는 예컨대 미국의 주에서 사람들 상호간의 신뢰 정도, 여러 도시의 적대감 정도, 살인과 폭력 범죄율 등은 모두 소득 불평등과 연관이 있다는 것을 증명시켰다.

그럼에도 정치적 논쟁에서 평등의 문제는 거의 사라진 것처럼 보인다. 불평등과 사회적 건강성의 관계를 연구한 한 보고서는 불평등한 사회는 건강상태가 훨씬 형편없고 더 폭력적이며 자주심이 별로 없는 반면, 평등한 사회가 행복하고 건강하다는 증거가 많다는 점을 보여주고 있다.97) 이를테면 가장 건강한 나라는 가장 부유한 선진국이 아니라 가장 평등한 국가이다. 평등한 사회가 더 건강한 가장 중요한 이유는 사람들이 보다 양질의 사회적 관계를 향유하기 때문이다. 월킨슨(R. G. Wilkinson)의 연구는 환경적 요소들과의 관련을 통해 비정상적으로 불평등하고 허약한 사회는 사회적 응집력 역시 비정상적임을 증명했다.98) 그는 강력한 시민공동체 형성에 기여하는 동등한 인간관계를 수평적이라고 부르면서, 이 동등한 관계를 허약한 시민사회에 존재하는 상명하복식 위계질서의 수직적인 주종관계와 대비하고 있다. 이 경우 수직적 사회관계를 강화시키는 불평등의 정도가 커지면 커질수록 사회적 상호작용이 더 공격적으로 되고 만성적인 사회적 불안이 발생한다. 폭력, 사회적 응집력, 예상수명 등은 대개 소득불평등 요인에 의해 결정된다.

그렇다고 해서 유토피아적인 총체적 평등이 문제를 해결해 주는 것은 아니다. 다만 선진 시장민주주의 사회 내에서도 불평등으로 인해 엄청난 고통과 심각한 사회적 해체의 위기를 절감하고 있는데도, 우리 사회에서는 아직도 성장제일주의의 목소리만 들리고 평등의 가치는 마치 북한식 빈곤의 평등과 같이 사회적 삶의 하향 평준화로 인식하는 논리 속에 파묻혀

---

96) Robert D. Putnam, *ibid.*, pp.109-116.
97) Richard G. Wilkinson, "불평등은 왜 나쁜가," 에릭 홉스봄 외, 『제3의 길은 없다』, 노대명 옮김(당대, 1999) 참조.
98) 사회적 등급이 낮을수록 흔하게 발생하는 보편화된 질병이나 사망원인 등은 바로 사회적 불평등에 원인이 있다. Richard G. Wilkinson, *Unhealthy Societies: The Afflictions of Inequality* (London: Routledge, 1996), pp.13-28.

불평등이 초래하는 사람들의 신음소리와 공동체의 내적 균열의 파열음을 전혀 듣지 못하는 상황이다.

종업원지주제는 사회적 평등성을 높일 수 있을 뿐만 아니라 경제민주주의를 구현하는 길이기도 하다. 경제민주주의는 모든 사람들이 생산수단의 소유권에 참여하고 경제적 성과의 분배에 참가하는 것을 의미한다. 소유권에 참가하게 되면 경영권으로부터 완전히 배제되기 어렵다. 이런 점에서 소유권문제야말로 경제민주주의를 가늠하는 실천적 지표가 된다. 그러므로 오직 이윤추구적 시장논리와 사적 소유의 지배로부터 벗어나 지금 우리들이 필요로 하는 공동체의 창출을 가능케 하려면, 기업 등 생산수단의 다양한 공동소유 기반을 확보하고 넓혀 나가야 한다. 이러한 근로자소유의 철학 또는 근로자 포용개혁(worker-inclusive reform)을 통해 남북한 모두 소유패턴이 수행하는 역할에 대해 새로운 접근방식을 시도할 수 있는 무대를 마련할 수 있게 된다.

(2) 협동조합 공동체

공동체의 원리와 논리적 구조는 소유권문제와 본질적인 연관성이 있다. 사회주의가 국가소유의 비효율성과 노동소외의 결과 역사적으로 실패한 실험이 되고 말았다면, 자본주의는 소유집중과 불평등현상의 심화에 따른 부정의 등에 의한 내적 파열로 사회해체의 위기가 날로 고조되고 있다. 사회주의의 역사적 실험의 한계와 자본주의의 현실적 모순을 극복할 수 있는 대안적 모색은 두 방향에서 추구될 수 있다. 하나는 현재 지배적 소유양식인 자본주의적 소유관계를 끊임없이 사회화하고 개선하는 길이며, 다른 하나는 협동조합적인 공동체적 소유관계의 확대·발전에서 찾을 수 있다.

협동조합적 소유는 생산수단의 집단적(공동의) 소유를 보장함으로써 경제적 민주주의에 근거한 공동체적 삶의 양식을 제공한다. 이러한 협동조합은 범세계적으로 광범하게 존재하는 조직체로 19세기 이래 자본주의 발전사와 사회주의 흥망사 속에서 변화돼 왔다. 자본주의체제 내에서 협동조합은 경제적 약자들의 단체로 존재해 왔으며, 사회주의체제 내에서는 국가적 소유와 국가적 경영으로 이행하는 과도적 기구로 존재해 왔다.

기업을 비롯한 모든 경제단체의 운영원칙이나 운영방식은 그 경제단체의 소유권구조에서 비롯된다. 조합원 중심의 자주적이고 민주적인 협동조합의 운영은 협동조합이 일개인에 의해 소유되거나 아니면 국가에 의해 소유되는 것이 아니라 바로 조합구성원에 의해 소유된다는 사실이 중요하다. 협동조합의 민주적 특성은 주식회사의 경우 '1주1표'로 의결권이 부여되나 협동조합은 '1인1표'의 평등한 의사결정권을 갖는다. 협동조합운동을 통한 공동체 지향의 흐름은 멜니크(George R. Melnyk)에 의하면 네 가지 역사적 전통에 따른 이론적 접근이 가능하다. 즉 자유민주주의적, 마르크스주의적, 사회주의적, 그리고 공동체주의적 전통으로 구분한다.99)

가. 자유민주주의적 협동조합

자유민주주의적 협동조합은 자본주의와 시장이 지배하는 사회에서 형식상 법인화돼 있는 모든 협동조합 조직에 적용된다. 이는 19세기 영국의 로치데일 모델로부터 발전한 것으로 서유럽 및 북미에 확산된 협동조합 조직 형태이다. 협동조합의 이념은 자본주의에 의한 이윤추구 사상을 부정하고 협동이념에 의해 사회를 변혁하려는 의지에서 시작됐다. 특히 자발성과 가입탈퇴의 자유, 민주적 운영, 출자금에 대한 이자제한, 조합원에게 잉여금 귀속, 조합원 교육, 그리고 협동조합간 협동을 강조한다. 이러한 전통에서 자유민주주의적 협동조합은 사유재산을 인정할 뿐만 아니라 자본주의 시스템 자체를 용인하며, 실용적인 단일 기능주의의 특징이 있다. 사유재산과 시장경제를 특징으로 하는 자유기업의 지배적 원칙에 스스로를 적응시키는 자본주의 국가의 협동조합은 기본적으로 이중적 성격이 있다. 협동조합은 한편으로는 시장을 지지하지만, 다른 한편으로는 시장을 낳은 자본주의 기업이 되기보다는 자기 조직을 시장으로 침투시키기 위해 노력한다.

협동조합 공동체운동의 사상적 특징은 다음과 같다. 첫째, 유토피아적

---

99) George R. Melnyk, 『공동체탐구: 유토피아에서 협동조합사회로(상)』, 김기섭 옮김(신용협동조합중앙회, 1992) 참조

목표와 실리적 목표 사이의 모순이 존재한다. 영국과 캐나다의 자유민주주의적 협동조합의 초기단계에는 자본주의를 대체하는 협동조합 공화국의 이상이 있었으나, 협동조합의 점진적이고 실리주의적인 조직은 협동조합의 대중화에는 기여했으나 자본주의의 관리 및 통제로 나아가지는 못했다. 자본주의의 사적 부문에 도전해 온 것은 협동조합 부문이라기보다는 오히려 공적 부문이었다. 말하자면 체제 전체를 전환시키는 데 관여하지 않았다. 이런 특성으로 인해 협동조합은 사회로부터 유리된 제3부문에 머물게 됐다. 둘째, 개개인의 사적 이익추구와 협동의 촉진 사이의 모순이 존재한다. 셋째, 대중적 참여와 관리를 강조하면서도 동시에 건전한 경영 및 기업으로서의 성장을 강조하는 모순적 측면이 있다. 넷째, 생산자 협동조합과 소비자 협동조합 사이의 모순이다. 협동조합이 개개의 조직단위가 되면서 협동과 마찬가지로 경쟁이 일반적 원리로 자리잡게 됐고, 거대 독점자본이 지배적인 위치를 차지해 나가는 경향 속에서 소경영부문에서 잔존하는 형태가 되고 말았다.

나. 마르크스주의적 협동조합

마르크스주의적(공산주의적) 협동조합은 세 가지 뚜렷한 특징이 있다. 첫째, 그것은 개념과 실천 양 측면에서 혁명적이다. 둘째, 소비에트체제와 사회주의국가의 예와 같이 국가에 의해 설립·추진·유지돼 왔다. 셋째, 공산주의적 협동조합은 중앙계획을 통한 정부관리 경제체제의 일부로 작동한다. 중앙계획을 통한 기업 관리 속에서 소경영부문을 집단화해 경영하는 협동조합 형태가 일반적이다. 역사적 사회주의체제에서 이는 집단기업 또는 집단농장 형태로 나타났는데 구소련의 콜호즈, 중국의 인민공사, 유고의 노동자 자주관리제도 등을 그 주요한 형태로 들 수 있다.

사회주의체제의 집단기업·집단농장 형태는 현실적으로 커다란 모순을 드러냈다. 우선 노동자와 국가 사이에 존재하는 모순으로, 사회주의체제 내에서 노동자는 그들이 생산한 잉여의 처분에 대한 관리 및 결정권이 없다. 그 결과 모든 노동자는 국가노동자로 전락한 형태에서 자주적 결정권으로부터 철저히 소외된 존재였다. 그리고 사회주의혁명이 공업화수준이 낮은 농업국가에서 수행됐기 때문에 공업중심의 발전논리는 전통적 소생산자로서 농민의 이익과 충돌할 수밖에 없었다. 또한 공산주의 이상주의적 동기부여와 물질적 보수의 필요성간의 모순이 존재하며, 마지막으로 국가의 철폐라는 목표와 권위적·독재적인 현실국가의 존속 사이의 모순은 거꾸로 인간 협동의 이상적 모습을 구현하려 했던 집단기업, 집단농장의 이념을 점차 퇴색시켰고 중앙집권적 국가기구만 비대해지게 했다. 사회주의체제는 20세기 말 역사적 실험으로 귀결됐고, 체제전환 과정에서 공유제적 기반이 붕괴하면서 자본주의적 사유화로 치달았다. 그러나 공동체적 소유에 기반한 협동조합적 관리 및 운영방식이 지닌 장점을 무시할 필요는 없다.

다. 사회주의적 협동조합

협동조합 공동체형태 중에는 자본주의체제 내에서 나타난 것으로 자유주의적 전통과 달리 사회주의적 성격의 새로운 공동체를 지향하는 협동조합적 공동체형태가 크게 주목된다. 이 공동체형태의 특징은 사유재산과 자본주의를 반대하며, 공동체적 전통에서처럼 고립적이지 않고 지역에 고유한 뿌리를 두고 있다. 고유한 지역성과 문화적 차이로 인해 다른 지역으로의 확산은 제한된다. 그리고 대개의 경우 내적 결집력을 지닌 하나의 강력한 사상과 방법을 통해 발전해 왔다. 이러한 특성을 보여주는 주요한 공동체 형태로는 이스라엘의 키부츠, 탄자니아의 우자마마을, 스페인의 몬드라곤 등을 꼽을 수 있다. 이러한 공동체에는 각각 강력한 사상적 배경이 있는데, 키부츠의 시오니즘, 우자마마을의 반식민주의, 그리고 몬드라곤의 바스크 민족주의가 그것이다.

키부츠(Kibbutz)는 사유재산을 거부하며 토지의 국유, 생산 및 생활재의 공동소유, 구성원 전 수입의 키부츠 귀속 등을 특징으로 한다. 키부츠 재정에 의해 부부단위로 주거가 할당되며 공동식사를 비롯해 생활용품의 공동구입과 평등한 배포 등이 이루어진다.[100] 아이들은 18세까지 부모와 별도

---

100) Ha-Zair Moshe Kerem (ed.), "Kibbutz," in *Israel Pocket Library* (Jerusalem: Keter Publishing

로 집단생활을 하며, 자치적으로 결정된 방침에 따라 집단적으로 교육받는다. 이는 마치 고대 그리스의 철학자 플라톤이 그의 주저 『국가론』(*Politheia*)에서 통치계급의 덕목으로 사유재산의 부정과 공동생활 체제를 구상했던 철인(哲人)통치 국가의 이상을 방불케 한다. 키부츠 공동체 성원들은 공동체의식과 함께 역사 속에서 자신의 역할을 의식한다. 이러한 키부츠의 사회주의적 사상은 시장사회에 대한 거부이며 협동적인 평등주의적 인간사회 건설을 향한 제도적 실천으로, 키부츠는 이스라엘의 국민경제 및 그 정치적 과정과 완전히 결합된 강력한 공동체 네트워크를 형성하면서 크게 알려졌다.

탄자니아의 우자마(Ujamaa)운동은 1962년 아프리카 사회주의에 입각해 국민의식 개혁운동을 통한 농촌경제 부흥운동으로 나타났다. 우자마란 스와힐리어로 가족애, 가족관계를 의미한다. 전통사회의 상부상조 사상에 기반한 우자마운동은 농민들의 집단부락화 운동으로 전개됐다. 이 공동체운동은 초기에 스스로의 힘과 역사적 전통에 의해 창조되는 평등주의적·협동적·비수탈적 사상 위에 건설될 새로운 사회를 꿈꾸었다. 그러나 우자마의 사회주의적 공동체운동은 토착적인 사회체제 수립에 대한 이상에도 불구하고 국가 중심적이고 지나치게 비효율적인 국유화 등으로 인해 비싼 대가를 치르고 실패했다.

스페인의 몬드라곤협동조합복합체는 현재 세계적으로 가장 성공한 생산협동조합 공동체로 평가된다.[101] 바스크지방 몬드라곤이라는 작은 마을에서 1956년 설립된 몬드라곤협동조합복합체는 조그마한 기업체로 시작해 기초단위 협동조합과 지원 협동조합의 느슨한 연합체를 넘어 '몬드라곤협동조합그룹'이라는 복합체를 구성해 강력한 통합체제를 구축하고, 단위조합은 또한 지역을 기초로 협동조합 그룹을 형성해 긴밀하게 결합돼 있다. 1987년 창설된 몬드라곤협동조합그룹(Group Cooperative Mondragon: 1991년 Mondragon Corporation Cooperative)은 협동조합간 연대와 상호지원 및 조정은

Co., 1974), pp.75-94.
101) W. F. 화이트, 『몬드라곤에서 배우자』, 김성오 역(나라사랑, 1992) 참조.

물론 산하그룹을 시장과 기술이 비슷한 단위조합을 묶는 부문별 조직으로 재편성해 '규모의 경제'를 활용할 수 있는 수준까지 나아가고 있다.

사회주의적 협동조합 공동체사상은 대개 사회주의와 민족주의 두 원류에서 나온다. 이 사상은 마르크스주의와 달리 소규모 사회, 작은 규모의 공동체를 지향한다. 이 공동체에서는 사회주의적 생활과 생산의 전형적인 모델을 자주 만든다. 그러나 이러한 전형적인 모델은 단지 소수 사람들 외에 대중적 지지를 받기가 쉽지 않다. 사회주의적 협동조합의 공동체사상은 자본주의체제 내에서 사회주의적 공동체를 형성함으로써 새로운 가능성을 보여주고 있으나, 공동체의 민족주의적 성격은 그러한 공동체모델의 확산에 한계를 드러냈다.

라. 공동체주의적 협동조합

공동체주의(Communitarianism)적 운동은 유토피아주의 또는 강도 높은 공동생활자라 불리는 협동조합 전통과 관련이 있다. 이 공동체의 특징은 자발적 참여에 의한 소규모 공동체로 고립 지향적이며, 국가적 권위에 복종할 필요 없이 소유·생산·소비의 완전한 평등주의를 지향한다. 이러한 공동체주의적 흐름은 현실사회에 대한 강한 종교적 비판이나 사회적 거부감 등에 뿌리를 두고 있다. 종교적 공동체형태로는 성직자들의 수도원제도, 개신교신자들의 유토피아 신앙공동체 등의 형태로 나타나지만, 정치적 흐름 속에서는 오웬(R. Owen)의 공동체를 들 수 있다. 이러한 공동체주의 운동은 19세기 초반에 활발했으나 그후 자본주의적 협동조합의 확산과 20세기 공산주의적 집단기업 형태에 의해 거의 사라졌다. 1960년대 말 이후에는 반체제운동 선상에서 세속적 공동체의 파고가 높아지면서 반전과 환경보호, 개인적 자유추구 등의 신좌파적 공동체운동이 일어났으나 곧 사그라졌다.[102]

---

[102] 소유문제와 관련된 공동체운동의 흐름과 달리 최근 신보수주의적 입장에서 공동체주의적 공동체론을 강조하는 논리가 등장하고 있는 중이다. 피터 드러커 외, 『미래의 공동체』, 이재규 옮김(21세기북스, 2000) 참조

(3) 공동체주의: 집단주의와 개인주의

가. 공동체주의와 자유주의

사회주의의 몰락에도 불구하고 민주주의와 자본주의의 무비판적 등식화를 거부하면서 민주주의의 본질과 위상을 정의로운 사회질서 안에서 재조명하려는 노력들이 나타나고 있다. 민주주의 이론과 배분적 정의의 상호연관성에 주목하는 경향에서 그러한 변화를 읽을 수 있다.

서구사회에서 1980년대 이래 배분적 정의를 중심으로 한 민주주의에 대한 논쟁은 1970년대의 정의론 대신에 공동체론을 중심으로 전개돼 왔다. 더욱이 1990년대 이래 심층토론 과정에 초점을 맞춘 시민권에 대한 관심의 증대는 1970~80년대 중심개념의 통합을 모색함으로써 자유주의와 공동체주의의 논쟁에서 문제는 사실상 공동체의 존재 여부가 아니라 '자아'(the self), 즉 개인을 규정하는 방식임을 밝히는 데 기여했다.

최근 자유민주주의의 변형 및 민주주의의 정당화를 모색하는 논의과정에서 민주주의 이론가들은 크게 두 갈래로 나눠졌다. 민주적으로 조직화된 사회영역을 제한함으로써 정치질서의 다른 특징(예컨대 권리보호와 자유, 다원주의, 통치 가능성)과 민주적 참여의 균형을 모색하는 이론집단과, 민주주의에 대한 이러한 제한을 현대 자유민주주의의 취약성의 중요한 원인으로 파악하는 이론집단으로 대별됐다. 논쟁의 기저에는 대체로 자아 및 자아와 정치의 관계에 대한 기본가정의 차이가 작용하고 있다.

그런데 자아를 단지 '이익'의 관점에서만 규정할 경우, 민주주의는 개인적이든 집단적이든 자기이익을 극대화하는 이익집약의 도구로 이해하게 된다. 따라서 민주주의의 확장을 추구하는 입장은 무엇보다도 자아에 대한 기본가정을 변화시키고자 노력한다. 그들은 민주주의가 자유나 안전, 질서 등의 목적을 위한 도구적 가치 이상의 의미를 갖는다고 가정함으로써 민주주의를 통해 자기발전과 관련된 가치가 창조될 수 있다고 믿는다. 여기서 민주주의의 확장이론을 공동체주의의 자유주의 비판과 혼동해서는 안 된다.

정의로운 사회건설에 필수적이라고 할 진정한 시민권과 공동체를 구현할 수 있는 조건에 주목하는 민주주의론자들은 자아의 우연성과 구체성에 대한 인식, 그리고 공공생활로부터의 소외에 대한 관심이라는 점에서 공동체주의자들과 공동보조를 취한다. 그러나 그들은 자아와 공동체 사이의 연관성을 설명하는 접근법에서 구별이 된다. 즉 자유 지상주의자들이 배분적 정의의 관념을 비판하는 것과 달리, 공동체주의자들은 개인의 자유를 중시하는 것은 개인을 공동체에 우선시키는 잘못을 범하는 것이라고 주장한다. 현대 자유주의의 전형은 롤스(J. Rawls)의 '공정으로서의 정의'에 입각하고 있다. 롤스의 자유주의는 통상 두 측면이 동시에 있는데, 하나는 시민적 자유에 대한 통상적인 자유주의적 지지에 배어 있는 개인의 자유에 대한 신념이며, 다른 하나는 기회균등, 그리고 시장보다 좀더 평등주의적인 재분배에 대한 믿음으로 이는 재분배적 복지국가의 지지로 이어진다.103) 그런데 자유 지상주의와 공동체주의는 이들 두 요소 중 각각 다른 한 측면에 초점을 맞추어 자유·공동체의 논리를 전개하고 있다.

한편 민주주의 확장론자들은 민주주의 없는 통합이 공동체를 위한 자기희생의 위협이라고 주장하면서 민주적 역량부여, 대화, 상호작용의 구심성을 강조한다.104) 민주주의의 확대를 위한 자아실현 및 도덕적 자기발전의 역동성은 사회정의의 조건으로서 민주주의의 실천적 맥락에서 구체화돼야 한다. 문제는 그것을 어떤 방법으로 구체화시킬 것인가에 민주주의의 확장 여부가 달려 있다.

이와 관련해서 우리는 민주주의와 차이(difference)의 조화 가능성을 모색한 최근의 숙의민주주의론(deliberative democracy)에 주목하게 된다. 권리의 보편적 기초를 제공하는 민주주의의 절차적 정의의 이념을 구체화하기 위해 의사소통 윤리를 접목시킨 하버마스(J. Habermas)가 강조하는 것은 정의론의

---

103) 스테판 뮬홀·애덤 스위프트, 『자유주의와 공동체주의』, 김해성·조영달 옮김(한울, 2001), 15-19쪽.

104) M. Warren, "Democratic Theory and Self-Transformation," *American Political Science Review*, Vol.86, No.1 (March 1992), pp.8-9; William E. Connolly, *Identity/Difference: Democratic Negotiations of Political Paradox* (Ithaca: Cornell University Press, 1991), pp.64-94.

핵심으로서 민주적 참여와 정당화의 결정적 조건으로서 공정한 절차와 과정이라고 할 수 있다. 의사소통이론을 대안으로 제시한 하버마스는 그것이 개인의 자율성과 민주적 복지(연대)를 연결지음으로써 자유주의·공동체주의 논쟁을 극복할 수 있다고 보았다.105) 물론 지금까지 이러한 논쟁에서 부각된 논점은 결코 새로운 것은 아니다. 이미 자유주의적 개인주의에 대한 비판을 통해 사회적 자아, 공동체, 공동선의 중요성이 충분히 강조돼 왔다. 그럼에도 공동체주의와 자유주의의 끊임없는 논쟁은 변화된 정치적·경제적 맥락 위에서 공동체주의와 자유주의의 이념적 지형이 달라질 수밖에 없는 현상을 반영한다.

나. 집단주의와 개인주의

공동체주의 또는 공동체논리는 '집단 속에 매몰된 개인'과 '공동체 없는 개인주의'의 한계를 극복할 수 있는 대안적 개념이라 할 수 있다. 북한의 수령 절대주의적 주체사상에 의해 개인, 즉 자아는 집단=전체 속에 매몰돼 버렸다면, 남한의 시장절대주의의 신화 속에서 원자화된 개인주의에 의해 공동체는 해체되고 말았다. 북한 주체사상의 집단주의 가치관과 남한의 개인주의적 자유주의의 조화와 절충점의 모색은 바로 공동체주의이념을 통해 접근할 수 있다.

주체사상은 집단주의를 사람의 본성으로 주장하면서 개인주의와 근본적인 차이가 있다고 강조한다. 개인주의에 기초한 부르주아민주주의에서는 개인의 생명, 개인의 이익을 옹호하는 것이 최고의 목적이기 때문에 자유와 평등은 언제나 갈등과 상호견제를 동반하게 된다. 그러나 집단주의에 기초하고 있는 사회주의적 민주주의에서는 사회적 집단의 사회정치적 생명과 사회 공동의 이익을 옹호하는 것을 최고의 목적으로 삼기 때문에 자유와 평등은 동지적 사랑과 상호협조에 기초해 보다 원만하게 실현된다고 주장한다.106) 개인주의, 이기주의는 자본주의적 산물이다. 따라서 공산주의 교

---

105) D. Ingram, "The Limits and Possibilities of Communicative Ethics for Democratic Theory," *Political Theory*, Vol.21, No.2 (May 1993), pp.294-321.

106) 김정일, "주체사상 교양에서 제기되는 몇 가지 문제에 대하여"(1986. 7. 15), 『김정일선

양에서 가장 중요한 것은 개인주의, 이기주의를 없애고 집단주의로 무장시키는 데 있다.107)

개인주의, 리기주의는 공산주의사상과 아무런 인연도 없습니다. 모든 사람이 잘 먹고 잘 입고 좋은 집에서 살며 누구나 다 마음껏 배우고 병을 치료받을 수 있는 행복한 사회주의, 공산주의사회를 건설하려면 사람들 속에서 개인주의, 리기주의를 철저히 없애고 그들을 집단주의로 무장시켜야 합니다.…… 집단의 리익을 위해 자기 한몸을 서슴없이 희생하는 것은 공산주의자의 고상한 품성입니다. 앞으로 직맹조직들은 집단주의 교양을 강화하여 모든 직맹원들이 "하나는 전체를 위하여, 전체는 하나를 위하여"라는 공산주의적 원칙에 따라 일하며 생활하도록 하여야 하겠습니다.

북한의 주체사상은 "하나는 전체를 위하여, 전체는 하나를 위하여"라는 명제에서 보듯이, 전체 속에 매몰된 개인으로서 집단주의의 극적 형태로 나타난다. 이와 함께 김일성의 온 사회가 하나의 화목한 대가정을 이루는 이른바 '사회주의적 대가정론'은 인민대중의 '주체적' 자아의식의 발현과 인격적 성숙을 국가사회의 가부장적 질서체계 속에 묶어 두는 논리로 제시되고 있다.108) 이러한 사회주의적 대가정론은 스웨덴 사민당 당수였던 한손(Per Albin Hanson)이 복지국가의 상징적 이념으로 제시했던 '인민의 가정모델'(1928)을 상기시킨다. 한손은 "좋은 사회란 좋은 가정과 같은 기능을 하는 사회다.…… 좋은 가정에서는 평등, 배려, 협동, 도움이 넘친다. 이것을 크게 적용하면 모든 사회적·경제적 장애의 제거를 의미한다. 현재 사회적·경제적 장애가 시민들을 기득권자와 박탈된 자, 주인과 피종속인, 부자와 빈자, 자산가와 빈한한 자, 약탈자와 피약탈자로 나누고 있다"고 주장했다.109)

집』 8(조선로동당출판사, 1998).
107) 김일성, "사회주의사회에서의 직업동맹의 성격과 임무에 대하여: 조선직업총동맹 제5차대회에서 한 연설"(1971. 12. 14), 『김일성저작집』 26권(조선로동당출판사, 1984).
108) 김정일, "사상사업을 앞세우는 것은 사회주의 위업수행의 필수적 요구이다"(1995. 6. 19), 『김정일선집』 14(조선로동당출판사, 2000).
109) Anna Hedborg and Rudolf Meidner, *The Swedish Welfare State Model* (Stockholm: Swedish

'인민의 가정'모델은 진정한 민주주의와 가족적인 우애를 기본원리로 하고 있으며, 완전고용과 평등을 주된 목표로 해서 스웨덴 노동운동의 핵심적 가치가 됐다. 그러나 북한의 '사회주의적 대가정론'은 국가를 하나의 가정으로 전제하고, 수령과 인민대중을 어버이와 자식의 관계로 환치시키는 가부장적 논리라는 데 특징이 있다.

주체형의 인간을 '제조'하기 위해서는 인간의식을 바꾸는 인간개조 사업이 수행돼야 한다. 사회주의적 인간형은 사회적 공익에 헌신하는 인간상으로, 실존적 인간은 사회주의적인 이념형적 인간으로 개조돼야 한다. 그러나 경제적 영역에서 경쟁기능의 상실, 정치적 영역에서 법치국가적 질서의 부재는 권력의 부패로 귀결돼 관직의 남용, 신뢰의 남용, 치밀한 감시제도 등의 강화로 인해 사회적 활력을 잃고 비인간화된 사회로 전락됐다. 그리하여 인간의 이기심을 근절한 도덕적 사회의 이상은 역설적으로 북한 사회주의체제의 도덕적 빈곤을 초래하면서 인간다운 사회의 가능성을 거의 상실하고 말았다.

그렇다고 해서 자유주의의 도덕적 위험이 과소 평가돼서는 곤란하다. 자유주의는 민주주의의 논리가 시장의 소유적 개인주의 논리에 포섭되는 위험을 외면하고 있다. 특히 현재의 신자유주의가 초래하는 민주주의의 딜레마를 무시하면서 그 논리를 오히려 규범적으로 추인하는 경향성이 있다는 점에서 자유주의자의 도덕적 불감증을 문제삼지 않을 수 없다.

북한 주체사상의 수평화된 순응적인 인민대중의 평등관과 남한 자유주의자들의 평등에 대한 혐오감을 불식시키기 위해서 우리는 '다원적 평등'이념을 대안으로 고려할 필요가 있다. 이러한 '다원적 평등'(complex equality)은 월저(M. Walzer)가 제안한 개념으로, 이를테면 상이한 가치는 상이한 분배원칙에 따라 상이한 주체에 의해 분배돼야 한다는 논리로 제기됐다.[110] 재산이나 권력 혹은 명예와 같은 사회적으로 중요한 특정 가치를 소유한 일부 사람들이 그 가치 외에 다른 가치까지 모두 장악할 수 있는 상황은 결코

Trade Union Confederation, 1986), pp.6-7에서 재인용.

110) Michael Walzer, *Sphere of Justice* (Perseus Books, 1998), Ch. Ⅰ.

정의로운 상태가 아니다.
 사회적·시민적 평등은 대체로 최소한의 경제적 평등을 전제로 하나, 물질적 자원의 분배측면에만 초점을 맞추는 협애한 평등관을 넘어 비물질적 가치영역의 확보를 통한 평등개념의 확장을 모색해 나가야 한다.

6. 맺음말

 서로 다른 체제와 이념의 접합점이 발견되고 확대되기 위해서는 상당기간 남북한의 평화적 공존이 필요하다. 이를 위해 공존의 논리와 윤리가 마련돼야 한다. 이질적인 것의 공존, 사회정의와 보편적 가치의 발견과 회복을 위한 연대의 모색, 삶의 질에 대한 질문과 다중적으로 이루어진 결합망의 창출, 경제와 정치의 민주화문제에 대한 공통의 관심, 그리고 한(조선)민족의 정체성과 미래에 대한 대화 등을 통한 평화적 과정 속에서 통일이 모색돼야 한다.
 민족공동체의 기반 위에서 각각의 체제와 이념의 변용을 통해 세계사적 변화와 보편적 가치의 수용을 지향하는 복합국가의 형태와 성격을 디자인하는 작업은 여전히 과제로 남는다. 그럼에도 남북한 이념통합의 방향모색은 문명사적 전환에 따른 세계화의 충격과 그에 따른 사회통합의 과제와 관련해서 우리 사회의 이념적 지평을 확대시키는 계기가 될 수 있다. 다른 한편으로는 통일의 '역사적' 국면에 대한 이정표를 마련하는 작업이라는 점에서 의의가 크다.
 남북한의 통일과정 자체는 향후 동아시아지역에서 어떤 형태의 정치공동체가 발전할 수 있을 것인지를 보여주는 새로운 실험의 장이 될 것이다. 이러한 점을 전제로 한반도 통일과정은 두 방향으로의 진행을 예상할 수 있다. 하나는 한반도 통일이 현존하는 두 개의 국가가 하나의 이념과 체제로 통합돼 개별 국가주의의 강화와 확장으로 이어질 수도 있고, 다른 하나는 남북한의 다양한 권력단위 안팎의 변혁을 통해 새로운 관계와 연대가 확산되면서 새로운 형태의 정치공동체가 형성되는 방향으로 전개될 수도 있다. 한반도 통일과정은 분단의 원인 그 자체가 한반도 주변의 국제정세와 무관할 수 없었던 것과 마찬가지로, 동아시아 전체의 지역적 문제와 관련된 과제가 아닐 수 없다. 따라서 한반도 통일과정에서 주변국가들의 긴장과 국가주의적 대응이 강화될 수도 있고, 반대로 역내평화와 연대가 한층 강화되는 계기가 나타날 수도 있다.

많은 사람들은 남북한간의 확대 일로에 있는 국력차이와 자본주의적 세계질서의 전지구적 확대 등으로 남한주도의 통일형태가 현실적으로 가장 가능성이 높다고 주장한다. 그러나 우리는 반드시 남북한 통치엘리트와 주민들의 합의와 협의에 의한 평화적 통일의 길을 찾아야 한다. 한반도 통일은 국가주의적 대응을 불러일으켜 동북아지역의 긴장을 초래하는 방향으로 전개돼서는 곤란하며, 주변국의 지지와 협조 없이는 통일과정을 평화적으로 관리해 나가기도 어렵다. 따라서 현존하는 특정한 국가사회의 체제와 이념중심의 일방적 주도에 의한 통일과정은 타방에 대한 강제적 억압과 배제를 동반하게 되며, 그에 따른 엄청난 갈등과 새로운 분열이 초래될 가능성도 높다.

남북한 두 국가형태가 상당기간 존속할 것을 전제로 갈등적 대결구도의 해소를 위한 한반도 평화체제의 수립과 더불어, 서로 다른 체제와 이념을 인정하는 독특한 공존체제의 모형이 필요하다. 이는 '한 깃발 두 국가'(one flag two states)의 상징형태로, 민족공동체의 기반 위에서 각각의 체제와 이념의 변용을 통해 세계사적 변화와 보편적 가치의 수용을 지향하는 복합적 정치공동체의 전망에서 찾을 수 있다. 이 과정에서 우리는 한(조선)민족의 민족정체성에 함축된 의미를 진지하게 되짚어 볼 필요가 있다.[111]

통일은 협의와 합의의 수준을 점차 높여 나가는 '대화'의 과정을 통해 접근해 나가야 한다. 통일과정에서 국가는 사회적으로 다양한 개별이익과

---

111) 박명규, "근대한국의 타자인식과 민족정체성," 박은영 외, 『한국사회사의 이론과 실제』(한국정신문화연구원, 1998) 참조.

집단이익에 맞서 시장경제와 민주주의로 구현되는 다원주의를 지키는 파수꾼의 역할을 담당해야 한다. 이는 물론 단순히 국가가 시민사회와 시장경제에 대한 야경꾼이나 통제자로 행동해야 한다는 것을 의미하지는 않는다. 국가는 건전한 다원주의와 공격적이고 국가를 이익집단 자신들의 목적에 이용하려는 '병든' 다원주의를 구분해야 한다. 끝으로 통일국가의 형태는 궁극적으로 '역사의 신(神)'의 손에 맡겨져야 할 문제이지만, 우리의 현실적 선택은 남북한 체제(제도)의 공존과 이념적 지향성을 아우르는 복합적 정치공동체의 형성을 추구해 나가는 데 있다.

제7장 한국사회 평화문화 형성방안*

1. 머리말

　21세기는 평화의 세기가 될 것인가? 새로운 세기를 맞이해 평화의 문제를 논하는 것은 단지 반세기 이상 세계대전이 일어나지 않았다는 사실에서 인류사의 낙관적 전망과 희망을 찾고자 하는 데 있는 것은 아니다. 지역분쟁, 내전 등의 폭력적 갈등양상을 근절시킬 수 있는 보편적 평화의 가능성을 모색해 보자는 데 있다. 역사가 반드시 똑같은 형태로 반복되지는 않지만 어느 정도 유사한 패턴은 되풀이될 수도 있다는 점에서 21세기는 많은 불안정성을 안은 채 개막됐다. 이미 국가간·민족간·인종간·종족간의 침략, 혁명, 테러 등은 앞으로도 수없이 벌어질 것을 예고하는 숱한 징조가 나타나고 있는 중이다.

　우리는 언뜻 평화를 생각할 때 거의 동시에 전쟁을 떠올린다. 전쟁 없는 평화의 관념은 좀처럼 상상하기 어렵다. 이런 점에서 평화와 전쟁은 따로 떼어놓을 수 없는 인류문명의 야누스적 측면인지도 모른다. 그렇다면 전쟁은 인류문명의 통상적인 상태인가? 실제로 인류역사에서 평화의 시기는 극히 짧았고, 그것마저도 새로운 전쟁을 위한 준비기간에 지나지 않았다. 전쟁이 시간을 관통하는 항구성을 특징으로 한다면, 평화는 소극적인 정의에 그칠 수밖에 없다. 평화는 비록 인류의 간절한 염원임에도 불구하고 전쟁

---
* 이 논문은 「한국사회 평화문화 형성방안 연구」, (통일연구원, 2000)로 출간된 것을 일부 수정한 것임.

사이의 휴전에 불과했다. 일찍이 아우구스티누스가 갈파했듯이, "이 세상에 평화를 사랑하지 않는 사람은 없다. 그러나 인간은 모두 평화라는 이름 아래 전쟁을 수행해"왔다.1) 야만스런 전쟁을 예방할 수 있는가 하는 아주 오래된 질문이 지금도 충분한 관심을 끌 수 있을까? 더욱이 평화를 바라거나 적어도 평화의 연구 자체가 평화의 실현에 도움이 될 것인가 하는 의문을 떨쳐 버리기도 쉽지 않다.

칸트는 영구평화를 이루기 위한 조건에 대해 성찰했지만, 평화의 실현 가능성 자체는 먼 지평에 설정했다. 그런 점에서 그는 당위와 현실 사이의 간극을 메워야 할 고통을 어느 정도 피할 수 있었다. 평화를 향한 진보의 논리는 보장되지만, 평화의 실현 가능성과 희망은 역사 자체의 전개과정 속에서 해명될 문제이다.

근대적 국가체제가 확립되는 과정에서 전쟁은 근대국가의 문제해결 방안으로 손쉽게 선택될 수 있는 것으로 여겨졌다. 클라우제비츠가 전쟁을 "다른 수단에 의한 정치의 계속"으로 정의를 내린 이래 전쟁 그 자체는 절대악으로 인식되지 않았다. 더욱이 혁명의 목적을 달성하기 위해 전쟁이라는 수단을 선택하는 것을 죄악시하지도 않았으며, 근대적 의식 속에는 혁명이나 전쟁 같은 최후의 수단을 통해 타도의 대상으로 규정된 상대방을 제거함으로써 인간사회를 최종적으로 개조할 수 있다는 신념이 내재해 있었다. 이를테면 숭고한 목적을 위해 수단의 정당성은 크게 문제될 수 없었다. 막연한 도덕적 기준에 의해 '정의의 전쟁'과 '불의의 전쟁'으로 나누기도 했다. 물론 이러한 분류의 정당성은 인정될 수 없다.

20세기 인류는 반세기 가까이 핵전쟁의 위협아래 실로 위태롭고 공포스런 균형, 즉 전쟁도 평화도 아닌 냉전상태를 경험했다. 냉전시기의 평화는 레이몽 아롱의 표현에 따르면, 그야말로 '공포의 평화'였다.2) 그 후 사회주의체제의 몰락으로 냉전이 끝난 뒤에도 여전히 공포의 균형에 기반한 전쟁

---

1) Augustine, *The City of God*, trans. William Chase Green (Cambridge, Mass.: Harvard University Press, 1960), Vol.7, pp.163, 165.

2) Raymond Aron, *Peace and War: A Theory of International Relations*, trans., Richard Howard and Annette Baker Fox (Frederick A. Praeger, Inc., 1967), pp.637-643.

억지론 속에서 아직도 '무장평화' 상태를 벗어나지 못하고 있다. 그러나 평화를 위한 투쟁이 비록 전쟁보다 어렵고 고통스러운 것이라 하더라도 평화는 결코 한갓 유토피아적인 몽상이 아니다. 지금까지의 전쟁과 달리 외부공격의 형태로 나타나는 경우가 점차 줄어들고 있고, 전쟁은 그 자체가 엄청난 파괴를 동반하며, 역설적으로 우리의 공포와 공포에 질린 무분별조차 없애 버렸다는 점에서 전쟁의 회피와 평화의 가능성에 대한 조심스런 기대가 나타나고 있다.3)

평화는 많은 노력을 필요로 한다. 우리가 남・여, 흑・백・황인종, 유교・불교・기독교・이슬람・유대교 중 어디에 속하든 상관없이 평화는 우리들 마음속에 인류애가 재림하는 것이다. 평화는 서로 협력하는 데서 찾아진다. 우리가 전쟁과 평화관을 변화시키고 최소한 평화에 접근하기 위해서는 인간심성의 회복과 민주적 사회질서의 형성에 대한 근본적인 성찰이 필요하다. 따라서 이론적 차원에서 평화의 연구와 실천적 차원에서 평화운동을 통해 평화의 문화를 정착시켜 나가야 할 때라고 생각한다.

평화는 국가들 사이에서건 시민사회 내에서건 간에 그 자체가 인간 삶의 모든 영역에 침윤된 하나의 '문화'로 자리잡아야 한다. 이를테면 '문화의 힘'을 통해서만 평화의 견고한 토대구축이 가능한 것이다.

민족의 독립을 위해 풍찬노숙 일생을 보낸 백범 김구 선생은 계급혁명, 양차 세계대전, 침략국가의 패망 등 전쟁의 역사 속에서 우리 민족의 참된 평화에의 갈망을 '평화의 문화'를 통해 찾고자 했다. 해방과 분단의 와중에서 그는 1947년 11월 발표한 『나의 소원』에서 다음과 같이 말했다.4)

내가 원하는 우리 민족의 사업은 결코 세계를 무력으로 점령하거나 경제력으로 지배하려는 것이 아니다. 오직 사랑의 문화, 평화의 문화로 우리 스스로 잘 살고 인류 전체가 의좋게 즐겁게 살도록 하는 일을 하자는 것이다. 어느 민족도 일찍이 그러한 일을 한 이가 없었으니 그것은 공상이라고 하지 말라. 일찍이

---

3) Janine chanteur, trans., by Shirley Ann Weisz, *From War to Peace* (Westview Press, 1992), Preface x-xi.
4) 김구, 『白凡逸志』(교문사, 1980), 283쪽.

아무도 한 자가 없기에 우리가 하자는 것이다. 이 큰 일은 하늘이 우리를 위해 남겨 놓으신 것임을 깨달을 때에 우리 민족은 비로소 제 길을 찾고 제 일을 알아본 것이다.

'평화의 문화'는 일견 강대국의 압제와 피침의 역사 속에서 고통받아 온 약소민족의 도덕적 외침으로 들릴 수도 있다. 더욱이 김구의 평화에의 호소는 남북분단과 동족상잔의 전쟁을 막아내는 데 아무런 도움도 되지 못했다. 그러나 강대국의 틈바구니 속에서 침략과 압제의 고통을 겪지 않을 수 없었던 약자의 처지임에도 불구하고, 인류평화에의 민족적 사명감을 불러일으키는 김구의 이상과 소망은 오히려 엄청난 전쟁의 참화와 아직까지도 지속되고 있는 갈등과 대결의 역사를 영원히 종식시키기 위해서는 결코 공허한 메아리로 잊혀져서는 안 될 것이다.

한반도의 평화는 세계평화와 깊은 연관성이 있다. 한국전쟁은 550만의 인명피해를 낳은 전대미문의 민족사의 대참사요 필설로 형언할 수 없는 엄청난 비극이었다. 평화협정을 통한 전쟁상태의 완전한 종식을 이끌어 내지 못한 남북한의 대치상황은 지금까지 주기적으로 반복돼 온 긴장과 대결 구조를 극복하고, 이제 평화구축을 통해 새로운 시대를 열어 갈 수 있느냐 하는 기로에 서 있다. 한국전쟁은 해방 후 근대국가 수립을 둘러싼 민족 내적 갈등요인에다 국제적 역학관계가 중첩적으로 투영된 내홍적(內訌的) 국제전으로 나타났다. 그러나 전쟁으로 인한 인간성의 상실과 민족 내적 증오감은 오늘날까지도 민족의 참된 화해의 길을 가로막고 민족사의 진운을 어둡게 하고 있다. 평화의 싹을 틔우고자 하는 소망은 미몽에 불과했던 것이다.

한반도의 평화는 한민족의 의지와 노력 여하에 달려 있다. 평화를 위한 남북한 당국의 노력과 7천만 한겨레의 슬기와 집약적 의지에 따라 한민족의 미래가 개척될 수 있다. 이런 점에서 남북한이 '자주적으로' 주도하는 한반도 평화는 한반도를 둘러싼 동북아의 평화 분위기 고양과 더불어 전지구적 차원의 평화에 기여할 수 있는 세계사적 과업이 된다. 한반도에서 평화의 주창은 강대국 중심의 세계관에 매몰됐던 한민족의 피동(被動)의 역사를 청산하고 국제사회에서 평등과 상호존중의 이념을 구현하는 계기가 될 수 있다. 이를 위해서 우리는 우선 원한, 보복, 대립을 반복해 온 상투적인 진자운동의 관행을 종식시켜야 하며, 우리 모두 윗세대로부터 물려받은 불신과 증오심을 극복할 수 있어야 비로소 평화의 역사를 창조해 나갈 수 있음을 인식해야 한다.

남북한의 평화와 안보는 군사력이나 경제력 우위를 통해 보장받을 수 없다. 평화로운 환경, 즉 직접적으로 통일과 관련된 것뿐만 아니라, 평화환경의 조성 자체가 중요하다. 평화체제 구축을 위한 정부의 공식적인 대북·대외정책이 성공적으로 추진되기 위해서는 시민사회의 광범한 '평화마인드'의 확산이 요망되며, 이를 위해 우리 사회 대결구조의 왜곡된 심성의 파악과 더불어 그에 접목된 평화의 다양한 가치들을 창출해 나가야 한다.

이 장의 문제영역은 크게 평화이론, 평화정책, 평화운동 세 범주로 구성된다. 평화문제에 대한 이론적 탐구, 즉 평화연구(peace research)는 평화정책(peace policy)의 준거를 마련할 수 있으며, 또한 실천적 차원에서 전개되는 평화운동(peace movement)의 인식론적 기반으로 작용하면서 평화운동의 방향을 설정하는 데 기여한다. 이런 점에서 평화연구 그 자체는 평화운동의 실천적 측면과 무관하지 않다.

평화연구 접근의 첫걸음으로 먼저 평화와 관련된 안보개념을 새로운 각도에서 정리할 필요가 있다. 이에 이 장에서는 탈냉전시대에 부응한 안보연구의 방향을 검토하고자 한다. 전통적인 안보연구가 국가 및 군사력 중심적인 관점에 입각하고 있었다면, 탈냉전시대의 평화와 새로운 안보론은 전통적 안보론의 협애한 시각에서 벗어나 다양한 영역으로 평화를 위한 안보인식의 지평을 넓혀 나가고 있다. 이러한 문제의식을 전제로 다음과 같은 연구과제를 설정해 보았다.

첫째, 변화된 세계 속에서 '안보를 통한 평화'의 논리보다는 '평화를 통한 안보'의 확립이 보다 현실적임을 살펴보고자 한다.

둘째, 군비강화 또는 남북한 안보의 관계가 우리의 삶의 질에 어떻게 연관되는지, 삶의 질을 저하시키는 것과 어떤 함수관계를 갖는지 밝혀질 필요가 있다. 나아가 군축의 당위성과 함께 군축이 평화와 안보에 미치는 긍정적인 기능을 해명하고자 한다. 이는 정책적 선택범주를 설정하는 문제와 관련된다.

셋째, 우리 사회에서 평화운동의 방향과 실천적 과제를 설정하고자 한다. 평화연구가 아카데미 영역에서 탐구될 수 있는 과제라면 평화운동은 시민사회의 역할로, 특히 다양한 NGOs의 활동을 통해 추구돼야 할 것이다. 전쟁은 정치의 또 다른 형태라는 것이 근대의 한 특징이기도 하다. 전쟁과 정치는 주종관계에 있지 않다. 전쟁의 군사부문과 정치의 민간부문은 언제라도 호환 가능하다. 즉 군사주의의 위험 또는 '전쟁이라는 종교'는 민간부문을 복종시키려는 군사부문의 요구에서만 나오는 것이 아니라, 군사부문으로 너무도 쉽게 변화하는 민간부문의 자발성에서도 나온다. 엄격한 평화교육이 요청되는 까닭도 바로 여기에 있다. 그러므로 평화를 위한 민간부문의 역할과 과제는 충분히 검토돼야 할 것으로 본다.

2. 평화문화: 평화를 위한 과제

1) 평화문화의 성격

인간은 사회적 존재로서 자신이 속한 사회문화적 가치와 규범의 규정을 받는다. 개인적 신념과 가치관은 그가 속한 사회의 집단적 행위양식과 결코 무관하지 않다. 그러므로 모든 집단적 인간의 행위는 그 시대 그 사회의 문화적 산물이다. 전쟁도 문화적 산물이다.[5] 따라서 평화가 인간집단의 행위양식이라면 그것 또한 하나의 문화적 산물이 아닐 수 없다. 평화에 대한 이러한 이해는 최근 평화관련 유엔기구들의 기본적 시각에 반영되고 있다.

---

[5] 이리에 아키라(入江昭), 『20세기의 전쟁과 평화』, 이종국·조진구 옮김(을유문화사, 1999), 11-19쪽.

유엔총회는 1997년에 2000년을 '세계 평화문화의 해'(International Year of the Culture of Peace)로 선포했으며, 그 이듬해에는 2001년부터 2010까지 10년을 '평화의 문화와 세계 어린이들을 위한 비폭력 10년'(International Decade for a Culture of Peace and Non-violence for the Children of the World)으로 정했다. 노벨평화상 수상자들이 기초해서 발표(2000. 3. 4)한 "평화문화와 비폭력을 위한 선언 2000"(Manifesto 2000 for a Culture of Peace and Non-violence)은 세계 평화문화의 해가 지향하는 목적을 달성하기 위해 전세계 사람들의 의식개혁 운동을 시작하는 전기를 마련했다.6)

'평화문화'는 1989년 코트디부아르(Cote d'Ivoire)의 야무수크로(Yamoussoukro)에서 탄생돼 1995년 UNESCO의 공식사업으로 채택됐고, 이제는 세계적 운동으로 확산되고 있다. 유네스코는 당시 "인간의 마음에 깃들인 평화에 관한 야무수크로선언"을 통해 '평화 프로그램'(Programme for Peace)을 마련했다. 이 회의에는 국가, 정부기구 및 비정부기구, 그리고 전세계의 과학·교육·문화적 공동체와 모든 개개인이 다음 사항을 준수할 것을 촉구했다.7)

　(a) 생명, 자유, 정의, 연대, 관용, 인권 및 남녀평등 등을 존중하는 보편적 가치에 기반한 평화문화를 개발함으로써 평화에 관한 새로운 비전을 구성하는 데 도움을 주어야 하며;
　(b) 인간관계에서 정의와 인간과 자연간의 조화로운 공생관계를 확보해 주는 공동정책의 수행을 심화시키기 위해 인류 공동운명체 인식을 강화해야 하며;
　(c) 모든 교육프로그램에 영구적 특성으로 평화와 인권의 가치를 포함시켜야 하며;
　(d) 환경을 보호하고 관리하며 어느 한 국가의 권위나 통제하에 수행된 활동이 다른 국가 환경의 질을 해치지 않고, 나아가 생물권을 손상시키지 않도록 보장하기 위해 국제적 수준에서 일치된 행동을 고무해야 한다.

---

6) 'Manifesto 2000', http://www.unesco.or.kr.
7) <Yamoussoukro Declaration on Peace in the Minds of Men>, http://unesdoc.unesco.org/ulis/ged.html.

평화문제는 일반적으로 국제관계에서 국가 상호간의 활동을 규제하는 법적·제도적 접근을 통해서 해결할 수 있는 것으로 이해돼 왔다. 그러나 평화에 관한 '야무수크로선언'은 인간심성의 변화를 추구하는 프로그램을 제안했다는 점에서 평화에의 접근 가능성을 크게 열어 놓았다. 이를테면 법·제도적 마인드로부터 인간의 마음속에 평화가 깃들어야 한다는 평화 마인드와 평화학의 심인적(心因的) 접근을 강조했다. 특히 이 프로그램에서 평화에 관한 새로운 비전을 함축한 이른바 '평화문화'(a peace culture)의 개발을 강조하고 있는 점이 주목된다.

그 후 유엔의 '세계 평화문화의 해' 채택 등을 계기로 평화문화라는 말은 최근 우리 사회에 널리 알려지게 됐다. 이러한 상황에 부응해 유엔은 평화문화에 대한 개념정립을 시도했다. 유엔이 정의한 '평화문화'는 살아 움직이는 평화를 의미한다. 그것은 일상생활 가운데서 인권존중을 의미하며, 평화, 발전, 민주주의라는 세 요소의 상호작용이 만들어 내는 힘이다. 삶의 문화로서 평화문화는 서로 다른 개인이 더불어 살아갈 수 있게 하고, 서로 나누고 경청하며 보살피는 새로운 삶의 의미와, 빈곤과 배타에 맞서 싸울 수 있는 민주주의에 바탕을 둔 사회적 책임감으로 이루어지는 것이다. 동시에 평화문화는 정치적 평등과 사회적 공평, 그리고 문화적 다양성을 보장하는 것으로 규정하고 있다.[8] 이를테면 평화문화가 추구하는 목적은 전쟁, 폭력, 기만, 차별의 문화를 비폭력, 대화, 관용, 연대의 문화로 바꾸어 나가는 것이라고 할 수 있다.

평화문화는 인간관계를 지배하는 권위주의적이고 갈등적인 문화적 요소를 인간심성의 개발을 통해 상호 수평적이고 협조적인 문화로 개발해 나갈 수 있다는 믿음에 근거한다. 따라서 평화문화는 '억압받지 않는 의사소통'[9]에 기반한 신뢰, 평등, 그리고 이성과 자유에 대한 신념에 기초한 태도와 정향이다. 평화문화는 성찰적 태도, 감정이입적 역지사지(易地思之)의 사고방식, 그리고 무엇보다도 대화를 존중하고 대화를 통해 갈등과 다툼을 해결

---

[8] 'Manifesto 2000', http://www.unesco.or.kr.

[9] 이는 하버마스의 의사소통적 사회비판이론의 가능영역이다. J. Habermas, 『정치문화 현실과 의사소통적 사회비판이론』, 홍기수 옮김(문예마당, 1996) 참고.

하려는 행동양식을 말한다. 이를테면 평화문화는 상대방의 존재가치를 자신의 가치와 동등하게 인정하는 한편 서로 다름을 수용하는 대화의 문화와 불가분의 관계라 할 수 있다.

대화는 상대방의 가치와 열망을 이해하고 문제를 규명하며 새로운 행동규범을 추구하거나 새로운 윤리적 규칙을 정의하는 데 필수불가결한 과정이다. 나아가 평화문화는 단일한 문화의 산물이 아니라 모든 개별문화를 초월하고 또 그것들을 포괄하는 문화이다. 문화적 다양성에 대한 승인이 평화개념의 중심에 자리잡고 있기 때문이다.[10]

유네스코와 유엔의 평화문화 선언은 그 규범적 성격임에도 불구하고 커다란 영감을 불러일으킨다. 그러나 우리는 결국 각자의 현실에서 평화를 창조할 수 있는 실천의 길을 선택하지 않으면 안 된다. 전쟁과 평화는 국계관계상의 현실임과 동시에 국내문제이기도 하다. 여기서 특정 국가의 사회문화적 움직임이나 혹은 개개인의 심리상태 등이 평화의 내적 조건을 형성한다는 사실은 중요하다. 그러므로 폭력적 갈등을 유발하는 '전쟁문화'를 해소하고 평화 지향적 문화를 창출하고 개발하는 일은 시급하다. 이 과정에서 평화문화는 물질적 가치의 우위 속에서 왜곡돼 온 근대사회의 한계를 극복하고 인간정신의 보다 깊은 '내면세계의 르네상스'[11]를 가져올 수 있다는 점에서 평화연구의 실천적 성격을 부각시키고 있다.

2) 평화문화의 창출

(1) 전쟁문화의 극복

평화문화는 전쟁문화가 사라지는 곳에서 싹튼다. 평화문화의 창출을 위

---

10) 유네스코한국위원회 기획·백운선 옮기고 씀, 『평화를 위한 국제선언: 유엔과 유네스코의 평화선언 자료집』(오름, 1995), 18쪽.

11) Acharn Sulak Sivaraksa, "Buddism and a Culture of Peace," David W. Chappell (ed.), *Buddhist Peace Work: Creating Cultures of Peace* (Boston: Wisdom Publications, 1999), pp.29-46.

해서는 우선 전쟁을 유발시켜 왔던 문화적 전통을 극복해야 한다. 여기서는 전쟁문화와 관련된 대표적인 갈등논리의 사례를 살펴보자. '전쟁문화'(war culture)는 최근 19세기 나폴레옹 시대 이후 20세기까지 유럽에서 1,000명 이상의 사상자를 낳은 전쟁사례를 연구한 J. 바스께즈에 의해 발견된 독특한 개념이다.12) 그는 전쟁문화는 본질적으로 유럽적 경험에서 유래한 것으로, 특히 냉전시대의 행위원리로 금과옥조처럼 여겨졌던, 일방의 이익은 반드시 타방의 손실인, 이른바 제로섬 공리에 집약돼 있다는 결론을 내렸다. 제로섬 명제는 두루 알다시피, '적'을 비합법적·비인간적 존재로 부각시켜 상대방과의 협상이나 중재조차 전혀 불가능하게 만들어 버린다. 제로섬은 통합을 이루기가 쉽지 않은, 이미 대립적인 반명제만을 낳은 전쟁문화의 가장 일반적인 유형이다.13)

게임이론, 모델링, 시뮬레이션기법 등은 원래 이익최적화 수단으로 개발됐으나, 아주 효과적인 도그마로서 '전쟁문화'의 부속물이 되고 말았다. 그런데 이론적으로는 점차 세련되고 발전됨으로써 마치 전쟁문화와 상관이 없는 것으로 인식되는 경향이 있었다. 이와 달리 '수인(囚人)의 딜레마' 게임은 장기간에 걸친 상호 관련적 조건 아래서 상호이익이 가능할 뿐만 아니라 지속적으로 추구된다면, 양측 모두 제로섬적인 접근을 통해 얻을 수 있는 것보다 더 큰 혜택을 볼 수 있다고 주장됐다. 그리하여 전통적인 방위연구소들이 거의 무시해 왔던 이 통찰은 수학, 심리학, 사회학, 인류학, 그리고 때로는 전통적인 전략연구소, 국가안보 및 갈등연구소 등 수많은 연구자가 달라붙으면서, 진지한 학제적 연구로서 '평화연구'의 중심적 논리로 자리잡아 왔다. 그러나 유엔팔메위원회(UN Palme Commission)가 제기한 '상호안보'와 '공동안보' 개념은 이러한 이론과 구별되는 뚜렷한 선을 그었다.14) 여기

---

12) John A. Vasquez, *The War Puzzle* (Cambridge: CPU Cambridge Studies in International Relations, 1993).

13) Carl G. Jacobson, "Peacemaking as Realpolitik, Conflict Resolution and Oxymoron," Johan Galtung and Carl G. Jacobson, *Searching for Peace* (London Sterling, VA.: Pluto Press, 2000), p.3.

14) Olof Palme: Independent Commission on Disarmament and Security Issues, *Common Security:*

에다 미하일 고르바초프의 세계평화에 대한 새로운 접근은 전쟁문화에 큰 충격을 주었다.

그렇다면 이러한 전쟁문화는 해소 불가능한 것인가? 그렇지 않다. 전쟁문화는 현실정책의 일환인 안보관련 대책들로, 일반적으로 위협을 억제하기 위해 구상된 것으로 이해되지만, 사실 그것은 갈등을 회피하거나 해소하는 것이 아니라 오히려 갈등을 유발하는 문화이다. 이러한 전쟁문화는 최근 세 방면에서 도전을 받게 됐다.15)

첫째, 1960년대 이래 개발된 게임이론의 한계를 들 수 있다. 게임이론의 핵심적 메시지는, 수학적으로 나타나는 수인의 딜레마 이론을 통해 극적으로 부각되지만, 다른 데 있는 것이 아니라 협력적인 연대의식에 기반한 선택이야말로 게임에 임하는 양측의 이익을 가장 잘 보호한다는 사실이다. 물론 게임이론의 이론적 정교화에도 불구하고 이러한 선택이 현실화되는 경우를 발견하기란 쉽지 않다. 그러나 게임이론을 '이기고 지는' 승부관으로만 바라보는 논리를 극복하고 협력과 연대를 통해 게임 참여자 모두의 승리를 이끌어 내는 방식으로 전환함으로써 갈등 유발적 논리를 해소할 수 있다는 신념이 나타나고 있다.

둘째, 군비경쟁이나 군비통제 같은 케케묵은 문구들을 일거에 날려 버린 고르바초프의 놀랄 만한 신사고를 들지 않을 수 없다. 그는 마침내 제로섬이라는 고르디아스의 매듭을 과감히 끊어 버리고 상호안보와 공동안보의 개념을 제안했던 것이다.

셋째, 최근 국가중심의 안보론이나 지금까지 별다른 회의 없이 수용돼 왔던 갈등해결 방안들은 아무런 도움이 되지 않는다는 사실에 대한 합의가 점차 높아지고 있다는 점이다. 이러한 동학과 현상적인 도전은 비록 전쟁문화의 대안적인 구성요소를 말해 주는 것은 아니라 하더라도, 새로운 '평화문화'의 출현을 반영하는 것으로 볼 수 있다.

A Blueprint for Survival (New York: Simon and Schuster, 1982).

15) Carl G. Jacobson and Kai Frithjof Brand-Jacobson, "Our War Culture's Defining Parameters: Their Essence; Their Ramifications," Johan Galtung and Carl G. Jacobson, *ibid.*, p.26.

(2) 안보개념의 전환

21세기를 맞이해 안보개념에 새로운 변화가 나타나고 있다. 즉 '국가'안보와 무력의 사용 또는 위협으로부터의 자유 등에 초점을 둔 전통적 안보개념은 세계공동체가 직면한 다양한 도전에 부응하기에는 부적절한 것으로 판명됐다.

환경재앙으로부터 인권, 개인 및 공동체적 자유, 그리고 내전양상을 띤 폭력의 증폭 등으로 인한 새로운 안보이슈들이 끊임없이 제기되고 있는 상황이다. 실제 '안보'이슈라고 할 만한 것도 아주 다양하게 이해될 수밖에 없지만, 냉전시대의 안보개념은 이제 더 이상 호소력을 가질 수 없게 됐다. 2차대전 후 반세기 동안이나 안보문제에 접근하는 데 유용한 요소가 아직 남아 있지만, 그러한 인식틀로 설명될 수 없는 현상이 속출하고 있다.

안보개념의 확산과 외연, 즉 공동체안보, 개인안보, 환경안보, 그리고 공포와 결핍으로부터의 안보 등에 대한 새로운 이해가 요청되고 있는 상황임에도 불구하고 적극적인 연구의 관심은 충분하지 못한 상태이다.16) 그러나 이처럼 다양한 안보에 대한 이해는 상호 배타적이거나 모순적인 것으로 접근할 필요는 없다. 냉전시대 안보론의 실패요인은 이분법적 논리에서 찾을 수 있을 것이다. 말하자면 '(…)인가/아닌가'라는 논리로서, 이를테면 '안보냐/안보위기냐', '(적보다)강한가/약한가', '선인가/악인가' 하는 이분법적 방식으로 인식해 왔다. 그러나 우리가 직면하고 있는 안보문제에 대한 전통적 이해의 한계를 극복하기 위해서는 '인가/아닌가'의 상충적 이분법을 뛰어넘어 '그리고/함께'의 상보적 관계에 토대를 두어야 한다. 일방의 안보는 타방의 안보를 허용하지 않는다는 논리 자체는 오히려 불안정을 초래한다. 더욱이 안보라고 하면 전적으로 군사안보로만 인식됐던 것을 이제는 경제적, 정치적, 사회적, 문화적, 그리고 생태적 요소까지를 포함하는 것으로 이해의 폭을 넓혀 가고 있다.17) 따라서 국가간 및 국내정치적 관련 속에서

---

16) Kai Frithjof Brand-Jacobson, with Carl G. Jacobson, "Beyond Security: New Approach, New Perspectives, New Actors," Johan Galtung and Carl G. Jacobson, op. cit., pp.268-270.

17) Barry Buzan, Ole Wever, Jaap de Wilde, Security: A New Framework for Analysis (London:

파악해 온 전통적 안보개념을 극복함으로써 변화된 상황에 부응하는 새로운 안보개념을 확립할 수 있을 것이다. 여기서 대안적 안보개념이 나타나게 된다.

대안적 안보개념은 국가중심의 안보개념에서 탈피해 다음과 같은 문제제기를 통해 새로운 전망의 모색을 시도한 데서 비롯된다. 이는 "첫째, 누구/무엇으로부터의 안보인가? 둘째, 누구/무엇에 의한 안보인가? 셋째, 누구/무엇을 위한 안보인가?" 하는 다양한 수준에서 접근되고 있다.[18] 지난 반세기 동안 대학이나 연구소에서 이루어진 국제관계론이나 안보연구는 국가간 직접적이고 물리적인 폭력의 사용이나 위협에 의한 침략과 침략위협의 형태에 주로 초점을 맞추었다. 그러나 다른 형태의 안보위협, 예컨대 불평등과 착취의 사회경제적 구조에 기인한 많은 사람들의 고통이나, 또는 갈등해결의 수단으로 용인되는 폭력을 정당화하는 폭력문화 등의 구조적 폭력에 대해서는 거의 관심을 기울이지 않았다. 이러한 연구경향은 대개 안보에 대한 직접적인 위협만을 문제삼았기 때문이다. 세계를 대립적인 두 블록으로 나눠 놓고, 흑/백, 선/악, 승리/패배 등의 제로섬적 사고와 함께 전사회의 군사화 등을 통해 안보를 추구했지만, 안보를 증진시키기는커녕 오히려 경쟁적이고 갈등 유발적인 사고와 더불어 오히려 안보불안만 증대시켰던 것이다. 물론 이 과정에서 각국은 엄청난 군비지출, 전사회의 군사화로 치닫게 됐다.

한편 안보산업 자체가 안보불안을 초래하는 요인이었다. 안보를 오직 힘에 기반한 군사적 측면에서만 이해하게 되면 국가의 정책결정에 대한 엘리트의 독점적 통제와 군비확장, 군사기술, 군사동맹 등을 주장하는 전략가나 기획가들만 판을 치게 된다. 이러한 분위기에서 '안보'는 일반국민과는 무관한 전문가들의 관심영역으로 국한되며, 안보전문가들의 선택과 결정이

Lynne Rienner Publishers, 1998), pp.1-8.

18) 예컨대 폐렴으로 사경을 헤매고 있는 어린이에게 어머니의 간호와, 주식투자가나 마피아 두목이 인식하는 안보·안보불안 문제는 아주 다를 수밖에 없다. 이처럼 안보는 다양하게 이해돼야 하는 문제다. Kai Frithjof Brand-Jacobson, with Carl G. Jacobson, *op. cit.*; Johan Galtung and Carl G. Jacobson, *op. cit.*, p.269.

국가의 안보불안을 한층 악화시키고 전쟁 일보 직전까지 몰고 가더라도 그들의 실패는 언제나 잊혀지고 만다.19) 본질적으로 비민주적이고 권위주의적 과정일 수밖에 없음에도 불구하고 '전문가'와 엘리트에게 맡겨졌던 안보이슈의 결정과정은 이제 새로운 단계에 접어들고 있다.

어느 한쪽의 안보가 다른 쪽의 안보불안을 야기한다는 인식은 국가의 방위력증강 자체가 상대국을 불안하게 하고, 마찬가지로 방위력 증강이라는 명분 아래 군비경쟁을 초래해 양국 사이에 갈등과 불안의 근원인 안보불안의 악순환에 빠지게 하는 사실은 냉전시대에만 해당되는 것은 아니다. 이는 최근의 인도와 파키스탄, 이스라엘과 팔레스타인간 방위력강화, 군비증강의 악순환관계를 통해 충분히 예증되고 있다.

평화문화를 창출하기 위해서는 안보개념의 변화가 전제돼야 한다. 군사전략적 차원에서 접근되고 있는 '전통적' 안보개념은 '…에 대한'(against) 안보이거나, '…로부터의'(from) 안보로 인식됐다. 이 경우 안보는 상호간 조화보다는 대결적 관념을 전제한 홉스적인 '만인의 만인에 대한 투쟁'(bellum omnium ad omnes)의 세계관을 반영한다. 즉 나의 안보는 타인의 안보를 악화시킴으로써 보장될 수 있다는 안보관이다. 이러한 안보관은 앞에서 언급한 유엔팔메위원회의 '공동안보' 또는 '상호안보'의 개념을 통해 어느 정도 보완될 수 있었다. 그리고 고르바초프의 일방적인 군축선언 및 철군 등은 자기중심적 안보개념으로부터 보다 전체적인 조망 속에서 접근할 수 있는 역사적 계기를 마련하는 데 기여했다. 다른 나라로부터의 외래적인 것, 즉 타국민, 외래문화, 그리고 자연재해 등의 위협에 대한 국가의 수호와 국민의 보호라는 측면에서 안보의 의미는 여전히 막중하다. 그러나 '상생적'(for and together) 안보가 아닌 전통적인 대결적 안보는 더 이상 존재하기 어려운 비현실적 안보개념이다. 비록 상호적 및 공동적 안보가 이러한 경향성을 어느 정도 극복하는 측면도 있지만, 이들 개념도 아직 구태의연한 안보패러다임의 지배구조를 벗어난 것은 아니다.

---

19) 1993년 북핵문제를 둘러싼 몇 해 동안의 남북관계 경색국면은 어느 면에서 국제관계론과 안보전문가들에 의해 증폭된 위기상황이었다는 지적도 가능하다.

대안적 안보개념은 물론 보다 건설적이고 생산적인 안보개념이다. 이를 테면 인간심성에 와 닿는 '협력'개념이나 평화적 수단에 의한 평화,[20] 그리고 안보불안과 위협을 초래하는 구조의 적극적인 변형 등은 대안적 모색으로 추구할 가치가 있다. 어느 면에서는 전쟁이 일어나고 안보를 위협하는 다양한 요인이 나타날 수밖에 없는 것도 모두 창의적이고 건설적인 과정을 통해 갈등발생의 구조를 변형시킬 수 있는 지혜와 대안모색을 위한 우리의 창의성과 상상력의 부족 때문인지도 모른다. 국가안보 중심의 국제관계론은 정보통제와 정책결정력에 대한 엘리트의 지배적 역할을 강화하거나 당연한 것으로 간주했지만, 이제 새로운 안보는 일반대중과 환경문제 등을 진지하게 고려하는 포괄적 개념으로 정립돼야 한다. 우월적·배타적 지배로부터 타방을 배려하고 함께 하는 협력적 안보로 대체돼야 한다. 그렇다고 국가의 역할이 전면 부정되는 것은 아니지만, 안보연구에서 국가의 성격과 위상 그 자체에 대해 보다 새로운 인식이 요청되고 있는 실정이다. 어쨌든 국가중심적 모델을 통해 강화돼 온 사회와 안보의 전통적 개념을 넘어 새로운 안보개념의 지평을 넓혀 가기 위해서는 풍부한 상상력과 창의성이 요망된다.

3. 평화의 역설: 세력균형과 안보

평화와 안보를 결합시키는 것은 오래 전부터 친숙한 일이다. 근대국가의 대두와 더불어 안보는 최고의 국가적 목표로 승인됐다. 여기서는 정치적 지배의 확보와 시민의 안보가 국가목표의 중심으로 나타났다. 홉스는 일찍

---

20) 전쟁의 대의는 항상 '평화를 위한 전쟁'이었다. 평화는 그 자체가 목적이지만, 평화추구의 과정도 평화적 방법과 평화적 수단에 의해 이루어져야 한다. 이는 요한 갈퉁에 의해 주장된 이래 평화연구의 공리로 인식되고 있다. Johan Galtung, *Peace by Peaceful Means: Peace and Conflict, Development and Civilization* (PRIO: Sage Publication, 1996) 참조.

이 시민의 안보는 모든 정치적 지배의 결정적인 합법성이 근거가 된다는 논리를 제기했다. 사실 인간은 자기의 삶의 곤궁과 폭력의 두려움으로부터 해방될 때 안전을 느낀다. 이런 맥락에서 미국 대통령 루스벨트(F. D. Roosevelt)는 의회연설에서 '사회안보'(social security) 개념을 사회정책의 중심 개념으로 설정했다. 사회안보는 당시 물질적 곤궁상태의 극복을 목표로 삼았다. 이와 달리 국가안보법(National Security Act, 1948)이 제정된 이래 '국가안보'(National Security) 개념이 대외정책의 핵심개념으로 등장하게 됐는데, 이는 외부 폭력으로부터의 자유를 지향하는 의미로 사용됐다.

사회적 안보는 일반적으로 곤궁으로부터의 자유로, 정치적 안보는 폭력으로부터의 자유로 정의할 수 있다. 특히 정치적 안보는 국가적 권력독점이라는 수단을 통해서 시민의 자유로운 공동적 삶의 보장과 낯선 세력으로부터 국가의 보호를 의미한다. 말하자면 정치적 안보는 '내적' 및 '외적' 안보의 측면을 포괄하는 것으로 볼 수 있다. 정치적 안보는 폭력으로부터의 자유라는 범주에서 이해된다면, 그 안에서 '군사적 안보'에 대한 물음이 제기될 수 있다. 정치적 안보의 목표에서만 군사적으로 보호되는 안보정책 조치의 필연성과 합법성에 관한 결단의 준거가 발견될 수 있기 때문이다. 이 절에서는 평화와 관련해서 세력균형론과 국가안보 등의 논리와 의미를 살펴보고자 한다.

1) 세력균형과 평화

(1) 세력균형: 불안한 평화

칸트는 평화에 관한 그의 주저『영구평화론』(1795)을 발표하기 직전 평화에 대한 예비적 고찰의 성격을 띠는 소책자(『잠언(箴言): 이론적으로는 옳을 수 있으나, 실천에서는 그렇지 않을 수 있다』(1793)에서 당대의 평화론에 대한 비판적 검토를 수행한 바 있다. 이 소책자에서 그는 평화에 대한 참된 이론은 세 가지 영역에서 모두 타당해야 한다고 역설했다. 즉 도덕일반,

국가의 법, 그리고 국제법 등 세 차원의 실천에서 타당한 논리를 제시해야 한다고 했다. 특히 우리의 관심을 끄는 것은 당시 이른바 '유럽에서의 세력균형'을 주장하는 논리의 모순을 비판하고 있다는 점이다.[21]

    인간의 본성은 전체 민족 상호간의 관계에 있어서보다 결코 덜 호의적인 것은 아니다. 자신의 독립이나 자신의 재산에 관한 한 국가는 다른 국가에 대해 한순간도 안심할 수 없다. 서로 굴복시키거나 아니면 남의 것을 침해하려는 의지는 언제나 존재하나, 종종 전쟁보다 평화를 더욱 압제적인 상태로 만들고 국내적 복지를 파괴하는 국방을 위한 무력증강을 그대로 놓아두어서는 안 된다. 따라서 유일하고 가능한 구제책은 모든 국가가 복종해야 할 힘에 기반한 공적 법률체계, 즉 국제법(개개인의 시민적 또는 국가적 법에 상응하는)체제를 마련하는 데 있다. 왜냐하면 이른바 '유럽에서의 세력균형'이라는 항구적이고 보편적인 평화는 마치 '스위프트의 집'처럼 창을 한번 던지면 즉시 깨질 순전한 망상에 불과하기 때문이다.

    칸트의 분석에 따르면 역사적 진보에 대한 물음은 국가 사이의 관계에서와 같은 살벌한 영역에서는 결코 제기될 수 없다. 이미 그는 무기의 증강이 평화를 확보할 수 있다는 논리가 팽배한 상황에 부딪혔던 것이다. 그러한 시대에 칸트가 세력균형에 기반한 평화론의 한계를—— 그러나 칸트 이후 국제정치학에서 전쟁억제와 평화론은 모두 이 세력균형론의 합리성을 금과옥조로 믿고 적용했던 데 비해—— 이처럼 예리하게 인식하고 있다는 사실은 놀라운 일이다. 그는 이미 세력균형론은 상대국에 대한 지배와 우위 확보의 충동으로 인해 국가간 폭력의 불가피성을 회피하기 어렵다는 사실을 간파하고 세력균형론의 허구성을 폭로했다.

    군사적 위협을 통한 평화의 추구는 결코 평화를 확보할 수 없다. 단지 휴전상태를 확보할 수 있을 뿐이다. 그러나 칸트에게 평화는 시간적으로 제한된 휴전, 즉 전쟁의 중지를 의미하는 것이 아니었다. 평화는 "모든 적대

---

21) Immanuel Kant, translated by Ted Humphrey, "On the Proverb: That May be True in Theory But Is of No Practical Use"(1793), *Perpetual Peace and Other Essays* (Hackett Publishing Company, Inc., 1983), p.89.

행위의 종식"22)을 뜻한다. 그러한 의미에서 '세력균형', 즉 무력위협을 동반한 균형은 평화의 충분조건이 될 수 없다.

(2) 세력균형론의 모순

정치적 현실주의 입장에서 세력균형론을 강조한 H. 모겐소는, 세력균형은 다원적 사회의 영구적 요소이고, 비교적 안정되고 평화적 갈등이 있는 곳에서 적용될 수 있다고 했다. 국제관계에서 역사의 특정 시점에 형성돼 있는 세력관계의 '현상'(status quo)을 변화시키고자 할 경우 세력균형으로 이뤄진 평화상태는 깨지고 만다. 세력균형론의 역사적 사례적용에 대한 모겐소의 안목이 특히 한반도의 사례에 착안한 점이 무척 흥미롭다.

한국의 역사는 한국을 지배하는 어느 우월한 한 나라, 혹은 한국에 대한 지배권을 두고 경쟁을 하는 두 나라간의 세력균형에 의해 결정돼 왔다고 주장한다.23) 즉 한국이 거의 2천여 년 이상 독립국가로 존재할 수 있었던 것은 극동지역의 세력균형에 힘입은 결과였다는 것이다. 강력한 한 세력이 한국을 지배하고 보호하거나 한반도가 제국주의 열강의 경쟁장소가 될 경우 일반적으로 짧은 기간 동안 대단히 불안정한 균형을 이루곤 했다. 한국전쟁은 한반도에 대한 전통적인 중국의 지배력 회복의 의도와 미국의 동북아전략의 관계에서 양국은 비록 애매하고 불안정하지만 한국을 두 개의 세력권으로 분할시켜 두는 데 만족하게 됐는데, 이는 극동의 세력균형을 반영한 결과로 보고 있다.24)

우리는 국가의 독립과 한반도 평화를 유지하기 위해서는 국제관계의 역학구도, 특히 주변국들간의 세력균형이 유지되느냐 그렇지 않느냐 하는 문제를 한민족의 운명을 결정하는 사활적인 문제로 여겨 왔고, 세력균형의 유지야말로 전쟁을 방지하고 현재의 평화를 지킬 수 있는 가장 합리적인

---

22) Immanuel Kant, *To Perpetual Peace: A Philosophical Sketch*(1795), ibid., p.107.

23) 한스 J. 모겐소, 『현대국제정치론』(*Politics among Nations: The Struggle for Power and Peace*), 이호재 역(법문사 1987), 240-241쪽.

24) 한스 J. 모겐소, 위의 책, 551-53쪽.

방도로 인식해 왔다고 할 수 있다. 대륙세력과 해양세력의 각축장으로 전락했던 한반도의 지정학적 위치로 인해 동북아지역 국가 역학관계의 향배에 대해 큰 관심을 갖지 않을 수 없었던 역사적 경험은 더욱 세력균형론의 타당성을 확인시켜 주기도 했다. 물론 강대국의 틈바구니 속에서 전쟁에 휩쓸려들지 않고 국가적 독립을 유지하기 위한 방도로, 우리가 동북아지역 국제정세의 이니셔티브를 행사하는 국가가 아니기에, 주변 강대국의 한반도에 대한 이해관계와 힘의 변화를 잘 살펴 국제정세의 흐름에 역행하지 않아야 한다는 논리에 이의를 제기하는 경우는 거의 발견하기 어렵다. 그런데 이러한 세력균형론은 남북한 관계에도 그대로 적용돼 전쟁억제와 평화유지의 가장 기본적인 인식틀로 자리잡게 됐다. 더욱이 남북한 관계의 세력균형론 강조는 항상 군사력 중심의 국가안보 논리로 귀착되면서 상호불신에 기반한 갈등과 대결의 긴장관계를 부추기는 데 기여한 측면도 있다. 세력균형론이 마치 전쟁억제와 평화를 가져다주는 것처럼 생각되지만, 사실은 남북한 세력균형론에 기반한 평화유지의 신념은 서로 상대방에 대한 우위를 전제로 한 군비경쟁을 유발하기 때문에, 그 자체가 우리 사회의 평화문화를 창출해 가는 과정 앞에 가로놓인 장애물일 수도 있다는 점을 인식할 필요가 있다.

세력균형론에 함축된 몇 가지 특징은 모겐소에 의하면 다음과 같다. 첫째, 국제적 세력균형은 여러 독립적 단위로 구성된 모든 국제사회가 그 구성원의 독립성 유지에 도움이 되는 일반적 사회법칙의 한 특별한 표현형태라는 점이다. 둘째, 세력균형과 그 보존을 위한 정책은 불가피한 정책일뿐 아니라 주권국가로 구성된 국제사회의 가장 중요한 안정적 요소로 주장된다. 셋째, 국제적 세력균형의 불안정성은 그 원칙의 결함에 기인하는 것이 아니라, 주권국가로 구성된 국제사회에서 그 원칙이 적용되는 그 특별한 상황조건에 기인한다는 점이다. 세력균형의 기능은 물론 국가간의 권력관계에서 안정성을 유지하는 데 있다. 그러나 세력관계는 끊임없이 변하는 것이기에 본질적으로 균형은 불안정하며, 따라서 국가의 독립이나 평화상태는 불안정한 상태에 있다. 세력균형의 여러 방법으로는 분할·통치, 보상, 군비경쟁, 동맹 등이 있다. 그러나 세력균형 그 자체는 불확실성, 비현실성,

부적합성의 한계가 있다.25) 이런 점에서 세력균형이 항상 안정적인 평화를 보장하는 것은 아니다.

가. 세력균형론의 불확실성

동맹으로 구성된 어느 세력균형 체제에나 본질적으로 내재한 격심한 불확실성의 역사적 사례는 제1차 세계대전에서 찾을 수 있다. 동맹은 항상 대항동맹을 낳는다. 따라서 동맹체제에 의지한 세력균형 정책은 그러한 세력균형을 변경시키려는 또 다른 동맹을 낳기 때문에 동맹에 의한 세력균형 그 자체는 언제나 국제체제의 안정과 평화의 불확실성을 극복할 수 없는 한계를 안고 있다.

나. 세력균형론의 비현실성

국제정치의 권력투쟁적 속성에 따르면 세력균형에 참여하는 각국은 실제로 균형된 힘을 원하는 것이 아니라 자국에게 유리한 우세한 권력상황을 바라고 있다. 또한 국력은 객관적인 양적 지표로 비교될 수 없는 것이기에 어느 국가나 항상 평가된 권력 이상의 상태를 확보하려 든다. 최대한 권력을 확보하려는 욕망은 모든 국가에게 보편적인 현상이므로 각국의 권력신장 의지는 상대국가를 자극하게 되고, 상대국의 권력신장 노력은 자국을 권력상황을 불리하게 만드는 위협적인 행동으로 인식하게 한다. 이 경우 상대 경쟁국의 권력신장을 미연에 방지하기 위한 예방전쟁도 불사하게 돼 세력균형에 의한 안정과 평화는 비현실적인 것이 된다.

세력균형은 사태를 안정시키는 효과를 가져다주지 못하기 때문에 수많은 전쟁을 미연에 방지하는 데 기여한 바 있다는 주장을 반박하거나 증명하는 일은 불가능하다. 세력균형이 없었다면 얼마나 많은 전쟁이 일어났을 것인가에 대해 어느 누구도 자신 있게 말할 수 없는 일이지만, 근대국가 체제가 수립된 이래 수많은 전쟁이 대부분 세력균형의 유지 또는 회복에 근거를 두었던 것도 역사적으로 충분히 검증된 사실이다. 이를테면 세력균

---

25) 한스 J. 모겐소, 앞의 책, 276-302쪽.

형을 이루고자 하는 바로 그 행위 자체가 새로운 불안의 소지를 안고 있다는 점에서 세력균형론에 의한 안정과 평화추구의 비현실성을 지적하지 않을 수 없다.

다. 세력균형론의 부적합성

세력균형론이 근대국가 체제의 안정논리로 기능할 수 있었던 데는 유럽사회의 도덕적 일체감의 토대가 밑받침되고 있었다. 세력균형은 17, 18, 그리고 19세기에 걸쳐 전성기를 맞으면서 근대국가 체제의 안정과 그 구성국가들의 독립 유지에 실제로 공헌한 사실은 인정된다. 근대국가 체제는 유럽지역의 서구문명 사회를 중심으로 성립했다. 유럽은 전 지구상의 비서구지역을 식민지로 삼아 번영 일로에 있던 하나의 커다란 공화국이자 기독교공동체로서 평화시에는 수많은 국가간에 활발한 경쟁활동으로 지식과 산업의 진보가 가속적으로 이루어져 왔으며, 전시에 경우에도 유럽 열강은 서로 절제하고 치열하지 않은 경쟁을 해 왔을 뿐이다. 이런 점에서 유럽 각국은 그들 사이에 또 하나의 보이지 않는 나라를 형성하고 있었다고 할 수 있다. 유럽의 실제 체제는 끊임없는 동요 속에서도 전복됨 없이 유럽을 그대로 유지해 나가는 바로 그 정도의 단결력을 지니고 있었던 것이다. '유럽공화국', '크리스트교 군주들의 연합체', 또는 '유럽이라는 정치체제' 등의 관념이 자연스럽게 사용되는 가운데 세력균형론은 유럽의 지성적·도덕적 기반의 전통과 접맥돼 있었다.

그렇다면 유럽사회의 이러한 근대국가 체제의 도덕적 일체감의 유산이 오늘날에도 전지구적 차원에서 여전히 그 기능을 발휘할 수 있을까? 또는 20세기 중반 이래 반세기 동안의 냉전체제에 의한 국제질서를 세력균형론적 입장에서 바라볼 수 있을까 하는 문제는 다소간 논쟁적인 문제임에는 틀림이 없으나, 국제사회의 안정을 위해 세력균형의 역할을 기대한다면 일체감의 새로운 구성요소를 파악하는 일이 중요할 것이다. 그러나 근대적·유럽적인 도덕적·정치적 일체감이 그대로 적용될 수 있다는 가정은 유보적일 수밖에 없다는 점에서 세력균형론의 한계를 인식할 필요가 있다. 특히 남북한 관계에서 세력균형론은 세력균형 그 자체의 객관적 지표의 확인이 불가능할 뿐만 아니라, 항상 서로 자기측의 '힘'이 열세에 놓여 있다는 전제에서 행동하기 때문에 국방력 중심 안보논리의 강화를 가져오고, 이는 역으로 상대방의 불신과 우려를 자극해 결국 대결과 경쟁의 악순환 과정에서 벗어나지 못하게 한다. 바로 이 지점에서 우리는 전쟁억제와 평화유지의 논리로 강조된 세력균형론의 반평화적인 긴장 유발적 패러독스를 만나게 된다.

2) 안보와 평화

(1) 국가이익과 국가안보

국제사회에서 평화는 주권국가들의 독립을 전제로 상호 자주성의 존중과 호혜평등의 원칙이 관철될 때 전쟁 가능성은 줄어들고 안정된 국제질서 속에서 그 분위기가 유지될 수 있다. 그러나 국가는 개인 상호간의 관계와 달리 도덕적·규범적 가치기준이 국제사회를 규율하는 신뢰할 만한 척도가 아니기 때문에 국가 스스로 자기존립 기반을 마련할 수밖에 없다고 인식한다. 따라서 국가는 국가이익과 관련된 국가안보를 최대의 가치로 여긴다. 이처럼 국가이익과 국가안보는 불가분의 관계라 할 수 있다.

정치적 현실주의는 국가이익을 대외정책 결정과정에서 가장 중요한 대상으로 다룬다. 국가이익은 한 국가의 최고 정책결정과정을 통해 표현되는 국민의 정치적·경제적·문화적 욕구와 갈망으로 이해된다. 구체적으로 국가이익은 자국 존망의 문제로부터 미래이익의 보장에 이르기까지 여러 다양한 층위로 구성돼 있다고 할 수 있다. 국가이익의 우선순위는 '사활적 이익'(survival interest), '핵심적 이익'(vital interest), '중요이익'(major interest) 및 '부수이익'(peripheral interest) 등으로 분류할 수 있다.[26] 여기서 국가존망이 달린 문제인 '사활적 이익'은 독립국가의 존립을 위태롭게 하는 것으로 타

---

26) Donald E. Nuechterlein, "The Concept of National Interest: A Time for New Approach," *ORBIS* (Spring 1979), p.85.

국에 의해 직접적인 무력침공을 당한 경우나 명백한 적대행위가 발생한 때의 이해관계로 볼 수 있다. 이 상황에서는 국가 총동원령, 즉 전쟁선포가 불가피한 국면으로 치닫게 된다.

명백한 국가존망의 상황만이 평화를 깨뜨리고 무력충돌을 유발하는 것이 아니라, '중요이익'이나 '부수이익'을 위해서 무력사용을 불사하는 경우도 드물지 않다. 이는 대개 세계적 헤게모니를 장악한 패권국가의 공세적 대외정책의 형태에서 종종 발견된다. 예컨대 1991년의 미국과 이라크의 걸프전쟁은 미국의 국가존망이 걸린 '사활적 이익'이나 세계지배의 패권적 지위를 위협하는 '핵심적 이익'과 관련된 사안이라고 볼 수 없는 경우지만 미국은 전쟁이라는 대외정책을 선택했던 것이다. 말하자면 국익과 관련된 최종적 정책결정인 전쟁은 국가이익 분류의 하위순위에 의해서도 결정될 수 있다. 냉전시대 미국의 대외전쟁사는 대개의 경우 국익과 국가안보의 상관성문제에 대한 이론적 정합성을 부정하는 것이었다.

정치적 현실주의의 특성은 국가이익을 종종 국가안보 또는 군사력과 동일한 맥락에서 바라보는 데 있다. 더욱이 국가안보를 군사력 증강과 불가분의 관계에 있는 것으로 보면서, 군사력 중심주의의 안목에서 벗어나기를 거부하는 경향을 보여 왔다. 국제정치 이론에서 국가이익의 관점을 가장 뚜렷하게 부각시킨 경우는 모겐소에게서도 찾을 수 있다. 그는 한 국가의 영토와 제도 및 문화의 보전을 내용으로 하는 '국가의 생존'이 최소한의 국가이익이며, 국제정치는 근본적으로 서로 상반되는 이익의 세계에 기초하고 있으므로 냉혹한 국제사회에서 생존하려면 정치적 현실주의에 입각한 '힘으로 정의된' 국가이익의 개념이 국가정책의 최선의 기준이자 이해의 척도가 돼야 한다고 역설했다.[27]

정치적 현실주의자들은 대개 국가의 안전과 생존은 그 국가가 지닌 힘에 의해 유지된다는 주장과 함께, 개인의 행동과 국가정책 추진방향을 구분하는 이중구조적인 사고방식을 강조하고 있다. 그러나 국가안보를 위한 국가

---

[27] Hans J. Morgenthau, "Another Great Debate: The National Interests of the United States," *American Political Sciences Review* (December 1952), p.73.

이익을 국가정책의 목표로 삼아야 한다는 정치적 현실주의의 입장은 국가 안보 그 자체의 추구에서 논리적 모순을 드러내고 있다. 우선 정치적 현실주의는 대외정책의 정책적 일관성을 보장해 주는 측면이 있으나, 힘에 기반한 지나친 국가안보의 추구는 자기파멸의 길이 될 수도 있다는 위험성을 간과하고 있다. 그리고 자국중심의 이익만 추구할 경우 미래지향적이고 인류 공동의 포괄적인 이익을 바라볼 없는 한계를 노정하게 된다. 또한 국가에 대한 인간의 편협된 충성심 등은 우방국과의 관계에서 장기적인 국가이익을 등한시하게 하는 경향을 보이는 점도 무시할 수 없다.

국가이익은 도덕적 원칙과 상반된다고 생각하는 것은 근본적으로 잘못된 견해이다. 국제정치학 이론의 일대 전환점을 가져온 현실주의 이론가인 모겐소는 일찍이 그의 저서(Politics Among Nations, 1948)에 부친 부제 '권력과 평화를 위한 투쟁'(The Struggle for Power and Peace)에서 상징되듯이 국제정치 자체를 '권력투쟁'의 장으로 규정했다. 그는 "모든 정치가 그러하듯 국제정치는 권력을 얻기 위한 투쟁이다. 국제정치의 궁극적인 목표가 무엇이든 간에 제일차적 목표는 항상 권력이다"28)고 역설하면서, 이 사실은 국제문제의 관례상 일반적인 것으로 받아들여지고 있으나 흔히 학자와 정치평론가, 심지어 정치가들마저 이를 경시하는 경우가 많다고 지적했다. 이처럼 권력투쟁론에 입각한 국제정치론은 2차대전의 전대미문의 참상에도 불구하고 국제정치 이론에서 1차대전 이후의 이상주의적 접근법의 전통에 안주하고 있던 학계에 엄청난 충격을 주었다. 당시만 해도 권력정치라는 표현에 익숙하지 못한 분위기에서 권력투쟁 그 자체를 국제정치의 보편적 원리로 규정한 모겐소의 논의는 많은 논란을 불러일으켰다. 권력정치라는 용어는 인류가 문명사회에서 살 수 있게 하기 위해 정부나 세계정부가 완전히 제거해 버려야 할 사악함을 한마디로 압축시켜 놓은 말이었기 때문이다. 그러나 모겐소가 국제도덕, 윤리와 관습, 법의 역할마저 무시했던 것은 아니다. 그는 우리의 선택은 도덕적 원칙과 국가이익 사이에 있는 것이 아니라, 오히려 정치적 현실을 도외시한 도덕적 원칙과 정치적 현실에서 비롯된 또 다른

---

28) 한스 J. 모겐소, 앞의 책, 35쪽.

도덕적 원칙 사이의 선택이라고 말했다. 모겐소는 국제사회에서 국가의 행위원리가 권력투쟁을 통한 권력의 획득, 유지, 확대를 국가목표로 삼는 경향성이 있음을 밝히고자 했지만, 권력 혹은 국가이익과 도덕성의 관계를 외면하지는 않았다.

냉전시대 이래 지금까지 미국의 대외정책 부문이나 국제정치학계에서 국가이익을 최우선적으로 고려해야 한다는, 이른바 국익의 신성불가침성을 회의하거나 조금이라도 비난하는 정치가나 학자를 찾을 수 있기를 기대하는 것은 마치 다른 행성에서 우리와 같은 고등생물을 만나기를 기대하는 것과 거의 다르지 않은 상황이다. 이를테면 냉전체제 해체에도 불구하고 국제사회에서 경쟁과 권력정치를 제거해야 한다고 주장하는 국제적 지도자나 정치이론의 적극적인 등장은 거의 기대할 수 없는 실정이다.

물론 자국의 국익을 배타적으로 추구하거나 반대로 이를 경시하는 경향은 양자 모두 국가의 정책결정과정에서 경계해야 할 대상이다. 자국의 국익과 상대국가의 이익을 충분히 고려한 적절한 균형이 국제사회의 안정과 평화유지의 필요조건이다. 정치적 현실주의는 국제관계에서 규범적 가치의 의의를 부정하고 인간의 도덕·윤리의 국제정치적 규정력을 무시하는 경향이 있다. 그러나 국가는 자국의 이익과 관련 상대국의 이익의 조화 속에서 국익을 추구하고, 상충적 이익은 평화적 경쟁과 타협을 통해 해결을 모색해 나가야 한다. 이런 점에서 안정과 평화에 대한 정치적 현실주의의 한계를 극복하는 데 정치적 이상주의의 덕목을 경청할 필요가 있다. 따라서 합리적인 국가이익 개념은 정치적 현실주의와 이상주의의 적절한 조화 속에서 접점을 찾아야 할 것이다.[29]

그렇다면 국가안보란 과연 무엇인가? 국가안보란 일반적으로 외부의 물리적 공격으로부터 국민의 생명과 재산 및 영토를 보전하는 것으로 이해돼 왔다. 2차대전 이후 냉전시대에 안보가 특히 강조되면서, 국가안보는 주로 국경 밖으로부터 가해지는 군사적 위협과 관련된 것으로 바라보게 됐다.[30]

---

29) Reinhold Niebuhr, *Christian Realism and Political Problem* (New York: Scribner's, 1953), pp.134-137.

30) Joseph S. Nye and Sean M. Lynn-Jones, "International Security Studies: A Report of a

국가안보 정책은 "현존하고 있고 또 잠재적인 적에 대항해 중요한 국가적 가치와 그것의 확장에 유리한 국내외적인 정치적 조건을 창출하고자 하는 정책"으로 규정할 수 있다.[31] 안보정책은 국가의 현상유지를 목표로 삼고, 이를 위해 모든 외교적·경제적·문화적 역량을 가동하며 군사력의 가장 효율적인 동원과 활용방안을 모색하게 된다. 그럼에도 안보에 대한 명확한 정의를 내리기는 쉽지 않다.

가. 안보개념의 모호성

국가안보는 근대국가 체제 성립 이래 국가존립의 근거로 인식돼 왔다. 국가안보 문제는 국가존망의 문제로 오랫동안 국제정치학의 주요 관심사의 하나로 연구돼 왔으나, 과연 국가안보가 무엇이냐에 대한 합의된 개념이 존재하는 것은 아니다. '안보'에 대한 명확한 정의를 발견하기 어려울 뿐 아니라 여러 사람들이 입장에 따라 각기 다른 뜻으로 사용되고 있는 '모호한 상징'[32]이라는 점에서 안보문제는 많은 논쟁을 유발하기도 한다.

안보개념에 대해 최근 멘델은, 일반적으로 국가정부의 책임으로서 국가 및 시민의 핵심적 가치가 대내외적으로 위협받는 상황을 방지해 심리적으로뿐만 아니라 물리적인 안정을 추구하는 것으로 정의했다.[33] 여기서 '핵심적' 가치는 다양하게 해석될 수도 있으나 국민차원에서는 개인의 생명과 재산이라면 국가차원에서는 생존, 번영, 국가적 위신 등을 의미하는 것으로 볼 수 있다. 물론 핵심적 가치의 내용이나 범위를 구체적으로 규정하는 데 합치된 견해를 기대하기는 어렵다. 더욱이 안보개념의 심리적 측면을 고려

Conference on the State of the Field," *International Security*, Vol.12, No.4 (Spring 1988), pp.5-27.

31) Frank N. Trager and F. N. Simonie, "An Introduction to the Study of National Security," in F. N. Trager and P. S. Kronenberg (eds.), *National Security and American Society* (Lawrence: University of Cansas, 1973), p.36.

32) Arnold Wolfers, "National Security as Ambiguous Symbol," *Political Science Quarterly* (December 1952), pp.481-502; *Discord and Collaboration Essays on International Politics* (Baltimore: The Johns Hopkins Press, 1962), p.147.

33) Robert Mandel, *The Changing Face of Nationl Security: A Conceptual Analysis* (Westport, Conneticut: Greenwood Press, 1994), p.21.

한다면 안보 그 자체의 주관적 속성을 간과할 수 없다. 이처럼 안보개념은 그 자체의 모호성에다 국가가 처한 시대와 상황에 따라 변화될 수밖에 없는 가변적인 속성을 갖다.34)

나. 국가안보의 상충성

국가안보는 광범한 의미에서 국가이익을 추구하고 지키기 위한 것이라고 할 수 있다. 그러나 지구상에서 특정 국가의 국익을 위한 국가안보전략과, 경쟁국의 국익과 그것을 지키기 위한 국가안보 전략 사이에 조화를 이루지 못한다면 국제질서의 안정과 평화가 유지될 수 있을까? 대개 국제사회에서 국익수호를 위한 국가안보적 차원의 대외정책은 모든 국가의 통상적인 활동으로 그것의 타당성은 크게 문제시되지 않고 있는 실정이다. 여기서 최근 미 백악관에서 발표한 미국의 국가이익과 국가안보 전략을 살펴보자.

미국은 기회를 포착하고 위험을 차단하기 위해 새로운 시대의 현실에 맞춘 국가안보 전략의 세 핵심을 안보의 제고, 미국의 경제적 번영의 증진 및 해외에서 민주주의의 확산 등으로 규정했다. 그리고 이들의 공통된 목적은 시장경제와 민주주의를 확산하는 데 있다고 주장한다. 이를 위해 미국은 NATO 같은 군사동맹의 팽창 및 평화를 위한 동반자관계(partnership for peace) 같은 폭넓은 이니셔티브를 행사해야 함을 강조하고 있다.35) 이러한 전제에서 미국의 국가이익 증진을 위한 실천적 조치 가운데, '국내와 해외에서의 안보 제고'를 위해 미국 국익에 대한 위협의 내용과 성격을 열거하고 있다. 특히 미국의 전략적 접근방식으로 주목되는 점은 미국의 국내안보를 위해 해외를 선도해야 한다고 하면서 개입의 불가피성을 강조하고 있다는 사실이다.36) 물론 미국의 국제사회 지도력을 인정하고 미국의 국익과 배치되지 않는 토대 위에서 공동의 위협에 대해 미국과 협력하는 것이 한국을 비롯한

---

34) Arnold Wolfers, op. cit., p.150.
35) 미백악관, "새로운 세기를 위한 국가안보전략(A National Security Strategy for A New Century, 1998. 10)," 『국가전략』 (세종연구소, 1999년 봄·여름, 제5권 1호), 339-340쪽.
36) 미백악관, 위의 책, 341쪽.

서방사회 국가들의 대외정책 방향이라 할 수 있다. 그러나 분명한 것은 비록 사회주의 몰락 이후 민주주의와 자유시장경제의 세계적 추세를 거역하는 것이 합리적 선택이 될 수는 없다고 하더라도, 미국의 국익이 다른 여타 국가들의 국익과 조화되기가 쉽지 않을 뿐만 아니라 상호 배치·대립되는 경우도 적지 않다는 점이다.

특정 국가의 국익을 위한 국가안보는 오히려 경쟁국가나 동맹관계의 반대쪽 국가의 안보에 부정적인 결과를 초래하거나 위협적일 수밖에 없다. 말하자면 국익중심의 국가안보 논리는 개별국가의 존립을 위한 일차적 목표가치임은 분명하지만 경쟁과 대립구조가 상존하는 국제관계에서의 국가안보 중심논리는 오히려 갈등을 유발하고 국제질서의 안정을 위협하는 상황을 초래한다. 이런 점에서 국제질서의 안정과 평화를 추구하고자 하는 노력은, 그것이 국익에 기반한 국가안보 논리중심이라면 필연적으로 국가간 상충적인 갈등관계를 낳게 되는 모순을 극복하기 힘들게 된다. 따라서 군사력 중심의 안보논리와 평화추구 정책 사이에 가로놓인 딜레마를 인식하고 적절한 조화상태를 모색해 나가는 것이 오늘날 변화된 국제환경에 부응하는 새로운 안보정책의 과제로 제기된다.

한편 오늘날 경제의 국제화에 따른 '기업국가'의 출현으로 인해 국가안보는 새로운 형태로 국가 내의 최우선적이고 중심적인 힘으로 등장하고 있다. 이러한 상황에서 국가안보라는 지상명령은 군대화 그리고 무력갈등의 차원을 훨씬 넘어서게 됐다. 그리하여 군, 정부, 산업, 시민사회간의 복합적인 힘의 동맹관계까지 포함하게 되면서, 국가안보라는 지상명령과 그 기능의 시민사회로의 확산은 국가지도력, 제도, 자원, 가치 등의 항구적 동원체제를 뜻하는 것으로 까지 의미부여가 가능해진 측면도 있다. 이 경우 국가안보는 국민의 시민적, 정치적 삶의 모든 면을 지배하는 현상으로 나타나게 된다.[37] 이에 부응하는 국가안보 시나리오는 시민사회를 왜곡하고 통제하는 국가기구에 대한 대중적 반발을 체제전복으로 규정하게 된다. '적'은

---

37) Victor P. Karunan, "아시아 인권상황: 국가안보와 인간안보"(Forum Asia, 1994. 10. 15~17, 방콕), http://www.humanrights.or.kr/HRLibrary8-kb22.htm.

국민의 내부에 있고 따라서 국민 자체가 '국가안보에 대한 위협'이다. 그러한 위협은 다양한 형태를 띠고 다양한 부문에서 발생하지만, 그 본질적 위험은 항상 동일하게 '공공질서와 국가안보에 대한 위협'이다. "국가안보와 같은 관변이데올로기 중 가장 낯익은 형태는 반공산주의 이데올로기이지만 그 겉모습은 상황에 따라 제국주의의 위협, 인접국에 대한 적대성, 자민족중심주의 혹은 단순한 과격주의, 혹은 '범죄와의 전쟁' 등 다양한 모습으로 시시각각 변할 수 있다. 단순히 부패한 사회구조에 대한 민주화, 개혁을 주장하거나 권력자들과 일치하지 않는 국가의 미래상을 꿈꾸는 사람들은 국가안보를 위험에 빠뜨리는 '적'으로 규정된다"[38] 바로 이런 이유 때문에 국가안보 및 관련법에 대한 개념규정이 모호하게 사용되고 있다. 예를 들면 '반국가단체', '반국가활동', '국가안보에 해를 끼치는' 등의 포괄적 표현이 그렇다. 이는 보안법 시행에 있어 자의적으로 법을 해석·사용할 수 있는 여지를 제공한다. 따라서 국가안보는 언제나 인권문제와 긴장관계에 있는 것이다.

(2) 국가안보와 민족안보

국가안보는 국민적·민족적 정체성에 의존한다.[39] 이러한 정체성은 두 측면에서 이해된다. 우선 내적 단합은 외부의 위협에 대해 질서있고 효율적으로 대응할 수 있게 하는데, 이러한 형태의 정체성은 흔히 애국심 또는 민족의식의 발로라고 할 수 있다. 그러나 민족적 단결이 인종, 종교, 언어 등의 다양한 차별적 요소에 기반한 경우에는 오히려 평화와 안정에 위협적인 결과를 낳는다. 이러한 현상은 냉전체제의 붕괴에 따른 국제정치적 힘의 공백상태에서 발생한 민족분쟁의 엄청난 참상을 통해 충분히 경험했다. 정체성의 또 다른 특징은 친구와 적을 구별하는 데서 나타난다. 그러나 국제

---

38) 조용환, "국가보안인가, 국민보안인가?: 인권 및 국가보안법에 대한 제안," 『아시아 국가보안법하의 인권 침해』(Konuch, Seoul, 1993), 96쪽.

39) Paul A. Kowert, "National Identity: Inside and Out," The Origins of National Interests, *Security Studies* Vol. 8 Numbers 2/3 Winter 1998/99-Spring 1999.

관계에서 적과 우방은 유동적이며 결코 고정적인 실체가 아니다. 따라서 국가안보의 밑바탕에 깔려 있는 민족적·국민적 정체성은 고정불변적인 뚜렷한 형태를 지니기가 어려운 측면도 있다.

탈냉전시대의 국가안보 개념의 확대, 세계적 차원에서의 안보환경의 변화, 그리고 국내정치의 민주화수준 등과의 관련 속에서 21세기 국가안보는 새로운 성격과 내용을 제시할 수 있어야 한다. 그런데 세계에서 유일한 분단국가, 분단민족인 우리의 경우 국가안보는 대한민국의 존립과 국민적 안녕의 문제가 최우선적인 목표임은 분명하지만, 한민족 전체의 민족적 생존과 번영의 과제를 아주 외면할 수는 없다는 점에서 국가안보와 민족안보의 이중적 전망이 요청되고 있다. 남북한 두 국가는 말하자면 '하나의 민족, 두 개의 국민'을 갖는 '결손국가'(broken state)[40]로 이해할 수 있다. 남북한 주민은 이러한 결손국가 상태를 지극히 부자연스러운 상태로 여기고 있음에도 불구하고 민족안보에 앞서 결손국가 자체의 존립과 우위를 위한 군사력 중심의 안보논리를 최고의 가치로 삼아 왔다.

다른 한편 우리는 후발 산업화국가의 일반적 국가모델, 즉 국가안보를 지향하는 산업성장 모델을 적극 수용했다는 점을 들 수 있다. 민주주의 모델을 제도의 집합으로 보면 국가는 시민사회와 동등하게 안보의 수호자가 된다. 이것은 서구사회의 근대화과정에서 형성된 것으로 후발 산업화국가에 도입된 것은 최근의 일이다. 그런데 국가는 외부의 침략자로부터 국민을 보호하는 데 그치지 않고 국가의 군사적 역량을 국내의 적과 그 국민 자신 또는 적어도 그런 영역을 탄압하는 데 사용해 오고 있다는 점도 충분히 경험했다.

아태지역의 많은 나라에서 국가안보는 국내적 안보(internal security)가 되며, 발전주의적 국가(developmentalist state)의 이익에 복무하나 시민=사람의 안보에 복무하지 않는 경우가 많다. 개발논리를 위한 것이거나 또는 국가기구 그 자체를 수호하기 위한 '국가안보'는 이제 그 정당성을 상실했다. 그럼에

---

40) 임현진·김병국·공유식, "왜 결손국가인가?: 남북한의 분단과 통일에 대한 역사사회학적 단상," 아주대학교사회과학연구소 주최 학술회의(1993. 4. 9), 『남북관계의 새로운 인식』 참조.

도 최근 경제적 세계화과정의 심화된 왜곡과정으로, 초국적자본의 활동과 투자를 위한 환경조성을 강화하는 차원의 제3세계의 국가활동으로, 즉 초국적 투자자들을 위한 '국가위험'(country risk) 수준의 감소를 지향하는 안보가 새로운 국가안보로 강조되는 경향이 나타나고 있다. 물론 이 국가안보는 초국적자본과 국제투자가들의 관심이 되고 있다.[41]

한편 분단시대 국가안보는 줄곧 정권안보 논리와 일치되는 현상이 나타났다.[42] 또한 안보논리는 군사력 중심을 넘어 정치적・경제적・사회문화적 차원에까지 적용됨으로써 민족 내부의 대결의식과 사회심리적 긴장의식을 일상화시키는 메커니즘으로 작용하기도 했다. 심지어 안보논리・안보의식 자체를 모든 사회적 가치의 중심에 자리잡게 함으로써 남북한 긴장완화와 평화지향적 심성은 반국가적・반사회적 행태로 규정되는 안보이데올로기의 내면화를 추구했던 것이다.[43]

남북한은 이제 국가안보와 아울러 민족안보의 문제까지 고려해야 할 단계라고 생각되며, 이를 위해서는 참된 화해・협력, 그리고 굳건한 평화체제의 확립이 선결과제로 떠오른다.[44] 갈등과 대결의 냉전체제 아래서 남북한 각자의 적극적인 군사력 중심의 안보정책 강화는 역으로 남북한 모두에게

---

41) 긴히데 무사코지, "국가안보 국가지대에서 인간안보 사회지대로: 일본의 한 시각," http//www.humanrihgts.or.kr/HRLibrary/HRLibrary8-kb7.html.

42) 홍용표, "국가안보와 정권안보: 이승만 대통령의 안보정책을 중심으로, 1953~1960," 한국국제정치학회,『국제정치논총』제36집 3호 1997 참조.

43) 안보이데올로기의 내면화는 북한 남침기도의 주기적인 확인작업의 병행을 통해 이루어진다. 1980년대 중반 북한의 수공 침략의도로 왜곡되면서 온 국민을 긴장시켰던 '금강산댐' 해프닝은 마치 이솝우화의 "양치기소년과 늑대" 이야기를 연상시키는 국가적 차원의 반복적인 허위임에도 불구하고 긴장 유발적인 안보의식 재확인작업으로는 효과적인 것임이 입증됐다.

44) 대북정책과 관련된 국가안보의 개념과 방향은 최근의『국방백서』에 잘 나타나 있다. 여기서는 국가안보를 한 국가가 국내・외의 위협과 침략으로부터 국가목표와 국가이익을 보호・실현하는 것으로 정의하면서, 이를 증진시켜 나가기 위해 ① 한반도의 안정과 평화의 유지, ② 남북관계의 개선과 평화공존관계의 구축, ③ 국제공조체제와 협력강화를 토대로 국가의 안정과 번영, 발전기반 확립의 세 가지 국가안보 목표를 밝혀 놓았다.『국방백서 1999』, 1절 국가안보와 대북정책 참조.

더욱 심각한 안보불안을 낳았고, 그에 따른 사회적 긴장과 적대의식은 민족의 화해와 평화추구의 싹을 틔워보려는 노력을 항상 무산시켜 왔던 것이다.

안보의식은 집단적 정체성에 기반을 두는 것이라고 한다면 근대적 사고의 중심축인 국가 중심주의가 점차 약화되고 있는 시대적 추세 속에서45) 국가안보와 국민적 안보의식 등의 강조는 더 이상 소기의 효과를 기대할 수 없는 상황이다. 현대인은 다양한 결사체의 멤버로서 전통적인 근대국가 체제에만 귀속감을 갖는 것이 아니라 초국적기업, 국내적·국제적 비정부기구의 활동이나 국제기구, 종교단체 등의 역할에 점점 더 많은 관심을 보이고 있다. 물론 국가존립을 위한 국방태세와 외침에 대한 방어능력은 한층 강화돼야 하지만, 국가에 대한 충성이나 국가행위의 무비판적 수용과 연계된 안보논리, 안보의식의 강화를 기대하는 것은 비현실적이다. 따라서 민족화해와 한반도 평화구축을 위한 노력이 보다 합리적·효율적으로 안보를 확립할 수 있는 길이라 하겠다. 말하자면 평화야말로 안보의 첩경이며, 이를 통한 안보는 국가안보와 함께 한민족의 번영과 미래를 위한 민족안보의 전망을 열어 나갈 수 있을 것으로 기대된다.

(3) 새로운 안보개념: 인간안보

유엔 산하기구인 유엔개발계획(UNDP)은 1994년 변화된 세계 속에서 새로운 질서와 평화를 창출하기 위해 새로이 '인간안보'(human security) 개념을 최초로 제시했다.46) 인간안보 개념이 등장하게 된 배경은 냉전종식 후 세계 도처에서 전개되고 있는 분쟁양상의 변화를 반영하고 있다. 즉 냉전종식 후 발생하는 분쟁의 90%는 내전의 형태를 띠고 있으며, 내전의 최대 피해자는 군인이 아닌 민간인, 특히 어린이와 부녀자들이 대부분이다. 아프리카의 시에라리온 내전의 비극은 반란군에 의해 무자비하게 팔과 다리가 잘린 수많은 어린이와 부녀자들의 참상에서 상징적으로 나타났다. 마약에 취해

---

45) 구영록, "국가중심주의와 평화체제," 『국제정치논총』 제37집 1호(한국국제정치학회, 1997) 참조.

46) Dr. Mahhub Ul-Hag, *Human Development Reports* (1994 및 1998), UNDP.

비틀거리면서 자기 동포에게 마구 총을 쏘아 대는 아프리카의 '어린이 병정들', 내란지대 도처에 묻혀 있는 지뢰폭발로 날마다 희생되는 인간의 생명은 더 이상 외면될 수 없는 참극이다. 이런 비극은 바로 인간의 생존과 존엄을 위협하고 있는 지구환경의 파괴, 빈곤, 핵확산, 국제테러리즘 등과 함께 인간안보의 핵심적인 문제이다.

최근 국가안보보다 개인의 안전이 안보의 준거가 돼야 한다는 인식이 확산되고 있다. 개인의 안전에 대한 위협은 군사적 요인뿐 아니라 환경파괴, 경제·사회적 상황악화 등 광범위한 비군사적 요인으로부터도 제기된다. 사실 정치적 분쟁의 근원에는 경제적·문화적·인종적 불평등, 개발 등이 존재하므로 포괄적인 인간안보의 확보 없이는 지속적인 평화유지가 불가능하다. 이런 전제에서 UNDP는 인간안보의 요소를 '평화와 안보', '경제발전 및 복지', '사회정의', '인권존중', '환경보존', '민주화', '군축', '법치' 및 '좋은 통치' 등을 포괄하는 것으로 규정했다. 특히 인간안보를 구성하는 요소간의 상호 불가분성 및 상호 연관성을 강조하고 있다.[47]

우리 인류는 일상생활에서의 안전을 확보하지 못하면 결코 평화를 달성할 수 없게 된다. 이제 평화를 위태롭게 하는 갈등은 국가간의 문제라기보다는 점증하는 사회경제적 박탈과 불균등으로부터 나타나는 국가 내부의 문제가 될 것이다. 따라서 안보는 군사무기에 달려 있는 것이 아니라, 발전 그 자체에 내재한 문제가 아닐 수 없다. 이러한 관점에 입각해 안보문제를 인류가 처한 공동의 위기의식의 발로로 지구적 관점에서 접근하고자 하는 인간안보 개념의 등장은 필연적인 과정이라 할 수 있다. 그렇다고 해서 국가안보의 중요도를 경시하는 것은 아니나, 국가안보가 인간안보를 위한 충분조건은 아니며 양 개념은 동전의 양면과 같다. 물론 국가안보와 대조되는 인간안보의 증진을 범세계적인 의제로 추진하는 데는 극복돼야 할 문제점이 많다. 국가안보가 인간안보를 실현하는 수단인가 아니면 그 자체가 목적인가, 또 인간안보는 개별국가의 주권문제와 어떻게 조화되느냐 등의 문제

---

47) Overview of HDR 1994, "An Agenda for the Social Summit," http://www.undp.org/hdro/e94over.html.

도 제기된다. 그러나 인간안보 개념이 범세계적으로 정립되기 위해서는 국가안보 개념과 분리하거나 대안으로 고려하기보다 상호 보완적인 개념으로 발전시켜 나가는 것이 중요하다.

인간안보는 한 국가의 경제·군사적 우위를 잣대로 삼는 전통적인 국가안보 개념과는 다르다. 과거와는 달리 현재 개별국가를 위협하는 요소는 곧 세계 전체의 문제와 직결되고 있다는 인식이 점차 확산되고 있다. 이러한 시대에 '인간안보'는 평화와 질서, 실업문제, 환경 및 생태계 보전, 핵과 대량살상무기의 확산, 테러 등 전세계적 차원에 걸쳐서 나타나는 일상적인 위기의 극복을 문제삼는 안보개념이다. 우리가 직면한 위기를 해결하기 위해서는 가능한 모든 자원을 동원해 서로 협력해 나가야 할 뿐만 아니라, 점점 많은 사안이 국가간에 힘을 모아야 해결 가능한 것이 되고 있는 실정이다.[48] 실제로 인권보호, 여성권익 향상, 지구생태계 보전, 그리고 핵과 대량살상무기 금지 등 많은 이슈가 세계의 공통 관심사로 다루어져야 할 시대다. 따라서 인간안보 개념의 확산을 위한 국제사회의 의지와 일련의 행동계획을 구체적으로 실현해 나가는 노력이 필요하다.[49]

한편 인간안보는 아직도 군사력 등 '경성권력'에 의한 국가안보에 의존하고 있거나 또는 민주화가 이룩되지 못한 국가에는 다소 경계심을 자아내게 하는 점을 부인할 수 없다. 그러나 한국과 같이 민주주의를 표방하고 있고 인권존중, 유엔 평화유지군 참여, 개발협력 등에 적극적인 국가로서는 인간안보 증진을 위한 국제적인 노력에 동참하는 것이 우리의 국위를 제고시키는 데 바람직하다. 인간안보 개념은 냉전종식 후 지난 수년 동안 캐나다, 노르웨이 등 선진국들이 외교적으로 활용한 아이디어로 그 영향력이 점점 커져 가고 있다. 이러한 국제추세에 비추어 볼 때 우리도 지역적이고 범세계적인 차원에서 인간안보 문제에 관한 구체적 의제를 제시하고 실천

---

48) 대인지뢰금지협정 체결(1997,12), 카나다-노르웨이간 Human Security Partnership 체결(1998.5), 국제형사법원(ICC) 설립협약 채택(1998.8) 등은 인간안보의 구체적 성과이다.
49) 인간안보 실현을 위한 노력은 이 분야에 대한 수차례의 국제회의 개최로 나타났다. 환경(Rio, 1992), 인권(Vienna, 1993), 인구·개발(Cairo, 1994), 사회개발(Copenhagen, 1995), 여성(Beijing, 1995), 인간정주(Istanbul, 1996).

하는 데 적극적인 역할을 모색해 나가야 할 것이다.[50]

3) 대안적 모색: 공동안보

안보개념은 삶의 외적 조건과 연관돼 있다. 이 점에서 안보의 개념은 한 인간을 자신의 내적 삶과 결합시키는 내적 의미를 규정하는 확실성의 개념과는 구별된다. 그런데 안보의 확립을 위한 모든 노력은 외적 안보 자체를 개인이나 전체 민족의 삶을 희생시키는 우상으로 만들 수 있다. 신학자 본회퍼가 "안보의 길을 통한 평화의 길은 존재하지 않는다"고 분명하게 말했을 때 그는 이와 같은 왜곡을 우려했던 것이다.

안보를 위한 노력은 자유로운 자결을 통해 인간의 공동적 삶을 가능하게 하는 정치적 과제의 틀 안에서 자기위상을 확립할 수 있다. 그와는 달리 개인 혹은 전체 사회의 자의식이 안보조처의 과시, 즉 군사력의 발전과 연관된다면 그 목적은 상실된다. 그것은 군사적 무장과 사회의 군사화가 '국가안보'의 필연성과 더불어 논거지어지는 곳에서는 특히 어디에서나 분명하게 드러난다. 일반적으로 그와 같은 국가안보 이데올로기는 파손된 합법성의 기초를 내적 및 외적 적의 차단을 통해서, 그리고 군사적 힘의 과시를 통해서 조정하는 데 기여한다.

전통적인 군사독트린은 적의 불안정성을 자신의 안보에 결정적인 전제로 삼았다. 그렇지만 핵과 대량살상무기 체계가 보편화된 시기에 와서는 군비증강의 역학 자체는 다른 측의 불안정은 오히려 자기 측의 위험의 정도를 높인다는 통찰력을 낳게 했다. 또한 공격이 최선의 방위라는 사고의 위험성을 자각하게 됐다. 바로 여기에서 '비공격적 방어'(non-offensive defense: NOD)라는 대안적 사고가 발생했다.[51] 이는 소련 대통령 미하일 고르바초프

---

50) 박수길(전유엔대사), <문화일보>, 1999. 2. 18.
51) NOD는 '비도발적 방위'(non-provocative defense)와 같은 뜻으로 사용된다. Thomas F. Lynch, III, "군사적 안전보장과 그 대안: 안정된 재래식 안보를 위한 새로운 '과업'," Burns H. Weston 편저, 『대안적 안보론: 핵억지 없는 삶』, 유재갑 역(국방대학원 안보문

가 적극적으로 사용함으로써 유명해진 '방어적 방어'(defensive defense)라는 용어에서 착상을 얻어, 자국 군대의 위협적인 공격역량을 감소시키거나 제거하면서도 실용성이 높은 비위협적인 방위태세를 동시에 갖출 수 있는 방안으로 제시됐다.52) 고르바초프에게 있어 '비공격적 방어'(NOD)는 군사적 개혁을 통해 경제재건을 이룩하려는 하나의 길이었다.53) 이러한 통찰로부터 '공동안보'(common security)의 개념이 나온다. 공동안보 논리는 각국은 공동의 관심을 가지고 위험한 행동을 포기하며 그와 같은 행동의 처벌을 승인한다. 그것을 통해 성립된 정치적 질서의 신뢰성을 '상호간의 안보'로 규정할 수 있다.

안보에 합당한 조건의 상호성에 대한 통찰은 핵무기시대의 정치적·군사적 조건 아래서 새롭게 발견됐다. 그것이 강제하는 것은 개개 국가에서뿐만 아니라 국가 사이에서도 형평성을 충족시킬 관계가 제도화되면 상호성의 조건은 장기적으로는 모든 편에게 이익이 된다는 것이다. 이처럼 '상호적 안보'의 관념은 공동안보의 토대가 된다. 공동안보의 관념에서 과학·기술적 군사무기 체계가 고도의 수준으로 발달한 현대의 정치적 안보는 적을 위해하거나 위압하는 방식보다는 오히려 적과 협력함으로써 안보를 보장받을 수 있다는 통찰이 나타나게 됐다. 따라서 안보는 지속적인 군비증강을 통해서 가능한 것이 아니라 정치적 협상과 군비감축을 통해서 증진된다. 여기서 군축이야말로 새로운 방식으로 안보의 증진과 평화구축의 대안으로 떠오른다. 군축과 공동안보의 증진과정에서 적대자의 상을 만들어 내면서 나타난 왜곡된 현실인식보다 더 해로운 것은 없다. 적대자의 상으로 나아가게 하는 메커니즘의 계몽과 그것과 결부된 위협사고의 비판이 공동안보의 증진과 평화구축을 위해 필요한 전제조건을 형성하고 있다.

제연구소 1992), 25-29쪽.

52) Anders Boserup, "A Way to Undermine Hostility," *Bulletin of the Atomic Scientists* 44, 7 (September 1988), p.16; Horst Ahfeldt, "New Policies, Our Fears," *ibid*, p.24.

53) Mikhail Gorbachev, *Perestroika*, 제2장 및 제7장.

4. 군축과 평화

1) 현대사회와 군사화

냉전시대는 끝없는 군사대결로 치달은 그야말로 군사화의 시대였다. 냉전체제는 역사 속으로 사라졌다. 그렇다면 과연 냉전시대의 유물인 군사화의 시대는 종언을 고하고 탈군사화의 시대가 도래했는가? 결코 그렇지 않은 현실에 우리는 당혹한다. 대부분의 사람들은 탈냉전시대에는 탈군사화의 시대가 올 것으로 내다보았다. 그러나 그러한 기대는 이루어지지 않았고 전망은 결국 빗나갔다.54)

냉전은 모든 인류를 수십 회에 걸쳐 멸망시킬 수 있는 가공할 대량살상무기의 무한경쟁에 의한 공포의 체제균형으로 반세기 가량 지속됐다. 냉전의 군사적 측면의 특성은 미·소 양 진영간 전면전쟁이 언제라도 발생할 수 있는 상시적인 전시체제로서 상호 상멸의 가능성을 보유한 가운데 무력에 기반한 힘의 균형, 그에 따른 군비증강 상승작용의 악순환과정이었다.

핵무기의 개발은 냉전시대의 성격을 결정짓는 요인으로, 핵무기의 가장 중요한 특징은 그 '절멸성'에 있다.55) 양 체제의 적대성은 상호 절멸성에 기반한 핵무기에 의해 전쟁발발 가능성이 억지 가능성으로 바뀌었다. 억지란 적대성이 해소되지 않은 상태에서 일방의 우위를 용납하지 않는 무력의 균형을 통해서만 달성될 수 있는 것으로 주장됐다. '상호확증파괴'(mutual assured destruction: MAD)가 핵시대를 상징하는 용어로, 이는 핵무기의 증강을

---

54) 탈냉전에 따른 탈군사사회 전망이 걸프전을 계기로 변화된 경우로는 Martin Shaw, *Post-Military Society: Militarism, Demilitarization and War at the End of the Twentieth Century* (Philadelphia: Temple University Press, 1991), Preface viii.

55) Myrdal, Alva(1976), 『핵전쟁의 위협』, 동서군축문제연구소 역(동광출판사, 1984) 참조

정당화하는 그야말로 '미친' 전략이었다. 상호확증파괴의 억지전략은 절멸의 가능성을 회피하는 것이 아니라 바로 그것을 확증하는 데 기반한 것이기 때문이다. 이처럼 핵무기의 절멸성은 아이러니컬하게 양 체제간의 전면전을 억지하는 효과를 가져온 동시에 각 체제 내에 '안보의 절대화'를 가져왔다. 체제의 극한적 적대성과 절멸 가능성은 안보의 절대화로 귀착되면서 마침내 군수산업의 비대화를 초래하게 됐다.

군사무기 기술 개발차원에서 무한경쟁을 특징으로 하는 냉전체제는 엄청난 군수업체를 양산했다. 그런데 냉전 이후의 전쟁은 군수시장의 개척을 둘러싼 군수산업체들의 개입으로 사태가 더욱 악화되고 있는 모습을 보여주고 있다.[56] 군수산업체들의 국제적 경쟁이 갈수록 치열해지고 있을 뿐 아니라, 한국이 미국 군수업체의 큰 시장으로 부상하고 있는 점도 관심을 끈다.[57] 미국의 경우 한쪽에서는 국방비감축이 항상 주요한 정치의제로 다루어지고 있는 반면, 다른 곳에서는 군비증강과 군수물자의 대량소비를 위한 방안이 모색되고 있는 상호 배타적인 양면성을 드러내고 있다.[58] 결국 분쟁의 측면에서나 군비증강의 측면에서나 탈냉전은 탈군사 사회나 평화의 시대로 이어지지 않았다. 단지 새로운 사회역사적 및 기술경제적 조건에 맞추어 군사화의 내용이 변하고 있을 뿐이다.

국가존립의 근거를 물리적 군사력에 의존하는 경향이 강할수록 사회의 군사화 경향이 증대된다. 군의 존재이유 자체가 사라지지 않는 한 군현대화 또는 전력증강 문제는 특정 시기의 군사적 과제가 아니라 항상적인 이슈로 제기된다. 그런데 군현대화 및 전력증강은 대단히 많은 자원 동원을 요청하는 것이기에 군사적 논리만으로 이 과제가 추진될 수는 없다. 따라서 군현대화 및 전력증강을 정당화하고 필요한 자원을 적극적으로 동원하는 군사화의 논리가 작동하게 된다. 여기서 유동적이고 불안정한 국제관계의 현실이 군사화의 근원적인 동기로 작용한다면 군산복합체는 군사화를 추동하는 가장 직접적인 추동체라 할 수 있다.[59]

---

56) 김당, "세계는 지금, 미국 무기의 그늘," 『인간존중(격월간)』 제11호(LG애드, 1995).
57) <한겨레>, 1994. 8. 25.
58) <동아일보>, 1995. 12. 16; <한국일보>, 1996. 1. 6.

군사화는 군비증강을 목적으로 하는 사회·경제적 과정으로, 군국주의(militarism)를 추구하는 것과 군비증강을 도모하는 것으로 나눠 볼 수 있다. 군국주의와 전쟁준비는 전쟁을 목적으로 하는 군비증강이라는 점에서는 같지만, 전자가 적극적으로 전쟁을 예찬한다면 후자는 반드시 그렇지는 않다는 점에서 다르다. 전쟁준비는 모든 시대에 걸쳐 추구됐던 초역사적인 것이라면, 군국주의는 산업화와 자본주의시대의 특징적인 현상이다. 또한 '방위'(defense) 및 '억지'(deterrence)는 전쟁회피를 목적으로 하는 군비증강이라는 점에서 전쟁준비와 구분된다. 그러나 국제관계에서는 대개의 경우 자국의 군비증강은 방위를 위한 것으로, 상대국의 군비증강은 전쟁준비를 목적으로 하는 것으로 주장된다. 따라서 전쟁준비와 방위의 구분은 매우 애매하다.[60] 그러나 바로 이 애매함이야말로 군사화를 정당화하는데 무척 유용하다. 오늘날 국제관계에서 노골적으로 군국주의를 추구하는 국가는 찾아볼 수 없다. 그러나 모든 국가는 방위력 증강의 명분으로 군비증강을 추구한다.

군사화는 '평화시의 방위력 증강'을 요청하게 된다. 여기서 경쟁국의 전쟁준비에 대해 홍보하고 전사회적인 지지를 호소할 필요가 있다. 미국이 중국위협론이나 북한을 비롯한 제3세계의 약소국들을 '불량배국가'(rogue state)로 규정하는 정책 등은 평화시에도 위협을 과대 선전함으로써 군사력 증강의지 분위기를 유도하는 효과를 얻고 있다. 이는 미국의 보험회사가 밝히고 있듯이 미국 무기시장을 확대하는 효과가 있다.[61]

전쟁이미지를 미화하는 작업도 중요하다. 전쟁영웅 만들기, 문학작품, 전쟁영화, 전쟁 장난감 등을 통해 전쟁과 평화에 대한 편견과 왜곡된 관념이 자연스럽게 형성된다.[62] 최근 디지털시대에는 전자오락의 워게임 등이 어

---

59) 김진균·홍성태,『군신과 현대사회: 현대 군사회의 논리와 군수산업에 관한 연구』(문화과학사, 1996), 21-22쪽.
60) Martin Shaw, op. cit., pp.9-15.
61) 김방희, "미국 무기의 그늘 한국," <시사저널>, 1995. 4. 20.
62) Patrick Regan, "War Toys, War Movies, and the Militarization of the United States, 1900-85," Journal of Peace Research, 31/1 (1994).

린이와 청소년으로 하여금 폭력과 전쟁의 심성에 자연스럽게 젖어들게 한다. 이 가운데 언론의 역할은 양면적이다. 베트남전의 경우처럼 언론이 반전운동의 분위기를 고양시킬 수도 있고, 거꾸로 걸프전에서와 같이 전쟁을 보면서 즐기는 전자오락과 유사한 게임으로 여기게 만드는 경우도 있다. 미국의 CNN방송은 걸프전 당시 전쟁의 참상을 잊어버리고 참혹하지 않은 '깨끗한 전쟁'도 있을 수 있다는 환상을 세계적으로 유포하는 데 기여했다. 이것은 적을 악마시하는 원시적 이분법과 첨단기술을 언론이 적절히 활용한 결과였다.63) 사회의 군사화는 이처럼 다양한 수준과 방법을 통해 구성되는 전쟁관과 군사관에 기초해 군은 자신의 역할과 의의에 대한 사회적 동의를 형성하게 된다. 이 토대 위에서 평상시의 전쟁준비의 한 형태로서 주기적인 군현대화와 군비증강을 실현해 나간다.

사회의 군사화는 경제의 군사화를 동반한다. 경제의 군사화란 전쟁준비 또는 방위력 보유를 명분으로 막대한 군사력을 유지하게 되면서 경제에 미치는 군의 영향이 구조화되는 것을 말한다. 경제의 군사화는 자본주의의 고유한 속성이라는 주장이 일찍이 제기돼 왔으나 사회주의체제에서도 이 현상은 피할 수 없었다. 경제의 군사화는 적대적 체제대립을 매개로 구조화된 현대사회의 특징이기도 하다. 자본주의는 경제의 군사화를 통해서도 번성한다는 사실은 갈브레이스가 잘 지적해 주고 있다. 그는 이러한 현상을 '군사케인즈주의'로 부르면서, "완전히 새로운 산업이 여기에 설비와 생산기술을 제공해서 이득의 배분에 참여하게끔 탄생했다"고 말했다.64) 군사케인즈주의란 "케인즈 다음의 세계에 있어서 병기지출—— 입안, 생산, 고물화, 대체라는 순환—— 이 케인즈가 노렸던 것을 대신"해 주는 상황을 지칭하는 것으로, "정직한 경제학자라면 누구라도 군사지출이 근대경제를 지탱하는 역할을 다하고 있다는 것을 인정"65)하는 데서 알 수 있듯이 2차대전 이후 나타난 세계적 변화의 본질을 압축적으로 드러내는 용어이다.

경제의 군사화는 정치와 경제의 융합현상이다. 선후진국을 막론하고 모

---

63) 이남규, 『첨단전쟁: 걸프전쟁과 첨단무기』(조선일보사, 1992), 125-126쪽.
64) J. Galbraith(1977), 『불확실성의 시대』, 김영선 역(청조사, 1978), 323쪽.
65) J. Galbraith, 위의 책, 353쪽.

든 국가가 군비증강을 추구하고 있는 '군비증강의 지구화'로 인해 경제의 군사화는 군사경제의 항상화와 함께 2차대전 이래 현대사회의 중요한 특징이 돼 왔다. 자본주의경제의 군사화는 1차대전을 계기로 본격화됐는데, 이후 전쟁은 직접적인 군사력의 대결을 넘어 총체적인 국력대결의 차원으로 전개되면서, 바야흐로 모든 국가에서 군부중심 시대가 열리게 됐다.66) 특히 1차대전을 계기로 전쟁은 군인들만의 일이 아니라 모든 사람이 관련되고 언제나 지속되는 사건이 됐다. 그리하여 평화시는 전쟁의 준비기가 됐으며, 전쟁이 평화를 규정하는 상태로 전락하고 말았다. 이러한 변화는 군의 권력을 강화하고 정당화하는 강력한 근거가 됐으며, 군수산업이 독자적인 산업으로 성립할 수 있는 정치적 기반이 됐다.67)

군산복합체는 조직적 단일체가 아니라 공식적·비공식적 네트워크이며 사실상 군산학복합체로 존재한다.68) 밀즈는 군산복합체의 핵심을 정치, 경제, 군사 3대 권력엘리트의 결합으로 보았는데,69) 여기에다 대학이나 연구소 등의 역할도 무시할 수 없다. 현대전은 전쟁의 규모가 거대하고 무기체계가 복잡해짐에 따라 정치세력으로서 군부의 등장은 자연스런 결과로 나타난다. 이 과정에서 군은 더욱 전문화되고 민간정치인은 군사문제를 알기 어렵게 돼 전문군부의 의사결정에 따를 수밖에 없는 상황에 빠지게 된다. 이처럼 군부의 정치적 위상이 강화된 근저에는 산업화와 그에 따른 전쟁양식의 변화가 있으며, 따라서 군부의 등장은 독점자본의 형성과 밀접한 연관을 맺고 진행됐다는 점도 무시할 수 없다.

오늘날 군산복합체는 지구 곳곳에서 군비경쟁을 유발하고 전쟁을 획책하는 가장 강력한 구조적 요인으로 작용하고 있다.70) 예컨대 브루킹스연구소 보고서에 따르면, 1945년부터 90년까지 냉전시대에 최대의 핵국가인 미국은 모두 7만 개의 핵폭탄을 제조했으며, 비축량이 최고에 달한 해는 1967

---

66) C. W. Mills, 『파워엘리트』, 진덕규 역(한길사, 1979), 243쪽.
67) 김진균·홍성태, 앞의 책, 27.
68) 김진균·홍성태, "군산복합체와 전쟁," 『이론』 1995년 봄·여름 참조.
69) C. W. Mills · 진덕규 역, 앞의 책, 16-49.
70) WCED, 『우리 공동의 미래』, 조형준·홍성태 역(새물결, 1987), 360쪽.

년으로 당시 사용할 수 있는 핵폭탄의 수는 3만 2천 개였다. 또한 미국은 1940년대 이후 핵오염지역 주민에 대한 보상금을 포함해 핵무기 개발에 약 4조 달러를 사용했으며 이 금액은 2차대전에 사용된 전비의 3배에 해당한다.71) 핵무기의 위협이 일반인들의 두려움과 세금낭비의 근원이었지만, 군수산업체에게는 거대한 이윤을, 그리고 관련 연구기관 종사자들에게는 막대한 재정지원의 혜택을 누리게 했다.

군산복합체는 현대 자본주의사회에서 경제의 군사화를 압축적으로 상징하는 기제다. 군산복합체는 평화시에도 전쟁을 준비해야 한다. 군비증강 또는 끊임없는 신기술의 개발로 어제의 무기체계를 도태시키고 보다 정교하고 고가의 무기체계로 바꿔 나가는 작업을 계속한다. 평화시의 '전쟁준비론'은 경제의 군사화의 이데올로기적 표현으로 흔히 국가안전 또는 미국이 언제나 내세우는 '세계평화의 수호'라는 식의 이데올로기적 수사로 치장됨으로써 그 본질을 쉽게 은폐한다. 그러나 군산복합체의 역할로 감출 수 없는 사실은 군비증강을 통해 평화를 유지한다는 것이라기보다는 오히려 주기적으로 전쟁을 만들어 내고 있다는 점이다. 그 결과 전쟁은 초국적기업의 모든 이윤추구 형태와 마찬가지로 우리의 일상 속에서 하나의 상품으로 생산되고 소비되는 현상으로 이해되기까지 한다. 그리하여 제한전의 형태이든 합동군사훈련이든 군수품의 대량소비와 생산을 위해 긴장과 위협을 만들어 내고 전쟁을 기획하기도 하는 것이다. 예컨대 걸프전은 하나의 기획된 전쟁으로 볼 수 있다. 미국은 이 전쟁 비즈니스를 통해 사우디아라비아에 200억 달러에 이르는 무기를 판매한 것을 비롯해서 무기수출이 급증함으로써 군수산업체들은 전쟁특수를 통한 호황을 누렸다.72)

---

71) <한겨레>, 1995. 7. 14.

72) 이병승, "걸프전쟁의 본질," 아시아·아프리카·라틴아메리카 연구소 편, 『걸프전쟁과 아랍민족운동』(눈, 1991), 133-135쪽.

2) 남북한 군축과 평화

(1) 군축과 신뢰구축

한반도 평화는 남북간 군비경쟁과 군사적 대결체제의 변화가 전제되지 않는 한 불가능하다. 일반적으로 군축은 군비축소(disarmament)와 군비통제(arms control)를 포괄하는 개념으로 사용되고 있다. 양자의 개념적 관계는 뚜렷하지 않다. 군비축소의 한 유형에 군비통제가 포함되기도 하고, 군비통제가 군비축소를 포함하는 포괄적인 개념으로 이해되기도 한다. 미국 행정부의 군축문제 전담부서인 군축처를 'Arms Control and Disarmament Agency'로 부르고 있는 것도 군축의 의미를 포괄적으로 사용하고 있는 경우다.

군비통제는 적대국가간에 상호 존재하는 군사적 위협에 대해 군비증강 수단으로 대응하기보다는 군사력의 운용과 구조의 통제를 통해 그 위협을 제한하고 감소시킴으로써 기습공격과 전쟁발발의 위험을 제거하고 평화를 정착시키려는 노력을 의미한다. 만약 불가피하게 전쟁이 일어난다고 하더라도 평소의 군비통제 노력은 전쟁의 피해와 강도를 줄일 수 있고, 전쟁대비를 위한 정치적·경제적 비용을 줄이는 효과도 있다.[73]

군비통제의 개념적 전제는 역사상 대부분의 전쟁발발 원인을 잘못된 정보, 오해, 오산과 상호불신에서 비롯돼 왔다고 보는 데 있다.[74] 따라서 각종 군사정보의 교환, 부대이동이나 기동훈련, 부대배치 상황 등 주요 군사활동을 상대방에게 노출·공개해 군사활동의 투명성과 예측 가능성을 높이고 군사적 의도를 분명히 하면 전쟁발발의 원인이 될 수 있는 오해, 오판, 불신의 소지를 제거할 수 있다고 본다. 또한 전쟁이 일어날 경우 이를 사전에

---

73) *Arms Control and National Security: An Introduction* (Washington, D.C.: Arms Control Association, 1989), p.10.
74) 이서항, "군축협상의 사례분석과 남북한 군축전망," 『남북한 군비경쟁과 군축』(경남대학교 극동문제연구소, 1992) 참조.

감지할 수 있는 조기경보 능력을 높여 줄 수 있는 이점도 있다는 것이다. 이것을 가능케 하는 방법이 곧 '운용적 군비통제'(operational arms control) 또는 '군사적 신뢰구축 조치'(military confidence-building measures)로 불리는 부대이동 및 배치, 기동훈련 등과 관련된 군사력의 운용을 통제하는 데 있다고 한다.

그러나 평화유지를 위한 군비통제 논리는 역사상 전쟁이 일어나게 된 원인을 잘못된 정보와 오해, 상호불신 등의 비계획적이고 우발적인 사태발생에서 찾는다는 점에서 무리가 따른다. 근대국가 체제가 수립된 이래 대부분의 전쟁은 군국주의에 의해 추동되거나, 국제사회에서 국가이익의 추구와 그에 따른 정치경제적 이해관계의 향배에 따른 통치엘리트들의 정치적 결단에 의한 것이라고 할 수 있다. 만약 오해와 잘못된 정보 등으로 전쟁이 발생한다면, 이 경우는 아주 예외적이거나 전쟁발생의 원인을 겉으로 드러난 데서만 찾는 것으로, 이때 전쟁의 양상은 심각한 수준으로 전개될 가능성은 높지 않으며 전쟁이유 자체가 뚜렷하지 않음으로 해서 곧 정상을 회복할 수 있게 된다. 또한 군비통제 논리의 한계는 경험적으로 군비축소보다는 군비증강 방향으로 나아가는 것을 피하기가 어렵다는 데 있다.

군비통제 및 '군사적 신뢰구축 조치'는 적대국가간 오해, 오판, 불신의 소지를 없애기 위한 방안으로 과거 미·소 양극체제를 중심으로 한 동서간 군축은 대개 이러한 '운용적 군비통제'나 '군사적 신뢰구축 조치'의 방향에서 접근됐다. 그러나 미·소와 유럽의 경험은 공존의 원칙 아래 협상국간의 정치적·군사적 현상유지에 대한 공감대가 선행돼 있었다는 점을 주지할 필요가 있다. 재래식 군비통제의 시금석이 된 1975년의 "헬싱키 최종합의서"에서는 참가국간의 관계를 규정하는 원칙으로 주권평등과 주권인정, 국경 불가침, 국가의 영토보존 존중 등을 천명했다. 그리고 당사국간의 군사적 대칭성의 존재가 전제될 필요가 있다. 군사적 대칭성이란 보유한 병력구조나 무기체계의 종류, 동맹구조 등이 서로 대등한 구조를 이루고 있는 것을 말한다. 이 경우 군비통제 대상이 되는 병력과 무기 및 장비를 산정하기가 상대적으로 수월하기 때문이다. 이러한 점에서 전통적 군비통제는 '대칭적 상호주의' 모델로 볼 수 있다. 따라서 남북관계의 현실을 고려할 때, 미·소간 및 유럽에서 적용된 군비통제 방식을 한반도에 적용하는 데는 한계가 있다.

　군비통제의 한반도 적용방식으로 '비대칭적 상호주의'를 가교전략으로 주장하는 입장도 있다.[75] '비대칭적 상호주의' 방식을 적용한 군비통제 사례로 미국의 대러시아 안보지원 정책이나 제네바합의를 통한 대북 핵통제 등을 지적하기도 한다. 이 방식을 남북관계에 적용하면, 대북 경제지원 및 경협시에 이에 병행해 남북한간 군사적 신뢰구축 및 대남위협을 감소시킬 수 있는 조치를 북한에 요구해야 한다고 한다. 그러나 이 주장은 남북경협을 한국경제의 활로를 개척할 수 있는 상생의 길로 보지 않고 마치 북한에 대한 일방적 시혜로 보는 한계를 드러내고 있다. 더 큰 한계는 남한의 국력에 바탕한 군사력수준에 대한 북한의 불안감과 위기의식은 고려되지 않고 있다는 점이다. 최근 남북한 군사력수준에서 단순 개수비교와 기타 계량적 방법의 한계, 남북한 국방비의 재평가 등을 통해 북한의 대남우위를 주장하는 전통적 접근에 대한 비판이 제기되고 있는 점을 감안하면,[76] 대북지원 및 경협의 대가로 '선 북한감축' 또는 북한의 군사적 양보를 전제한 논리는 비현실적인 접근방식이 아닐 수 없다.

　군비통제 논리는 전쟁발발 가능성을 억제하고 평화유지에 적극적으로 기여하는 것이라기보다는 과학·기술시대 현대전쟁의 대량살상과 파괴력에 의한 상호 공멸 가능성이 전면전의 형태를 억제해 왔던 사실에 비추어 보면 전쟁억제와 평화유지를 위한 군비통제 논리는 많은 한계를 내포하고 있다. 그런 점에서 군비증강으로 나아가기 쉬운 군비통제 방식보다는 군비와 병력수를 줄이는 군축이 평화실현의 보다 합리적인 방안이 된다. 여기서는 남북한 군비경쟁의 현실 속에서 어떻게 하면 한반도 평화를 위해 남북한 군축을 실현할 수 있을까 하는 문제의식에 입각해 북한의 '군축론'과 남한의 '선 신뢰구축 후 군축론'의 성격을 이해할 필요가 있다고 본다.

　한반도의 평화정착과 군사적 대결상태의 극복을 위한 방안으로 남한은

---

[75] 황진환, "군비통제 어떻게 접근할 것인가: '가교전략'으로 단계적 군축을," http://www.peacekorea.org/cyber/jinhwan.html.

[76] 함택영, "남북한의 군사력: 사실과 평가방법," 한국국제정치학회,『국제정치논총』제37집 1호(1997) 참조.

먼저 '군사적 신뢰구축'을 위한 조치를 단계적으로 추진해 나가자는 입장임에 비해 북한은 일관되게 군축을 주장해 왔다. 이른바 남한은 '선 신뢰구축 후 군축' 논리를 견지해 왔다면, 북한은 한반도의 평화와 남북관계 개선의 선결조건으로 군축문제를 줄기차게 제기하고 있다. 북한의 군축론은 특히 한반도에서 외군, 즉 주한미군 철수와 연계되는 주장이다. 그러나 군축의 구체적인 방법과 절차에 관한 대안의 제시가 거의 없다는 점에서 북한의 군축론은 군축의 실천적 의지보다는 평화공세와 주한미군 철수 정치공세의 일환으로 평가되는 한계에서 벗어나지 못하고 있다. 그런데 흥미로운 사실은 남한의 '선 신뢰구축론'과 북한의 '군축론'의 상충적인 성격에도 불구하고 1992년의 "기본합의서"에는 남북한 양측의 주장이 그대로 병렬적으로 반영됐다는 점이다.

정치군사적 대결상태를 해소해 민족적 화해를 이룩하고, 무력에 의한 침략과 충돌을 막고 긴장완화와 평화를 보장하기 위한 "기본합의서" 제2장 '남북불가침' 조항 가운데 제12조는 "대량살상무기와 공격능력의 제거를 비롯한 단계적 군축실현 문제, 검증문제 등 군사적 신뢰조성과 군축을 실현하기 위한 문제를 협의·추진한다"고 했다. 이를테면 단계적 군축과 군사적 신뢰조성의 추진에 합의한다고 함으로써 서로 성격이 다른 논리를 함께 담은 합의문 형태가 됐다. 그러나 합의문 차원에 그치고 만 형태이지만, 남북군사공동위원회 구성·운영에 관한 합의를 비롯해서 무력불사용, 분쟁의 평화적 해결 및 우발적 무력충돌 방지, 불가침 경계선 및 구역, 군사직통전화의 설치·운영 등에 대해 합의했던 것이다. 물론 무력충돌의 방지, 긴장완화와 평화에 대한 남북한의 합의에도 불구하고 구체적인 실천조치는 전혀 이행되지 못한 상태이다.

한반도 평화구축을 위한 북한의 군축론과 남한의 선 신뢰조치 방안의 타당성을 비교해 보기 위해서 서로 적대관계에 있는 두 사람이 모두 총구를 상대방의 이마에 겨누고 있는 절박한 상황을 상상해 보자. 이 긴장국면에서 벗어나 정상적인 상태로 돌아가기 위해서는 마땅히 총을 내려놓아야 한다. 그렇지만 누가 먼저 총을 내려놓겠는가? 아무도 상대방을 신뢰하지 못하는데 어떻게 총을 내려놓을 수 있다는 말인가? 그런데 서로가 상대방을 믿는다면, 즉 신뢰가 구축되면 총을 내려놓을 수 있을 것 아닌가 반문할 수 있다. 물론 그렇다. 그러나 그 역도 성립한다. 즉 총을 겨눈 상태에서 어떻게 서로에 대한 믿음이 생길 수 있겠는가 하는 문제가 그것이다. 총을 겨눈 상태에서는 결코 믿음이 생길 수 없으므로, 서로 신뢰를 위해서는 당장 총을 내려놓자는 주장이 오히려 타당성이 있다. 물론 총만 내려놓으면 일촉즉발의 위기상황은 일단 해결된다. 사실 서로 상대방의 이마에 총구를 겨눈 상태에서 한 손으로 악수를 한다고 하더라도 위기상황은 전혀 변화하지 않았을 뿐더러 신뢰가 쌓인다는 보장도 없다. 아무리 한 손으로 악수하면서 얼굴에 미소를 띤다고 하더라도 궁극적으로 총을 놓지 않으면 신뢰가 쌓일 수는 없다. 즉 참된 신뢰구축은 상대방을 겨눈 총구를 내려놓는 데 있다는 논리가 보다 설득적인 것으로 볼 수 있다. 그렇지만 어느 누가 먼저 그러한 모험적인 결단을 내리겠는가? 바로 여기에 논리적 타당성과 현실적 결단의 괴리와 곤혹스런 딜레마가 있다.

양자는 상호 모순적이고 배타적인 관계로서 논리적인 선후관계를 찾기 어렵다. 말하자면 남한의 '선 신뢰구축론'이나 북한의 '군축론'은 모두 논리적 차원에서 자기 정당성을 갖는다. 그러나 남북한의 가공할 만한 군사력수준, 즉 막대한 액수의 군비지출과 엄청난 군사적 밀집상태인 남북한 군병력의 현황을 살펴보면 한반도야말로 세계 최대의 화약고임이 여실히 나타나고 있다. 따라서 군비통제에 기반한 신뢰구축 논리의 타당성을 충분히 긍정한다고 하더라도, 당장 군비증강을 억제하고 군병력을 줄이는 감군 등 다양한 차원에서 적극적으로 군축을 위한 노력을 기울이지 않으면 안 될 상황에 있다고 하겠다.

한반도 평화구축은 남북한 화해와 신뢰구축에서 출발한다. 이는 무엇보다 먼저 남북한 모두 가공할 수준의 군사력과 군비경쟁 체제의 폐쇄회로에서 벗어나는 데서 비롯된다.

군축은 신뢰의 전제조건이다. 군축 없이 남북한간 신뢰조성을 기대하는 것은 불가능하며 한반도 평화는 요원하다. 군축은 정치적 협상과 결단을 통해 접근할 수 있다. 해마다 증가되는 엄청난 액수의 무기수입과 군비증강의 논리가 타파되지 않는다면 어떻게 상호신뢰를 바랄 수 있겠는가? 군축

외에 평화의 길은 보이지 않는다. 군축의 실천을 위해 UN감시하 상호감군을 협상할 수 있다. 여기서 남북한 당국의 상호불신의 현실을 고려한다면, UN이나 주변국의 중재와 보장을 통해 접근할 수 있을 것이다.[77] 물론 한반도 평화를 위한 군축의 절박성에도 불구하고 군축문제에의 현실적 접근이 쉽지 않은 것은 주지의 사실이다. 그런 점에서 지금 당장은 우리 사회의 군사주의 문화와 군사화를 지양하고 군축의 당위성과 절박함을 인식하는 군축문화를 적극적으로 조성해 나가는 데 힘을 모아야 한다.

(2) 북한 군축론

북한은 군축문제를 1980년대 후반부터 적극적으로 제기해 왔다.[78] 이는 사회주의체제의 해체에 따른 세계적 차원에서 혁명역량의 와해, 동서독 흡수통합의 충격, 북한경제의 지속적인 침체, 남한의 국력신장과 그에 따른 국방력 증강 등으로 북한의 뚜렷한 열세경향과 체제위기의 반영으로 볼 수 있다. 특히 한반도에서 미국의 핵전쟁 시나리오와 한미 합동군사훈련인 팀스피리트의 연례화는 북한으로 하여금 절박한 위기감을 느끼게 했다.[79] 이에 북한은 미국 핵공격의 공포로부터 벗어나기 위해 한반도에서 핵무기 철폐와 주한미군 철수를 주장했다. 이러한 입장에서 북한은 군축제안과 더불어 한반도의 비핵지대화 및 평화지대화를 대내외적으로 적극 주장하게 됐다. 이 시기 북한은 아래 인용문에서와 같이 북미 평화협정 체결, 남북 불가침선언 채택, 그리고 한반도의 비핵지대·평화지대화 및 군축 등을 과감하게 들고 나왔다.[80]

---

77) 평화공존을 위한 남북한 군사력의 수준은 각각 10만 정도로 충분하다는 주장은, 지만원, "'협상 통한 군축'으로 신뢰 쌓아야," http://www.peace-korea.org/cyber/ manwon.html.
78) 김일성, "신년사"(1988. 1. 1), 『김일성저작집』 41(1995) 참조.
79) 김일성, "주체의 혁명적 기치를 높이 들고 사회주의, 공산주의 위업을 끝까지 완성하자: 조선민주주의인민공화국창건 40돐기념 경축보고대회에서 한 보고"(1988. 9. 8), 『김일성저작집』 41(1995).
80) 김일성, "조선반도의 비핵화와 아세아, 태평양지역의 평화와 안전에 관한 국제회의 참가자들에게 보낸 축하문"(1988. 10. 18), 『김일성저작집』 41(1995).

우리는 최근년간에만 하여도 우리와 미국 사이에 평화협정을 체결하고 북과 남 사이에 불가침선언을 채택할 데 대한 제안과 조선반도를 비핵지대, 평화지대로 만들데 대한 제안, 다국적 군축회담…… 군비경쟁을 중지하고 군축을 실현하며 다른 나라에 있는 침략군대와 침략적 군사기지들을 철수하고 세계 여러 지역에 비핵지대, 평화지대를 창설하는 것은 현시기 평화를 위한 투쟁에서 나서는 중요한 문제입니다.

이와 같이 전쟁방지와 평화수호를 위해 군축과 핵무기 완전 폐기, 특히 주한미군과 미군기지의 철거를 주장했다. 또한 핵무기의 시험과 생산을 금지하고 지금 있는 핵무기를 감축하며, 나아가 모든 핵무기를 완전히 폐기해야 한다고 하면서, 계속해서 한반도의 비핵지대·평화지대화를 주장했다.[81] 사실 북한이 평화와 안전, 군축과 핵무기 철폐를 가장 긴절한 문제로 주장한 데에는 미국과 직접 대치해 있고 전쟁의 위협을 항시적으로 받고 있는 상황에서 나타날 수밖에 없는 심각한 위기의식의 반영으로 볼 수 있다.[82]

이러한 과정에서 북한은 1992년 "남북기본합의서" 체결 당시의 화해분위기 속에서 또다시 군축을 제의했다. 먼저 김일성은 "북과 남 사이에 불가침에 대한 합의가 이루어진 조건에서 조선반도의 평화를 보장하고 평화통일의 전제를 마련하기 위한 실제적인 대책을 세우는 것이 가장 중요…… 북과 남은 북남합의서의 정신에 맞게 군축을 실현하고 긴장상태를 완화하며 조선반도를 비핵지대, 평화지대로 만들기 위하여 모든 노력을 다하여야 할 것"을 강조했다.[83] 그리고 남북한이 평화문제의 해결에 선차적인 관심을 돌리고 나라의 평화를 보장하기 위한 실제적인 조치를 취할 것을 주장하면서, 북과 남은 불가침에 합의한 조건에서 군비경쟁을 중지하고 군축을 실현하기 위해 결단을 내리기를 촉구했다.[84]

---

81) 김일성, "자유롭고 평화로운 새 세계를 위하여: 국제의회동맹 제85차총회 개막회의에서 한 연설"(1991. 4. 29), 『김일성저작집』 43(1996).
82) 김일성, "인도네시아 '메디아 인도네시아' 신문사 책임주필이 제기한 질문에 대한 대답"(1992. 9. 1), 『김일성저작집』 43(1996).
83) 김일성, "신년사"(1992. 1. 10), 『김일성저작집』 43(1996).
84) 김일성, "북과 남이 힘을 합쳐 나라의 평화와 통일의 길을 열어 나가자: 북남고위급회

북한은 서방세계에서 제안하는 군축은 "'군축'과 '완화'의 간판 밑에서 사회주의나라들을 무장 해제시키고 힘의 우위를 차지하려고 책동하고 있는 데 대해 경각성을 높여야"[85] 한다고 주장하고 있는 점이 주목된다. 이는 군축문제에 대한 남북간 인식차의 일단을 보여주고 있는 대목이 아닐 수 없다. 어쨌든 한반도 평화와 군축에 대한 북한의 주장은 처음부터 한국과 미국측의 긍정적인 반응을 얻지 못했다.[86] 한반도에서 핵무기와 주한미군 문제는 미국의 세계전략적 차원의 문제로, 한국정부의 독자적인 정책범위 내에서 고려할 수 있는 사안이 아니라는 점에서 북한은 평화와 체제안전 보장은 미국측의 입장에 달린 문제로 인식해 줄곧 미국과의 관계개선에만 초점을 맞추었다. 따라서 남측과 군축문제에 대한 진지하고도 적극적인 입장을 기대하기 어려웠고, 우리 정부 또한 군축을 위한 신뢰구축 조치, 즉 '선 신뢰구축 후 군축' 입장을 견지했기 때문에 군축문제에 대한 남북한의 입장차이는 좁혀지지 않았다.

3) 한반도 평화지대화 및 탈군사화

한반도 군축은 궁극적으로 한반도 평화지대화와 남북한 사회의 탈군사화를 지향해 나가는 데 있다. 남북한 모두 과대 성장된 군사기구를 과감히 축소시켜 나감과 동시에 사회 모든 영역에서의 '탈군사적'[87] 평화의 틀을 모색해야 한다. 2000년 6월 15일 남북정상회담에서 천명된 "통일문제를 그 주인인 우리 민족끼리 서로 힘을 합쳐 자주적"으로 해결해 나가기로 합의

담 쌍방대표단 성원들과 한 담화"(1992. 2. 20), 『김일성저작집』 43(1996).
85) 김일성, "우리나라 사회주의의 우월성을 더욱 높이 발양시키자: 조선민주주의인민공화국 최고인민회의 제9기 제1차회의에서 한 시정연설"(1990. 5. 24), 『김일성저작집』 42(1995).
86) 북한은 대내외적으로 그들의 한반도 비핵지대・평화지대화 제안을 '남조선인민들'의 지지와는 달리 우리 정부만이 반대하는 것으로 주장했다. 김일성, "스위스로동당 대표단과 한 담화"(1988. 4. 24), 『김일성저작집』 41(1995).
87) Martin Shaw, op. cit., pp.184-190.

한 이른바 '자주'의 통일원칙은 평화보장 없이는 불가능하다는 인식을 공유해야 한다. 평화와 자주는 뗄래야 뗄 수 없는 관계이다. 사실 강대국의 영향력을 극복하기 힘들었던 우리의 경우, 한반도를 비롯한 동북아지역의 평화가 구축되지 않은 상태에서 국가주권과 자주를 향유하기는 불가능했다. 거꾸로 약소국의 주권과 자주를 심각하게 왜곡시키는 패권적 지배구조는 안정적인 지역평화를 보장할 수 있는 메커니즘이 아니다. 이러한 평화보장의 길은 민족 내부의 연대를 통해서만 가능하다. 민족 내부의 연대가 결여된 비균형적인 국제공조는 남북간 상호불신을 해소하지 못하고 평화의 길이 아니라 또다시 갈등과 대결의 나락으로 떨어지게 할 수 있다.

한반도에서 평화를 보장하기 위해서는 '적절한 시기에' 주한미군은 철수해야 한다.[88] 국내총생산력 수준의 현격한 격차, 기술산업, 군사수준 등에서 북한을 월등히 앞서는 상황에서 주한미군의 존재는 냉전적 발상에 불과하다. 남북한 경제총량 중 국민총소득(GNI)을 비교하면, 남한은 북한의 1995년 21.9배, 96년 24.2배, 97년 26.8배, 98년 25.1배에 달한다.[89] 더욱이 주한미군의 존재는 북한에 대한 엄청난 부담과 위협적 실체로, 주체사상에 기반한 유격대국가의 일상적 전시동원체제를 정당화시켜 주는 요인이 되고 있다. 이런 점에서 북한은 체제유지에 대한 근본적인 위협적 성격만 사라진다면 주한미군 주둔에 의한 적당한 긴장상태를 바라고 있는지도 모른다. 그러나 이러한 모순상황은 북한주민의 고통해소와 무관할 뿐만 아니라, 한민족의 장래에 아무런 도움도 안 된다. 따라서 주한미군 주둔을 전제로 한반도의 평화와 북한체제의 민주적 변화를 기대하는 것은 어리석은 일이다.

주한미군의 전략목표는 궁극적으로 중국을 견제하는 데 있지만, 동북아에서 평화의 교란자로 작용할 가능성이 높다. 한반도 평화정착의 과정에서 미국은 자국의 국가이익을 지속적으로 보장받기 위해 남북간 균열과 미묘한 갈등을 부추기는 전략을 구사할 수도 있다. 주한미군 철수가 전제되지 않는다면 한반도 군축과 평화체제 토대구축은 성공적으로 이루어지기 어

---

88) 주한미군 주둔을 전제한 상태에서 '전시작전권' 회수를 주장하는 논리는 미국의 '자주권'을 훼손시키는 발상으로 비현실적인 제안이다.

89) 통계청(http://www.nso.go.kr), '남북한 경제사회상 비교' 참조.

렵다.90) 주한미군의 존재 자체가 평화의 걸림돌이기 때문이다. 미국이 남북정상회담의 결과에 한동안 당혹해 하는 모습을 보였던 데는 한반도의 평화정착이야말로 미국의 세계전략과 국가이익에 심대한 변화를 초래하는 요인이기 때문이다. 그러나 미국 세계전략의 내용과 형태가 불변적인 것만은 아니다. 한반도의 평화분위기를 증진시켜 나가는 노력과 함께 참된 평화체제를 구축하기 위해서 이 지역에서의 주한미군 철수는 불가피한 것이다. 이제 그러한 변화를 이끌어 내는 힘이 우리 민족 내부에서 나와야 한다. 그러나 현단계에서 주한미군의 '즉각적 완전철수론'을 주장할 필요는 없다. 지금은 한반도를 비롯한 동북아지역의 평화구축을 위해 주한미군의 위상은 변화돼야 한다는 전제에서 철수의 시기와 방법 등의 문제를 공론의 영역으로 끌어들여야 할 때이다.

주한미군 주둔을 전제한다면, 주한미군의 위상을 한반도의 평화와 통일에 기여하는 방향으로 변화시켜야 한다. 따라서 비무장지대를 평화지대로 설정하고 주한미군을 평화유지군으로 개편하는 방안을 추진해야 한다.91) 한반도에서 평화유지군은 두 가지 형태로 접근할 수 있는데, 그 가운데 하나는 유엔 평화유지군 형태이며, 다른 방안은 다국적 평화유지군 형태를 고려할 수 있을 것이다. 유엔 평화유지군의 경우 미국의 주도적 역할 아래 군소국가들의 군사활동은 보조적 역할에 그치는 형태를 띨 것이라는 점에서 주한미군의 형식적인 형태변화에 불과하다는 비판이 제기될 수 있다. 그러나 유엔 평화유지군의 임무와 권한은 유엔헌장 제6장을 준수하는 원칙을 적용하면 된다. 즉 유엔헌장 제6장의 '분쟁의 평화적 해결'에서는 국가간 분쟁을 오직 협상, 중재, 화해, 조정, 법적 해결 등 모든 평화적 수단의 강구를 통해서만 해결하도록 규정하고 있다.92) 만약 한반도에서 분쟁이 재발되는 경우에도 유엔 평화유지군은 오직 평화적 수단에 의한 분쟁 해결에만

---

90) 곽태환, "주한미군의 감축과 남북한 평화정착," 『남북한 군비경쟁과 군축』(경남대학교 극동문제연구소, 1992) 참조.

91) 이철기, "주한미군을 평화유지군으로," http://www.peacekorea.org/usfk/usfk02.html 참조

92) Charter of United Nations, Charter VI, Pacific Settlement of Disputes, http://www.un.org/aboutun/charter/index.html.

그 역할과 권능은 제한돼야 한다. 이는 유엔헌장 제7장에 명기된 평화유지군의 '평화집행군'으로서의 역할93)은 한반도문제의 해결에 바람직하지 않다는 판단에 따른 것이다.

다음으로 다국적 평화유지군을 창설할 경우 남북한의 참가는 말할 것도 없이 한반도의 평화에 기여할 수 있는 관계국가들로 구성된 평화유지군의 창설을 모색할 수 있다. 유엔 평화유지군이나 다국적 평화유지군 모두 한반도의 분쟁을 사전에 방지하는 역할을 수행하는 데 목적이 있으므로 평화유지군의 병력수와 규모는 상징적 수준으로 구성되는 것이 바람직하다.

한반도의 군사적 밀집도가 높을수록 주변국의 긴장을 초래해 역으로 남북한의 긴장과 갈등을 고조시키는 악순환구조에 빠지게 된다. 그러므로 한반도의 평화지대화를 추구해야 한다. 한반도는 중국과 러시아의 대륙세력과 미국과 일본의 해양세력의 틈바구니에서 국가의 정치적 자주를 유지하기 위해서는 군사적 차원에서 어느 일방의 패권적 세력이 관철되지 않는 중립지대로의 전환을 모색할 필요가 있다. 남북한의 자주는 궁극적으로 한반도 평화지대화를 통해 정치적 중립을 견지함으로써 유지될 수 있을 것이다. 이를 위해서는 이제 '무장된 평화'를 넘어 사회의 모든 부문에서 전쟁을 선호하는 가치보다 평화적 가치를 조성해 나가는 한편 활발한 평화운동을 전개해 나감으로써 전사회의 탈군사화를 지향해 나가야 한다.

평화는 궁극적으로 군사적 무장해제가 이루어진 지점에서 꽃핀다. 그러나 군사적 무장해제는 결코 쉬운 일이 아니다. 사회의 군사화, 경제의 군사화에 대한 '문화적' 무장해제 없이 군사적 무장해제는 불가능하기 때문이다. 군축이 정당하고도 긴급한 사안이라는 점을 쉽사리 긍정할 수 없는 다양한 논리체계, 인식틀 등의 이른바 '문화적' 군사화의 요인들이 문제가 아닐 수 없다. 이를테면 평화유지를 위해서는 군사력 균형이 필요하다거나, 한쪽의 일방적 군축이 다른 쪽에 이익이 되는 것은 아닌가 하는 논리 등은 대중적 인식의 기반을 가진 문화적 힘이라 할 수 있다.

---

93) Charter of United Nations, Charter VII Action with respect to threats to the Peace, Breach of the Peace, and Acts of Aggression, http://www.un.org/aboutun/charter/index.html.

평화문제에의 접근에서 윤리적·규범적 문제들은 중요하다. 그것은 제도적 장애물을 극복하는 데 필요한 에토스를 제공해 준다. 야망, 이기심, 비정 등을 극복할 수 있는 윤리적인 힘이 없다면 아무런 일도 해내지 못한다. 이러한 윤리적 입장을 전제로 평화문화를 창출할 수 있는 다양한 접근법의 검토가 요망된다.

5. 평화문화 형성방안

평화문화(peace culture)는 평화연구(peace research), 평화정책(peace policy), 평화운동(peace movement)을 포괄하는 것으로 이론적·정책적·실천적 부문을 망라하는 긴장의 한 가운데에 있다. 평화문화는 이처럼 평화연구, 평화정책, 평화운동뿐만 아니라 평화윤리, 평화교육, 평화봉사 등 평화와 관련된 모든 실천활동과 이론적 이해를 위한 노력 사이의 모든 접점에 자리잡고 있다. 평화문화에 대한 이해를 위해 여기서는 아래의 삼각형 형태의 각각의 꼭지점에 해당하는 세 측면, 즉 평화연구, 평화정책, 그리고 평화운동의 내용과 성격에 대해 살펴보자.

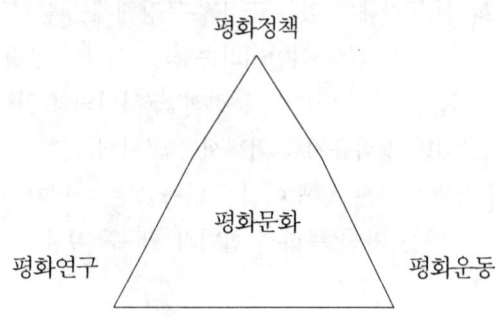

1) 평화연구

(1) 전쟁과 평화연구

평화연구는 대개 전쟁연구의 한 형태로 진행돼 왔다. 곧잘 인용되는 베게티우스(Vegetius)의 "평화를 원하거든 전쟁을 준비하라"(si vis pacem, para bellum)는 명제는 오늘날까지도 군사정치적 논리의 경구로 인용되고 있다. 이는 전쟁 자체가 평화의 수단이 된다는 것으로, 일찍이 아리스토텔레스가 갈파한 바와 같이 "전쟁의 유일한 목적은 평화이다"는 역설을 일반화한 것이다. 이에 대해 오늘날의 평화사상은 "전쟁을 준비하면 전쟁이 오고, 평화를 준비하면 평화가 온다"는 비판명제를 제시하고 있다. 그런데 평화학에서 이 말은 흔히 "평화를 원하거든 전쟁을 이해하라"(Qui desiderat pacem, comprhendet bellum)는 말로 이해될 수도 있다. 평화의 연구, 즉 평화학은 평화 그 자체에 대한 연구보다는 전쟁 또는 갈등의 원인과 과정, 그리고 억제방법 등에 관한 연구로 대체돼 오는 경향이 있었다. 평화가 마치 '전쟁부재의 상태'로 정의돼 왔듯이, 평화연구 자체도 전쟁연구에 종속돼 온 측면을 무시할 수 없다.

평화연구는 평화의 위협에 대한 통찰과 더불어 다양한 학문의 문제설정과 연구업적이 단절돼서는 곤란하며 상호 연관된 노력을 통해 서로 결합돼야 한다는 인식이 나타나고 있다. 여러 연구분야의 학문적 성과를 평화라는 공동의 과제와 연관시키는 것이 평화연구의 목표다. 역설적인 현상이지만 핵무기의 발전은 평화연구를 위한 노력을 자극했다. 새로운 무기의 성능과 파괴력에 대해 정확히 알고 있는 물리학자들이 이러한 연구의 창시자이다. 그리고 평화의 개념과 평화연구와 관련된 이론형성에 대한 체계적 관심이 제기되기 시작하면서 신학적·철학적 이해를 벗어난 국가관계 속에서 전쟁연구와는 다른 독자적인 연구체계를 갖추면서 대학과 연구소 등의 아카데미 영역에서 자리잡기 시작한 것은 20세기 중반인 1950년대 이후부터의 일이다. 한편에서는 평화는 생존을 위해 불가피한 과제로서 과학·기술시대의 삶의 조건으로 인식됐다. 여기서는 전쟁의 원인과 위협효과에 대한 연구, 갈등의 요인과 해소방안, 국제관계의 새로운 패러다임이나 군비축소 모델, 갈등해결의 비폭력적 행동의 기회에 관한 연구가 이 분야의 중요한 주제에 속한다.

그러나 과학·기술시대의 전쟁은 인류문명의 멸망을 초래할 것이라는 절박한 경고에도 불구하고, 1960년대 중반 이래 평화연구는 오히려 예상치 못한 저항에 직면했다. 그 결과 평화연구의 싹이 활짝 발화하지 못한 채 유럽의 일부 국가에서만 겨우 명맥을 유지하게 됐다. 1960년대 후반 동유럽 국가에서 소련중심 체제에 대한 저항과 반발에 대해 소련은 강제진압 등 무력사용을 통해 공산체제에 대한 도전을 거부하고 반체제인사들을 탄압하기 시작했다. 한편 이 시기 베트남전쟁에 미국이 점점 더 깊은 수렁에 빠지면서 동서 진영 모두 전쟁과 무력을 반대하고 평화를 외칠 수 있는 분위기는 침체되고 말았다. 이러한 상황에서 전쟁을 반대하고 평화를 주장하는 것은 양 진영 내에서 모두 체제의 정당성을 훼손하는 행위로 규정되거나 심지어 반국가행위로 매도될 수 있었다. 전세계적 차원의 냉전체제하에서 미소의 핵전쟁 억제와 세계대전 방지를 위한 공포의 균형 그 자체가 평화유지의 상태로 인식되는 가운데 한국전, 베트남전, 그리고 제3세계의 내전 등 다양한 형태의 국지전과 제한전 등이 끊임없이 전개됐다. 그러나 이러한 전쟁의 엄청난 피해와 참상에도 불구하고 서구사회를 위협하는 문제로 부각되지는 않았다. 어느 면에서 이 시기는 핵무기와 미소대결의 회피만이 평화보장의 첩경으로 믿었던 시대였다.

동서 냉전체제가 역사 속으로 사라진 이후의 평화연구는 냉전시대의 대상과 방법과는 크게 달라질 수밖에 없으며, 변화된 문제상황에 대한 새로운 접근법이 필요할 것이다. 핵전쟁의 공포와 대량살상무기에 의한 큰 전쟁의 가능성과 위험이 줄어든 상황에서 평화의 문제는 단순히 무력충돌이나 전쟁을 방지하는 조건과 전략에 관한 관심에만 한정될 수 없다. 이데올로기적 체제대결에 기반한 세계대전의 가능성은 다소 줄어들었지만 국가간, 민족간, 인종간 전쟁은 지구 곳곳에서 끊임없이 재연되고 있으며, 심지어 종교적·문화적 차이로 인한 국가간 또는 국가 내에서의 분쟁과 갈등이 새로운 형태로 분출되고 있는 상황이다.

유럽사회의 평화연(peace research)구는 냉전종식으로 인해 한동안 소강상태에 빠지는 듯했다. 그러나 독일, 영국 등 유럽사회의 분위기와는 달리 미국의 평화연구(peace studies)는 국제관계에 초점을 맞춘 전통적인 연구보다는 점차 증대 일로에 있던 국내적·지방적 수준에서의 갈등해소에 대한 연구로 활기를 띠게 됐다. 이 시기 미국의 평화연구는 아직도 게임이론, 시뮬레이션, 정량적 분석기법에 의존하고 있었다. 이러한 접근방식은 국제정치학의 주류적 연구경향으로 미국 학계 평화연구의 일반적 방법론이다.

평화연구는 냉전시기 이전부터 시작됐지만 체계적인 연구는 냉전의 역사와 더불어 전개됐다. 냉전시대에 보다 전통적이고 주류적인 연구경향이라 할 수 있는 국제정치 및 전략연구와, 이와 근원을 달리하는 평화연구 사이의 균열은 마치 학문적 경향에서 보수와 진보의 갈림으로 나타나 보이는 측면도 있었다. 최근 주춤했던 평화연구는 과거의 연구경향과는 다른 새로운 혁신적인 접근방식을 제시하고 있다는 점에서 이 분야의 연구에 큰 관심을 끌고 있다.[94]

전쟁과 평화연구의 전통적 접근법은 크게 세 가지 수준으로 나누어 볼 수 있다.[95] 첫째, 인간적·개인적 수준의 접근이다. 전쟁의 원인을 인간성에 내재해 있다고 보고 인간의 공격성, 전쟁본능을 순화시켜 내면적인 마음의 평화는 물론 나라 사이의 전쟁을 막는 데도 이바지할 수 있다고 보는 관점이다. 이는 고대의 평화사상으로부터 현대의 갈등해결의 개성적·심리적 접근법에 이르기까지 인간존재의 심성 그 자체를 문제삼는 가장 보편화된 입장이다. 둘째, 국가수준의 접근이다. 이는 전쟁과 평화의 행동주체

---

[94] 특히 스칸디나비아 평화연구학은 국제관계학과 안보연구의 토대 위에서 새로운 방향을 모색하고 있다. Ole Wæver, "The Strange Successes of Scandinavian Peace Research: Why the inter-twind disciplines of Peace Research and International Relations develop differently in the US, Scandinavia and other parts of Europe," *Presentation at the Conference "In Search of Peace in the Twenty-First Century" in Seoul, January 25, 2000*, organised by the Korean Peace Research Association the Korean National Commission for UNESCO.

[95] 최상용, 『평화의 정치사상』(나남, 1997), 18쪽.

나 논의거점을 개별 민족국가에 두고 국내의 정치개혁 또는 민주화를 통해서 전쟁을 방지하고 평화를 달성하려는 발상이다. 이는 근대 국민국가의 성립과 발전과정을 전제한 접근법이라 할 수 있다. 셋째, 국가간 교섭이나 국제기구를 통한 국제적 수준의 접근이다. 어떤 형태로든 개별국가의 주권을 제한해 연맹이나 세계정부를 설립함으로써 평화에 접근하려는 시도를 들 수 있다. 이러한 세 수준의 접근법은 상호 연계된 형태를 띠면서 고대 이래 평화연구의 주된 관점으로 개인, 국가, 국제 및 세계체제적 수준에서 접근되는 방법론적 일반화로 이해됐다.96)

평화연구와 국제정치학은 모두 근대 국가체제의 수립과 함께 등장한 학문영역이지만, 평화연구의 사상적 기반과 연구방법론은 국제정치학과 뚜렷이 대비된다. 양자는 각각의 접근방식과 독자적인 지적 계보를 지닌다. 예컨대 평화연구가 칸트적인 지적 전통을 가진다면, 국제정치학은 마키아벨리적 전통 위에 있는 것으로 대별할 수 있다.

(2) 평화연구의 패러다임

갈퉁이 개발한 평화연의 패러다임을 활용해 연구의 주제에 접근해 보자.97) 갈퉁은 평화연구를 진단(diagnosis)·예측(prognosis)·요법(therapy)의 삼각형모델을 통해 평화연구를 마치 환자의 임상에 임하는 형태로 비유하고 있다. 여기서 '진단'은 증상, 병력, 환자의 건강상태 등의 정보를 데이터 처리한 분석이라 할 수 있다. '예측'은 주어진 정황변수들, 이를테면 병의 진행과정에 대해 이론에 기반한 예측을 말한다. 그리고 '요법'은 건강의 소극적이거나 적극적인 가치의 지침에 따라 다양한 사례로부터 일반화된 가치 및 이론적 기반을 지닌 개입행위를 뜻한다. 진단은 우선 환자의 질병상태를 정확히 파악하는 작업이다. 과학으로서 의학의 발전과 더불어 보다 자세한

---

96) Robert C. North, *War, Peace, Survival: Global Politics and Conceptual Synthesis* (Westview Press, 1990), pp.9-25.

97) Johan Galtung, *Peace by Peaceful Means: Peace and Conflict, Development and Civilization* (PRIO: International Peace Research Institute, Oslo, 1996), pp.24-39.

처방전, 그리고 점점 줄어드는 질병과 더욱 세분된 형태의 분류체계는 한층 세련화됐다. 이처럼 분류체계가 세분화됨으로써 동일한 병으로 고통받고 있는 환자들은 다른 조건이 같다면 동일한 '예측'을 내리도록, 나아가 동일한 '요법'을 요하도록 분류될 것이다. 여기서 진단(D), 예측(P), 요법(T) 3자간의 상호 조정과정이 개재된다.

평화연구의 패러다임은 이러한 병리학적 진단(D)·예측(P)·요법(T) 삼각형모델의 역동성을 적용시켜 데이터분석과 이론적 예측을 토대로 평화 구축의 구체적인 방법의 모색을 시도한다. 이처럼 의학연구나 건강과학과 유사한 방식의 평화연구 패러다임에서 '진단'은 평화상태에 "문제가 있다"는 것으로, '예측'은 "사태가 심각하게 진전될 것이다," 그리고 '요법'은 "경찰이나 군 또는 UN의 개입이 필요하다" 등으로 나타날 수 있다. 이와 같은 접근법을 적용해 평화연구의 출발점을 살펴보면 다음과 같다.

- 진단: 폭력의 상태
- 예측: 폭력의 과정: 증가, 동일, 감소
- 요법: 폭력 감소의 과정(소극적 평화); 향상된 삶의 과정들(적극적 평화)

평화연구는 어느 면에서 폭력과 고통의 문제를 명백히 하는 데서 출발한다고 할 수 있다. 이런 점에서 폭력의 원인과 결과는 곧 평화의 원인과 결과와 무관하지 않을 것이다.

폭력의 형태는 일반적으로 직접적 폭력, 구조적 폭력, 문화적 폭력으로 구분할 수 있다. 직접적 폭력은 언어적 폭력과 신체적 폭력으로 나누어지는데, 이러한 폭력은 언제나 신체와 정신, 영혼을 상하게 한다. 구조적 폭력은 정치적 억압, 경제적 착취의 형태로 나타난다. 이러한 폭력은 구조적 침투, 분열, 붕괴 및 사회적 소외 등에 의해 조장된다. 문화적 폭력은 그 내용에 따라 종교, 법과 이데올로기, 언어, 예술, 경험·형식적 과학, 과학, 우주론(심오한 문화) 등으로 구분되며 학파, 대학, 미디어 등을 통해 나타난다.

소극적 평화는 모든 종류의 폭력부재의 상태이다. 이에 비해 자연적 평화는 투쟁이 아니라 종(種)들의 협력상태이다. 직접적·적극적인 평화는 말과 신체적인 친절로 이루어져, 자신과 타인의 몸과 마음, 영혼에 유익한 것으로 우리들의 기본적 욕구, 생존, 복지, 자유, 정체성에 호소한다. 사랑은 이를테면 몸과 마음과 영혼의 축도이다.

구조적·적극적 평화는 억압을 자유로, 착취를 균등으로 대체하고, 강요 대신 대화를, 분리를 통합으로, 분열을 연대로, 소외를 참여로 대체한다. 문화적·적극적 평화는 폭력의 정당화를 평화의 정당화로 대체하는 것으로 종교, 법, 이데올로기, 언어, 예술과 과학, 학파, 대학, 미디어 등의 다양한 부문을 통해 적극적인 평화의 문화를 구축하게 된다.

폭력과 평화의 관계는 다음의 공리가 적용된다.[98]

- 어떤 종류의 폭력이라도 또 다른 폭력을 낳는다.
- 어떤 종류의 평화도 또 다른 평화를 낳는다.
- 적극적 평화는 폭력에 대한 최선의 방어이다.

특히 직접적 폭력은 그 자체 보복과 공격적 반응을 낳는다. 구조적 폭력은 그 자체로 완성된 폭력의 재생산을 낳고 문화적 폭력 또한 마찬가지이다. 직접적 폭력은 구조적 폭력을 형성한다면, 구조적 폭력은 혁명적이고 반혁명적인 직접적 폭력으로 이끈다. 문화적 폭력은 이러한 모든 것을 정당화시킨다.

(3) 상생: 갈등 전환 및 해소

내용이 역사적·구조적으로 뒤엉켜 상호 상충하는 내용이 심각하거나 그와 달리 꾸준한 노력으로 해결 가능한 수준이거나 간에 갈등 없는 시대와 사회는 발견하기 어렵다. 이런 점에서 평화는 결코 고요한 정적 상태가 아니라, 언제 어디서나 발생하고 있는 갈등을 어떻게 순화시키고 궁극적으로 해소시키느냐에 달린 문제이다. 말하자면 평화는 구체적으로 갈등의 전환

---

98) Johan Galtung, *op. cit.*, p.32.

이나 변형을 통해 달성 가능하다고 할 수 있다.

구조적 갈등에는 구조적 폭력이 있다. 정치적 갈등의 경우에는 자유의 억압이, 경제적 갈등의 경우에는 생존조건이나 복지의 착취가 문제가 된다. 이러한 구조적 갈등을 둘러싸고 지배엘리트층은 피지배층의 갈등구조에 대한 인식을 희석시키고 아래로부터의 의식화를 억제하려 든다.

폭력의 유형은 직접적·구조적·문화적 폭력 세 차원의 삼각형모형으로 상정할 수 있다. 폭력은 삼각형의 어떤 꼭지점에서 시작될 수도 있고 다른 꼭지점으로 쉽게 전달되기도 한다. 제도화된 폭력적 구조와 내면화된 폭력적 문화와 더불어 직접적 폭력은 또한 장기간에 걸친 복수전처럼 제도화되고 반복되며 의식화(儀式化)되려는 경향이 있다. 폭력의 이와 같은 삼각형적 증후군의 고리를 끊는 데는 먼저 문화적 폭력의 해소로부터 접근할 수 있다. 이를테면 인간의 마음속에서 문화적 평화가 형성된다면, 이는 다양한 상대들간의 공생적이고 동등한 관계와 더불어 구조적 평화를 낳고, 나아가 협력활동이나 우정과 사랑을 통해 직접적 평화를 산출하는 평화신드롬을 기대할 수 있다.

여기서 구조적 갈등전환과 해소방안을 발견하기 위한 작업의 일환으로 갈퉁이 제시한 네 가지 구조적 갈등극복 방법을 살펴보자.[99] 첫째, 대결(confrontation)이다. 이것은 갈등의 중심이 되는 한 쟁점을 선택하는 행위이다.[100] 둘째, 억압과 착취를 극복하기 위한 투쟁(struggle)이다. 이는 갈등의 극복과 평화의 창출이라는 전제에 부합되기 위해서는 반드시 비폭력적 수단에 호소해야 가능하다. 갈등은 모든 당사자가 힘으로 상대편을 굴복시킬 수 없다고 확신할 때 해결될 수 있다. 셋째, 단절(decoupling)이 있다. 이는 억압자나 착취자들로부터의 구조적 연결고리를 끊는 것이다. 간디의 '비협력운동'이나 '시민불복종운동' 등은 이 사례에 해당한다. 넷째, 재결합(recoupling)이다. 단절은 장기적 목표가 될 수 없다. 장기적 목적은 수평적 구조이다. 재결합은 억압보다는 인권을, 착취보다는 평등을, 침투보다는 자

---

99) Johan Galtung, *op. cit.*, pp.93-94.

100) 인도의 간디의 '소금행진'(1930. 4)은 목적과 쟁점을 분명히 내세운 비폭력적 대결의 전형이다.

율을, 분열보다는 통합을, 분리보다는 연대를, 차별화보다는 참여를 위한 수평적 조직을 지향한다. 이러한 재결합은 보다 새롭고, 보다 포괄적이고, 보다 덜 폭력적인 구조를 수립하는 데 도움이 된다.

이와 함께 갈등전환에 관한 일반적인 세 가지 공식을 검토해 보자.[101] 여기서 우리는 이익이 추구하는 가치가 되고 그것을 추구하는 당사자들이 행위자로 되는 지점까지 구조적 갈등이 전환됐거나, 특정 행위자가 자기나 또는 다른 사람의 목표실현을 가로막는 것이 있다는 생각에 사로잡혀 있다고 하자. 이 경우 우리는 이제 갈등의 기본적 국면에 진입한 것으로 볼 수 있다. 이 국면은 물론 실제 상황보다는 분석을 위한 교과서적 상황에 가깝다. 실제적으로 일어나는 갈등상황은 아주 복잡다단한 논쟁과 딜레마가 뒤섞인 미묘한 갈등의 거대한 응축이라 할 수 있다. 그러나 갈등전환은 대개 단순화과정을 거친다고 가정한다면, 갈등의 초보적 형태도 현실에 개략적이나마 접근할 수 있을 것이다. 복잡한 갈등양상도 어느 정도 단순한 형태의 갈등양상을 포괄하는 것이라는 점에서, 갈등상황을 단순화시켜 접근하는 방식은 갈등해결 패러다임에 상당한 통찰력을 부여한다.

<표 2>와 같이 초보적 갈등양상을 도식화함으로써 갈등전환 형태의 '철회, 타협, 상생'의 패러다임을 설정해 보자. 이 표는 두 행위자로 이루어진 초보적인 갈등형태를 상정하고 있다. 두 행위자 A1과 A2, 그리고 두 개의 목표로는 G1과 G2(A1, A2; G1, G2)로 구분된다. 만약 A1=A2=A의 상황이라면 딜레마에 빠지게 된다(더욱이 G1=G2일 경우 우리는 좌절할 수밖에 없다). 그런 상황이 아니라면 두 행위자는 일단 논쟁과정에 들어섰다고 볼 수 있으나, 이 상황에서 G1=G2=G라면 동일하면서도 경쟁적인 목표로 논쟁은 끝나 버린다. 이 표는 갈등형성의 과정과 전환방식을 나타내고 있다.

이 도표의 다섯 지점은 각각의 지점에서 두 행위자와 두 목표의 수용성과 지속성이 획득될 수 있는 잠정적 형평상태를 가리킨다. 갈등의 영원한 해결은 불가능한 것이지만, 각 지점은 갈등의 '전환'이라는 가정에 입각해 있다. 갈등이 완전히 해결되지 않고 어느 구석에 갈등의 잔재가 남아 있을 수

---

101) Johan Galtung, *op. cit.*, pp.95-99.

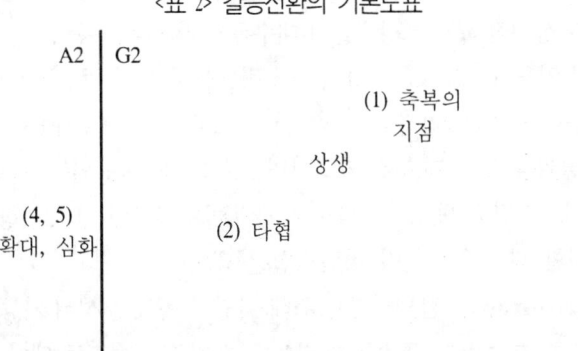

<표 2> 갈등전환의 기본도표

있다. 그리고 이 잔재는 인접한 갈등 잔재들과 합쳐져 새로운 갈등을 형성할 수도 있다.

　갈등연구학에서 자주 발견되는 용어에 대한 주의가 필요하다. 위의 표의 (1), (3), (4), 그리고 (5)를 흔히 승리, 승리·패배, 패배·승리, 패배 또는 패배, 승리로 표현하는 경우가 일반적이다. 우선 이러한 용어는 기계론적인 것으로 갈등전환의 저변과정에 대해 어떠한 암시도 함축하지 못한다. 그리고 보다 중요한 것은 갈등을 하나의 게임으로 보는, 즉 '게임이론'으로 알려진 갈등연구로 바꿔 버리는 데 큰 문제가 있다. 그러한 용어는 소외감을 불러일으키는데, 생사의 문제가 달린 갈등의 심각한 이미지를 환기시켜 주는 것도 아니고, 갈등상황에 깊이있게 개입하는 것도 아니다. 승리니 패배니 하는 용어는 매스미디어에 의해 뉴스가 오락물로 변해 버리듯, 거실에서 게임할 때의 재치스런 용어가 마치 죽고 살고 하는 실존적인 문제의 메타포로 나타나고 있는 것과 유사하다.

　이제 이 표에서 나타난 바와 같이 갈등전환에 관한 이른바 상생, 타협, 철회의 3가지 공식을 비교해 보자.[102]

① 상생(transcendence)[103]: 장애물이 극복되고 목적이 달성된 상태를 뜻한다. 갈등의 상생적 해결은 장애물이 대수롭지 않거나 갈등해결을 위한 감춰진 자원이 있을 때, 그리고 목표가 재조정됐을 경우에 발생하기 쉽다. 물론 상생은 갈등해결에서 가장 창조적인 과정으로 갈등 당사자들이 모두 만족할 만한 결과를 얻는 것으로, 말하자면 모두가 승자가 되는 '원원' 형태라 할 수 있다. 이 경우 새롭고 독특하고 기대하지 않았던 결과를 창조한 것으로 갈등전환 과정에서 가장 바람직한 형태이다.

② 타협(compromise): 갈등해결을 위해 야망과 목표를 성취 가능한 한도까지 낮춘다. 이는 목표를 조정하는 것으로, 흔히 현실적으로 돼야 함을 말한다. 타협은 물론 상생보다는 못한 형태를 수용하는 것으로, 여기서는 절제 또는 중용의 지혜가 필요하다.

③ 철회(withdrawal): 간단히 말해 당분간 또는 장기적으로 목표를 포기해 버리는 것이다. 이는 목표를 마음 깊숙한 곳에 묻어 버린 채 한동안 또는 영원히 잊어버리는 것을 말한다. 이 경우에는 무관심과 인내가 요구된다.

이 세 가지 결과는 비록 대칭적이나, 이들은 일반적으로 목적달성 과정에서 협력적 관계를 전제하는 것으로 상충하는 딜레마를 풀기 위해서는 내적 대화로, 논쟁을 해결하기 위해서는 외적 대화로 접근해 나간다.

상생, 타협, 철회의 세 가지 형태는 서로 복합적으로 뒤섞이거나 상황에 따라 다양하게 나타난다. 갈등의 가장 창조적인 해결방식이 상생적 형태라면, 타협은 주로 조정에 의해서 이루어지며, 철회는 갈등해결을 위한 용기가 없고 가장 비생산적인 방식이다. 또 이러한 세 형태의 결과는 두 행위자에게 대칭적이기 때문에, 갈등의 딜레마와 논쟁을 극복하기 위한 내적 또는 외적 대화를 통해 목표달성 과정에서 각각의 수준차이는 있으나 일반적으로 협력적인 관계가 발생한다. 이 표의 대각선상에 있는 세 형태는 모두 불협화상태보다는 조화상태를 가리킨다. 이 세 형태는 대칭적이기 때문에

---

102) Johan Galtung, op. cit., pp.95-99.

103) transcendence는 철학용어로 '초월,' '선험적인 것' 등으로 옮길 수 있으나, 여기서는 갈등 당사자 모두가 함께 이익이 되는 창조적 결과를 얻을 수 있는 해결책을 지향한다는 의미에서 '상생'(相生, symbiosis)으로 이해할 수 있다.

어느 한쪽이 (4)이든 또는 (5)이든 문제가 되지 않는다. 다른 두 개는 각각 설명이 필요한 불협화상태를 가리킨다.

상생, 타협, 철회 세 형태의 갈등해결 방식을 널리 알려진 사례로 이스라엘, 팔레스타인 문제에 적용해 보자. 갈등관계의 한 당사자인 이스라엘은 문제가 되고 있는 지중해 동부지역을 차지해야 하는 근거로 성서의 약속된 땅이니 선택받은 민족이라는 이유로 정당성을 주장하고, 다른 쪽 당사자인 팔레스타인은 이스라엘인들이 이주해 오기 전부터 그곳에 살고 있었다는 이유로 정당성을 주장하고 있다. 이러한 갈등상황에서 해결방안의 하나로는 '타협'이 있다. 이는 팔레스타인 국가평의회의 1988년 11월 15일의 결의에서 제안한 것으로, 두 국가 해결방안이라 할 수 있는 하나의 타협안이다. 그것은 반드시 50-50이거나 70-30, 90-10일 필요는 없으나, 그러나 100-0일 수는 없는 그런 타협안이다. 그리고 이 갈등관계에서 '철회'는 쌍방이 모두 그들의 주장을 포기하는 것이다. 이는 두 당사자 모두 자기의 땅이라고 주장하는 영토를 제3자에게, 즉 역사적으로 과거의 로마제국, 셀주크터키, 오토만제국이든, 국제연맹 또는 영국이든 누구에게든 양보해 버리는 방식이다. 그렇다면 구체적으로 이스라엘·팔레스타인 사이의 갈등관계에서 평화를 창출할 수 있는 상생적 방식은 어떠한 것일까? 그것은 분명히 두 개의 분리된 자치형식이 아니라 하나의 공동자치 형태일 것이다.

'상생'은 분명 주목할 만한 개념이다.[104] 상생은 갈등당사자 모두의 승리를 도출하는 방식이다. 예컨대 부부간 여름 바캉스계획을 짤 때 산으로 가자는 주장과 바다로 가자는 주장이 서로 대립할 경우, 산과 바다를 모두 즐길 수 있는 제주도를 선택한다면 양자가 모두 만족하면서 갈등은 창조적으로 해소된다. 이러한 상생의 창의성은 앞에서의 예와 같이 이스라엘과 팔레스타인간의 갈등에 적용될 필요가 있는 것은 말할 것도 없고, 남북한 관계의 현실적 적용을 위해서도 많은 상상력을 필요로 하는 부분이다. 갈등해결에서 상생의 방식은 이처럼 폭력을 피하고 평화를 획득할 수 있는 최상

---

[104] transcend 개념으로 평화학의 다양한 영역을 개척하고 있는 움직임은 http://www.transcend.org 참조.

의 해답이라 할 수 있다.

2) 평화정책

평화정책은 정치사상적 전통에서는 평화체결과 평화유지의 기술을 의미한다. 이러 평화정책은 평화의 현재를 지향하고 있다.[105] 평화정책의 이러한 전통은 전쟁은 민족의 역사적 삶 가운데서 불가피한 현상이라는 것을 분명하고도 암시적으로 전제한다. 전쟁을 제한하고 가능한 한 종식시키는 것, 평화를 확보하고 평화상태를 오랫동안 유지하는 노력은 평화정책의 목표이며 최우선적 과제로 설정된다. 그와 같은 과제는 오늘날 대부분의 국가에서 평화정책의 목표로 지속되고 있다. 평화정책은 물론 평화를 항구적으로 보장하는 구조를 추구해 나가야 한다. 이런 점에서 평화정책은 단지 평화의 현재를 추구하는 데 그치는 것이 아니라 평화의 미래를 함께 지향해야 한다. 왜냐하면 오늘날의 평화는 새로운 방식으로 평화와 생존이 서로 결합돼 있기 때문이다. 인간의 생존을 위해서 정치적 책임은 평화의 미래를 지향해야 한다. 그러므로 평화정책으로서 미래의 삶과 결단 가능성을 위한 책임을 지향해야 하는 정치적 행동을 평화윤리의 과제로 삼아야 할 것이다.[106]

평화사상이 평화정책으로 구현된 경우로는 독일통일의 토대를 닦았던 브란트(Willy Brandt)의 동방정책으로 나타난 평화정책을 꼽을 수 있다. 브란트는 1971년 노벨평화상 수상 당시의 오슬로 연설인 "우리 시대에 있어서의 평화정책"에서 평화정책의 기본원칙을 다음과 같이 천명했다.[107]

전쟁은 정치의 수단이 돼서는 안 된다. 오늘날 국가이익은 평화를 위한 전체적 책임에서 분리될 수 없다. 모든 외교정책은 이 견해에 따르지 않으면 안 된

---

105) W. Huber, H. R. Reuter, 『평화윤리』, 김윤옥·손규태 옮김(대한기독교서회, 1997), 13쪽.
106) W. Huber, H. R. Reuter, 앞의 책, 13쪽.
107) W. Brandt, 『브란트회고록』(중앙일보사, 1976) 참조.

다. 그것은 유럽 및 세계적 안보정책의 수단으로 긴장을 완화하고 국경선을 초월해 대화를 촉진하는 것이다.

브란트는 이미 동방정책을 추진하던 시기에 평화의 확보야말로 실천적 이성의 명령이며, 평화정책이야말로 이 시대의 참된 현실정치라고 강조했다.108) 평화는 그냥 오지는 않는다. 그는 평화를 위해 노력해야 하며, 또한 만들어 낼 수 있다고 믿었다. 평화 추구를 위해서는 ① 자기 위치의 명확성과 목표에 대한 적절한 평가, ② 상대방의 이익과 목표에 대한 적절한 평가, ③ 공동이익의 영역을 마련하고 양측에 공동이익을 확대하는 것, ④ 실제적 합의의 대상을 넘어 평화유지의 공동인식을 통해 그것을 다 함께 강화하려고 노력하는 도덕적 원동력 등을 평화정책의 내용으로 삼았다. 그는 전쟁은 결코 정치의 수단이 돼서는 안 된다는 의지를 천명했던 것이다.

한반도 평화구축을 위한 평화정책은 한민족 피침의 수난사와 피동의 역사를 극복하기 위해 더 이상 한반도를 둘러싼 국제정세의 역학관계에 휘말려서는 안 된다는 인식하에 한반도와 동북아시아의 평화를 창조해 나가는 의식적이고 창조적인 노력이 필요하다. 한반도의 전쟁 가능성과 갈등구도는 한반도에 살고 있는 한민족의 존망이 달린 문제로, 역사적으로나 지정학적으로나 강대국의 이해관계와 밀접하게 연관돼 있다. 따라서 남북한 당사자를 비롯해 주변국 모두가 반대하지 않는 창조적인 패러다임이 모색돼야 한다.

21세기 문명사적 전환기에 한반도는 지난 세기의 역사적 조건과 달리 주변국의 일방적인 영향력에 규정되지 않는 복합적인 상황에 직면해 있다. 한반도의 평화는 이 지역 패권국가의 세계전략과 그에 대응하는 주변국들의 대외정책의 결과라는 피동적이고 현상 유지적인 평화를 극복하고 보다 항구적인 평화체제를 확립하기 위해서는 한민족의 창의와 의지를 반영한 평화정책을 수립할 필요가 있다. 말하자면 남북한 합의에 바탕을 둔 '평화이니셔티브'를 통해 한반도 평화체제 구축의 제도적 틀을 마련해 나가야

---

108) W. Brandt, *Der Wille zur Frieden* (Hamburg, 1971), p.354. 이영기, "데탕트정치의 평화사상," 최상용 편, 『현대 평화사상의 이해』(한길사, 1992), 44쪽에서 재인용.

할 것이다. 그러므로 평화정책은 전쟁방지와 한반도 평화구축이라는 당면한 과제의 해결과 미래 지향적 전망의 제시를 추구해야 한다.

21세기를 맞이한 현단계 한반도의 상황은 지난 세기와 같이 주변 강대국에 의해 한민족의 운명이 좌우되지는 그러한 조건에 처해 있는 것은 아니다. 분단과 냉전으로부터 탈냉전과 평화통일의 시대를 맞아 한반도는 동북아지역을 비롯한 세계평화에 적극적으로 기여하는 능동적 국가로 위상을 정립해야 할 단계라는 점에서 평화통일과 대외관계의 정초를 마련할 수 있는 평화정책의 틀을 마련해야 한다.

아시아·태평양지역의 평화를 위한 새로운 안보개념은 한반도를 둘러싼 지역국가들의 상호관련 구조를 지역 전체의 평화와 안정성을 지향하는 방향으로 바꿔 나가는 것이 바람직하다. 지역 전체의 안보구조는 종래의 쌍무적 안보관계 구조에서 벗어나 국가간 '민주성'의 원칙 아래 실질적인 평화관계 수립을 지향할 수 있도록 해야 한다. 이를 위해 지역 전체 구성원을 포괄하고 핵심적 분쟁사안이나 군비요인을 최대한 포괄하는 다자간 지역 안보 협력구조가 제도화될 필요가 있다. 아시아·태평양지역의 평화와 군비축소 문제는 이 지역 주민의 삶의 질 향상이라는 과제 속에서 접근돼야 할 것이다.

동북아지역 6개국 중심의 안보협력 대화체 창설제안은 1988년 이후 10여년 이상 오랜 기간에 걸쳐 20회 이상 다양한 형태로 거론되고 있는 주요한 정책현안이다.[109] 동북아 다자안보 협력체 구상은 이 지역에서 시도되는 매우 생소한 평화구축 방안으로 구성국간의 다양한 이질적 요소로 인해 적극적인 공감대를 형성하지 못한 상태이다. 그러나 한반도를 둘러싼 동북아지역의 긴장과 갈등을 예방하고 보다 안정적인 평화구조 수립의 절실한 과제를 추진하기 위해서는 역내 모든 국가의 공통인식을 바탕으로 다자간

---

[109] 참가국을 동북아 6개국(남·북한, 미국, 일본, 중국, 러시아)으로 제한한 다자간 안보협의체 제안은 정부차원 공식제안 8건 및 정부차원 비공식제안 6건, 그리고 민간차원의 공식협의체 제안 1건(NEACD) 및 민간차원 비공식제안 2건 등 17건이 제기됐다. 엄태암, "동북아 다자안보협의체 구성방안,"『안보정책 연구논총』(Ⅰ) (국가안전보장회의 사무처, 2000. 8) 참조.

안보협의체 구성노력은 지속돼야 할 것이다.

3) 평화운동

평화운동은 서구와 동구에서 사회의식을 변화시키는 데 중요한 역할을 했다. 그리고 사회의식 변화는 냉전종식에 기여했다. 생태학적 운동과 마찬가지로 평화운동도 먼저 인류의 존망에 영향을 미치는 위험의 인식에 의해 추동됐다. 서구에서 전개된 평화운동은 대규모 단일형태의 운동인 반전·반핵운동으로 집약돼 냉전체제에 커다란 충격을 가했고, 냉전의 종식과 더불어 평화운동은 약화되거나 운동형태를 변화시켰다. 서구사회에서는 이제 평화운동을 축으로 대중을 동원할 수 있는 열정은 가라앉았으며 가까운 장래에 다시 일어날 수 있을 것으로 기대하기는 어렵다.

냉전 후 유럽사회의 주요한 현상 가운데 하나는 탈군사질서의 발생과 함께 평화운동과 정부간의 이해관계 변화를 들 수 있다. 적이 없는 국가, 그리고 그와 더불어 군국주의의 쇠퇴로 특징지어지는 국가들은 기존의 군사동맹 체제나 민족적 대립과는 전혀 다른 상황에 놓이게 됐다. 지역적 분쟁이 완전히 사라진 상태는 아니지만 대부분의 국가는 공격적 전쟁을 수행하려는 동기를 더 이상 발견하기 어렵다. 지난날 평화가 국민국가 체제 내에서 전쟁이 없는 상태를 의미했다면, 현단계의 평화는 과거와 아주 다른 함의를 가진다. 여기서 정부와 평화운동 단체의 이해관계의 일치점을 충분히 발견할 수 있다. 양자는 이제 대립이 아니라 상호 협력하에서 활동해서는 안 될 이유가 없게 됐다. 냉전의 종식은 서구사회에서 전쟁과 핵무기의 공포가 더 이상 현실적인 위협으로 인식되지 않는 상황을 가져다주었다. 그러나 비서구사회의 현실은 분명 그렇지 않다. 오히려 다양한 형태로 발생하는 분쟁양상에 대해 새로운 인식과 각성이 촉구되고 있다. 특히 한반도를 둘러싼 동북아지역의 긴장과 갈등의 평화적 해결에 대한 관심이 증대되면서 한국사회에서 평화운동은 날로 고조되는 상황을 맞이하고 있다. 그럼에도 평화운동은 여전히 많은 과제를 안고 있다.

평화주의(pacifism)는 평화의 적이 될 수 있다. 평화주의자들이 무장상태로 방치하는 호전주의자들은 상대국이 자신의 고유한 가치를 보전하려 하는 한 자국의 행위에 대한 도전이기 때문에 전쟁을 개시할 수밖에 없다고 하면서 전쟁을 정당화한다. 평화를 외치면서 싸우는 것을 거부하는 것은 평화를 사랑하는 것이 아니라 평화주의로 몰락해 인간성을 파괴하는 사악한 이데올로기에게 자유로운 활동의 터전을 마련해 주는 행위가 된다. 평화는 물론 전쟁 도발자들 곁에는 존재하지 않는다. 평화는 그것을 방어하고 지켜 나가려는 우리의 열의에 의해 좌우되는 것으로, 전쟁의 가능성은 점차 퇴조하고 평화가 수립될 수 있다는 확신이 중요하다.

전쟁은 하나의 사회제도이며 단순히 개인간 폭력이 대규모로 분출된 것은 아니다. 전쟁은 기획되고 조직화된 대규모 폭력으로 시간의 흐름에 따라 점점 더 야만적으로 변하게 된다. 전쟁은 점점 더 비인간화되고 타산적인 합리주의와 기술에 의해 더욱 더 교묘하게 지배되면서 파괴력을 확대시켜 가고 있다.

군대도 역시 하나의 사회제도이다. 사회제도는 인간의 목적에 부응하도록 만들어진 인위적 창조물이며 군대의 목적은 평화를 보장하고 재산을 보호함으로써 안전을 제공하는 일이다. 우리들 대부분은 군대가 바로 그것을 수행하고 있다고 믿고 있으며, 그 때문에 군대를 보다 강력하게 만들기 위해 군사력에 많은 자원을 투자해 왔다. 그런데 강력한 군대의 존재 자체가 우리로 하여금 인간의 생명과 안전, 자유와 평화 그 자체를 위태롭게 하는 세계에 빠지게 됐다. 이를테면 안전과 평화를 위한 군대가 거꾸로 평화의 적이 되는 이율배반적 모순이 현실화되고 있는 실정이다. 그러므로 우리는 우리 모두가 그렇게 열망하는 평화와 안전을 보장하는 기본적 수단으로서 군사력과 군사적 위협을 사용하는 시대는 지나갔다는 자각이 필요하다. 특히 핵무기와 대량살상무기가 개입되는 곳에서는 더욱 그러하다. 전쟁은 너무나 파괴적이며, 인간사회가 안전보장을 위해 대규모 군사력의 잔혹성에 계속 의존하고 전쟁을 준비하는 일은 너무도 값비싼 대가이다.

전쟁을 강요하는 군사력은 더 이상 그 목적에 충실한 사회제도가 아니므로 다른 보다 더 효과적인 사회적 합의를 찾는 것이 우리에게 주어진 시대적 과제라 하겠다. 평화적 혁명을 불가능하게 만드는 사람들은 폭력혁명을 불가피하게 만든다. 우리가 전쟁에서 해방되는 세상을 상상하는 것은 불가능한 일이다. 세계의 하루는 항상 불화 속에서 해가 뜨고 갈등 속에서 해가 지는 나날이기 때문이다. 그러나 최소한 폭력적인 충동, 가공할 무기, 유독성 폐기물, 기아상태의 빈곤, 기타 조직적인 폭력시위, 테러행위 등이 사라진 세계를 한번 상상해 볼 필요가 있다. 우리는 지금까지 평화에 대해 알고 있는 것보다 폭력과 전쟁에 대해 더 많이 알고 있다.

어두움을 불평하기보다는 한 자루의 초에 불을 당기는 일이 더욱 소중하다. 평화에 관해서 이야기하는 것만으로는 충분하지 않다. 평화를 신념화시켜야 하며, 사회적 규범으로 자리잡도록 해야 한다. 이런 맥락에서 전국민의 9할 이상의 인구가 6개 종교에 속해 있는 그야말로 종교적인 나라에서 우리만큼 "종교가 다원적인 사회, 그리고 비교적 관용하고 공존의 원칙이 지켜지는 나라가 별로 없는" 세계에서 "이 겨레와 이 땅이 인류공동체를 위한 종교와 평화의 '거룩한 실험장'이 될 수 있기를" 기대하는 신념 등이 널리 확산될 필요가 있다.110) 평화운동이 실천적 차원에서 적극적으로 전개돼야 하는 까닭은 바로 관념 속에서 머무는 평화는 아무런 의미도 없기 때문이다.

시민운동과 평화문화: 국제대인지뢰금지캠페인

국가는 일차적으로 국방과 안보를 중시함으로써 평화문화 창출에 적극적인 역할을 맡기는 어려울 것으로 보이지만, 국가수준에서 강력한 평화문화를 창출한 경우는 캐나다, 오스트레일리아 같은 초강대국이 아니라 중간수준의 국력을 지닌 국가들 사이에서 쉽게 발견된다. 이러한 사례로 '국제대인지뢰금지캠페인'(International Campaign to Ban Landmines: ICBL)을 들 수 있다.111) ICBL이 주축이 된 지뢰금지운동은 1996년 '특정재래식무기협

---

110) 이윤구, "열린 사회의 종교교육," 아시아종교인 평화회의 서울평화교육센터 편, 『종교간 대화와 인류의 평화』(원화, 1992), 88쪽.
111) 국제적십자위원회(ICRC)는 유엔과 미국부무 자료를 인용해 지구상 64개국에 1억 1천

약(CCW)의 지뢰사용금지 및 제한과 유엔의 대인지뢰금지협약 촉구 결의안 (1996. 12)을 이끌어냈고 '오타와협약'(1997. 12)으로 결실을 맺었으며, 그후 이 협약은 1999년 3월 1일 국제법으로 효력을 갖게 됐다. 1998년 ICBL은 이 협약을 미국의 강경한 반대에도 불구하고 4개의 '불량배국가'까지 끌어들여 145개국의 서명을 얻어냈다. 그러나 미국을 비롯해 한국, 러시아, 중국, 쿠바 20여 개국은 참가를 유보한 상태이다. 미국은 한국을 예외로 하자는 제안이 받아들여지지 않자 가입을 거부했다.

현재 세계적으로 활발하게 전개되고 있는 대인지뢰금지운동은 평화군축운동으로 새로운 가능성을 보여주고 있다. 지금까지의 군축은 일반적으로 강대국간의 이해관계에 따라 이루어져 왔다. 그런데 ICBL은 NGO가 중심이 돼 수많은 나라의 정부를 협약의 서명에 참여시킨 평화운동이다.[112] ICBL에 가입한 1천여 개의 민간단체를 중심으로 국제적십자위원회, 유니세프 등 국제기구를 참여시켜 대인지뢰 금지에 대한 국제적 여론을 형성시켰다. ICBL은 일반적 의무로 각 협약체결국은 어떤 상황하에서도 대인지뢰를 사용하는 행위와 직접 및 간접적으로 개발·제조·획득·비축·보유하거나 타자에게 이전하는 행위를 금지할 것을 의무로 규정했다.[113]

지뢰는 비인도적이고 비열한 무기로 오랫동안 비난받아 왔다. 전쟁은 적과 우리측을 구분하는 행위이나, 20세기의 전쟁은 적도 아니고 우리측도 아닌 무차별적으로 인간을 살상하는 무기를 개발함으로써 전쟁의 비인도적 측면이 한층 부각되게 됐다. 지뢰는 인간이 만들고도 인간의 통제를 벗어난 무기라는 점에서 가장 비인도적인 무기로 지적됐다. 지뢰는 한꺼번에

만 개 이상의 대인지뢰가 묻혀 있다고 발표했다. ICRC는 이집트 2천 3백만 개, 이란 1천 6백만 개, 앙골라 1천 5백만가, 아프가니스탄·이라크·캄보디아 각 1천만 개, 베트남 350만 개가 매설돼 있는 것으로 추산했다. 현재의 기술수준으로 전세계에 매설된 지뢰를 모두 제거하는 데는 1,100년간 330억 달러가 소요된다. 대인지뢰에 인한 인명피해는 연간 2만 6천명에 이른다. 지금 이 시간에도 20분에 한 명 꼴로 지뢰에 의한 사상자가 발생하고 있으며 피해자의 80%가 민간인이다.

112) "한국대인지뢰대책회의 소개," http://landmine.peacenet.or.kr/kcbl.html.
113) "대인지뢰의 사용, 비축, 제조, 이전의 금지 및 폐기에 관한 협약 전문," '제1조 일반적 의무', http://my.netian.com/~poignant/main/peace/지뢰/convention.html.

엄청난 손실을 입히는 대량살상무기는 아니나, 영구히 그치지 않고 느슨한 전쟁상태를 유지하며 인간성을 파괴하는 무기이다. 지뢰의 비인간성과 부도덕성은 여기에 있다.

'국제대인지뢰금지캠페인'(ICBL)을 조직한 조디 윌리엄스는 인터넷을 이용한 국제적 연대를 통해 캐나다의 오타와협약을 이끌어 내고 133개국 정부가 이에 서명하도록 했으며, 65개국이 국회비준까지 받게 한 업적으로 그녀와 ICBL은 1997년 노벨평화상을 수상했다. 이를 계기로 대인지뢰금지 운동은 국제적으로 확대됐다.114) 이는 평범한 한 여성과 세계시민의 연대가 세계평화를 위해 얼마나 크게 기여할 수 있는가를 보여준 아주 훌륭한 사례로, 21세기 평화운동과 시민운동의 가능성을 열어 놓은 쾌거였다. 이처럼 전쟁과 무기개발의 독점적 주체인 국가의 역할은 이러한 시민운동을 통해 변할 수 있으며, 시민운동이 여러 나라의 정부를 국제협약에 서명하도록 이끌었다는 점에서 NGO의 평화운동이 국제사회의 각국 정부에 커다란 영향력을 미칠 수 있는 사례로 평가된다.

이러한 국제 NGO의 평화운동에 자극받아, 한국에서 강대국 중심의 냉혹한 세계질서에도 불구하고 평화와 인권을 중시하는 새로운 흐름이 나타나고 있어 주목된다. 한국대인지뢰대책회의(KCBL)는 1997년 11월 24개 민간단체가 모여 결성된 이래 한국의 대인지뢰 조사와 피해실태, 그리고 한국정부의 오타와협약 가입을 촉구하고 있다.115) 환경단체인 녹색연합의 조사보고에 의하면 우리나라에는 전방의 군사지역이 아닌 자연보호구역, 국립공원, 문화유적지, 그리고 서울, 부산, 울산, 대구, 포항 등 도심 주변지역을 비롯

---

114) 조디 윌리엄스(Jody Williams)는 미국의 '베트남참전용사회'에서 일하면서 많은 상이군인들이 그들이 매설한 지뢰를 밟고 희생된 사실을 알면서부터 독일의 메디코 인터내셔널과 함께 1991년 11월 국제지뢰금지운동(ICBL)을 전개했다. http://www.mct.go.kr/vision2000/e-profile23.html.

115) 오타와협약은 대인지뢰의 전면금지, 4년 이내 모든 비축지뢰의 폐기와 10년 이내 매설된 지뢰의 폐기를 규정하고 있다. 국방부는 남북관계가 진전되고 있으나 북한의 군사적 위협의 실체가 변하지 않은 상황에서 이 협약에 가입할 수 없다는 입장을 밝힌 바 있다. 다만 탐지 불가능한 지뢰는 매설하지 않는다는 정도의 약간 느슨한 금지수준인 특정재래식무기협약(CCW)에는 가입할 수 있다는 견해이다.

해 전국에 걸쳐 2000년 10월 현재 총 21곳에 지뢰가 함부로 매설돼 있다는 충격적인 사실이 밝혀져 대인지뢰에 대한 사회적 관심을 일깨우기도 했다.116)

6. 맺음말

평화문화를 형성해 나가기 위해서는 연구 및 운동차원에서 다양한 경로와 방식을 동원해야 한다. 1990년대에 와서 서구사회에서는 대규모적인 평화대행진이나 대중시위 형태의 평화운동은 소강상태에 빠졌으나, 유엔기구를 중심으로 다양한 NGO의 활동이 두드러지고 있다.117) 이러한 상황에서 과연 누가 탈군사화된 사회를 지향하는 대안적 안보구조를 개발하는 데 적극적인 역할을 수행할 수 있을 것인가 하는 질문이 새삼 제기될 수도 있다. 우리는 일단 사회의 탈군사화를 위해 국가, 다국적기구, 유엔, 비정부기구 및 종교단체 등의 역할을 기대할 수 있을 것이다.

평화는 군축의 실현 없이는 불가능하다. 국방비 축소와 군비경쟁 종식은 평화실현의 첫걸음이다. 세계는 탈냉전시대를 맞이한 지금도 엄청난 군사비를 쓰면서 군비경쟁에 몰두하고 있다. 천문학적 수준의 군비가 국방비에 투입되면서 전쟁에 의한 인류의 파멸적 재앙은 지구 도처에서 전개되고 있다. 특히 남북한의 경우 지구상에서 가장 높은 군사밀집도를 가진 지역으로 세계의 화약고로 불리는 불막이 아닐 수 없다. 남북한은 항상 전쟁의 위협에 시달리면서 반평화적인 군사문화에 짓눌려 정상적인 사고와 삶의 패턴이 왜곡되고 인간성마저 심각하게 훼손당하는 경우도 경험했다. 북한 주민들은 지금도 군부중심의 전체주의적 동원체제의 고통에서 조금도 벗

---

116) "이슈추적: 후방지역 지뢰매설실태," <한겨레21>, 제334호(2000. 11. 23) 참조.
117) Elise Boulding, *Culture of Peace: The Hidden Side of History* (Syracuse University Press, 2000), pp.268-272.

어나지 못한 상태이다.

군비축소야말로 한반도의 실질적인 평화를 가져오는 첩경이며 군비축소 없이는 남북한의 참된 화해·협력의 토대를 마련하기가 힘들다. 이와 관련해서 군비경쟁의 폐해와 군비축소의 긍정적 효과를 널리 알리는 군축교육과,118) 적어도 군축의 필요성을 절감하는 군축 분위기의 확산이 시급히 이루어져야 한다.

탈냉전시대 전쟁 가능성을 줄이려는 노력과 평화운동에 대한 이해와 관심이 높아져 가고 있는 사회적 분위기에도 불구하고 군축문제는 결코 쉬운 일이 아니다. 군축의 당위성과 실천 가능성간의 괴리를 어떻게 좁혀 나가야 할 것인가 하는 문제가 관건으로 떠오른다. 국가안보와 군축의 딜레마 속에서 군비통제·군축은 이론적 접근과 더불어, 우리 사회 민주화의 수준을 심화시켜 나가는 노력과 함께 평화운동의 실천적 맥락 속에서 조망될 필요가 있다. 군비경쟁은 한민족의 장래를 암담하게 하는 악몽의 시소게임으로, 모두에게 이익에 되기 위해서는 합리적 수준에서 반드시 통제돼야 한다.

평화교육은 평화문화를 창출하는 실천적 활동이다. 이러한 평화교육은 두 측면을 지향하고 있다. 하나는 '평화에 관한 교육'(education about peace)과, 다른 하나는 '평화를 위한 교육'(education for peace)이 그것이다. '평화에 관한 교육'은 왜 평화를 추구해야 하며 평화를 실현하기 위해 무엇을 알아야 하는가 하는 정보의 제공과 관련된 교육을 말한다. '평화를 위한 교육'은 평화를 증진시킬 수 있는 태도, 의사결정, 행위를 이끄는 데 목적이 있는 교육이다. 전자가 주로 평화에 관한 올바른 인식의 배양에 목적을 두고 있다면, 후자는 실천 및 참여하려는 가치판단과 관련돼 있다. 그러므로 평화에 관한 정보, 지식, 사고 등의 교육을 중시하는 '평화에 관한 교육'과 함께 평화를 위한 실천적 방법을 모색해 나가야 할 것이다.

평화교육이 군축문제에 직접적인 결실을 가져오는 것은 아니다. 평화교육이 군축문제 해결에 이바지 할 수 있는 길은 군축에 대한 확신과 가치체

---

118) Alessandro Corradini, "Disarmament Education as a Distinct Field of Study," in Marek Thee (ed.), *Armaments, Arms Control and Disarmament* (Paris: The UNESCO Press, 1981), pp.328-337.

계를 배양함으로써 군축실현의 사회적 토양을 다지는 데 있다. 그런 점에서 평화교육은 군축을 위한 비전과 장기적 전망을 확보하려는 노력의 일환으로 볼 수 있다. 그것은 마치 교육이 경제문제를 해결하거나 정치를 바로잡는 데 직접 기여하는 것이라기보다는 그러한 인간의 육성과 사회적 토양의 확보 없이는 아무런 해결책도 기대할 수 없는 것과 같다.

평화교육은 매우 다양한 측면을 지니고 있기에 도덕·정치교육의 광범한 틀 속에서 다루어지는 것이 바람직하다.[119] 민주주의사회에서 도덕·정치교육은 시민적 덕성함양과 함께 단지 전쟁과 평화의 문제만을 다루는 것이 아니라 구체적인 정치문제도 토론할 수 있는 공간을 포함하는 광범한 교육과정을 요구하기 때문이다. 도덕·정치교육은 정치인이나 대중매체의 주장의 타당성을 평가할 수 있는 기술에 관심을 보이는 것에 만족하지 않는다. 가장 중요한 것으로 도덕·정치교육은 지적 교육에 절대적인 관심을 가지고 있는 평화교육에 대한 비판자들조차 아무런 비판을 제기할 수 없는 용기, 관용, 인내, 동정, 건강한 지적 회의 등의 덕목을 함양하는 데 기여하게 된다. 요컨대 평화의 의식화와 평화행위 능력의 배양을 강조하는 평화교육의 핵심은 이웃과 인류의 운명과 삶에 대한 무관심과 무감각의 극복에 있다고 할 수 있다.[120]

평화연구는 아직도 하나의 자기완결적 학문체계를 구축한 상태는 아니지만, 인문학, 사상사, 철학, 신학, 종교학 등 모든 분과학문의 초대를 통한 새로운 분야의 개척이 기대된다. 폭력과 평화에 관련된 심인적(心因的) 동기체계인 평화문화의 연구는 직접적이고 구조적인 폭력만을 평화학의 대상으로 삼는 연구의 전통적이고 교조적인 연구방식의 한계를 넘어선다. 평화에 대한 보다 풍부한 통찰력을 바탕으로 갈등해소와 평화전통의 확립을 위한 인식지평의 확대와 더불어 평화문화 형성을 향한 실천적 노력을 경주해 나가야 할 때이다.

---

119) Patricia White, "비판에 대한 대응비판의 논리"(1987), David Hicks, 『평화교육의 이론과 실천』, 고병헌 역(서원, 1993), 78쪽.

120) 이삼열, "평화교육의 철학과 과제," 아시아종교인 평화회의 서울평화교육센터 편, 앞의 책, 14.

제8장 한국사회 냉전문화 극복방안*

1. 머 리 말

새로운 세기의 여명이 밝아 오고 있다. 그러나 우리는 아직도 민족의 참된 화해와 화합을 위한 새로운 역사의 장을 마련하지도 못한 채 동트는 산하를 맞이하고 있다. 지난 세기 1990년대 초에 남북한간 긴장완화와 평화보장, 그리고 민족공동체의 이익과 번영의 도모를 합의했던 "기본합의서"는 민족통일의 대장전으로, 통일과정에 우뚝 선 하나의 이정표였다. 그럼에도 우리에게 지난 1990년대는 합의서의 정신이 망실되고 꽃피워 보지 못한 '잃어버린 10년'이었다.

20세기는 한민족에게 고통과 좌절의 세기였다. 세계사적 도전에 능동적으로 부응하지 못함으로써 항상 냉혹한 국제정치의 격랑 속에서 헤어나지 못했으며, 그 결과 분단과 동족상잔의 제물이 됐다. 그러나 지금 이 순간에도 우리는 남북한 상호 증오와 저주의 염(念)을 삭이지 못하고, 대결과 갈등의 구조 속에서 엄청난 민족적 역량을 소모하고 있다.

세계적인 동서 냉전체제는 이미 역사의 한 페이지로 넘어갔다. 그러나 21세기의 한반도는 아직도 냉전시대의 '흘러간 노래'에 반주를 맞추고 있다. 이를테면 '세계시계'와 '민족시계'가 가리키는 시간이 서로 다른 공간대에 살고 있는 셈이다. 남북한 대결구도가 완전히 청산되지 못한 채 냉전의

---

* 이 논문은 「한국사회 냉전문화 극복방안 연구」 (통일연구원, 1999)로 출간된 것을 일부 수정한 것임.

그림자가 짙게 드리워져 있는 '역사적 지체'(historical retard)현상을 극복하지 못한 상태이다. 세계사의 변화에도 불구하고 한반도 분단의 장벽은 여전히 굳건하게 버티고 있다. 이러한 분단구조 위에서 대결, 반목, 불신의 냉전의식, 냉전문화가 대중의 의식을 짓누르면서 국민통합과 민족화합을 저해하는 분열의 토양이 되고 있다.

사실 자본주의와 사회주의를 대표하는 미·소 대립의 양극체제로 표상됐던 국제 냉전체제의 와해는 사회주의체제의 실패에 따른 소비에트체제의 자기붕괴의 결과였다. 이는 물론 미·소 양국간 평화와 화해를 통한 합의의 산물은 아니었다. 그런 점에서 동서 냉전체제의 붕괴가 자동적으로 미국의 냉전이데올로기, 군산복합체, 그리고 군사·정치적 패권지배 체제를 해소시키고 전지구적 차원에서 갈등종식과 평화구조가 확립될 수 있는 지평을 넓혀 나가는 낙관적 전망을 가능케 하는 것은 아니었다. 그럼에도 그러한 세계사적 변화는 바로 그 체제에 의해 한민족의 운명이 결정됐다는 점에서, 우리 민족의 새로운 미래 창출의 전망과 민족사적 진운의 향방과 관련해서 커다란 의미를 지닌다.

이러한 세계사적 변화 속에서 지금 한반도를 둘러싼 동북아지역의 안정과 새로운 평화구도의 정착에 대한 관심이 고조되고 있다. 이에 한반도 냉전구조를 해체하는 과제야말로 이 지역의 보다 공고한 평화구조를 확립하는 데 관건적인 문제라는 인식이 확산되면서 최근 우리 정부 대외정책의 최대 현안이 되고 있다. 그러나 한반도 냉전구조의 해체는 우리 사회 내부의 냉전의식과 냉전문화의 해소, 극복 없이는 불가능하다. 냉전을 지탱한 힘이 국가와 이데올로기였다면 냉전을 허물어 낸 힘은 자유와 인권을 존중하는 시민의 의지와 행동에 있기 때문이다.

최근 갈등과 불신의 장막이 완전히 걷히지 않은 상태임에도 불구하고 남북관계의 변화 속에서 분단의 현실적 장벽이 점차 낮아지는 가운데, 한반도 주민의 의식세계와 생활양식 속에 자리잡고 있던 갈라진 마음의 벽도 한층 낮아지고 있다. 즉 우리 사회의 대중적 의식은 점차 냉전의식의 굴레에서 벗어나고 있는 모습을 보여주고 있다. 그럼에도 일정한 변화를 위기와 혼란의 징후로 인식하고 그러한 '혼란'을 과장하는 세력이 어느 사회에서도 존재하기 마련이지만, 아직도 반공·냉전의식에 사로잡혀 위기의식 고취와 함께 '주적'(主敵)개념의 사회적 재확인을 강요하는 안보 제일주의, 학문·예술부문 등에서 사상검증의 요구 등이 공공연히 제기되고 있는 현실은 뿌리깊은 냉전문화의 강고한 토대를 말해 준다.

 냉전의식은 시대착오적이고 퇴영적인 세계관이다. 그러나 이 퇴영적 가치관, 신념체계가 우리 사회에 널리 편만해 있으며 아직도 상당한 물질적 힘을 담보하고 있다는 점에서 분단 그 자체와 분단상황에서 연유하는 이러한 현상은 그야말로 '비극적 소극(笑劇)'(tragic farce)이 아닐 수 없다. 어쨌든 남북한 분단구조에 착근한 반공·냉전의식은 색깔론으로 표출된 '적색망령'으로, 지역주의에 기반한 '지역망령'과 더불어 한국사회 정치문화를 심각하게 왜곡시켜 왔다. 이 '적색망령'은 지역주의가 선거를 계기로 한 정치투쟁의 영역에서 항상 배제와 포섭을 특징으로 전개됐다면, 정치투쟁의 영역에서뿐만 아니라 사회·문화적 측면에서도 '레드콤플렉스'로 각인되면서 일반대중의 의식과 삶을 왜곡시키는 이념적 기제로 작용해 왔다.

 우리 사회의 통합과 민족화합을 저해하는 요인은 안팎으로 중첩돼 나타나고 있다. 시장 근본주의의 이념적 토대인 신자유주의 이데올로기는 새로운 충격으로 다가왔다. 정보화혁명에 의한 금융자본주의의 세계화 속에서 민주주의와 시장경제의 병행발전은 도전받고 있다. 더욱이 한국사회의 자주적 발전과 민족통일의 길이 왜곡·천연될지도 모르는 상황이다. 이처럼 우리는 아직 20세기적 과제를 해결하지도 못한 상황에서 21세기적 도전에 직면하게 됐다. 우리 사회의 통합이라는 과제와 민족화합의 길에 있는 미완의 과제를 해결하고 새로운 도전을 극복해 나가기 위해서는 먼저 냉전의식, 냉전문화를 타파하는 작업부터 시작해야 할 것이다.

 인간은 사회를 만들지만, 그와 동시에 인간은 그 사회에 의해 만들어지는 존재이다. 행위자인 개인과 그러한 개개인의 행위의 총합성으로 나타나는 사회적 전체성과의 관계는 항상 사회과학적 인식의 긴장을 초래한다. 사회이론의 가장 중요한 연구의 초점은 개인적 행위나 행위자의 경험에만 한정될 수 없으며, 마찬가지로 사회적 전체성의 존립이라든가 그 존립을 위한 조건에 대한 연구만으로 충분한 것도 아니다.

우리가 연구하고자 하는 사회적 '현실'은 사회를 일정한 체제의 자기전개로 파악하고자 하는 입장과 개별 행위자들의 행위양식으로 인식하고자 하는 논리를 다 같이 지양함으로써, 행위자로서의 인간과 기존 사회체제의 교호적 연관 속에서 파악될 수 있다. 사회구조는 물론 인간행위에 의해서 이루어진다. 그러나 인간행위는 일정한 시간과 공간 속에서 사회적 현실을 형성하고 재형성하는 구조화의 동인이면서, 바로 그 구조화된 실체로부터 규정받는 존재이기도 하다. 그런 점에서 개인과 사회제도는 이중으로 서로 연관작용을 하고 있다고 할 수 있다.

남북한 평화공존과 화해협력은 군사적 대립과 긴장이 상존하는 한반도 냉전구조가 지속되고 있는 한 일시적인 성과와 대화의 가능성은 언제든지 무산될 수밖에 없다. 따라서 군사적 대립구조를 평화구조로 전환시키고 남북한 공존과 협력을 제도화하는 길은 한반도 냉전구조를 해체하는 데 있다.[1] 한반도 냉전구조 해체는 체제, 제도, 정책, 관행 및 의식을 탈냉전의 세계사적 조류에 맞게 재편하는 것을 의미한다. 말하자면 사회적·국가적·국제적 차원에서 대결구조를 협력 및 공존관계로 변화시키는 것으로, 이를 위해서는 세 차원에서의 접근이 필요하다.

첫째, 국제적 차원에서는 과거 진영적 대결구조를 청산하고 북한의 체제 보장의 길을 터 주어야 한다. 이를 위해서는 북미·북일관계의 정상화가 긴요하다. 둘째, 남북한 차원에서는 정치·군사적 대결구조를 점차 완화시켜 나가는 한편 경제적 측면에서 공존·협력관계를 증대시켜 나가야 한다. 셋째, 사회적 차원에서는 분단 반세기 이상 우리 사회에 깊이 뿌리내린 냉전의식, 냉전문화, 냉전관행 등을 해소시켜야 한다.

냉전시대의 반공·냉전의식의 확립은 무엇보다 우선 국가적 과업의 차원에서 교육부문에서 체계적으로 수행됐다. 이를 토대로 언론을 비롯한 사회단체, 종교단체 등 전사회적 차원에서 반공·냉전의식의 확인과 생산·재생산 과정이 일상화됐다. 이러한 점을 전제로 여기서는 특히 교육과 언론

---

1) 통일연구원 주최, 『한반도 냉전구조 해체방안: 장기·포괄적 접근전략(I)』(1999. 2. 26), 학술회의 총서 99-01; (II)(1999. 4. 8), 학술회의 총서 99-02; (III)(1999. 8. 11), 학술회의 총서 99-03; (IV)(1999. 12. 22), 학술회의 총서 99-04 참조.

에 의한 반공·냉전의식의 습윤현상을 살펴보고자 한다. 우선 국가가 장악한 제도 교육과정을 통해 어떻게 반공·냉전의식이 적색공포로 각인 돼 갔는가 하는 점을 밝혀보고자 한다. 교육은 한 인간의 생애에서 '제2의 탄생'의 계기라 할 수 있다. 따라서 국가의 대중적 제도교육은 반공·냉전의식의 배양과 확립에 가장 큰 영향을 미친 메커니즘이라는 점에서 이에 대한 많은 관심이 요청된다.

우리 사회의 언론은 특정 계기마다 반공·냉전의식을 조장하고 생산·재생산해 온 메커니즘이라는 측면에서 특별한 주의를 요한다. 그런데 흥미로운 사실은 최근 우리 사회 민주화의 일정한 성과에 의해 국가부문의 합리성이 어느 정도 제고됨에 따라 반공·냉전의식의 반시대성·반민족성에 대한 인식이 높아지고 있는 현상과 대조적으로, 언론은 오히려 반공·냉전의식에 집착하면서 새로운 반북이데올로기를 창출해내 는 노력을 보이고 있다. 이를테면 국가를 선도하는 안보논리와 국가이익론, 통일과 민족사에 대한 왜곡된 시각과 오도된 논리의 무책임·무절제한 조작 등을 통해 끊임없이 냉전이데올로기의 망령을 불러내고 있는 행태를 살펴보아야 한다. 나아가 민족의 화해와 화합을 가로막는 가치관, 사고방식, 논리체계임에도 불구하고 학문적 영역이나 정책결정과정에서 합리적인 것으로 수용되고 있는 현상에 대한 검토도 이루어져야 할 것이다.

2. 냉전구조와 냉전문화

1) 냉전문화의 정의

영국의 역사학자 E. 홉스봄은 20세기의 세계사를 두고 '극단의 시대'라고 불렀다.[2] 전쟁과 혁명의 와중에서 살육과 테러, 폭압의 광란의 세기였다.[3] 그럼에도 20세기 후반기의 냉전은 전지구적인 핵전쟁의 공포와 사상과 이념의 극한적 언술대결의 구조와 함께 상호공멸 가능성의 위기감 속에서 오히려 상당히 안정적인 세계질서를 유지해 왔던 역설적인 측면도 있었다. 냉전은 이를테면 미·소 초강대국간 '차가운 평화'로 인식하려는 암묵적 합의가 존재했던 시기로 미국 진영과 소련 진영 사이의 냉전은 의심할 바 없이 '냉화'(冷和, cold peace)의 시대였지만, 어느 시대보다도 '긴 평화'를 유지한 시대이기도 했다.4)

동서 냉전체제는 이러한 양면적 속성을 가지고 있었으나, 항상적인 위기국면 속에서 갈등과 대립으로 점철됐던 우리의 분단체제는, 비록 대규모의 전쟁은 재발하지 않았지만, '차가운 평화'마저 구가할 수 없는 상황이었다. 일찍이 T. 홉스는, "전쟁은 단순히 전투, 즉 싸우는 행위에만 있는 것이 아니라, 전투를 통해서 다투려는 의지가 충분히 알려진 일정기간의 시기에도 있다"5)고 갈파했다. 그런 점에서 우리의 분단구조는 무력충돌과 분쟁 등으로 인한 항상적인 위기국면을 내장하고 있는 일상화된 위기체제였다.

냉전문화는, 일상화된 위기체제로서의 한반도 냉전구조와 관련해서, 과연 무엇인가에 대한 명확한 정의를 발견하기란 쉽지 않다. 흔히 냉전의식,

---

2) Eric Hobsbawm, *Age of Extremes: The Short Twentieth Century, 1914~1991* (London: Michael Josoph, 1994).

3) 20세기는 전쟁과 혁명의 정치적 폭력으로 얼룩진 세기였다. *Economist*지는 최근 20세기를 개관하는 특집호에서 전쟁 사망자와 정치적 폭력에 의한 민간인 희생자의 통계를 밝히고 있다. 전쟁 사망자는 국제전 사망자 3천만, 내전 사망자 7백만으로 모두 3천 7백만에 달한다. 반면 정치적 폭력에 의해 희생된 민간인 수는 전쟁 희생자보다 훨씬 많다. 정치적 폭력에 의해 직접 희생된 민간인수에 대한 국가별 통계는 소비에트 연방 6천 2백만(1917~91), 공산주의 중국 3천 5백만(1949~), 독일 2천 1백만(1933~45), 국민당 중국 1천만(1928~49), 일본 6백만(1936~45) 등(작은 규모의 희생자 수 포함하여) 총 1억 7천만에 이른다(Sources: "Statistics of Democide" by Rudy J. Rummel, *The Economist* additions for recent wars). 이처럼 대량학살이 가능한 데는 역설적이게도 과학·기술의 발달에 힘입은 바가 크다. "A Survey of The 20th Century," *The Economist*, September 11th~17th 1999.

4) John Lewis Gaddis, *The Long Peace: Inquiries into the History of the Cold War* (N.Y.: Oxford Univ. Press, 1987).

5) Thomas Hobbes, *Leviathan* (London, 1651), Chap. XIII.

냉전관행 등의 용어를 포괄하는 냉전문화는 일반대중의 사회문화적 의식형태 또는 집단적 심리상태를 가리키는 것으로, 대개 특정 이데올로기나 정치적 정향과 관련된 의식 일반으로 이해할 수 있을 것이다.6) 그와 관련해서 우리 사회에서 냉전의식은 반공의식, 분단콤플렉스, 그리고 반북의식과 깊은 상관성이 있다고 볼 수 있다.

냉전의식, 냉전문화에 대한 연구는 냉전체제, 냉전구조와 서로 깊은 상호 교호적 연관성을 전제로 한다. 그러나 냉전의식을 규정짓는 한반도 냉전구조의 성격과 형태가 변화함에 따라 우리 사회의 고유한 의미에서 냉전의식, 냉전문화의 내용과 성격도 점차 변하고 있다. 어느 면에서 보면 반공주의와 반소의식에 기반한 냉전의식은 사회주의·공산주의의 현실적 몰락과 진영 헤게모니 국가였던 구소련의 해체로 인해, 그로부터 연유하는 위협의 소멸과 '악마의 제국'의 부재는 상당한 정도 '전통적' 냉전의식의 경감을 초래했다. 이와 동시에 문명사적 전환으로 일컬어지는 전지구적 차원의 시장 근본주의와 신자유주의는 이데올로기적 가치, 신념, 세계관 등과 접맥된 모든 사고방식과 행위양식을 아주 급속히 해체시키면서 형해화(形骸化)시키고 말았다. 이런 점에서 냉전적 사고방식, 냉전의식은 점차 사라져 가는 퇴영적 의식형태로 볼 수 있다.

그럼에도 우리의 경우 반소·반공주의적인 전통적 냉전의식은 조금씩 약화되는 한편, 여전히 '반북이데올로기'와 착종돼 비체계적이고 산만하면서도 그로테스크한 형태로 나타나고 있는 실정이다. 그러나 비체계적이라고 해서 뿌리깊은 전통적 냉전의식과 '반북의식' 등이 사회통합의 측면에서뿐만 아니라 민족문제에 대한 합리적 정책결정과정에 이르기까지 상당히 부정적인 영향을 미치는 현실적 힘은 결코 간과할 수 없다. 새로운 형태의 '반북의식'은 통일비용 부담의식, 북한의 후진성, 서구화의 낮은 수준, 즉 촌스러움, 테러리스트 집단의 이미지, 대외적 자존심 등 다양한 형태의 대북 혐오감을 반영한 '혐북(嫌北)의식'으로 나타날 수 있는 단계라고 생각된

---

6) 냉전문화는 퇴영적 성격을 지닌 문화로 반드시 극복돼야 할 대상이라면, 이와 달리 통일문화는 통일과정 및 통일 후의 문화다양성을 전제로 공존의 영역을 창출해 나가는 가능성의 문화라는 점에서 연구의 관심이 지속·발전될 필요가 있다.

다. 특히 북한의 인권과 민주화요구는 그 주장의 보편적 가치의 의미와는 무관하게 냉전의식의 일그러진 변형태로 앞으로 더욱 확산될 개연성이 높다.

2) 냉전의식의 폐해

반세기 이상의 분단의 역사는 남북한 주민 모두에게 상대를 증오하고 또한 두려워하는 정신병리적 분열증을 낳게 했다. 내편·네편, 선·악 등의 이분법적 흑백논리는 애초부터 합리적 사고의 가능성을 차단하는 냉전시대의 전형적인 의식형태이다. 냉전체제에 의해 강요된 이데올로기적 편향과 함께 분단의식에 의한 심성의 왜곡으로부터 남북한 주민은 어느 누구도 자유롭지 못하다.

민족분단의 질곡에서 벗어나지 못한 남북한 주민의 경우, 여기서는 남한 사회 주민의 심성의 왜곡 상태를 염두에 두고, 과거 사회주의적 억압체제 아래서 동독주민의 일그러진 감성체계의 특징을 일상적인 성격왜곡의 비밀에서 찾았던 한 연구로부터 많은 메시지를 얻을 수 있을 것이다. H. 마즈 (Hans-Joachim Maaz)는 동독 사회주의에서 주민들의 정신생활 체험에 대해 무려 5천여 명의 노이로제 환자들을 다룬 경험을 통해 인간의 소외와 정신적 기형화현상을 보고하고 있다.[7] 구동독의 집단억압 체제를 파시즘의 폭력체제로 분석하고, 이 체제가 표방하고 있는 규율, 질서, 자제, 적응, 순종, 노력 등의 집단가치는 결국 개체의 자연스런 감정이나 욕구를 용납하지 않을 뿐만 아니라, 억압에 따른 만성적 욕구억제로 인한 내면의 심적 기형화상태인 감정차단과 감정정체 현상을 보게 된다. 억압의 결과인 결핍증후군과 감정정체 상태는 이미 출생과 더불어 시작되고 교육과 사회적 상황을 통해 강화되고 만성화되며, 그러한 상태의 부담에서 벗어나기 위한 다양한 심적 거부반응으로 인해 결국은 무의식 속으로 밀려나게 된다. 이 상태에

---

[7] 한스요하임 마즈, 『사이코의 섬: 감정정체·분단체제의 사회심리』, 송동준 옮김(민음사, 1994), 288-302쪽.

처한 사람은 자연스러움으로부터의 소외, 감동성의 차단, 인격의 분열로 나타나 결국 '건강한 것'과 '병적인 것'마저 구별하지 못하는 성격의 기형화 상태로 빠진다.8)

구동독은 실제로 하나의 감옥이었다. 베를린장벽 구축은 외적으로 외부 세계와 차단시킨 장벽이었을 뿐만 아니라 동독주민들에게는 그들의 내면 세계와 자신을 단절시킨 장벽을 상징했다. 마즈는 권위주의적 성격은 종속과 권위주의적 행동지침을 스스로 요구한다는 사실을 임상경험에서 확인했다.9) 그렇지 않을 때 사람들은 오히려 불안해한다. 억압을 가하는 권력자들 역시 그러한 억압체제에서 자라났기 때문에, 내적 정신구조에서는 이들과 다를 바 없다. 이러한 현상의 근원을 H 마즈는 "이 파시즘적 성격구조는 이른바 '반파시즘적' 영웅들에게 있다. 그렇지 않으면 결코 새로운 전체주의적 인간 경멸적 불법체제를 구축할 수 없었을 것이다"10)고 해서 심리적으로 과거의 파시즘이 청산되지 못했던 데서 찾는다. 따라서 개체의 왜곡된 기형화의 정신구조, 소외되고 노예화된 정신구조, 즉 '내면적 파시즘'의 변화가 일어나지 않는 한, 보다 평화롭고 행복하게 살 수 있게끔 하는 밝은 미래를 위한 참된 화해는 불가능하다.11)

성격 왜곡현상이 보편화돼 그 자체를 '정상적인' 것으로 생각하는 사회주의체제에서는 오직 이 성격왜곡을 통해서만 그나마 살아남을 수 있었을는지도 모른다. 어쩌면 건전하고 정상적인 심성과 태도는 그러한 억압체제 하에서는 필연적으로 제재와 처벌을 받지 않을 수 없었을 것이다. 우리는 고립과 억압적 폐쇄체제 속에서 살아가는 북한주민의 인성이 분단체제하 사회주의 동독의 주민들이 겪었던 인성의 파괴, 심성 왜곡현상과 크게 다르지는 않을 것으로 생각된다. 그렇다면 이러한 심성 왜곡현상은 우리 사회와는 전혀 무관할 것일까?12) 이미 H. 마즈의 저서는 좀 과장된 표현이기도

---

8) H. 마즈, 위의 책, 83쪽.
9) H. 마즈, 위의 책, 58-61쪽.
10) H. 마즈, 위의 책, 173쪽.
11) 임지현, "일상적 파시즘의 코드 읽기," 『당대비평』 1999년 가을 08 (삼인) 참조
12) H. 마즈의 저서에 대한 베르크홀츠(Stefan Bervholz)의 서평(*Die Zeit*, 1990. 11. 16)은 동독

하지만, 서독의 상황을 서방문명에서 산업상의 제반 믿음을 거울에 그대로 비친 것처럼 읽게 한다는 평가를 받았다.

우리는 지금도 동서독이 경험했던 분단의 고통과는 비교할 수도 없는 아픔과 좌절을 겪고 있다. 그러나 우리는 스스로의 내면을, 우리의 과거와 죄를, 우리의 억제되고 숨겨진 참모습을 '슬픔의 청산작업'13)을 통해 밝혀 보려고 시도한 적이 없다. 그런데 여기서 잠시 우리의 고유한 한(恨)의 정서를 생각해 본다면, 한이 한민족 집단정서의 한 특성이라면, 동족간의 전쟁의 상흔, 증오, 저주, 불신의 잔재 등을 적어도 '체념의 미학'으로 승화시키거나 문학·예술 부문에서의 '한풀이'의 문화를 통해 씻어내는 이른바 카타르시스적인 작업이 필요하다고 여겨진다. 그럴 경우 우리는 민족의 참된 화해와 '한'맺힘을 풀어내려는 노력을 통해 서로에게 좀더 가까이 다가갈 수 있는 길을 열어 나갈 수 있을 것이다.14)

북한은 제국주의로부터 남한을 '해방'시키기 위해 '국토완정론'에 입각해 전쟁까지 불사했고, 남한은 북한지역을 '수복'해 공산독재 치하에서 신음하는 북한주민들을 자유세계로 흡수하기 위해 '북진통일론'의 야망을 키웠다. 이 극단적 대립항을 매개해 줄 수 있는 중간항이 존재하지 않는 조건 속에서 남북한 주민은 모두 정상적인 심성을 가질 수 없었다. 우리는 인간을 언제나 주체와 객체로 모든 사회적 관계에서 행위자와 희생자의 측면에서 바라본다면 우리 스스로 대결과 갈등의 냉전구조를 심화시킨 측면도

의 억압체제를 서독의 체제와 병행시키고 있다. "우리들에게는 어떤가? 우리가 언제 이와 달리 살았던가? 아이들 교육이 우리에게도 무엇보다 기존(잘못 설정한) 계급체제를 위한 준비과정이 아닌가? 언제 마즈가 말하는 '동반하는' 교육을 시도했던가? 아이들이 줄을 서고 걷게 하는 '조종'이 아니었던가?…… 복종과 규율과 성취! 그렇다. 바로 이 정확성과 청결을 위한 훈련. 그것은 독일 덕목으로서 기분이 우쭐했을 때든, 패배했을 때든, 파괴할 때든, 아니면 건설할 때든 어느 때나 요구됐던 것이다," 앞의 책, 305쪽에서 재인용.

13) H. 마즈, 앞의 책, 264쪽.
14) 恨이 우리의 오랜 역사의 잔재라면 이를 어떻게 역사 속에서 살아 있는 민족실존의 정서와 의지로 재생시킬 것인가를 문제로 제기하고 있는 입장은 고은, "恨의 극복을 위하여,"『한국사회연구』2(한길사, 1984.2), 161쪽.

무시할 수 없으나, 한편으로는 우리 모두가 총체적 기만체계 속에서 뒤틀린 인간심성을 '정상적인' 것으로 여겼던 냉전문화의, 일부 수혜층도 있지만, 희생자였다는 사실을 직시해야 한다. 이런 점에서 우리는 개인적 차원이나 민족적 차원에서 그야말로 일그러진 자화상을 수습하고 참된 의식과 삶의 토대를 마련해 민족화합을 이루어가기 위해서는 이와 같은 분단의식의 폐해를 하루빨리 극복해야 한다.

그럼에도 우리는 지금 반쪽 자아와의 대결에서 마침내 승리한 우월의식과 우리 사회의 제도, 가치관, 삶의 양식 등에 대한 무비판적 확신, 그리고 위기에 처한 북한의 도발 가능성과 남침야욕 등을 강조하면서 항상적인 긴장과 새로운 안보논리를 동원해 민족사회의 미래 지향적 전망을 어둡게 하는 분위기가 해소되지 않고 있는 실정이다. 특히 이러한 안보논리는 지배권력 블록의 권력유지를 위한 물질적·사회적 기반을 갖는 지배이데올로기로 기능해 왔다.

그런데 이 경우 이데올로기는 하나의 의식주체의 정치적·사회적 의식을 무매개적으로 곧바로 '불러내는'(interpolate) 것이 아니라, 언제나 어떤 특정한 문화적 요소나 덕목 또는 심리적 공포를 유발하는 다양한 요소를 통해 작동한다.15) 우리 사회에서 자본주의 혹은 자유민주주의 이데올로기는 그 자체의 합리적 내용에 의해 설득되고 지지돼 왔다기보다는 고도의 강권력을 수반하는 보족적 이념에 의해 효과를 볼 수 있었다. 우리의 현실에서 자본주의이념이 노동통제나 생산성제고를 위해 곧잘 '빨갱이', 노사화합, 총화단결, 일사불란 등과 함께, 그리고 자유민주주의 이념은 민족주의, 반공주의, 유교전통의 도덕적 덕목, 미풍양속, 군사적 메타포 등의 보족적·하위이념적 요소와 연결돼 나타나게 된다.16) 이처럼 다양한 매개요소에 내포된 공포유발의 효과는 개개인의 의식구조 속에 깊이 각인시키는 제도교육의 영향력과, 매 특정 계기마다 끊임없이 공포의식을 반추시키는 언론의

---

15) Louis Althusser, *Lenin and Philosophy and Other Essay* (N.Y.: Monthley Review Press, 1971); Göran Therborn, *The Ideology of Power and the Power of Ideology* (London: Verso, 1980), pp.6-7.
16) 최장집, 『한국민주주의의 이론』(한길사, 1993), 217-218쪽.

역할을 통해 실현된다. 따라서 한국사회 냉전문화의 형성과정과 특성을 이해하기 위해서는 무엇보다도 제도교육 체계와 언론부문의 역할과 성격에 대해 관심을 기울이지 않을 수 없게 된다.

3. 냉전문화의 내면화 양식

1) 교 육

(1) 교과서와 이념교육

가. 해방과 민족교육

한국사회에서 반공이데올로기는 한국전쟁의 경험을 통해 국가의 지배이데올로기로서 역할을 담당할 뿐 아니라 정신습속(mentality)에까지 침투되게 됐다.17) 한국사회 반공이데올로기의 연원은 멀리 일제 식민지시대까지 거슬러 올라간다.18) 그러나 식민지시대 민족해방운동의 한 노선으로 선택된 사회주의는 일제의 간악한 탄압과 의미변질의 노력에도 불구하고 식민지 민중으로부터 경원시되지는 않았다.19) 해방 후 반공주의는 일제 말 군국주의 파시즘이 조장했던 민족운동가에 대한 공격논리의 연장선상에서 나타난 것이었으나, 좌경적 경향이 강한 해방정국의 이념적 지형 속에서 큰 효과를 거둘 수는 없었다. 오히려 1930년 이래 적극적으로 일제에 저항한 세

---

17) 유재일, "한국전쟁과 반공이데올로기의 정착,"『역사비평』1992년 봄, 제16호(역사문제연구소), 139쪽.
18) 정영태, "일제말 미군정기 반공이데올로기의 형성,"『역사비평』1992년 봄, 제16호(역사문제연구소), 127-130쪽.
19) 일제 식민지시대에는 사회주의 사상가를 흔히 '主義者'로 간략히 불렀는데, 주의자 스스로는 자부심이 대단했다. 박갑동,『박헌영: 그 일대기를 통한 한국현대사의 재조명』(인간사, 1983), 34쪽.

력이 좌익이었다는 점 때문에 친공이데올로기가 강한 힘을 발휘할 수 있는 근거가 되었다.20) 이는 당시 미군정이 1만 명을 대상으로 실시한 여론조사 문항 가운데 "자본주의, 사회주의, 공산주의체제 중 어느 체제를 좋아하는가?" 하는 질문에 자본주의 13%, 사회주의 70%, 공산주의 10%로 나타났던 조사결과에서도 잘 드러나고 있다.21) 해방 직후 채만식(1902~50)은 그의 사회 풍자적인 소설작품 "도야지"에서 사회주의자들에 대한 인식의 일단을 다음과 같이 표현하고 있다.22)

> 불원한 장래에 사어(死語)사전이 편찬된다면 빨갱이라는 말은 당연히 거기에 오를 것이요, 그 주석에 가로되 1940년대의 남북조선에 볼셰비키, 멘셰비키는 물론 아나키스트, 사회민주당, 자유주의자, 일부의 크리스챤, 일부의 불교도, 일부의 공맹교인, 일부의 천도교인, 그리고 중등학교 이상의 학생들로서 단지 추접한 것과 불의한 것을 싫어하고 아름다운 것과 바르고 참된 것과 정의를 동경, 추구하는 청소년들, 그 밖에도 xxx와 ㅇㅇㅇ당의 정치노선에 따르지 않는 모든 양심적이고 애국적인 사람들, 이런 사람들을 통틀어 빨갱이라고 불렀느니라.

한편 미군정기에 편찬된 중등 국어 교과서를 예를 들면, 필진 가운데 많은 사람들이 좌익성향의 진보적 지식인들이거나 적어도 일제시기 프롤레타리아 경향문학을 주도했던 시인·문학가도 참여하고 있다는 점이 주목된다. 이 시기의 국정교과서를 집필할 수 있는 당대의 최고지식인 사회의 분위기는 특정한 이념적 입장을 배제하지는 않았다. 그 결과 청년학생들로 하여금 사회비판적 '의식화'와 더불어 사회변혁에의 의지를 불러일으킬 수

---

20) 로버트 T. 올리브, 『대한민국 건국의 비화: 이승만과 한미관계』, 박일영 역(계명사, 1990), 68쪽.
21) 이성근, "해방직후 미군정치하의 여론동향에 관한 분석," 『국제정치논총』 제25집 (1985), 119-131쪽.
22) "도야지," 『문장』 속간호, 1948. 10; 『채만식전집』(창작과비평사, 1989)에 재수록. 채만식은 식민지시대 한국인의 사회의식을 풍자하면서 인간 의식세계의 일반적 유형을 탁월하게 표출한 한국의 대표적 문학가로 소개된 바 있다. Ch'ae Man-Sik, trans. by Chun Kyung-Ja, *Peace Under Heaven* (N.Y: M. E. Sharpe, Inc., 1993) 참조.

있는 글들이 수록되고 있는 점이 돋보인다. 아래 시는 해방 후 사회주의자들에 대한 이미지가 어떻게 전달되고 있는가를 인식할 수 있게 하는 내용으로 불가피하게 다소 긴 인용이 필요하다고 생각된다.

우리 오빠와 화로[23]
林和

……언제나 오빠가 공장에서 돌아와 고단한 저녁을 잡수실 때 오빠 몸에서 신문지 냄새가 난다고 하면, 네 몸에선 누에똥 내가 나지 않니, 하시는 세상에 위대하고 용감한 우리 오빠가 왜 그날만은 말 한마디 없이 담배 연기로 방 속을 메워 버리셨는지

우리 우리 용감한 오빠의 마음을 저는 잘 알았어요. 오빠의 강철 가슴 속에 박힌 커다란 결정과 각오를 저는 분명히 보았어요, 그리하여 제가 영남이의 버선 하나도 미처 못 기웠을 때 문ㅅ지방을 때리는 쇠ㅅ소리 마루를 밟는 구두ㅅ소리와 함께 오빠는 가 버리지 않으셨어요?…… 그래서 오빠와 오빠 친구들의 이야기가 세상을 뒤집을 때, 저도 영남이도 공장을 나와 백 장에 일 전짜리 봉투를 붙입니다.……

우리 오빠는 가셨어도 귀여운 "피오네르" 영남이가 있고, 그리고 모든 어린 "피오네르"의 따뜻한 누이의 품 제 가슴이 아직도 덥습니다.

위에서 인용한 시는 전체 67행 5쪽 분량으로, '익힘'이라는 형태로 "이 노래를 보고 느낀 바"를 말할 것을 권하고 있다. 이는 두말할 것도 없이 노동자 계급의식을 고취시키는 시로서, 혁명의 정당성의 확인과 동시에 누구라도 금방 혁명전선에 몸을 던질 것 같은 충동을 느끼게 하는 매우 감동적인 노래다. 해방 후 이념적 차원에서 국정교과서의 편찬방향이 확정되지 않은 상태에서 민족적 상징, 전통문화, 도덕·윤리 등에 걸쳐 다양한 학자·문인들의 문학작품과 논설 등을 수록하고 있다.

---

[23] 저작자 朝鮮語學會, 『중등국어교본』 상(발행자 文敎部, 1946년 8월 28일 인쇄, 1946년 9월 1일 발행, 1947년 4월 30일 재판), 149-153쪽, 이 교과서에는 임화 외에 채만식, 박태원, 이태준, 홍명희 등의 문학가와 학자들의 글이 수록돼 있다.

이처럼 미군정하 한국인만으로 이루어진 한국교육위원회는 주로 자유민주 정신이나 민족정신을 고취했다. 교육방침으로 민족적 독립자존의 기풍, 국제 우호협조의 정신, 실천궁행과 근면노작의 정신, 책임감과 공덕심, 고유문화의 순화 앙양, 과학기술, 체위향상, 숭고한 예술, 순후원만한 인격의 양성 등이 전항에 걸쳐 제시됐으며, 반공사상의 문제는 거의 언급되지 않았다.24) 뿐만 아니라 정부수립과 때를 맞춰 발간된 국정 국어교과서에도 청소년 심성의 순화, 전통문화, 민족의 위인, 조국애와 금수강산의 자부심 등의 항목을 중심으로 반공정신 문제는 전혀 반영되지 않았다.25)

나. 한국전쟁과 반공이데올로기

한국전쟁을 통해 남북한 사회의 구조와 이념적 지형은 완전히 전치되고 다시 새롭게 주조되는 국면을 맞이하게 됐다. 한국전쟁은 그 전까지 극우세력과 지배계급에 국한돼 있던 반공이데올로기를 대다수 국민의 심성 속에 각인시키는 한편 분단의식을 내재화시키는 데 결정적인 계기로 작용했다.26) 한국의 반공주의는 처음부터 미국의 반공주의가 세계체제 내에서 미국의 국가이익을 보호하는 이념으로 기능할 수 있었던 것과는 달리, 친일파와 지배계급의 계급적 이익을 지키기 위한 것에 본질적 속성이 있었다.27)

정부수립 후 문교정책의 일환으로 창설된 학도호국단은 과외활동으로 반공의 기세를 올린 바 있다. 이 시기 학도호국단은 단독정부 수립에 반대하는 4·3제주항쟁, 여순반란, 대구10월폭동 등의 좌익투쟁이 전국적으로 확대되는 분위기에 대항해 반공 우익단체인 대한청년단 등과 함께 결성됐다. 학도호국단의 결단식에 즈음해 낭독된 결의문은 "우리 학도는 반민족적 반

---

24) 朝鮮語學會,『중등국어교본』상(문교부, 1946년 8월);『중등공민』상(문교부, 1946년 4월) 참고

25) 문교부,『중등국어』1(문교부, 단기 4281년 1월 20일 폄);『중등국어』②(단기 4282년 8월 폄);『중등국어』3(단기 4281년 8월 폄) 참고

26) 반공이데올로기의 수용을 전쟁의 피해와 공포의식에 기반한 '수동적 동의'로 파악한 연구로는 한지수, "반공이데올로기와 정치폭력,"『실천문학』제5호(1989년 가을), 111-112쪽.

27) 최상룡,『미군정과 한국민족주의』(나남, 1988), 145쪽.

국가적 사상을 깨뜨리고 민족통일에 결사 헌신한다"[28]고 선서했는데, 여기서도 아직 반공구호는 전면에 나타나지 않은 상태였다.

전쟁중 정부는 1951년 초 전시하 교육 특별조치 요강을 제정·공포해 전시 교육방침으로 "멸공필승의 신념을 배양하고 전국(戰局)과 국제집단 안전보장의 인식을 명확히 할 것"을 제시했다. 그리고 반공교육을 강화하는 의미에서 공산주의는 우리 인류의 적이라는 신념 아래 공산당을 쳐부순다는 강한 신념으로 대학 이하 중학에서 군사훈련을 실시한다고 명시했다. 또한 문교부는 전시하 성인교육에서도 국문보급을 위한 교육을 일시 보류하고 20세부터 30세까지의 장정층을 대상으로 정신계몽 운동을 실시했는데, 국민 재교육사업에는 월남 피난민의 사상교육을 위한 강습회 개최와 월남교원에 대한 재교육도 포함돼 있었다. 그리고 문교부는 사상지도원을 설치해 각종 반공관계 서적으로 구성된 『사상총서』와 『사상』이라는 월간지를 발행해 국민들의 사상선도에도 힘을 쏟았다.[29]

그런데 1950년대 중후반에는 반공사상이 방일정신과 관련해서 제기됐다는 점이 주목된다.[30] 방일반공(防日反共)을 문교행정의 표어로 삼고, 중등학교의 부독본으로 반공독본을 간행했다. 이 시기 반공교육과 관련해서 "반공방일(反共防日) 교육요강" 및 "반공독본" 등의 교재를 통한 교육내용과 함께 각종 반공행사와 강조주간 설정, 학도호국단 간부 합숙훈련, 반공방일 주제의 웅변대회 개최 등이 중점적으로 이루어졌다.[31] 이처럼 전쟁 후반기의 교육정책에서는 멸공구국의 사상을 역설하여, 특히 반공도의를 선양하도록 도의교육위원회 등을 설치했으나 실제 교과내용에 반공사상이 두드러지게 나타나 있지는 않았다.

한국의 반공이데올로기는 1960년대 5·16군사정변에 의한 군사정권 수립

---

28) 한국반탁·반공학생운동기념사업회, 『한국학생건국운동사: 반탁·반공 학생운동 중심』(한국반탁·반공학생운동기념사업회 출판국, 1986), 505쪽.

29) 문교부, 『문교40년사』(문교부, 1988), 122-134쪽.

30) 반공의 굳은 결의와 일본 재침의 우려를 강조한 내용은 '반공 방일의 정신' 『중학도의』 2(문교부, 단기 4219년 3월 25일 박음), 140-152쪽 참조.

31) 서울시교육위원회, 『서울교육사』 上(서울시교육위원회, 1981), 231-32, 415-16쪽.

을 계기로 본격적으로 구축된다. 5·16군사정변은 제2공화국의 민주당정권의 무능과 4·19혁명32)의 이념적 혼란을 수습한다는 것을 명분으로 단행된 쿠데타로, 혁명공약의 제1조에 "反共을 國是의 第一義로 삼고, 지금까지 형식적이고 구호에 그친 반공태세를 재정비"할 것을 내세웠다. 제5조에는 "민족적 숙원인 국토통일을 위해 공산주의와 대결할 수 있는 실력배양에 전력을 집중한다"고 해서 이른바 '선 건설 후 통일'론에 기반한 반공의식 고취를 전면에 부각시켰다.

또한 이 시기부터 교과과정에서 반공주의가 특히 도덕과목을 중심으로 국어 및 사회과목 등에서 본격적으로 다루어지기 시작했다. 도덕교육은 해방 후 일제 잔재인 수신(修身)과목을 없애고 미군정하에서는 미국식 사회생활을 모델로 한 공민과목을 설치했다가 1956년에 처음으로 도덕과정을 별도로 설치했다. 그 후 이 도덕 교과서를 통해 반공교육을 실시했던바, 반공교육이란 도덕교육을 어떻게 다루었느냐에 교육의 성패가 달려있었으며, 결국 반공정신 그 자체가 전통적인 윤리부분을 제외하면 도덕의 주된 내용을 차지했고, 우리 사회에서 오랫동안 반공정신이 곧 도덕 그 자체로 인식되게 됐다.33)

교육체계를 통한 반공주의는 1970년대 유신체제의 등장과 함께 '한국적 민주주의'의 이념적 지표 아래 '충효'와 같은 봉건적 덕목과 연관돼 강조됐다. 1973년부터 시행된 제3차 교육과정에서는 민족주체성 교육, 민족사관, 안보교육, 국가관의 확립, 한국적 민주주의, 충효교육 등이 주요 이념으로 내세워졌으며, 그에 따라 국가 및 도덕 교과서의 비중이 강조돼 국사과목이 국정과목으로 지정되기도 했다.34) 이 시기는 1960년대 이래 지속된 개발이데올로기의 강조 아래 1970년대 초반 냉전체제의 한 축을 완화시키는 듯한 국제정세의 데탕트 분위기에 대한 국내 정치적 반응이 국민정신 무장의

---

32) 4·19혁명을 계기로 학도호국단은 해체됐고 학원의 반공 과외활동은 잠시 동안이나마 거의 없어졌다.

33) 金斗憲, "反共敎育을 되돌아본다,"『새교육』(대한교육연합회, 1968. 3), 46-49쪽.

34) 한만길, "교육과정과 국가의 사회통제,"『교육개발』8권 4호(한국교육개발원, 1986), 8, 23-25쪽.

강화로 나타났다는 특징을 보였다.35) 그 후 반공·냉전이데올로기는 한국사회에서 1980년대의 민주화운동 시대에 이르기까지 거의 한 세대 동안 어떠한 비판과 도전도 허용하지 않는 이데올로기적 헤게모니를 확보하게 됐다.36) 이처럼 국가차원의 반공교육 체계화작업을 통해 국민 개개인의 심성 속에 반공·반북의식과 냉전문화가 깊이 각인될 수 있었다.

(2) 반공이념의 내면화

가. 묵시록적 반공주의

우리 사회는 오랫동안 묵시록(默示錄)적 반공주의가 팽배해 왔다. 묵시록적 반공주의는 이성과 비판적 사고영역을 넘어선 어떤 초월적 존재로부터 나오는 거역할 수 없는 힘이자 하나의 계시적인 가르침의 형태로 나타난다. 마치 서구 중세 암흑사회에서는 종교적 도그마와 신적 권위의 표상 앞에 마주설 수 있는 자 없었듯이, 한국사회의 반공주의는 그 자체가 의심할 바 없는 '진리'로 군림했다. 단적인 예로 반공교육의 산증인이자 분단시대 한국 어린이상의 완벽한 이념형인 '이승복 학생'의 상징성을 들지 않을 수 없을 것이다. 무장공비의 총칼 앞에 조금도 굴하지 않고 "나는 공산당이 싫어요" 하고 외치면서 그들에게 무참히 희생당했다. 그 후 우리나라의 많은 초등학교 교정에 이승복 어린이의 동상이 세워졌고, 그 어린이의 마지막 절규는 항상 반공 글짓기대회의 주된 표어로 어린이들의 심금을 울렸다. 최근 이 말의 최초 보도의 진위 여부를 둘러싸고 논쟁이 벌여졌고, 아직 그에 대한 명백한 결말이 나지 않은 상태이다. 그러나 진위 여부는 차치하고 그 말을 누가 실제로 들었다고 할 경우, 그 어린 소년이 아무런 두려움 없이 절규하듯 그 말을 내뱉을 수 있었다는 것은 실로 반공의식을 최고의

---

35) 문교부에서 발간한 '반공교육 지도지침서,' 『국민정신교육』(1973. 9) 참조.
36) 1980년대 후반 학계의 민주화와 진보적 학문연구를 표방한 다양한 학문분야의 문제제기로 이루어진 학술단체 연합심포지엄 발표논문집, 『80년대 한국 인문사회과학의 현 단계와 전망』(역사비평사, 1998. 8) 참조.

도덕적 가치로 승화시켰던 우리 사회 도덕교육의 개가요 엄청난 성공임을 웅변해 준다.

그런데 그 어린 학생에게 공산주의는 과연 무엇이며, 반공은 또 어떠한 가치였을까? 물론 반공교육은 사람들이 아무런 회의 없이 무조건 공산주의를 증오할 수 있을 때 효과를 거두었다고 할 수 있다. 바로 이 묵시록적 반공주의, 이 맹목적 반공의식이야말로 그 대립점의 한 끝에 있다고 여겨진 '자유민주주의'의 이념과 가치를 확인시켜 주는 바로미터였으며, 공산주의에 대한 거의 본능에 가까운 거부, 증오가 도덕적이고 올바른 인간상의 척도로 인식됐다. 반공이념과 반공교육은 한국의 어린이들, 그후 그러한 집단기억을 내장한 채 성장한 한국의 성인들로 하여금 손가락으로 누르면 즉각 톡 튀어나오면서 '빨갱이'라는 기계음을 뱉어내는 '자동인형'으로 만들었다. 누가 한국의 어린이를 이렇게 만들었던가?

에리히 프롬(Eric Fromm)은 1930년대 독일 나치즘이 대두하게 된 배경을 자유에 대한 하나의 심리학적 문제로 분석한 『자유에서의 도피』에서, 근대인은 아직도 모든 종류의 독재자들에게 자신의 자유를 넘겨주도록 갈망하고 있거나 유혹되고 있는 심리상태를 서구 중세사로부터 근대에 이르기까지의 역사과정 속에서 집단심성의 변화과정을 통해 비교적 상세하게 설명했다. 그는 근대인은 기계 속의 하나의 작은 톱니바퀴로 그 자신을 변화시킴으로써 자유를 상실하고 있으며, 잘 먹고 잘 입고 있긴 하나 자유인이 아닌 자동인형(自動人形)이 되고 말았음을 개탄했다.[37] 더욱이 자유에 대한 인간의 공포, 자동인형이 되려는 인간의 열망과 즐거움에 관한 이유는 계속 존재하고 있을 뿐만 아니라 크게 증가되고 있다는 것도 의심의 여지가 없다고 우울하게 전망했다.[38] 자유와 자발성을 상실한 인간의 사고와 감정과 행위는 그들 자신의 표현이 아니라 자동인형의 표현에 불과하다.[39] 그러나 대결과 갈등의 분단체제 아래서 이 묵시록적 반공주의의 기만체계의 본질을 들여다본다는 것은 불가능했다. 오히려 진실을 알고 있거나 알려고 하는

---

[37] E. 프롬, 『자유에서의 도피』, 이상두 역(범우사, 1993), 19, 320쪽.
[38] E. 프롬, 위의 책, 19-20쪽.
[39] E. 프롬, 위의 책, 303쪽.

행동이 얼마나 위험스런 일인가를 체험했으며, 적색공포를 내면 깊숙이 내장한 채 북한에 대한 적개심과 투쟁심의 고취를 '자유'이념의 구현으로 여겼다. 이쯤에서 다시 분단시대 한국인의 뇌리에 깊이 각인된 반공의식의 상징적 구현양식을 살펴보자.

<사례 1> 1989년
"승복아, 제비처럼 재잘거리던 너의 목소리가 아직도 귀에 쟁쟁한데, 너는 어디로 갔느냐? 우리가 커서, 기어이 너의 원수를 갚아 주마!"40)

"공산당은 그들의 목적을 달성하기 위해서는 수단과 방법을 가리지 않는단다. 인간의 목숨까지도 그들의 목적을 달성하는 데 필요하다면 아주 가볍게 여기곤 하지."41)

<사례 2> 1994년
"삼촌, 저쪽에 이승복 기념관이 보이는군요." "그래, 그 옆에 동상도 보이는구나. 내가 국민학교 다닐 때의 일이니까, 벌써 20년이 넘었구나. 같은 겨레로서 나이 어린 학생까지……." 삼촌께서는 지난 일을 생각하며 이야기를 들려주셨습니다. "1968년, 승복이가 2학년 때 일이었지. 당시 울진·삼척지구에 침투했던 북한의 무장공비들이 승복이네 가족을 해쳤단다. 인제는 이 땅에 그와 같은 비극이 없어야 할 텐데……."42)

동일한 주제이지만 <사례 1>의 언어표상에 비해 <사례 2>는 보다 순화된 언어를 사용하고 있다. 두 사례는 물론 약간의 시간적 차이를 두고 간행된 교과서로 <사례 2>의 경우 남북한 관계가 변화된 상황 속에서 1990년대의

---

40) 문교부, 『도덕』 5-2(1989년 8월 1일 박음, 1989년 9월 1일 펴냄), 131쪽. 이 교과서 제11단원: '이승복 어린이'에서는 '공산당이 싫어요' 및 '공산당의 잔인성' 그에 대한 복수의 결심을 다지고 있다.
41) 문교부, 위의 책, 138-139쪽.
42) 문교부, 『도덕』 5-2(1990년 9월 1일 지음, 1994년 9월 1일 펴냄), 152-53쪽. 이 교과서 제10단원: '통일을 향해서'에서는 '이승복 기념관' 및 '통일의 길'을 다루면서 이승복 이야기의 역사적 교훈을 강조하고 있다.

'자신감'을 반영한 측면도 있지만, 한 세대가 지난 시기에 이르러서도 기억의 재구성을 요구하는 반공교육의 집요함이 그대로 나타나고 있다. 어쨌든 이러한 반공교육의 효과는 지금도 여전히 실효성이 있다.[43]

교육의 진정한 목표는 성장기 소년・소녀들의 내적 독립과 개성, 즉 그 성장과 완전성을 촉진시키는 데 있다. 그러나 우리 문화에서 교육은 위로부터 부과된 감정과 사상, 소망으로 인해 그 자발성이 제거되는가 하면 독창적인 정신적 활동이 대체되는 결과가 자주 일어난다. 그 가운데 가장 우려되는 것은 성장기 어린이들의 정신이 형성돼 가는 과정의 비교적 초기에 주입되는 적개심과 증오, 공포에 관한 것이다. 여기서 우리는 다양한 교육체계 가운데 인간존엄성, 공동체의식, 인류 보편적 가치 등을 배양하는 인문교육의 의의가 자연현상의 원리에 대한 과학적 세계관의 인식이나 지식과 기술의 전수와 습득을 목표로 하는 과학・기술분야의 교육내용과 달리 새삼 강조될 필요가 있다는 전제 위에서 특히 우리 민족의 유구한 역사 속에 깃든 말과 얼을 보존하고 되살리는 국어교육의 의의와 중요성에 대해서는 재론의 여지가 없을 것으로 생각한다.[44]

국어교육에서 시가 중시되는 것은 조금도 이상할 것이 없다. 시는 인간 심성의 가장 순화된 내면 세계를 표상하는 언어예술이다. 꽃봉오리처럼 막 터지려고 하는 청소년 시기에 만나는 아름답게 고양된 시어는 성인이 된 후에도 삶에 지치고 부대낄 때마다 별처럼 빛나는 가슴속의 보석과도 같은 것이 된다. 시를 읽음으로써 청소년들은 사물을 보는 바른 눈을 갖추게 되고, 그를 둘러싸고 있는 사회와 자연에 대한 애정을 갖게 된다. 그렇다면 우리 교과서에 실린 시는 이러한 몫을 충분히 다해내고 있을까? 오히려 저

---

43) 한국기독교교회협의회(KNCC)는 북한이 조선그리스도교연맹에 전달하기 위해 1999년 6월 1일부터 4개월 동안 평화의 엽서 보내기 운동을 통해 모은 남한 기독교인들의 엽서 2,276장을 분석했는데, 이 중 437명이 신앙인의 염원을 나타내고 있는 것과는 달리, 만 12세 이하의 아동의 경우 '공산주의는 사탄의 새력'이라는 등 북한체제에 대한 비난 내용이 전체의 14.1%인 321건을 차지했다. <국민일보>, 1999. 12. 2 참조

44) 민족교육의 과제와 관련해서 국어교육의 내용을 비판적으로 분석한 연구로는 박태순, "국어교과서와 민족교육: 초중고 국어교과서의 개혁을 위하여," 『한국사회연구』 2(한길사, 1984. 2) 참조.

주와 증오의 언어가 난무하는 그야말로 피냄새 나는 언어를 시의 형태로 청소년의 심성 속에 깊이 각인시켜 분단민족의 고통을 복수의 신념으로 가득 차게 했던 교육은 아니었을까? 여기서 우리는 몇 개의 대표적인 40·50대 대부분의 한국인이 학창시절에 감동적으로 암송하기도 했거나 적어도 익히 알고 있다는 점에서 대표적이라 할 수 있는 시를 살펴보자.45)

"산 옆 외딴 골짜기에 혼자 누워 있는 국군을 본다. 아무 말, 아무 움직임 없이 하늘을 향해 눈을 감은 국군을 본다.…… 가슴에선 아직도 더운 피가 뿜어 나온다. 장미 냄새보다 더 짙은 향기여! 엎드려 그 젊은 주검을 통곡하며, 나는 듣노라, 그대가 주고 간 마지막 말을…… 조국의 위험을 막기 위해 밤낮으로 앞으로, 앞으로, 진격! 진격! 원수를 밀어 가며 싸웠노라. 나는 더 가고 싶었노라. 저 원수의 하늘까지, 밀어서 밀어서 폭풍우같이, 모스크바 크레믈린 탑까지, 밀어 가고 싶었노라.……"

모윤숙의 "나는 광주 산골을 헤매다가, 문득 혼자 죽어 넘어진 국군을 만났다"는 부제 비슷한 것을 붙인 "국군은 죽어서 말한다"는 이 대표적인 반공 애국시는 상당히 긴 시로 오랫동안 국정교과서에서 군림했고 그녀는 이 시로 인해 일약 명성을 크게 떨쳤다. '피', '장미 냄새보다 더 짙은 향기', '원수' 등의 언어에서 어떠한 감정이 솟아날까? 그런데 이 시인의 은유보다 한 발짝 더 나아가 아예 '원수'를 외치는 시도 반공애국시의 대표적 반열에 올랐다. 유치환 시인은 서울 재탈환의 감격에 겨워 "원수 너희 열 번을 침노해 무찔러 보라. 열 번을 반드시 너희의 피로 씻어 돌려야 될 지역이어니"라고 소리쳤다.46) 한편 김춘수의 "부다페스트에서의 소녀의 죽음"이라는 시는 전 48행의 장시로서, 그야말로 세계주의적 관점에서 반공의식을 시적 언어의 형태로 형상화한 성공적인 사례라 할 수 있다.47)

---

45) 모윤숙, 『국군은 죽어서 말한다』, 문교부, 중학국어 3-Ⅰ(4287년 3월 25일), 32-38쪽.
46) 유치환, 『원수의 피로 씻은 지역(地域)』, 문교부, 중등국어 2(4285년 5월 25일), 47-48쪽.
47) 김춘수, 『부다페스트에서의 소녀의 죽음』, 문교부, 인문계 고등학교 국어 3 (1975년 2월 20일 초판 박음, 1983년 3월 1일 펴냄), 112-115.

"다뉴브강에 살얼음이 지는 동구의 첫겨울 가로수 잎이 하나 둘 떨어져 뒹구는 황혼 무렵 느닷없이 날아온 수발의 소련제 탄환은 땅바닥에 쥐새끼보다도 초라한 모양으로 너를 쓰러뜨렸다. 바숴진 네 두부(頭部)는 소스라쳐 삼십 보 상공으로 튀었다. 두부를 잃은 목통에서는 피가 네 낯익은 거리의 포도(鋪道)를 적시며 흘렀다.- 너는 열세 살이라고 그랬다.…… 부다페스트의 소녀여."

1956년 헝가리에서 일어난 대규모 반소운동은 극동아시아 한켠 분단국가의 시인에게도 특별한 영감을 주었다. 흥미로운 사실은 이 시인은 스스로 순수시인이라 자처해 왔지만 이 시만큼 현실고발과 현실참여의 극적 형태를 드러내는 경우는 드물다는 것이다.48) 이 시인의 시적 상상력이 헝가리사태에까지 미쳐 당시의 현장상황을 재현하는 듯한 분위기를 설정해 극적 효과를 거두고 있는 것 같다. 이 시의 메타포는 부다페스트와 서울 두 곳에서 소녀의 죽음이라는 상황 설정에 있다. 두 소녀는 똑같이 열세 살이며, 그들을 죽인 자들은 공산군이다. 그러나 그 죽음은 "싹은 비정의 수목들에서보다…… 자유를 찾는 네 뜨거운 핏속에서" 움트기에 결코 헛된 것이 아니다. 달리 말해 무자비한 공산당의 만행에 의한 죽음이나, 고귀한 자유를 꽃피우는 데 위대한 밑거름이 됐다는 것이 이 시가 전하고자 하는 메시지로서, 한국의 반공애국시는 이처럼 학생들에게 반공사상에 기반한 전세계적 유대감을 형성코자 했던 것이다. 그러나 다뉴브강의 낭만적이고 평화로운 이미지를 급전시킨 이 반공애국시의 '쥐새끼', '두부', '목통', '피' 등의 언표에 묻어나는 섬뜩한 공포의식은 동포에 대한 증오의 싹을 키우게 했고 분단시대의 광기(狂氣)를 재생산시킨 첨예한 냉전의식의 표상 외에 별다른 것이

---

48) 이 시는 처음 69행이었으나 교과서에는 19행이 삭제된 채 48행만 실렸는데, 삭제된 내용은 반일감정이 주조를 이룬다. 김현승, 『한국현대시 해설』(관동출판사, 1975), 87-88쪽. 『김현승전집』 3(시인사, 1986)에 재수록. 교과서에 이 시를 수록한 의도는 반공의식 고취에 있지 반일의식을 불러일으키고자 하는 데 있는 것은 아닐 것이다. 반공이 반일의 연장선 위의 행위처럼 느껴지게 한다면 그것은 명백히 위험하고 자가당착적인 일이다. 반공이 반일에 우선해야 하며 반공효과를 훼손할 경우 반일은 희생돼야 한다는 현실에 시인과 교과측은 묵시적으로 동의했을 것이다. 신경림, "어떤 詩를 가르칠 것인가: 中高校 교과서의 詩를 읽고," 『한국사회연구』 1(한길사, 1983. 6), 229-234쪽.

아니었다.

이처럼 교육체계를 통한 반공주의의 의미확장은 반공주의적 세계관의 일상적 내면화를 통해 사회구성원의 정신 속에 특정한 정치사회적 사고와 행위를 자발적·자동적으로 유발하는 일종의 회로판을 형성하게 된다. 그것은 사상적 획일성과 명확성, 군사동원주의적 심리, 배타적이고 감시자적인 태도, 반정치적 일원주의적 질서, 도덕주의로 요약될 수 있다. 물론 그것은 지난 시대의 식민지적·군사주의적 정치질서의 결과이기도 하지만, 이러한 경향을 강화시키는 데는 반공주의의 기여가 높았다.49) 그럼에도 이러한 심성의 훈육은 단지 한 교육체계 내에 한정되지는 않았다.

나. 안보이데올로기

안보논리는 성장, 안정, 질서, 규율, 총화단결 등의 메타포와 더불어 학문과 예술 등 개인적 삶의 모든 영역에 사고의 원칙적인 제약논리로 작용했다. 한국의 안보논리는 국제정세에 대한 이해와 민족적 자립자존의 방향을 친미 이데올로기에 접합시킨 특징이 있다. 안보이데올로기는 대내적으로 '국가 안전보장', '공공의 안녕질서 유지', '공공복리의 증진' 등으로 표출되면서, 한국의 시민사회를 규율하는 핵심이데올로기로 법적 권위를 획득한 메타법 이데올로기로 군림했다.50)

국가안보는 일반적으로 국가 외부로부터의 군사적 위협에 대한 대응방식으로 이해할 수 있다.51) 그런데 파시즘국가와 현재의 라틴아메리카 국가에서는 대내적인 계급 또는 계층적 갈등의 문제와 이념적 문제를 비롯한 비군사적인 갈등까지도 국가안보에 대한 위협으로 확대 해석하는 경향을

---

49) 권혁범, "반공주의 회로판 읽기: 한국 반공주의의 의미체계와 정치 사회적 기능,"『당대비평』(삼인, 1999년 가을), 64쪽.

50) 심희기, "한국법의 상위이념으로서 안보이데올로기와 그 물질적 기초,"『창작과비평』1988년 봄, 266쪽.

51) 냉전해체 후 국제체제의 변화된 현실에 부응해 안보론 연구에 대한 확대해석과 축소해석간의 논쟁은 Barry Busan, Ole Waever, Jaap de Wilde, 국방대학원 안보문제연구소 안보총서 81,『안전보장』(1988. 12), 17-22쪽.

보여 왔다. 한국에서도 이와 유사하게 대내문제가 안보의 핵심사안으로 인식돼 오면서, 군사적 위협의 실체보다는 대항이데올로기의 표출이나 그보다 훨씬 하위수준인 개혁의 주장이나 비판논리마저 안보의식을 저해하는 저항과 도전으로 규정됐다. 이러한 안보관이 학문과 출판의 자유를 제약하는 상황으로 나타나기도 했다.

1980년대 후반 국정교과서 밖의 역사해석이 우리 사회에 신선한 충격을 주면서 널리 읽혀지자 정부는 이 책이 계급개념을 도입한 용공·좌경서로 문제삼아 이른바 『한국민중사』 사건을 일으키게 됐다. 이 사건은 안보이데올로기가 한국사회에서 학문과 사상, 출판의 자유를 어떻게 제약하고 있는가를 보여주었다. 여기서 당시 우리 사회의 비상한 관심 속에서 진행된 재판과정에서 이데올로기적 잣대로 재단하는 공권력의 입장과 이에 대한 관련학계의 변론은 지금 상황에서도 분단현실을 둘러싼 입장의 차이가 크게 변하지 않았다는 점에서 다시 한번 경청할 만하다고 본다.[52]

문(검사가 증인에게): 냉전체제가 사상과 학문의 자유에 어떤 제약을 가져온다는 취지로 말씀하셨는데, 교수님께서 전공한 분야라든지 그걸 포함해서 구체적으로 학문연구에 냉전체제가 어떤 제약을 가져왔나요?

답: 제가 70년대 말에 어느 재판에 나와 경청한 일이 있는데, 그때도 학문을 하는 사람이 어떤 사건에 '착취'라는 용어를 썼었습니다. 그때 '착취'란 용어를 쓸 수 있느냐, 그건 굉장히 위험한 용어가 아니냐고 하니까 그 사람 대답이 노총에서 제정하는 자기들의 노래에 '착취'란 말이 나온다 하며 그 가사를 얘기하는 부분이 있었습니다. 또 우리가 지금 '계급'이란 용어를 쓰는데, 이 계급이란 용어도 어쩐 일인지 계급이라는 용어를 쓰면 계급투쟁으로 연상을 하고 그 연상은 바로 자본주의의 타파로 연결되는 그런 식으로 연상하는 경향을 많이 보아 왔습니다. 그런 발상이 문제되는 것입니다. 그래서 사실은 많은 계급갈등이 우리 주변에 있는데, 우리가 그 갈등상태를 정확히 봤으면 그 문제의 해결도 빨리 할 수 있는데, '계급'이란 용어 그 자체를 제약한다면 그만큼 학문을 제약시키는 것이지요.

---

52) 자료『한국민중사』사건 증언기록(1987. 7. 6), 『역사비평』 제1집(역사문제연구소, 1987. 9), 375쪽.

문: 학문과 사상의 자유에 있어 냉전논리를 극복하자는 말씀이 물론 학문적으로 엄밀성을 갖는 건 아닙니다. 그렇지만 그런 사상에 있어서도 분단이 갖는 현실 또는 이데올로기 분단 같은 것은 현실로 인정해야 되는 것이 아니냐는 것인데, 이 점은 어떻게 생각하십니까?

답: 제가 그 현실을 부정하자는 건 아니지요. 현실은 현실대로 사회과학적으로 판단을 하고 그것을 극복하는 방법을 적극적으로 찾자는 것입니다. 그럴 때 우리가 자꾸 반공이데올로기에 의한 점을 너무 사회적으로 강조하다 보니까 예기치 않은 사건들, 요즘 문제가 되고 있는 고문치사사건 같은 부작용을 일으키게 된다는 것이지요. 그러니까 우리가 분단돼 있다는 사실, 또 분단이데올로기가 그만큼 우리를 제약하고 있다는 사실은 그대로 과학적으로 파악이 돼야 하는 것이지요. 그리고 과학적인 파악이 되어야만 우리가 그걸 극복해 가는 방법, 조건, 방향 이런 것이 찾아진다는 것입니다.

분단시대 한국현대사의 반공주의적 교육은 체제와 이념문제에 대한 개인의 어떠한 자율적 판단의지를 허용하지 않았으며, 체제 순응적 존재의 양산을 교육목표로 삼았다. 이러한 교육체계 속에서 훈육된 세대는 대개의 경우 어느 곳에서나 파시즘이 대두할 수 있는 풍부한 토양의 역할을 한 '개인의 무의미함과 무력함'53)에 순응적으로 됐던 것이다. 사실 오랫동안 우리 사회의 명백한 광기, 증오와 저주에 대한 묵시록적 수사, 신화 창조, 집요한 주입과 기억 되살리기 등으로부터 아무도 도피할 수 없었던 닫힌 공간을 상상하기는 쉽지 않다. 그럼에도 제도교육이 성취하지 못한 것, 이를테면 제도교육만으로 충분하지 않다고 여기는 냉전이데올로기들은 보다 촘촘한 그물코를 만들기 위해 동원 메커니즘을 통해 사회인들을 재교육체계에 통합시키고, 언론매체에 의한 이념적 설득과 공세의 일상화체계를 구축하게 된다.

---

53) 에리히 프롬, 앞의 책, 282-283쪽.

2) 언론

(1) 언론과 레드콤플렉스

가. 대북·통일관과 언론

우리 사회에서 분단의식과 냉전문화를 재생산하는 메커니즘이 바로 우리가 일상적으로 접하는 언론매체라는 사실은 결코 새로운 얘기가 아니다.[54] 일반국민들은 매스미디어를 통해 정보를 제공받고 여론형성에 참여하게 된다. 그러나 정보를 수집·독점하고 있는 언론사가 일방적으로 제공하는 보도내용에 대해 사실 여부를 확인·검증하지 못하는 상태에서 언론의 메시지를 수용할 수밖에 없다. 다른 분야보다도 언론은 보다 직접적이고 광범위하게 영향력을 발휘해 레드콤플렉스와 반북 냉전의식을 조장하고 확산하는 견인차라 할 수 있다. 수많은 시민이 거의 매일같이 사건과 시국정세에 관한 정보를 언론을 통해 접하기 때문이다.

언론매체에 의해 통일 및 북한관련 정보가 거의 장악되고 있는 현실은 북한에 대한 부정적 이미지를 더욱 부추기는 결과를 낳았다. 이처럼 북한에 대한 긍정적 측면보다 부정적 선입견에 매몰되게 된 것은 언론의 반북적·반민족적 보도의 일상적 세례의 결과라 할 수 있다. 이를테면 그 동안 교육현장에서나 사회언론 등에서 남북한 관계에서 일어나는 잘못된 사건이 있으며 모두 북한측에 책임이 더 있는 것으로, 더욱이 정치·경제·사회·문화 모든 면에서 북한보다 상대적 우위에 있음을 지나치게 강조해 왔다. 한국전쟁 이후 우리 언론은 지금까지 북한의 도발과 침략 부각, 김일성·김정일 부자 세습독재, 북한정권의 부패·타락, 북한의 후진성, 빈곤·식량난 등 북한에 대한 부정적 이미지를 유포·고착시켜 왔으며, 현재도 이러한 시각의 보도관행이 거의 개선되지 않고 있다. 결국 언론의 이러한 보도관행

---

54) 모니터네트워크 1, "냄비저널리즘과 선정·냉전주의의 만남," 『언론개혁』창간호, 1999. 7, 언론개혁시민연대, 26쪽.

은 우리 사회 내에서 올바른 통일의식과 태도를 길러 주지 못하고 오히려 반통일적 인식을 굳히는 데 큰 영향을 미쳤다.

나. 언론과 매카시즘

미국사회에서도 한때 광풍처럼 몰아쳤던 적색공포의 시대에 보수언론이 적색공포를 창조해 나가는 데 주도적 역할을 맡았다.55) 보수언론은 대개 어떤 특정 사건이나 시국정세에 대해 정확한 판단을 내리는 노력을 하는 것이 아니라 단지 확인되지 않은 사실이나, 사실에 대한 정확한 자료 인용이 없는 공포 중심세력의 주장을 보도함으로써 적색공포의 신화를 창조한 주역을 맡았다. 따라서 보수언론은 특정한 주장을 과장하고 사실을 곡해해 시민들로 하여금 공포음모에 휩싸이게 만들었다. 또한 급진적이지도 혁명적이지도 않은 정세를 임박한 대재앙으로 변화시켜 히스테리를 조장시켰다. 이 과정은 대개 진보적 지식인이나 민주화운동 세력의 글과 말을 마치 급진적 행동으로 일치시키고, 이 행위는 다시 현실화돼 나타나는 혁명의 일부로 여기도록 조장한다는 점에서 어느 사회에서나 보수언론의 본질이라 할 수 있다.56)

반독재 민주화투쟁에 대한 언론의 악의적인 해석과 왜곡된 표제어들은 그 자체가 정상인의 심성을 뒤틀리게 하고 공포심리를 유발하기에 충분했다.57) 보수언론은 우리 사회가 심각한 위기상황에 있다고 주장하면서 항상 국가안보를 앞세워 왔지만 실질적으로는 정권안보, 혹은 개인적 세력안보에 불과하면서도 시민의 자유를 제한하는 행위가 정당하다고 옹호한다. 예컨대 인권문제나 시민의 자유와 깊은 관련이 있는 공안기능을 옹호하는 한 신문 칼럼은, "과거 우리 공안기능에 문제가 있었다는 것은 많은 사람들

---

55) 김형곤, 『미국의 적색공포 1919~1920』(역민사, 1996), 329-330쪽.
56) '공포'발생을 조장하는 보수언론에 대항해 레드콤플렉스와 불관용의 억압주체를 비판하는 자유주의적 매체는 지역성과 특정 인구의 한계를 넘어서기 어렵기 때문에 대부분의 시민이 접할 수 있는 기회가 적다.
57) '레드'에 대한 극한적 혐오감을 책 표제 자체에서 상징적으로 표출하고 있는 사례로는 박홍·남용우, 『레드바이러스』(기독청년문화연구소·생명문화연구소, 1997) 참조

이 긍정하고 있다"는 점을 전제하면서, "공안의 명분 아래 정권이해나 권력적 허영을 추구한 측면도 있고, 또 그로 인해 우리 사회의 공안에 대한 인식을 추락시킨 경우도 있다. 정권에 비판적인 사람들은 공안사범으로 몰아 고문도 하고 때로는 사람을 죽음에 이르게 한 적도 있었음을 우리는 기억하고 있다. 그런 점에서 오늘날 과거 공안 담당자들이 수난을 당하고 있는 것은 자업자득일 수도 있다"고 한다. "그러나 그렇다고 해서" 반체제적 요소를 다스리는 공안기능이 매도돼서는 곤란하다는 주장을 제기하고 있다.58) 그런데 과거의 공안세력만이 문제가 아니라 보수언론이 스스로 공안세력화돼 고문과 정치적 폭력의 동반자였다는 사실에 대한 인식이 전혀 결여돼 있다는 점이 문제가 아닐 수 없다.

미국사회에서 매카시즘의 광란을 부채질한 것도 언론이었다고 평가할 수 있다. 매카시가 언론을 활용한 것 못지않게 언론의 상업주의와 선정주의가 매카시를 부추겼던 점을 무시할 수 없을 것이다. 다시 말해 매카시의 부도덕한 언론플레이에 많은 사람들이 무기력하게 대응할 수밖에 없었던 데는 물론 당시 시작된 냉전의 국제정치적 상황도 중요하지만, 언론은 메카시가 조작하는 공포 그 자체를 확대하는 역할에 만족했던 것이다.59)

(2) 언론과 반북이데올로기

가. 보수언론의 안보위협

한국 보수언론은 북한과 관련된 모든 정보를 '안보위협'과 연결시켜 뉴스가치를 높이고 대북 적대감을 자극하고 결국은 정부의 통일정책이 보수화되는 데 기여해 왔다.60) 한국언론은 주로 강경론자들에게만 지면을 제공

---

58) 김대중 칼럼, "'간첩'이 삿대질하는 '공안'," <조선일보>, 1999. 11. 27 참조.
59) 로버트 그리피스, 『마녀사냥: 메카시/매카시즘』, 하재룡 옮김(백산서당, 1997), 153-156쪽.
60) 박용규, "90년대 한국언론의 북한보도 실태와 개선방향," 한국언론재단·한국국제정치학회 공동주체 학술대회 발표 논문집, 『언론의 새로운 역할과 남북한 관계의 새로운 패러다임 모색』(1999. 8. 27), 5쪽.

함으로써 강·온간의 정책논쟁을 유도하는 데는 전혀 관심이 없었다.61) 김영삼정부의 대북정책의 경우 간혹 정책적 지도력을 발휘하다가도 일부 언론이 문제를 제기하면 이에 자발적으로 굴복해 정책방향을 급선회하기도 했다.62)

한국사회의 보수언론이야말로 반공 냉전의식, 반북이데올로기를 생산해 내는 진원지라는 사실에 대해 우리 사회의 양식 있는 많은 사람들이 개탄해 마지않고 있지만, 조금도 개선의 기미가 보이지 않고 있는 데는 바로 권력과 언론간의 이른바 '권언유착'이라는 뿌리깊은 고질적 병폐 때문이다. 언론의 존재이유(raison d'être)는 국민들의 '알권리'를 수호함으로써 정치권력의 부패와 독단을 견제하고 사회적 억압과 모순구조의 실체를 밝혀 건전한 비판적 여론을 형성하는 데 있다. 그러나 이러한 언론의 역할은 제대로 꽃피워 보지도 못하고 해방 이래 한국의 정치문화를 규정해 온 반민주적 권위주의정권과의 야합·결탁을 통해 국민들의 눈과 입을 가리고 막는 데 급급해 왔다. 특히 1980년대 정권을 약탈한 군부 '참주정(僭主政)' 시대에 언론은 자발적으로 누구보다도 먼저 권력의 앞잡이가 돼 참주의 폭력을 감싸 주고 정당화시켜 주면서 그 대가로 언론기업의 사세를 확장시켜 나갔을 뿐만 아니라 더욱 밀착된 권언유착을 통해 그 자체가 스스로 정보기관화했고 권력기관화돼 왔다.

한국사회를 영속적으로 지배하는 두 집단은 재벌과 언론이다. 그런데 재벌이 언론사를 소유한 '재벌언론'과 언론사주 족벌집단의 영광을 위해 운영되는 이른바 '족벌신문'들이 역대 정권과 구조적으로 공모·결탁해 온 과정에서 비록 정권은 여러 차례 바뀌었지만 재벌언론과 족벌신문의 배타적 지배력과 영향력은 조금도 흔들리지 않고 대를 이어 지배력을 행사하는 막강한 권력체로 군림하게 됐다. 이를테면 국가·언론·재벌의 삼위일체식 한 덩어리인 지배집단체가 한국사회의 공고한 지배연합 구조라 할 수 있다. 물론 3자 사이의 알력과 마찰이 전혀 없는 것은 아니지만, 때때로 드

---

61) 이호재, "남북관계의 언론을 비판한다," 『통일한국과 동북아 5개국 체제』(화평사, 1997), 227쪽.

62) 박건영, "대북정책의 새로운 접근," 『국제정치논총』 제38집 2호(1998), 93쪽.

러나 보이는 그러한 갈등양상은 비본질적 균열로 곧장 적당한 형태로 봉합되거나 균열 자체가 금방 해소되기 마련이다.

한국사회의 참된 민주화의 성취는 어느 면에서 권언유착의 고리를 끊고 언론의 존재이유를 재확인하는 데 있다고 보겠다. 제자리를 찾은 그러한 언론이어야만 '광풍'의 생산63)을 중단할 수 있고, 진실을 의도적으로 왜곡하고 과정과 거짓의 보도를 일삼고 민족의 분열을 부추기는 반사회적·반민족적 행태를 극복할 수 있을 것이다. 예컨대 1995년 가을 전직 대통령들의 엄청난 은익자금이 폭로된 비자금정국에, 노태우 전대통령이 피의자로 검찰에 출두하게 되자 한 보수언론은 느닷없이 "북한은 남조선의 내부모순 격화를 반길 것이다"며, "대한민국이 걷잡을 수 없는 자해의 진수렁에 빠지는 출발점이 될"64) 것으로 우려했다. 그러나 그후 북한이 대한민국 전직 대통령들의 상상을 초월하는 부패를 적절히 활용했다는 증거는 발견되지 않았고, 더구나 대한민국에 그로 인해 '걷잡을 수 없는' 위기상황이 초래된 것도 아니다.

보수언론의 이러한 반공·반북이데올로기는 사실 족벌 언론사의 뿌리깊은 친일행각의 역사를 은폐하려는 의도와 관련돼 있다는 점에서 레드콤플렉스와 친일콤플렉스와의 친연성을 드러내는 것이기도 하다.65) 특히 우리 사회 민주화의 문제와 군부권위주의 청산의 과제가 정치적 이슈로 제기될 때, 보수언론은 항상 남북한 문제와 연관시켜 민주화의 진척을 가로막는 논설을 펼쳐 왔다는 점이 주목된다. 한때 정부가 신군부에 의해 자행된 '5·18학살'에 대한 특별법 제정을 수용했을 때, 이를 정국의 국면전환을 위해 '선회'하는 '승부수'라며 정략적 차원으로 폄하하면서 돌연 남북문제를 환기시키는 가운데, "특히 김대통령의 선회가 대북문제까지 영향을 미친다면 더욱 그렇다(기성 세력의 벽은 그리 간단치 않을 것이다)"66)며 거의 협박성 경

---

63) 조현연, "레드콤플렉스, 그 '광풍'의 생산업자들," 『당대비평』 1998 여름, 통권 4호 참조

64) <조선일보>, 1995. 11. 2, 사설 참조.

65) 손석춘, "왜 레드콤플렉스가 문제인가: 적색공포증 조장에 앞장선 한국 언론," 『레드콤플렉스』(삼인, 1997), 28-32쪽.

66) <조선일보>, 1995. 11. 25, 사설 참조.

고를 했다. 이러한 분위기에 찬물을 끼얹는 행태로는 항상 북한의 남침위협을 대서특필하면서 안보위기를 환기시키는 전형적인 수법을 활용해 레드콤플렉스의 나팔수 역할을 떠맡고 나선다. 따라서 진실은폐와 사실왜곡뿐만 아니라 정부의 통일정책을 그들의 구미에 맞는 방향으로 선택할 것을 강요하면서 국민여론을 지배하고 있는 언론, 특히 신문의 개혁 없이 냉전이데올로기와 반북의식의 극복은 불가능하다.

그런데 신문개혁이 여타 다른 사회부문의 개혁을 가능케 하는 출발점이자 개혁의 걸림돌이라는 사실은 새삼 인식되는 문제가 아니다. 과거 김영삼정부는 남북한 관계개선에 대한 초기의 의욕적이고 희망찬 출발에도 불구하고, 물론 남북관계를 통해 접근할 수 없는, 미국의 세계전략 차원과 관련된 북핵문제 돌출이라는 외적 변수의 영향력을 간과할 수 없지만, 한국 보수언론의 집요한 냉전적 이데올로기 공세에 그만 무릎을 꿇고 말았다. 김영삼정권은 어느 면에서 보수언론의 후원과 지지 속에서 오랫동안 길러 온 이른바 그의 '언론장학생들'과의 끈끈한 유대관계를 통해 탄생한 태생적 한계도 무시할 수 없지만 보수언론의 교만과 여론의 향배에 지나칠 정도로 관심을 기울이는 대통령 자신의 습성으로 인해 언론보도에 따른 여론향배 자체가 마치 통치의 준거로 작용했던 측면도 있다. 결국 김영삼정권은 권언유착 속에서 자율적 영역을 확보하지 못하고 오히려 언론의 포위공격 속에서 마침내 하나씩 무너지고 말았던 것이다.[67]

나. 색깔론과 언론개혁

그렇다면 김대중정부는 언론개혁을 단행할 의지와 가능성이 있을까? 한국언론의 문제점과 폐해, 그에 따른 개혁의 방향은 이미 김영삼정부 시절에 큰 가닥이 잡혀 있었으나 전혀 실천에 옮기지 못했다. 김영삼정부가 들어선 뒤 국세청은 정부수립 이래 처음으로 신문사들에 대해 세무조사를 실시했으나, 그 조사결과는 일체 발표하지 않고 덮어 버렸다. 당시 항간에는 김영

---

67) 김민웅, "고난의 시대에서 배반의 시대로: 김영삼의 좌절과 그 출로, 그리고 우리의 자화상," 『레드콤플렉스』(삼인, 1997) 참조.

삼정부가 세무조사 결과를 무기로 신문사에 협조를 요구했다는 이야기가 나돌았다.[68] 물론 개혁차원은 아니지만 한국사회에서 정부에 대한 언론의 영향력을 차단하고 순응적인 언론을 만들기 위한 공작적 차원의 언론 길들이기 전략에 불과했기 때문에 아무런 실효를 거둘 수 없었던 것이다. 그 후 학계와 시민운동 차원에서 보수언론의 폐해와 재벌신문사와 족벌신문사의 부정·부패, 신문시장의 독과점 실태, 권언유착의 현실 등 다양한 측면에서 연구·조사를 비롯한 세미나 공청회 등을 개최하면서까지 언론개혁의 보다 합리적인 방향과 체계적인 내용을 마련했다.[69] 그러나 김대중정부 들어서도 언론의 '자율적' 개혁을 존중한다는 입장 아래 언론에 대한 개혁의지를 지금껏 유보해 왔다. 그러나 이제는 거의 개혁의지마저 실종된 것으로 보인다.

언론의 레드콤플렉스를 조장하는 이념적 공세인 이른바 '색깔론'의 대표적인 피해자였던 김대중 대통령의 집권은 언론개혁에 대한 기대를 갖도록 하기에 충분했다. 그러나 최근 야당시절 재벌신문사측으로부터 상당한 정치자금을 수수해 왔다는 사실이 공공연히 드러남으로써 그 동안 언론에 대해 '어찌할 수 없었던' 태생적 한계의 비밀이 밝혀졌다.[70] 언론개혁에서 정부의 역할은 중요하다. 그러나 이미 오래 전 야당시절부터 언론과 야합하고 있었다는 사실은 정권의 도덕성뿐만 아니라 언론개혁의 명분과 정당성을 상실케 하는 파국적 상황을 초래했다는 점에서 커다란 충격을 불러일으키고 있다.

반북의식과 냉전문화를 재생산하고 확산시키고 있는 데 교육과 언론의 책임은 무척 크다. 따라서 각급 학교제도에 반영된 분단교육의 폐해를 극복하고 화해와 나눔의 정신에 기반한 통일교육의 방향과 내용을 하루빨리 정립해야 할 단계라고 생각된다. 이와 더불어 언론의 반통일·반민족성의 폐해를 직시해야 한다. 누누이 강조되는 사실이지만 언론개혁 없이 우리

---

68) 『신문개혁: 시민이 나서야 합니다』(신문권리찾기 작은책 2, 언론개혁시민연대, 1999), 12쪽.

69) "특집: 신문개혁," 『언론개혁』 창간호(언론개혁시민연대, 1999. 7) 참조.

70) <동아일보>, 1999. 12. 17, 1면 기사 참조.

사회의 '냉전벨트'를 걷어 내는 작업은 요원한 문제이다.[71] 언론인을 자처하는 사람들의 고루한 의식, 세계질서 변화에 대한 이성적 인식을 거부하는 냉전관행 등은 곧장 케케묵은 반북・반공의식으로 나타나 수구세력의 기득권을 수호하는 논리로 변질하고 있다는 사실을 깊이 깨달아야 한다.

4. 냉전문화의 존재양태

1) 대미인식

(1) 냉전해체와 새로운 한미관계

미국은 우리에게 무엇인가? 한국사회에서 미국을 어떻게 보느냐 하는 문제만큼 통일을 비롯한 남북한 민족문제에 대한 인식의 예민한 부분을 드러내는 측면도 없을 것이다. 미국은 한국전쟁 이래 한반도의 전쟁억제, 평화, 그리고 경제적 성공의 후원자로서 한국인의 영원한 친구인가, 그렇지 않으면 전쟁과 분단, 그리고 한반도의 통일을 가로막는 패권국가로서 궁극적으로 우리 민족의 자주적 발전의 길을 가로막는 거대한 벽인가 하는 문제는, 물론 반미 또는 친미적인 양자 택일적 대미관이 현실적 한미관계를 충분히 설명할 수 있는 접근법은 아니지만, 쉽게 해명될 수 있는 문제는 아닐 것이다. 그러나 최근 세계사적 변화와 함께 지금까지의 전통적 한미관계는 여러 부문에서 조금씩 변화되고 있는 실정이다.

20세기 후반기 냉전시대 한미관계의 특징은 미국의 이익이 곧 우리의 국가이익으로 규정될 수 있는 시기였다는 데 있다. 그러나 최근 세계적 수준에서 탈냉전시대의 도래와 함께 시장중심의 새로운 세계질서가 형성되

---

71) '냉전벨트'는 지역적 개념이라기보다는 정치적 개념이라 할 수 있다. 한완상, "긴급대담: 기로에 선 현정권의 대북정책," 『창작과비평』 1999년 가을, 147쪽.

면서 미국의 국가이익과 한국의 국가이익이 반드시 일치하지 않는 상황이 나타나게 됐다. 금융, 무역, 첨단산업 등 광범한 분야에서 시장확보를 둘러싼 무한경쟁으로 인해 미국은 과거처럼 한국의 발전과 성장을 우호적으로 지원하거나 관용적으로 대할 수 있는 분위기는 거의 사라졌다. 그러나 21세기 초반 동북아지역의 국제정치적 역학관계를 고려할 때 적어도 이 지역에서 미국의 정치·군사적 역할과 지위의 근본적인 변화를 기대하기 어려운 상황에서 전통적인 한미관계의 유대가 약화될 가능성은 그다지 높지 않다.

그럼에도 남북관계와 한반도 통일문제에 대한 한국의 역할수준과 내용, 미군의 지위, 불평등한 한미행정협정 개정문제 등을 둘러싼 양국간 이해관계의 불일치와 갈등은 향후 충분히 예상될 수 있는 문제이다. 한미 행정협정은 대표적인 불평등조약으로, 전범국인 일본에 주둔한 미군의 지위와는 다르다는 점에서 협정의 개정방향이 적어도 일본과 유사하거나 그 이상의 수준이 돼야 새로운 세기 한미관계의 토대로 작용할 것이다.

앞으로 우리의 국가이익과 미국의 국익의 조화를 계속 추구해 나가되 한반도를 비롯한 동북아지역에서 한미간 쌍방 교호적인 동반자적 관계를 추구해 나가고자 한다면, 미국의 역할과 지위에 대한 보다 객관적인 이해가 필요하다고 생각된다. 특히 민족적 입장에서 대미관계를 조율할 경우 인식의 전환과 더불어 새로운 접근 패러다임이 요청되는 시기다. 미 상원에 제출한 "페리보고서"에 나타난 바와 같이 "미국의 대북정책은 한국이나 일본의 협력 없이는 성공을 거둘 수 없다"는 인식은 한반도문제에 대한 당사국인 한국의 입장과 의사를 존중하지 않을 수 없는 현실을 인정하고 있다.[72] 어쨌든 한반도문제는 "우리가 죽고 사는 문제"이므로 미국의 협조를 얻어내면서 우리가 주도적으로 해 나가지 않을 수 없다는 것을 이해해야 함에도 불구라고, 우리의 운명을 우리 스스로 개척해 나갈 수 없는 상황에 있다는 현실을 직시해야 할 것이다. 그러나 미국의 대한반도 정책은 당사국인 한국의 입장과 의사를 존중한다는 수사적 표현과 달리, 사실 지금도 우리의 운

---

[72] W. Perry, *Review of United States Policy Toward North Korea: Findings and Recommendation*, 1999. 10. 12 (htth://www.unikorea.go.kr).

명은 미국의 국익과 그들 스스로의 판단과 독자적인 행동에 의해 좌우될 수 있는 상황에서 크게 벗어난 것은 아니다. 미국의 국익, 독자적인 판단, 행동이 한반도의 운명을 얼마나 옥죄고 있는가를 살펴보자.

가. 한반도 전쟁시나리오

미국은 지난 1994년 6월 북핵위기 당시 이른바 '작전계획 5027'(Operation 5027 Plan)이라는 작전명으로 전쟁시 100만 명 이상 희생될 것으로 예상된 북한 공격계획을 수립했다는 사실이 밝혀졌다. 한반도에 크루즈 미사일과 F117스텔스 전폭기를 투입해 북한을 공격하고 1만여 명의 미군을 한반도에 증파해 미국시민을 소개(疏開)한다는 작전의 최종 검토단계에서 미 대통령의 특사로 방북중이던 지미 카터 전 대통령이 김일성과의 회담에서 "극적인 돌파구가 마련됐다"고 알려와 공습계획이 중단됐다.73) 전쟁 직전 상황까지 갔던 '작전계획 5027'은 북한에 대한 선제공격을 단행하는 도상훈련용이 아닌 실전용이었다. 당시 우리에겐 잘 알려지지 않았으나 상황의 심각성은 그해 6월 16일 레이니(James Laney) 주한 미대사와 게리 럭(Gary Luck) 주한 미사령관이 미국인 소개를 추진하기로 협의하고 난 직후 레이니 대사가 한국에 와 있던 그의 딸과 세 명의 손자·손녀에게 사흘 뒤인 "일요일까지 한국을 떠나라"고 지시한 사실에서도 전쟁 일보 직전 위기상황의 분위기를 충분히 감지할 수 있다.74)

'작전계획 5027'은 한반도에 54만 5천여 명의 미군이 참전해 3~4개월 정도의 강도 높은 전쟁을 수행하면 북한을 패배시킨다는 요지의 계획이다. 그러나 8~10만 명의 미군을 포함한 100만 명 정도의 인명손실, 한반도와 동일 위도 지역인 일본 및 하와이에서의 방사능 유출 가능성, 남한인구의 40%를 포함하는 서울과 부근지역의 불바다화, 남한경제와 무역의 전면 붕괴, 1천억 달러 이상의 미국 전담비용 소요, 우방국 비용까지 1조 달러 이상의 막대한 전쟁비용 등이 문제점으로 지적되기도 했다. 그럼에도 김일성과

---

73) 로버트 갈루치(1994년 미 국무부 핵전담대사)의 증언, CNN방송(1999. 10. 5); <동아일보>, 1999. 10. 6 참조.

74) Don Oberdorfer, *The Two Koreas: A Contemporary History* (Addison-Wesley, 1997), p.326.

의 담판을 통해 북한 공중폭격을 포함한 대북제재 움직임을 잠재우려고 한 지미 카터 전 미국 대통령의 행동은 미 행정부의 고위관리, 미국의 보수언론, 특히 한국 내 대북 강경파와 언론들의 불쾌감을 유발했던 것이다. 카터는 북한을 안심시키기 위해 방북했으나, 그의 입장은 공적으로나 사적으로나 미국 대북정책의 기본입장과는 상당히 거리가 있었다. 그러나 다행히도 카터의 방북은 일촉즉발의 전쟁위기를 해소시키는 데 결정적으로 기여했다.[75]

그러나 북핵문제의 타결을 전쟁 일보직전까지 갔던 한반도 위기국면의 극적 해소로 보기보다는, 전쟁을 불사하더라도 남북한 통일을 성취할 수 있는 유리한 국제정세가 형성된 국면으로 파악한 입장에서는 북미간 협상을 통한 평화적 타결에 실망하는 경우도 있었다. 현재 뉴욕 사회과학연구협의회의 컨설턴트와 콜럼비아대학 국제학부의 교수인 L. 시걸은 1994년 북핵문제를 둘러싼 한반도 위기국면의 이면을 면밀히 분석하면서 당시 핵문제 협상을 왜곡시켰던 남한 언론의 논조를 비판하고 있다. 특히 "한국신문 중 발간부수 최대인 <조선일보>는 오랫동안 북한과의 협력을 반대하는 십자군 역할을 자임해 왔다"[76]고 지적하고 있을 정도로 남북한 문제에 대한 한국언론의 비타협적·대결적 입장에 대해 그들조차 무척 곤혹스러워했음을 밝히고 있다. 이러한 한국언론은 한반도 평화를 관리하려고 하는 미국 행정부측에겐 상당히 성가신 존재로, 그리고 미국의 합리적 지식인에겐 자가당착적인 집단으로 이해되는 측면이 있다.

나. 미국의 국익과 한반도

미국의 존재가 북한에겐 단순한 외재적 압력의 수준을 초월한 적대적 규정력으로 북한체제의 존립근거라면, 한국사회에서는 안보, 경제, 문화 등 모든 생활영역에서 '미국 없는 한국'을 상상할 수 없을 정도로 내재화된 상태라 할 수 있다. 그간 한국의 경제발전과 국력신장으로 미국의 영향력이

---

[75] Leon V. Sigal·구갑우·김갑식·윤여령 옮김, 『미국은 협력하려 하지 않았다―북한과 미국의 핵외교』 (사회평론, 1999), 213.

[76] Leon V. Sigal, 앞의 책, 246쪽.

크게 의식되지 않는 것처럼 보이는 경우도 있지만, 한국경제의 대미 종속성 문제, 정권교체, 특히 대북정책과 정보, 통일문제 등에 미치는 미국의 영향력은 단순히 외부적 변수 이상의 것임이 분명하다.77)

미국『국가안보전략』서문에 명시돼 있는 내용은 다음과 같다.78)

> 새로운 시대의 현실에 맞춘 미국 국가안보전략의 세 가지 핵심은 안보의 제고, 미국의 경제적 번영의 증진, 그리고 해외에서 민주주의의 확산이다. 이들의 공통된 목적은 시장경제와 민주주의를 확산하는 것이다. 이를 위해 미국은 NATO와 같은 군사동맹의 팽창 및 평화를 위한 동맹관계와 같은 폭넓은 이니셔티브를 행사해야 한다. 그리고 균형예산의 범위 내에서 방위력의 증강을 위해 노력해야 한다.

한편 제1장 서론 부분에서 '개입의 불가피성'을 강조하는 가운데, "국내 안보를 위해 해외를 선도해야 한다는 것이 우리의 전략방식이다. 우리는 국가·비국가 행위자들에게 영향을 미치기 위해 국력의 적절한 기제를 사용할 준비가 돼 있어야 한다"고 천명하면서, "국제사회로부터의 후퇴는 대안이 아니다"고 역설하고 있다.79)

특히 미국의 국익을 수호하기 위해 "군사력을 일방적으로 단호하게 사용"할 것을 밝히고 있는 점이 주목된다.80) 그러나 한반도문제와 관련해서 비록 최근 북미관계 개선 분위기가 이『국가안보전략』보고서에 어느 정도 반영돼 있으나, 미국 국가이익의 관점에서 독자적 판단과 그들의 국내정치적·사회경제적 필요에 부응하기만 한다면 언제 어떠한 형태로든 한반도에 무력사용을 한다는 개연성을 함축하고 있다는 점에서 새삼 주목하지 않을 수 없다. 미국 국익의 최대 관건인 안보문제를 광의로 해석하면 이는 미국의 경제적 이익문제와 무관하지 않다. 이 경우 미국의 경제적 이익의

---

77) 도진순, "분단에 대한 연역과 통일의 전제,"『당대비평』(삼인, 1999년 봄호), 150쪽.
78) 미 백악관,『새로운 세기를 위한 국가안보전략』(A National Security Strategy for A New Century, 세종연구소,『국가전략』제5권 1호, 부록, 1999년 봄·여름), 339-40쪽.
79) 미 백악관, 앞의 자료, 341쪽.
80) 미 백악관, 앞의 자료, 343쪽.

범주를 어떻게 규정하느냐 하는 문제가 논쟁적일 수 있으나, 이는 대개 세계적 차원에서 석유 같은 천연자원에 대한 미국의 배타적 통제권에 대한 도전을 허용하지 않겠다는 의지로 보인다.

이와 함께 '해외에서 민주주의의 확산'을 국가적 목표로 규정하고 있다.81) 민주주의는 다양한 형태와 다의성을 함축하고 있는 개념임에도 불구하고 민주주의의 확산, 특히 해외에서 민주주의의 확산이라는 국가목표는 미국식 가치관이나 삶의 양식 등과 다른 문화체계를 지닌 국가에 필요하다면 민주주의의 확산이라는 대의를 위해 군사력을 사용해서라도 개입할 수 있다는 것을 밝히고 있다. 이는 사실상 주권국가에 대한 내정간섭을 국가목표로 설정하고 있는 것으로 이해될 소지를 안고 있다. 그러나 민족문제의 접근에서 보다 자율적인 영역을 확보하려는 입장에서 본다면, 우리 사회에 편만한 친미의식과 대미종속적 문화구조와는 전혀 무관한 미국의 국익과 국가목표, 그리고 그것의 실천 가능성에 대한 면밀한 관찰과 함께82) 그에

---

81) 미 백악관, 앞의 자료, 같은 곳.
82) 미사일문제를 둘러싼 북미·한미간 협상은 서로 상반되는 내용이라는 점에서 모순적인 성격을 보여준다. 북미협상에 대해 미국은 미사일 세계전략과 관련해서 정치적 관점에서 접근하고 있다면, 한국 미사일문제에 대한 미국의 협상논리는 거의 전적으로 경제논리에 입각해 있다(<국민일보>, "미사일의 정치경제학," 1999. 11. 18, 김상온 칼럼 참조). 미사일의 경제적 의의는 매우 크다. 미국의 군수관련 정보산업체인 틸그룹은 1996년부터 2005년까지 전세계에서 약 1,140억 달러 규모에 이르는 미사일이 판매될 것으로 전망했다. 단일품목으로 미사일은 군수산업계의 가장 유망한 산업으로 미사일 생산국들의 시장 쟁탈전은 매우 치열하다. <뉴욕타임스>는 미사일사거리 연장협상을 앞둔 묘한 시점에 김대중 대통령의 미국 방문에 맞추어 "한국의 미사일 개발계획 때문에 군비경쟁이 우려된다"(1999. 7. 1)고 썼다. 한편 1993년부터 99년 11월까지 국내언론에 보도된 '패트리어트미사일' 관련 보도기사는 총 227건에 달하는데, 최근 "미 국방부는 최신형 패트리어트 PAC-3 대공미사일 방위시스템 14개와 부속장비를 한국에 총 42억 달러에 판매키로 동의했다고 9일 발표했다"는 기사가 주목된다(<디지털조선일보>, 1999. 11. 11 참조). 미 국방부의 이 일방적인 발표는 과연 한국을 주권국가로 인식하고 있는 것인지 심갗은 회의가 들게 한다. 한국이 미국 군수산업의 큰 시장이라는 것은 이미 밝혀진 사실이지만, 한반도 긴장원인의 가려진 베일이 진정 무엇인가를 확인케 한다는 점에서도 미국의 한반도정책의 본질을 스스로 폭로하는 사안이 아닐 수 없다.

대한 우리의 신중한 접근과 보다 냉정한 인식을 통해 우리의 생존전략을 모색해 나가야 할 때라고 생각된다.

(2) '과거'와 진실규명

가. 노근리와 신천

최근 6·25전쟁 중 미군에 의한 양민학살사건의 대표적인 사례로 '노근리사건'이 외신에 보도되면서 우리 사회의 주요 관심사로 떠올랐다. 노근리(老斤里 일명 老隱里)사건이라 함은 미군이 영동지구 주곡리(主谷里), 임계리(林溪里) 등의 주민 약 500~600명에게 피난길을 안내해 주겠다는 구실로 국도를 따라서 걸어 노근리지역까지 이르게 하고, 기찻길 위로 이끌어 소지품을 세밀히 검열하고 미군병사가 무전연락을 취한 직후 되약볕 아래서 더위에 시달리고 있는 그 피난민들을 향해서 갑자기 남쪽에서 날아온 전투기가 폭탄을 투하하고 총격을 가해 수많은 인명을 살상했고, 그 폭격을 피해 철로 밑에 뚫린 두 개의 터널 속으로 들어간 그들에게 4일간 기관총사격을 가해 또다시 살상을 저지른 사건을 일컫는다.[83] 한국전쟁중 1950년 7월 23일부터 7월 말까지 영동·황간지구는 미군과 인민군 사이에 대치 내지는 아군 방어작전이 진행됐는데, 그 기간에 '노근리사건'이 자행됐다.[84] 물론 냉전체제하에서 이러한 사건은 아예 밝혀질 수 없었고, 더욱이 문제조차 될 수 없는 금기영역이었다. 과거 진영간 대결구도 속에서 자기가 속한 진영의 내부모순과 헤게모니 국가의 불의와 폭압은 냉전적 대치상태에서 항상 은폐됐고 불의와 만행은 공산주의라는 적대적 '악'의 존재로 면책되고 잊혀질 수 있었다. 그러나 냉전체제의 해체는 절대적 진리에 대한 신념이나 선과 악의 이분법적 세계관을 붕괴시켰으며 모든 것을 상대적인 것으로 바라보는 계기가 됐다. 이 과정에서 한반도에서 미국의 존재와 역할에 대한

---

83) 정은용,『그대, 우리의 아픔을 아는가』(다리, 1994) 참조
84) 최병수, "6·25동란 초기 충북 영동지구의 민간인 살상사건에 관한 연구(Ⅰ): 노근리의 미군 양민 집단살상사건을 중심으로," 『인문학지』 17집(충북대학교 인문학연구소, 1999. 2) 참조

인식의 변화가 나타나면서 미국의 실체에 대한 회의적·비판적인 분위기가 조성될 개연성이 높아지고 있다.85)

남쪽에 노근리문제가 있다면 북쪽에는 '신천'문제가 있다. 북한 황해도 소재의 신천박물관은 전쟁기간중 '미제'의 만행을 기록한 박물관으로 알려져 있다. 신천군사건은 1950년 10월 38선을 넘은 미군들이 황해남도 신천에 52일 동안 머물면서 신천군 인구의 4분의 1일에 달하는 무고한 양민을 잔인하게 죽인 사건을 말한다.86) 피카소는 1951년 당시 세계적으로 알려진 이 사건을 소재로 '조선에서의 학살'(The Massacre in Korea)이라는 제목의 유채화를 그렸다. 이 그림은 벌거벗은 임산부와 아이들에게 총을 겨누며 학살하려고 하는 모습을 형상화하고 있다. 미군의 양민학살과 야수적 만행에 대한 당시 서구 지성인의 충격과 분노를 피카소가 화폭에 담은 '한국판 게르니카'라 할 수 있다.87) 그런데 1960년대 후반 당시 어린이들에게 한창 인기가 있던 피카소의 그림이 그려진 크레파스가 한동안 판매금지 처분을 당한 적이 있다.

신천박물관은 두 채의 건물로 제1관은 6·25전쟁 이전까지 노동당 신천군 당위원회 청사였다가, 1950년 10월부터 신천지구 주둔 미군사령부로 바뀌어 '대중학살의 본거지'가 됐던 건물로 1958년에 박물관으로 꾸며 문을 열었다고 한다. 전시실은 "미제 침략자들이 신천에서 살아 움직이는 모든 것을 잿더미 속에 파묻으라고 지껄이면서 1950년 10월 17일부터 12월 7일까지 52일 동안 신천군 주민의 4분의 1에 해당하는 3만 5,383명의 무고한 인민을

---

85) 모니터네트워크, "'노근리 양민학살' 보도: 언론의 '사대주의'에 묻힌 우리의 자존심," 『언론개혁』 1999년 11월(언론개혁시민연대), 28-29쪽.

86) 북한은 2000년 신년사인 "공동사설"을 통해 통상적인 계급적 입장과 반제투쟁 정신을 강조하는 가운데, 특히 "언제나 신천땅의 피의 교훈"을 잊지 말 것을 당부하고 있는 점에서도 북한주민들의 가슴속에 새겨진 신천학살의 기억은 미국과의 관계개선에서 커다란 장애요소로 작용할 수도 있을 것이다. "당보·군보·청년보 공동사설," 2000. 1. 1, 09: 00, 중앙·평양방송.

87) 한국전쟁 과정에 민간인학살을 고발하는 연구서의 표지로 상징된 경우는 Bruce Cummings, *The Origins of The Korean War: Liberation and the Emergence of Separate Regime 1945~1947* (Princeton University Press(Princeton, New Jersey, 1981) 참조.

가장 잔인하고 야수적인 방법으로 학살하는, 천추에 용납 못할 귀축 같은 만행을 감행했다"는 사실을 온갖 자료를 통해 보여주고 있다고 한다.[88] 그 중에서도 눈길을 끄는 것은 "미군들의 만행에 항거하다 희생됐다는 리헌수 소년"에 관한 자료였다. 구탄인민학교 소년단 위원장이었던 그가 미군에 반대해 싸우다 죽으면서도 피로써 지켜냈다는 인공기도 함께 전시되고 있었고, 최고인민회의 상임위원회는 그의 모교를 '리헌수중학교'라 고쳐 부르기로 했다는 내용도 있다. 말하자면 '북녘판 이승복' 학생인 셈이다.

한편 1972년 이 박물관을 방문했던 미국인 칼럼니스트 S. 해리슨은 최근 국내신문에 기고한 글에서 신천박물관 자료의 신빙성을 더해 주고 있다.[89] 남쪽이 전쟁 초기 북한군의 공습피해를 경험했다면, 북한은 3년 동안 공중폭격을 견뎌야 했다. 카터 애커터 하버드대학 한국학연구소장은 "북한주민은 3년간 미군의 폭격을 피해 지하 방공호에서 살았으며, 비행기가 핵폭탄을 떨어뜨릴지 모른다는 공포 속에서 살았다"고 강조했다. 그는 이 때문에 북한사람들이 '영구적 포위공격 심리상태'를 갖게 됐다고 설명했다. 1953년 휴전회담이 시작될 때에도 미군은 폭격을 멈추지 않고 강화했다. 2차대전 때 나치가 폴란드의 제방을 무너뜨려 나중에 전쟁범죄로 지목됐지만, 미군은 제재 없이 북한지역의 저수지 제방을 폭격하기도 했다. 전쟁이 끝난 지 40년이 넘었음에도 북한이 미국을 의심하는 것은 바로 이 '영구적 포위공격 심리' 때문이다. 이 심리상태는 북한이 한국전의 시대착오적 유산을 청산하는 데 집착하고, 군사정전위원회나 유엔 명령체제에 대해 적대감을 갖는 이유를 설명해 준다.[90]

---

88) "이재봉 원광대 교수의 북한 방문기(1998. 10)," 오연호, 『노근리 그후』(말, 1999), 103-109쪽.
89) 북한과 중국은 미군이 전쟁기간에 생물학무기를 사용했다고 계속 주장해 왔는데, 최근 미국의 공식자료와 한국전 관련 중국 과학자들의 인터뷰를 통해 꼼꼼하게 만들어진 『미국과 생물학전: 냉전 초기와 한국에서의 비밀』(인디애나대학, 1998)이라는 연구는 미군이 두 나라에서 두 달간 야전실험을 했음을 암시하고 있다. 즉 1952년 2월과 3월 감염된 벼룩과 진드기, 거미를 북한의 금화, 평양 등에 뿌려 역병을 유도했다고 명확하게 결론을 내리고 있다고 한다. "셀리그 해리슨 칼럼," <한겨레>, 1999. 11. 1 참조.
90) "셀리그 해리슨 칼럼," <한겨레>, 1999. 11. 1 참조.

한국전쟁중 미국의 양민학살 문제가 하나씩 밝혀진다고 하더라도, 미국에 대한 맹목적 '반미'는 국가이익 차원에서뿐만 아니라 민족적 이익에도 부합하지 않는다. 우리가 현실과 민족감정의 괴리현상을 해소하고자 한다면, 미국에 대한 무비판적 입장뿐만 아니라 의존적 사고에서도 하루빨리 벗어나야 한다. 이를테면 미국의 6·25전쟁 개입으로 대한민국의 국체가 유지될 수 있었던 양국의 혈맹적 유대관계를 소중히 여기는 한편, 미국의 세계전략 차원에서 국가이익 수호를 위한 대외정책 선택의 문제로 이해함으로써 한쪽에서는 마냥 은혜를 베풀기만 하고 다른 한쪽은 지원을 받기만 하는 이른바 '후원·수혜'의 일방통행식 관계로 인식됐던 모습을 탈각하고 미국을 객관적으로 바라볼 시기라고 생각된다. 따라서 맹목적 반미는 결코 대안이 될 수 없지만, 한반도에서 미국의 역할과 지위에 대한 무조건적·무비판적 수용은 시대착오적일 수밖에 없으며, 오히려 한미관계의 건전한 발전을 가로막는다는 사실도 깨달아야 할 때이다.

나. 베트남과 우리 사회의 도덕성

한국에서의 미군문제와 관련해서 본다면, "과거를 접고 미래를 보자"는 논리로 우리는 더 이상 베트남문제를 외면해서는 안 될 것이다.[91] 우리는 한국전쟁 당시 미군의 민간인 학살사건이 비공개적·비공식적 차원에서는 상당히 알려진 사실이었음에도 불구하고, '우리를 도우러 온' 미군에게 당한 일이라 공론화되는 것조차 두려워하면서 맨몸으로 당했던 그 억울한 죽음에 의분을 느낀다면 우리가 당연히 생각해야 할 일이 있다. 베트남전의 와중에서 한국군에 의해 저질러진 양민학살과 피해자인 베트남인들의 비극이 그것이다. 월남파병('1964년 9월부터 8년 8개월간)은 대한민국 건국 이래 최초의 해외파병으로 5만의 전투병이 상주했던 이 파병에서 5천 명의 한국

---

[91] 베트남의 유력지 <일요 투오이째>가 베트남 언론사상 처음으로 한국군 양민학살 문제를 계속 제기하고 나섰다. 최근 베트남에서는 전쟁중 '중부 각 성에서의 전쟁범죄 조사회의'와 같은 전쟁범죄 회의를 통해 한국군의 양민학살 사례를 조사·발표하고 있다. "부끄러운 역사에 용서를 빌자: 베트남전 양민학살, 그 악몽 청산을 위한 성금모금 캠페인②," 『한겨레21』 제281호(1999. 11. 4).

군이 희생됐으며, 파병의 대가인 10억 달러는 한국 산업화의 기반이 됐다. 한국군에 의해 죽은 '적'의 수는 약 4만에 달하는데, 베트남 문화통신부 자료에 의하면 그 가운데 5천 명은 양민이었다고 한다. 최근 베트남에서는 민간차원에서 한국군의 양민학살을 담은 자료집이 발간되고 학살위령비 앞에서 합동위령제가 열린다고 한다.92)

베트남전쟁은 미국의 지식인과 젊은이들에게 양심의 가책과 갈등의 홍역을 앓게 했다. 그러나 당시 우리에게 그 전쟁은 극장에서 본 영화가 시작되기 전에 항상 만나는 '대한뉴스'가 전하는 '월남소식'에서 파월부대의 베트콩 사살과 무기노획 등의 승전보와, '월남에서 돌아온 새까만 김상사'에게 '지겹도록 들었던 정글에서의 무용담'과, 그리고 미군 PX를 통해 유출된 미제 가전제품에 대한 선망으로만 다가왔다. 월남전은 과연 우리에게 무엇이었던가 하는 진지한 물음이 우리 사회에서 본격적으로 한 번도 제기된 적이 없다는 사실은 한국사회의 왜곡되고 닫힌 심성구조를 그대로 반영한다.

일본군의 종군위안부 문제와 한국전쟁에서 미군의 양민학살 문제 등에 대한 진상규명과 사죄를 요구하는 우리들의 주장이 한층 더 높은 도덕적 정당성을 얻기 위해서는 베트남 사람들에게 우리가 저질렀던 일에 대해 스스로 책임을 질 줄 알아야 하며 그들에게 참회의 용서를 구할 수 있는 용기를 가져야 한다. 이는 또한 조국을 위해 몸바쳤던 희생자들과 지금도 고엽제 후유증에 시달리고 있는 참전용사들의 상처를 씻는 길이기도 하다. 그러한 성숙한 용기와 도덕성이야말로 한반도의 평화와 한민족 통일문제에 대한 아시아 지역사회의 지지와 협조를 구할 수 있는 밑거름이 될 뿐만 아니라 통일된 민족사회를 향한 인권과 평화의 싹을 키워 가는 길이기도 하다.

---

92) <한겨레>, 1999. 12. 1, 사설 참조.

2) 대북정책

(1) 상호주의 원리 및 적용

우리 정부의 대북정책을 규율하는 원칙 가운데 하나로 상호주의를 들 수 있다. 상호주의는 정부차원의 남북한 관계에서 기본적으로 준용되는 협상원칙으로 널리 인식되고 있다. 상호주의는 일반적으로 국가간 거래와 협상에서 상호신뢰의 기반을 쌓아 갈 수 있는 합리적인 협상양식으로 이해되고 있다. 그러나 남북한 관계에서 우리 정부의 상호주의 원칙은 대북 불신감에 기반한 대결과 갈등의 냉전의식의 소산으로 볼 수 있다. 여기서는 이러한 상호주의의 내용과 함께 비대칭적 한반도 냉전구조 속에서 상호주의의 원칙적 적용의 한계를 살펴보고자 한다.

국제관계론에서 상호주의의 기본전제는 국가간 등가물의 교환을 전제로 한 합리적 선택이론에 바탕을 둔 것으로, 국가간 협력을 발생시키는 핵심적 요소를 상호성(reciprocity)에서 찾는다. 특히 이러한 상호주의는 2차대전 이후 미국의 대소 봉쇄정책의 산물로, 냉전시대 군비통제 군축협상을 비롯한 미소관계의 기본적인 틀로 작용했다. 상호주의의 요체는 조건성(條件性, contingency)과 등가성(等價性, equivalence)이다. 조건성은 상호주의에 기반한 행위는 상대방의 보상을 조건으로 이루어지며 보상이 기대되지 않을 경우 행위는 중단되는 것을 뜻한다면, 등가성은 상호주의에 입각한 행위의 결과로 이익배분이 균형되게 이루어지는 것을 의미한다.[93] 이를테면 상호주의는 '주고받기식'(give & take; quid pro quo) 보상 혹은 상응논리(tit-for-tat: TFT)에 기반해서 '선에는 선으로'라는 보상논리적 측면과 '악에는 악으로'라는 응보논리를 동시에 함축하고 있다. 이는 곧 '협력에는 협력으로, 비협력에는

---

[93] Robert O. Keohane, "Reciprocity in International Relations," *International Organization*, Vol.40, No.1 (Winter 1986), pp.5-7; *International Institution and State Power: Essays in International Theory* (London: Westview Press, 1989).

비협력으로' 대응한다는 논리라고 할 수도 있다.

그러나 상호주의 개념은 당사국간 힘의 비대칭적 역학관계에 의해 상호이익이 비등가적으로 교환되는 경우에도 포괄적으로 적용되는 것으로 볼 수 있다. 일반적으로 상호주의가 긍정적·합리적으로 적용되면 협력관계가 증대되나, 상대방의 양보와 양보의 수준을 엄밀히 수치개념으로 측정하거나 비교하는 것은 사실상 어렵기 때문에 등가성에 입각한 엄격한 상호주의의 적용은 현실적으로 불가능하다. 상호주의에 입각한 전략적 장점은 상대방으로 하여금 무조건적 지원을 제외하고는 '주고받기식' 협상차원의 대가를 부담해야 한다는 심적 의무감을 갖도록 하는 데 있으며 또한 협력조치가 자발적이고 순수한 의도에 기반한다는 것을 밝히는 데 있다.94) 상호주의는 상대방의 호응이 전제된다는 점에서 상대방의 행위를 반드시 구속할 수 있는 것이 아니므로 사안에 따라 일방이 적용이행 요구를 철회하거나 유보할 수 있다. 그런데 상호주의를 상대방의 대가 지불을 전제로 한 일종의 당연지사로 규정해 강하게 요구할 경우, 이는 자칫 상대를 궁지로 몰게 됨으로써 대화와 협상이 결렬되거나 관계악화의 요인으로 작용할 가능성이 많다. 특히 강자와 약자의 관계에 있어서는 약자의 체면의식 손상, 일대일 차원의 상응조치 불가능성으로 인해 협상진행에 역기능적 요인이 될 수도 있다는 점을 경계해야 한다.

국가간 협력촉진의 가장 바람직한 조건은 당사국간 이익의 균형교환이나, 이러한 상성에 입각한 상호주의는 당사국간 반응 형태에 따라 다양하게 나타날 수 있다. 남북한간 상호주의 문제는 상호주의의 엄격한 적용 형태인 상응(TFT)전략보다는 긴장완화를 위한 '점증상호주의'(graduated reciprocation in tension reduction: GRIT)를 고려할 수 있다. 이는 C. 오스굿이 오래 전에 개발한 협력전략 이론인데, 적대관계가 장기간에 걸쳐 심화된 행위자들간에 긴장을 점차적으로 완화하면서 협상을 촉진하기 위해 고안된 협력이론이다.95)

---

94) Larson Deborah, "The Psychology of Reciprocity in International Relations," *Negotiation Journal* (July 1988), p.292.

95) Charles Osgood, "Suggestions for Winning the Real War with Communism," *Journal of Conflict Resolution* (December 1959), pp.295-325; C. Osgood, *An Alternative to War or*

점증상호주의는 긴장관계에 있는 당사국 중 일방이 상대방에 대한 선의를 입증하기 위해 자신에게 '적절한 위험'(moderate risk)이 수반되는 협력적 조치를 점진적으로 취해 나가는 전략으로 다음과 같은 특성이 있다.96)

첫째, 상대방의 즉각적인 조치를 전제하지 않기 때문에 시간을 두고 일방적인 양보조치를 점진적으로 취해 나간다. 이를테면 주고받기식 상응전략에 내포된 즉각적인 대응의 동시성의 문제를 극복해 일방적 조치와 그에 따른 시차적 반응을 수용하면서 인내 있게 기다리는 상호주의의 비동시성을 함축한 전략이다.

둘째, 긴장완화를 위한 일방적 조치를 공개적으로 선포함으로써 양보의 사를 분명하게 전달한다. 이를 통해 의도의 불확실성을 줄이고 상대방이 호응하도록 유도할 수 있다.

셋째, 협력조치의 범위를 다양한 분야에 지역으로 확대해 자신의 진실성을 입증하고 신뢰를 조성하는 데 기여한다면 특정 분야에서 계속 손해를 입을 위험성은 줄어든다. 이 경우 상호주의는 반드시 등가물의 교환양식이 아니라 주고받기의 비등가성을 긍정적으로 수용하는 것이다.

점증상호주의(GRIT)에 따르면 어쨌든 어느 정도의 위험(risk)과 특히 손실(cost)을 감수해야 하며, 이를 통해 진실성이 입증되고 상대방의 호응을 얻어낼 수 있다.97) 이렇게 이해한다면 남북한 관계에서 상호주의는 비동시성, 비대칭성, 비등가성을 특징으로 하는 점증상호주의의 적용이 합리적이라는 점에서 일방적인 대북지원의 타당성을 발견할 수 있을 것이다. 나아가 북한의 동시적이고 등가적인 상응적 대가를 요구하지 않는 것이 바람직하다는 점에서도 남북한 협상전략의 전제로 인식될 필요가 있다.

Surrender (Urbana: University of Illinois Press, 1962).

96) Larson Deborah, "Crisis Prevention and the Austrian State Treaty," *International Organization* (Winter 1987), pp.32-33; 전성훈, 『KEDO체제하에서 남북한 협력증진에 관한 연구: 협력이론을 중심으로』(민족통일연구원, 1996. 12), 33쪽에서 재인용.

97) 점증상호주의(GRIT)는 쿠바 미사일위기시와 오스트리아 중립화 협상과정에서 소련의 대서방 협력조치의 형태로 나타난 바 있다. 전성훈, 앞의 책, 33-41쪽.

(2) 상호주의와 남북관계

한반도 냉전구조의 특징은 비대칭성에 있다. 과거 미소간 냉전구조에서는 상호공멸의 핵전력에 기반한 공포의 균형을 이루었다. 그러나 한반도 냉전구조는 한·미·일의 남방 삼각관계가 북·중·소의 이른바 과거 북방 삼각체제의 해체로 고립무원의 상태에 처한 북한체제를 포위·압박하는 불균형적·비대칭적 특징을 보여주고 있다. 북한은 스스로 활로를 찾기에 혈안이 되지 않을 수 없다. 대외적으로 불안이 줄어든다고 해서 자동적으로 내적인 개혁이 유도되는 것은 아니다. 그러나 그것은 대외적으로 긴박한 위험에 처해 있다는 인식의 신빙성을 감소시키면서 내부개혁의 정책적 선택의 폭을 확대시킬 것이다. 그러므로 대외 불안정성의 감소가 북한 엘리트들로 하여금 전면적인 무장투쟁이 그렇게 불가피한 것은 아니라는 사실을 인식시키는 데 기여하는 만큼, 그것은 이전보다 더욱 내적인 개혁과 발전에 도움이 될 수 있는 국제적 환경을 제공할 것이다.

남방 삼각관계의 비대칭적 우세가 함축하는 바는, 북한은 선택의 빈곤 때문에 상당히 위축돼 있는 반면, 우리는 북한이 보여 왔던 경직된 반응의 악순환을 일방적으로 깰 수 있는 여유가 있다는 것이다. 달리 말해 비대칭적 관계에 비추어볼 때 대북협상에서 지금까지의 접근방식인 상호주의에 기반한 '주고-받기 give & take' 보다는 '주고+주고-받기 give+give & take' 또는 '주고+주고+⋯-받기 give+give+⋯ & take' 식으로 접근하는 형태를 고려할 필요가 있다.98)

더욱이 인도주의적 대북지원에서 보이듯이 일방주의(unilateralism)는 도덕적 의무일 뿐만 아니라 정치적이고 외교적인 지혜라는 점도 이해해야 한다. 따라서 남북관계에서 상호주의의 적용은 보다 탄력적·신축적으로 운용하는 것이 바람직하나, 상호주의 논리 자체가 바로 냉전시대 군비통제·군축의 이론적 기반이었다는 점을 이해해야 할 것이다.

---

98) 사카모토 요시카가(坂本義和), "한국냉전의 종식을 기대하며," 한반도 평화를 위한 동북아시아 국제평화회의, 1999. 4. 19-21, 『동북아시아의 평화와 협력을 위한 새로운 대안』(크리스찬아카데미 소식대화, 1999년 여름, 통권 제31호, 특별증간호) 참조

최근 김정일체제의 군사주의는 북한체제의 과도한 위기의식으로부터 체제 자체를 전면적으로 군사화하지 않고는 지탱하기 어려운 선택에 임박한 사회주의체제의 파행적 형태라 할 수 있다. 북한의 군사화는 사회주의 우방의 소멸과 고립무원의 극한적 위기상황에 따른 체제수호 논리의 필연적 귀결로 군사국가로 변전되지 않을 수 없는 현실을 보여주고 있다.99) 군사주의를 "전쟁과 전쟁을 위한 준비를 정상적이고 바람직한 사회적 행동으로 간주하는 태도나 조합"100)이라고 한다면, 북한의 군사주의는 정치와 경제부문을 비롯한 주민들의 사회생활 모든 영역에 걸쳐 전쟁 메타포를 통해 긴장 분위기를 일상화시키고 있다. 그러나 북한의 군사주의는 체제위기의 반영인 동시에 남북관계를 경색시키는 요인이 된다는 점에서 한반도 평화체제 수립이라는 절체절명의 과제와 관련해서 북한의 군사주의의 전면화는 한반도 냉전구조의 비대칭성에서 기인하는 문제라고 이해할 수 있다.

흔히 동양적 예지의 한 형태인 '다른 사람의 입장에서' 문제를 바라보는, 이른바 역지사지(易地思之)의 지혜가 절실히 요구된다고 하지 않을 수 없다. 이를테면 미국과 일본의 공조가 없는 상태에서 소련, 중국과 굳건한 동맹관계를 배경으로 한 북한과 직접 대면하고 있는 남한의 상황을 상정한다면 우리가 택할 수 있는 최선의 방안이 현재 북한의 선택보다도 과연 얼마나 자유로울 수 있을 것인가 생각해 보아야 할 것이다. 북한의 군사주의를 완화하고 남북한 모두 군사화의 경향을 극복해 나가야 한다.

상호주의가 남북한 관계에 적용될 경우 우리 사회에서 그것은 항상 '조건부' 교환형태의 주장으로 나타나게 된다. 그러한 '조건부'는 명시적으로 대북지원을 반대하지 않는다는 언술에도 불구하고 실제로는 대북지원이나 남북관계 개선을 거부하는 의도가 감춰져 있다. "대북지원은 북한의 개혁·개방을 요구해야 한다," "북한의 당규약이 전혀 꿰지 않은 상태에서 우리만 왜 국가보안법을 없애야 하느냐? 국가보안법을 철폐하려면 북한 형

---

99) Wada Haruki, "The Structure and Culture of the Kim Jong Il Regime: Its Novelty and Difficulties," *North Korea in Transitional Policy Choices: Domestic Structure and External Relations* (경남대학교 극동문제연구소 주최 국제학술회의, 1998. 5. 28~29) 참조.
100) Michael Mann, *State, War and Capitalism* (Oxford: Basil Blackwell, 1988), p.124.

법도 동시에 폐지해야 한다," "비전향 장기수를 송환한다면 북한에 억류된 사람들의 송환도 요구해야 한다" 등 다양한 형태로 제기된다. 이 경우 상호주의 주장은 우리 사회 내부의 반인권적인 비민주악법을 폐지・개선해야 하는 자발적인 움직임에 제동을 거는 논리로 작용하기도 한다.

3) 대북인식

(1) 북한의 인권・민주화문제

최근 탈북자를 통해 북한의 '수용소군도'와 같은 인권 사각지대의 실상이 전해지면서, 북한의 '인권과 민주화'를 주장하는 입장이 나타나며 관심을 끌고 있다. 그러나 북한의 인권문제에 대한 직접적인 비판이나 민주화요구가 초래할 수도 있는 부정적 측면을 심각하게 고려하지 않으면 안 된다. 북한사회의 '인권과 민주화'를 열망하는 움직임은 인권과 민주화의 문제는 시공을 초월해 조금도 양보할 수 없는 보편적 가치라는 점에서 이 문제에 대한 관심의 촉구와 노력은 소중한 의미가 있다.[101] 그러나 '인간답게' 살 수 있는 기본조건은 과연 무엇인가? '수용소군도'와 같은 북한사회에서 살아가는 대부분의 사람들의 의식 속에 가장 절박한 요구와 가장 절실한 가치는 무엇일까 하는 점을 다시 한번 생각해 볼 필요가 있다. 가족의 해체와 파괴, 인간성상실, 이웃의 참상에 대한 무감각, 의식의 공동화상태, 이미 사회의 정상적인 작동이 멈춘 상태에서 아무도 내일을 기약할 수 없는 삶과 죽음이 맞닿아 있는 처절한 배고픔이야말로 오늘날 북한동포들의 퀭한 눈동자에 비친 진실이다. 살아 있는 북한 소년・소녀들은 만성적 기아에 따른

---

[101] 북한의 인권개념과 시민적・정치적, 경제적・사회적・문화적 권리의 침해상황에 대한 체계적인 보고서로는 민족통일연구원, 『북한인권백서』(1996, 1997, 1998) 참조. P. 리굴로(Pierre Rigoulot)는 『공산주의 흑막』(1997. 11)에서 북한정권 수립 이후 숙청으로 인한 희생자 10만, 강제수용소에서 죽어간 희생자는 150만 명이라고 주장한다(앞의 책, 16쪽).

발육장애 때문에 정상적인 한민족의 신체구조에서 크게 퇴행한 상태다. 북한의 참상은 결코 우회적으로 해결할 수 있는 성질의 것이 아니며 또한 그럴 상황도 못 된다. '인간답게' 살 기본조건은 무엇보다 먼저 빈곤으로부터의 해방에서 찾아야 한다. 빈곤·기아상태로부터의 해방이야말로 북한 동포들의 실질적이고 가장 애절한 소망일 것이다.

빈곤은 특정한 권리의 박탈이 아니라, 빈 세계인권회의(1993년)102)와 코펜하겐 사회개발정상회의(1995년)가 확인한 '인권의 전반적인 부정'이기 때문이다.103) 배고픔과 만성적 기아상태야말로 인간존엄성을 송두리째 부정하는 최악의 인권박탈이며, 기아가 인간을 얼마나 비굴하게 만드는지는 정상적인 사람은 전혀 경험하거나 상상하기도 어려운 고통이다.104) 심지어 매일같이 기아상태에서 겨우 목숨을 이어 가고 있는 사람들에게 배고픔과 기아보다 더한 고통이나 두려움도 없다는 사실이 최근 증대되고 있는 북한 탈북자들의 증언에서도 잘 드러나고 있다.105)

북한의 인권과 민주화에 대한 주장은 자칫 우리 사회의 대북지원 분위기를 저상(沮喪)시키거나 남북관계 개선과 화해·협력을 위한 최근 정부와 민

---

102) The Vienna Declaration and Programme of Action, June 1993 - E. DPI/1394 73
103) 생명체가 겪는 고통 가운데 가장 잔인한 것이 무엇일까? 고문은 참을 수 있어도 배고픔의 고통은 참을 수 없었다는 고백을 들어 보자. "물고문, 집단폭행, 바늘로 손톱 밑 찌르기…. 그래도 직접 신체에 가하는 폭력은 악을 쓰며 견딜 만했다. 밥을 적게 주는 게 가장 큰 고통이었다." 전향공작 때 비전향 장기수들한테는 감식조치가 내려졌다. 그들이 먹은 밥은 4등급이었다. 5등급은 환자나 병자한테 공급되기 때문에 가장 질이 낮고 적은 양의 주먹밥을 먹어야 했다. 이공순씨는 "4번 입을 대면 끝이었고, 배고파 죽을 지경이었다." "고문의 주인공, 바로 너!," 『한겨레21』 제285호(1999. 12. 2), 29쪽.
104) 서승, 『옥중 19년』(역사비평사, 1999), 170쪽.
105) 북한 인권문제의 핵심은 처절한 기아상태 바로 그 자체임은 최근 탈북자문제를 다룬 다음과 같은 증언에서도 충분히 입증되고 있다. 연길 외곽의 한 교회에서 만난 이산철(35)씨는 고생과 중국인들의 질시에도 불구하고 그들이 탈북을 택할 수밖에 없는 현실을 이렇게 설명했다. "내 배도 채우고 가족을 먹여 살리기 위해섭니다. 붙잡히는 건 두렵지 않습니다. 잘못되면 6개월간 강제노동을 당하기도 하지만, 어떤 사람들은 강제노동소가 더 낫다고 말하기도 합니다. 부족하긴 하지만 먹을 걸 주니까요." "異國서 떠도는 脫北者들(5·끝) 붙잡혀도 또 탈출," <조선일보>, 1999. 12. 15 참조.

간차원의 다양한 노력에 냉소적인 반응을 불러일으킬 우려가 없지 않다는 점에서 보편적 가치의 정당한 요구에도 불구하고 북한 인권상황의 개선이나 민주화의 실질적 진전을 기대하기는 쉽지 않다는 역설적인 현실을 깊이 인식해야 할 것이다. 물론 인권문제는 억압적 실체에 대한 비판, 폭로, 외부로부터의 압력 등의 방법을 동원해 탄압의 수준을 약화시킬 수도 있다. 그러나 설득과 회유, 지원과 협조 등의 조용한 방법을 통해 정치적 폭력과 탄압의 형태를 순화시키는 방안이 더욱 효과적일 수 있다는 점을 이해해야 한다. 목숨이 경각에 달려 있는 탈북자들의 위기상황이나 정치범수용소의 비인간적 학대에 시달리는 북한동포들의 고통을 생각할 때, 인간존엄성의 숭고한 가치가 송두리째 짓밟히고 있는 북한체제에 대한 분노를 자제하기는 힘들다. 그러나 그러한 분노와 북한체제에 대한 매도와 규탄도 중요하지만, 어떤 행동이 실질적으로 북한동포들의 고통을 덜어 주고 인권상황을 조금이라고 개선해 나가는 데 도움이 될 수 있겠는가 하는 보다 책임 있고 실천 가능한 방안을 진지하게 모색해야 할 때이다.106)

외부세계에서의 폭로, 규탄, 대북지원 거부 등의 외적 압력을 계속적으로 받는다면 북한의 인권상황도 잠시 개선될지 모르지만, 더욱 은폐되고 교묘한 형태로 변형될 수도 있을 것이다. 더욱이 외부의 간섭이 인권문제를 체제에 대한 도전으로 인식하는 북한 통치층으로 하여금 반발을 초래하게 된다면, 그 희생자는 서울의 보수언론과 그에 동조하는 사람들이 아니라 바로 그들이 구하고자 하는 북한동포들이라는 점에서도 아주 신중하고 책임 있는 접근이 요망된다. 북한의 '인권과 민주화' 문제를 남북관계 개선과정의 제1의적 의제로 삼지 않는다고 해서 결코 북한동포들의 참상과 인권개선 의지를 방기하는 것은 아닐 것이다. 오히려 우리 사회의 인권문제가 북한에 비하면 전혀 문제될 것이 없는 사소한 것으로 희화화되는 의도하지 않은 결과를 낳을 수도 있다.

---

106) 최근 북한 인권상황에 대한 관심을 촉구하는 움직임이 활발하게 전개되고 있는 가운데 '북한인권·난민문제 국제회의'가 개최돼 언론의 관심을 모으고 있다. "북한땅에 인권의 빛을," <조선일보>, 1999. 12. 2 참조.

(2) 인권·민주화문제 접근방식

인권문제는 인도주의적 사안이면서도 민감한 정치적 문제인 것만은 틀림없다. 흥미 있는 사실은 우리 사회에서 권위주의체제 아래서 반독재투쟁과 민주화를 추구해 왔던 진보세력이 북한의 인권과 민주화에 대한 입장표명을 자제하고 있는 모습이라면, 반면 지금까지 우리 사회의 인권과 민주화 문제에 대해 줄곧 침묵을 지키면서 권위주의체제와 깊은 유착관계를 유지해 왔던 사람들과 보수언론을 중심으로 이 문제가 적극적으로 제기되고 있다는 것이다. 여기에다 1980년대 거의 맹종 수준에서 가장 친북적 논리를 견지했던 과거 학생운동권 출신 일부 '늙은 학생'들이 이번에는 가장 반북적인 극우적 입장으로 전환해 이 문제에 대해 조연역할을 자처하고 나섰다. 심지어 북한해방을 위한 '전쟁불사론'까지 거침없이 주장하고 있다.[107] 이처럼 도착된 현실을 우리는 어떻게 설명할 수 있을까? 극좌에서 극우로, 이념의 좌우 극단을 마구 넘나들 수 있는 정신적 파탄현상의 한 형태인 독특한 의식구조와, 권위주의적 억압체제의 동반자였던 사람들이 하루아침에 인류 보편의 가치인 인권과 민주화의 대북 전도사로 나서고 있는 현실은 ── 순수한 인도주의 그 자체의 발로로 보기엔 많은 유보조항이 따르는 ── 과연 어디에서 연유하는 것일까?

가. 그림자의 집단투사

분석심리학의 창시자인 칼 융(Carl G. Jung)이 고찰한 '그림자' 현상 이론을 빌려 우리 사회에 편만한 도착적 의식형태를 살펴볼 수 있다. 융이 말하는 '그림자'는 인간 의식에 가장 가까이 있는 무의식의 내용으로, 무의식의 의식화과정에서 제일 먼저 만나는 것이 그림자라고 부르는 심리적 내용이다.[108] 그림자란 무의식의 열등한 인격이자 나, 자아의 어두운 면이다. 이러

---

107) 전쟁은 항상 정의와 자유를 위한 聖戰, 민족해방을 위한 혁명, 세계인류의 구제를 위한 정벌로 표상된다. 그럼에도 북한을 해방시키기 위해서는 전쟁을 불사해야 한다는 주장이 활자화됐다. "북한해방 위한 '전쟁'의 세 가지 조건,"『월간말』1999년 9월 참조.
108) 이부영,『우리 마음속의 어두운 반려자: 그림자』(한길사, 1999), 40-42쪽.

한 그림자가 다른 사람에게 투사될 때 나와 비슷한 부류의 대상에 투사되며, 거기서 그는 자기가 가장 싫어하는 사람들을 본다. 융은 이 그림자를 때때로 집단적 무의식의 내용에도 적용시킴으로서 정치적 사건이나 역사적 현상 속의 그림자를 밝히는 작업의 길을 열어 놓았다. 그림자의 집단적 투사란 어떤 집단 성원의 무의식에 같은 성질의 그림자가 형성돼 다른 집단에 투사되는 것을 가리킨다.[109]

우리 사회에 만연한 흑백논리에 기반한 냉전의식이 북한이라는 집단에 투사되면, 북한에 대한 그림자의 투사와 동시에, 칼 융이 말하는 마음의 밑바닥에서 솟구치는 악에 대한 이른바 '거룩한 분노'(heiliger Zorn)가 왜곡돼서 표출된다. 거룩한 분노는 남의 죄를 단죄하기 전에 자기의 잘못을 먼저 반성할 줄 아는 사람만이 가질 수 있다. 그러나 반북의식에 사로잡힌 심성은 북한체제는 인간이 아닌 일종의 괴물집단으로 보이고, 죽여도 좋거나 죽여야 할 악의 존재로 보이게 된다. 이 경우 '거룩한 분노'에 공감하지 않는 사람들은 악의 집단에 동조하는 세력으로 보이면서, 국민의 집단적 무의식을 자극해 북한집단에 대한 그림자 원형의 투사를 촉진시킴으로써 북한을 무찌르는, 한국의 사회체제와 삶의 방식 등이 한반도 전역에 관철되는 통일을 추진하기 위해서는 반드시 북한의 실체를 없애야 한다는 입장으로 명분을 제시하고 집단적 광분을 부채질한다.

말하자면 인권이나 민주화 등의 보편적 가치에 진지한 관심을 기울인 적이 거의 없었을 뿐 아니라 스스로 거부해 왔던 한국사회 보수세력의 집단 심성의 어두운 측면이 북한체제에 투영됨으로써 마치 칼 융의 그림자현상처럼 자아로부터 배척돼 무의식에 억압된 성격의 측면이자 또한 자아가 가장 싫어하는 속성인 '인권'이나 '민주화'를 자기의 반대쪽인 북한체제에 투영시키는 것으로 해석될 수 있다. 이 과정에서 한때 악의 집단인 북한에 경도했던 세력의 참회와 '거룩한 분노'는 —— 통일문제에 대한 강박관념, 지나칠 정도의 사명감, 잊혀지기를 두려워하는 강한 존재의식 등으로 퇴영적이고 비정상적인 의식상태임에도 불구하고 —— 이 연출에 극적 효과를

---

[109] 이부영, 위의 책, 94-127쪽.

더한다. 냉전의식은 이처럼 선과 악의 이분법적 세계관에 기반해서 항상 대립과 투쟁의식을 내장한 이데올로기의 발현양태이지만, 양극단의 접점에서는 어느 순간 선과 악 그 자체의 구별이 불가능해질 뿐만 아니라, 어제의 적이 오늘의 친구가 되는 의식의 반전(反轉) 또한 한순간에 가능한 지극히 비정상적인 심성구조를 형성시켰다고 생각된다.

나. 동서독 사례

북한 인권개선 문제는 동서독간 화해와 긴장완화 노력에 대한 사례연구를 통해 많은 시사점을 찾을 수 있을 것이다. 과거 동독은 인권문제에 관한 국제사회의 비난과 구체적인 사례 지적에 대해 소극적으로 조사를 하거나 내정간섭이라고 해서 아예 대응을 하지 않거나 국제인권협약에서 유보조건으로 허용된 예외규정을 자의적으로 해석하며 대처해 나갔다. 동독 지도부는 서방측의 인권보장에 대한 요구를 동독 내 반체제세력을 지원하기 위한 이데올로기 공세로 받아들이고, 서방측이 제기한 인권의 보장이 결국 잠재적인 체제 반대세력을 양성하게 된다는 인식을 갖고 있었다.110) 동독측의 인권상황 개선을 위해 서독은 국제회의를 통한 간접적인 문제제기와 비밀협상 채널을 통한 '특별노력'(besondere Bemuehungen) 등 이중정책을 추진해 점진적으로 인권상황이 개선되도록 시도했다.111)

특히 동독지역 정치범 석방을 위한 내독간 비밀거래가 주목된다. 서독정부는 분단고통을 가장 절실히 느끼는 주민에 대한 인도적 사업의 일환으로 두 가지 특별한 사업을 비밀리에 추진했다. 그 가운데 하나는 정치범 석방을 위한 지불거래로, 이를테면 동독의 감옥에 수감중인 정치적 박해자를 비밀거래를 통해 대가를 지불하고 서독으로 석방시켰다면, 다른 하나는 역

---

110) 통일원, 『동서독 교류협력 사례집』(통일원, 1995. 12), 175-176쪽. 북한측도 이와 유사한 대응패턴을 보여주고 있다. 북한 인권실태에 대해 국제사면위원회(Amnesty International)가 『공개처형에 대한 특별보고서』(1993. 10, 1997. 1)를 내자, 북한은 자료공개를 거부하면서도 탈북주민 처벌과 관련이 있는 북한형법 제47조가 1995년에 개정됐음을 AI에 통보했으나 개정조항의 규정에 대한 답변은 회피했다. 민족통일연구원, 『북한인권백서 1998』, 17쪽.

111) 통일원, 앞의 책, 180쪽.

시 비밀협상을 통해 이산가족의 재상봉을 실현시켰다.112) 물론 이 사업은 그 당시에는 언론에 전혀 알려지지 않았다. 통독 후 정치범 석방을 위해 물자제공의 거래 외의 다른 방식은 없었는가, 그리고 서독측이 제공한 물자가 권력층의 수중에 들어가 그들의 권력유지를 도와준 것이 아니었던가 하는 의문이 제기되기도 했다. 그러나 정치범 석방, 가족 재상봉 등 인도적인 문제해결을 위해서는 동독에 양보하는 것이 불가결했으므로, 인권과 관련한 이러한 비밀거래는 통독 후 동독정권의 내적인 정통성을 본질적으로 약화시키면서 결국 체제붕괴에 일조를 한 것으로 긍정적으로 평가된다.113)

북한 인권상황을 개선하기 위해서는 체계적인 대북지원 프로그램을 통해 북한의 기아와 절대빈곤 상태의 해결을 위한 접근을 병행해 나가야 한다. 북한주민 스스로 인권의식이 싹틀 수 있도록 하기 위해서는 무엇보다 먼저 안정적인 삶의 조건이 마련돼야 할 것이다. 칠레와 아르헨티나 등 라틴아메리카의 인권과 민주화를 위한 투쟁과정에서 보듯이 외부의 억압과 간섭이 뚜렷한 개선효과를 가져오지는 못했다. 또한 근대화를 추진하던 개발연대 우리의 인권 문제에 대한 사회적 인식의 수준과 그에 대한 해결방식을 성찰함으로써 북한의 인권과 민주화문제에 대한 보다 합리적인 접근방안을 모색할 수도 있을 것이다.

분단의식은 이처럼 분단 그 자체로부터 반쪽의 자기를 대상화·객체화함으로써 스스로 불구화되고 만 존재임을 망각하고 오히려 자기도취와 분단질서가 제공하는 다양한 존재영역을 지키고 확대하려는 노력을 정당한 것으로 인식하게 됐다. 이를테면 특정한 가치와 신념체계의 우월적 확인, 승리한 체제의 삶의 방식에 대한 자기만족과, 사회경제적 탈락자들의 스스로에 대한 책임귀속, 마치 전인미답의 처녀지를 발견한 것처럼 미개척의 영역을 선점하려는 특정 종교집단의 열렬한 선교의식,114) 대결과 갈등의

---

112) 통일원, 앞의 책, 185쪽.
113) 통일원, 앞의 책, 185-210쪽.
114) 한국기독교총연합회는 2000년을 맞이해 북한교회 재건운동을 위해 본격적인 대북선교 및 지원운동을 전개하기로 하고, 그 운동의 일환으로 북한에 해방 전까지 설립돼 있던 것으로 확인한 2,949개의 교회를 개교회 및 해외 한인교회와 결연시키는 사업을

분위기 속에서 기생하는 직업적 냉전 지식인 사이에 편만한 소명의식 등은 바로 분단의식에 뿌리내리고 있으며 다른 한편 분단의식의 다양한 발현양태인 것이다. 더욱이 남북간 전쟁 가능성을 억제하고 평화와 화해·협력의 기반을 다져 나가야 할 절박한 시기에 아직도 대결과 갈등의 냉전의식에서 깨어나지 못하는 일부의 냉전전사, 냉전 지식인 등의 강고한 '냉전벨트'는 민족화합과 국민통합의 길에 걸림돌이 되고 있다.

(3) 영상매체에 반영된 북한의 이미지

가. '쉬 리'[115]

1999년 초 개봉된 이 영화는 1년 동안 전국에서 597만 명의 관객을 동원해 국내 최고의 흥행기록을 세웠다. 홍콩과 일본 등 해외에서의 개봉으로 한국영화의 새로운 전망을 개척한 것으로 호평을 받았다.[116]

영화의 대강의 줄거리는 국가 일급 비밀정보기관 OP의 특수 비밀요원이 국방과학기술연구소에서 개발한 신소재 액체폭탄 CTX를 탈취한 북한 특수부대 요원들의 테러행위를 막아낸다는 내용이다. 남북한 화해무드 속에서 남북한 두 정상이 남북 축구를 관전하는 축구장에 수만 명의 관중이 함께 희생당할 수 있는 액체폭탄을 터트리는 테러를 감행함으로써 북한군부가 반대해 온 남북한간 화해분위기를 깨고 전쟁을 통한 '조국통일'을 실현하겠다는 북한 특수부대 요원들의 암약과 그에 맞서는 우리측 요원들의 활약상을 그렸다. 여기서 북한 8군단 비밀 첩보요원 이방희의 역할을 키워드로 설정해 첫 장면부터 그녀를 비롯한 북한 특수부대 요원들의 지옥훈련 과정과 특히 이방희가 주도한 남한사회에서의 테러 공작활동을 자막 처리해 관객의 긴장감을 바짝 끈다.

펼친다는 계획을 밝혔다. "對北선교 분위기 쇄신 새천년 재도약 계기로," <국민일보>, 1999. 11. 30.

115) 제작자 상호: (주)동성프로덕션, 제작등록번호: 문광부등록 제200호, 공진협 심의 번호: 9905-V107, 제작 연월일: 1999. 8. 1, 상영시간: 2시간 5분.

116) <동아일보>, 1999. 12. 27, A4면 참조.

사건내역: 핵물리학 박사 저격, 국방과학연구소장 저격, 도시가스 폭발사고 주도, 국가안전기획부 대북전략 수석 ○○○살해, 한국형 핵잠수함 개발팀장 ○○○박사 저격 등.

영화의 클라이맥스는 북한 특수부대 요원들이 열과 빛에 반응해 적절한 온도에서 폭발하는 액체폭탄 CTX를 이미 축구경기장 라이터에 설치한 상태에서 전개되는 장면이다. 라이터를 제어할 수 있는 컴퓨터 조종실에서 서로 총부리를 겨눈 바짝 긴장된 상황에서 극중 주인공들인 남북한 요원들간 불꽃튀는 설전은 통일문제의 해결방식에 대한 남북한을 상징하는 인물들간의 첨예한 입장차이를 보여준다.

박: 곧 여긴 썩어빠진 남북 정치꾼들의 무덤이 될 것이야.
유: 정치인뿐만 아니라 관중들까지겠지.
박: 역사는 때론 무모함을 필요로 할 때가 있지. 바로 지금처럼.
유: 미친 짓이야. 원하는 게 뭐야?
박: 전쟁이야. 우린 전쟁을 위해 장애물들을 제거하고 있는 거다.
유: 저 많은 사람들이 장애물은 아닐 텐데.
박: 여기 일 단계 작전이 끝나면 곧 바로 우리 인민혁명군의 통일전쟁이 시작된다.
유: 무모한 짓이야. 지금도 늦지 않았어. 라이터를 꺼!
박: 미안하지만 이 땅의 역사와 조국의 영령들은 그걸 원치 않는다.
유: 또 한번 서로의 가슴에 총구를 맞대는 전쟁은 더더욱 원치 않아.
박: 혁명엔 고통이 뒤따르게 돼 있어, 그 정도 희생은 감수해야지.
유: 지난 1950년에도 니들과 똑같은 생각을 가진 사람들이 있었어. 그 전쟁의 결과가 우리에게 남겨 준 고통이 뭔지 알아?
박: 알고 있다. 너무나 잘 알고 있어. 전쟁의 고통이 뭔지, 분단이 안겨준 고통이 뭔지, 이젠 끝날 때가 됐다.
유: 오늘 이 경기가 바로 그 고통을 끝내기 위해서야.
박: 물론 그럴 수도 있겠지. 근데 순진하게도 우리는 저 고매하신 정치꾼들을 믿고 지난 50년간을 그렇게 기다려 왔어. 그런데 불행하게도 저들은 통일을 원하고 있지 않아.
유: 착각하지 마. 박무영! 통일을 원하는 건 니들만이 아냐. 아직은 인내를 갖고

기다려야 할 때야.

박: 우리의 소원은 통일, 꿈에도 소원은 통일. 니들이 한가롭게 그 노래를 부르고 있을 이 순간에도 우리 북녘의 인민들은 못 먹고 병들어서 길바닥에 쓰러져 죽어가고 있어. 나무껍데기에 풀뿌리도 모자라서 이젠 흙까지도 파헤쳐 먹고 있어. 새파란 우리 인민의 아들딸들이 국경 넘어 매춘을 위해서, 그것도 단돈 백 달러에 개 팔리듯이 팔리고 있어, 굶어죽은 쥐새끼, 인육마저 뜯어먹는 그 에미 그 애들 넌 본 적이 있어? 썩은 미제 콜라 햄버거를 먹고 자란 너희들이 알 리가 없지. 축구로 남북한 하나가 되자고?…… 개수작 떨지 마라. 지난 50년간 속고 기다린 걸로 족해. 이제 조선의 새 역사는 우리가 다시 연다!

조선의 새 역사를 다시 열겠다는 '우리'는 물론 북한 전체가 아닌 북한군부, 특히 특수부대 요원들로 비타협적이고 남북한간 변화된 현실을 외면하는 북한군부의 일부 이탈세력을 말한다. 그럼에도 그들의 침투공작, 사회혼란 획책, 무모함, 혁명과 조국통일에의 지나친 강박관념, 화해와 평화무드를 거부하는 경직된 사고방식, 남한사회에 대한 거친 증오감, 테러·암살 도시게릴라 활동, 전쟁기도 등의 목적을 위해 수단과 방법을 가리지 않는 기민하고 냉혈한 인간형은 전형적인 '전쟁광', 테러리스트 집단 이미지로 부각되기에 충분하다.

이 영화의 기획의도와는 무관하겠지만 남북한 관계와 관련해서 영화에 함축된 메시지는 과연 무엇인가? 우리는 화해하고 악수하는 순간에도 조금도 방심해서는 안 된다. 정상회담의 시기에 "전형적인 대남 적화전술로, 늘 그래 왔듯이 화해무드로 눈 가리고 뒤통수치는" 북한의 수법에 조금도 마음을 놓아서는 안 된다는 교훈을 상기시킨다.

'쉬리'는 변화된 남북관계에 부응하는 새로운 안보관의 재확립에 크게 기여했다. 북한 테러리스트의 전형적인 이미지 창출에, 미국이 부각시키는 '깡패국가'의 상에 제대로 어울리는 성공한 영화라 할 수 있다. 이를테면 위협요소가 해소되지 않은 상태에서 남북문제를 낙관하는 것은 시기상조며 항상 그들의 전형적 수법인 미소 속에 감춰진 비수를 경계해야 된다는 메시지를 담고 있다. 이 영화는 전형적이고 상투적인 반공영화의 한계를 뛰어넘었다. 우리 사회를 언제라도 혼란의 도가니에 빠뜨릴 수 있는 저 무모한 맹동집단이 건재하고 있는 북한의 실체에 대한 위협을 다시 일깨웠다. 위기를 해결하는 우리측 대공요원들에게 아낌없는 신뢰와 찬사를 보내면서 최첨단 무기, 정보체계 등 북한 특수부대 요원들을 응징할 수 있는 방첩체계와 함께 안보관의 확립이 새삼 요청되는 것이다. 그와 더불어 테러리스트 이미지로 각색된 반북의식은 자연스럽게 내면화된다.

나. '간첩 리철진'[117]

리철진은 북한 대남공작조 요원으로, 한국 과학자가 개발한 슈퍼돼지 유전자 입수임무를 띠고 동해안으로 침투했으나 서울로 오는 도중 4인조 택시강도를 당한다. 북조선 최고의 정예군인 대남 침투요원이 상경길에 남한사회의 잡범들에게 강도를 당한다는 사실 자체가 간첩 리철진의 '부적응성'을 말해 준다. 이 영화는 처음부터 이러한 해학적 상황을 설정한 점에서 눈을 끈다. 간첩 리철진의 남한사회에 전혀 어울리지 않는 아주 딱딱하고 경직된 모습, 그럼에도 당의 명령과 임무에 맹목적으로 충성하는 그와 주변 인물들의 개성적 행동과의 부조화가 흥미를 자아낸다. 간첩의 잔인성, 음흉함 등의 전형적인 인물상과는 달리 거의 생활인으로 전락한 고정간첩의 일상성 그 자체가 우리가 통상적으로 생각해 온 간첩의 이미지와 어울리지 않는 점에서도 코믹한 터치를 보여주고 있다.

이 영화의 모티브 설정은 '쉬리'와 크게 다르지 않다. 즉 남한의 첨단 과학기술 분야의 탈취가 주된 모티브다. 여기에다 뛰어난 기량, 암살, 목적 달성의 수단에 불과한 북한 공작원 등의 이미지를 부각시킴으로써 대남공작원의 현대판 전형성을 창출하고 있다. 물론 이 영화는 이러한 현대판 전형성에도 불구하고 간첩을 둘러싼 스토리를 코믹하게 전개시키고 있는 점에서 반공영화의 상투적인 교훈성을 극복하고 있다.

흥행 차원에서 아주 큰 성공을 거두었던 이 두 편의 영화는 최근 남북관

---

117) 제작자상호: (주)동우영상, 제작등록번호: 문광부등록제239호, 등급분류번호: 9907-V81, 제작년월일: '99.8.3, 상영시간: 102분.

계의 변화된 현실을 소재로 했다는 점에서 우리 사회 냉전문화와의 관련성 속에서 이해해 볼 수 있다. 이 두 편의 영화에서는 공통적으로 공산주의에 대한 노골적인 반감을 드러내는 반공의식은 어느 정도 엷어진 반면, 새로운 형태의 '반북논리'가 상당히 설득력 있게 전개된다. 사실 북한은 그 체제가 존속되는 한, 또는 적어도 북한체제가 크게 변화됐다고 믿을 만한 결정적 시기가 오지 않는 한, 북한은 언제나 경계와 의혹의 대상일 수밖에 없다. 그러나 북한이 본질적으로 경계와 의혹의 대상인 한, 우리의 심성 속에서 참된 화해와 용서의 마음이 나타나기가 무척 어렵다는 데 딜레마가 있다.

남북한은 총체적 국력차원에서는 이미 오래 전부터 상당한 차이를 보이고 있다. 1990년대 이후 남북한 국민총소득을 비교하면, 남한이 북한보다 1993년 16.8배, 1997년 26.8배로 그 격차가 계속 확대되다가 1998년에는 남한의 마이너스 경제성장의 영향으로 25.1배로 소폭 축소됐다.[118] 경제 통계수치 면에서 북한은 축소 경향적 국가상태라 할 수 있다. 그런데 우리가 북한에 비해 경제력 측면에서는 절대우위를 점하고 있다는 사실을 모두가 인정하고 바람직한 상태로 여기고 있으나, 군사력을 중심으로 한 전쟁수행 능력과 위협의 수준에서는 상당히 '경쟁력'있는 체제로 인식하고 계속 존속하길 바라는 입장도 없지 않다. 즉 핵·미사일을 비롯한 군사력의 측면에서나 테러국가로서 위협실체의 존재는 결코 간과될 수 없으며, 오히려 지속적으로 부각될 필요가 있다. 이런 점에서 북한의 존재는 위협실체로서 실제적으로 북한의 군사력의 수준 또는 '쉬리'에서 보듯이 군부 이탈세력의 영향력이나 그것의 규모 등 현실성의 문제는 일단 논외로 하고 '요청'이 되는 대상이라고 할 수도 있다.

'쉬리'의 경우 영화제작 기법과 편집방법 등에서 할리우드 액션물의 모방적 측면도 엿보인다. 할리우드 영화는 그 나름의 이데올로기를 내포하고 있다. 미국영화, 즉 할리우드 영화는 '미국적' 이데올로기를 반영하고 있는데, 미국적 가치에 어긋나는 모든 것은 악으로 규정돼 타기의 대상이 된다. 이를테면 테러, 마약, 정부전복 음모 등을—이들 범죄의 조직적 기반과

---

118) 통계청, 『남북한 경제사회상 비교』(1999. 11) 참조.

신념 등은 대개 비기독교적, 아랍적, 러시아적, 제3세계적인 것들과 접맥돼 있는 경우가 많다 — 해결하는 궁극적인 승자는 항상 미국 그 자체를 상징하는 이미지를 창출한다. 할리우드 액션물의 도식은 미국적인 것과 비·반미국적인 것과의 대립 속에서 미국적인 선이 악을 극복하고 마침내 이겨 미국 시민들로 하여금 '안심하고 행복한 일상생활'을 계속 즐길 수 있도록 한다는 논리구조를 지니고 있다. 말하자면 승리하는 것이 곧 선이요, 승리 그 자체가 미국식 이데올로기라 할 수 있다.

'쉬리'는 시종일관 선·악의 대립구도 속에서 우리, 즉 비폭력과 평화를 사랑하는 '한국적'인 것이 이기는 단순한 논리를 도식화한 영화이다. 북한은 전쟁광, 우리는 평화주의자. 통일에 대한 북한의 조급함과 우리의 인내를 갖고 기다리자는 논리 등은 분명 이분법적·대립적 남북관이다. 황해도 초도항의 비 내리는 밤, '조국통일'을 다짐하는 북한 특수부대 요원들의 깡마른 체구에 번득이는 눈빛들. 이러한 배경설정은 모두 두렵고 음산하고 어두운 무드를 조성한다. 반면 남쪽사회의 활기차고 명랑한 모습들, 레스토랑·커피숍 등의 밝고 자유스러운 도시 분위기와는 무척 대조적이다. 그러한 북한에게 우리는, 비록 군부 이탈세력이지만, 반드시 이겨야 한다는 신념과 당위성을 확인시켜 주었고, 화해·협력의 준비태세가 돼 있고 실제로 대북지원 등 시혜를 베풀고 있는 우리와는 달리 그것을 받아들이지 않고 거부하는 모험세력은 단호히 응징한다는 논리는 할리우드식 이데올로기의 복사판과 크게 다르지 않은 한국판 적용으로 이해할 수 있다. 케케묵은 이념, 비개인적인 집단가치, 촌스러움, 세련되지 못한 매너, 그리고 군사력, 가공할 생화학무기, 테러 등들은 북한의 이미지이다. 그러나 그것들과 전혀 무관하고 정 반대편에 있는 가치, 생활방식 — 그것들이 구체적으로 무엇인가 하는 문제는 부차적이다 — 등이야말로 비록 네거티브한 측면이 있지만, 우리가 지켜야 할 '한국적'인 가치로 상정된다. 젊은 청춘남녀들의 낭만적이고 순수한 사랑과 그들의 일상적인 생활방식은 '조국통일'을 위해 지옥훈련 속에서 최소한의 개성마저 잃어버린 북한의 혁명전사의 비인간적인 삶과 뚜렷이 대비된다.

'간첩 리철진'은 북한문제를 희화화시켜 분단의 고통과 억압적 실체에 대한 문제의식은 거의 나타나지 않는다. 이는 겉으로는 탈정치적인 것 같으면서도, 이면에는 남한의 자유와 다양성에 적응하지 못하는 주인공의 부적응성과 어색한 행위는 오늘날 북한사람들의 시대착오적이고 뒤쳐진 행태를 연상시키면서 우리의 우월의식을 확인시키는 한편, '북한 것', '북한적인 것'에 대한 가치폄하를 가져오는 현대판 반북이데올로기를 배태시킬 우려가 크다. 부드럽고 탈정치화된 — "심심하면 전자오락실, 만화방, 편의점 등에서 시간을 보낼" 수 있는 — 자연스런 인간적 삶의 양식과 혁명적·전사적 존재양식은 선과 악의 관념으로, 전자는 '한국적'인 것임에 비해 후자는 '북한적'인 것이다. 여기서 반북의식은 그것과 대비되는 '한국적'인 것의 의미와 정당성을 위해 필요하다.

두 편의 영화 모두 통일문제와 북한에 무관심한 젊은 세대들의 관심을 환기시키고 우리의 '반쪽'인 북한의 존재를 한번쯤 생각해 보는 계기를 제공했다는 점에서 의의가 있다. 그러나 특정한 사회체제의 한 측면만을 부각시키는 부조적 수법은 항상 그 사회의 다양한 모습을 사상시키게 되듯이, 북한에 사는 사람들의 살아가는 이야기와 호흡을, 물론 두 영화의 문제영역은 아니나, 전혀 느낄 수는 없다. 그러나 지금은 전통적인 '반공·반소'의 냉전이념과 냉전문화가 새로운 시대에 변형을 요구받고 있는 시대이다. 그런 점에서 이 두 편의 영화는 위협실체로서의 북한·북한군부의 존재를 다시 확인시키는 한편, 암살·파괴공작을 일삼는 테러리스트 집단의 이미지를 부각시킴으로써 우리 사회의 광범한 냉전벨트의 잠재적 요구에 부응한 안보의식 고취와 더불어 새로운 유형의 '반북문화' 창출에 기여했다고 할 수 있다.

영화, 연극, 소설문학 등의 문화·예술분야에서 분단의 질곡과 고통을 다룰 경우, 인간의 정서적 심성에 호소하는 것이기 때문에 논술적인 문장이나 언론보도 차원과는 다른 효과를 볼 수 있다. 그러나 무엇보다도 특히 영화와 같은 매체의 엄청난 대중성을 중시하지 않을 수 없다. 따라서 문화·예술분야에서 반북문화와 냉전의식의 잔재를 극복하려는 노력을 추구한다면 그 효과는 상당할 것이다.[119]

북한 억압체제의 실체와 인권 사각지대의 현실을 북한주민의 고통과 곤궁 속에서 접근하는 노력이 아쉽다. 인간존엄성의 회복과 자유에 대한 강렬한 열망을 통해 우리로 하여금 고뇌에의 동반을 유도하고, 북한동포가 처한 현실에 대한 안타까움과 해결방안에 대한 물음을 제기할 수 있어야 한다. 그러나 위협실체이자 테러리스트 집단의 이미지를 부각시킨다면 결국 북한에 대한 경계심만 더욱 높아지고, 새로운 안보논리가 확산돼 냉전문화의 찌꺼기는 더욱 굳은 앙금으로 남게 된다.

전쟁과 분단의 고통을 해소하고 남북한 동포가 진정으로 화해하고 화합할 수 있는 길은 무엇일까? 문화・예술분야에서 한(恨)의 정서, 카타르시스적 해소, 회한의 눈물로 서로가 '용서하고 용서받는' 그러한 한풀이의 문화를 창출함으로써 분단의 고통을 덜어 나가는 데 도움이 될 수 있다고 믿는다.

5. 냉전문화 극복방안

1) 국가보안법

(1) 국가보안법과 냉전의식

국가보안법은 냉전시대의 산물이다. 국가보안법은 1948년 12월 정부 수립 4개월 만에 국가의 기본 형사법인 형법에 비해 5년 앞서 제정됐다. 국가보안법은 일제의 식민지 악법들을 모체로 한 것이라는 점에서 제정 당시부터 많은 비판을 받았다. 일제의 '치안유지법', '조선사상범 보호관찰령' 및 '조선사상범 예방구금령' 등은 해방 후 국가보안법, 반공법, 그리고 사회안전법 등에 그대로 되살아났다.[120] 그후 보안법은 남북대결과 갈등의 냉전

---

[119] 한국 현대문학의 대표적인 작가들로서 '좌익' 2세의 삶과 의식세계를 소설작품을 통해 분석한 연구로는 한수영, "분단과 전쟁이 낳은 비극적 역사의 아들들,"『역사비평』1999년 봄, 통권 46호(역사문제연구소) 참조

시대 전 기간에 걸쳐 국가안보 법제도의 보루였으며, 동시에 인권과 민주화를 억압하는 법적 근거로서 분단시대의 의식과 행위양식 등을 규정하고 재단해 온 모든 것의 척도, 즉 하나의 '잣대'였다. 보안법은 1961년 군사쿠데타 정권에 의해 '반공법'으로 바뀌었다가, 1980년 12월 새로운 군부정권에 의해 반공법을 흡수·통합한 '국가보안법'으로 다시 명칭을 찾은 후 수 차례의 개정을 거쳐 오늘에 이르렀다.

보안법은 어느 면에서 보면 분단이 낳은 사생아라 할 수 있다. 정부 수립 과정에서 극한 이념적 대결과 사회적 혼란을 겪으면서, 충분한 토론과 합리적 절차를 통한 정상적인 법체계를 갖추기도 전에 국체유지를 위한 '도구적' 성격으로 보안법이 급조됐던 것이다.[121] 보안법은 그후 분단국가를 규율하는 초헌법적 실체로서 한국사회의 전 영역에 군림해 왔다. 그러나 보안법은 국가안보의 측면 못지 않게 정권과 지배계급의 안보를 위해 기여해 왔다는 비판을 극복하지 못함으로써 존재이유에 대한 회의를 불식시키기 어려웠다. 그 결과 최근 사회주의권의 붕괴와 남북관계가 변화된 상황에 부응해 이 법의 존폐문제가 제기되면서, '존치론', '대체입법', '부분개정' 및 '폐지론' 등이 대두되고 있는 상황을 맞게 됐다.[122]

냉전문화 극복의 과제 앞에 국가보안법 문제는 상당한 질곡으로 작용하고 있다. 남북화해와 화합의 실천적 행동은 국가보안법의 적용범주 내에서 규정받을 수밖에 없다. 특정 행위와 활동에 대해 보안당국의 보안법 해석·적용 여하에 따라 준법과 범법의 경계가 결정되는 것이기 때문이다. 이러한 현실은 대개 남북화해와 협력, 그리고 통일운동을 추구해 온 입장에서는 스스로 '자기검열'을 하지 않을 수 없는 상황에 처하게 했으며, 그 결과 냉

---

120) 조국, "한국 근현대사에서의 사상통제법," 『역사비평』 1988년 여름(역사문제연구소) 참조.

121) 1949년 한 해 동안 이 법에 의해 검거 또는 입건된 사람의 수는 11만 명에 이르며, 전쟁기간중 부역자로 입건된 사람은 모두 55만 명에 달한다. 국정감사자료집, 『법제사법위원회』 1996년, 104쪽.

122) 민화협 결성 1주년 기념 정책토론회, 『국가보안법과 남남대화』(민족화해협력범국민협의회, 1999. 9. 16) 참조.

전체제가 붕괴됐음에도 불구하고 냉전적 사고와 행위패턴을 극복할 수 없는 객관적 제약으로 작용하고 있는 실정이다.

(2) 국가보안법과 인권

냉전논리는 진영간 대결구도에서 '악'으로 규정된 상대진영에 대한 우위를 점하고 궁극적인 승리를 위해 내부모순은 은폐돼야 했으며, 인권과 민주화 등의 보편적 가치는 어느 정도 유예될 수 있는 것으로 여겼다. 그러나 체제유지의 도구적 성격으로 출발한 국가보안법은 제정·개정 당시의 입법취지가 퇴색됨으로써 이제 역사적 존재이유를 상실했다고 할 수 있다.

국가보안법 가운데 가장 독소적이고 남용소지가 많다고 비판받는 조항은 제7조로 찬양·고무 및 이적단체 구성과 가입, 이적표현물 제작·반포·판매 등의 내용을 담고 있다. 이 조항에 의해 대부분의 국가보안법 위반사범이 양산됐고, 가장 심각하게 남용돼 온 조항이다. 이와 함께 제10조는 '불고지죄' 조항으로 반인륜적 조항일 뿐만 아니라 봉건시대의 연좌제를 방불케 하는 악법조항이라고 할 수 있다. 그런데 사실 국가보안법은 개개 조항의 합리성 여부나 그것이 규정하고 있는 범죄유형과 구성요건에 대한 비판이나 분석은 큰 의미가 없다. 평화통일을 앞당기고 진정한 자유민주주의를 실현시키기 위해서는 국가보안법은 근본적으로 철폐돼야 한다.[123]

안보논리는 인권의 보편적 가치기준에서 이해해야 한다. 사상과 양심의 자유는 국민의 기본권이자 어떠한 권력으로부터도 침해받을 수 없는 천부인권으로 국가이익에 우선하는 권익이다. 국민의 생명과 인권을 희생하면서까지 지켜야 할 국가안보의 내용과 실체는 과연 무엇인가? 국가보안법 존폐의 문제는 인간 존재의 고유한 가치에 대한 질문으로 시작돼야 하며, 다른 사람의 아픔과 고통을 함께 나누려는 공생의 정신에서 접근해야 한다. 또한 국가안보를 최고의 가치로 주장하는 사람들이 실제로 지키려는 가치는 무엇인가를 되묻지 않을 수 없다.

---

123) 최창동, 『국가보안법 왜 문제인가』(대흥기획, 1995), 64쪽.

국가보안법은 법조항 자체가 애매하고 수사기관이 자의적으로 법문을 해석할 수 있게 돼 있어 제정 당시부터 끊임없이 인권시비에 휘말려 왔다. 냉전체제하에서 정치적 반대파를 제거하는 수단으로 국가보안법 조작사건이 계속해서 일어났다. 보안법 존치론자들은 근본적으로 북한의 실체가 한반도에서 사라지지 않고 분단현실이 지속되는 한 국가보안법은 폐지돼서는 안 된다고 주장한다.124) 이를테면 남북관계와 세계사의 변화된 현실에도 불구하고, 북한의 대남전략은 결코 변하지 않았다는 전제에서 남북한 대치상태의 현실을 강조하는 '변함없는 현실론'에 입각하고 있다. 그러나 국가보안법은 국가안보 관련 직종의 이해관계 속에서 깊은 유착관계를 형성해 온 '냉전벨트'의 법적 존재근거로, 국가보안법 자체에 의해 일상적 위기상황이 창조되고 있는 상황을 간과할 수는 없을 것이다. 국가보안법이 폐지된다고 해서 하루아침에 안보위기가 증폭되는 것이 아니라, 오히려 부당한 안보관련 사건으로 인한 사회적 불신과 냉소적 분위기가 차츰 해소됨으로써 정부의 안보정책에 대한 보다 긍정적인 국민적 신뢰를 확보해 나갈 수 있게 될 것이다.

이와 함께 국가보안법은 법 존재근거의 보편적 기준, 즉 법적 형평성 상실문제가 지적될 수 있다. 법 적용의 현실에 있어서 국가보안법은 이른바 이현령비현령(耳懸鈴鼻懸鈴), 즉 '귀에 걸면 귀걸이, 코에 걸면 코걸이'식이다. 법은 저울로 상징된다. 형평의 원칙에 어긋나는 법은 이미 스스로 법적

---

124) 보안법 개폐 반대입장은 대략 다음과 같은 세 측면에서 이해할 수 있다. 첫째, 남북한 간 엄청난 국력차와 북한의 경제적 실상이 거의 밝혀진 상태이지만, 우리 국민이 북한의 실체를 과소 평가해 오히려 북한의 대남 전략전술이 손쉽게 침투·파급될 수 있는 가능성이 커지고 있다. 지금은 국민들로 하여금 확고한 안보의식과 대북 경각심을 드높여야 할 때이다. 둘째, 보안법 개폐문제를 둘러싸고 제기될 수 있는 논의 자체가 사회의 분열을 가져오고 그 과정에서 "친북·파괴세력까지 틈입해 난장판을 만들기 쉽기"(이경남, "국가보안법 개정의 문제점," 민화협 결성 1주년 기념 정책토론회, 앞의 자료, 30쪽) 때문에 보안법 논의 자체가 자제돼야 한다. 국가보안법 개폐논의는 북한의 주장과 일치하는 것으로 친북행위일 수 있다. 셋째, 일반국민 대다수의 경우 보안법으로 인한 고통과 생활상의 불편은 거의 없다. 그럼에도 소수의 사람들만이 보안법 개폐를 주장하고 있는데, 그렇다면 보안법으로 인한 생활상의 제약이 무엇인가 되묻는 것으로 국가보안법 개폐를 반대하고 있다.

성격을 상실한 것으로 볼 수 있다.125) 특히 남북교류협력에 관한 법률(1990. 8. 1. 법률 제4239호)과 국가보안법의 상치 현실에도 불구하고, 양 법 가운데 어떤 법을 적용하는가 하는 문제는 오직 보안당국의 자의적 판단과 입장에 달려 있다. 이런 점에서 보안법 적용의 주관성을 배제하기 어렵다는 것이 일반적인 시각이다.126)

한편 국가보안법을 바라보는 국민적 인식의 변화도 지적하지 않을 수 없다. 사실 보안법의 공포스런 이미지와는 반대로, 대개의 경우 진보적인 지식인, 학생, 예술가, 노동자, 정치인 등의 보안사범을 정치적 희생자로 인식하는 경향이 일반화되고 있는 점을 주목해야 한다. 민주화투쟁 시대가 낳은 많은 '정치적 영웅'은 어느 면에서 국가보안법의 산물이라 할 수 있다. 그후 민주화세력이 정치세력으로 전환하는 과정에서 국가보안법 위반전력은 개인적 자부심인 동시에 민주화투쟁의 징표로 여겨졌고, 국보법 전력에 비례해 정치적·사회적 평가를 받는 측면도 있었다. 이러한 패러독스야말로 국가보안법의 체제유지적 역할의 중요성을 강조하는 입장에도 불구하고, 오늘날 법적 정당성을 상실한 보안법의 역사적인 희화성(戱化性)을 말해 주는 것이기도 하다.

(3) 국보법 개폐와 냉전문화 극복

가. 색깔론과 사상·표현의 자유

자본주의적 발전은 일반적으로 계급·계층의 분화에 조응하는 사회세력

---

125) 영화 '레드헌터'는 제주 4·3사건의 양민학살을 다룬 다큐멘터리로, 대학인권영화제와 부산국제영화제에서 상영된 바 있다. 그러나 검찰은 전자의 경우 국가보안법을 적용했으나 후자는 문제삼지 않았다. 이러한 이중적 잣대는 보안당국 스스로 보안법의 적용을 정치적 상황논리에 따라 접근하고 있음을 말해 준다. 물론 이러한 사례는 비일비재할 뿐만 아니라 거의 일반화된 적용행태라 할 수 있다.

126) 화가의 그림이 김일성의 생가와 닮았다는 이유로 구속된 사례가 있다. 그 화가가 화보나 북측의 홍보용 자료를 본 적이 있는지는 알 수 없으나, 닮았다고 판정하는 측은 분명 보안당국이다. 이 구속사례 역시 상식으로는 이해될 수 없는 법 적용이었다.

의 성장을 보게 되며, 그에 따라 자본주의적 이념의 다양한 분화가 나타난다. 즉 자유주의적 자본주의 질서만을 주장하는 것이 아니고, 사회적 기회균등의 원리가 반영되는 사회민주주의나, 환경·생태계의 가치를 존중하는 사회체제를 호소하는 움직임도 나타나게 마련이다. 그러나 한국사회에서는 자유주의적 자본주의만이 시장경제체제를 골간으로 하는 자본주의의 유일한 형태로 인식되는 경향이 강하다. 이러한 단순화된 사상이나 폐색적인 사고구조로 인해 자유롭고 정의로운 사회체제에 대한 창의적 상상력은 근원적으로 차단당하고 있을 뿐만 아니라 아직도 '색깔론'의 망령을 떨쳐버리지 못한 경우를 종종 본다.

우리 사회의 산적한 개혁과제 가운데 특히 재벌개혁의 당위성과 중요성은 오랫동안 강조돼 왔다. 물론 재벌개혁의 방법과 절차에서 개혁정책을 수행하는 정부의 입장과 그에 비판적인 야당의 입장이 동일할 수 없다. 그러나 재벌개혁 자체를 시장경제를 무시하고 재벌을 강제로 억압적으로 해체하려는 '반자본주의적 발상'이라면서, "그런 경제개혁은 사회주의적 변혁이 아니냐"고 힐난식의 비난을 제기한 정당도 있었다. 이는 재벌개혁 문제를 '사회주의적 변혁' 등의 자극적인 용어로 규정해 정부의 개혁정책 자체를 '색깔론'으로 점화시키려는 의도로 이해될 수 있다. 더욱이 국가보안법 개정문제와 관련해서는 "우리만 무장 해제하려는 것"이라고 비난하면서, "김대통령 주변에는 사회주의적 시각을 가진 사람이 많은 것 아니냐"는 등의 자극적인 용어를 구사하면서까지 개혁정책을 '색깔론'으로 변질시키고자 하는 모습이 수그러들지 않고 있는 실정이다.[127]

개혁이나 보안법 등의 특정한 사회적 이슈에 대해 진지한 검토와 토론을 통한 상호비판과 설득의 통로를 처음부터 외면한 채, 상대방의 정책이나 입장을 일단 색깔론으로 몰아붙이고 보자는 분위기는 크게 변한 것이 없다. 역사적·시대적 변화에도 불구하고 당리당략적 차원에서 색깔론을 통해 대중적 공포의식을 자극하는 냉전논리가 적극 활용되고 있다. 이처럼 우리 사회 사고의 경직성의 원인은 다른 곳에 있는 것이 아니다. 무엇보다 사상

---

127) "8·15 대통령경축사 반응: 본질 흐리는 '색깔논쟁'," <동아일보>, 1999. 8. 19 참조

의 자유 자체를 억압하고 질식시키는 국가보안법 자체에 원인이 있다. 여기서 보안법문제에 대한 법조인들의 견해를 인용해 보자.128)

그것은 자유민주주의에 대한 신념의 상실이며 공산주의에 대한 패배감의 표현에 지나지 않는다. 우리가 진정으로 자유민주주의를 신봉하고 그 체제의 우월성을 믿는 한 모든 사상과 이념을 학문과 언론의 자율적 논의의 장에 맡겨 두어야 한다. 공산주의 사상을 형벌로 극복한다는 것은 바람직하지 않을 뿐더러 불가능하기까지 하다. 그에 대한 가장 바람직한 방법은 우리 사회에 독재가 아닌 자유민주주의가 진정으로 정착되고 사상의 자유로운 논의가 보장됨으로써 극복되는 것이다.

사상과 표현의 자유를 토대로 다양한 이념적 주장이 공론적 영역에서 검토되고 비판받을 수 있을 때 진정한 자유민주주의의 구현이 가능해진다. 이러한 시각에서 보안법 폐지문제를 이해하는 입장을 경청할 필요가 있을 것이다.

나. 인권·사회정의·평화통일의 이념과 진보정당

정당은 사회 각 계층의 이해관계를 수렴하고 정당의 정책으로 반영하는 측면에서 사회통합적 기능을 지닌다. 사회통합은 물론 과거 권위주의시대 국민동원의 논리와는 다르다. 계급·계층적 이익을 수렴하고 반영할 수 있는 진보적 대중정당의 활동이 보장될 때 비로소 진보와 보수정당간의 정책대결을 기대할 수 있게 된다. 그러한 정책대결을 통해 다양한 국민의사를 결집하고 민주적 가치와 질서규범을 존중하는 사회통합이 가능해지는 것이다. 그러나 국내정치에 투영된 냉전은 반공적 규율화로 나타나면서, 한국정치에서 자생적 정당과 이익단체의 등장을 원천적으로 차단했다. 이러한 냉전적 규율화 속에서 보수 여·야당의 특권화가 오랫동안 지속되는 가운데 대내정치의 개방화를 가로막았다.129) 냉전은 대내 정치적으로 지배이데

---

128) 민주사회를위한변호사모임, 『반민주악법 개폐에 관한 의견서』 (역사비평사, 1989), 29쪽.
129) 윤군식, "한국정당의 조직사회화," 안희수 편저, 『한국 정당정치론』(나남, 1995),

올로기인 반공주의를 확립시켜 주었고, 보수적 반공주의를 표방하지 않는 정치사회 세력은 항상 '용공'으로 매도당하면서 정치적 시민권이 박탈됐다. 그러나 냉전의 해체는 그 동안 정강정책이나 대안논리의 개발과 무관할 수 있었던 여야 보수정당들로 하여금 '냉전적 도식'에 더 이상 기댈 수 없는 한계상황에 맞닥뜨리게 했다. 이러한 한계국면을 극복하고 우리 사회가 한 단계 성숙하고 민주적 규범과 가치를 스스로 존중하는 참된 민주사회로 나아가기 위해서는 모든 사상과 정치사회적 활동이 공개영역에서 토론되고 검증받을 수 있는 '사상의 자유시장'이 확립돼야 한다.

우리 사회는 지금 시장경제의 성장·발전에 조응하는 사회 각계각층의 이해관계를 적절하게 반영할 수 있는 다양한 정당의 출현이 절실히 요망되는 상황이다. 한국사회의 정당정치 구조는 지금도 세계에서 유례를 찾아보기 어려운 형태의 초록 동색인 보수 여·야당 일색으로 이어져 오고 있다.[130] 정강정책에서 전혀 차이를 발견할 수 없는 여·야 보수정당간의 이합집산은 한국의 정치문화를 상당히 퇴영적인 것으로 만들었으며, 그로 인한 정치사회의 무기력증과 국민들의 정치적 혐오감은 국가사회의 미래를 어둡게 하고 있다. 우리 사회의 활력을 소생시키고 세계사적 흐름에 도태되지 않기 위해서는 21세기의 다양한 가치체계를 반영할 수 있는 정당정치 구조가 확립돼야 할 시점이다. 따라서 '도구적' 성격으로 탄생했던 보안법의 역사적 존재의의가 사라지고 있는 현실에 대한 인식을 바탕으로, 인권과 사회정의, 그리고 평화통일의 이념에 기반한 진보적 정당이 자리잡을 수 있는 제반 법적·제도적 지원장치의 마련을 적극 모색해 나가야 한다.

203-28쪽.

[130] 우리 사회에서 급진주의 세력이 크게 부상해 가는 현실에 대응해 "적어도 이 싸움에서 우리가 이기려면 공산주의 이념을 인정하고 제도권 내에서의 공산당 설립을 허용해 주어야 할 것이 아닌가 하는 것이다"는 입장도 일찍이 개진됐다. 송복, 『사회발전과 13대 국회의 역할』, 민정당 국책연구소 주최 강연(1988. 6. 8); 『이념문제주보』 제23호(이념문제연구소), 58쪽.

2) 언론개혁

한국사회 대부분의 인구구성은 전후세대가 차지하고 있다.[131] 전후세대 인구구성비의 현실을 감안한다면, 우리 사회의 대북인식 및 통일문제에 대한 이해는 대부분의 경우 교육과 언론매체의 영향을 받고 있다고 볼 수 있다.

(1) 언론개혁의 의의

한국사회가 21세기의 세계사적 변화에 부응해 새로운 도약의 발판을 마련하고 민족통일의 기반을 확충하기 위해서는 지난 세기에 천연된 개혁과제를 지속적으로 추진해 나가야 한다. 국가차원의 총체적 개혁을 위해서 언론개혁은 반드시 이루어져야 한다. 언론개혁은 모든 정치적·사회적·경제적 개혁의 전제이자, 언론개혁 없이는 어떠한 개혁도 성공적으로 추진할 수 없다.

언론이 개혁의 방해세력이 되는 한 우리 사회의 미래는 암담하다. 그럼에도 언론은 지금까지 최후의 성역으로, 개혁의 무풍지대로 군림해 왔다. 최근 서울시민 1천명을 대상으로 실시된 언론개혁 관련 여론조사 결과에 의하면, 언론개혁에 대한 우리 국민들의 열망은 아주 강렬한 것으로 나타났다. 조사대상자의 96%(1천 명 중 960명)에 달하는 사람들이 언론개혁이 필요하다는 반응을 보이고 있는 점이 무척 주목된다.[132]

국가 전체가 성역 없는 개혁의 대상이 돼 정치권을 비롯해 국가안보기관 등 권력기관마저 모두 공개와 투명화를 지향하고 있는 시대적 상황과 달리

---

131) 1954년 이후 출생한 전후세대는 전체인구의 75.5%를 차지하고 있다. 통계청, 『남북한 경제사회상 비교』(1996) 참조

132) 언론개혁시민연대, "서울시민 1천명 언론개혁 여론조사," 『언론개혁』 1999년 12월, 12-13쪽.

언론기관만이 유일하게 성역으로 남아 있는 불균형한 현상을 극복해야 할 것이다. 따라서 신문개혁의 역사적 의의는 한국 최후의 성역 개방과 민주화의 정착이라는 과제의 해결에서 찾을 수 있다. 특히 신문개혁이 단행돼야 우리 사회의 뿌리깊은 권언유착의 고리를 끊고 민주적 가치와 규범이 자리 잡아 나갈 수 있게 된다.

가. 사주와 편집·편성의 자율성

한국언론재단이 수행한 기자 의식조사 결과(703명 대상 1 대 1 대인면접 방식)에 의하면, '사주로부터 편집·편성의 자율성'에 대해 "전혀 보장되지 않고 있다" 27.4%와 "별로 안 되고 있다" 54.5%로 사주의 편집·편성권 침해에 대해 약 82%의 반응을 보였다. 또한 응답자 중 57.4%는 바람직한 신문사 소유구조로 '소유와 경영의 분리'를 들었고 '사주 전횡방지를 위해 소유지분 제한'(13.9%)이나 '비영리 재단화'(10.3%) 등을 원한 반면, 현체제 유지는 1.7%에 머물렀다. 자유로운 취재보도 활동을 제약할 수 있는 요인에 대해서는 기업이나 광고주로부터 오는 제약을 가장 많이 꼽았고, 다음으로 언론사 내부의 제약이나 압력, 정부의 영향이나 통제, 언론관계 법제와 정책 등을 들었다.[133]

이 조사결과는 남북관계 및 통일문제에 커다란 영향을 미치는 신문의 성격은 결국 사주와 그 측근세력의 세계관과 접근방향에 의해 결정되고 있다는 사실을 말해 준다. 그들의 대북인식, 안보관, 남북관계 접근방식, 통일관, 통일 후 미래상 등에 의해 기사의 시각이나 칼럼, 사설, 논단 등의 이른바 북한 및 통일관련 편집방향과 성격이 영향을 받고 있다는 것을 밝혀 주고 있다. 즉 통일과 민족문제에 대한 우리 사회 여론의 향배가 소수 독과점 언론사에 의해, 보다 구체적으로는 족벌신문, 재벌신문, 종교신문의 사주와 사주의 대리인인 몇몇 측근에 의해 영향받고 있다는 말이다. 이는 한 사회 여론의 수렴, 형성, 공유, 그리고 정책적 반영 등의 순환 메커니즘의 심각한 왜곡구조가 아닐 수 없다. 소수 독과점 언론사의 사주와 사주의 몇

---

133) 황치성, 『한국의 언론인』(한국언론재단, 1999), 97-98쪽.

몇 대리인들에 의해 통일과 민족문제에 대한 우리 사회의 건전한 여론형성 과정이 왜곡될 뿐 아니라, 언론사를 장악한 소수인들에 의해 '사실'이 조작되기까지 하는 상황을 초래하게 된 것이다. 심지어 정부정책에 대해 언론의 비판적 사명을 명분으로 사주와 그 대리인들의 견해를 강요하거나 심지어 추진중인 정책조차 그들의 의도대로 수정할 것을 요구하는 경우도 종종 있다. 권언유착의 오랜 관행 속에서 언론사주의 대리인들이 정권 핵심부의 일원으로 참여하기도 함으로써 그가 예속됐던 사주에게 정부정책의 내용을 사전 보고하는 관계망의 형성을 기반으로, 그야말로 정부 위에 군림해 우리 사회를 향도하려는 의지를 숨기지 않고 드러낼 수 있는 단계에까지 오게 됐다.

나. 언론의 북한 및 통일 보도관

언론의 대북 및 통일관련 보도의 문제점은 시민단체들에 의해서도 자주 지적되고 있는 사안이다. 이를 정리하면 다음과 같다.134)

- 정부의 대북정책에 영향력 행사.
- 안보 상업주의 추구.
- 객관성보다는 가치개입 보도로 상황 왜곡.
- '음모론'을 강조해 부정적 여론조성.
- 북한에 대한 부정적 이미지 고착.
- 체제우월성 강조, 비방성 기사 쓰기 관행.
- 통일에 대한 부정적 국제여론 조성.
- 정확한 사실 추구보다는 소설 쓰기식 보도

민주언론운동시민연합은 <조선일보>의 보도와 논조에 대한 비평을 '국가안보 상업주의'에 초점을 맞추어 접근하면서, "<조선일보>는 '국가안보 상업주의'를 먹고 자란 대표적인 언론사다. <조선일보>의 북한·노동운

---

134) 정희종, "남한언론의 통일 관련보도 행태," (사)민주언론운동시민연합, 민언련 통일기획(1), 『통일시대를 대비하는 남북한 언론의 역할과 전망』(1999. 7. 1) 참조

동·학생운동 등에 대한 보도는 객관적 사실관계를 규명한 기사보다는 주관적 판단에 근거한 일방적인 주장이나 작문성 기사들이 주류를 이루었다"고 지적했다.135) 그런데 <조선일보>의 이와 같은 편향성은 우리 사회를 바라보는 조선일보사의 독특한 심리상태의 반영으로 이해할 수 있을 것이다. 이러한 인식의 일단은 조선일보사의 자부심을 드러내는 다음의 인용문에서 충분히 나타나고 있다.136)

> 회장님을 남산이라고 부르고 싶다. 남산에 있는 옛날의 중앙정보부와 현재의 안기부 못지 않게 회장님이 계신 태평로 1가에는 모든 정보와 인재들이 모여들었다. 낮의 대통령은 그 동안 여러 분이 계셨지만 밤의 대통령은 오로지 회장님 한 분이셨다.

국민이 뽑은 대통령은 있기는 하지만 그건 '낮의 대통령'이고, '밤의 대통령'은 신문사 사주라는 말이다. '밤의 대통령'은 두루 알고 있듯이 미국의 1930년대 대공황기의 금주시대에 시카고를 활동무대로 명성을 떨친 마피아 두목의 별칭이다. 사실 <조선일보>가 그들 사주를 스스로 '밤의 대통령'으로 부르고 떠받드는 것은 상당히 합당한 표현이자 걸맞은 대우라고 할 수 있다. 그들은 개발독재와 권위주의 시대에 정권·국가안보 기관과 결탁해 '모든 정보'를 독점하면서, 심지어 그들 위에서 국가안보와 사회안보를 선도해 왔다. 더욱이 정권교체시마다 언론조작을 통해 그들과 결탁할 준비가 돼 있는 후보자를 밀었고, 새로운 정권 출범 후 정권창출의 가장 큰 영향력 집단으로 자임해 왔다. 그 대가로 정권의 통제에서 벗어나 국가와 시민사회

---

135) 민언련이 분석한 <조선일보>의 곡필과 오보 10선은 다음과 같다. ① 이승복 어린이 사건관련 보도(1968. 12. 11), ② 금강산댐·평화의 댐 관련보도(1986. 10. 31), ③ 김일성 사망설 관련보도(1986. 11. 16~19), ④ '서울 불바다' 발언관련 보도(1994. 3), ⑤ 김일성 사망·조문논쟁 관련보도(1994. 7. 9 이후), ⑥ 박홍 주사파발언 관련보도(1994. 7. 19 이후), ⑦ 성혜림 망명설 관련보도(1996. 2. 13. 이후), ⑧ 황장엽 망명관련 오보(1997. 4), ⑨ 이석현 의원 명함파동 관련보도(1997. 8), ⑩ '양심수 사면' '전향제 폐지' 관련보도(1997. 12/1998. 7), www.ccdm.or.kr, 민언련 자료실, 작성일 1999. 3. 22 참조
136) 조선일보 ㅇ회장의 칠순잔치에서 스포츠조선 ㅇ사장의 인사말, 1992. 11. 7.

위에 군림하는 특수한 지위를 향유해 왔다. 그런 점에서 사주에게 바치는 이 유명한 헌사는 마치 마피아집단과 유사한 그 신문사 조직의 분위기를 그대로 드러낸 표현이 아닐 수 없다.

<조선일보>식의 '국가안보 상업주의'는 장기적으로 국민들로 하여금 국가안보 문제를 확대과장과 허위날조로 인식하는 경향을 초래할 수 있다는 점에서 간과할 없는 문제라고 할 수 있다. 이는 국가의 중요한 안보문제가 수구 냉전논리에 집착한 언론에 의해 냉소적 대상으로 돼 국민들의 안보관을 진실과 허위를 구별 못하는 도착된 상황으로 이끌거나 또는 안보불감증을 낳게 함으로써 오히려 국가안보에 부정적인 결과를 초래할 수도 있다.

현행 헌법에 의한 대통령의 임기는 5년에 불과하다. 그러나 국민 위에 군림하는 신문사 사주의 무소불위의 권한과 지위는, '낮의 대통령'은 여러 명이었지만 '밤의 대통령'은 그들식 표현대로 '오로지 한 분'뿐이었다는 점에서 지금까지도 영원하다. 언론개혁 입법을 단행해야 할 집권세력이나 국회중심의 정치권은 원천적으로 정치와 언론의 유착관계에서 벗어나지 못한 채 언론개혁을 방기하고 있는 것이 우리 사회의 현실이다.

(2) 언론개혁 방안

가. 목표와 방향

언론개혁 방안은 다음과 같은 목표와 방향을 지향해야 할 것이다. 첫째, 신문기업 경영의 공개성 및 투명성의 확보가 전제돼야 한다. 신문개혁은 기본방향은 권언유착 관행으로 인한 왜곡된 언론시장의 정상화를 지향해야 한다. 이는 언론기업의 경영투명성과 공정거래질서 확립을 통해 가능하다. 그리고 여론형성 권력의 독점에 의한 신문사의 사권력기관화를 방지해야 한다. 이를 위해서는 무엇보다 먼저 소유지분의 제한과 소유경영의 분리를 제도화하지 않으면 안 된다.

한국 족벌신문의 소유구조는 대주주와 그 친인척, 관계회사, 재단까지 합쳐 거의 대부분이 사주 1인 또는 그 가족에게 장악돼 있다. 예컨대 3대

족벌신문의 주식지분 현황을 살펴보면, <동아일보>의 경우 가족 및 사주의 특수관계자 지분의 총합이 전체 지분의 76.69%를 차지하고 있다. <조선일보>는 94.64%, 한국일보는 99.8%로 거의 전부를 장악하고 있는 실정이다.[137] 이는 우리나라 상장회사 최대주주의 평균 소유지분 23.3%와 비교도 되지 않는 것이다.[138]

족벌신문의 폐해는 소유주나 경영진들이 안팎으로부터 아무런 견제장치 없이 과잉투자, 제살 깎기 경쟁, 수천억 원의 부채, 자의적 인사관리 등의 방만한 경영으로 나타나게 된다. 이러한 상황에서 신문언론으로 하여금 사회적 공익성, 북한보도의 객관성·합리성 등 언론의 정상적인 사회적 기능을 기대한다는 것은 거의 불가능하다.

둘째, 언론개혁은 편집 자율성의 확보와 언론의 책임·윤리의식을 강화시키는 방향으로 추진돼야 한다. 국민과 사회에 대한 책임의식은 없고 국민 위에 군림하는 권력, 권한만을 향유하는 오늘날 한국언론의 현실은 신문사 경영진의 전횡으로 인해 기자의 자율성과 판단력이 심각하게 훼손됐기 때문이다. 여기엔 언론인의 윤리성과 전문성을 고양할 전문 프로그램과 교육기관이 제대로 정착하지 못한 데도 원인이 있다. 뿐만 아니라 수용자의 권리의식 약화와 언론피해 구제제도의 불완전함이 언론인의 전문성과 윤리성 강화에 가장 중요한 세력인 언론사주와 경영진의 책임과 윤리의식을 희박하게 만드는 요인이 되고 있다.

셋째, 언론개혁은 의견 및 정보의 다양성과 다원성 확보를 지향해야 한다. 한국사회 언론의 이념적 지향은 대부분의 경우 보수 일변도이다. 전체 신문시장의 70%에 가까운 점유율을 보이고 있는 중앙 3대 족벌·재벌신문은 모두 비슷한 이념집단에 의해 언론시장의 독과점체제를 유지하고 있는 실정이다.

---

[137] 시민권리찾기 작은 책 2, 『신문개혁: 시민이 나서야 합니다』(언론개혁시민연대, 1999), 7쪽.

[138] 언론개혁시민연대, 『언론개혁』 1999년 7월, 창간호, 6쪽.

나. 실천과제

　신문개혁의 실천적 과제는 크게 두 차원에서 접근할 수 있다. 하나는 두 말할 것도 없이 언론관련 법과 제도의 개혁을 가장 우선적인 과제로 꼽을 수 있다. 물론 법적·제도적 개혁은 언론의 대주주 소유지분 제한, 편집권 독립, 경영의 투명성 확보 등 세 가지에 초점을 맞추어야 한다.

　다른 하나는 신문개혁위원회 구성을 통한 개혁의 추진을 적극 고려할 필요가 있다. 신문개혁위원회는 신문과 관련된 다양한 집단이 참여하는 독립적인 기구로 구성되는 것이 바람직하다. 이 위원회는 신문개혁의 문제의식을 수용하는 공정하고 실효성 있는 기구로 구성돼야 한다. 또한 신문개혁위원회는 정부가 주도할 필요는 없으나, 언론개혁의 범사회적 요청에 부응하기 위해서는 공공기구의 위상과 성격에 맞도록 직접적 이해관계를 떠난 각계의 대표로 위원을 구성하는 것이 합리적이다. 그러나 이 위원회가 순수한 민간기구의 성격에서 벗어나지 못할 경우 여기서 마련된 각종 개혁방안이 실행되지 않을 가능성이 크다. 따라서 국회 결의를 통한 신문개혁위원회의 기구구성 방안이 가장 바람직하다. 그러나 국회 본회의의 의결이 쉽지 않다면, 국회 문화관광위원회의 산하 위원회로 구성하는 방안도 고려할 수 있다.[139]

　한편 정부차원에서의 보조적 역할도 요망된다. 언론기업이 사기업이라는 특수성으로 인해 직접 개입의 한계가 있으나, 사주중심의 언론산업 구도를 개혁하는 데 도움이 될 수 있는 언론인 양심권제도와 국가지원금 제도 도입방안을 강구할 필요가 있다.

　북한 및 통일문제에서 반북·냉전문화를 극복하고 남북한의 화해와 화합의 길로 나아가기 위해서는 신문언론의 개혁이 절실하다. 신문개혁을 비롯한 전반적인 언론개혁 문제에 대해서는 관련학계의 연구, 공청회, 세미나, 그리고 시민단체들의 언론개혁운동 등을 통해 충분히 검토되고 그 방안이 제시됐다. 언론개혁의 관건적인 문제는 개혁의 방법과 절차가 아니라 개혁의지 그 자체의 결집에 달려 있다. 정부가 사회개혁의 스피커로 언론을 활

---

[139] 언론개혁시민연대, "특집: 신문개혁," 『언론개혁』 창간호 참조

용할 경우, 국민의 언론이 아니라 언론사 사주의 사병화된 언론의 고질화된 병폐를 치유할 수는 없다. 언론개혁은 우리 사회 민주화의 최종적 결산이자, 21세기 한국사회의 향배를 가늠하는 바로미터가 된다. 신문, 방송 등 언론이 제자리를 찾아야 남북한 화해와 화합문화의 창출을 기대할 수 있고 민족 공영의 방향모색도 가능해질 수 있다.

3) 통일교육

(1) 통일교육의 의의

통일교육은 민주주의에 대한 신념과 민족공동체 의식을 바탕으로 민족의 화해와 화합을 통한 통일지향적 가치관과 실천의지의 함양을 목적으로 하는 제반 교육활동을 의미한다. 통일교육은 남과 북 사이의 적대의식과 불신감을 해소하고 서로가 화합하고 협력해 민족 공존공영의 토대 위에서 민족공동체를 형성해 나갈 수 있는 의지를 배양할 수 있도록 추진돼야 한다. 이를 위해 북한 실상에 대한 객관적이고 올바른 이해를 증진시킴과 동시에 한반도 평화의 유지·정착을 위한 뚜렷한 평화관과 확고한 실천의지를 심어 주어야 한다. 나아가 대북정책과 통일문제에 대한 국민적 합의기반을 확충하기 위해 우리 사회의 다양한 견해와 입장을 조화시킬 수 있는 방향으로 추진돼 하며, 우리 사회 민주화의 전통과 가치 속에서 반통일적인 분단논리와 냉전문화를 극복해 나가는 데 초점을 맞추어야 한다.

통일교육의 필요성은 세계사적인 변화와 남북관계의 진전 가능성에 대한 기대가 일기 시작한 1990년대에 나타나기 시작했다. 분단시대 대부분의 시기에 우리 사회는 통일과 민족문제를 '반공교육' 중심으로 접근해 왔다. 그 후 1980년대 중반에 '통일안보교육'으로 변하면서 90년대에 와서야 비로소 '통일교육'으로 발전하게 됐다. 특히 김영삼정부 시기 6차 교육과정에서 안보중심의 통일교육에서 통일의 필요성을 적극 부각하고 통일방안을 모색하며, 북한동포를 통일 후 함께 살아야 할 같은 민족으로 인식하고 통일

이후의 민족공동체의 삶에 대비해야 한다는 인식에 토대를 둔 통일교육으로 변화했다.140) 그러나 반공교육의 오랜 관행과 교육방법의 한계 등으로 통일교육은 참된 통일대비 교육으로 발전하지 못했을 뿐 아니라 통일교육의 내용 또한 '자유민주주의' 체제로의 통일을 근간으로 북한 공산주의체제에 대한 남한 자유민주주의 체제의 우월성을 주지시키는 내용이 핵심을 이루어 통일을 지향하는 교육으로서 많은 한계를 내포하고 있었다. 그럼에도 모든 국민을 대상으로 하는 통일대비 교육이 마침내 '통일교육'으로 정착하게 된 배경에는 이러한 역사성이 내재해 있었다.

김대중정부에 와서 통일교육은 '통일교육지원법'141) 및 '통일교육지원법시행령'142)에 의해 법적 근거가 마련됐다. 최근 정부의 통일교육 관련 법적 장치가 마련됨에 따라 학계 및 교육현장에서 세미나, 워크샵 등의 형태를 통해 통일교육의 방향과 내용에 대한 관심이 고조되고 있다. 통일교육의 필요성이 한층 높게 인식되면서 통일교육 관련학계 및 교육현장의 목소리가 높아지고 있다. 여기서는 본고의 문제의식과 관련해서 통일교육이 인권 및 평화, 그리고 민주시민교육의 일환으로 추진된다면 우리 사회에 편만한 반북의식, 냉전문화를 극복하는 데도 크게 기여할 수 있을 것으로 본다.

통일교육 추진과정에 독일의 정치교육을 참조할 수 있다. 독일의 정치교육은 정치적인 사안에 대해 스스로 판단을 내리고 정치참여 능력과 자질을 육성하기 위해 실시됐다. 정치교육은 민주주의체제에 대한 확고한 인식을 바탕으로 정치과정에 참여할 수 있는 지식과 능력을 제고시키는 한편, 사회적 가치 및 제도를 이해·개선시킬 수 있는 능력배양을 목적으로 삼았다. 독일의 정치교육에서 통일과 관련된 주요내용은 독일문제 교육에서 찾을 수 있다.

특히 독일문제 교육지침은 기본적으로 독일의 통일이 가까운 장래에 달성될 전망이 없다는 전제에서, 당장 해결할 수 없는 문제로 인간의 존엄성과 내면생활이 희생돼서는 안 된다는 인식하에 이데올로기에 의한 대립은

---

140) 교육부, 『통일교육 지도자료』(교육부장학자료 제89호, 1993).

141) 1999년 2월 5일, 법률 제5752호.

142) 1999년 8월 6일, 대통령령 제16,501호.

삼가야 한다는 점을 강조한다. 독일문제 교육지침의 기본방향은 통일을 위한 외부적 환경을 조성하고, 유럽의 평화가 유지되는 외적 조건하에서 양독 간의 관계를 정상화시키는 한편, 독일민족으로 하여금 체제비교를 통해 통일독일의 정치경제 체제를 자유의사에 따라 선택하게 하는 데 있었다.[143] 이러한 독일 정치교육의 방향과, 통일관련 정치교육의 주요내용은 우리 통일교육의 추진과정에서 많은 점을 시사하고 있다.

(2) 통일교육의 기본방향:『평화의 문화』 창출

통일교육은 학교교육과 사회교육을 포함한다. 학교 통일교육은 오랫동안 정부주도로 시행돼 왔으나 소기의 성과와 교육효과를 거두지 못한 것으로 평가된다. 교육목표 및 방향설정에서 반공·안보논리에 바탕한 체제적 정당성 및 정책홍보 차원에 치우친 점이 주된 비판대상이었다. 반면 최근 재야 및 종교·사회단체에서 실시되고 있는 사회 통일교육은 파당성을 극복하지 못한 점이 큰 문제로 나타나고 있다. 이를테면 통일교육은 세계사적 변화에 따라 새로운 남북관계의 형성 및 통일 가능성이 가시화되고 있는 상황임에도 불구하고 통일교육의 목표, 방향, 교수방식 등에서 구태를 벗어나지 못함으로써 국민들로부터 적극적인 관심을 끌어내지 못하고 있다. 특히 정부주도 및 정부지원 통일교육의 가장 큰 문제점은 불신과 대결의 냉전의식 재생산구조를 그대로 유지한 채 수행되고 있다는 점에서 통일교육에 대한 냉소적 반응과 부정적 인식을 초래하는 요인으로 지적되고 있다.

통일교육의 궁극적 목적은 '평화의 문화'를 창출하는 데 있다. 평화는 국가 사이에서건 시민사회 내에서건 간에 그 자체가 인간 삶의 모든 영역에 침윤된 하나의 '문화'로 자리잡아야 한다. 이를테면 '문화의 힘'을 통해서만 평화의 견고한 토대구축이 가능한 것이다.

'평화의 문화'를 창출하기 위해서는 평화교육을 핵심내용으로 하는 통일교육이 추진돼야 할 것이다. 통일교육의 성패는 사실 학교교육이나 사회교

---

143) 황병덕,『통일교육 개선방안 연구』(민족통일연구원, 1997), 22-23쪽.

육을 막론하고 교육의 방법론, 즉 테크닉에 달려 있는 것은 아니다. 교육의 효율성과 관련한 토론식, 강의식, 자료활용, 현장답사 등 강의의 방법도 중요하지만, 기본적으로 통일교육의 답보상태는 단순한 교육 테크닉의 문제라기보다는 통일과 관련된 인식론적 전환을 요구하는 것으로 보아야 한다.[144] 따라서 통일교육은 당연히 현실 유지적 세계관이나 안보중심적 체제논리와 급진적으로 단절하는 데서 출발한다.

통일교육은 지식전달 교육이 아니다. 통일교육은 통일에 대한 자각적 인식의 계기를 얻고, 타자와의 관계망을 통한 사회적 존재로서의 자신을 재발견해 나가는 과정이어야 한다. 그리하여 스스로 통일에 대한 실천적 주체로 자각하고, 그러한 자각적 존재의 연대의 장이 될 수 있어야 한다. 따라서 통일교육의 기본방향은 통일과정이나 통일 후에도 지속적으로 추구돼야 할 보편적 가치를 확산시키고 실천적 의미를 부여할 수 있는 데 초점을 맞춰야 할 것이다. 이런 점에서 인권과 평화, 그리고 우리 사회 민주화의 전통과 가치를 되살리는 방향으로 추진돼야 한다는 점에서 우리 통일교육의 핵심내용은, 한편으로는 전쟁의 위기감이 사라지지 않은 특수한 분단상황을 고려한다면, '평화교육'으로 추진되는 것이 바람직하다.

가. 평화교육의 의의

평화교육은 아직 학문의 한 영역으로서 자기정체성을 확립하지 못한 상태이다. 1953년부터 시작한 유네스코의 국제이해 교육프로그램이 평화교육의 단초를 열었고, 1970년대 독일의 '비판적 평화교육'이 실시된 이래 80년대에 와서 대부분의 서구국가에서 평화교육이 이루어지고 있다. 그럼에도 각자의 종교적·이념적 성향, 이상사회 또는 미래에 대한 서로 다른 전망, 심지어 개인적 차원에서 서로 다른 사상 등이 평화에 대한 보편적 정의를 어렵게 만드는 요인이 되고 있다. 즉 평화의 개념적 혼란은 다시 '평화'라는 단어의 악용 여지를 제공함으로써 평화교육 실천에 부정적 영향을 미치게

---

144) 전효관, "탈분단시대의 통일교육: 패러다임 전환의 개요," 경실련통일협회, 앞의 발표문, 20쪽.

된다. 그러므로 평화교육을 실천하는 제일차적 과업은 '평화'를 어떻게 이해할 것인가 하는 문제에 대해 다양한 접근을 시도하는 데서 출발할 수 있다. 이런 점에서 다양한 종교, 문화권에서 평화에 대한 이해와 평화사상의 고찰은 예비적 작업으로도 의미가 있을 것이다.

그러나 평화교육은 그것이 필요하게 된 사회적 맥락 속에서 이해되고 정의돼야 한다. 사실 구체적 사회현실을 떠나 평화에 대한 보편적 이해만 강조하는 것은 종종 무의미하거나 오히려 기존 질서를 유지하는 데 기여하는 부정적 결과를 초래하기도 한다. 예컨대 과거 비민주적 권위주의체제에서도 '평화'는 항상 강조돼 왔지만 갈등과 대립의 분단체제 극복에 전혀 도움이 되지 않았을 뿐 아니라, 오히려 체제유지와 군비경쟁의 논리로 활용됐던 점을 인식할 필요가 있다. 따라서 평화교육의 방향과 내용은 평화교육을 실시하는 나라가 처한 정치적·사회적 조건을 반영할 수밖에 없을 것이다. 평화교육의 실천적 방향으로 라틴아메리카의 경우 해방신학의 이념과 전략이 강조됐다면, 유럽은 반전·반핵 등 군축교육과 운동으로 나타났다. 이에 비해 우리의 평화교육은 당연히 분단극복과 반북·냉전문화 해소를 주된 내용이 통일교육의 기본정신으로 자리잡아야 할 것이다.

우리의 평화교육은 두 차원에서 접근할 수 있다. 우선 세계적 차원의 갈등과 분쟁, 즉 평화 부재의 상황에 대한 이해와 함께, 아직도 갈등과 분쟁의 요인이 되고 있는 한반도 냉전구조의 현실과 원인 및 해체방향 등을 문제삼지 않을 수 없다. 특히 전쟁의 위험성을 줄이고 한반도의 평화를 정착시켜 나가기 위해서는 우리 사회의 편만한 반북·냉전문화가 하루빨리 극복돼야 한다는 사실을 널리 일깨워야 한다. 나아가 분단체제 아래서 형성된 제도적 폭력체계와 반평화구조의 다양한 형태를 밝혀내고, 그 상호관계를 인식하도록 함으로써 분단구조에 착근한 수혜층 및 분단 기생층의 논리를 비판하고 반평화적 사회현실을 극복해 나갈 수 있는 실천의식을 고취시킴으로써 평화 지향적 민족공동체 형성에 기여할 수 있어야 한다.

나. 평화교육의 방향

평화교육의 방향을 설정하기 위해서는 서독의 '비판적 평화교육' 모델의

원칙을 참고할 수 있는데, 그 내용은 다음과 같이 정리할 수 있다.[145]
① 평화교육은 이데올로기 비판과 계몽적 기능을 인지해야 한다.
② 현실에 대한 비판적 질문을 제기한다.
③ 갈등을 수용해 그 원인을 규명하고 건설적인 해결책을 모색한다.
④ 폭력과 대응폭력의 악순환을 극복하고 비폭력을 생활원칙으로 삼는다.
⑤ 민주주의의 구현을 지향한다.
⑥ 사회적 약자의 입장에서 반평화적 현실에서 이익과 고통을 받는 자를 명백히 밝히며, '아래로부터'의 인식태도를 함양한다.
⑦ 피교육자들에게 역사적 경험을 일깨우며, 스스로를 인간해방의 전통과 연결시키도록 한다.

'비판적 평화교육'의 방향은 위에서와 같이 평화교육을 통해 민주주의와 사회정의 구현이라는 보편적 가치를 구현하고자 하는 의지가 함축돼 있음을 알 수 있다.

우리 통일교육의 주된 핵심을 평화교육에서 찾는다면, 서독의 '비판적 평화교육'에서 시사받을 수 있듯이, 평화통일 교육은 개인 및 국가간 어떠한 형태든 폭력적 행위 자체를 거부한다는 것을 전제로, 인권과 민주주의, 그리고 사회정의의 구현이라는 보편적 가치의 추구를 원칙으로 삼아야 할 것이다. 이러한 원칙에 기반해 우리 분단현실의 극복과 반북・냉전문화를 해소해 나가기 위한 평화통일 교육의 방향을 다음과 같이 설정해 볼 수 있다.

첫째, 평화통일 교육은 분단체제 극복과 통일을 추구하는 '정신적 인프라' 체계 구축작업이라 할 수 있는바, 민족적 활로개척의 차원에서 접근해 나가야 한다.

둘째, 평화통일 교육은 반북・냉전의식을 극복하고 평화추구와 합리적 안보관의 확립을 지향한다. 즉 평화 지향적 안보관과 현실적 안보관에 기반한 평화의 추구를 지향해 나가야 할 것이다. 평화통일 교육은 '국가안보'를

---

145) 윤응진, "통일교육과 평화교육," 경실련통일협회, 앞의 발표문, 15.

중시하는 동시에 '민족안보'의 전망을 추구할 수 있어야 한다. 분단현실에 기인한 국가안보의 엄중성과 7천만 한민족의 명운이 달린 민족안보에 대한 책임의식을 환기시켜야 할 것이다.

셋째, 인류 보편적 가치의 존중과 민주시민의식 함양에 초점을 맞추어야 한다. 평화통일 교육은 민주화의 내포적 심화와 외연적 확대를 추진해 나가야 하며, 역사적·사회적 개혁과제의 수행에 긍정적으로 기여할 수 있어야 있다.

넷째, 참된 민족화해를 위한 공존의 논리와 윤리의 확립이 절실하다. 이를테면 남북한 '차이'의 부각보다는 서로 '다름'의 현실을 존중할 수 있는 삶의 태도를 배양해 나가야 바람직하다.

평화통일 교육이 지속적으로 추진되기 위해서는 물론 정권교체와 상관없이 객관적·초당적 차원에서 민족공동체 형성의 과제 속에서 접근돼야 할 것이다. 이 교육을 통해 우리는 분단체제에 의한 폭력적 상황과 왜곡된 현실을 직시할 수 있는 능력을 길러 나가야 한다. 그리하여 '색깔론'으로 표출되는 우리 사회의 이데올로기적 폭력의 실체를 파악하고, 군사문화, 공격적 언어, 사회적 약자에 대한 비인간적 태도 등을 비판할 수 있어야 할 것이다.[146]

이러한 평화통일 교육의 실천적 지향을 위해 일찍이 반공사상과 냉전의식이 팽배했던 시절에 분단의식을 깨고 민족통일 의지를 평화사상 속에서 구현하고자 했던 함석헌 평화사상의 의미와 가치를 재음미함으로써 오늘날 평화를 추구하는 우리들의 실천적 의지의 단초를 찾아볼 수 있을 것으로 생각한다.

다. 평화통일 교육의 사상

현대 한국사회에서 평화교육의 실천적 귀감으로 함석헌의 '씨올'사상으로 나타난 평화사상은 통일교육의 내용과 관련해서 다시 강조될 필요가

---

[146] 윤응진, "평화통일 희년맞이를 위한 기독교교육의 과제," 한신대학교 평화연구소 편, 『민족통일과 평화』(한국신학연구소, 1995), 251-261쪽.

있다. 함석헌의 평화사상은 노장사상, 예수의 평화사상, 간디의 사상, 퀘이커교, 특히 한국의 역사 자체로부터의 사상적 영향을 통해 마침내 씨올사상에 이르게 된다.[147] 씨올은 "지위도 없이 권력도 없이 그저 땅을 디디고 서서 전체를 위해서, 전체라는 것을 의식도 못하면서 전체를 위해서 봉사하다가, 또 봉사하다가 가는 사람들"[148]로, 씨올은 본질적 평화요, 씨올의 바탈(바탕)이 평화요, 평화의 열매가 씨올이며, 씨올의 목적은 평화의 세계 이외에 있을 수 없다.[149] 이러한 씨올사상에 바탕을 둔 함석헌의 평화의 길은 다음의 네 가지 성격을 갖는다.[150]

첫째, 평화의식은 전체의식에서 출발돼야 한다. "우리는 하나다"라는 자각이 평화의 근원이다.

둘째, 평화운동은 바로 정신운동임을 전제하면서 사회운동이나 정치운동에 앞서야 한다.

셋째, 한국민족의 특성에 대한 재인식이 평화, 한국의 평화만이 아니라 세계 평화운동에 크게 기여할 수 있다.

넷째, 유약하고, 무능하고, 이름 없이 음지에서 고난받는 민중이 평화운동의 주역이 돼 온 세계를 평화의 세계로 이끌 수 있다.

이러한 함석헌의 평화사상은 특히 평화교육과의 관련에서 더 큰 의미가 있다. 시장근본주의와 신자유주의적 세계질서 속에서 잊혀져 가고 있는 공동선의 회복과 물신숭배적 가치관을 돌아볼 수 있게 하며 분단민족의 고통과 좌절의 역사를 극복해 민주주의와 평화를 통한 민족통일을 이룰 수 있다면, 그러한 통일 자체가 세계평화에 기여할 수 있게 된다는 확신을 심어주고 있다. 이런 점에서 함석헌 평화사상은 통일교육의 사상적 토대로서 그 가치를 재발견할 수 있을 것이다.

한편 한반도의 평화문제에 대해 종교단체에서 비교적 일찍이 관심을 기

---

147) 안병무, "함석헌의 평화 사상," 『현대 평화사상의 이해』(한길사, 1992), 365-366쪽.
148) 함석헌, 『6천만 민족 앞에 부르짖는 말씀』, 안병무 외 편, 『함석헌전집』 12(한길사, 1985), 124쪽.
149) 함석헌, 위의 책, 282쪽.
150) 안병무, 앞의 글, 374-377쪽.

울여 왔다.151) 특히 평화문제를 종단간의 공통 관심사로 설정하고, 평화에 대한 종교간 대화를 서로 받아들이고 인정하고 함께 나누는 공동체를 만드는 '거룩한 실험'으로 보면서,152) 그와 같은 종단간 대화를 통해 우리 사회에서 절박한 평화문제를 접근한 노력도 주목된다. 여기서 통일교육을 매개로 종교간의 대화, 평화로운 세상 창조를 위해 종교인들이 공동으로 노력해가는 모습은 우리와 같이 다양한 종교사회에서 그 자체가 하나의 새로운 화합의 문화를 만들어 가는 과정이라는 점에서도 기대가 크다. 이는 종교다원주의의 입장에서, 다른 한편으로는 자연환경의 오염, 생태계 파괴, 정신세계의 황폐화, 핵무기의 위협, 끊임없는 전쟁 등 인류가 총체적 위기에 직면해 있다는 공감에서 새로운 지구윤리가 절실히 요청되고 있는 상황을 반영하는 것이기도 하다.153)

이러한 상황인식을 토대로 새로운 윤리의 확립은 종교인들의 고유한 사명이기도 하다는 점에서 종교단체 평화교육의 의의를 강조할 수 있다. 그러나 반공의식, 냉전문화 극복이라는 과제와 맞물려 추진되지는 못했으며, '평화'문제 자체를 사회적·정치적 이슈로 부각시키지 못한 한계가 있었다. 종교단체에서 평화통일 교육에 보다 적극적인 관심을 가진다면 우리 사회에서 기여하는 바가 무척 클 것으로 기대된다. 이 경우 평화교육을 수행하는 사람들은 스스로 평화창조의 적극적인 예술을 촉진할 내용과 방법에 참여할 필요가 있다. 즉 교사, 종교인, 공동체 지도자들은 평화를 위한 교육은 이제 교육의 영역에서 다루어지는 여러 주제 가운데 하나가 아니라 오히려 교육의 중심 또는 핵심적인 관심사로 부각시켜 나가야 한다. 보다 거시적인 차원에서 보면, 모든 교육은 본질적으로 평화를 위한 교육이 돼야 인류의 영적·물질적 생존이 보장받을 수 있다는 인식도 필요하다.154)

---

151) 고병헌, "평화, 평화교육의 이해를 위하여," 서울평화교육센터 편,『평화, 평화교육의 종교적 이해』(내일을 여는 책, 1995) 참조

152) 이윤구, "열린 사회의 종교교육," 서울평화교육센터 편,『종교간 대화와 인류의 평화』(원화, 1992), 86-87쪽.

153) 임운길, "지구윤리와 천도교," ACRP서울평화교육센터 자료집,『21세기를 향한 종교간 이해와 지구윤리: 한국종교의 대응』(1993년 11월), 48-55쪽.

마지막으로 통일교육은 그 동안 우리 사회 민주화의 전통과 가치를 토대로 21세기의 변화된 현실에 부응하는 새로운 민주화의 과제와 방향을 모색해 나가는 데 기여할 수 있어야 한다. 민주화는 기본적으로 전쟁의 파괴성과 무모함에 대한 인식을 보다 많은 사람들에게 심어 주고 있다. 그리고 바로 이러한 인식의 확산은 분명 평화로운 세계의 건설에 크게 이바지 할 것이다. 더욱이 한국은 동아시아에서 자력으로 민주주의를 쟁취한 최초의 국가이다.155) 만일 한국 민주주의가 공산주의의 마지막 보루인 북한의 민주화를 촉진시키고 '열린 사회'로 이끄는 데 도움이 된다면 한반도는 물론 동북아지역 평화의 토대가 한층 굳건히 구축될 것이다. 평화통일 교육 그 자체가 통일운동의 일환으로 전개된다면, 평화통일 교육은 우리 사회 민주화의 심화와 더불어 민주화의 새로운 방향을 모색하는 노력과도 부합될 수 있다. 인권, 평화, 민주화의 보편적 가치의 추구를 지향하는 통일운동은 반북의식, 냉전문화를 극복하고 민족의 화해와 화합의 문화를 창출할 수 있는 길이다.

6. 맺음말

한반도 냉전구조 해체와 관련해서 특히 우리의 관심을 끄는 것은 냉전의식, 냉전문화 극복문제이다. 냉전적 법·제도를 개선하는 데는 상당한 반대와 저항이 뒤따를 것으로 보이나 결코 주저할 문제가 아니다. 그리고 북한을 공존·협력의 동반자로 삼는 과정에서는 많은 이견이 분출할 것이다. 그럼에도 냉전의식, 냉전문화 해소를 위한 노력은 통일 후 남북한 사회통합

---

181) Leonard Grob, "Spiritual Politics: Introductory Remark," *Education for Peace: Testimonies from World Religions*, Haim Gordon and Leonard Grob, eds. (New York: Orbis Books, 1987), p.5.
155) 최상룡, "민주평화사상과 한국," 『평화연구』 1998년 12월, 제7호(고려대학교 평화연구소), 285-286쪽.

의 밑거름이 될 뿐 아니라, 지금 당장 대북 포용정책을 둘러싼 우리 사회 내 진보와 보수간 입장차이를 좁혀 가는 이른바 '남남대화'를 통한 국민화합을 이루어 가는 과정이기도 하다는 점에서도 무척 중요하다. 이러한 문제인식을 바탕으로 여기에서 접근한 연구내용을 다음과 같이 요약 정리하고자 한다.

제1절에서는 한국사회 냉전문화 해소방안 연구에 대한 문제의식을 제기했다. 남북한간 갈등과 대립의 역사를 청산하고 한반도의 공고한 평화구조 정착을 위해서는 한반도 냉전구조의 해체가 불가피하다. 그러나 냉전구조의 해체는 우리 사회 내부의 냉전의식과 냉전문화의 해소·극복을 전제로 한다는 점을 강조했다.

제2절에서는 냉전문화에 대한 정의와 그것의 폐해를 규명하고자 했다. 흔히 냉전의식, 냉전관행 등의 용어를 포괄하는 냉전문화는 일반대중의 사회문화적 의식형태 또는 집단적 심리상태를 가리키는 것으로 대개 특정 이데올로기나 정치적 정향과 관련된 의식 일반으로 이해할 수 있다. 그와 관련해서 우리 사회의 냉전문화는 반공의식, 분단콤플렉스, 그리고 반북의식 등과 착종된 형태로 사용되고 있는 개념으로 이해했다.

냉전의식은 남북한 주민 모두에게 상대를 증오하고 또한 두려워하는 정신병리적 분열증을 낳게 했다. 내편·네편, 선·악 등의 이분법적 흑백논리는 합리적 사고의 가능성을 애초부터 차단하는 냉전시대의 전형적인 의식형태이다. 남북한 주민 모두에게 공통되는 현상이지만, 냉전체제에 의해 강요된 이데올로기적 편향과 함께 분단의식에 의한 '심성의 왜곡'에서 냉전의식의 폐해를 찾고자 했다.

제3절에서는 냉전문화가 개개인의 심성 속에 내면화돼 가는 메커니즘으로 교육과 언론의 기능을 살펴보았다. 여기서는 먼저 교과서 속에 반영된 이념교육의 내용과 형태를 분석하면서, 특히 한국전쟁 이후 반공이데올로기가 본격적으로 정착돼 가는 과정을 추적해 보았다. 또한 안보이데올로기가 한국의 시민사회를 규율하는 초법적 메타법이데올로기로 군림하고 있는 현실을 지적하고자 했다. 안보논리는 군사적 위협의 실체보다는 대항이데올로기의 표출이나 그보다 훨씬 하위수준인 개혁의 주장이나 비판논리

마저 안보의식을 저해하는 저항과 도전으로 규정하면서, 학문과 출판의 자유를 제약하는 상황으로까지 나타났던 현실을 부각시키고자 했다. 분단시대 한국현대사의 반공주의적 교육은 체제와 이념문제에 대한 개인의 어떠한 자율적 판단의지도 허용하지 않았으며, 체제 순응적 존재의 양산을 교육목표로 삼았다는 인식에 이르게 됐다.

언론은 분단의식과 냉전문화를 재생산하는 메커니즘이다. 보수언론은 많은 경우 객관적 사실을 도외시한 채 남북관계에서 적색공포의 신화를 창조하는 매카시즘의 진원이라는 점을 밝혀 보았다. 보수언론의 안보위협은 대북 적대감을 자극하고 결국 정부의 통일정책이 보수화되는 데 기여해 왔다. 특히 우리 사회의 민주화문제와 군부권위주의 청산의 과제가 정치적 이슈로 제기될 때 항상 남북한 문제와 연관시켜 민주화의 진척을 가로막는 논설을 펼쳐 왔다는 점이 주목된다. 따라서 언론개혁 없이 '냉전벨트'를 걷어 내는 작업은 요원한 문제이다. 언론인을 자처하는 사람들의 고루한 의식, 세계질서 변화에 대한 이성적 인식을 거부하는 냉전관행 등은 곧장 케케묵은 반북·반공의식으로 나타나 수구세력의 기득권을 수호하는 논리로 변질하고 있다는 사실을 깊이 깨달아야 함을 호소하고자 했다.

제4절에서는 냉전문화의 존재양태를 살펴보았다. 첫째, 대미인식의 문제로, 냉전해체의 변화된 국제관계 속에서 미국을 어떻게 바라보는가 하는 문제는 우리 사회에 대한 내향적 성찰과도 일맥 상통하는 문제라고 생각된다. 한미간 국가이익의 상호조화를 추구해 나가기 위해서는 미국의 역할과 지위에 대한 보다 객관적인 이해가 요청되는 상황이라고 할 수 있다. 이러한 점을 전제로 북핵문제를 둘러싸고 전쟁위기가 고조됐던 시기 미국측의 한반도 전쟁시나리오는 "우리가 죽고 사는 문제"가 남의 손에 달려 있었다는 사실을 확인해 준 것으로 심각한 사안이 아닐 수 없다. 그리고 미국 국익의 관점에서 한반도문제를 조망할 수 있는 인식을 강조하고자 했으며, 노근리와 북한의 신천문제를 환기시킴으로써 냉전시대에 은폐될 수 있었던 '과거'의 진실규명을 통해 한미관계의 보다 성숙한 발전을 지향해 나가야 할 때임을 밝혀 보았다.

둘째, 대북정책에 반영된 냉전의식을 지적하고자 했다. 우리 정부의 대북정책을 규율하는 원칙 가운데 하나로 상호주의를 들 수 있다. 상호주의는 정부차원의 남북관계에서 기본적으로 준용되는 협상원칙으로 널리 인식되고 있다. 상호주의는 일반적으로 국가간 거래와 협상에서 상호신뢰의 기반을 쌓아 갈 수 있는 합리적인 협상양식으로 이해되고 있다. 그러나 남북관계에서 우리 정부의 상호주의원칙은 대북 불신감에 기반한 대결과 갈등의 냉전의식의 소산으로 볼 수 있다. 여기서는 이러한 상호주의의 내용과 함께 비대칭적 한반도 냉전구조 속에서 상호주의의 원칙적 적용의 한계를 살펴 보았다.

셋째, 반북·냉전의식의 발로로 나타나는 대북의식의 한 형태를 문제삼지 않을 수 없었다. 최근 우리 사회에서 제기되고 있는 북한의 인권 및 민주화를 주장하는 논리는 반북·냉전적 대북인식의 독특한 한 형태로 이해할 수 있을 것이다. 여기서는 인권·민주화문제의 접근방식으로, 선악의 흑백 논리에 기반한 냉전의식이 북한이라는 집단에 투사돼 자기 스스로 가장 혐오하는 속성인 '인권'이나 '민주화'를 자기의 반대쪽인 북한체제에 투영시키는 것으로 이해했다. 이와 함께 북한 인권상황 개선을 위해 동서독간 화해와 긴장완화 노력에 대한 사례의 필요성을 검토하는 가운데 내독간 비밀거래에서 많은 것을 시사받을 수 있다고 보았다.

넷째, 예술·문화분야 가운데 특히 영상매체는 엄청난 대중성이 있다. 이 분야에서 냉전문화를 극복하고 통일문화를 창출할 수 있는 대중문화를 창조한다면, 민족의 화해·화합의 분위기는 성큼 앞당겨질 것이다. 이런 입장에서 최근 우리 사회에서 북한문제에 대해 관심을 끌었던 두 편의 영화를 대상으로 냉전의식이 어떠한 형태로 변화되고 있는가를 살펴보았다. 그 결과 영상매체 속에 반영된 북한의 이미지는 우리 사회의 광범한 냉전벨트의 잠재적 요구에 부응한 안보의식 고취와 더불어 새로운 유형의 '반북문화' 창출에 기여하고 있다는 점을 지적했다.

제5절은 마지막으로 냉전문화 해소방안을 모색해 보고자 했다. 국가보안법, 언론개혁, 그리고 통일교육 등을 통한 법적·제도적 차원의 접근과 더불어 새로운 화해와 화합의 문화 창출의 제도화를 추구했다.

첫째, 국가보안법은 냉전시대의 산물로 이제 그 역사적 존재이유를 상실했다고 할 수 있다. 보안법은 국체유지를 위해 급조된 '도구적' 성격의 법이다. 보안법은 '외부의 적'을 상대로 '국가안보'를 지키는 법률이라기보다는 '내부의 국민'을 상대로 '정권안보'를 지키는 법률로 기능해 왔다는 비판을 면하기 어렵다. 더욱이 국가보안법은 법 존재근거의 보편적 기준, 즉 법적 형평성을 스스로 상실해 왔다. 보안법 철폐를 전제로 '사상의 자유시장'이 보장되는 것과 아울러 인권과 사회정의, 그리고 평화통일의 이념에 기반한 진보적 정당이 자리잡을 수 있는 제반 법적·제도적 지원장치의 마련을 적극 모색해 나가야 한다.

둘째, 언론개혁은 국가차원의 총체적 개혁을 위해서 반드시 이루어져야 한다. 언론개혁은 모든 정치적·사회적·경제적 개혁의 전제이다. 언론개혁 없이는 어떠한 개혁도 성공적으로 추진할 수 없다는 점을 전제로 언론개혁의 의의와 방안을 검토했다. 여기서는 신문기업 경영의 공개성 및 투명성이 반드시 확보돼야 하며, 권언유착 관행으로 왜곡된 언론시장의 정상화를 도모해야 함을 역설했다. 나아가 여론형성 권력의 독점에 의한 신문사의 사권력기관화를 방지하기 위해서는 소유지분의 제한과 소유·경영 분리의 제도화를 주장했다. 개혁의 실천과제 가운데 특히 공정하고 실효성 있는 기구로 신문개혁위원회의 구성을 기대했다. 이 과정에서 정부는 언론인 양심권제도와 국가지원금 제도 도입방안을 강구할 필요가 있다고 보았다.

끝으로 한국사회 냉전문화 해소방안으로 통일교육의 중요성을 부각시켰다. 통일교육은 민주주의에 대한 신념과 민족공동체 의식을 바탕으로, 민족의 화해와 화합을 통한 통일 지향적 가치관과 실천의지의 함양을 목적으로 하는 제반 교육활동을 의미한다. 통일교육은 '평화교육'을 지향한다. 인권과 평화, 그리고 우리 사회 민주화의 전통과 가치를 되살리는 방향으로 추진돼야 함을 밝혔다. 인권, 평화, 민주화의 보편적 가치의 추구를 지향하는 통일운동의 일환이라 할 수 있는 평화통일 교육은 궁극적으로 반북의식, 냉전문화를 극복하고 민족의 화해와 화합의 문화를 창출할 수 있는 길이라는 사실을 이해하고자 했다.

분단시대를 살아가는 우리들의 의식, 사고방식, 행위양식 등은 분단구조로부터 영향받아 왔으며, 또한 우리 스스로 분단구조에 순응적인 삶을 통해 분단구조 자체를 주조하는 데 기여한 측면도 없지 않다. 한반도 냉전체제 해체를 위한 역량과 성패는 냉전의 최대 피해자가 바로 우리 민족이라는 점에서 우리 국민들의 올바른 역사인식과 의지에 달려 있다. 가령 국제적 차원에서 최근의 북미관계 개선에서 보듯이 한반도 냉전구조 해체에 유리한 환경이 조성되더라도 그러한 외적 환경을 활용할 수 있는 능력은 바로 우리에게 달려 있기 때문이다. 그러므로 우리 국민들의 강렬한 바람과 의지 없이는 냉전구조의 해체는 기대할 수 없다. 따라서 우리 사회 내부의 냉전의식, 냉전문화 극복을 위해 정부나 학계, 문화·예술계, 시민단체 등이 주도하는 공청회, 세미나, 문화공연 등 다각적 차원에서 합리적인 담론체계를 통한 설득작업을 서둘러야 할 시기라고 생각한다.

참고문헌

국문자료

KDI.『통일교육의 새로운 방향과 실천과제』. '97년 국가정책개발사업. 민족통일연구원·한국교육개발원, 1997.
WCED. 조형준·홍성태 역.『우리 공동의 미래』. 새물결, 1987.
갈브레이스, J. 김영선 역.『불확실성의 시대』. 청조사, 1978.
강성학. "주한미군과 한미관계: 중년의 위기인가 황혼이혼인가?" IRI 리뷰. 제7권 제1호. 고려대 —民국제관계연구원, 2002.
게이츠, 제프. 김용범 외 옮김.『오너쉽 솔루션: 21세기 새로운 자본주의를 향하여』. 푸른길, 2000.
高橋幸八郎『시민혁명의 구조』. 동녘, 1983.
고르바초프, 미하일. 고명식 역.『페레스트로이카』. 시사영어사, 1990.
고병헌. "평화, 평화 교육의 이해를 위하여." 서울평화교육센터 편.『평화, 평화 교육의 종교적 이해』. 내일을 여는 책, 1995.
고은. "恨의 극복을 위하여."『한국사회연구』2. 한길사, 1984.
곽태환. "주한미군의 감축과 남북한 평화정착."『남북한 군비경쟁과 군축』. 서울: 경남대학교 극동문제연구소, 1992.
교육부.『통일교육지도자료』교육부장학자료 제89호, 1993.
구영록.『한국과 햇볕정책-기능주의와 남북한관계-』. 법문사, 2000.
_____. "국가중심주의와 평화체제." 한국국제정치학회,『국제정치논총』제37집 1호. 1997.
_____. "기능주의 이론과 햇볕정책."『한국과 햇볕정책』. 법문사, 2000.
_____. "대외정치의 핵심개념으로서의 국가이익."「한국과 국제정치」제10권 제1호. 경남대학교 극동문제연구소, 1994.
국방부.『국방백서 1999』. 서울: 국방부, 2000.
국사편찬위원회.『한국독립운동사: 자료2』. 국사편찬위원회, 1971.
국순옥. "자유민주적 기본질서란 무엇인가."『민주법학』. 제8호. 관악사, 1994.
국토통일원 편.『남북대화백서』. 국토통일원, 1988.
_____ 편.『한민족공동체 통일방안』. 국토통일원, 1989.
_____.『한반도의 군축과 평화』. 국토통일원, 1989.
권용립.『미국 대외정책사』. 민음사, 1997.
권혁범. "반공주의 회로판 읽기-한국 반공주의의 의미 체계와 정치사회적 기능."『당대비평』. 1999년 가을호.
그리피스, 로버트. 하재룡 옮김.『마녀사냥 - 메카시/매카시즘』. 백산서당, 1997.
기든스, 앤서니. 한상진·박찬욱 옮김.『제3의 길』. 생각의 나무, 1998.
김구.『백범일지』. 교문사, 1980.
김균. "하이에크 자유주의론 재검토: 자생적 질서론을 중심으로."『자유주의 비판』. 풀빛, 1996.

김당. "세계는 지금, 미국 무기의 그늘."『인간존중(격월간)』제11호. LG 애드, 1995.
김두헌. "반공교육을 되돌아본다."『새교육』. 대한교육연합회, 1968.
김명섭 역.『거대한 체스판(The Grand Chessboard 1997)』. 삼인, 2000.
김민웅. "고난의 시대에서 배반의 시대로: 김영삼의 좌절과 그 출로, 그리고 우리의 자화상." 『레드 콤플렉스』. 삼인, 1997.
김방희. "미국 무기의 그늘 한국."『시사저널』. 1995년 4월 20일.
김성철·정영태·오승렬·이헌경·이기동.『북한 사회주의체제의 위기수준 평가 및 내구력 전망』. 민족통일연구원, 1996.
김성한. "미국의 신보수주의의 이념과 전략." 외교안보연구원(2003-19), 2003.5.23.
김영명. "민족통합을 보는 정치학적 관점."『민족통합과 민족통일』. 한림대학교 민족통합연구소, 1999.
김영윤.『통일한국의 경제체제』. 민족통일연구원, 1994.
김용범 외 역.『오너쉽 솔루션』. 푸른길, 2000.
김용호.『외교안보정책과 언론 그리고 의회』. 오름, 1999.
김일성.『김일성저작집』. 조선로동당출판사, 1984.
김진균·홍성태.『군신과 현대사회-현대 군사화의 논리와 군수산업에 관한 연구』. 문화과학사, 1996.
_____. "군산복합체와 전쟁."『이론』. 봄/여름호. 1995.
김창수. "한반도 평화정착과 한·미동맹의 미래."『한반도 평화전략』. 통일연구원, 2000.
김현승.『한국현대시 해설』. 관동출판사, 1975.
김현옥. "경제적 군축필요성 논의의 한계와 군축운동의 방향:군축담론의 대중화를 위한 시론." 『남북간 대립 사회체제의 동요와 새로운 갈등구조의 이해: 상생적인 민족공동체의 구성을 위하여』. 한국산업사회학회, 2000년 비판 사회학대회(제3회), 2000년 9월 22일-23일.
김형곤.『미국의 적색공포 1919~1920』. 역민사, 1996.
김형모. "중국의 농촌공업화(향진기업)에 관한 연구."『동북아경제연구』. 제8호. 1997.
김형효.『미국은 협력하려 하지 않았다-북한과 미국의 핵외교』. 사회평론, 1999.
_____. "원효사상의 현재적 의미와 한국사상사에서의 위치." 聖·元曉 大심포지움(1987.11.1~2, 서울).『원효연구논총』. 국토통일원 조사연구실, 1987.
까갈리쯔끼, 보리스 유희석·전신화 옮김.『근대화의 신기루』. 창작과비평사, 2000.
도진순. "분단에 대한 연역과 통일의 전제."『당대비평』. 1999년 봄호
독일사회민주당. "독일사회민주당기본강령." 양호민 편.『사회민주주의』. 종로서적, 1985.
드러커, 피터 외. 이재규 옮김.『미래의 공동체』. 21세기북스, 2000.
등소평.『등소평 문선(상)』. 김승일 옮김. 범우사, 1994.
_____.『등소평 문선(하)』. 김승일 옮김. 범우사, 1994.
라모네, 이냐시오(Ignacio Ramonet). "전체주의인 지구촌 체제에 관하여."『르몽드 디쁠로마띠끄』(1997. 1.). 전태일을 따르는 민주노조운동연구소 편역.『신자유주의와 세계민중운동』. 한울, 1998.
라이폴트, 헬무트 "경제시스템의 사회이론적 정초." 하멜, 한넬로레 편. 안병직·김호균 옮김. 『사회적 시장경제·사회주의계획경제』. 아카넷, 2001.
렌스, 시드니(eds. 1970). 서동만 편.『군산복합체론』. 서울: 지양사, 1985.
리처드, 개릿 아피. 이대훈 역. "신자유주의에 대한 대응, 지역간 연대를 넘어 세계적 민중연대

로." 『당대비평』. 1998년 여름호.
마르틴, 한스 페터·슈만, 하랄트 강수돌 옮김. 『세계화의 덫』. 영림카디널, 1997.
마즈, 한스-요하임. 송동준 옮김. 『사이코의 섬 - 감정정체·분단체제의 사회심리』. 민음사, 1994.
멜니크, 조지. 김기섭 옮김. 『공동체 탐구: 유토피아에서 협동조합사회로(상)』. 신용협동조합중앙회, 1992.
모겐소, 한스 J. 이호재 역. 『현대국제정치론(Politics among Nations-The Struggle for Power and Peace-)』. 법문사, 1987.
모니터네트워크 "'노근리 양민학살' 보도: 언론의 '사대주의'에 묻힌 우리의 자존심." 『언론개혁』. 1999년 11월호.
문교부. 『도덕 5-2』. 문교부, 1989.
_____. 『문교40년사』. 문교부, 1988.
_____. 『중등국어 1』. 문교부, 단기4281년.
_____. 『중등공민 上』. 문교부, 1946.
_____. 『중등국어 2』. 문교부, 단기4282년.
_____. 『중등국어 3』. 문교부, 단기4281년.
_____. 『중학도의 2』. 문교부, 단기4219년.
문정인. "남북한 신뢰구축." 함택영 외. 『남북한 군비경쟁과 군축』. 서울: 경남대학교 극동문제연구소, 1992.
뮈르달, 알바. 동서군축문제연구소 역. 『핵전쟁의 위협』. 동광출판사, 1984.
뮬홀, 스테판·스위프트, 애덤. 김해성·조영달 옮김. 『자유주의와 공동체주의』. 한울, 2001.
미백악관. "새로운 세기를 위한 국가안보전략(A National Security Strategy for A New Century, 1998. 10)." 세종연구소, 『국가전략』. 제5권1호. 1999.
미외교협회(CFR) 한반도문제 태스크포스팀. "북한의 핵도전에 대한 대처(Meeting the North Korean Nuclear Challenge 2003.5.19)." 통일부, 2003년 5월.
민족통일연구원 편. 『남북한국력추세비교연구』. 민족통일연구원, 1992.
_____. 『제2차대전후 신생국가의 연방제도 운영사례』. 민족통일연구원, 1991.
_____. 『1998년도 통일문제 국민여론조사 결과』. 민족통일연구원, 1998.
_____. 『북한인권백서』 민족통일연구원, 1996.
_____. 『북한인권백서』 민족통일연구원, 1997.
_____. 『북한인권백서』 민족통일연구원, 1998.
민족화해협력범국민협의회 정책위원회 편. 『민족화해와 남남대화』. 한울아카데미, 1999.
민주평화통일자문회의. 『평화·번영의 동북아시대: 정책과제와 추진전략(민주평통정책연구자료 제35호)』. 민주평화통일자문회의사무처, 2003.
민화협정책위원회 편, 『민족화해와 남남대화』. 한울아카데미, 1999.
밀즈, C. W. 진덕규 역. 『파워엘리트』. 한길사, 1979.
박갑동. 『박헌영-그 일대기를 통한 한국 현대사의 재조명』. 인간사, 1983.
_____. "대북정책의 새로운 접근." 『국제정치논총』. 제38집 2호. 1998.
박건영. "미국의 새로운 동북아전략과 한·미관계의 재조정." 제7차 세종 국가전략 포럼 『국제질서 전환기의 국가전략:한국의 외교·안보·대북 전략』. 세종연구소, 2002년 5월17일.
박명규. "근대한국의 타자인식과 민족정체성." 박은영 외. 『한국사회사의 이론과 실제』. 한국정신문화연구원, 1998.
박상필. 『NGO와 현대사회』. 아르케, 2001.

박영균. "통일교육의 변화 과정과 전환적 제언." 통일부·경북대평화연구소·대구광역시민주시민교육연구회.『제2차 통일교육 발전 워크샵』. 1999년 8월 24일.
박용규. "90년대 한국언론의 북한보도 실태와 개선방향." 한국언론재단·한국국제정치학회 공동주체 학술대회 발표 논문집.『언론의 새로운 역할과 남북한 관계의 새로운 패러다임 모색』, 1999년 8월 27일.
박종철. "북·미간 갈등구조와 협상전망." 국제지역학회 세미나 발표 논문집. 2003년 6월 5일.
박태순. "국어교과서와 민족교육-초중고 국어교과서의 개혁을 위하여-."『한국사회연구 2』. 1984.
박형중.『'90년대 북한체제의 위기와 변화』. 민족통일연구원, 1997.
_____. "비교사회주의 관점에서 본 '실리사회주의론'의 위치와 전망."『김정일 정권 10년: 변화와 전망』. 통일연구원, 2004.
박홍·남용우.『레드바이러스』. 기독청년문화연구소·생명문화연구소 편, 1997.
벡종천·이민룡.『한반도 공동안보론』. 일신사, 1993.
부주예프, A. 강동일 역.『초국적기업과 군국주의』. 새길, 1985.
브란트, W.『브란트회고록』. 중앙일보사, 1976.
사카모토 요시키카(坂本義和). "한국 냉전의 종식을 기대하며."『동북아시아의 평화와 협력을 위한 새로운 대안』. 크리스찬아카데미 소식 대화. 1999년 여름호.
사회과학출판사 편.『정치사전』. 평양: 사회과학출판사, 1973.
_____.『철학사전』. 평양: 사회과학출판사, 1970.
삼균학회 편.『소앙선생문집(상)』. 햇불사, 1979.
_____.『소앙선생문집(하)』. 햇불사, 1979.
서승.『옥중 19년』. 역사비평사, 1999.
서울시교육위원회.『서울교육사 上』. 서울시교육위원회, 1981.
서재진.『남북한 국력추세 비교연구』. 민족통일연구원, 1992.
_____. "미국의 대북정책과 남북관계." 외교통상부 안보정책과 및 경남대학교 공동주최 세미나 발표문. 2002년 11월 29일.
세종연구소. "새로운 세기를 위한 국가안보전략(A National Security Strategy for A New Century)."『국가전략』. 제5권 1호. 세종연구소, 1999.
손석춘. "왜 레드 콤플렉스가 문제인가-적색 공포증 조장에 앞장선 한국 언론."『레드 콤플렉스』. 삼인, 1997.
쉴레히트, 오토 안두순 외 공역.『사회적 시장경제』. 비봉출판사, 1993.
스미르, 아민. "진보적이고 민주적인 새로운 세계질서를 위하여."『당대비평』. 창간호. 1997.
시걸, 레온. "부시 행정부의 대북정책."『평화논총』. 제5권1호(통권 9호). 아태평화재단, 2001.
_____. 구갑우·김갑식·윤여령 옮김.『미국은 협력하려 하지 않았다-북한과 미국의 핵외교』. 사회평론, 1999.
신경림. "어떤 詩를 가르칠 것인가-中高校 교과서의 詩를 읽고-."『한국사회연구 1』. 한길사, 1983.
신광영. "스웨덴 사회민주주의 60년: 가능성과 한계."『사상』. 사회과학원, 1994.
신욱희. "한·미동맹의 내부적 역동성: 분석틀의 모색."『국가전략』. 7권 2호. 2001.
안병무. "함석헌의 평화 사상."『현대 평화 사상의 이해』. 한길사, 1992.
안병영. "신보수주의와 복지국가: 1980년대 대처와 레이건의 정책비교." 연세대『사회과학논집

』. 제23권. 1992.
안재홍. "신민족주의의 과학성과 통일 독립의 과업."『신천지』. 8월호. 1949.
양호민. "사회민주주의의 원류와 발전." 양호민 편.『사회민주주의』. 종로서적, 1983.
언론개혁시민연대.『신문개혁: 시민이 나서야 합니다』. 언론개혁시민연대, 1999.
_____. "모니터네트워크 1: 냄비저널리즘과 선정·냉전주의의 만남."『언론개혁』. 창간호. 1999.
_____. "서울시민 1천명 언론개혁 여론조사."『언론개혁』. 1999년 12월호.
_____. "특집: 신문개혁."『언론개혁』. 창간호 1999년 7월호.
엄태암. "동북아 다자안보협의체 구성방안."『안보정책 연구논총 (I)』. 국가안전보장회의 사무처, 2000.
오원철. "북한 경제 분석."『한국형 경제건설 모델』. http://www.ceoi.org.
오핸론, 마이클·모치주키, 마이크 최용환 역,『대타협』. 삼인, 2004.
올리브, 로버트 T. 박일영 역.『대한민국 건국의 비화-이승만과 한·미관계』. 계명사, 1990.
우로프스키, 멜빈 I. 박강순 역.『국민의 권리: 개인의 자유와 권리장전』. 미국국무부 발행·주한미국대사관 공보과, 2004.
원효.『금강삼매경론』. 삼성출판사, 1976.
_____.『대승기신론소』. 삼성출판사, 1976.
웨스톤, 번스 H. 편저.『대안적 안보론-핵억지없는 삶』. 국방대학원 안보문제연구소, 1992.
유네스코한국위원회 기획·백운선 옮기고 씀.『평화를 위한 국제선언-유엔과 유네스코의 평화선언 자료집』. 오름, 1995.
유엔개발연구소(UNRISD). 조용환.『벌거벗은 나라들: 세계화가 남긴 것』. 한송, 1996.
유엔사회개발연구소·앤더슨, 고스타 에스핑 편. 한국사회복지학연구회 역.『변화하는 복지국가』. 인간과 복지, 1999.
유재일. "한국전쟁과 반공이데올로기의 정착."『역사비평』. 계간16호. 역사문제연구소, 1992.
윤응진. "통일교육과 평화교육." 경실련통일협회.『새로운 통일교육모델 개발을 위한 워크샵』자료집. 1999년 8월 31일.
_____. "평화통일 희년맞이를 위한 기독교교육의 과제." 한신대학교 평화연구소 편.『민족통일과 평화』. 한국신학연구소, 1995.
이남규.『첨단전쟁—걸프전쟁과 첨단무기』. 서울: 조선일보사, 1992.
이남주. "중국사회주의의 진로: 사회주의 시장경제의 과제들."『이론과 실천』. 민주노동당, 2001.
이리에 아키라(入江昭). 이종국·조진구 옮김.『20세기의 전쟁과 평화』. 을유문화사, 1999.
이병승. "걸프전쟁의 본질." 아시아·아프리카·라틴아메리카 연구소 편,『걸프전쟁과 아랍민족운동』. 서울: 눈, 1991.
이부영.『우리 마음 속의 어두운 반려자: 그림자』. 한길사, 1999.
이삼열. "평화교육의 철학과 과제." 아시아종교인 평화회의 서울평화 교육센터 편,『종교간 대화와 인류의 평화』. 원화, 1992.
이서항. "군축협상의 사례분석과 남북한 군축전망."『남북한 군비경쟁과 군축』. 경남대학교 극동문제연구소, 1992.
이성근. "해방직후 미군정치하의 여론동향에 관한 분석."『국제정치논총』. 제25집. 1985.
이용희. "근대 유럽 국가연합의 기본성격."『미래의 세계정치』. 민음사, 1994.
이우성. "남북국 시대와 최치원."『창작과비평』. 겨울호. 1975.

이우영. "통일교육의 새로운 방향." 경실련통일협회.『새로운 통일교육모델 개발을 위한 워크샵』자료집. 1999년 8월 21일.
이윤구. "열린 사회의 종교교육." 서울 평화교육센터 편.『종교간 대화와 인류의 평화』. 원화, 1992.
이장. "남북한 군비현황과 방위비 삭감의 필요성." 방위예산의 개선방안 토론회 자료집. 1994년 11월 9일.
이장원. "학교통일교육의 문제와 대안."『새로운 통일교육모델 개발을 위한 워크샵』자료집. 경실련통일협회, 1999년 8월 31일.
이재봉. "미국의 대동북아시아 정책과 북미관계의 전망." 한국국제정치학회 1997년도 통일학술회의 발표논문. 1997.
이철기. "주한미군을 평화유지군으로." http://www.peacekorea.org/usfk/usfk02.html.
이춘근. "미국국력의 실체." *Opinion Leader's Digest 03-17*. No. 222. 2003년 5월 28일. http://www.cfe.org/OLD.
이케다 다이사쿠·요한 갈퉁 대담집/손대준 옮김.『평화를 위한 선택』. 서울: 신영미디어, 1997.
이한우 옮김.『가다머: 해석학, 전통 그리고 이성』. 민음사, 1999.
이호재.『21세기 통일한국의 이상론』. 화평사, 2003.
이호재 편.『한반도군축론』. 법문사, 1989.
_____. "남북관계의 언론을 비판한다."『통일한국과 동북아 5개국 체제』. 화평사, 1997.
이희재 역.『문명의 충돌(The Clash of Civilizations and The Remaking of World Order)』. 김영사, 1997.
임동원. "국민의 정부의 대북정책."「민족의 화해와 평화를 위한 제2차 조찬포럼」. 1999년 3월 11일.
임운길. "지구윤리와 천도교."『21세기를 향한 종교간 이해와 지구윤리-한국종교의 대응-』. 서울: ACRP 서울평화교육센터, 1993년.
임지현. "일상적 파시즘의 코드 읽기."『당대비평』. 1999년 가을호.
임혁백. "한국의 자본주의 발전과 정치적 민주화의 상관관계."『시장·국가·민주주의』. 나남출판, 1994.
임현진·김병국·공유식. "왜 결손국가인가?: 남북한의 분단과 통일 대한 역사사회과학적 단상."『남북관계의 새로운 인식』. 아주대학교사회과학연구소 주최 학술회의. 1993년 4월 9일.
장준하. "민족주의자의 길."『씨올의 소리』. 9월호. 1972.
전성훈.『KEDO 체제하에서 남북한 협력증진에 관한 연구-협력이론을 중심으로-』. 민족통일연구원, 1996.
전숙회. "성인통일교육프로그램에 관한 비판적 연구." 숙명여자대학교대학원 박사학위논문. 1999.
전태일을 따르는 민주노조운동연구소 편역. "신자유주의란 무엇인가."『신자유주의와 세계민주운동』. 한울, 1998.
전효관. "탈분단 시대의 통일교육: 패러다임 전환의 개요." 경실련통일협회『새로운 통일교육 모델 개발을 위한 워크샵』자료집. 1999년 8월 31일.
정봉구 역.『에밀』. 범문사, 1988.
정연선. "한국의 통일정책과 방안." 민병천(편).『전환기의 통일문제』. 대왕사, 1990.
정영태.『파키스탄-인도-북한의 핵정책』. 통일연구원, 2002.

_____. "일제말 미군정기 반공이데올로기의 형성."『역사비평』계간16호. 역사문제연구소, 1992.
정은용.『그대, 우리의 아픔을 아는가』. 다리, 1994.
정희종. "남한언론의 통일 관련보도 행태." (사)민주언론운동시민연합.『통일시대를 대비하는 남북한 언론의 역할과 전망』. 1999.
제성호.『한반도 평화체제의 모색-법규범적 접근을 중심으로』. 지평서원, 2000.
조민.『한국민족주의 연구』. 민족통일연구원, 1994.
_____. "부시 미합중국 대통령께 띄우는 서한: 흔들리는 韓美관계."『월간중앙』. 3월호. 2002.
조선어학회.『중등국어교본 上』. 문교부, 1946년.
조성렬. "한반도 전략환경의 변화와 한·미 동맹의 재정의."『통일정책연구』. 제11권 1호. 통일연구원, 2002.
조용환. "국가보안인가, 국민보안인가?: 인권 및 국가보안법에 대한 제안."『아시아 국가보안법하의 인권 침해』. KONUCH, SEOUL, 1993.
조한범. "대북포용정책의 평가와 차기정부의 대북정책 방향." 통일연구원 통일정책연구실·충청정치학회 주최「햇볕정책의 평가와 향후 대북정책 추진과제」워크샵 자료집. 2002년 10월 10일.
조현연. "레드 콤플렉스, 그 '광풍'의 생산업자들."『당대비평』. 통권 4호. 1998.
조효제 편역.『NGO의 시대』. 창작과 비평사, 2000.
주성수.『글로벌 가버넌스와 NGO』. 아르케, 2000.
지만원. "'협상 통한 군축'으로 신뢰 쌓아야." http://www.peacekorea.org/cyber/manwon.html.
천관우. "민족통일을 위한 토론회-민족통일의 구상①."『씨올의 소리』. 8월호. 1972.
초소도프스키, 미셸. 이대훈 옮김.『빈곤의 세계화』. 당대, 1998.
촘스키, 노암. 장영준 역.『불량국가: 미국의 세계지배와 힘의 논리』. 두레, 2001.
최병수. "6·25동란 초기 충북 영동지구의 민간인 살상사건에 관한 연구(Ⅰ)-노근리의 미군 대량민 집단살상사건을 중심으로-." 충북대학교 인문학연구소『인문학지』. 17집. 1999년.
최상룡.『미군정과 한국민족주의』. 나남, 1988.
_____.『평화의 정치사상』. 나남출판, 1997.
_____. "민주평화사상과 한국."『평화연구』. 제7호. 고려대학교 평화연구소, 1998.
최상용.『평화의 정치사상』. 서울: 나남, 1997.
_____.『현대평화사상의 이해』. 서울: 한길사, 1992.
_____. "루소의 '국가연합'과 평화."『평화의 정치사상』. 나남출판, 1997.
최장집.『한국민주주의의 이론』. 한길사, 1993.
_____. "한국의 통일: 통일의 조건과 전망."『열린지성(계간)』. 창간호. 1997.
최희열. "주체의 사회주의 정치제도는 참된 인민정권에 의하여 관리운영되는 정치제도."『주체의 사회주의 정치제도』. 평양: 평양출판사, 1992.
케네디, 폴.『21세기 준비』. 한국경제신문사, 1993.
크리스챤 아카데미 편.『열린종교와 평화공동체』. 서울: 대화출판사, 2000.
텔칙, 호르스트 엄호현 역.『329일-베를린장벽 붕괴에서 독일통일까지』. 고려원, 1996.
토드, 엠마뉘엘. 주경철 역.『제국의 몰락-미국체제의 해체와 세계의 재편』. 까치, 2003.
통계청.『남북한 경제사회상 비교』. 통계청, 1996.
_____.『남북한 경제사회상 비교』. 통계청, 1999.

통일부.『'참여정부'의 평화번영정책』. 통일부, 2003.
_____.『2001 통일백서』. 통일부, 2001.
_____.『대북정책 추진 현황』. 통일부, 2002.
_____.『대북지원. 사실은 이렇습니다』. 통일부, 2002.
_____.『통일교육지침서, 국민의 정부 통일교육기본방향』. 통일부, 1998.
_____.『통일백서』. 통일부, 1992.
통일연구원.『한반도 냉전구조 해체방안-장기·포괄적 접근 전략(Ⅰ)』. 통일연구원, 1999.
_____.『한반도 냉전구조 해체방안-장기·포괄적 접근 전략(Ⅱ)』. 통일연구원, 1999.
_____.『한반도 냉전구조 해체방안-장기·포괄적 접근 전략(Ⅲ)』. 통일연구원, 1999.
통일원.『3단계 3기조 통일정책』. 통일원, 1993.
_____.『동서독 교류협력 사례집』. 통일원, 1995.
_____.『통일백서』. 통일원, 1993.
_____.『통일백서』. 통일원, 1997.
_____.『통일백서』. 통일원, 1999.
통일을생각하는서울교사모임(준). "중등학생 대상 여론조사 결과."『직녀에게 12』. 1998.
_____. "중학생 대상 여론조사 결과."『직녀에게 6』. 1997.
_____. "초등학생 대상 여론조사 결과."『직녀에게 4』. 1996.
포스터-카터, A. "북한사회 변화를 어떻게 볼 것인가?: 하버마스 위기이론의 적용." 세미나시리즈 91-03. 국제학술회의 발표논문집(1991.10.28~29)『북한체제의 변화: 현황과 전망』. 민족통일연구원, 1991.
폴라니, 칼. 박현수 옮김.『거대한 변환: 우리시대의 정치적·경제적 기원』. 민음사, 1991.
프롬, E. 이상두 역.『자유에서의 도피』. 범우사, 1993.
하버마스, J. 홍기수 역.『정치문화 현실과 의사소통적 사회비판이론』. 문예마당, 1996.
학술단체연합심포지움.『80년대 한국인문사회과학의 현단계와 전망』. 역사비평사, 1998.
한국교육개발원.『통일교육 실태조사와 활성화 방안 연구』. 한국교육개발원, 1999.
한국반탁·반공학생운동기념사업회.『한국학생건국운동사-반탁·반공 학생운동 중심-』. 한국반탁·반공학생운동기념사업회 출판국, 1986.
한국은행. "2003년 북한경제성장률추정결과." 2004.6.8 공보. 2004-6-11호.
한수영. "분단과 전쟁이 낳은 비극적 역사의 아들들."『역사비평』. 통권 46호. 1999.
한완상. "긴급대담: 기로에 선 현정권의 대북정책."『창작과비평』. 1999년 가을호
한지수. "반공이데올로기와 정치폭력."『실천문학』. 제5호. 1989.
함석헌. "6천만 민족 앞에 부르짖는 말씀." 안병무 외 편.『함석헌전집 12』. 한길사, 1985.
함택영. "남북한의 군사력-사실과 평가방법-." 한국국제정치학회.『국제정치논총』. 제37집1호. 1997.
허문영. "한반도 냉전구조 해체방안: 장기·포괄적 접근(시론)." 통일연구원 국내학술회의('99.2.26).『한반도 냉전구조 해체방안(Ⅰ)』. 통일연구원, 1999.
홉스봄, 에릭 외. "불평등은 왜 나쁜가." 노대명 옮김.『제3의 길은 없다』. 당대, 1999.
_____. "신자유주의의 죽음." 노대명 옮김.『제3의 길은 없다』. 당대, 1999.
_____. 이용우 역.『극단의 시대: 20세기 역사(상)』. 까치, 1997.
홍규덕. "21세기 한미동맹의 새로운 방향과 주한미군의 지역적 역할."『교리연구』. 제45호. 공군본부 전투발전단, 2001.
홍선희.『조소앙의 삼균주의 연구』. 한길사, 1982.

홍용표. "국가안보와 정권안보: 이승만 대통령의 안보정책을 중심으로, 1953-1960." 한국국제정치학회. 『국제정치논총』. 제36집3호. 1997.
화이트, 패트리샤. 고병헌 역. "비판에 대한 대응비판의 논리(1987)." David Hicks. 『평화교육의 이론과 실천』. 서원, 1993.
화이트, W. F. 김성오 역. 『몬드라곤에서 배우자』. 나라사랑, 1992.
황병덕. 『통일교육 개선방안 연구』. 민족통일연구원, 1997.
황진환. "군비통제 어떻게 접근할 것인가: '가교전략'으로 단계적 군축을." http://www.peacekorea.org/cyber/jinhwan.html.
황치성. 『한국의 언론인』. 한국언론재단, 1999.
후버, W.·로이터, H-R. 김윤옥·손규태 역. 『평화윤리』. 서울: 대한기독교서회, 1997.

외국어자료

Althusser, Louis. *Lenin and Philosophy and Other Essay*. N.Y.: Monthley Review Press, 1971.
Altvater, E. "Some Problems of State Intervention." Holloway and Picciotto, 1978.
Annus, Centesimus. "The Hundredth Year." 1991.
Arms Control Association. *Arms Control and National Security: An Introduction*. Washington D. C.: Arms Control Association, 1989.
Aron, Raymond. trans. by Richard Howard and Annette Baker Fox, *Peace and War: A Theory of International Relations*. New York: Frederick A. Praeger, Inc., 1967.
Augustine, trans. by William Chase Green, *The City of God*. Cambridge, Mass.: Harvard University Press, 1960.
Babst, Dean. "Elective Government: A Force for Peace." *Industrial Research*. April 1972.
Berki, R. N. *Socialism*. London: Dent, 1987.
Berkowitz, Bruce. *The New Face of War: How War Will Be Fight in the 21st Century*. New York: The Free Press, 2003.
Boniface, Pascal. "United States: the Strangelove doctrine." *Le Monde diplomatique*, October 2003(english edition http://mondediplo.com/).
Boserup, Anders. "A Way to Undermine Hostility." *Bulletin of the Atomic Scientists*, 44, 7 September. 1988.
Boulding, Elise. *Culture of Peace: The Hidden Side of History*. Syracuse University Press, 2000.
Brand-Jacobson, Kai Frithjof with Jacobson, Carl G. "Beyond Security: New Approach, New Perspectives, New Actors." Johan Galtung and Carl G. Jacobson. *Searching for Peace*. London: Pluto Press, 2000.
Brenner, Robert. "The Economics of Global Turbulence." *New Left Review*. No. 229. 1998.
Buzan, Barry·Wever, Ole·Wilde, Jaap de. *Security: A New Framework for Analysis*. London: Lynne Rienner Publishers, 1998.
Ch'ae, Man-Sik. trans. by Chun, Kyung-Ja. *Peace Under Heaven*. N.Y; M. E. Sharpe, Inc., 1993.
Chanteur, Janine. trans. by Shirley Ann Weisz, *From War to Peace*. Westview Press, 1992.
Clemens, Walter C. Jr.. "GRIT at Panmunjom: Conflict and Cooperation in a Divided Korea." *Asian Survey*. June 1973.

Connolly, William E.. *Identity/Difference: Democratic Negotiations of Political Paradox.* Ithaca: Cornell University Press, 1991.

Corradini, Alessandro. "Disarmament Education as a Distinct Field of Study." Marek Thee(ed.). *Armaments, Arms Control and Disarmament.* Paris: The UNESCO Press, 1981.

CSIS Working Group Report. *A Blueprint for U.S. Policy toward a Unified Korea.* Washington, D.C.: CSIS, August 2002.

Cumings, Bruce. *The Origins of The Korean War: Liberation and the Emergence of Separate Regime 1945-1947.* New Jersey: Princeton University Press, 1981.

Deborah, Larson. "Crisis prevention and the Austrian State Treaty." *International Organization.* Winter 1987.

_____. "The psychology of reciprocity in international relations." *Negotiation Journal.* July 1988.

Ecumenical Coalition for Social Justice. "The Power of Global Finance." *Third World Resurgence.* No. 56. March 1995.

Eisenhower, Dwight D.. "Liberty Is at Stake." Herbert I. Schiller and Joseph D. Phillip. *Super-State: Reading in the Military-Industrial Complex.* Urbana, 1970.

Evans, Gareth. *Cooperating for Peace*, Australia: Allen & Unwin, 1993.

Gaddis, John Lewis. *The Long Peace: Inquiries into the History of the Cold War.* N.Y.: Oxford Univ. Press, 1987.

Galtung, Johan and Jacobson, Carl G. *Searching for Peace.* London: Pluto Press, 2000.

_____. *Peace by Peaceful Means: Peace and Conflict, Development and Civilization.* PRIO: Sage Publication, 1996.

Golub, Philip S.. "China: the new economic giant." *Le Monde diplomatique.* October 2003

Gramsci, Antonio. edited and translated by Quintin Hoare and Geoffrey Nowell Smith. *Selections from the Prison Notebooks.* N.Y.: International Publishers, 1983.

_____. *Selections from the Prison Notebooks.* Hoare, Q. and Smith, G. Nowell(ed. and trans.). London: Lawrence & Wishart, 1971.

Gray, John. *The Postcommunist Societies in Transition: A Social Market Perspective.* London: Social Market Foundation, 1994.

Grob, Leonard. "Spiritual Politics: Introductory Remark." Haim Gordon and Leonard Grob. eds. *Education for Peace: Testimonies from World Religions.* New York: Orbis Books, 1987.

Gupchan, Charles A.. "The End of the West." *The Atlantic Monthly.* Nov. 2002.

Halloran, Richard. "New Warplan Calls for Invasion of North Korea." http://www.nyu.edu/globalbeat/asia/Halloran111498.html.

Haruki, Wada. "The Structure and Culture of the Kim Jong Il Regime: Its Novelty and Difficulties." presented paper at the international conference *North Korea in Transitionand Policy Choices: Domestic Structure and External Relations.* hosted by the Institute for Far Eastern Studies of Kyungnam University. 1998. 5. 28~29.

Hayek, Friedrich A.. *Studies in Philosophy, Politics and Economics.* Routledge and Kegan Paul, 1967.

Hedborg, Anna and Meidner, Rudolf. *The Swedish Welfare State Model.* Stockholm: Swedish Trade Union Confederation, 1986.

Held, David. *Models of Democracy.* California; Stanford University Press, 1987.

Hobbes, Thomas. *Leviathan.* London, 1651.
Hobsbawm, Eric. *Age of Extremes: The Short Twentieth Century 1914-1991.* London: Michael Josoph, 1994.
Huntington, Samuel P.. *The Third Wave: Democratization in the Late Twentieth Century.* Norman: University of Oklahoma, 1991.
_____. "The Clash of Civilizations." *Foreign Affair.* summer. 1993.
Ingram, D.. "The Limits and Possibilities of Communicative Ethics for Democratic Theory." *Political Theory.* Vol. 21, No. 2, May 1993.
Jacobson, Carl G. and Brand-Jacobson, Kai Frithjof. "Our War Culture's Defining Parameters: Their Essence; Their Ramifications." Johan Galtung and Carl G. Jacobson, *Searching for Peace.* London: Pluto Press, 2000.
Kant, Immanuel. *To Perpetual Peace: A Philosophical Sketch.* 1795.
_____. translated by Ted Humphrey, "On the Proverb: That May be True in Theory But Is of No Practical Use(1793)." *Perpetual Peace and Other Essays.* Hackett Publishing Company, Inc., 1983.
Keohane, Robert O. "Reciprocity in International Relations." *International Organization.* vol. 40, no. 1, Winter 1986.
_____. *International Institution and State Power: Essays in International Theory.* London: Westview Press, 1989.
Kerem, Moshe. Ha-Zair(ed.). "Kibbutz." *Israel Pocket Library.* Jerusalem: Keter Publishing Co., 1974.
Khalilzad, Zalmay. et. al.. *The United States and Asia: Toward a New U.S. Strategy and Force Posture.* Santa Monica, CA: RAND, 2000.
Killburn, Peter T.. "Health Gap Grows, with Black Americans Trailing Whites, Studies Show." *The New York Times.* 1998. 1. 26.
Kim, Dae-jung. "Don't Take the Sunshine Away." *Korea and Asia: A Collection of Essays. Speeches and Discussions.* Seoul: The Kim Dae-jung Peace Foundation, 1994.
Kowert, Paul A.. "National Identity: Inside and Out." *Security Studies.* Vol. 8 Numbers 2/3 Winter 1998/99-Spring.
Krastev, Ivan. "The Anti-American Century?" *Journal of Democracy.* Vol 15, No 2, April 2004.
Kristol, William(Chairman of PNAC). *Weekly Standard* 사설, 2002년 10월 28일자.
Lakoff, Sanford A.. *Equality in Political Philosophy.* Harvard University Press, 1964.
Levin, Murray B.. *Political Histeria in America.* N.Y.: Basic Book, 1971.
Lindblom, Charles. *Politics and Markets.* New York: Basic Books, 1977.
Lippman, Walter. *The Public Philosophy.* Boston: Little, Brown and Company, 1955.
Mack, Allen and Keal, Paul. *Security and Arms Control in the North Pacific.* Sydney: Allen & Unwin, 1988.
Mandel, Robert. *The Changing Face of National Security: A Conceptual Analysis.* Westport. Conneticut: Greenwood Press, 1994.
Mann, Michael. *State, War and Capitalism.* Oxford: Basil Blackwell, 1988.
Mater et Magistra. "On Christianity and Social Progress." 1961.
Melman, Seymour. "Military State Capitalism." *The Nation.* May 20, 1995.
Mintz, Alex and Geva, Nehemia. "Why Don't Democracies Fight Each Other?" *Journal of Conflict*

Resolution. vol. 37, No. 3, 1983.
Miyoshi, Masao. "A Borderless World?: From Colonozation to Transnationalism and the Decline of the Nation-State." *Critical Inquiry*. 「창작과 비평」. 1993년 겨울호.
Morgenthau, Hans J.. "Another Great Debate: The National Interests of the United States." *American Political Sciences Review*. December 1952.
Morgenthau, Hans J.. *Politics among Nations: The Struggle for Power and Peace*. New York: McGraw-Hill, Inc., 1973.
Mueller-Armack. *Soziale Marktwirtschaft*. 1956.
NIC 2000-12(December 2000), *Global Trends 2015: A Dialogue About the Future with Nongovernment Experts*. http://www.cia.gov/.
Niebuhr, Reinhold. *Christian Realism and Political Problem*. New York: Scribner's, 1953.
North, Robert C.. *War, Peace, Survival: Global Politics and Conceptual Synthesis*. Westview Press, 1990.
Nuechterlein, Donald E.. "The Concept of National Interest: A Time for New Approach." *ORBIS*, Spring, 1979.
Nye, Joseph S., Lynn-Jones and Sean M.. "International Security Studies: A Report of a Conference on the State of the Field." *International Security*. Vol. 12, No. 4 Spring, 1988.
Oberdorfer, Don. *The Two Koreas: A Contemporary History*. Addison-Wesley, 1997.
Osgood, Charles E.. *An Alternative to War or Surrender*. Urbana: University of Illinois Press, 1962.
Osgood, Charles. "Suggestions for winning the real war with communism." *Journal of Conflict Resolution*. December 1959.
_____. *An Alternative to War or Surrender*. Urbana: University of Illinois Press, 1962.
Palme, Olof. "Independent Commission on Disarmament and Security Issues." *Common Security: A Blueprint for Survival*. New York: Simon and Schuster, 1982.
Paul, John II. *Laborem Excerns*. 1981.
Pollack, Jonathan D. and Cha, Young Koo. *A New Alliance for the Next Century: The Future of U.S.-Korean Security Cooperation*. Santa Monica, CA: RAND, 1995.
Poulantzas, Nicos. *State·Power·State*. London: Verso, 1980.
Przeworski, Adam. "Neoliberal Fallacy." *Journal of Democracy*. Vol. 3, No. 3. 1992.
_____. *Sustainable Democracy*. Cambridge University Press, 1995.
Putnam, Robert D.. *Making Democracy Work: Civic Tradition in Modern Italy*. Princeton University Press, 1993.
Ramonet, Ignacio. "China wakes up and alarms the world." *Le Monde diplomatique*. August 2004.
Regan, Patrick. "War Toys, War Movies, and the Militarization of the United States, 1900-85." *Journal of Peace Research*. 31/1. 1994.
Rummel, R. J.. "Libertarianism and International Violence." *Journal of Conflict Resolution*. 27, 1, 1983.
Russett, Bruce. "The Fact of Democratic Peace." *Debating the Democratic Peace*. the MIT Press, 1996.
_____. *Grasping the Democratic Peace - Principles for a Post-Cold War World*. Princeton University Press, 1993.

Sänger, Fritz. *Grundsatzprogramm der SPD: Kommenter*. Verlag J. H. W, Diez Nachf. GmbH. 1960.
Sartori, Giovanni. *The Theory of Democracy Revisited*. Chatham, New Jersey: Chatham House Publishers Inc., 1987.
Schumpeter, J. A.. *Capitalism, Socialism and Democracy*. London: Allen & Unwin, 1987.
Shaw, Martin. *Post-Military Society: Militarism, Demilitarization and War at the End of the Twentieth Century*. Philadelphia: Temple University Press, 1991.
Sivaraksa, Acharn Sulak. "Buddism and A Culture of Peace." David W. Chappell, ed., *Buddhist Peace Work: Creating Cultures of Peace*. Boston: Wisdom Publications, 1999.
Socialist Union. *The Ends in View, Twentieth Century Socialism*. Penguin Book, 1956.
Therborn, Göran. *The Ideology of Power and the Power of Ideology*. London: Verso, 1980.
Trager, Frank N. and Simonie, F. N.. "An Introduction to the Study of National Security." F. N. Trager and P. S. Kronenberg, eds.. *National Security and American Society*. Lawrence: University of Cansas, 1973.
UNDP. *Human Development Reports*. 1994
_____. *Human Development Reports*. 1998.
_____. *United Nations Human Development Report*. 1998.
_____. *United Nations Human Development Report*. 1999.
United Nations. "Charter VI. Pacific Settlement of Disputes." *Charter of United Nations*. http://www.un.org/aboutun/charter/index.html.
_____. "Charter VII. Action with respect to threats to the Peace, Breachs of the Peace, and Acts of Aggression." *Charter of United Nations*. http://www.un.org/aboutun/charter/index.html.
Unterberger, Betty Miller. "Woodrow Wilson and the Bolsheviks: The 'Acid Test' of Soviet-American Relations." *Diplomatic History*. vol. 11, no. 2, Spring 1987.
US National Intelligence Council. *North Korea's Engagement: perspective, Outlook, and Implication: Conference Report*. May 2001.
Vasquez, John A.. *The War Puzzle*. Cambridge: CPU Cambridge Studies in International Relations, 1993.
W., Perry. "Review of United States Policy Toward North Korea: Findings and Recommendation." 1999. 10. 12. http://www.unikorea.go.kr.
Wæver, Ole. "The Strange Successes of Scandinavian Peace Research: Why the inter-twined disciplines of Peace Research and International Relations develop differently in the US, Scandinavia and other parts of Europe." Presentation at the Conference "In Search of Peace in the Twenty-First Century" in Seoul, January 25, 2000. organised by the Korean Peace Research Association and the Korean National Commission for UNESCO.
Wakins, Frederick Mundell. *The Age of Ideology: Political Thought, 1750 to the Present*. Englewood Cliffs, N.J.: Prentice-Hall, 1964.
Wallerstein, I. "The Eagle Has Crash Landed." *Foreign Policy*. July-Aug 2002.
Walzer, Michael. *Sphere of Justice*. Perseus Books, 1998.
Warren, M. "Democratic Theory and Self-Transformation." *American Political Science Review*. Vol. 86, No.1, March, 1992.
Weydenthal, Jan de. "Poland: Geremek Sees OSCE As Structure Of Peaceful Coexistence."

http://www.rferl.org/nca/features/1999/03/F.RU.990301135906.html.

Wilkinson, Richard G.. *Unhealthy Societies: The Afflictions of Inequality.* London: Routledge, 1996.

Wolf, Charles Jr.. "China; Pitfalls on Path of Continued Growth; The Asian nation's remarkable gains over two decades could easily slip away." *Los Angeles Times.* Jun 1, 2003.

Wolfers, Arnold. "National Security as Ambiguous Symbol." *Political Science Quarterly,* December. 1952.

_____. *Discord and Collaboration Essays on International Politics.* Baltimore: The Johns Hopkins Press, 1962.

Ziegler, David W.. *War, Peace International Politics.* Boston: Little, Brown, 1987.

原秀男.『價値相對主義法哲學の研究』. 勁草書房, 1979.

정기간행물 자료

<국민일보>
<동아일보>
<디지털조선일보>
<로동신문>
<말>
<문화일보>
<연합뉴스>
<조선신보>
<조선일보>
<중앙일보>
<한겨레 21>
<한겨레>
<한국경제신문>
<한국일보>
Financial Times
LA Times
Le Monde diplomatique
New York Times.
The Economist.
The Washington Post

인터넷사이트

http://unesdoc.unesco.org/ulis/ged.html
http//www.humanrihgts.or.kr/HRLibrary/HRLibrary8-kb7.htm
http://landmine.peacenet.or.kr/kcbl.htm
http://my.netian.com/~poignant/ main/peace/지뢰/convention.html

http://usinfo.state.gov/products/pubs
http://www.ccdm.or.kr/minju/990702.htm
http://www.ccdm.or.kr/minju/990703.htm
http://www.ceoi.org
http://www.cia.gov/cia/publications/factbook/rankorder/2067rank.html
http://www.CNN.com
http://www.cwd.go.kr/korean/diplomacy/kr_europe4/dip11_2_5.php
http://www.economist.com
http://www.harrisinteractive.com/harris_poll
http://www.humanrights.or.kr/HRLibrary8-kb22.html
http://www.mct.go.kr/vision2000/e-profile23.html.
http://www.newamericancentury.org.
http://www.peacekorea.org/usfk/usfk02.html
http://www.peopledaily.com.cn
http://www.transcend.org
http://www.undp.org/hdro/e94over.html
http://www.unesco.or.kr
http://www.whitehouse.gov/nsc/nss.pdf

기타 자료

1999년 2월 5일, 법률제5752호.
1999년 8월 6일, 대통령령 제16,501호.
The Vienna Declaration and Programme of Action. June 1993 - E. DPI/1394.
'6·15 3주년' TV(KBS)대담, 2003년 6월 15일.
"당보·군보·청년보 공동사설." 2000년 1월 1일, 09:00, 중앙·평양방송.
"Bush's Asian Priorities" Stratfor 2003.5.23 (http://www.stratfor.com)
김대중 대통령, CNN 위성회견 1999. 5. 5; 대통령 월례기자간담회, 1999. 5. 17.
노무현 대통령 취임사, 2003. 2. 25.
민족자존과 통일번영을 위한 '7·7 특별선언'/노태우 대통령, 1988. 7. 7.

찾아보기

(ㄱ)

공동안보(common security) 336
공동체주의 276
공산주의 없는 공동체 219
구유럽 19
9·11 64
국가보안법 441
국가안보(National Security) 316
국가연합 194
국가이익 145, 322
국가통합 194
국민통합 75
균(均) 243
그림자현상 이론 430
기능주의론 92

(ㄴ)

남남갈등 44
남북연합 194
남북정상회담 172
냉전구조 해체 56
냉전문화 383
냉전체제 18
노근리 417
노동자소유 철학 225

(ㄷ)

다원적 평등(complex equality) 296
대(對)국민외교(public diplomacy) 76
대안적 안보개념 313
도광양회(韜光養晦) 27
독립채산제 268

동북공정(東北工程) 29
동북아 다자안보체제 136
동북아경제 중심국가 66

(ㄹ)

레드콤플렉스 404

(ㅁ)

매카시즘 404
묵시록(默示錄)적 반공주의 395
미국·캐나다 모델(2국체제) 71
민족공동체 202
민족공조 17, 69
민족안보 330
민족연대 213
민족이익 145
민주적 평화론(democratic peace) 57

(ㅂ)

반공주의 389
반미 17
반미운동 18
반미주의 18
반외세 17
베를린선언 176
변방정책 29
보수주의 48
보혁(保革)갈등 44
부시독트린 23
북방정책 163
북한관리(manage) 38
북핵위기 117

분단관리 정책　38
불량국가　21

(ㅅ)

사회민주주의　233
사회적 시장경제　247
사회주의 시장경제론　263
삼균주의(三均主義)　244
상생(transcendence)　364
상호의존성　219
상호주의　96
선동적 민중주의(European populism)　21
세력균형　318
숙의민주주의론(deliberative democracy)　293
신유럽　19
신자유주의　49
신천　417

(ㅇ)

야무수크로선언　307
언론개혁　449
역사적 지체(historical retard)　176
연방국가　194
열린 사회　283
우리식 이이제이(以夷制夷)　34
유소작위(有所作爲)　29
6·15남북공동선언　172
이강제강(以强制强)　34
이념통합　217
인간안보(human security)　332
인간의 얼굴을 한 자본주의　219

(ㅈ)

자력갱생　36
자유사회주의　250
자주　69
전쟁문화　310

정경분리 정책　96
제3의 길　235
종업원지주제　279
좌우갈등　51
중국위협론　27
지역공동체형 소유권(community-based ownership)제도　267
지평의 융합(fusion of horizons)　203, 84
진보주의적 좌파　50
질서자유주의(ordo- liberalism)　256
집단적 투사　430

(ㅊ)

철회(withdrawal)　364
최소주의적 합의(minimalism of consensus)　80

(ㅌ)

타협(compromise)　364
탈군사화　350
탈냉전시대　19
탈미친중(脫美親中)　67
탈이데올로기　19
테러와의 전쟁　23
통일(unification)　155
통일교육　455
통합(integration)　155
통합적 자유민주주의 모델(1국체제)　71

(ㅍ)

평화·번영정책　85
평화굴기(平和堀起)　27
평화문화(peace culture)　307, 354
평화연구(peace research)　354
평화운동(peace movement)　305, 354
평화이론　305
평화정책(peace policy)　305, 354
평화주의　39

포괄적 안보협력 체제 101
포용정책 56

(ㅎ)

한미동맹 100
한반도 평화지대화 350
햇볕정책 17, 174
행동하는 보수 51

협동적 소유 268
협동조합적 소유 286
화(和) 243
화이부동(和而不同) 81
화쟁(和諍)사상 82
화해협력 정책 17
힘없는 초강대국(the powerless superpower) 183

평화통일의 이상과 현실

제1쇄 찍은날: 2004년 12월 10일

지은이: 조　　민
펴낸이: 김 철 미
펴낸곳: 백산서당

등록: 제10-42(1979.12.29)
주소: 서울 서대문구 홍제동 330-288

전화: 02) 2268-0012(代)
팩스: 02) 2268-0048
이메일: bshj@chollian.net

값 24,000원

* 저자와의 협의 아래 인지는 생략합니다.

ISBN 89-7327-355-8 03340